ACCESO GRATIS *a la Lectura en la Nube*

Para visualizar el libro electrónico en la nube de lectura envíe junto a su nombre y apellidos una fotografía del código de barras situado en la contraportada del libro y otra del ticket de compra a la dirección:

ebooktirant@tirant.com

En un máximo de 72 horas laborales le enviaremos el código de acceso con sus instrucciones.

La visualización del libro en **NUBE DE LECTURA** excluye los usos bibliotecarios y públicos que puedan poner el archivo electrónico a disposición de una comunidad de lectores. Se permite tan solo un uso individual y privado

DERECHO MERCANTIL

PRIMERA PARTE

8ª Edición

Procedimiento de selección de originales, ver página web:
www.tirant.net/index.php/editorial/procedimiento-de-seleccion-de-originales

DERECHO MERCANTIL
PRIMERA PARTE

8ª Edición

ESPERANZA GALLEGO SÁNCHEZ
Catedrática de Derecho Mercantil

NURIA FERNÁNDEZ PÉREZ
Catedrática de Derecho Mercantil

tirant lo blanch
Valencia, 2024

© TIRANT LO BLANCH
EDITA: TIRANT LO BLANCH
C/ Artes Gráficas, 14 - 46010 - Valencia
TELFS.: 96/361 00 48 - 50
FAX: 96/369 41 51
Email: tlb@tirant.com
www.tirant.com
Librería virtual: www.tirant.es
DEPÓSITO LEGAL: V-4510-2023
ISBN: 978-84-1056-298-1

Si tiene alguna queja o sugerencia, envíenos un mail a: *atencioncliente@tirant.com*. En caso de no ser atendida su sugerencia, por favor, lea en *www.tirant.net/index.php/empresa/politicas-de-empresa* nuestro procedimiento de quejas.

Responsabilidad Social Corporativa: http://www.tirant.net/Docs/RSCTirant.pdf

Índice

PRELIMINAR

Lección 1

DERECHO MERCANTIL: CONCEPTO Y FUENTES

EMPRESA

Lección 2

EMPRESA Y EMPRESARIO: TEORÍA GENERAL. ADQUISICIÓN DE LA CONDICIÓN DE EMPRESARIO

Lección 3

DEBER DE DOCUMENTACIÓN Y CONTABILIDAD DE LAS OPERACIONES MERCANTILES

Lección 4

EL REGISTRO MERCANTIL

Lección 5

LA REPRESENTACIÓN EN EL DERECHO MERCANTIL. EL ESTABLECIMIENTO MERCANTIL

Lección 6
DERECHO DE LA LIBRE COMPETENCIA

Lección 7
COMPETENCIA DESLEAL. PUBLICIDAD COMERCIAL

Lección 8
PROPIEDAD INTELECTUAL. LA PROTECCIÓN DE LOS SIGNOS DISTINTIVOS (I)

Lección 9

PROPIEDAD INTELECTUAL. LA PROTECCIÓN DE LOS SIGNOS DISTINTIVOS (II)

Lección 10

PROPIEDAD INTELECTUAL. CREACIONES TÉCNICAS. LAS PATENTES (I)

Lección 11

PROPIEDAD INTELECTUAL. CREACIONES TÉCNICAS. LAS PATENTES (II). LOS MODELOS DE UTILIDAD. OTRAS CREACIONES TÉCNICAS

Lección 12

PROPIEDAD INTELECTUAL. CREACIONES ESTÉTICAS. EL DISEÑO INDUSTRIAL

Lección 13

PROPIEDAD INTELECTUAL. DERECHOS DE AUTOR Y DERECHOS AFINES. OTRAS FORMAS DE PROTECCIÓN DE LOS BIENES INMATERIALES

Lección 14

PROPIEDAD INTELECTUAL EN ENTORNOS DIGITALES. PROTECCIÓN DE DATOS

DERECHO DE SOCIEDADES

Lección 15

SOCIEDADES. TEORÍA GENERAL

Lección 16

MODIFICACIONES ESTRUCTURALES. DISOLUCIÓN PARCIAL. DISOLUCIÓN, LIQUIDACIÓN Y EXTINCIÓN DE SOCIEDADES. INCIDENCIA DE LAS TICS EN EL DERECHO DE SOCIEDADES

Lección 17
SOCIEDADES PERSONALISTAS

Lección 18

SOCIEDADES DE CAPITAL (I). CARACTERIZACIÓN Y FUNDACIÓN. RÉGIMEN DEL CAPITAL Y DE LAS APORTACIONES SOCIALES

Lección 19

SOCIEDADES DE CAPITAL (II). PARTICIPACIONES SOCIALES Y ACCIONES. OBLIGACIONES

Lección 20

SOCIEDADES DE CAPITAL (III). ÓRGANOS

Lección 21

SOCIEDADES DE CAPITAL (IV). MODIFICACIÓN DE ESTATUTOS

Lección 22

SOCIEDADES ESPECIALES (I)

Lección 23

SOCIEDADES ESPECIALES (II)

Lección 24

UNIONES DE EMPRESAS Y GRUPOS DE SOCIEDADES. FORMAS JURÍDICAS DE EMPRESAS DE ECONOMÍA SOCIAL. SOCIEDADES DE GARANTÍA RECÍPROCA. EMPRESAS PÚBLICAS

Abreviaturas

AAC	Autoridades Autonómicas de Defensa de la Competencia.
AIE	Agrupación de interés económico.
AEIE	Agrupación europea de interés económico.
AN	Audiencia Nacional.
ANC	Autoridades Nacionales de Competencia de los Estados Miembros.
BMC	Boletín de Marcas Comunitarias.
BOE	Boletín Oficial del Estado.
BOPI	Boletín Oficial de la Propiedad Industrial.
BORME	Boletín Oficial del Registro Mercantil.
CCAA	Comunidades Autónomas.
Cciv.	Código Civil.
Ccom.	Código de Comercio.
CE	Constitución Española.
CEE	Comunidad Económica Europea.
CNMV	Comisión Nacional del Mercado de Valores.
CNMyC	Comisión Nacional de los Mercados y la Competencia.
CP	Código Penal.
CPE	Convenio de Munich sobre concesión de patentes europeas de 5 de octubre de 1973, tras el Acta de Revisión de 29 de noviembre de 2000.
CUPOV	Convenio internacional para la protección de las obtenciones vegetales firmado en París el 2 de diciembre de 1961.
D	Decreto.
DA	Disposición Adicional.
DF	Disposición Final.
DGSJFP	Dirección General de Seguridad Jurídica y Fe Pública.
DM	Directiva (UE) 2015/2436 del Parlamento Europeo y del Consejo de 16 de diciembre de 2015 relativa a la aproximación de las legislaciones de los Estados miembros en materia de marcas.
DOP	Denominación de Origen Protegida.
DSSICE	Directiva 2000/31 de 8 de junio sobre servicios de la sociedad de la información y comercio electrónico.
DUE	Documento Único Electrónico.
ECPN	Estado que muestra los cambios en el patrimonio neto.
EM	Exposición de Motivos.

ET	Real Decreto Legislativo 2/2015, de 23 de octubre, por el que se aprueba el texto refundido de la Ley del Estatuto de los Trabajadores.
EUIPO	Oficina de Propiedad Intelectual de la Unión Europea.
IASB	International Accouting Standars Board.
ICAC	Instituto de Contabilidad y Auditoría de Cuentas.
IGP	Indicación Geográfica Protegida.
LAC	Ley 22/2015, de 20 de julio, de Auditoría de Cuentas.
LAEI	Ley 14/2013 de 27 de septiembre de apoyo a los emprendedores y su internacionalización.
LAU	Ley 29/1994 de 24 de noviembre, de arrendamientos urbanos.
LBRL	Ley 7/1985, de 2 de abril, reguladora de las Bases del Régimen Local.
LC	Ley 22/2003 de 9 de julio, Concursal.
LCoop	Ley 27/1999, de 16 de julio, de Cooperativas.
LCGC	Ley 7/1998 de 13 de abril de condiciones generales de la contratación.
LCSP	Ley 9/2017, de 8 de noviembre, de Contratos del Sector Público, por la que se transponen al ordenamiento jurídico español las Directivas del Parlamento Europeo y del Consejo 2014/23/UE y 2014/24/UE, de 26 de febrero de 2014.
LGSS	Real Decreto Legislativo 8/2015, de 30 de octubre, por el que se aprueba el texto refundido de la Ley General de la Seguridad Social.
LDC	Ley 15/2007, de 3 de julio, de Defensa de la Competencia.
LDI	Ley 20/2003 de 7 de julio de protección jurídica del diseño industrial.
LEC	Ley 1/2000, de 7 de enero, de Enjuiciamiento Civil.
LEI	Ley 44/2007, de 13 de diciembre, para la regulación del régimen de las empresas de inserción.
LES	Ley 5/2011 de 29 de marzo de Economía Social.
LF	Ley 50/2002 de 26 de diciembre, de Fundaciones.
LGP	Ley 34/1988, de 11 de noviembre, General de Publicidad.
LGPr	Ley 47/2003 General Presupuestaria.
LGSS	Real Decreto Legislativo 1/1994, de 20 de junio, por el que se aprueba el Texto Refundido de la Ley General de la Seguridad Social.
LGT	Ley 58/2003, de 17 de diciembre, General Tributaria.
LH	Texto Refundido de la Ley Hipotecaria, aprobado por Decreto de 8 de febrero de 1946.
LHM	Ley de 16 de diciembre de 1954 de Hipoteca Mobiliaria y Prenda sin Desplazamiento de la Posesión.
LHPV	DLeg. de 26 de junio de 1991 de la CA Valenciana por el que se aprueba el texto refundido de la Ley de Hacienda Pública.
LIS	Ley 27/2014, de 27 de noviembre, del Impuesto sobre Sociedades.

LJV	Ley 15/2015 de 2 de julio de Jurisdicción Voluntaria.
LM	Ley 17/2001, de 7 de diciembre de Marcas.
LME	Ley 3/2009, de 3 abril de Modificaciones Estructurales de las Sociedades Mercantiles.
LMO	Ley 3/2004 de 29 de diciembre de medidas de lucha contra la morosidad en operaciones comerciales.
LMVSI	Ley 6/2023, de 17 de marzo, de los Mercados de Valores y de los Servicios de Inversión.
LO	Ley Orgánica.
LOCM	Ley de Ordenación del Comercio Minorista 7/1996 de 15 de enero.
LODA	Ley Orgánica reguladora del Derecho de Asociación.
LOPD	Ley Orgánica 3/2018, de 5 de diciembre, de Protección de Datos Personales y garantía de los derechos digitales.
LOPJ	Ley 6/1985 de 1 de julio, Orgánica del Poder Judicial.
LOSEAR	Ley 20/2015, de 14 de julio, de ordenación, supervisión y solvencia de las entidades aseguradoras y reaseguradoras.
LOV	Ley 3/2000, de 7 de enero, de régimen jurídico de la protección de las obtenciones vegetales.
LP	Ley 24/2015 de 24 de julio, de patentes.
LPAC	Ley 39/2015, de 1 de octubre, del Procedimiento Administrativo Común de las Administraciones Públicas.
LPAP	Ley 33/2003 de 3 de noviembre del Patrimonio de las Administraciones Públicas.
LPI	Ley 2/2019, de 1 de marzo, por la que se modifica el texto refundido de la Ley de Propiedad Intelectual, aprobado por el Real Decreto Legislativo 1/1996, de 12 de abril.
LSE	Ley 1/2019, de 20 de enero de Secretos Empresariales.
LSFD	Ley 22/2007, de 11 julio de comercialización a distancia de servicios financieros.
LSGR	Ley 1/1994, de 11 de marzo, sobre régimen jurídico de las sociedades de garantía recíproca.
LSICE	Ley 34/2002, de 11 de julio, de servicios de la sociedad de la información y de comercio electrónico.
LSLP	Ley 44/2015, de 14 de octubre, de Sociedades Laborales y Participadas.
LSP	Ley 2/2007 de 15 de marzo de sociedades profesionales.
LUTE	Ley 18/1982 sobre Régimen Fiscal de Agrupaciones Temporales de Empresas y sociedades de desarrollo regional.
LTAE	Ley 4/2007, de 3 abril de transparencia de las relaciones financieras entre las Administraciones públicas y las empresas públicas, y de transparencia financiera de determinadas empresas.

MUE	Marca de la Unión Europea.
NIC	Normas Internacionales de Contabilidad.
NIIF	Normas Internacionales de Información Financiera.
OAMI	Oficina de Armonización del Mercado Interior.
OCVV	Oficina Comunitaria de Variedades Vegetales.
OEP	Oficina Europea de Patentes.
OMPI	Organización Mundial de la Propiedad Intelectual.
PSD2	Revised Directive on Payment Services 2 - Directiva (UE) 2015/2366 del Parlamento Europeo y del Consejo de 25 de noviembre de 2015 sobre servicios de pago en el mercado interior y por la que se modifican las Directivas 2002/65/CE, 2009/110/CE y 2013/36/UE y el Reglamento (UE) n o 1093/2010 y se deroga la Directiva 2007/64/CE.
PGC	Plan General de Contabilidad.
PLT	Tratado sobre el derecho de patentes, hecho en Ginebra el 1 de junio de 2000.
RCGC	Registro de Condiciones Generales de la Contratación.
RD	Real Decreto.
RDGN	Resolución de la Dirección General de los Registros y del Notariado.
RD	Leg. Real Decreto Legislativo.
RDGSJFP	Resolución de la Dirección General de Seguridad Jurídica y Fe Pública.
RDMC	Reglamento CE 6/2002 del Consejo de 12 de diciembre de 2001 sobre los dibujos y modelos comunitarios.
REAC	Real Decreto 2/2021, de 12 de enero, por el que se aprueba el Reglamento de desarrollo de la Ley 22/20015, de 20 de julio, de Auditoría de Cuentas.
Regl.	Reglamento.
RPMUE	Reglamento (CE) N° 2868/95 de la Comisión, de procedimiento sobre la marca Comunitaria.
RDC	Real Decreto 261/2008, de 22 de febrero por el que se aprueba el Reglamento de Defensa de la Competencia.
RGPD	Reglamento (UE) 2016/679 del Parlamento Europeo y del Consejo de 27 de abril de 2016, relativo a la protección de las personas físicas en lo que respecta al tratamiento de datos personales y a la libre circulación de estos datos y por el que se deroga la Directiva 95/46/CE.
RLOV	Real Decreto 1261/2005, de 21 de octubre, por el que se aprueba el Reglamento de protección de obtenciones vegetales.
RM	Registro Mercantil.
RMC	Registro Mercantil Central.
RMUE	Reglamento (CE) nº 207/2009 del Consejo, de 26 de febrero de 2009, sobre la marca de la Unión Europea modificado por el Reglamento

	(UE) 2015/2424 del Parlamento Europeo y del Consejo, de 16 de diciembre de 2015.
ROAC	Registro Oficial de Auditores de Cuentas.
ROV	Reglamento (CE) nº 2100/94 del Consejo, de 27 de julio de 1994, relativo a la protección comunitaria de las obtenciones vegetales.
RP	Real Decreto 2.245/1986, de 10 de octubre, por el que se aprueba el Reglamento de Patentes.
RELP	RD 316/2017, de 31 de marzo por el que se aprueba el Reglamento de ejecución de la Ley de Patentes.
RSAE	Reglamento 2157/2001 del Consejo, de 8 de octubre, por el que se aprueba el estatuto de la SAE.
RRM	Reglamento del Registro Mercantil, aprobado por RD 1.784/1996, de 19 de julio.
SA	Sociedad Anónima.
SAE	Sociedad Anónima Europea.
SC	Sociedad de Capital.
SCo	Sociedad Colectiva.
SCa	Sociedad Comanditaria por Acciones.
SCom	Sociedad Comanditaria.
SL	Sociedad de Responsabilidad limitada.
SNE	Sociedad Nueva Empresa.
STS	Sentencia del Tribunal Supremo.
TC	Tribunal Constitucional.
TFUE	Tratado sobre el Funcionamiento de la Unión Europea.
TJUE	Tribunal Justicia Unión Europea.
TRLC	Real Decreto Legislativo 1/2020, de 5 de mayo por el que se aprueba el Texto Refundido de la Ley Concursal.
TRLCU	Real Decreto Legislativo 1/2007, de 16 de noviembre, por el que se aprueba el texto refundido de la Ley General para la Defensa de los Consumidores y Usuarios y otras leyes complementarias.
TRLMV	Real Decreto Legislativo 4/2015, de 23 de octubre, por el que se aprueba el texto refundido de la Ley del Mercado de Valores.
TRRL	Real Decreto Legislativo 781/1986, de 18 de abril, por el que se aprueba el Texto Refundido de las disposiciones legales vigentes en materia de Régimen Local.
TSJ	Tribunal Superior de Justicia.
UE	Unión Europea.
UTE	Unión Temporal de Empresas.

PRELIMINAR

Lección 1

Derecho mercantil: concepto y fuentes

I. CONCEPTO Y CONTENIDO SISTEMÁTICO DEL DERECHO MERCANTIL

1. Concepto

El Derecho Mercantil es un sector del ordenamiento jurídico privado que nació y se viene desarrollando con el objeto de atender a las exigencias del tráfico económico, para las que el Derecho Civil se mostró desde el primer momento insuficiente. Se trata, por tanto, de una categoría esencialmente histórica, cuyo contenido, en razón de su propio objeto, es esencialmente mudable. Está en permanente evolución en conexión con las transformaciones del sustrato económico que disciplina. Aunque con anterioridad es posible apreciar la existencia de ciertas especialidades normativas en conexión con el comercio y algunas instituciones exclusivamente mercantiles, es común aceptar que fue en la baja Edad Media cuando comienza a originarse un verdadero cuerpo de normas mercantiles, creadas por los empresarios de la época, los comerciantes, para atender a las exigencias propias de su actividad económica, esto es, las relaciones con otros comerciantes y con los destinatarios finales de aquella.

Su nacimiento se produjo como consecuencia de la progresiva transformación de la vida rural en urbana, del florecimiento de las ciudades, de la expansión del comercio y, por ende, de la sustitución de la economía agrícola por una incipiente economía de mercado. Desde entonces, y siempre con el mismo propósito de atender a las exigencias del tráfico económico, el Derecho Mercantil viene experimentando constantes transformaciones. En sus orígenes estuvo ligado a la actividad comercial, por ser esta la actividad económica por excelencia de la época. Posteriormente, el desarrollo de otras, como la industria y los servicios, exigió la expansión del Derecho Mercantil, que vino a ampliar su contenido hasta convertirse en el Derecho de la Empresa y de su tráfico, debido a que disciplina el ejercicio de cualesquiera actividades empresariales, sea cual sea su contenido, esto es, comercial, industrial o de servicios; así como a los sujetos y organizaciones que las realizan y los instrumentos que utilizan con ese objeto. En definitiva, la existencia de un régimen particularizado de la materia mercantil se anuda a la figura del empresario y de la empresa como sucesores del comerciante y del comercio. Desde este punto de vista, el Derecho Mercantil puede definirse como aquel que disciplina al empresario y la particular actividad que este desarrolla en el mercado, esto es, la actividad empresarial.

La calificación del Derecho Mercantil como Derecho de los empresarios y de la actividad empresarial no está expresa en el Código de Comercio vigente de 1885. El Ccom atiende, preferentemente, a un criterio objetivo para delimitar la materia mercantil, ya que, en principio, considera que es la que regula los actos de comercio (art. 2 Ccom). Sin embargo, el Ccom no define este tipo de actos, ni suministra un criterio homogéneo para decidir de su existencia, lo que impide contar con un concepto uniforme de acto de comercio. Por otra parte, en la actualidad se han superado con creces las motivaciones históricas que condujeron al legislador de 1885 a optar por ese criterio de delimitación de la materia mercantil, ya que estaban ligadas al deseo de eliminar el supuesto carácter privilegiado de un Derecho aplicable solo a los comerciantes. Adicionalmente, hoy es forzoso reconocer que han sido las necesidades que generan las actividades empresariales las que propiciaron el nacimiento y evolución posterior del Derecho Mercantil. Estas tres circunstancias han conducido a la postergación definitiva del criterio objetivo en favor de un criterio subjetivo y funcional, que coloca al empresario y a su actividad en el origen del sistema.

Con todo, este criterio de delimitación de la mercantilidad no es ajeno por completo al Ccom. Por el contrario, la doctrina ha conseguido ampararle en ciertos preceptos del mismo, muy en particular en los reformados a lo largo del siglo XX y, sobre todo, en las leyes especiales que se han ido dictando en sustitución de sus preceptos, o como complemento y adición de los mismos. Son, en efecto, numerosas las normas mercantiles funcionalmente conectadas a la idea de empresa o que contemplan directa y expresamente el fenómeno jurídico y económico de la empresa. Baste a este respecto con recordar que gran parte de las disposiciones del Derecho Mercantil descansan en las normas reguladoras del estatus del empresario (capacidad, deber de contabilidad, obligación de inscripción), cuya finalidad última es tutelar la organización creada por el empresario y el crédito de los terceros, que viene a ser el tejido conjuntivo en las relaciones interempresariales. Todo ello ha permitido corroborar la consistencia histórica y esencialmente mudable del Derecho Mercantil a la que aludí al principio.

2. *Contenido sistemático*

Sin perjuicio de que ambos criterios —empresario y actividad empresarial— deban ser determinados posteriormente con mayor precisión, por ahora hay que retener que son capaces de delimitar el contenido sistemático del Derecho Mercantil Español. Al empresario están conectadas directamente las normas que delimitan su estatuto, en particular los deberes de registro y de contabilidad, pero también otras como la responsabilidad del empresario, y el Derecho de organización, referido, por un lado, a las relaciones de representación y, por otro, a las formas de organización del empresario colectivo, que integra el Derecho de Sociedades. A la actividad empresarial se enlazan los preceptos reguladores de los instrumentos jurídicos para su realización, esto es, las obligaciones y contratos mercantiles y los valores, sean títulos valores o valores negociables y otros instrumentos financieros, y el Derecho del mercado de valores, el del mercado de capitales, el Derecho de protección de los consumidores y el Derecho de la competencia, tanto el protector de la libre competencia, al que hay que atribuir una significación constitucional económica en sentido material, como, en conexión con él, el Derecho de la Competencia desleal, de la propiedad intelectual —que incluye la propiedad industrial y los derechos de autor— y de la publicidad comercial.

A la dimensión objetiva o jurídico patrimonial de la Empresa se ligan los principios que permiten su tratamiento como conjunto organizado de bienes y la regulación de su transmisión, así como el arrendamiento de inmuebles destinados a local de negocios y los bienes de la propiedad intelectual. En cuanto a estos últimos, su conexión con el Derecho Mercantil es, por tanto, doble. El Derecho concursal, que ha estado históricamente incluido en el estatuto del empresario, se ha generalizado hoy sin que haya perdido su peculiar carácter mercantil, al igual que sucedió antaño con el Derecho de los títulos valor.

3. *Del Derecho de la Empresa hacia el Derecho del Mercado*

Siendo el Derecho Mercantil una categoría histórica, no parece razonable cuestionar que continúa en permanente evolución, dando respuesta, en consecuencia, a las nuevas necesidades del tráfico económico y obligando a quienes participan en él ejerciendo actividades económicas, aunque estás no reúnan todos los caracteres de las actividades empresariales. Muy en especial no parece haber motivos suficientes para excluir del Derecho Mercantil a quienes no sean empresarios sino, por ejemplo, profesionales siempre que ejerciten su actividad en y para el mercado. Son datos relevantes asimismo el ámbito subjetivo de aplicación de la legislación sobre competencia, su función, la disciplina de la propiedad intelectual y la innegable apreciación de que el Derecho Mercantil regula la actividad de los empresarios con independencia de quien sea su contraparte en el negocio, esto es, otro empresario o un consumidor, ya que el tráfico mercantil es, por definición, y este es su origen, un tráfico de intermediación. Todo ello permite afirmar que, en la actualidad, se está produciendo una nueva ampliación de este sector normativo, que ya no es solo el Derecho de la Empresa, sino también el Derecho del Mercado. Si en el siglo pasado se afirmó que la existencia de un régimen particularizado de la materia mercantil se anudaba a las exigencias funcionales del empresario y la empresa como sucesores del comerciante y el comercio, hoy puede decirse que se liga a los operadores económicos y al mercado como sucesores del empresario y de la empresa.

Estos postulados han sido asumidos de forma terminante por el Anteproyecto de Código Mercantil aprobado en 2014. El Anteproyecto se basa en la Propuesta de Código Mercantil elaborada por la Sección de Derecho Mercantil de la Comisión General de Codificación de 17 de junio de 2013. Su EM afirma de forma tajante que, de modo acorde con las modernas tendencias doctrinales, con los postulados de la constitución económica en que ha de insertarse el cuerpo legal y con la realidad del tráfico, la delimitación de la materia mercantil se hace a partir de un concepto básico: el *mercado* como ámbito en el que actúan los protagonistas del tráfico, cruzan ofertas y demandas de bienes y servicios y entablan relaciones jurídico-privadas objeto de regulación especial. En el Derecho Mercantil del siglo XXI continúan ocupando un lugar central el empresario y la empresa; pero, de un lado, estos conceptos se extienden hasta incluir ámbitos económicos hasta ahora excluidos del Derecho Mercantil por razones históricas que se consideran superadas, como la agricultura o la artesanía. De otro lado, junto al empresario, como principal operador del mercado, el Código abarca también a los profesionales que ejercen actividades intelectuales, sean científicas, liberales o artísticas, cuyos bienes o servicios destinen al mercado; así como a las personas jurídicas que, cualquiera que sean sus naturaleza y objeto, ejerzan alguna de las actividades expresadas en dicho Código, e incluso a los entes sin personalidad jurídica por medio de los cuales se realicen.

4. El Derecho Mercantil Digital

Siendo el Derecho Mercantil, como ya se ha indicado, una rama del Ordenamiento que se encuentra en permanente evolución con el objetivo de atender las nuevas necesidades del tráfico económico, resulta obligado que dé respuesta a los cambios que se producen como consecuencia de la irrupción de la digitalización. Pocas épocas de nuestra historia han soportado una disociación más radical entre los avances tecnológicos y su consecuente proyección social, así como sobre los conceptos jurídicos destinados a regularlos.

La economía mundial se está convirtiendo rápidamente en digital. Las tecnologías de la información y la comunicación (TIC) no son un sector específico sino el fundamento de todos los sistemas económicos innovadores modernos, tal y como señala la Comisión Europea. Nos encontramos con una suerte de nueva revolución industrial (la ya denominada Cuarta Revolución Industrial, 4IR) que se está difundiendo a una velocidad sin precedentes al estar impulsada precisamente por medios digitales y tecnológicos. Internet no solo es un sistema de información colosal con acceso ilimitado y abierto a nivel mundial, sino también y de forma relevante una herramienta de interrelación social que excede la idea de mero canal de distribución comercial, y puede considerarse que está en el origen de un modelo revolucionario de funcionamiento de los mercados y de gestión de los negocios.

Junto con internet, es preciso destacar como bases de esta última fase en la evolución económica, social, y por tanto jurídica en la que nos encontramos, las innovaciones en materia de inteligencia artificial y Big data, la computación distribuida como el registro distribuido o Blockchain, la criptografía, así como el propio acceso móvil a internet.

En el proceso de digitalización que se extiende en el ámbito de los negocios nos encontramos, en efecto, con una auténtica revolución en el modo de capturar, procesar, analizar y visualizar los datos. Se trata de la tecnología *Big Data*, expresión con la que se pretende hacer referencia a nuevas tecnologías que permiten analizar ágilmente, mediante el uso de complejos algoritmos, cantidades masivas de datos provenientes de fuentes dispares con la finalidad de obtener conclusiones aplicadas a los más distintos fines. Se caracteriza por tanto, porque es una tecnología en la que se constatan —tal y como se ha popularizado— las "tres uves": "volumen", puesto que habilita para manejar grandes cantidades de datos; "variedad", dado que el origen de esos datos puede ser muy variado; y "velocidad", en el sentido de rapidez, incluso inmediatez, para manejar los datos. A estas, se han añadido posteriormente otras, como la veracidad de los datos y la posibilidad de visualizarlos. Esta tecnología que se complementa con la relativa a la computación en la nube (*cloud*) que es utilizada de forma mayoritaria en el mundo empresarial dado que permite acceder a la información en cualquier momento, desde cualquier lugar y desde cualquier dispositivo; por lo tanto, es una herramienta que contribuye el mejor desarrollo de los negocios.

Asimismo, debe destacarse como tendencia de cambio con repercusión en el mercado, el denominado Internet de las cosas (*Internet of Things,* IoT). Esta nueva potencialidad altera los modelos tradicionales de negocios y está dando lugar a otros nuevos sobre la base de la información que las empresas obtienen de objetos, conectados con sensores que facilitan información a tiempo real. De este modo, se automatizan tareas cotidianas y con ello se facilita la monitorización de los procesos, se optimiza las cadenas de suministro y conservación de los recursos. Todo ello con el fin lógico de mejorar la productividad de la empresa.

La mayoría de estas transformaciones parten de la aplicación de la inteligencia artificial (*artificial intelligence*, AI) y de la tecnología de registro distribuido (*Distributed Ledger Technologies*, DLTs).

La inteligencia artificial *(artificial intelligence, AI)*, consiste, básicamente, en intentar emular las diversas capacidades del cerebro humano para presentar comportamientos inteligentes sintetizando y automatizando tareas intelectuales, a través de algoritmos que establecen las diferentes acciones que debe ejecutar el computador para resolver un determinado problema. En la Comunicación de la Comisión al Parlamento europeo, al Consejo europeo, al Consejo, al Comité económico y social europeo y al Comité de las regiones - Inteligencia artificial para Europa de 25 de abril de 2018 se considera que es un término que se aplica a los sistemas que manifiestan un comportamiento inteligente, pues son capaces de analizar su entorno y pasar a la acción —con cierto grado de autonomía— con el fin de alcanzar *objetivos específicos.*

La tecnología de registro distribuido, como su nombre indica se trata de una tecnología que permite mantener un registro digital de operaciones gracias a la validación que van realizando los participantes (nodos) de la red. El registro tiene forma de una cadena de bloques, en los que se agregan datos, que son firmados y validados digitalmente y que pueden proporcionar información precisa y desagregada de todos los detalles de las transacciones realizadas (intervinientes, fecha, hora, condiciones, etc.). Pueden ser de dos tipos: las centralizadas, que solo permiten a sujetos autorizados validar el registro digital de actuaciones; y las descentralizadas, que es el caso de la tecnología de la cadena de bloques (*Blockchain*) que resulta accesible por múltiples usuarios. La tecnología *Blockchain* parte, por tanto, de la inexistencia de un registro centralizado que es sustituido por uno descentralizado con un número ilimitado de ordenadores conectados al sistema que valida los datos, dado que cada nodo de la red registra la operación. Se sustituye así la figura tradicional del tercero de confianza, que venía usándose en las transacciones electrónicas para dar seguridad y que cuenta con un régimen jurídico claro, por evidencias criptográficas. Estas redes, especialmente las descentralizadas, permiten reducir de forma notable los costes derivados de la intermediación. De ahí, su especial repercusión en todos los ámbitos, aunque con carácter especial en el sector financiero.

Para la Unión Europea, resulta imprescindible avanzar en la construcción de un Mercado Único Digital en el que la libre circulación de mercancías, personas, servicios y capitales esté garantizada y en el que personas y empresas pueden acceder fácilmente a las actividades y ejercerlas en línea en condiciones de competencia, con un alto nivel de protección de los datos personales y de los consumidores, con independencia de su nacionalidad o lugar de residencia. Y para ello resulta preciso contar con un marco jurídico adecuado para dar respuesta a la problemática jurídica anudada al mundo de los negocios digital.

El Derecho de la Sociedad de la Información, al que de forma onmicomprensiva podría ya denominarse Derecho Digital se integra pues por aquellas normas que *ex novo* regulan aspectos que no tienen cabida en las disciplinas tradicionales y que cuentan con su propia regulación, lenguaje y elementos tecnológicos; como por aquellas otras que suponen una adaptación de esas disciplinas tradicionales para dar respuesta a los nuevos retos que plantea el entorno digital.

Aunque se trata, como resulta obvio, de un fenómeno global y que, por tanto, incide en sectores muy diferenciados, lo cierto es que su repercusión es clara en los ámbitos propios de la regulación del Derecho Mercantil, tales como la contratación y negocios digitales, la propiedad intelectual, el Derecho de la competencia, el sector financiero y el Derecho de Sociedades. Tanto por su origen (en el mercado) como por su aplicación (para el mercado), el Derecho Mercantil resulta de modo natural *la vis atractiva* de las normas que se han ido adaptando al entorno digital, así como de los nuevos desarrollos normativos dirigidos específicamente a regular nuevas realidades. De ahí, que podamos hablar de la construcción de un Derecho Mercantil Digital.

II. FUENTES DEL DERECHO MERCANTIL

1. Fuentes. Jerarquía

Las fuentes del Derecho Mercantil están relacionadas en el artículo 2 Ccom que las jerarquiza aludiendo en primer lugar al propio Código, en su defecto, a los usos del comercio y, a falta de ambos, al Derecho Común, esto es, el Derecho Civil. Eso no obstante, el art. 50 del mismo Código, al tratar de los contratos mercantiles, antepone el Derecho Común a los usos en todo lo relativo a sus requisitos, modificaciones, excepciones, interpretación y extinción y a la capacidad de los contratantes. Dispone, en efecto, que esas materias se regirán por las normas generales del Derecho común, en todo lo que no se halle expresamente establecido en el Código o en Leyes especiales. Esta contradicción debe salvarse entendiendo que la primacía del Derecho Común sobre los usos en el ámbito de la contratación mercantil únicamente rige cuando este incluya normas imperativas, no meramente dispositivas.

Por lo demás conviene precisar que el art. 2 Ccom alude a ese sistema de fuentes refiriéndose en concreto a los actos de comercio. Por consiguiente, no resulta aplicable a la materia mercantil que no sea susceptible de ser considerada acto de comercio, aunque su disciplina esté prevista en el mismo Código. Ocurre así, por ejemplo, con el Registro Mercantil, que debe estimarse excluido de ese orden jerárquico.

2. *La ley mercantil*

2.1. Ámbito

Como fuente del Derecho Mercantil, la Ley se concibe en un sentido amplio. La noción incluye, por tanto, no solo las normas jurídicas de rango superior, sino en general, toda norma escrita de carácter general emanada del poder soberano del Estado, cualquiera que sea su rango o categoría. Lo que confiere la consideración mercantil es la índole de la materia regulada. En ese entorno cabe citar en primer lugar el Código de comercio de 22 de agosto de 1885. Su rango no es superior al de cualquier otra Ley mercantil pero el carácter orgánico y la pretensión sistematizadora presentes en todo texto codificado le confieren un significado singular dentro de la legislación mercantil.

El Código de comercio se inspira fundamentalmente en el Código derogado de 30 de mayo de 1829, el llamado Código de Sainz de Andino, que, según apreciación unánime, constituyó una obra jurídica de superior valor técnico al del Código actual. Este añadió muy escasas instituciones a las previstas por aquel, que tampoco resultaron especialmente novedosas en relación con el Derecho previgente. Por este motivo suele afirmarse que nació ya obsoleto. Incapaz de dar respuesta a las exigencias del tráfico mercantil sujetas a un proceso de permanente evolución. Un defecto que, naturalmente, fue agudizándose con el paso del tiempo, sin que se emprendiera una reforma global del mismo. Y que no resulta subsanado por las sucesivas modificaciones que han sufrido algunos de sus preceptos, ya que, al tratarse de sustituciones parciales, han contribuido a oscurecer la coherencia interna del Código. En lugar de emprender la elaboración de un nuevo Código capaz de restablecer la perdida correlación entre instituciones jurídicas y socioeconómicas, el legislador del siglo pasado se inclinó por seguir el llamado proceso de descodificación, que pronto se convirtió en un decidido propósito de anticodificación. Hoy en día, en efecto, la mayor parte de la legislación mercantil se encuentra en leyes especiales, que regulan los aspectos básicos de la disciplina. De ahí que el Código de Comercio tenga un marcado carácter residual.

Con todo, es preciso apuntar que el movimiento anticodificador ha cedido en la actualidad frente a un nuevo proceso, que podemos denominar, "recodificador". En la base de este nuevo modelo se encuentra la convicción de que el Código es el único instrumento que está en condiciones de crear un cuerpo orgánico y sistemático de normas capaz de cumplir el mandato constitucional que obliga al legislador a promover la seguridad jurídica. Se trata de reunir las normas hasta ahora diseminadas en esa profusa legislación especial, difícilmente identificables, dada la propensión del legislador a efectuar continuas modificaciones a través de textos jurídicos de variada naturaleza y rango. En esta línea se inscribe el Anteproyecto de Ley de Código Mercantil, que, según se indicó antes, ha sido redactado sobre la base de la Propuesta de Código Mercantil elaborada en el seno de la sección mercantil de la Comisión General de Codificación.

2.2. Distribución de competencias entre el Estado y las Comunidades Autónomas

Es importante recordar que la legislación mercantil, tal y como ha sido definida, es competencia exclusiva del Estado (art. 149.1.6º CE). Por consiguiente, según el mandato constitucional, el Estado tiene atribuida la competencia no solo para elaborar normas con rango de ley, sino también para disponer los instrumentos normativos de menor rango en ejecución de aquellas. Eso no obstante, la imprecisión técnica en que incurre nuestro texto constitucional en más de una ocasión, cuando no su decidida incomprensión del criterio de delimitación de la mercantilidad, ha propiciado que amplios sectores de materia técnicamente mercantil se hallen mencionados en otros apartados del mismo, lo que ha permitido a las Comunidades Autónomas legislar acerca de ellos o, al menos, ejecutar la normativa estatal. Tal es el caso, por ejemplo, en materia de desarrollo legislativo, de la ordenación del crédito, banca y seguros o de determinadas disposiciones normativas relativas a la propiedad intelectual dictadas en ejecución de leyes estatales. Asimismo, existen otros sectores, como las cooperativas y mutualidades, protección de los consumidores o establecimiento y regulación de Bolsas de comercio y demás centros de contratación de mercancías y valores o Derecho de la Competencia que, pese a versar sobre materias mercantiles de competencia estatal, han sido declaradas de competencia exclusiva o compartida, según los casos, con las Comunidades Autónomas.

Por su parte, los criterios sentados por la jurisprudencia del Tribunal Constitucional distan en muchas ocasiones de ofrecer la firmeza y claridad que es exigible a un Tribunal que debería decidir en atención a parámetros jurídicos, lo que ha dado lugar a innumerables conflictos y tensiones. E impide conseguir la unidad de mercado amparada constitucionalmente y que los operadores económicos demandan, puesto que rompen la coherencia interna exigible a todo sistema, provocando su ineficiencia y generando enormes gastos injustificados.

2.3. Derecho de la Unión Europea

Una mención especial merece la legislación mercantil emanada de los órganos de la Unión Europea. La adhesión de España a las Comunidades Europeas obligó a someterse a un intenso proceso de armonización jurídica con los Derechos estatales de los restantes países miembros, que, en un alto porcentaje, afecta a sectores normativos de índole mercantil. Básicamente se proyecta en el ámbito del Derecho institucional del mercado —derecho de la competencia, derecho de la propiedad intelectual—, en el Derecho de protección de los consumidores y en el Derecho de los operadores económicos del mercado, con particular referencia al Derecho de sociedades y al Derecho contable.

Los instrumentos normativos de los que se vale el Derecho de la Unión Europea son básicamente dos. Se trata de los Reglamentos y las Directivas. Los Reglamentos son normas de directa aplicación en el territorio español, sin necesidad de adoptar medida alguna de ejecución o incorporación. Constituyen, en definitiva, normativa interna española desde el momento de su aprobación por el órgano competente de la Unión Europea. Por el contrario, las Directivas están desprovistas, en principio, de tales efectos directos, ya que precisan la transposición al ordenamiento nacional. Sus destinatarios son los Estados miembros, que se ven compelidos a incorporarlas a la legislación interna mediante el instrumento normativo que consideren conveniente, dentro de los plazos en ellas establecidos. Eso no obstante, existen supuestos especiales en que cabe su aplicación directa, pudiendo sus normas ser invocadas por los particulares ante los Tribunales españoles.

2.4. Derecho Mercantil Internacional

Según lo dicho la legislación comunitaria es, a todos los efectos, Derecho mercantil interno. Se diferencia, por ello, de la legislación mercantil internacional, constituida por los Convenios internacionales, por cuanto su incorporación al ordenamiento interno, como normas directamente aplicables, se produce solo en virtud de explícito y puntual reconocimiento por parte del Estado de conformidad con lo establecido en los artículos 1.5 del Cciv y 96.1 de la Constitución.

La extraordinaria intensificación de los intercambios internacionales como consecuencia de la creciente interdependencia de las economías nacionales, a partir sobre todo de la Segunda Guerra Mundial, puso claramente de manifiesto la inadecuación de los cauces jurídicos a través de los cuales se desenvolvían las relaciones mercantiles internacionales de carácter privado. La disparidad de ordenamientos que pueden confluir en la regulación de un determinado contrato en aplicación de las normas de Derecho Internacional Privado del foro, sus soluciones muchas veces inconciliables, así como la propia inadaptación de la normativa material interna a la realidad del tráfico mercantil internacional impulsó un nuevo proceso unificador que afectó tanto al aspecto conflictual como al material. Nuevo, porque, en alguna medida, este proceso recuerda la uniformidad o internacionalidad con que se configuró el Derecho Mercantil del medioevo y que determinó la coincidencia básica de los Códigos de Comercio europeos del siglo XIX en cuanto a sus contenidos, frente a la diversificación que supuso después la Ley como fuente del Derecho, y, más actualmente, la progresiva y abundante legislación especial. Ahora bien, la unificación actual no obedece en forma absoluta al sentido con que nació el Derecho Mercantil del medioevo. Aquel fue un Derecho de origen esencialmente consuetudinario; mientras que la unificación actual aparece propiciada en parte desde el poder de los Estados. En efecto, este origen peculiar de lo que ha dado en llamarse nuevo Derecho Mercantil Internacional se proyecta sobre sus fuentes, también peculiares, una de las cuales son, según lo dicho, los Convenios internacionales.

En razón del ámbito de aplicación subjetivo, se caracterizan porque, de ordinario, se aplican únicamente cuando exista un elemento internacional que, normalmente, suele ser la distinta nacionalidad de las partes de la relación. En cuanto a su contenido se distinguen los de carácter conflictual y los de índole material. Los primeros integran normas de conflicto, esto es, preceptos que no disciplinan directamente la relación de que se trate. Se limitan a señalar el ordenamiento jurídico estatal que la regula. Históricamente fueron los primeros en surgir. Con los segundos se pretende la unificación y armonización gradual de las normas materiales. Nacen con el objeto de superar los postulados tradicionales del Derecho Internacional Privado para la solución de las controversias a través del método "clínico" de las normas de conflictos de leyes, sistema a todas luces insuficiente, no sólo desde el ángulo de la seguridad jurídica, sino también desde el prisma de su justicia intrínseca y de su acomodación a las particulares exigencias del tráfico internacional. Estas disfunciones pusieron pronto de manifiesto la necesidad si no de sustituirlo —lo que, en principio, no parece factible— al menos, de completarlo con el método "preventivo" en que se resuelve la unificación material. Destacan en este ámbito los intensos esfuerzos de unificación material legislada efectuados por el Instituto Internacional para la Unificación del Derecho Privado (UNIDROIT) y asimismo los de Naciones Unidas, por medio de la "Comisión de Naciones Unidas para el Derecho Mercantil Internacional" (UNCITRAL). En el seno de esta última se gestó, por ejemplo, la Convención de Viena sobre compraventa internacional de mercancías, que constituye en la actualidad el Derecho internacional legislado de la compraventa internacional.

3. El uso mercantil

3.1. Caracterización y clases

El uso mercantil o de comercio surge por la observancia repetida, uniforme y constante de una práctica o conducta determinada de los empresarios en sus negocios. Los usos pueden ser normativos e interpretativos. Cuando al elemento material enunciado, esto es, cuando a la práctica repetida y uniforme, se une la convicción generalizada de que tal práctica constituye una norma jurídica, el uso se denomina normativo. Este tipo de usos se identifica con la costumbre mercantil, por lo que son normas de Derecho objetivo que constituyen fuente del Derecho mercantil. Se trata de una fuente supletoria de segundo grado puesto que se aplica en defecto de Ley mercantil (art. 2 Ccom), salvo en materia de requisitos, modificaciones, excepciones, interpretación y extinción de contratos mercantiles y de capacidad de los contratantes, en que ese lugar es ocupado por el Derecho Común imperativo. Si la norma es dispositiva prevalece el uso sobre la Ley, aunque en tal caso su fuerza de obligar deriva de la voluntad de las partes.

Por el contrario, el uso interpretativo es un simple medio de interpretación del contrato. Su finalidad es variada. Unas veces, es meramente declarativa, en la medida en que se trata de averiguar lo que, en cada caso, las partes han querido realmente. Otras veces, en que se desconoce la voluntad real de los intervinientes, su propósito es tratar de averiguar lo que razonablemente estos últimos han podido querer. En tales casos la interpretación persigue fines integrativos. Este tipo de uso se corresponde con una fase inferior del proceso de formación del uso en que, tras la repetición de la práctica (cláusula de estilo), acaba por sobreentenderse entre los contratantes y el reducido número de personas dedicadas al mismo género de operaciones, pero sin que todavía se aísle de la voluntad de los sujetos intervinientes, ni se les imponga con independencia de ella, como sucede en el uso normativo. Por consiguiente no es fuente del Derecho. Únicamente entra a disciplinar una determinada relación jurídica en la medida en que se presuma que ha sido querido por las partes (art. 57 Ccom). En consecuencia es preciso que las partes no hayan excluido su aplicación. En cualquier caso, debido a la dificultad de conocer su existencia, los usos han de ser probados como "hecho" por quien los alegue (art. 3.1 Cciv).

3.2. La nueva "*lex mercatoria*"

La lentitud con que progresa la unificación legislativa internacional ha venido a favorecer la progresiva formación, en cierto modo espontánea, de un Derecho autónomo del comercio internacional que, en la medida en que tiende a desconectarse de todo ordenamiento jurídico nacional, crea una efectiva uniformidad jurídica, promovida adicionalmente por la existencia de una instancia de aplicación también autónoma, el arbitraje comercial internacional. Ha surgido así lo que se ha dado en llamar una nueva *lex mercatoria* o *new law merchant* constituida, de una parte, por usos comerciales internacionales —tales como los formulados por la Cámara de Comercio Internacional en materia de venta internacional (INCOTERMS) o de créditos documentarios—; y, de otra parte, por contratos-tipo y condiciones generales elaborados por las asociaciones mercantiles profesionales o por organismos internacionales.

Sin embargo no conviene exagerar las actuales dimensiones de la misma. Su importancia tiene menos que ver con el número de reglas y amplitud del campo abarcado que con su precisión y fácil conocimiento por los empresarios. La venta comercial y el crédito bancario son los dos sectores en los que parece haber cristalizado un avance más significativo. Además, no puede identificarse absolutamente con la antigua *Lex Mercatoria*, esto es, con los usos que originaron el Derecho Mercantil. En primer término porque su consistencia jurídica tiende a situarse en el plano de las normas individuales *ex contractu*, incluyendo los usos interpretativos, más que en el propio Derecho consuetudinario. En segundo lugar, porque, a diferencia de aquella, la nueva *Lex Mercatoria* surge en nuestro tiempo con el consentimiento expreso o tácito de las soberanías nacionales. En último término la autonomía radica en un acto de tolerancia de los Estados, naturalmente no incondicionada, al reconocer el principio de *pacta sunt servanda* y al prestar su aparato coercitivo a la ejecución de los laudos o decisiones de los Tribunales internacionales de arbitraje. Con todo, se hace preciso reconocer un fondo de verdad en la pretendida asimilación. La paulatina formación de este conjunto normativo constituye un claro exponente de la uniformidad jurídica reclamada por el comercio internacional y de la presión de la autonormativa que, en este sentido, ha ejercido y ejerce la categoría profesional mercantil; favorecida, además, por la lentitud con que ha progresado la unificación legislativa.

4. Las condiciones generales de la contratación

4.1. Concepto

Se consideran condiciones generales de la contratación aquellas cláusulas que, habiendo sido redactadas con la finalidad de pasar a formar parte de una pluralidad de contratos, se incorporan al contrato por imposición de una de las partes (art. 1.1 LCGC). A consecuencia de ello, la ordinaria determinación bilateral del contenido del contrato es sustituida por la adhesión al clausulado unilateralmente predeterminado por la parte económicamente más fuerte, que le impone en su contratación en serie. Constituyen, por tanto, un instrumento de la contratación mercantil en serie por lo que su utilización es típica de las grandes empresas, en especial de las bancarias y de seguros, de las de suministro, energía y de medios de comunicación, a quienes reportan evidentes ventajas en orden a la agilidad de la contratación. De ahí que se plasmen en los denominados contratos de adhesión o contratos-tipo.

4.2. La exclusión de las fuentes del Derecho

Ninguna de las circunstancias mencionadas en el epígrafe anterior autoriza, sin embargo, a estimar que constituyan fuente autónoma del Derecho Mercantil. Su fuerza de obligar deriva en exclusiva del contrato, sin perjuicio de que, a través de una práctica generalizada, puedan terminar constituyendo un uso y de que, en ocasiones, sean impuestas por el Estado, derivando entonces su fuerza de obligar de la disposición legal en la que se contengan. La LCGC constata esta orientación al disponer que no resulta de aplicación a aquellos contratos en los que las condiciones generales vengan determinadas por una disposición legal o administrativa de carácter general y de aplicación obligatoria para los contratantes (art. 4 LCGC). Ahora bien, son obvios los riesgos que las condiciones generales de la contratación encierran para el adherente. Ciertamente, como advierte la EM LCGC, las cláusulas que merezcan esta consideración no tiene por qué ser abusivas, pero la especificidad de esta forma de contratar exige en cualquier caso su sumisión a normas y controles especiales. Estos controles, que se especifican en la LCGC, se estudiarán en la segunda parte de esta obra.

EMPRESA

Lección 2

Empresa y empresario: teoría general. Adquisición de la condición de empresario

I. LA EMPRESA

1. Concepto económico de empresa

La empresa constituye un fenómeno económico y social sobre el que se proyecta la ordenación jurídica, por lo que parece lógico partir de él como paso previo al análisis de su concepto jurídico. Desde ese punto de vista la empresa es una actividad económica organizada de producción y distribución de bienes y servicios valorables económicamente destinada a satisfacer necesidades humanas en el mercado.

El carácter económico de la actividad se decide en atención a los criterios de gestión adoptados en su desarrollo. En concreto se funda en la racionalidad económica de su ejercicio, lo que se mide en términos de aprovechamiento óptimo de los factores de producción, de coste-beneficio. Este, denominado principio de economicidad, es el dato decisivo para calificar la actividad como económica y, por ende, como constitutiva de empresa, no el fin subjetivo que, al realizarla, se persiga. En particular es indiferente que se trate de un fin de lucro, de un afán de obtener riqueza. Además, la mera creación de riqueza no es suficiente. Se exige que esta tenga lugar a costa de otra riqueza precedente que queda expuesta al riesgo de pérdida. En consecuencia al concepto de empresa es inherente la idea de riesgo. El riesgo de que los costes de la actividad sean superiores a los ingresos que se obtengan de ella.

La actividad constitutiva de empresa es, en segundo lugar, una actividad organizada, lo que significa que el empresario no se limita a yuxtaponer los medios de producción, sino que los enlaza y coordina racionalmente de forma estable con arreglo a un plan en atención a la función económica a la que están destinados, esto es, la producción y distribución de bienes y servicios para el mercado. Debido a ello los medios de producción quedan coligados y funcionalmente afectos al ejercicio de la actividad, dando lugar a una unidad económico-funcional dotada de conexión estructural, lo que autoriza a configurarla como un bien económico-productivo unitario.

La organización se proyecta sobre medios materiales y humanos. Esta última apreciación pone de manifiesto que se trata de un comportamiento de actuación colectiva, conformado por la coordinación de las actividades desarrolladas por diferentes personas bajo la unidad de dirección del titular de la empresa.

Por último, su finalidad es satisfacer necesidades de terceros en el mercado, entendido este como lugar de encuentro de la oferta y la demanda respecto de una determinada mercancía o servicio. Esta exigencia traduce el elemento teleológico o factor coordinador de los diferentes actos que conforman la actividad y hace visible la función de intermediación realizada por el empresario como sujeto que se interpone entre los factores productivos y el consumo.

2. Concepto jurídico de empresa

Por las razones apuntadas antes el concepto jurídico de empresa se basa en el económico. Pero no se identifica con él. Economía y Derecho son ciencias gobernadas por principios diversos, que responden a finalidades también diversas. El "ser", frente al "deber ser". Ciencia descriptiva que formula reglas empíricas, frente a ciencia normativa que responde a criterios de equidad. A consecuencia de ello la noción jurídica de empresa está anudada exclusivamente a aquellos aspectos del fenómeno económico con relevancia para el Derecho. Esto explica que no exista un único concepto jurídico de empresa, sino una pluralidad de nociones diseñadas precisamente en atención a los aspectos económicos relevantes para cada sector del ordenamiento. Hay así un concepto de empresa específico del Derecho fiscal o del administrativo o laboral, por ejemplo.

En el concepto relevante para el Derecho Mercantil se distinguen dos aspectos o perfiles claramente diferenciados. Por un lado, la llamada dimensión *subjetiva* y *funcional*. Con ella se hace referencia al ejercicio profesional de la actividad constitutiva económicamente de empresa. Esta actividad se traduce en la realización por parte del titular de la misma, el empresario, de una serie indefinida de actos jurídicos de naturaleza diversa, pero coordinados y unificados en el plano funcional por la unidad de fin. Por otro lado, el aspecto *objetivo*, en el cual se materializa y objetiva la actividad del empresario. A través de él toma cuerpo y se hace real la idea de organización de bienes, derechos y personas destinados a la prosecución de una finalidad económica. El aspecto objetivo plasma la existencia de este conjunto de bienes que, por estar coordinados entre sí, pueden adquirir un valor superior al que alcanzarían aisladamente cada uno de los diferentes elementos que lo integran y es susceptible además de un tráfico jurídico independiente. Transmisible es, sin embargo, sólo la organización fruto de la actividad del empresario, no la propia actividad creadora que, en cuanto tal, sigue siendo personal e intransferible.

Ahora bien, entre ambos aspectos, es en torno a la noción de actividad donde adquiere relevancia jurídica el fenómeno de la empresa. Este es el rasgo decisivo que opera como factor aglutinador del resto de aspectos o perfiles, en que se desdobla el concepto jurídico-mercantil de empresa. La noción unitaria de empresa descansa en suma en la idea de actividad del empresario, con la consiguiente calificación de empresario y la aplicación del régimen o *status* que el Derecho vincula a dicha condición en razón de su ejercicio. Sin embargo, a diferencia de lo que sucede en el concepto económico, en el jurídico, la actividad ha de ser realizada en nombre propio.

II. EL EMPRESARIO

1. Concepto

Empresario es quien ejercita una actividad empresarial en nombre propio. Desde esta perspectiva cobra su genuina significación el dato técnico de la imputación, esto es, la atribución de derechos, deberes, poderes y responsabilidades que se anudan al ejercicio de la actividad empresarial, porque es el empresario, y no la empresa, el titular de los derechos y obligaciones que la actividad empresarial genera. Y el que responde, por tanto, del cumplimiento de las deudas sobrevenidas en el ejercicio de tal actividad.

El art. 1.1 Ccom no se refiere al empresario, sino al comerciante. Sin embargo, este dato no impide sustituir uno por otro, ya que el comerciante era el único tipo de empresario de la época en que el Código se elaboró. A las empresas comerciales, esto es, las dedicadas a la distribución de bienes, se unieron posteriormente las de producción de bienes y las de prestación de servicios, lo que permite entender que el comerciante era el empresario de antaño. Por lo demás, el propio Código ya alude al empresario en sustitución del comerciante tras las reformas posteriores a su publicación. De otro lado, empresarios son también las organizaciones a quienes la Ley atribuye tal condición, con independencia de que ejerciten o no actividades empresariales, lo que sucede, por ejemplo, en caso de sociedades anónimas o limitadas.

2. *Los profesionales liberales*

Los profesionales liberales comparten con los empresarios el ejercicio de una actividad económica destinada a la prestación de servicios. A diferencia de ella, tradicionalmente se ha tratado de una actividad que no requería el grado de organización ni complejidad que la ejercitada por los empresarios. Al tiempo, los profesionales liberales carecían de ánimo especulativo, limitándose a ejercer su profesión para atender a su subsistencia y a la de su familia. Sin embargo, en la actualidad, junto a aquellos cuya actividad conserva estas características, existen otros que coordinan y organizan los factores de producción igual que los empresarios, adoptando en ocasiones formas jurídicas mercantiles para el ejercicio de la actividad profesional. A pesar de ello, no adquieren la condición de empresarios, aunque sería conveniente aplicarles, al menos, parte del estatuto de aquellos debido a las características comunes que comparten. Como excepción son empresarios si el tipo social que adoptan es mercantil por la forma. Por lo demás, la Ley 2/2007 de 15 de marzo de Sociedades Profesionales permite la constitución de sociedades para el ejercicio en común de actividades profesionales con arreglo a cualquiera de las formas societarias prescritas en las leyes (art. 1.2 LSP), incluyendo, por tanto, también las sociedades de capitales.

3. *Clases de empresarios*

3.1. Empresario individual

3.1.1. Caracterización. Adquisición y pérdida de la condición de empresario

El empresario individual es la persona natural que ejercita en nombre propio, por sí o por medio de representante, una actividad constitutiva de empresa. Para adquirir tal condición se precisa únicamente gozar de capacidad y ejercer profesionalmente la actividad constitutiva de empresa. No se requiere ninguna titulación académica o profesional, salvo supuestos muy excepcionales como los relacionados con el área de la salud, ni la presentación u obtención de certificado o documento alguno, que únicamente están previstos en la legislación fiscal. Eso no obstante, si se pretende la inscripción en el Registro Mercantil deberá acompañar acreditación de hacer presentado la "declaración de comienzo de la actividad empresarial" ante la Administración tributaria (art. 89 RRM).

Ostentan capacidad legal para el ejercicio habitual del comercio las personas mayores de edad que tengan la libre disposición de sus bienes (art. 4 Ccom). Por consiguiente carecen de ella los menores y emancipados, porque, aunque rigen su persona y bienes como si fueran mayores de edad, no reúnen el requisito de gozar de la libre disposición de sus bienes, ya que, hasta que lleguen a la mayoría de edad, no pueden tomar dinero a préstamo, gravar o enajenar bienes inmuebles y establecimientos mercantiles o industriales u objetos de extraordinario valor sin consentimiento de sus padres o tutores, o en el caso de emancipados, sin el consentimiento de su defensor judicial (at. 247 Cciv).

Como excepción a esta regla general, basada en el principio de continuidad de la empresa, se admite que los menores de edad puedan continuar el comercio que hubieran ejercido sus padres o causantes por medio de sus guardadores, esto es, sus representantes legales (art. 5 Ccom). En esa hipótesis, empresario será el menor, según las notas que integran el concepto general. En fin, si aquellos tuvieran alguna incompatibilidad deberán nombrar uno o más factores que reúnan las condiciones legales, quienes les suplirán en el ejercicio de la empresa.

En relación con las personas con discapacidad para el ejercicio de su capacidad jurídica, necesitarán el apoyo de un curador. En cualquier caso, el curador precisará autorización entre otros supuestos, para enajenar o gravar bienes inmuebles, y establecimientos mercantiles o industriales, dar y tomar dinero a préstamo y prestar aval o fianza (art. 287 Cciv).

En cuanto al requisito del ejercicio de la actividad constitutiva de empresa cabe mencionar que el Ccom presume su concurrencia desde que la persona que se proponga ejercerla "anunciare por circulares, periódicos, carteles, rótulos expuestos al público, o de otro modo cualquiera, un establecimiento que tenga por objeto alguna operación mercantil" (art. 3 Ccom). Se trata, con todo, de una presunción, por lo que puede ser destruida mediante prueba en contrario. De otro lado, el Ccom exige que la actividad sea habitual (art. 1.1 Ccom) lo que constituye un requisito superfluo, pues la habitualidad está incluida en la dedicación al comercio; impreciso, porque no es posible determinar el número de actos necesarios para que la exigencia legal se estime cumplida; e insuficiente, ya que la actividad constitutiva de empresa no significa una mera realización reiterada de actos, como literalmente da a entender. La aceptación de letras de cambio, por ejemplo, no atribuye la condición de empresario aunque sea realizada con habitualidad. En atención a ello procede sustituir la habitualidad por la profesionalidad. Ambas tienen en común la repetición de actos, la estabilidad y continuidad en el ejercicio de la empresa, pero, según la doctrina tradicional, la última se compone, además, de otros tres elementos, la organización, la exteriorización y el fin de lucro. En la actualidad, sin embargo, este último elemento no se considera esencial al concepto de empresario, por los motivos esgrimidos en el epígrafe relativo al concepto económico de empresa.

La pérdida de la condición de empresario puede producirse de forma voluntaria, cuando se cesa en la actividad, o de manera involuntaria, como es el caso del fallecimiento o de la incapacitación.

3.1.2. Prohibiciones e incompatibilidades

Existen casos en que el ordenamiento prohíbe el desarrollo de actividades mercantiles a quien goza de capacidad, por diversas razones anudadas al fundamento genérico del interés público o al privado del beneficiario.

Las prohibiciones pueden ser absolutas (art. 13 CCom) o relativas (art. 14 CCom). Las primeras afectan a aquellas personas que, por leyes o disposiciones especiales, tienen vetado el ejercicio de todo tipo de actividades empresariales en el conjunto del territorio nacional. Ejemplo de ellas son las relativas a los miembros del Gobierno de la nación y los altos cargos de la Administración General del Estado (Ley 3/2015, de 30 de marzo, reguladora del ejercicio del alto cargo de la Administración General del Estado) y las que afectan a los jueces, magistrados y fiscales (art. 14 Ccom, art. 389.8º LOPJ y art. 57.7 de la Ley 50/1981 de 30 de diciembre por la que se regula el Estatuto Orgánico del Ministerio Fiscal).

Las prohibiciones relativas impiden el desarrollo de la actividad empresarial sólo en el ámbito territorial en el que la persona desempeñe sus funciones, o únicamente respecto de ciertas actividades. Se trata, por ejemplo, de las que afectan a los funcionarios públicos, que no pueden desempeñar actividades que impidan o menoscaben el estricto cumplimiento de sus deberes como funcionarios, comprometan su imparcialidad o independencia o perjudiquen los intereses generales. En particular aquellas que se relacionen directamente con las que desarrolle el Departamento, Organismo o Entidad donde estuvieran destinados (Ley 20/1982 de 9 de junio sobre incompatibilidades en el sector público y Ley 53/1984 de 26 de diciembre de incompatibilidades del personal al servicio de las administraciones públicas). Son también prohibiciones relativas las que afectan a los socios colectivos (arts. 136 y 137 Ccom), los factores (art. 288 Ccom) o los administradores de la sociedad de responsabilidad limitada (art. 230.2 LSC). Ninguno de ellos puede ejercer la misma actividad que constituya la empresa del principal o de la sociedad. Estas prohibiciones alcanzan no sólo a quienes ejercitan la actividad de empresa por sí, sino también a quienes la llevan a cabo a través de tercero interpuesto (cfr. art. 14 Ccom).

Aunque es discutible, como norma puede aceptarse que, a diferencia de los actos realizados por un incapaz, los ejecutados por quien está incurso en una prohibición, son plenamente eficaces. La disciplina sobre incapacidad pretende la protección del incapaz por lo que permite a este o a su representante, si aquel se siente perjudicado, instar la anulabilidad del contrato. En los negocios realizados por quien se halla afectado por una prohibición la consecuencia no debe ser la nulidad —ya que con ello se liberaría al infractor de su obligación en perjuicio de tercero— sino la imposición de sanciones.

Las sanciones pueden ser administrativas, que son las procedentes en caso de prohibiciones absolutas y relativas referidas al territorio; o civiles, que se aplican en la mayor parte de las relativas atinentes a la actividad, vgr. la exclusión del socio colectivo o el cese del factor. Mención especial merece la prohibición absoluta prevista para las personas que sean inhabilitadas conforme a la Ley Concursal mientras no haya concluido el período de inhabilitación fijado en la sentencia de calificación del concurso (art. 13.2° Ccom), que puede oscilar entre dos y quince años (art. 172.2.2° LC), y ser salvada, en el supuesto de Convenio, por expresa autorización judicial en la que se autorice al inhabilitado a continuar al frente de la empresa o como administrador de la sociedad concursada. En tal caso, los efectos de la autorización se limitarán a lo específicamente previsto en la resolución judicial que la contenga (art. 13.2° Ccom).

3.2. Empresario persona jurídica

Entre las personas jurídicas que poseen la condición de empresario destacan sin duda las sociedades mercantiles. A ellas dedicaré una parte esencial de este libro por lo que ahora haré únicamente referencia a sus características más generales.

3.2.1. Sociedades mercantiles

En lo atinente a los requisitos para adquirir la condición de empresario cabe distinguir dos grandes grupos de sociedades. Por un lado, los denominados empresarios por razón de la forma, sociedades que adquieren esta condición por disposición legal sólo por haber adoptado una determinada forma. Es el caso de las sociedades de capital, sustancialmente la SA, la SL y la SCa (art. 2 LSC), que tienen carácter mercantil tanto desde un punto de vista objetivo como subjetivo, con independencia de su objeto. A este grupo pertenecen también las sociedades cooperativas y las mutuas, a pesar de los ambiguos datos legales. Por otro lado, las sociedades cuya mercantilidad subjetiva (condición de empresario) se determina por la actividad a la que se dedican, de manera que si ésta consiste en el ejercicio de una empresa, su carácter mercantil en razón de esta circunstancia determina también la adquisición de la condición de empresario. De este tipo son las sociedades de personas, es decir, la SCo y la SCom. Un caso especial representan las sociedades constituidas al amparo del art. 1670 del Cciv, norma que permite la fundación de sociedades con objeto civil pero con forma mercantil. A estas sociedades "les serán aplicables las disposiciones del Ccom en cuanto no se opongan a las del Cciv". Lo que significa que el contenido de derechos y obligaciones que derivan del contrato se rige por el Ccom, pero la sociedad en cuanto tal no adquiere la condición de empresario, por ser las normas del estatuto del empresario las que se oponen a las disposiciones del Cciv.

Por otra parte, conviene tener en cuenta que, en el marco de la intervención de los poderes públicos en la vida económica y dentro del denominado Estado social de Derecho, se han ido separando paulatinamente ámbitos de actividad que, por razones de interés público, han quedado sometidos al control del aparato administrativo del Estado a través de la supervisión de las entidades que las ejercen. Su ámbito de aplicación abarca sustancialmente a las Entidades de Crédito, las de Seguros y las Empresas de Servicios de Inversión. Con aquel objeto se les exigen licencias o autorizaciones administrativas para el ejercicio de la actividad empresarial de que se trate. En esos casos, el art. 84 RRM establece que, salvo que otra cosa disponga la legislación especial, no podrá practicarse la inscripción en el RM del sujeto que pretenda realizar actividades, cuya inclusión en el objeto requiera licencia o autorización administrativa, si no se acredita su obtención. La misma regla se aplicará a la inscripción de actos posteriores sujetos a licencia o autorización administrativa. Adicionalmente este tipo de entidades se halla sujeto a la inscripción en registros de carácter administrativo. El art. 85.1 RRM declara a estos efectos que, salvo que otra cosa disponga la legislación especial, no será necesaria la previa inscripción en los Registros administrativos para la inscripción en el RM en la inteligencia de que el control por parte de la Administración ha sido ya ejercido en el momento anterior al solicitar la autorización administrativa. Por este motivo, el RM desempeña más bien la función de facilitar una información ordenada sobre las distintas entidades y las modificaciones que las mismas o su actividad puedan sufrir. A fin de coordinar, no obstante, la inscripción entre ambos Registros, el art. 85.2 RRM establece que, una vez practicada la inscripción en el Registro administrativo, se consignarán, previa solicitud del interesado, los datos de aquella inscripción en el RM. Con todo, tal y como se encarga de recordar el RRM, estas disposiciones se aplican salvo que otra cosa se disponga en la legislación especial que regula estas entidades, que, en muchos casos, en efecto, prevé un régimen distinto. De igual modo que no regula de manera homogénea las consecuencias derivadas del incumplimiento de los requisitos administrativos.

3.2.2. Las asociaciones

La regulación de las asociaciones se encuentra en la LODA y en las Leyes autonómicas de asociaciones, que se aplican con preferencia a la primera, salvo que se trate de preceptos declarados de carácter orgánico por la LODA. Las asociaciones adquieren la condición de empresario con sujeción al mismo criterio que las sociedades de personas, esto es, en el momento en que ejerciten una actividad empresarial, con independencia de que sea principal o accesoria de la que constituye su objeto. Este hecho no las priva, sin embargo, de su carácter de asociación puesto que la LODA veta únicamente que los beneficios se repartan entre los asociados, hipótesis que las convierte en sociedades mercantiles irregulares. Pero no prohíbe que las asociaciones ejerciten actividades empresariales, ni que pretendan obtener ganancias, siempre que se destinen a los fines de la asociación (art. 13.2 LODA).

Ahora bien, a pesar de su condición de empresario, no están sujetas a la mayor parte de las normas que integran el estatuto de este. En efecto, no pueden acceder al RM, dado el principio de *numerus clausus* de los sujetos inscribibles (art. 16 Ccom). En cuanto a la contabilidad la LODA exige que la lleven "conforme a las normas específicas que les resulten de aplicación" (art. 14.1 LODA), que no son las del Ccom y normas concordantes, si no han adquirido la condición de empresario. Aunque la LODA dispone que las cuentas deberán aprobarse anualmente por la Asamblea General (art. 14.3 LODA), se trata de las cuentas que dispongan los estatutos, no necesariamente de las cuentas anuales formadas según el Ccom y normas concordantes siempre que, igual que antes, no gocen de la condición de empresario. Como excepción las asociaciones de utilidad pública están sometidas al RD 1491/2011, de 24 de octubre, por el que se aprueban las normas de adaptación del Plan General de Contabilidad a las entidades sin fines lucrativos y el modelo de plan de actuación de las entidades sin fines lucrativos.

3.2.3. Las fundaciones

Las fundaciones están reguladas en la LF estatal y en las Leyes autonómicas sobre fundaciones. Son organizaciones sin ánimo de lucro dotadas de personalidad jurídica cuyo sustrato no es personal, sino patrimonial. Son patrimonios afectos a la realización de los fines de interés general establecidos por el fundador. Pueden realizar actividades empresariales directamente, siempre que su objeto esté relacionado con los fines fundacionales, o sean complementarias o accesorias de las mismas (art. 24.1 LF), supuesto en que adquirirán la condición de empresarios. O a través de la participación en sociedades mercantiles, con la condición de que se trate de sociedades cuyos socios no respondan personalmente de las deudas sociales (art. 24.3 LF). En cualquier caso, han de destinar el 70% de los ingresos netos que obtengan a la realización de los fines fundacionales (art. 27.1 LF). Si realizan directamente actividades empresariales deberán ajustar su contabilidad a lo establecido en el Código de comercio (art. 25.9 LF). En los demás casos, las fundaciones de competencia estatal adoptarán el modelo de contabilidad previsto para las entidades no lucrativas (art. 3 del Real Decreto 1491/2011, de 24 de octubre, por el que se aprueban las normas de adaptación del Plan General de Contabilidad a las entidades sin fines lucrativos y el modelo de plan de actuación de las entidades sin fines lucrativos).

Una modalidad destacada de fundación son las Cajas de Ahorro. A pesar de sus características peculiares, que las obligan a dedicar a obras benéfico-sociales una parte relevante de los beneficios obtenidos por el ejercicio de su actividad, se trata de entidades de crédito por lo que realizan una actividad inequívocamente mercantil, que les confiere la condición de empresario. En su razón están sometidas al deber de inscripción en el Registro Mercantil (art. 16.1.3º Ccom y arts. 270 a 276 RRM) y al deber de contabilidad con la misma extensión que los empresarios de su clase.

3.2.4. Las empresas públicas

Por empresa pública se entiende cualquier empresa en la que los poderes públicos puedan ejercer, directa o indirectamente, una influencia dominante en razón de la propiedad, de la participación financiera o de las normas que la rigen. En particular, en el ámbito de la Administración General del Estado, se consideran empresas públicas, las entidades a que se refiere el artículo 166.1 de la Ley 33/2003 de 3 de noviembre del Patrimonio de las Administraciones Públicas; mientras que, en el ámbito autonómico y local, se consideran empresas públicas las entidades en las que concurran las circunstancias mencionadas al comienzo de este párrafo sin más especificaciones (art. 2 Ley 4/2007 de 3 abril de transparencia de las relaciones financieras entre las Administraciones públicas y las empresas públicas, y de transparencia financiera de determinadas empresas).

Las empresas públicas están mencionadas en nuestro ordenamiento en múltiples textos normativos de distinto rango y ámbito de aplicación con un contenido dispar, cuyo rasgo caracterizador es la marcada diversidad y multiplicidad de formas organizativas que caben en él. En ocasiones, adoptan formas públicas de personificación (por ejemplo, las entidades públicas empresariales, que son organismos públicos); mientras que en otras, acuden a estructuras organizativas privadas, como ocurre sustancialmente con los tipos mercantiles de sociedad (en particular la sociedad anónima). Sus actividades y finalidades tampoco son homogéneas. Hay veces que desarrollan única y exclusivamente un servicio público. Otras realizan sus actividades en atención a estrictos criterios de mercado. Finalmente, su régimen jurídico, que difiere sustancialmente según la forma jurídica adoptada, combina la sujeción a normas de carácter público con la remisión a disposiciones de índole jurídico-privada.

4. Responsabilidad del empresario

4.1. Consideraciones generales

Como todo otro sujeto el empresario responde del cumplimiento de sus obligaciones legales, contractuales, cuasicontractuales o extracontractuales (art. 1089 Cciv) con todos sus bienes presentes y futuros (art. 1911 Cciv). Esta máxima se aplica al empresario individual y al social. Al respecto del primero conviene indicar que le está vetado constituir un patrimonio separado al que limitar la responsabilidad derivada del ejercicio de su actividad empresarial, salvo que se trate de un "emprendedor de responsabilidad limitada". En cuanto a las sociedades, responden de sus obligaciones con la totalidad de su patrimonio, cualquiera que sea su forma jurídica. Incluso las sociedades "con responsabilidad limitada" puesto que la limitación afecta a las relaciones entre el socio y la sociedad. Esta no puede exigir a aquel más de lo que se comprometió a aportar. Pero no atañe a la sociedad frente a terceros. Respecto de ellos responde de manera ilimitada, con todo su patrimonio.

4.2. Responsabilidad contractual

La responsabilidad contractual del empresario no ofrece rasgos peculiares de relevancia que separen su disciplina de la prevista en general en el Derecho Común (arts. 1101, 1105 y 1107 Cciv).

4.3. Responsabilidad extracontractual

En materia de responsabilidad extracontractual hay que distinguir un régimen general, que afecta a cualesquiera empresarios, con independencia de la índole de la actividad a la que se dediquen, y un régimen especial, previsto en exclusiva para los fabricantes, importadores y proveedores de productos.

4.3.1. Régimen general

En el régimen general de responsabilidad extracontractual, el empresario está obligado a reparar los daños que cause por sus acciones u omisiones dolosas o culposas (art. 1902 Cciv), lo que, según el modelo común, obliga al tercero que reclame a acreditar la concurrencia de todos esos presupuestos, incluida la culpa del agente. A pesar de ello existe una tendencia consolidada en la jurisprudencia que permite presumir la culpa. A través de este expediente se invierte la carga de la prueba, de modo que será el empresario quien tenga que acreditar que no actuó de forma negligente si quiere librarse de la responsabilidad. Esta doctrina se aplica con independencia de que el dañado sea, o no, consumidor puesto que se fundamenta en la llamada "teoría del riesgo", en cuyo marco quien genera el riesgo soporta la obligación de indemnizar, ya que debe asumir las consecuencias de una actividad que ha decidido desarrollar en beneficio propio. La obligación de indemnizar constituye, por tanto, una especie de contrapartida del lucro obtenido con la actividad peligrosa.

4.3.2. Responsabilidad del productor

El empresario está sometido a una responsabilidad adicional en caso de daños causados por defectos de los productos que, respectivamente, fabrique o importe (art. 135 TRLCU). La responsabilidad alcanza al proveedor en dos hipótesis. En primer término, cuando el productor no pueda ser identificado. En ese caso será considerado como tal el proveedor del producto, a menos que indique al dañado o perjudicado la identidad del productor, o de quien le hubiera suministrado o facilitado a él dicho producto. Esta regla será de aplicación en el caso de un producto importado, si no indica el nombre del importador, aun cuando se indique el nombre del fabricante (art. 138.2 TRLCU). Responde, en segundo lugar, cuando haya suministrado el producto defectuoso a sabiendas de la existencia del defecto; si bien podrá ejercitar la acción de repetición contra el productor (art. 146 TRLCU).

Se trata de una responsabilidad objetiva, puesto que el perjudicado no tiene que probar la culpa del fabricante (art. 139 TRLCU). Pero no es absoluta. En primer término, porque este último puede exonerarse si acredita la concurrencia de alguna de las circunstancias previstas en el art. 140.1 TRLCU. Entre ellas destaca la relativa a que el estado de la ciencia y la técnica existente en el sector industrial concreto, en el momento de la puesta en circulación del producto, no permita apreciar la existencia del defecto, salvo que se trate de medicamentos y productos alimenticios destinados al consumo humano (art. 140.3 TRLCU). En segundo lugar, porque la responsabilidad es susceptible de ser reducida, o incluso suprimida, en función de las circunstancias del caso, si el daño causado fuera debido conjuntamente a un defecto del producto y a culpa del perjudicado, o de una persona de la que éste deba responder civilmente (art. 145 TRLCU). También es una responsabilidad limitada, tanto en lo relativo a los daños indemnizables, como a la cuantía de la indemnización (arts. 141 y 142 TRLCU).

Debe dejarse constancia de que está siendo objeto de revisión la Directiva 85/374/CEE del Consejo, de 25 de julio de 1985, relativa a la aproximación de las disposiciones legales, reglamentarias y administrativas de los Estados Miembros en materia de responsabilidad por los daños causados por productos defectuosos, con la finalidad de modernizar el régimen existente sobre responsabilidad objetiva de los fabricantes por los productos defectuosos. Se trata de crear por vez primera un marco armonizado en materia de responsabilidad civil vinculada a la inteligencia artificial. Para ello, se incorporarán nuevas reglas para determinar la indemnización por daños y perjuicios cuando los productos/bienes como robots, drones o sistemas domésticos inteligentes resulten inseguros a raíz de actualizaciones de programas informáticos o servicios digitales que sean necesarios para que funcione el producto, así como cuando los fabricantes no subsanen los puntos vulnerables de seguridad.

4.3.3. Responsabilidad por actos de dependientes

El empresario responde de los daños causados por sus dependientes (art. 1903 IV Cciv). A estos efectos, se considera dependiente cualquier persona en situación de subordinación jerárquica al empresario en sentido amplio, no estrictamente jurídico-laboral. Objetivamente, la responsabilidad abarca los daños causados por aquellos en el servicio del ramo que tuvieren encomendado o con ocasión de sus funciones, circunstancias que se presumen en beneficio del perjudicado. Se trata, por consiguiente, de una responsabilidad propia por hecho ajeno cuyo fundamento se encuentra en la culpa *in eligendo* o *in vigilando*. Es, además, directa, no subsidiaria, de modo que el dañado puede dirigirse contra el empresario, contra el dependiente o contra ambos a la vez, en cuyo caso se aplica la regla de la solidaridad. El empresario, no obstante, puede repetir contra el dependiente lo que hubiera satisfecho (art. 1904 I Cciv). Es, finalmente, una responsabilidad por culpa que, no obstante, se presume, invirtiéndose por ello la carga de la prueba (art. 1903 VI).

4.4. El "emprendedor de responsabilidad limitada"

Se consideran emprendedores aquellos sujetos que, independientemente de su condición de persona física o jurídica, desarrollen una actividad económica empresarial o profesional (art. 3 LAEI). El emprendedor persona física podrá limitar su responsabilidad mediante la asunción de la condición de "emprendedor de responsabilidad limitada" (art. 7 LAEI). Esta condición se adquiere mediante la inscripción del emprendedor en el Registro Mercantil, en la que se hará constar la relación del activo no afecto (art. 9.1 LAEI).

Pueden beneficiarse de la limitación de responsabilidad la vivienda habitual del deudor, y los bienes de equipo productivo afectos a la explotación y los que los reemplacen debidamente identificados en el Registro de Bienes Muebles. En la inscripción del emprendedor en el Registro Mercantil correspondiente a su domicilio se indicará el bien inmueble, propio o común, y los bienes de equipo productivo, que se pretende que no queden obligados por las resultas del giro empresarial o profesional.

Para su oponibilidad a terceros, la no sujeción de la vivienda habitual o los bienes de equipo deberá inscribirse en el Registro de la Propiedad y en el Registro de Bienes Muebles (art. 10.1 LAEI). No podrá beneficiarse de la limitación de responsabilidad el deudor que hubiera actuado con fraude o negligencia grave en el cumplimiento de sus obligaciones con terceros, siempre que así constare acreditado por sentencia firme o en concurso declarado culpable (art. 7.4 LAEI). La limitación de responsabilidad alcanza a las deudas que traigan causa del ejercicio de la actividad empresarial o profesional del emprendedor y se resuelve en la no sujeción a dicha responsabilidad de los bienes inscritos como no afectos en los Registros anteriores, que pueden ser tanto bienes propios del emprendedor como bienes comunes, en caso de ejercicio de actividades empresariales por persona casada. La exclusión de afección de la vivienda habitual exige que el valor de esta no supere los 300.000 euros (art. 8.2 LAEI).

El emprendedor inscrito deberá hacer constar en toda su documentación, con expresión de los datos registrales, su condición de "emprendedor de responsabilidad limitada" o mediante la adición a su nombre, apellidos y datos de identificación fiscal de las siglas "ERL" (art. 9.2 LAEI). Asimismo, deberá formular y, en su caso, someter a auditoría las cuentas anuales correspondientes a su actividad empresarial o profesional de conformidad con lo previsto para las sociedades unipersonales de responsabilidad limitada y depositar dichas cuentas anuales en el Registro Mercantil. Transcurridos siete meses desde el cierre del ejercicio social sin que se hayan depositado las cuentas anuales en el Registro Mercantil, el emprendedor perderá el beneficio de la limitación de responsabilidad en relación con las deudas contraídas con posterioridad al fin de ese plazo. Recuperará el beneficio en el momento de la presentación. No obstante lo anterior, aquellos empresarios y profesionales que opten por la figura del emprendedor de responsabilidad limitada y que tributen por el régimen de estimación objetiva, podrán dar cumplimiento a las obligaciones contables y de depósito de cuentas previstos en este artículo mediante el cumplimiento de los deberes formales establecidos en su régimen fiscal y mediante el depósito de un modelo estandarizado de doble propósito, fiscal y mercantil, en los términos que se desarrollen reglamentariamente (art. 11 LAEI).

III. EL CONSUMIDOR. DERECHO DEL CONSUMO Y DERECHO MERCANTIL

1. *El consumidor*

A pesar de los esfuerzos armonizadores realizados a instancias de la Unión Europea la delimitación de la noción de consumidor no deja de plantear dificultades. Sirva como ejemplo el hecho de que en la legislación europea se circunscribe a las personas naturales; mientras que en el Derecho español se insiste en incluir también a las personas jurídicas (art. 3 TRLCU). Por lo demás, tampoco el Derecho interno emplea una noción unívoca. Baste con decir que, al tiempo que el art. 3 TRLCU alude a él como persona física o jurídica que actúa en un ámbito ajeno a una actividad empresarial o profesional, la LOCM, según quiere obligar a entender la EM del TRLCU, comprende también al empresario que adquiere el bien para su consumo empresarial.

2. Derecho del Consumo

La ambigüedad del concepto de consumidor se explica en gran medida porque su noción concreta varía según el ámbito de protección que pretenda otorgársele en el caso. Resulta, en efecto, que lo que se ha dado en llamar Derecho del Consumo, como si se tratara de un sector del ordenamiento jurídico de carácter sistemático y orgánico, dotado de coherencia interna y propias normas y principios, no resiste tal caracterización, como demuestra, sin más, el TRLCU, que no pasa de ser una concatenación de normas inconexas, y en el que, por cierto, ni siquiera se ha conseguido "armonizar" el ámbito subjetivo de aplicación.

En realidad la protección del consumidor no pasa de ser un principio general informador del ordenamiento jurídico, constitucionalmente garantizado (artículo 51.1 CE), que comprende la protección de intereses de la más variada índole, extracción, grado y forma de tutela. En efecto, sucintamente se trata de la salud y la seguridad personal, de los llamados intereses civiles del ciudadano y de los "legítimos intereses económicos y sociales", cuya cobertura se lleva a cabo con un instrumentario jurídico de los más heterogéneo puesto que comprende no solo disposiciones legales tradicionales, sino también políticas estatales y autonómicas y mecanismos de representación de los intereses de los consumidores en las instituciones responsables de la realización de la política del consumo.

Por su parte, las disposiciones legales son asimismo de lo más dispar. No solo porque convergen en la reglamentación normas de carácter público y privado, sino también porque, en este último ámbito, la lista de disposiciones que confluyen en la ordenación del fenómeno no es en modo alguno reducida. Centrándonos únicamente en los intereses económicos, y sin ánimo de exhaustividad, es forzoso recordar los instrumentos de tutela elaborados en los últimos años en los sectores de la propiedad intelectual, competencia desleal y libre competencia, así como en materia de publicidad comercial, control de las condiciones generales de contratación, seguros, crédito al consumo o contratación.

Esta breve exposición confirma sin asomo de duda que el pretendido Derecho del Consumo o de los consumidores, más que un "Derecho", es una política social especial comprendida en la política general, cuyo desarrollo normativo, a la luz de nuestra Constitución económica (ex arts. 51 y 53), no conforma un sector autónomo del ordenamiento, sino que, al nutrirse de un conjunto de reglas jurídicas heterogéneas, se fragmenta necesariamente en sectores diversos del ordenamiento jurídico, según sea la naturaleza y contenido material de la norma, como no ha podido dejar de reconocer el Tribunal Constitucional, a pesar de la tibieza con que se ha enfrentado como regla a esta cuestión.

3. *Contratos con consumidores y Derecho Mercantil*

Los contratos con consumidores deben sistematizarse como cualesquiera otros contratos en atención a su causa y, ubicarse, con arreglo a ella, en su sede correspondiente. Esta reglamentación debe ser además uniforme para todo el Estado, no solo porque así lo exige el principio de unidad de mercado avalado por la Constitución, sino, sobre todo, por la naturaleza de las normas implicadas que son, sin duda, de carácter mercantil. Pues no puede cuestionarse, sin negar los hechos, que este sector del ordenamiento nació y se desarrolló en atención a las exigencias del tráfico profesional de los comerciantes/empresarios, que fue y es, por principio, un tráfico de intermediación de los empresarios con terceros, sin otra calificación.

Con fundamento en la llamada "doctrina de los actos mixtos" es preciso concluir que, incluso las disposiciones del Ccom, no están destinadas sólo a regular la organización y el estatuto del empresario, sino que se aplican, mediante la derogación de las normas correspondientes del Derecho civil, también a los no comerciantes, es decir, a cualesquiera ciudadanos que, por la vía de los actos de consumo, contratan directamente con aquellos. Esta apreciación viene siendo compartida por los últimos textos legislativos, ya sea porque se inclinan abiertamente por el carácter mercantil de los contratos que regulan; ya sea porque remiten, como normas de aplicación supletoria, a las disposiciones legales que regulan los contratos civiles y mercantiles (vid. arts. 19, y 142 TRLCU, por ejemplo). Esta circunstancia constata definitivamente el carácter mercantil de la disciplina ya que es evidente que la referencia a los contratos mercantiles solo tiene sentido si el contrato es mercantil, actuando el Derecho Civil como supletorio en aplicación del sistema de fuentes previsto en el art. 50 Ccom. Con ello, por otra parte, vuelve a confirmarse la constante evolución y adaptación del Derecho Mercantil a las necesidades del tráfico, en esta ocasión mediante la penetración de los intereses generales en la normativa que lo integra, en la que se incluyen las llamadas normas de protección material del consumidor como parte débil del contrato.

En este marco de coherencia no puede dejar de sorprender la redacción que ha efectuado la Ley 3/2014, de 27 de marzo en el art. 59.2 TRLGCU. Con anterioridad disponía que "los contratos con consumidores y usuarios se regirán, en todo lo que no esté expresamente establecido en esta norma o en leyes especiales, *por las disposiciones legales que regulan los contratos civiles y mercantiles*". Ahora establece que "los contratos con consumidores y usuarios se regirán, en todo lo que no esté expresamente establecido en esta norma o en leyes especiales, por el derecho común aplicable a los contratos". Dado que, en el ámbito de la normativa sobre consumo, el legislador no suele ser especialmente preciso al utilizar las categorías jurídicas no se sabe si con la expresión "derecho común aplicable a los contratos" ha querido excluir el Derecho Mercantil o, simplemente, como parece más razonable, los derechos forales y la normativa autonómica.

Lección 3

Deber de documentación y contabilidad de las operaciones mercantiles

I. CONTABILIDAD

1. Contabilidad y Derecho Contable. Caracterización y composición del Derecho Contable

La llevanza de la contabilidad por parte de los empresarios obedece en sus orígenes a razones económicas derivadas de las necesidades de organización interna de la empresa, esto es, al interés del propio empresario por conocer la situación de su empresa, o mejor, por conocer cómo se ha obtenido el beneficio o la pérdida. De ahí deriva la nota característica y privativa que, ordinariamente, se atribuye a la contabilidad desde un punto de vista económico, esto es, la posibilidad de explicar y justificar los resultados obtenidos en la actividad de empresa. El Derecho se limita más tarde a regular lo que, por los motivos apuntados, ya era uso constante en el comercio.

La obligatoriedad de la contabilización de las operaciones mercantiles fue finalmente impuesta por el Estado por razones de interés general. Entre ellas cabe destacar, por un lado, el interés de los acreedores en contar con la garantía de una administración ordenada; por otro, el del propio Estado, por motivos de orden económico general y, sobre todo, de índole fiscal; y también intereses derivados de exigencias del orden público económico, ligados, en especial, a situaciones de crisis de la empresa, a fin de que en tales supuestos sea posible reconstruir la integridad del patrimonio del deudor. En su razón se ha consolidado, dentro del Derecho Mercantil, un verdadero y propio Derecho contable, compuesto, por ende, por genuinas normas jurídicas, plenamente vinculantes, y no por simples principios contables de general aceptación, como antaño. Esta apreciación permite asegurar que resultan de obligada aplicación y que, por tanto, se impone el control judicial de las mismas.

Este Derecho Contable se compone de disposiciones legales insertas en instrumentos comunitarios, —entre los que destaca el Reglamento (CE) 1606/2002 del Parlamento Europeo y del Consejo de 19 de julio de 2002 relativo a la aplicación de las normas internacionales de contabilidad—, en el Ccom, en el RRM, en la normativa societaria y en la del mercado de valores. Junto a ellas ocupan un lugar destacado las normas técnicas, incluidas en legislación sobre auditoría y en los Reales Decretos 1514/2007, por el que se aprueba el Plan General de Contabilidad, y 1515/2007, de 16 de noviembre, por el que se aprueba el Plan General de Contabilidad de Pequeñas y Medianas Empresas y los criterios contables específicos para microempresas. Y, finalmente, las denominadas normas blandas de desarrollo emitidas por los institutos públicos competentes, en particular el ICAC.

2. *Formación y armonización del Derecho Contable*

En el proceso de formación del Derecho Contable ha tenido una relevancia fundamental la legislación europea. Desde ella se ha propiciado una armonización contable internacional con el propósito básico de alcanzar un alto grado de transparencia y comparabilidad de la información financiera que se facilita a socios y terceros. Ambos requerimientos se consideran indispensables para lograr un mercado integrado de capitales que funcione de manera eficaz, fluida y eficiente, con el objeto de promover la libertad de establecimiento y la libre circulación de capitales. La armonización de la contabilidad constituye cada vez más una exigencia de los principios de libertad de establecimiento y de circulación de capitales recogidos en el Tratado de la Unión Europea.

Sin embargo, el proceso de armonización no ha sido homogéneo en todas sus fases. Antes al contrario, entre una y otra se aprecian diferencias no irrelevantes. En un primer momento esta armonización contable se llevó a cabo a través de

Directivas, que se incorporaron a nuestro ordenamiento a través de normas internas, lo que permitió una uniformidad interna, ya que la normativa resultaba de aplicación a todas las empresas nacionales. En la actualidad la orientación que se sigue es parcialmente distinta, por dos motivos. En primer lugar, en lo atinente al procedimiento como tal, porque, si bien no se ha desechado absolutamente el recurso a las Directivas, se impone, junto a ellas, la utilización de normas directamente aplicables a los Estados miembros. Destaca en este sentido el Reglamento (CE) 1606/2002 del Parlamento Europeo y del Consejo de 19 de julio de 2002 relativo a la aplicación de las normas internacionales de contabilidad, mediante el que se expresa el compromiso de la Unión de adoptar las normas internaciones de contabilidad (NIC) y las normas internacionales de información financiera (NIIF), así como las interpretaciones de unas y otras.

El Reglamento es de aplicación obligatoria en la formulación de las cuentas anuales consolidadas de las sociedades cuyos valores hayan sido admitidos a cotización en un mercado regulado de cualquier Estado miembro. Pero autoriza a los Estados a exigir o permitir a sociedades distintas de estas que elaboren sus cuentas anuales, individuales o consolidadas, conforme a esas NICs-NIIFs adoptadas por la Unión. A este respecto el Estado español optó por autorizar a las sociedades que no tengan valores admitidos a cotización a aplicar voluntariamente las mencionadas normas solo si se trata de cuentas consolidadas, de modo que las individuales se rigen por la normativa interna de forma imperativa. Esta normativa, sin embargo, se reformó sustancialmente para ajustarse a la normativa europea.

3. *Normas internacionales de contabilidad (NICs) y normas internacionales de información financiera (NIIFs)*

Según se expresa en el Reglamento (CE) 1606/2002, se considera "normas internacionales de contabilidad" las Normas internacionales de contabilidad (NICs) y las normas internacionales de información financiera (NIIFs) elaboradas por el Consejo de normas internacionales de contabilidad (CNIC o IASB según sus siglas inglesas, *International Accounting Standards Board*). La diferencia entre ambas viene dada porque las NICs fueron las primeras y fueron elaboradas por el Comité de normas internacionales de Contabilidad; a este le sucedió el Consejo de normas internacionales de contabilidad, cuyas normas reciben el nombre de NIFFs. No obstante, en un sentido amplio, las NIFFs incluyen los dos tipos de normas señalas.

La particularidad más relevante consiste en que este Consejo no está integrado en el organigrama público de la Unión Europea, sino que se trata de un organismo privado formado por expertos contables y auditores de cuentas a nivel mundial. Por tanto, el Reglamento convierte en normas legales unos criterios técnicos y unos principios emanados de un organismo privado de carácter profesional. Y no solo asume los que ha formulado hasta el momento de su publicación, sino que prevé la conversión en normas legales de las NIIFs que pueda elaborar en el futuro.

Ahora bien, es preciso tener en cuenta que no se trata de una aplicación directa. Los principios y técnicas no se convierten de modo automático en normas, sino que corresponde a la Comisión decidir acerca de su aplicabilidad, lo que hará asistida por un Comité de reglamentación contable (arts. 3.1 y 6.2 del Reglamento 2002). Con ello se reduce en cierta medida el ámbito de discrecionalidad que rodea la aplicación de los principios contables generalmente aceptados. Se trata, además, de normas jurídicas de carácter legal. No de un Derecho Consuetudinario, ya que su fuerza de obligar no reside en la autoridad del CNIC, sino directamente en un acto expreso del órgano competente por cuanto, según se ha indicado, la conversión no es automática, sino que requiere la aquiescencia de la Comisión.

Por lo demás, la decisión de incorporación de la Comisión no tiene una eficacia directa en el ordenamiento español en todo caso. Como se ha observado antes, el legislador español ha optado por adaptar nuestro ordenamiento a través de instrumentos normativos propios cuando se trate de cuentas individuales, por lo que a ese respecto se ha excluido la aplicación directa de las NICs/NIIFs adoptadas en la Unión.

El hecho, no obstante, de que no se haya renunciado a la armonización explica que nuestro sistema esté en permanente revisión pues tales normas son periódicamente integradas en el ordenamiento interno a través de los instrumentos legislativos expresamente previstos para ello. Cuando, a su vez, las propias normas de la Unión están sometidas a un proceso similar, pues el modelo contable ideado por el *International Accounting Standard Board* (IASB) exige una constante acomodación a las nuevas exigencias de la práctica. Sin duda, un modelo de estas características no deja de tener aspectos positivos. En particular es obvio que promueve la plena adaptación de las normas a la realidad económica. Pero los inconvenientes no son nimios pues, en esa misma medida, decrece la seguridad jurídica, a la vez que surgen sobre costes derivados de la necesidad de estar permanentemente informados de los cambios sucesivos y de la consiguiente obligación de adaptar los sistemas contables de la empresa.

II. EL DEBER DE CONTABILIDAD

El art. 25 Ccom consagra el principio general de que todo empresario deberá llevar una contabilidad. Sin embargo, el incumplimiento de tal mandato se halla sancionado únicamente en la legislación fiscal, penal y administrativa. En este caso respecto de las entidades sujetas a regímenes especiales de autorización y supervisión, como las aseguradoras o las de crédito. El ordenamiento mercantil no prevé de suyo acción alguna para compeler a su cumplimiento, limitándose a establecer sanciones jurídico-mercantiles indirectas, en caso de concurso de acreedores. A partir de tal constatación se ha sostenido la inexistencia de una obligación en sentido técnico-jurídico de llevanza de la contabilidad, debiendo a lo sumo reconocerse la imposición de un deber jurídico-público o una carga. Esta caracterización se confirma en razón de las sanciones impuestas en caso de incumplimiento de la obligación de depósito de las Cuentas Anuales en el Registro Mercantil por cuanto lleva aparejada la imposición de una multa a la sociedad y el cierre parcial del Registro (arts. 282 y 283 LSC y art. 378 RRM). Esta disciplina traduce el propósito del legislador de reforzar el cumplimiento de la obligación de depósito y, por consiguiente, también de buena parte de la disciplina contable, dado el ámbito de la función calificadora del registrador en este extremo *ex* art. 280 LSC.

Este deber obliga a todos los empresarios con independencia de su forma jurídica, ya se trate, por tanto, de un empresario individual o de una sociedad mercantil. En este último caso se impone a los socios colectivos de las sociedades de personas y a los administradores de las sociedades de capital. En cualquiera de las hipótesis, no obstante, puede ser cumplido directamente o a través de persona autorizada. Sin perjuicio, en este último supuesto, de la responsabilidad de aquellos en todo caso (arts. 25.2, 37 Ccom y art. 1903 IV Cciv). El deber recae asimismo sobre todos los empresarios sin consideración al género de actividad que ejerzan o a la dimensión de la empresa, aunque ciertamente no con la misma intensidad, por cuanto la contabilidad ha de ser "adecuada" a la actividad de la empresa (art. 25.1 Ccom). La adecuación se refiere al género de actividad y a la dimensión de la empresa. Para cumplir este mandato, junto al Real Decreto 1514/2007 por el que se aprueba el Plan General de Contabilidad, norma principal de desarrollo del Ccom en materia contable, existen adaptaciones del mismo por sectores de actividad. En lo relativo a la dimensión, cabe destacar el Real Decreto 1515/2007, de 16 de noviembre, por el que se aprueba el Plan General de Contabilidad de Pequeñas y Medianas Empresas y los criterios contables específicos para microempresas.

Junto a ello, ha de recordarse que en el Derecho contable español existen dos bloques normativos bien diferenciados. Por un lado, las normas reseñadas, previstas en el Código de Comercio, en la Ley de Sociedades de Capital y en el Plan General de Contabilidad 2007, aplicables en las Cuentas individuales. Así como el PGC de PYMES 2007 y los criterios particulares para microempresas, aplicable al sector específico de empresas de tamaño mediano o pequeño. Por otro lado, el Derecho de la Unión Europea derivado de la directa aplicación de la Normativa Contable Internacional (NICs//NIIFs) adoptada en el ámbito europeo. Esta normativa es obligatoria para las Cuentas Anuales de los grupos consolidados que cotizan en Bolsa. Y puede ser aplicada voluntariamente por las sociedades no cotizadas sujetas a consolidación.

En distinto orden de cosas, es importante destacar que el Ccom dispone que sus normas serán aplicables a cualquier persona física o jurídica, aunque no sea empresario, siempre que formule y publique cuentas anuales (art. 34.6 Ccom). Correctamente interpretada, esa previsión no significa que cualquier persona obligada a llevar a contabilidad deba cumplir las previsiones del Ccom ya que contabilidad y cuentas anuales no son términos sinónimos, pues las últimas son únicamente una forma de la primera. Por consiguiente, el Ccom vincula no a todas las personas físicas o jurídicas no empresarios que deban llevar contabilidad, sino solo a las que estén obligadas a formular y publicar cuentas anuales, según la normativa específica que las regule.

III. CONTABILIDAD FORMAL

1. *Caracterización*

La contabilidad formal agrupa un conjunto de prescripciones normativas destinadas a garantizar la representación externa de los acontecimientos del negocio, en su doble dimensión formal y material. La primera alude a qué libros deben llevarse y cómo han de ser llevados, en cuanto al cumplimiento de ciertos requisitos externos. La segunda comprende las normas que ordenan el uso adecuado de los libros (secreto de la contabilidad) y disciplinan el valor de los asientos a efectos de prueba.

2. *Libros de comercio y de contabilidad*

2.1. Caracterización y clases. Libros obligatorios y facultativos

En sentido amplio, libro de comercio es todo aquel documento en que el empresario anota los acontecimientos relativos al tráfico de su empresa. En sentido estricto en esta noción se incluyen sólo los libros de contabilidad. Los libros pueden ser obligatorios o facultativos. Entre los primeros cabe distinguir los obligatorios para todos los empresarios y los obligatorios solo para los empresarios sociales. Libros obligatorios para todos los empresarios son el Diario y el Libro de Inventarios y Cuentas Anuales (art. 25.1 Ccom). En el Diario han de anotarse las operaciones que *a diario* realiza la empresa, si es de carácter individual y todas las relativas a la ejecución del objeto social, si es una sociedad. Se permite, no obstante, cierta flexibilidad por cuanto se admiten las anotaciones por períodos superiores, siempre que no excedan de tres meses y, además, su detalle aparezca en otros libros o registros concordantes (art. 28.2 Ccom).

A pesar de su denominación, el Libro de Inventarios y Cuentas Anuales incluye al menos dos libros bajo una sola encuadernación (art. 28.1 Ccom). El Libro se abre con un balance inicial detallado de la empresa. La doctrina, sin embargo, ha considerado que el término *inicial* induce a pensar que no se trata en rigor de un balance sino de un inventario de las aportaciones. El inventario informa sobre la composición y valoración detallada y concreta del patrimonio, lo que se posee frente a lo que se debe. El balance es el resultado del inventario, tras la comparación entre activo y pasivo. Esta operación indicará al fin si existen pérdidas o ganancias, esto es, la situación económica y financiera de la empresa. Estas distintas finalidades explican su diferente estructuración formal, así como el hecho de que, en el inventario, las cuentas no estén agrupadas en masas patrimoniales y su carácter sea analítico, frente al sintético del balance.

Trimestralmente, se transcribirán en él, con sumas y saldos, los balances de comprobación. Su finalidad consiste en fijar con dicha periodicidad la situación de las cuentas principales de la empresa que deben figurar en el balance de ejercicio, con el propósito básicamente de controlar sus componentes. Por esta vía pretende evitarse una eventual modificación posterior de aquellos, a cuyo fin se establece su registro, tanto en sumas como en saldos, así como la concatenación de la secuencia o sucesión de los balances trimestrales, lo que dificulta vulnerar la información real. Estos balances no se elaboran en función del inventario, sino de las anotaciones del Libro Diario, cuyos asientos-resumen —en su caso, al fin de cada mes— sirven trimestralmente para formar el balance de sumas y saldos. Esta transcripción resulta imprescindible después de haber sido excluido el Mayor de entre los libros de obligatoria legalización. Por último, anualmente se transcribirán el Inventario de Cierre de ejercicio y las Cuentas Anuales, a las que se aludirá después.

Libros obligatorios en caso de empresarios sociales, a los que, en general, no se atribuye carácter contable, son, para todas las sociedades, el Libro de Actas, que recogerá todos los acuerdos tomados por las juntas y demás órganos colegiados de la sociedad (art. 26 Ccom). Las sociedades anónimas y comanditarias por acciones que hayan emitido acciones nominativas, deben llevar el Libro Registro de Acciones Nominativas (art. 116 LSC), donde se anotan los títulos de esa clase y las vicisitudes relativas a los mismos con una eficacia legitimadora del allí inscrito frente a la sociedad. Las sociedades de responsabilidad limitada, han de formar el Libro Registro de Socios, con una finalidad similar al anterior (art. 104 LSC). Finalmente, las sociedades unipersonales llevarán de forma obligatoria un Libro-Registro en el que se transcriban los contratos celebrados entre el socio único y la sociedad (art. 16 LSC).

2.2. Obligaciones de llevanza de la contabilidad. La legalización

La contabilidad ha de ser llevada de forma ordenada, de modo que permita el seguimiento cronológico de todas las operaciones de la empresa y la elaboración periódica de balances e inventarios (art. 25.1 Ccom). En desarrollo de ese mandato, el art. 29 Ccom ordena que todos los libros y documentos contables se lleven por orden de fechas y con claridad. Está prohibida, en segundo lugar, la utilización de abreviaturas y símbolos no definidos por la Ley, el Reglamento o la práctica mercantil. Asimismo, las anotaciones contables deben ser hechas expresando los valores en euros (arts. 29.2 y 34.5 Ccom).

Una correcta llevanza de los libros contables exige, además, su legalización. Todos los libros que obligatoriamente deben llevar los empresarios se cumplimentarán en soporte electrónico y se presentarán para su legalización en el Registro Mercantil, por vía telemática, dentro de los cuatro meses siguientes al cierre del ejercicio social.

La legalización consiste en la comprobación por el Registrador del cumplimiento de los requisitos formales, así como de la regular formación sucesiva de los que se lleven dentro de cada clase, seguida de la certificación electrónica de su intervención en la que se expresará el correspondiente código de validación (art. 18 LAEI).

La función que desempeña la legalización es esencial puesto que otorga una presunción de legitimidad y veracidad a los asientos que contienen los libros. Adicionalmente es posible la legalización voluntaria de libros de detalle de actas o grupos de actas formados con una periodicidad inferior a la anual cuando interese acreditar de manera fehaciente el hecho y la fecha de su intervención por el Registrador (art. 18.2 LAEI).

Han de ser legalizados los libros obligatorios, mientras que pueden serlo los facultativos (art. 27 CCom y 329 RRM). La legalización de los libros y documentos de los empresarios es competencia del Registro Mercantil del domicilio del empresario u organización inscribible u obligada a la misma (art. 329.1 RRM), practicándose a solicitud de estas (art. 330.1 RRM). En caso de empresarios individuales, a salvo el naviero (art. 19.1 Ccom), es posible solicitarla aunque no se hallen inscritos en el Registro Mercantil. Pero, tratándose de sociedades y otros sujetos sometidos a inscripción obligatoria y no inscritos, sólo puede ser pedida una vez presentada a inscripción la escritura de constitución, de modo que los libros no serán legalizados hasta que la inscripción se practique (art. 330.3 RRM).

2.3. Deber de conservación

El empresario está obligado a conservar sus libros contables, correspondencia, documentación y justificantes durante el plazo de 6 años a partir del último asiento realizado en los libros, aunque haya cesado en su actividad (art. 30 Ccom). En caso de fallecimiento la obligación recaerá sobre los herederos. Tratándose de una sociedad disuelta, este deber corresponderá a los liquidadores, quienes deberán conservar los libros mientras dure la liquidación, aunque se demore más de esos seis años. Asimismo el plazo debe ser completado incluso por el Registro Mercantil, en caso de extinción por cancelación de los asientos registrales relativos al empresario social.

3. El secreto de la contabilidad: exhibición y comunicación

3.1. El secreto de la contabilidad

El secreto de la contabilidad ha sido históricamente una realidad amparada en la idea de que los libros se hallan integrados en la propiedad de la empresa y justificada en el viejo principio de que la contabilidad interesaba exclusivamente al propio empresario. La confluencia en la actualidad de múltiples intereses involucrados en la necesidad de informar sobre la marcha de las actividades económicas, —de los socios, del Estado, de los terceros en general— ha dejado en cierto modo vacía de contenido la declaración del art. 32 del Ccom cuando establece que la contabilidad de los empresarios es secreta, y precisa después que lo es "sin perjuicio de lo que se derive de lo dispuesto en las Leyes". Leyes tan heterogéneas como la Concursal, las aplicables a las sociedades y al mercado de valores así como las de índole fiscal o laboral, que, casuísticamente, han ido ampliando el derecho a la información contable.

Dejando a un lado esas disciplinas generales que modulan de forma no irrelevante el contenido del secreto, y en cuyo marco ha de interpretarse la normativa sobre tutela del secreto de la contabilidad, se han mantenido en nuestro Código dos cauces específicos que amparan la obtención de información ante determinados acontecimientos que así lo justifiquen. Se trata de la comunicación y la exhibición de libros y documentos contables, verdaderos límites al secreto de la contabilidad.

3.2. Comunicación y exhibición

La comunicación, o reconocimiento general de libros, consiste en el examen completo de la contabilidad del empresario, incluyendo todos sus libros, correspondencia y documentos. La amplitud de la inspección —y la restricción correlativa a la que se ve sometido el empresario en su derecho al secreto—justifica que solo proceda en los supuestos tasados a los que alude la Ley. En concreto en los casos de sucesión universal, concurso de acreedores, liquidaciones de sociedades o entidades mercantiles, expedientes de regulación de empleo y cuando los socios o los representantes legales de los trabajadores tengan derecho a su examen directo (art. 32.2 Ccom). Por el mismo motivo, estas hipótesis deben ser interpretadas restrictivamente. La exhibición, o reconocimiento parcial, supone un examen de los asientos o documentos contables específicos que tengan relación con la cuestión que se trate de dilucidar. Únicamente puede decretarse cuando el empresario tenga interés o responsabilidad en el asunto al que se refiera.

Tanto la comunicación como la exhibición han de ser decretadas por un órgano judicial. El juez puede actuar de oficio o a instancia de parte. Normalmente se solicitarán como medio de prueba (art. 299 LEC) en el marco de un procedimiento judicial abierto; pero es posible también pedirlas como diligencias preliminares al objeto de preparar la interposición de una demanda (art. 256 LEC). Una vez acordadas, se practicarán en el establecimiento mercantil, cuyo titular tiene derecho a estar presente y la obligación de adoptar una actitud activa que facilite las tareas de inspección, así como la de permitir el acceso a la contabilidad de auxiliares técnicos en la forma y número que el juez considere necesario. No obstante, de manera motivada, y con carácter excepcional, el juez podrá reclamar que se presenten ante él los libros o su soporte informático, siempre que se especifiquen los asientos que deben ser examinados (art. 327 LEC).

4. *Valor probatorio de los libros y documentos contables*

El art. 31 Ccom no aclara cual es el valor probatorio de los libros y documentos contables. Se limita a disponer que tal extremo será apreciado por los Tribunales conforme a las reglas generales del Derecho, por lo que hay una obligatoria remisión a la regulación de la prueba contenida en la LEC. En ese contexto, hay que distinguir un aspecto formal, que hace referencia al documento que es el libro, y un aspecto sustancial relativo a los asientos que constituyen su contenido. Formalmente el libro contable es un mero documento privado ya que no está autorizado por Notario o funcionario público competente (art. 317 LEC).

Desde el punto de vista sustancial el asiento es una declaración de conocimiento dotada de cierta especificidad frente a otras puesto que se emite conforme a ciertas reglas, las contables, que obligan a mostrar la imagen fiel de la empresa. Por dicho motivo, tal vez, pueda estimarse que contienen una presunción de veracidad, que, no obstante, es susceptible de ser destruida por otros medios de prueba. Tal presunción de veracidad se referiría, en principio, sólo a hechos materiales de carácter patrimonial, de conformidad con la opinión, hoy generalizada, que entiende privados de sustancia jurídica a los asientos contables, en tanto las operaciones jurídicas de las que derivan no son objeto de anotación en los libros. Sin embargo, no es inconveniente aceptar que el alcance probatorio del asiento depende en última instancia de cómo esté redactado y, por consiguiente, de la información que suministre sobre los negocios jurídicos, ya que es cierto que estos no son objeto de anotación contable, pero el asiento recoge el contenido de las prestaciones que las partes efectúan en su ejecución, por lo que es posible que proporcionen algún dato jurídicamente relevante de ellos.

Por otro lado, es oportuno precisar que la transcripción de esas declaraciones de conocimiento sobre la realidad económica de la empresa en un conjunto de cuentas no es algo puramente aritmético, cuyo valor pueda reducirse a constituir un mero reflejo de esa realidad. Por el contrario, en ocasiones, la Ley atribuye consecuencias jurídicas específicas a la anotación misma, distintas de las que derivan del hecho inscrito. Como ejemplo de esta orientación puede mencionarse el saldo positivo de la Cuenta de Pérdidas y Ganancias, que es imprescindible para proceder al reparto o capitalización de los beneficios.

IV. CONTABILIDAD MATERIAL. LAS CUENTAS ANUALES

1. Caracterización y formación

Según he señalado, la contabilidad formal integra un conjunto de normas técnicas y prescripciones que atienden a la representación externa de los acontecimientos del negocio, dictando las reglas conforme a las cuales deben redactarse los libros y documentos contables. Ahora bien, nada de eso tendría sentido ni utilidad si, junto a dicha normativa, no se dispusiera de un sistema de contabilidad material para hacer coincidir la formal con la realidad de la empresa. Con ese propósito se impone el deber de formar las Cuentas Anuales cuya finalidad primordial es, en efecto, obtener la imagen fiel del patrimonio, de la situación financiera y de los resultados de la empresa, esto es, los beneficios o pérdidas generados por la explotación de la empresa durante el ejercicio considerado (art. 34.2 Ccom, art. 254.2 LSC).

Las Cuentas han de formarse al cierre del ejercicio (art. 34.1 Ccom), esto es, con periodicidad. Aunque la misma denominación de las Cuentas Anuales permite presumir que el ejercicio ha de coincidir con el año natural, el Código no lo exige. Ello no obstante el art. 125 RRM presume expresamente para las sociedades de capital que el ejercicio termina el 31 de diciembre. Hay que tener en cuenta, por lo que a estas sociedades se refiere, que el mismo precepto prohíbe que la duración del ejercicio sea superior al año.

2. *Composición*

Las Cuentas Anuales comprenden el balance, la cuenta de pérdidas y ganancias, un estado que refleja los cambios en el patrimonio neto del ejercicio (ECPN), un estado de flujos de efectivo (EFE) y la memoria (art. 34. 1 Ccom).

2.1. El balance

El balance es un cuadro o representación gráfica de los saldos de las diferentes cuentas del activo y del pasivo, que resume la contabilidad del ejercicio, mostrando una imagen de la situación de la empresa en un momento específico, el del cierre del ejercicio, y determinando el resultado de este, esto es, si durante dicho ejercicio el valor del patrimonio neto ha aumentado, existiendo entonces un beneficio, o ha disminuido, produciéndose una pérdida. Su finalidad no es establecer una situación del patrimonio con arreglo a valores de cambio, ni medir el valor económico del capital, sino estrictamente verificar el rédito del período (ejercicio), los resultados del ejercicio de la empresa en el mismo y, subsidiariamente, la situación del patrimonio que de tal determinación se desprende, siempre además para asegurar el cálculo del beneficio distribuible sin merma de la integridad económica del capital que lo produce. A consecuencia de ello su carácter es sintético. Los datos contables se agrupan en diversas cuentas organizadas en dos columnas, activo y pasivo, a las que se añade la del patrimonio neto.

Las cuentas del activo representan el valor de los bienes y derechos del empresario, mostrando de este modo la estructura patrimonial de la empresa, cuyo trasfondo económico identifica un capital en funcionamiento. Comprenden los bienes, derechos y otros recursos controlados económicamente por la empresa, resultantes de sucesos pasados, de los que es probable que la empresa obtenga beneficios económicos en el futuro [art. 36.1 a) Ccom]. Desde una perspectiva estructural, en el activo del balance ha de incluirse con la debida separación el activo fijo o no corriente y el circulante o corriente (art. 35.1 Ccom), cuya diferenciación fundamental radica en la función que cada uno está llamado a cumplir en la empresa.

Los elementos que integran el capital fijo están destinados a la permanencia en la unidad económica, sirviendo de modo duradero al ejercicio de su actividad constitutiva, lo que excluye la posibilidad de enajenación, aunque no su liquidez, que se consigue a través de las operaciones de amortización. Los del circulante incluyen, al contrario, las masas patrimoniales afectas a la consecución del ciclo de explotación, adquiriendo liquidez por medio de las operaciones propias de venta y cobro. En concreto, el activo circulante o corriente comprende los elementos del patrimonio que se espera vender, consumir o realizar en el transcurso del ciclo normal de explotación, así como, con carácter general, aquellas partidas cuyo vencimiento, enajenación o realización, se espera que se produzca en un plazo máximo de un año contado a partir de la fecha de cierre del ejercicio. Los demás elementos del activo deben clasificarse como fijos o no corrientes (art. 35.1 I Ccom). Por consiguiente la adscripción de los elementos patrimoniales a una u otra categoría se rige por el criterio de la afectación (art. 35.1 I Ccom), de modo que es el empresario el que la determina, en atención a las características de su empresa.

Las cuentas del pasivo informan sobre el origen de los recursos que se incluyen en el activo, de las fuentes de financiación, y, por ende, del nivel de endeudamiento de la empresa. Comprende las obligaciones actuales surgidas como consecuencia de sucesos pasados, cuya extinción es probable que dé lugar a una disminución de recursos que puedan producir beneficios económicos. A estos efectos, se entienden incluidas las provisiones [art. 36.1 b) Ccom]. Estructuralmente, comprende dos partidas, que se diferenciarán con la debida separación. Se trata del pasivo circulante o corriente y del no corriente. El primero incluye las obligaciones cuyo vencimiento o extinción ha de producirse durante el ciclo normal de explotación, o en el plazo máximo de un año contado a partir de la fecha de cierre del ejercicio. El pasivo no corriente reúne las demás obligaciones. Figurarán de forma separada las provisiones u obligaciones en las que exista incertidumbre acerca de su cuantía o vencimiento (art. 35.1 II Ccom).

Finalmente el patrimonio neto constituye la parte residual de los activos de la empresa, una vez deducidos todos sus pasivos. Incluye las aportaciones realizadas, ya sea en el momento de su constitución o en otros posteriores, por sus socios o propietarios, que no tengan la consideración de pasivos, así como los resultados acumulados u otras variaciones que le afecten [art. 36.1 c) Ccom]. En su seno se diferenciarán, al menos, los fondos propios de las restantes partidas que lo integran (art. 35.1 III Ccom). Su importancia es trascendental, en particular en las sociedades de capital ya que su importe es el que habrá de tenerse en cuenta para aspectos de tanto relieve como la distribución de beneficios, la reducción obligatoria de capital social o la disolución obligatoria por pérdidas. A estos efectos, se considerará patrimonio neto el importe que se califique como tal conforme a los criterios para confeccionar las cuentas anuales, incrementado en el importe del capital social suscrito no exigido, así como en el importe del nominal y de las primas de emisión o asunción del capital social suscrito que esté registrado contablemente como pasivo. Sin embargo, a los citados efectos, los ajustes por cambios de valor originados en operaciones de cobertura de flujos de efectivo pendientes de imputar a la cuenta de pérdidas y ganancias no se considerarán patrimonio neto [art. 36.1 c) Ccom].

Con todo, esta ordenación, así como la misma finalidad atribuida al balance explican las limitaciones de la información que suministra este documento. Ofrece una visión estática, retrospectiva y cautelar de la situación de la empresa, y no informa bien sobre la situación del patrimonio. Por otra parte, es importante retener que, de este balance de ejercicio o balance ordinario, se distinguen los balances especiales en atención a la finalidad informativa que en concreto persiguen, lo que determina que su estructura y reglas de formación difieran en mayor o menor medida de las propias del balance de ejercicio. Como consecuencia de ello, las normas que disciplinan el balance de ejercicio sólo pueden trasladarse a aquellos en razón de la similitud teleológica, en la medida en que la trasposición responda a una mayor o menor proximidad del fin informativo perseguido. Ejemplo de estos balances especiales es el balance final de liquidación (art. 390 LSC).

2.2. La Cuenta de Pérdidas y Ganancias

La Cuenta de Pérdidas y Ganancias comprende un desglose separado de ingresos y gastos y, por diferencia, el resultado del ejercicio. Distingue a este respecto entre aquellos que proceden de su explotación y aquellos que tienen otro origen o son extraordinarios. La Ley exige que figuren de forma separada determinados importes, entre los que destaca el relativo a la cifra de negocios, que comprenderá la cuantía de la venta de los productos y de la prestación de servicios u otros ingresos correspondientes a las actividades ordinarias de la empresa, deducidas las bonificaciones y demás reducciones sobre las ventas así como el Impuesto sobre el Valor Añadido, y otros impuestos directamente relacionados con la mencionada cifra de negocios, que deban ser objeto de repercusión (art. 35.2 Ccom). En razón de ello la Cuenta de Pérdidas y Ganancias es un documento complementario del Balance, diferenciándose de él en que, mientras este ofrece una visión estática de la situación patrimonial y financiera de la empresa; la Cuenta suministra una dinámica a través del juego de la doble contraria operativa que tiene lugar en la misma (ingresos y gastos), indicando no sólo cual ha sido el resultado del ejercicio, que también aparece en el balance, sino las causas que han generado ese resultado.

2.3. El estado de cambios en el patrimonio neto (ECPN)

El estado que muestra los cambios en el patrimonio neto (ECPN) es un documento complementario de la Cuenta de Pérdidas y Ganancias. Suministra información sobre las operaciones que afectan a los fondos propios, ya deriven del resultado del ejercicio, de operaciones imputadas al patrimonio neto directamente o de operaciones realizadas con los socios, como ampliaciones de capital o reparto de dividendos. El ECPN tiene dos partes. La primera refleja exclusivamente los ingresos y gastos generados por la actividad de la empresa durante el ejercicio, distinguiendo entre los reconocidos en la cuenta de pérdidas y ganancias, como el resultado del ejercicio o las transferencias realizadas a esa cuenta, y los registrados directamente en el patrimonio neto. La segunda parte contiene todos los movimientos habidos en el patrimonio neto, incluidos los procedentes de transacciones realizadas con los socios o propietarios de la empresa cuando actúen como tales. También se informa de los ajustes en el patrimonio neto debidos a cambios en criterios contables y correcciones de errores (art. 35.3 Ccom).

2.4. El estado de flujos de efectivo (EFE)

El estado de flujos de efectivo (EFE) tiene como fin informar acerca de los movimientos de efectivo producidos en el ejercicio, para lo que se exige que ponga de manifiesto, debidamente ordenados y agrupados por categorías o tipos de actividades, los cobros y los pagos realizados por la empresa en ese período (art. 35.4 Ccom).

2.5. La Memoria

La Memoria completa, amplía y comenta la información contenida en los otros documentos que integran las Cuentas Anuales (art. 35.5 Ccom). Se trata, pues, de un documento cuya finalidad es suministrar aquellos datos complementarios, así como las explicaciones y aclaraciones pertinentes sobre los estados propiamente financiero-patrimoniales, a través de un descripción fácilmente inteligible, complementando la información suministrada por los restantes documentos, pero también adicionando otras circunstancias relevantes en la vida de la empresa y que no encuentran constancia en otros estados contables. Por este motivo no puede calificarse como una Cuenta en sentido matemático; si bien, como parte integrante de las Cuentas Anuales, está sometida a todos los principios que informan las mismas, aunque adaptados y ordenados a su esencia y contenido. A consecuencia de ello se le ha atribuido un carácter auxiliar, pero sin negar su autonomía y esencialidad.

Su contenido y estructura se establecen con carácter general para todos los empresarios en el PGC. Para las sociedades de capital, la LSC impone un contenido mínimo (arts. 260 y 261 LSC), al tiempo que obliga a precisar multitud de cuestiones en ella, tal es el caso, por ejemplo, del deber de los administradores de incluir en ella las situaciones de conflicto con el interés de la sociedad (art. 229 LSC).

2.6. Otros documentos

2.6.1. El informe de gestión

Las sociedades de capital que no formulen balance y estado de cambios en el patrimonio neto abreviados están obligadas a elaborar el informe de gestión. Dicho informe no forma parte en rigor de las Cuentas Anuales. Las complementa en aspectos no comprendidas en ellas. En especial ha de contener una exposición fiel sobre la evolución de los negocios y la situación de la sociedad, junto con una descripción de los principales riesgos e incertidumbres a los que se enfrenta. Informará igualmente sobre los acontecimientos importantes para la sociedad ocurridos después del cierre del ejercicio, la evolución previsible de aquélla, las actividades en materia de investigación y desarrollo y, en los términos establecidos en la LSC, de las adquisiciones de acciones propias o el uso de instrumentos financieros (art. 262 LSC). Este contenido se amplía en caso de sociedades cotizadas. En particular, estas sociedades incluirán en el informe de gestión, en una sección separada, el informe de gobierno corporativo (arts. 538 y 540 LSC).

2.6.2. El informe anual de gobierno corporativo y el informe anual sobre remuneraciones de consejeros

Las sociedades anónimas cotizadas deberán elaborar un informe anual de gobierno corporativo, en el que se ofrezca una explicación detallada de la estructura del sistema de gobierno de la sociedad, así como de su funcionamiento en la práctica (art. 540 LSC). En este sentido, como mínimo habrá de hacer referencia a la estructura de propiedad de la sociedad, cualquier restricción a la transmisibilidad de valores y cualquier restricción al derecho de voto, a una información detallada sobre la estructura de administración de la sociedad. En relación con este último aspecto, habrá que indicarse además de los aspectos relativos a la remuneración de los consejeros, información sobre los poderes de los consejeros y los acuerdos significativos que haya celebrado la sociedad con terceros y con sus cargos de administración, dirección o empleados; y, una descripción de la política de diversidad aplicada en relación con el consejo de administración y de dirección y comisiones especializadas, en temas como edad, género, discapacidad, formación o experiencia profesional de sus miembros. Este informe se hará público con carácter anual y será objeto de comunicación a la CNMV, acompañando copia del documento en que conste. La CNMV remitirá copia del informe a las respectivas autoridades de supervisión cuando se trate de sociedades cotizadas que estén dentro de su ámbito de competencias y procederá a su publicación como hecho relevante, siendo accesible al público a través de la página web de la CNMV, www.cnmv.es, y la de la propia sociedad.

Las sociedades anónimas cotizadas deberán elaborar un informe anual sobre las remuneraciones de sus consejeros, que comprenderá las que perciban o deban percibir en su condición de tales y, en su caso, por el desempeño de funciones ejecutivas. Dicho informe incluirá información completa, clara y comprensible sobre la política de remuneraciones de los consejeros aplicable al ejercicio en curso. Contendrá también un resumen global sobre la aplicación de la política de remuneraciones durante el ejercicio cerrado, así como el detalle de las remuneraciones individuales devengadas por todos los conceptos por cada uno de los consejeros en dicho ejercicio (art. 541 LSC).

El informe se someterá a votación, con carácter consultivo, como punto separado del orden del día a la junta general ordinaria de accionistas, se publicará y se difundirá como hecho relevante por la sociedad de forma simultánea al informe anual de gobierno corporativo (art. 541 LSC).

2.6.3. La propuesta de aplicación del resultado

La propuesta de aplicación del resultado, que han de confeccionar las sociedades de capital, no forma parte de las Cuentas Anuales. Aunque materialmente suele integrarse en ellas, constituye una declaración distinta que corresponde formular a los administradores y aprobar a la Junta General, que, no obstante, podrá variar la propuesta, pues su contenido no la vincula, salvo en aquellos extremos en que la Ley o los estatutos impongan un determinado destino a una parte de los beneficios. Entre las atenciones previstas por la LSC, tiene especial importancia la reserva legal, que, si no alcanza, al menos, el 20% del capital social, obligará a destinar una cuantía mínima del 10% de los resultados obtenidos en el ejercicio a su integración (art. 274 LSC). Junto a ella existen otras reservas específicas, legales por su origen y, disponibles o indisponibles, por su naturaleza, vgr. la reserva para acciones propias. Tras las afectaciones a las reservas legales, el valor del patrimonio neto de la sociedad no ha de ser inferior al capital social, más la reserva legal, ni puede resultar inferior como consecuencia del reparto de beneficios acordados, como ulterior condición (art. 273.2 LSC).

Por otra parte, los beneficios tampoco serán partibles si el preexistente neto patrimonial de la sociedad fuera negativo, pues habrán de ser destinados a enjugar las pérdidas de ejercicios precedentes reflejadas en balance (art. 273.2 LSC). Ni pueden ser objeto de distribución directa o indirectamente los beneficios imputados directamente al patrimonio neto (art. 273.2 LSA). También prohíbe la Ley repartir beneficios mientras el importe de las reservas disponibles no sea igual o superior al importe de los gastos de investigación y desarrollo que figuren en el activo del balance (art. 273.3 LSC). Es posible también que existan reservas estatutarias (art. 273.2 LSC), que son las que obligan a constituir los estatutos de la sociedad, impidiendo igualmente el reparto como beneficios de las cantidades a las que aludan. Finalmente, hay otras reservas, denominadas facultativas o voluntarias. Son creadas por simple acuerdo de la Junta General, por lo que son disponibles mediando otro acuerdo de la misma índole. En ciertos casos, no obstante, la constitución de estas reservas puede vulnerar el derecho del socio a que se repartan como dividendos los beneficios de la sociedad.

3. Estructura. Modelos ordinarios y abreviados

En cuanto a la estructura de las Cuentas hay que distinguir los modelos ordinarios de los abreviados. Están obligadas a utilizar el modelo ordinario las sociedades de capital, las sociedades laborales, las sociedades cooperativas y las sociedades colectivas y comanditarias simples, cuando a la fecha de cierre del ejercicio todos los socios colectivos sean sociedades españolas o extranjeras. Por excepción, salvo que se trate de sociedades cuyos valores estén admitidos a negociación en un mercado regulado de cualquier Estado de la Unión Europea, pueden formularlas con arreglo al modelo abreviado, si se dan los presupuestos que se citan a continuación.

Al respecto del balance y la memoria abreviados, podrán formular los modelos abreviados las sociedades que durante dos ejercicios consecutivos reúnan, a la fecha de cierre de cada uno de ellos, al menos dos de las circunstancias siguientes: que el total de las partidas del activo no supere los cuatro millones de euros, que el importe neto de su cifra anual de negocios no supere los ocho millones de euros y que el número medio de trabajadores empleados durante el ejercicio no sea superior a cincuenta. Las sociedades perderán esta facultad si dejan de reunir, durante dos ejercicios consecutivos, dos de las circunstancias anteriores. Estas sociedades, además, no están obligadas a formar el estado de flujos de efectivos, ni el estado de cambios en el patrimonio neto. Si se trata de sociedades de capital, tampoco deben elaborar el informe de gestión (arts. 257, 261, 262.3 LSC y Tercera Parte, I, 3º PGC).

En lo relativo a la Cuenta de Pérdidas y Ganancias abreviada podrán optar por ella las sociedades en las que a la fecha de cierre del ejercicio concurran, al menos, dos de las circunstancias siguientes: que el total de las partidas del activo no supere los once millones cuatrocientos mil euros. A estos efectos, se entenderá por total activo el total que figura en el modelo del balance. Que el importe neto de su cifra anual de negocios no supere los veintidós millones ochocientos mil euros y que el número medio de trabajadores empleados durante el ejercicio no sea superior a 250. Cuando una sociedad, en la fecha de cierre del ejercicio, pase a cumplir dos de las circunstancias antes indicadas, o bien cese de cumplirlas, tal situación únicamente producirá efectos si se repite durante dos ejercicios consecutivos (arts. 258 LSC y Tercera Parte, I, 3º PGC).

El resto de sociedades y los empresarios individuales estarán obligados a formular, como mínimo, las cuentas anuales abreviadas (arts. 257, 258, 261 LSC y Tercera Parte, I, 3° PGC). Sin embargo, los empresarios que puedan o deban utilizar el modelo abreviado de balance están autorizados a optar por la aplicación del PGCPYMES y tienen la posibilidad de acogerse a los criterios específicos incluidos en él para las microempresas, si, adicionalmente, durante dos ejercicios consecutivos reúnen, a la fecha de cierre de cada uno de ellos, al menos dos de las siguientes circunstancias: que el total de las partidas del activo no supere el millón de euros, que el importe neto de su cifra anual de negocios no supere los dos millones de euros y que el número medio de trabajadores empleados durante el ejercicio no sea superior a diez (art. 2 PGCPYMES).

4. *El principio de imagen fiel*

4.1. Caracterización

La traslación de las NICs-NIIFs al ordenamiento positivo no ha provocado que el principio de imagen fiel pierda su lugar preeminente. Tanto la normativa comunitaria como la interna insisten en la prevalencia de este principio. A pesar de ello, la Ley no define en qué consiste. Cuando se refiere a él parece incluso que lo hace de forma contradictoria. Por un lado, declara que es el corolario de aplicar sistemática y regularmente los requisitos, principios y criterios contenidos en el Ccom, en la LSC y en las normas que aprueban los Planes de Contabilidad (art. 34.2 Ccom, art. 254.1 LSC, EM y art. 1 PGC). En consecuencia, la imagen fiel solo puede obtenerse como resultado del puntual cumplimiento de los criterios y principios contables que se incluyen en los relativos instrumentos normativos. Esta idea se reitera en el art. 7, 1° Parte PGC cuando dispone que se considerarán principios y normas de contabilidad generalmente aceptados los establecidos en el Código de Comercio y la restante legislación mercantil, el Plan General de Contabilidad y sus adaptaciones sectoriales, las normas de desarrollo que, en materia contable, establezca en su caso el Instituto de Contabilidad y Auditoría de Cuentas y la demás legislación española que sea específicamente aplicable.

Por otro, sin embargo, advierte que, cuando se considere que el cumplimiento de los requisitos, principios y criterios contables incluidos en la normativa citada no es suficiente para mostrar la mencionada imagen fiel, se suministrarán en la memoria las informaciones complementarias precisas para alcanzar este objetivo (art. 34.3 Ccom y art. 1 PGC). Y asimismo se ordena la inaplicación de toda disposición cuando su cumplimiento fuera incompatible con la imagen fiel. En estos casos, en la memoria deberá señalarse esa falta de aplicación, motivarse suficientemente esa circunstancia y explicarse su influencia sobre el patrimonio, la situación financiera y los resultados de la empresa (art. 34.4 Ccom y PGC).

4.2. Funciones

El principio de imagen fiel desempeña tres funciones. En primer término una función interpretativa, relativa a los "espacios de discrecionalidad" dejados por el legislador. La segunda función es la integradora. Desde este punto de vista el principio contiene una remisión a los principios contables generalmente admitidos con carácter subsidiario de los previstos en las normas legales. No se trata, empero, de una extensión analógica de las propias normas contables, porque no hay laguna en una ordenación como la prevista, que se configura como un modelo marco en el que no se ha querido concretar más; sino, directamente, una aplicación de principios distintos a los legales, en la medida en que no estén prohibidos en las normas. Aunque, esta función parece estar excluida en el vigente PGC puesto que dispone que se considerarán principios y normas de contabilidad generalmente aceptados únicamente los establecidos en el Ccom y en la restante legislación mercantil, en el PGC y sus adaptaciones sectoriales, en las normas de desarrollo que, en materia contable, establezca, en su caso, el ICAC y en la demás legislación española que sea específicamente aplicable (art. 7, 1° Parte PGC); sin embargo, un PGC no puede contravenir la ordenación legal de las fuentes prevista en el Ccom y en el Cciv, por lo que, desde un punto de vista técnico jurídico, no debe haber inconveniente para aplicar principios generalmente aceptados no incluidos en las normas legales, si no contravienen estas.

El principio desempeña, finalmente, una función ordenadora, la más discutible, puesto que permitiría dejar de aplicar una disposición legal cuando sea incompatible con la imagen fiel. A pesar de ello, esta opción está expresamente permitida tanto en el Ccom como en el PGC. Sirva como ejemplo el hecho de que el Ccom instaura la imposibilidad de variar los criterios de valoración de un ejercicio a otro [art. 38. b) Ccom]. Por otra parte, es importante tener en cuenta que la imagen fiel se predica legalmente del patrimonio, de la situación financiera y de los resultados de la empresa, no de concretas partidas de particulares estados contables. Por consiguiente no puede estimarse que quede afectada cuando existan desfases en alguna partida contable, incluso aunque supongan la infracción de concretas prescripciones contables, siempre y cuando el defecto no suponga una omisión de información significativa en relación con el conjunto del patrimonio, de la situación financiera o de los resultados de la empresa.

A ello alude asimismo el PGC (1° Parte, 2°) cuando declara que la información es fiable cuando está libre de errores materiales y es neutral, es decir, está libre de sesgos, y los usuarios pueden confiar en que es la imagen fiel de lo que pretende representar. Y que una cualidad derivada de la fiabilidad es la integridad, que se alcanza cuando la información financiera contiene, de forma completa, todos los datos que pueden influir en la toma de decisiones, sin ninguna omisión de información significativa. Este último es el aspecto central. El defecto ha de ser significativo en relación con el conjunto, de manera que una partida que no adquiera esta condición es intrascendente a los efectos analizados. No infringe el principio de imagen fiel y, por ende, no puede dar lugar a responsabilidad particular alguna. Finalmente es de interés observar que el principio de imagen fiel se refiere a las cuentas anuales, no a otros estados contables intermedios. La cuestión se plantea en especial respecto del balance de sumas y saldos por oposición al balance de cierre, que forma parte de las cuentas anuales.

5. Principios contables

5.1. Caracterización

Los principios contables son un conjunto de pautas de actuación de uso generalizado nacidas de la praxis profesional contable para garantizar la adecuación de los estados financieros a la realidad económica de la empresa. Constituyen instrumentos técnicos diseñados con el objetivo de conseguir la imagen fiel del patrimonio, de la situación financiera y de los resultados de la empresa. La incidencia de los mismos sobre el instrumento informativo de la contabilidad se pone de manifiesto al fijar, por un lado, los aspectos meramente formales que han de guiar su elaboración y materialización y, por otro, determinando las reglas aplicables a la hora de cuantificar los hechos económicos que encontrarán reflejo en aquella. Versan, por consiguiente, sobre los criterios y normas de registro y valoración de las diferentes transacciones económicas, así como del proceso de agregación que desemboca en aquellos estados financieros (art. 38. I Ccom).

Su utilización resulta imprescindible porque las prescripciones contables, por muy detalladas que sean sus reglas, no puede prever todas las situaciones que han de ser reflejadas en la contabilidad. Esta función está atendida por los principios contables. Ahora bien, hay que aclarar desde ahora que, en la medida en que han sido acogidos legalmente, tienen carácter obligatorio (art. 38 I Ccom). Entre ellos, el Ccom alude a los que se expresan a continuación.

5.2. Principio de unidad

Conforme al principio de unidad, las Cuentas Anuales forman una unidad, a pesar de la diversidad de los documentos que las integran (art. 34.1 Ccom), ya que la información que cada uno suministra en torno a la situación de la empresa es complementaria de la que ofrecen los demás.

5.3. Principio de uniformidad o continuidad

Este principio permite efectuar la comparación de los estados contables entre los diversos países —normalización contable internacional—, entre las distintas empresas y entre un ejercicio y otro del mismo empresario. Su formulación se efectúa desde un punto de vista formal y material. Expresión del aspecto formal del principio es el mandato de que el balance de apertura de un ejercicio se corresponda con el de cierre del ejercicio anterior cuando se trate de un balance de situación, que la estructura y contenido de los documentos que integran las Cuentas deba ajustarse a los modelos aprobados reglamentariamente (art. 35.7 Ccom, art. 254.3 LSC), que la citada estructura no pueda ser modificada de un ejercicio a otro, salvo casos excepcionales, que deberán justificarse en la memoria (art. 35.8 Ccom), que en cada una de las partidas de las cuentas anuales deban figurar, además de las cifras del ejercicio que se cierra, las correspondientes al ejercicio inmediatamente anterior (art. 35.6 Ccom) y que a, salvo las excepciones previstas legal o reglamentariamente, no pueden compensarse las partidas del activo y del pasivo ni las de gastos e ingresos [art. 38 e) Ccom, art. 256 LSC]. En su aspecto material el principio obliga a que se valoraren separadamente los elementos integrantes de las cuentas anuales [art. 38 e) Ccom] y determina la imposibilidad de variar los criterios de valoración de un ejercicio a otro [art. 38. b) Ccom]. Sin embargo, esta última previsión puede resultar perjudicial para los implicados y afectar a la imagen fiel, sobre todo cuando su aplicación tenga lugar en procesos inflacionistas, lo que autoriza a aplicar el art. 34.4 Ccom.

5.4. Principio de prudencia valorativa

El principio de prudencia valorativa, [art. 38. c) Ccom] proviene del sistema alemán donde su existencia se justifica por la preferencia concedida a los acreedores frente a los socios o inversores. Exige que se computen sólo los beneficios efectivamente realizados a la fecha de cierre del ejercicio, lo que excluye contabilizar meras expectativas de beneficios. El principio se traduce en el llamado principio de disparidad de tratamiento contable entre los beneficios y las pérdidas puesto que, estas últimas, han de ser registradas tan pronto como sean previsibles, sin esperar a su efectiva realización, y con independencia de su origen en el ejercicio o en otros precedentes. Se distinguirán, por tanto, las pérdidas realizadas o irreversibles y las no realizadas, potenciales o reversibles. Las primeras se llevan a las cuentas de amortización y las segundas a las de provisiones.

5.5. Principios de coste histórico y valor razonable

El principio del precio de adquisición o coste histórico de los bienes que integran el patrimonio [art. 38. f) Ccom] se explica en conexión con el principio de prudencia valorativa. De conformidad con él, los activos se contabilizarán por el precio de adquisición (bienes adquiridos), o por el coste de producción (bienes elaborados por la empresa). Y los pasivos por el valor de la contrapartida recibida a cambio de incurrir en la deuda, más los intereses devengados pendientes de pago. Las provisiones se contabilizarán por el valor actual de la mejor estimación del importe necesario para hacer frente a la obligación, en la fecha de cierre del balance. La realización del beneficio se concreta así a través de la diferencia entre el valor del patrimonio invertido con arreglo al valor de mercado en la fecha en que se realizó la inversión y el valor de mercado efectivamente ingresado en el momento de la realización de los bienes. En cuanto a las deudas ha de tenerse en cuenta el valor de reembolso.

En la medida en que es la prudencia la que guía el criterio del coste histórico no se autorizan revisiones al alza, pues esas revalorizaciones generarían un beneficio ficticio, es decir, no realizado. Sin embargo, como se ha advertido arriba, esta disciplina puede conducir a resultados perjudiciales para el empresario, eventualmente incompatibles con la imagen fiel, cuando, en razón de procesos inflacionistas, los bienes permanecen contabilizados por un valor inferior al que tendrían en el mercado, lo que permite aplicar el art. 34.4 Ccom. Adicionalmente hay que tener en cuenta el RD 2607/1996 de 20 de diciembre por el que se aprueban las normas para la actualización de balances regulada en el artículo 5 del Real Decreto-Ley 7/1996, de 7 de junio, y en la disposición adicional primera de la Ley 10/1996, de 18 de diciembre, de medidas fiscales urgentes de corrección de la doble imposición interna intersocietaria y sobre incentivos a la internacionalización de las empresas.

El entendimiento de este principio en el ámbito del de prudencia explica la disparidad de criterio en el tratamiento de las disminuciones de valor de los bienes; que han de registrarse tanto si se producen por razón de la pérdida de utilidad económica de los mismos (amortizaciones en sentido estricto), como por otras causas, entre las que se incluye su inferior valor de mercado (depreciaciones). En concreto los activos fijos o no corrientes cuya vida útil tenga un límite temporal deberán amortizarse de manera racional y sistemática durante el tiempo de su utilización. No obstante, aun cuando su vida útil no esté temporalmente limitada, si se produce el deterioro de esos activos se efectuarán las correcciones valorativas necesarias para atribuirles el valor inferior que les corresponda en la fecha de cierre del balance (art. 39.1 Ccom). Por otro lado, cuando exista un deterioro en el valor de los activos circulantes o corrientes, se efectuarán las correcciones valorativas necesarias con el fin de atribuir a estos activos el valor inferior de mercado o cualquier otro valor inferior que les corresponda, en virtud de circunstancias especiales, en la fecha de cierre del balance (art. 39.2 Ccom). Sin embargo la valoración por el importe inferior no podrá mantenerse si las razones que motivaron las correcciones de valor hubieren dejado de existir, salvo que deban calificarse como pérdidas irreversibles (art. 39.3 Ccom).

El Ccom permite sustituir el principio del coste histórico por el criterio del valor razonable respecto de *los activos y pasivos que se determinen reglamentariamente se determinen dentro de los límites de la normativa europea* (art. 38 *bis* Ccom). Con carácter general, el valor razonable se calculará con referencia a un valor de mercado fiable. En aquellos elementos para los que no pueda determinarse un valor de mercado fiable, el valor razonable se obtendrá mediante la aplicación de modelos y técnicas de valoración con los requisitos que reglamentariamente se determine.

5.6. Principio de devengo

El principio de prudencia modula también el entendimiento del principio del devengo, opuesto al de caja, según el cual se imputarán al ejercicio al que se refieran los gastos e ingresos que afecten al mismo, con independencia de su pago o cobro [art. 38. d) Ccom].

5.7. Principio de empresa en funcionamiento

Conforme al principio de empresa en funcionamiento [art. 38. a)] se considera que la empresa tiene una duración ilimitada. Se justifica en relación con los fines atribuidos al balance porque este no tiene como objetivo la determinación del valor de un patrimonio a efectos de su enajenación, ni tampoco del importe que pueda resultar en caso de liquidación. Por consiguiente no se aplica a los balances de liquidación.

5.8. Principio de importancia relativa

La formulación del principio de importancia relativa [art. 38. i) Ccom] permite no aplicar estrictamente algunos principios contables cuando la importancia relativa de la variación que tal hecho produzca sea escasamente significativa y, en consecuencia, no altere la expresión de la imagen fiel del patrimonio, de la situación financiera y de los resultados de la empresa.

6. Proceso de formación

Aunque el deber de confeccionar las Cuentas Anuales se impone a todos los empresarios, su proceso de formación varía según la forma jurídica adoptada. Si el empresario es individual dicha función le corresponde a él en exclusiva, estando obligado a firmarlas como expresión de su responsabilidad por la veracidad de las mismas (art. 37 Ccom). En el caso de sociedades de personas incumbe a los socios colectivos, que igualmente y, por idéntico motivo, deben firmarlas. De modo que, si falta la firma de alguno de ellos, tal extremo se señalará en los documentos en que se haya omitido, con mención de la causa (art. 37 Ccom). Es dudoso que los socios comanditarios deban concurrir a la aprobación, pero parece lo más aconsejable.

En las sociedades de capital el proceso es más complejo dada la especial relevancia que adquieren las Cuentas tanto en el ámbito interno de la sociedad como frente a terceros. Por un lado esta tarea opera como medio de control de la marcha de los negocios sociales, constituyendo un instrumento para poder juzgar la actuación de los administradores. Por otro, permite medir el patrimonio social e impedir que sean distribuidos beneficios ficticios. Habiéndose reconocido también el interés de los trabajadores en conocer la marcha de la sociedad, al disponer el ET (art. 64.4) que los documentos contables que deban ponerse a disposición de los socios, han de ser conocidos también por los representantes de los trabajadores. En este proceso se distingue la formulación de las Cuentas de su aprobación. Entre ambos, cronológicamente, se produce la revisión o verificación contable, a la que aludiré en otro apartado.

La formulación corresponde a los administradores. Se trata de una función indelegable [art. 249 bis e) LSC], pero no debe ser entendida en un sentido material atinente a la redacción y confección física de los documentos, que puede ser realizada por cualquier persona autorizada. Se refiere a la responsabilidad en lo atinente a la veracidad de las Cuentas y a la gestión de la empresa social, por lo que los documentos anteriores deben incluir la firma de todos ellos. De omitirse la de alguno se señalará en cada uno de los documentos en que falte, con expresa indicación de la causa (arts. 25.2 y 37 Ccom, art. 253 LSC). Esta responsabilidad no decae aunque las Cuentas sean aprobadas por la Junta de socios (art. 238.4 LSC). La formulación deberá realizarse en el plazo máximo de tres meses contados a partir del cierre del ejercicio social, si bien la redacción posterior no provoca la nulidad de las Cuentas, sino simplemente la responsabilidad de los administradores por los eventuales perjuicios causados a la sociedad (art. 238 LSC). La obligación incluye la elaboración de la propuesta de aplicación del resultado y, en su caso, la formulación del informe de gestión (art. 253.1 LSC).

Cumplidos, en su caso, los deberes de auditoría a los que luego se aludirá, las Cuentas deben ser sometidas a la aprobación de la junta de socios (art. 272.1

LSC). A partir de la convocatoria de la junta, cualquier socio podrá obtener de la sociedad, de forma inmediata y gratuita, los documentos que han de ser sometidos a la aprobación de la misma, así como, en su caso, el informe de gestión y el informe del auditor de cuentas. En la convocatoria se hará mención de este derecho (art. 272.2 LSC). Es este un derecho de información inderogable de los socios, cuya vulneración fundamenta la impugnabilidad del acuerdo de aprobación de las Cuentas (art. 204.1 LSC). Salvo disposición contraria de los estatutos, durante ese mismo plazo, el socio o socios de la sociedad de responsabilidad limitada que representen al menos el cinco por ciento del capital podrán examinar en el domicilio social, por sí o en unión de experto contable, los documentos que sirvan de soporte y de antecedente de las cuentas anuales, sin que ello impida ni limite el derecho de la minoría a que se nombre un auditor de cuentas con cargo a la sociedad (art. 272.3 LSC). En las sociedades cotizadas esos documentos han de ponerse a disposición de los accionistas e inversores por cualquier medio técnico, informático o telemático, y, necesariamente, a través de la página web de la que deberán disponer, sin perjuicio del derecho de los accionistas a solicitar la información en forma impresa (art. 539 LSC).

La doctrina se halla dividida en torno a si la Junta puede modificar las Cuentas, salvo que se trate de la corrección de simples errores materiales, o si debe limitarse a aprobarlas o no para que, en este último caso, los administradores las revisen y sometan nuevamente a la Junta; si bien en la práctica es esto último lo que sucede.

7. *Depósito y publicidad de las Cuentas Anuales*

El depósito de las Cuentas se encomienda al Registro Mercantil del domicilio del depositante y deberá efectuarse, por regla general, dentro del mes siguiente a su aprobación (arts. 279 LSC y 365 RRM). Ha de depositarse la certificación del acuerdo del órgano competente que contenga la aprobación de las cuentas y la aplicación del resultado, expedida por las personas facultadas para certificar los acuerdos, cuyas firmas han de ser legitimadas notarialmente, y un ejemplar de las cuentas aprobadas, firmadas por las personas obligadas a formularlas; así como, en su caso, de las cuentas consolidadas, a las que se adjuntará un ejemplar de cada una de ellas. Si fuera obligatorio, se depositará también el informe de gestión. Y el de auditoría, cuando la sociedad esté obligada a auditar las Cuentas por una disposición legal o se hubiera acordado a petición de la minoría o de forma voluntaria y se hubiese inscrito el nombramiento de auditor en el Registro Mercantil (art. 279 LSC). Si alguna o varias de las Cuentas anuales se hubieran formulado en forma abreviada, se hará constar así en la certificación con expresión de la causa (arts. 279 LSC, 366 RRM).

El depósito debe efectuarse con arreglo a los modelos oficiales, bien en papel o por medios informáticos (RDGSSYFP de 28 de febrero de 2011). Se practicará asiento en el Libro diario correspondiente (art. 367 RRM), procediendo después el registrador a la calificación de los documentos. En esta materia es importante destacar que la calificación registral ha de restringirse exclusivamente a verificar si los documentos presentados son los exigidos por la Ley, si están debidamente aprobados y si constan las preceptivas firmas, sin que comprenda, por tanto, ni la validez ni la exactitud del contenido de aquellos (arts. 280.1 LSC y 368.1 RRM). Verificado el cumplimiento de estos requisitos se tendrá por efectuado el depósito, practicándose el correspondiente asiento en el Libro de depósito de Cuentas y en la hoja abierta a la entidad depositante (arts. 280.1 LSC y 368.2 RRM). En caso de que no procediere el depósito se estará a lo establecido para los títulos defectuosos (art. 368.3 RRM). Los registradores deberán conservar las cuentas anuales y los documentos complementarios depositados en el Registro Mercantil durante seis años a contar desde la publicación del anuncio del depósito en el BORME (arts. 280 LSC y 377 RRM).

El incumplimiento de la obligación de depósito puede dar lugar a dos sanciones de particular relevancia. En primer término, una multa administrativa, que impondrá el Instituto de Contabilidad y Auditoría de Cuentas, previa instrucción de expediente (art. 283 LSC). En segundo lugar, el cierre del Registro, que procederá transcurrido un año desde la fecha del cierre del ejercicio social sin que se haya practicado en el Registro Mercantil el depósito de las Cuentas Anuales debidamente aprobadas. Se trata, no obstante, de un cierre parcial en tanto se exceptúan los títulos relativos al cese o dimisión de los administradores, gerentes, directores generales o liquidadores, y a la revocación o renuncia de poderes, así como a la disolución de la sociedad y al nombramiento de liquidadores y a los asientos ordenados por la autoridad judicial o administrativa (art. 282.2 LSC y 378.1 RRM). El cierre, además, no se efectuará cuando las cuentas anuales no se hubieran depositado por no estar aprobadas por el órgano competente y se acredite esta circunstancia en los términos exigidos por el RRM (art. 378.5 RRM).

Por lo que a la publicidad se refiere es conveniente distinguir entre la publicidad de las cuentas depositadas y la publicación del depósito. La primera se hace efectiva por medio de certificación emitida por el registrador o de copia de los documentos depositados, que puede expedirse en soporte informático, a solicitud de cualquier persona (arts. 281 LSC, 369 RRM). La publicación del depósito se lleva a cabo mediante anuncio en el BORME de las sociedades que han cumplido con su obligación de depósito. A tal fin, dentro de los tres primeros días hábiles de cada mes, los registradores mercantiles territoriales remitirán al Registro Mercantil Central una relación alfabética de las sociedades que hayan cumplido en debida forma, durante el mes anterior, la obligación de depósito (art. 370 RRM).

8. Cuentas consolidadas

Toda sociedad dominante de un grupo de sociedades debe formular las cuentas anuales y el informe de gestión consolidados (art. 42 Ccom). Las cuentas anuales consolidadas comprenderán el balance, la cuenta de pérdidas y ganancias, un estado que refleje los cambios en el patrimonio neto del ejercicio, un estado de flujos de efectivo y la memoria, consolidados. Estos documentos forman una unidad. A las cuentas anuales consolidadas se unirá el informe de gestión consolidado que incluirá, cuando proceda, el estado de información no financiera (art. 44.1. CCom).

La memoria consolidada deberá incluir un contenido mínimo de información, entre la que se encuentra la relativa a las sociedades a las que se aplica la consolidación, el número de personas empleadas por las mismas, las remuneraciones recibidas por el personal de alta dirección y miembros del órgano de administración, el importe de los anticipos y créditos concedidos en su caso a ese personal y al órgano de administración, la naturaleza y el propósito de negocio de los acuerdos no incluidos en el balance consolidado, el importe desglosado por conceptos de los honorarios por auditoría de cuentas y otros servicios prestados por los auditores, y transacciones significativas, distintas a las intragrupo, realizadas entre cualquier de las sociedades incluidas en el grupo con terceros vinculados (art. 48 CCom). El estado de información no financiera consolidado incluirá la información necesaria para comprender la evolución, los resultados y la situación del grupo, y el impacto de su actividad respecto, al menos, a cuestiones medioambientales y sociales, al respeto de los derechos humanos y a la lucha contra la corrupción y el soborno. También, aquellas medidas adoptadas en relación con el personal, como aquellas dirigidas a favorecer el principio de igualdad de trato y de oportunidades entre mujeres y hombres, la no discriminación e inclusión de las personas con discapacidad y la accesibilidad universal (art. 49 CCom).

En el Derecho español no existe un concepto unitario de grupo de sociedades. Por el contrario, se advierten dos distintos. Ambos tienen en común el hecho de que comprenden una organización de varias sociedades independientes jurídicamente. Junto a ello, los grupos en sentido estricto, o por subordinación, se caracterizan por la nota del control. Conforme a este criterio existe un grupo cuando una sociedad ostente o pueda ostentar, directa o indirectamente, el control de otra u otras, lo que se presume, en particular, cuando la primera, denominada dominante o matriz, se encuentre en relación con la otra u otras, denominadas dependientes, dominadas o filiales, en alguna de las situaciones especificadas en el art. 42.1 Ccom (arts. 42.1 Ccom, 18 LSC y art. 4 LMVSI).

La existencia de control genera una relación jerárquica de dependencia de la dominante que permite a esta ejercer el poder de dirección sobre las dominadas, sometiéndolas a la dirección económica unitaria que aquella determine. De modo que, mientras la independencia jurídica supone que cada una de las sociedades del grupo, en su condición de titular individual de derechos y obligaciones, mantiene su autonomía patrimonial y también su autonomía organizativa, si el control determina finalmente la existencia de una dirección unitaria, se limita la autonomía en la gestión de las sociedades dependientes y determina su sujeción a la política empresarial común fijada por el núcleo dirigente.

Ahora bien, el control genera la posibilidad de dirección unitaria, pero no la asegura, al tiempo que excluye de la noción de grupo situaciones en las que la dirección unitaria no se basa en el control. Cuando existe dirección unitaria sin fundamento en el control se está ante un grupo por coordinación (art. 78.1 LCoop). En él existe unidad de dirección, pero la política común no es impuesta por una sola de las sociedades, sino que es definida por todas ellas en plano de igualdad, normalmente mediante la integración de las mismas en una sociedad que actúa como órgano especial de dirección. No se trata de grupos en sentido estricto, si se opta por el criterio del control. En cualquier caso estos grupos, además, no están sujetos a consolidación. La consolidación de las Cuentas únicamente se impone ante la existencia de las circunstancias que determinan la noción de control (art. 42.1 Ccom). Como excepción, no se exige cuando concurran las circunstancias previstas en el art. 43 Ccom.

La consolidación se hará en la forma y de acuerdo con los criterios previstos en el Ccom y sus normas de desarrollo (arts. 43 bis a 49 Ccom y RD 1159/2010 de 17 de septiembre sobre Normas para la Formulación de Cuentas Anuales Consolidadas). Deberán incluirse en ella, necesariamente, las sociedades integrantes del grupo, así como las empresas dominadas por éstas, cualquiera que sea su forma jurídica y con independencia de su domicilio social. Asimismo la junta general de la sociedad dominante deberá designar a los auditores de cuentas que habrán de controlar las Cuentas Anuales y el informe de gestión del grupo. Los auditores verificarán la concordancia del informe de gestión con las cuentas anuales consolidadas.

Las cuentas consolidadas y el informe de gestión del grupo habrán de someterse a la aprobación de la junta general de la sociedad obligada a consolidar simultáneamente con las cuentas anuales de esta sociedad. En cualquier caso los socios de las sociedades pertenecientes al grupo, incluidos los socios externos, que son los socios minoritarios de las sociedades filiales, aunque no tienen participación alguna, ni incidencia en la sociedad matriz, disfrutan del derecho de información sobre las cuentas consolidadas del grupo, del informe de gestión del grupo y del informe de los auditores (art. 42.5 Ccom), que les permite impugnar el acuerdo de aprobación conseguido en la matriz. Finalmente, el depósito de las cuentas consolidadas, del informe de gestión del grupo y del informe de los auditores de cuentas en el Registro Mercantil y la publicación del mismo se efectuarán de conformidad con lo establecido para las cuentas anuales de las sociedades anónimas.

Es importante destacar, sin embargo, que la obligación de formular las Cuentas Anuales y el informe de gestión consolidados no exime a las sociedades integrantes del grupo de formular sus propias Cuentas Anuales y el informe de gestión correspondiente, conforme a su régimen específico.

V. LA AUDITORÍA DE CUENTAS

1. Caracterización

La auditoría de cuentas es una actividad consistente en la revisión y verificación de las cuentas anuales, así como de otros estados financieros o documentos contables, elaborados con arreglo al marco normativo de información financiera que resulte de aplicación, siempre que aquélla tenga por objeto la emisión de un informe sobre la fiabilidad de dichos documentos que pueda tener efectos frente a terceros (art. 1.2 LAC). Para la calificación de esta actividad como auditoría es imprescindible que sea llevada a cabo precisamente por un auditor o una sociedad de auditoría, mediante la emisión del correspondiente informe y con sujeción a los requisitos y formalidades establecidos en la LAC (art. 1.3 LAC).

Aunque sean realizados por el auditor, no constituyen, sin embargo, auditoría de cuentas los trabajos realizados sobre cuentas anuales, estados financieros o documentos contables consistentes en la comprobación específica de hechos concretos, en la emisión de certificaciones o en la revisión o aplicación de procedimientos con un alcance limitado inferior al exigido por la normativa reguladora de la auditoría de cuentas para poder emitir una opinión técnica de auditoría de cuentas (art. 3 REAC). El motivo obedece a que se realiza un trabajo con un alcance diferente y se emite una opinión con un significativo menor grado de fiabilidad. Tampoco tienen tal consideración aquellos trabajos que no reúnan los requisitos de la auditoría de cuentas, aunque su realización esté atribuida legalmente a los auditores de cuentas. Tales trabajos no estarán sujetos el régimen de supervisión y control previsto en la normativa reguladora de la actividad de auditoría de cuentas. Únicamente se prevé su sujeción a las guías aprobadas, en su caso, conjuntamente por las corporaciones de auditores, de acuerdo con el mismo procedimiento que el diseñado para las normas de auditoría, y, en su defecto, a los usos y a la práctica habitual en la realización del tipo de trabajo en cuestión (art. 3 REAC).

Los informes emitidos por auditores de cuentas sobre trabajos que no estén comprendidos en las modalidades de auditoría no podrán identificarse como informes de auditoría de cuentas, ni su redacción o presentación podrán generar confusión respecto a su naturaleza como trabajos de auditoría de cuentas realizados conforme a la normativa reguladora de la actividad de auditoría de cuentas definida en el art. 6 LAC (art. 3 REAC).

2. *Clases de auditoría*

En atención a los estados financieros o documentos contables objeto de examen, la auditoría de cuentas reviste dos modalidades (arts. 4 LAC). La auditoría de cuentas anuales y la auditoría de otros estados financieros o documentos contables.

La auditoría de cuentas anuales consiste en revisar y verificar a efectos de dictaminar si dichas cuentas expresan la imagen fiel del patrimonio, de la situación financiera, del resultado de sus operaciones y, en su caso, de los flujos de efectivo de la entidad auditada, de acuerdo con el marco normativo de información financiera que resulte de aplicación y, en particular, con los principios y criterios contables contenidos en el mismo. Adicionalmente, cuando la entidad auditada viniera obligada a emitir el informe de gestión, o lo hubiera emitido voluntariamente, los auditores de cuentas verificarán la concordancia de los datos contenidos en el mismo con los de las cuentas anuales examinadas y si su contenido es conforme con lo establecido en la normativa de aplicación (arts. 4 LAC, 9 REAC y 268 LSC). Concluye con la emisión de un informe, al que se atribuye el carácter de documento mercantil, cuya característica más peculiar consiste en que incluye, de forma clara y precisa, la opinión técnica del auditor sobre si las cuentas anuales de un determinado ejercicio expresan los pormenores a que se ha hecho referencia antes (arts. 5 LAC, 5 y 9 REAC y 268 LSC).

La opinión podrá revestir cuatro modalidades: favorable, con salvedades, desfavorable o denegada. Asimismo, se indicarán, en su caso, las posibles incertidumbres significativas o materiales relacionadas con hechos o condiciones que pudieran suscitar dudas significativas sobre la capacidad de la entidad auditada para continuar como empresa en funcionamiento.

La auditoría de otros estados financieros o documentos contables comprende estados financieros o documentos contables distintos de las cuentas anuales, pero elaborados con arreglo a los principios y normas contenidos en el marco normativo de información financiera aplicable expresamente establecido para su elaboración. En particular, quedan incluidos en este concepto los estados o documentos contables integrantes de las cuentas anuales que se elaboren separadamente o, incluso, elaborados en su conjunto, pero que se refieran a un período inferior al del ejercicio social (art. 12 REAC).

3. La obligación de auditar

3.1. Ámbito de aplicación de la obligación de auditar

En principio es el propio empresario, en su condición de titular de la información contable sometida a examen, quien se halla facultado para decidir el sometimiento de sus cuentas a auditoría y para nombrar al auditor. En estos casos no serán de aplicación las limitaciones temporales de contratación establecidas en la LAC (art. 22.3 LAC). Sin embargo en algunos supuestos es la Ley la que obliga a la verificación y en otros la auditoría deviene obligatoria, previa solicitud de parte legitimada.

3.2. Obligación legal de auditar

3.2.1. Supuestos legales de auditoría obligatoria

Se considera auditoría obligatoria la auditoría de las cuentas anuales o de las cuentas consolidadas, que sea exigida por el Derecho de la Unión Europea o la legislación nacional (art. 3.2 LAC). Están obligadas legalmente a someter sus cuentas anuales a auditoría las entidades, cualquiera que sea su naturaleza jurídica, en las que concurra alguna de las siguientes circunstancias (DA 1 LAC, arts. 263 LSC, 41.2 Ccom y 62 LCoop):

i) Que emitan valores admitidos a negociación en mercados regulados o sistemas multilaterales de negociación.

ii) Que emitan obligaciones en oferta pública.

iii) Las entidades sujetas a supervisión pública, como son, en especial, las financieras y todas aquellas relacionadas con los mercados de valores y con el sector asegurador.

iv) Las que reciban subvenciones, ayudas o realicen obras, prestaciones, servicios o suministren bienes al Estado y demás Organismos Públicos.

v) Las sociedades colectivas y comanditarias simples, cuando a la fecha de cierre del ejercicio todos los socios colectivos sean sociedades españolas o extranjeras.

vi) Las sociedades de capital, salvo que, durante dos ejercicios consecutivos reúnan, a la fecha de cierre de cada uno de ellos, al menos dos de las circunstancias siguientes: que el total de las partidas del activo no supere los dos millones ochocientos cincuenta mil euros, que el importe neto de su cifra anual de negocios no supere los cinco millones setecientos mil euros y que el número medio de trabajadores empleados durante el ejercicio no sea superior a cincuenta.

vii) Las demás entidades que superen los límites que reglamentariamente fije el Gobierno por Real Decreto, incluidas las sociedades mercantiles que formen parte del sector público estatal, autonómico o local. Dichos límites se referirán, al menos, a la cifra de negocios, al importe total del activo según balance y al número anual medio de empleados, y se aplicarán, todos o cada uno de ellos, según lo permita la respectiva naturaleza jurídica de cada sociedad o entidad.

3.2.2. Régimen jurídico de la auditoría obligatoria

El nombramiento de auditor deberá efectuarse por un período de tiempo determinado inicialmente, que no podrá ser inferior a tres años ni superior a nueve, a contar desde la fecha en que comience. Si bien es posible la reelección por períodos máximos de tres años una vez que haya finalizado el período inicial. La prórroga podrá efectuarse de manera expresa o tácita, si a la finalización del período de contratación inicial o de prórroga del mismo, ni el auditor de cuentas o la sociedad de auditoría, ni la entidad auditada manifestaren su voluntad en contrario. En este caso el contrato quedará tácitamente prorrogado por un plazo de tres años (arts. 264 LSC y 22.1 LAC).

El régimen varía tratándose de entidades de interés público (art. 3.5 LAC). En estos casos se aplicará el Reglamento (UE) nº 537/2014, del Parlamento Europeo y del Consejo, de 16 de abril de 2014, sobre los requisitos específicos para la auditoría legal de las entidades de interés público y, adicionalmente, las normas previstas de modo específico para la auditoría de estas entidades en la LAC. Entre ellas destaca la ampliación del período total de contratación a diez años (art. 40 LAC).

En las sociedades de capital el nombramiento es competencia de la junta de socios, que deberá efectuarlo antes de que finalice el ejercicio a auditar. Cuando la junta general no hubiera nombrado al auditor antes de que finalice el ejercicio a auditar, o la persona nombrada no acepte el cargo o no pueda cumplir sus funciones, los administradores y cualquier socio podrán solicitar del registrador mercantil del domicilio social la designación de la persona o personas que deban realizar la auditoría, de acuerdo con lo dispuesto en el RRM. En las sociedades anónimas, la solicitud podrá ser realizada también por el comisario del sindicato de obligacionistas (art. 265.1 LSC, 350 RRM). En las sociedades cooperativas el nombramiento es competencia del Registro de Cooperativas (art. 62.3 LCoop). Tratándose de entidades de interés público rigen las normas previstas en el Reglamento (UE) nº 537/2014, del Parlamento Europeo y del Consejo, de 16 de abril de 2014, sobre los requisitos específicos para la auditoría legal de las entidades de interés público (art. 16), que atribuyen importantes competencias en orden a la propuesta la Comisión de auditoría de la entidad (art. 40.3 LAC).

El auditor, o la sociedad de auditoría, dispondrán como mínimo de un plazo de un mes, a partir del momento en que les fueren entregadas las cuentas firmadas por los administradores, para presentar su informe. Pero, s*i, una vez firmado y entregado el informe, los administradores se vieran obligados a reformular las cuentas anuales, el auditor habrá de emitir un nuevo informe sobre las cuentas anuales reformuladas* (art. 270 LSC). De otro lado, en la auditoría de entidades de interés público, además del informe de auditoría (art. 35 LAC), habrá de elaborarse toda una serie de informes adicionales.

El auditor no podrá ser destituido antes de que finalice el periodo inicial para el que fue nombrado, o antes de que finalice cada uno de los trabajos para los que fue contratado una vez finalizado el periodo inicial, a no ser que medie justa causa. Las divergencias de opiniones sobre tratamientos contables o procedimientos de auditoría no son justa causa. En tal caso, los auditores de cuentas y la entidad auditada deberán comunicar al ICAC la rescisión del contrato de auditoría (arts. 264.3 LSC, 22.2 y 40.1 LAC). Asimismo, los accionistas que ostenten más del cinco por ciento del capital social o de los derechos de voto de la entidad auditada o el órgano de administración de dicha entidad podrán solicitar al juez de primera instancia del domicilio social de la entidad la revocación del auditor designado por la junta general y el nombramiento de otro, cuando concurra justa causa (arts. 22.2 y 40.4 LAC). En auditorías de entidades de interés público dicha solicitud podrá ser realizada también por el ICAC (art. 40.4 LAC).

No obstante, la LSC regula estas mismas hipótesis de forma distinta. Prevé que cuando concurra justa causa, los administradores de la sociedad y las personas legitimadas para solicitar el nombramiento de auditor podrán pedir al letrado de la administración de justicia o registrador mercantil la revocación del que hubieran nombrado este último o del designado por la junta general y el nombramiento de otro (art. 266.1 LSC). La resolución que se dicte sobre la revocación del auditor será recurrible ante el Juez de lo Mercantil (art. 266.3 LSC). Adicionalmente, tratándose de sociedades de interés público, los accionistas que representen el 5 por ciento o más de los derechos de voto o del capital, la Comisión de Auditoría o el ICAC podrán solicitar al juez la revocación del auditor o auditores o la sociedad o sociedades de auditoría designados por la Junta General o por el Registro Mercantil y el nombramiento de otro u otros, cuando concurra justa causa (art. 266.3 LSC).

3.3. Obligación de auditar a instancia de parte legitimada

En las sociedades que no estén obligadas a someter las cuentas anuales a verificación por un auditor, los socios que representen, al menos, el cinco por ciento del capital social, podrán solicitar del registrador mercantil del domicilio social —o del Registro de Cooperativas, en su caso— que, con cargo a la sociedad, nombre un auditor de cuentas para que efectúe la revisión de las cuentas anuales de un determinado ejercicio, siempre que no hubieran transcurrido tres meses a contar desde la fecha de cierre de dicho ejercicio (arts. 265.2 LSC, 359 RRM y 62.2 LCoop). La auditoría se limitará a las cuentas anuales y al informe de gestión del último ejercicio, disponiéndose, como mínimo, de un mes, a partir del momento en que sean entregadas las cuentas para presentar el informe (art. 360 RRM). Si el auditor no pudiese realizar la auditoría por causas no imputables al propio auditor, emitirá un informe con opinión denegada por limitación absoluta en el alcance de sus trabajos, comunicándoselo al registrador (art. 361 RRM). En tales circunstancias, la sociedad no podrá depositar en el RM las cuentas correspondientes al ejercicio que hubiera debido ser auditado (art. 366.1 5° RRM); lo que, además de a una multa, da lugar al cierre parcial del Registro (arts. 283 LSC y 378 RRM).

Por otra parte, cuando concurra justa causa, los administradores de la sociedad y las personas legitimadas para solicitar el nombramiento de auditor podrán pedir al letrado de la administración de justicia o al registrador mercantil la revocación del que hubiera nombrado este último y el nombramiento de otro (art. 266.1 LSC). La resolución que se dicte sobre la revocación del auditor será recurrible ante el Juez de lo Mercantil (art. 266.3 LSC). Adicionalmente, tratándose de sociedades de interés público, están legitimados para solicitar la revocación y el nuevo nombramiento los accionistas que representen el 5 por ciento o más de los derechos de voto o del capital, la Comisión de Auditoría o el ICAC. En tal caso, no obstante, la petición se dirigirá al juez (art. 266.3 LSC).

Asimismo se prevé con carácter general que todo empresario vendrá obligado a someter a auditoría sus cuentas anuales cuando así lo acuerde el letrado de la administración de justicia o el registrador mercantil del domicilio social del empresario si acogen la petición fundada de quien acredite un interés legítimo (art. 40.1 Ccom). Si el informe contuviera opinión denegada o desfavorable, el letrado de la administración de justicia o el registrador mercantil acordará que el empresario satisfaga al solicitante las cantidades que hubiera anticipado. Si el informe contuviera una opinión con reservas o salvedades, se dictará resolución determinando en quién deberá recaer y en qué proporción el coste de la auditoría. Si el informe fuera con opinión favorable, el coste de la auditoría será de cargo del solicitante (art. 40.2 Ccom).

4. Nombramiento de auditor por el RM

La Ley atribuye al registrador mercantil competencia para el nombramiento de auditor en casos específicos, en relación con concretas actuaciones que no tienen la consideración de auditoría de cuentas (art. 3 REAC). Es el caso, por ejemplo, de la verificación del balance aprobado en caso de aumento de capital con cargo a reservas (art. 303.2 LSC y art. 363 RRM) o del informe sobre la exactitud de los datos ofrecidos por los administradores en caso de aumento de capital por compensación de créditos [art. 301.3 LSC y art. 363 RRM]. La solicitud ha de ser efectuada por los administradores (art. 363 RRM).

El registrador mercantil únicamente podrá designar como auditores a las personas que consten inscritas en el ROAC por cada circunscripción territorial y además según orden alfabético resultante del sorteo efectuado por el RMC y publicado en el BORME (arts. 355.1 y 356 RRM). Si el auditor no pudiese realizar la auditoría por causas no imputables al propio auditor, emitirá un informe con opinión denegada por limitación absoluta en el alcance de sus trabajos, comunicándoselo al registrador (art. 361 RRM).

La retribución de los auditores será fijada por el registrador al efectuar el nombramiento, pero deberá ajustarse a las reglas establecidas en la legislación de auditoría (arts. 267 LSC, 22 LAC y 362 RRM).

5. El auditor

5.1. Caracterización y clases de auditores

El auditor se obliga con la entidad auditada a elaborar un informe por lo que la relación que surge entre ambos ha de calificarse como un contrato de arrendamiento de obra (art. 8 REAC). Los auditores de cuentas no son en ningún caso órganos de la sociedad auditada. Los auditores pueden ser tanto personas físicas como jurídicas, debiendo constituirse en este último caso como sociedades de auditoría de cuentas [arts. 8 y 11 LAC].

5.2. Adquisición de la condición de auditor

La condición de auditor se adquiere, tras haber superado determinadas pruebas de aptitud de contenido reglado, mediante la inscripción en el Registro Oficial de Auditores de Cuentas (ROAC) dependiente del ICAC [arts. 8, 9 y 10 LAC].

5.3. El estatuto profesional del auditor

5.3.1. Disciplina aplicable

Sin perjuicio de referencias parciales a aspectos del mismo en otros textos legales, como la LSC, el estatuto profesional del auditor se halla regulado en la LAC, en el REAC, en las normas de auditoría, en las normas de ética e independencia y en las normas de control de calidad interno. A las auditorías de cuentas de entidades de interés público les será también de aplicación el Reglamento (UE) nº 537/2014, del Parlamento Europeo y del Consejo, de 16 de abril, sobre los requisitos específicos para la auditoría legal de las entidades de interés público (art. 2.1 LAC).

Las normas de auditoría constituyen los principios y requisitos que deben observar los auditores de cuentas en la realización del trabajo de auditoría de cuentas y sobre las que deben basarse las actuaciones necesarias para expresar una opinión técnica responsable e independiente. Se consideran normas de auditoría las contenidas en la LAC, en el REAC, en las normas internacionales de auditoría adoptadas por la Unión Europea y en las normas técnicas de auditoría.

Las normas de ética expresan en qué medida la responsabilidad y actuación de los auditores de cuentas debe estar presidida por el principio de interés público que informa la actividad de auditoría de cuentas. En este sentido, los auditores de cuentas en el ejercicio de su actividad han de tener en consideración y actuar en todo caso con sujeción a los principios éticos de competencia profesional, diligencia debida, integridad y objetividad (arts. 2.3 LAC y 19 REAC). Por último, las normas de control de calidad interno tienen por objeto establecer los principios y requisitos a seguir por los auditores de cuentas en la implantación de un sistema de control de calidad interno que les permita asegurar razonablemente que la actividad de auditoría de cuentas se realiza conforme a lo exigido en la LAC, en el REAC y en las normas de auditoría y de ética (art. 20 REAC).

Las normas técnicas de auditoría, las normas de ética y las normas de control de calidad interno se elaborarán, adaptarán o revisarán, de conformidad con los principios generales y práctica comúnmente admitida en los Estados miembros de la Unión Europea así como con las normas internacionales de auditoría adoptadas por la Unión Europea, por las corporaciones de derecho público representativas de quienes realicen la actividad de auditoría de cuentas, pero su adopción es responsabilidad última del sistema de supervisión público que se atribuye al ICAC. En consecuencia no tendrán validez hasta que sean publicadas por él (arts. 2.4 LAC y 21 a 24 REAC).

5.3.2. Ejercicio de la actividad de auditoría

La vigente LAC incorpora a nuestro ordenamiento la Directiva 2014/56/UE del Parlamento Europeo y del Consejo, de 16 de abril de 2014 y coordina la normativa que prevé con el Reglamento (UE) nº 537/2014, del Parlamento Europeo y del Consejo, de 16 de abril de 2014, sobre los requisitos específicos para la auditoría legal de las entidades de interés público. De conformidad con ambos textos, la LAC incorpora dos principios básicos que han de regir el ejercicio de la actividad de auditoría, el escepticismo y el juicio profesional, y refuerza la independencia y objetividad de los auditores en el ejercicio de dicha actividad como pilar fundamental en que reside la confianza que se deposita en el informe de auditoría.

El escepticismo profesional es la actitud que implica mantener siempre una mente inquisitiva y especial alerta ante cualquier circunstancia que pueda indicar una posible incorrección en las cuentas anuales auditadas, debida a error o fraude, y examinar de forma crítica las conclusiones de auditoría, sea cual fuere la experiencia anterior del auditor de cuentas en relación con la honestidad e integridad de los responsables de la administración y de los directivos de la entidad auditada (art. 13.1 LAC). El juicio profesional consiste en la aplicación competente, adecuada y congruente con las circunstancias que concurran, de la formación práctica, el conocimiento y la experiencia del auditor de cuentas de conformidad con las normas de auditoría, de ética y del marco normativo de información financiera que resulten de aplicación para la toma de decisiones en la realización de un trabajo de auditoría de cuentas. La aplicación del juicio profesional debe razonarse y documentarse adecuadamente. No se admitirá la mera remisión al juicio profesional como justificación de decisiones que, de otra forma, no estén respaldadas por los hechos o circunstancias concurrentes en el trabajo, por la evidencia de auditoría obtenida o que no sean conformes con lo establecido en la normativa citada anteriormente (art. 13.3 LAC).

No obstante, la independencia continúa ocupando un lugar capital por cuanto se erige en soporte fundamental de demostración de la objetividad. Por independencia se entiende la ausencia de intereses o influencias que puedan menoscabar la objetividad del auditor en la realización del trabajo de auditoría Con la instauración de la misma se pretende asegurar que los usuarios de la información económica financiera auditada acepten con la máxima garantía y plena confianza dicha información, en la medida en que, precisamente, ha sido verificada por un tercero independiente y, por ello, de manera objetiva.

Para ello se ha optado por un régimen mixto que se basa, por una parte, en la enunciación de un principio general de independencia que obliga a todo auditor a abstenerse de actuar cuando pudiera verse comprometida su objetividad en relación a la información económica financiera a auditar (art. 14 LAC); y por otra parte, en la enumeración de un conjunto de circunstancias, situaciones o relaciones específicas en las que se considera que, en el caso de concurrir, los auditores no gozan de independencia respecto a una entidad determinada, siendo la única solución o salvaguarda posible la no realización del trabajo de auditoría. Se configuran, pues, como presunciones iuris et de iure, generadoras de incompatibilidad con la realización de la auditoría, que obligan al auditor a abstenerse de realizar la auditoría de cuentas de la entidad en cuestión (art. 14.3 LAC). Se refieren a circunstancias que concurren en el propio auditor, derivadas de servicios prestados a la entidad auditada (arts. 16 y 39 LAC) o a entidades vinculadas o con una relación de control con la entidad auditada (arts. 17 y 39 LAC) o de situaciones que concurren en familiares de los auditores principales responsables (arts. 18 y 39 LAC) o en otras personas o entidades relacionadas directamente con el auditor de cuentas o sociedad de auditoría (arts. 19 y 39 LAC) o en otras personas o entidades pertenecientes a la red del auditor o de la sociedad de auditoría (arts. 20 y 39 LAC), así como a la percepción de honorarios de la entidad auditada por encima de la cuantía establecida en la LAC (arts. 25 y 41 LAC).

A estos efectos, los auditores deberán establecer los procedimientos necesarios para detectar e identificar las amenazas a su independencia, evaluarlas y, cuando sean significativas, aplicar las medidas de salvaguarda adecuadas (art. 15 LAC). Si de la evaluación se deduce que no se trata de una situación de incompatibilidad, sino de simple amenaza, el auditor solo está obligado a abstenerse cuando se concluya que la amenaza es significativa para la objetividad y que las medidas de salvaguarda aplicadas no han eliminado o reducido a un grado aceptablemente bajo el riesgo de falta de independencia. A estos efectos, se entiende que se reduce a un grado aceptablemente bajo el riesgo de falta de independencia en aquellos supuestos en los que, de acuerdo con las circunstancias y factores que concurran en relación con la entidad auditada, el trabajo de auditoría en concreto así como la formación y conocimientos requeridos sobre la materia, un tercero informado pudiera concluir que el auditor de cuentas es capaz de ejercer un juicio objetivo e imparcial sobre las cuestiones tratadas durante la realización del trabajo de auditoría y que, por tanto, no resulta comprometida su independencia (arts. 43, 44 y 45 REAC).

Por otra parte, el ejercicio de la actividad de auditoría está sujeto al cumplimiento de un conjunto de deberes adicionales. Entre ellos destaca, en primer lugar, el de formación continuada, cuyo fin es mantener el adecuado nivel de exigencia en relación con la actualización de sus conocimientos dentro de un entorno financiero y mercantil en continuo cambio y progresivamente más complejo. En segundo lugar, se instituye el deber de prestar fianza o suscribir un seguro de responsabilidad civil que garantice permanentemente y de forma individualizada y suficiente el resarcimiento de los daños y perjuicios que pudieran causar por el incumplimiento de sus obligaciones. Finalmente, se instauran también los deberes de guardar secreto y de conservación y custodia. Los auditores deben aplicar, además, precisas normas sobre organización interna (arts. 28 y 42 LAC) y sobre organización del trabajo (art. 29 y 43 LAC) y, en caso de auditores de entidades de interés público, también acerca de la estructura organizativa (art. 44 LAC).

5.3.3. La responsabilidad del auditor

Los auditores de cuentas están sujetos a un complejo sistema de responsabilidad que comprende, además del ámbito penal, el civil y el administrativo.

Civilmente responden de los daños y perjuicio que pudieran causar por el incumplimiento de los deberes a que han de someter su actuación profesional. Es de destacar a este respecto que la responsabilidad del auditor implica una actitud de vigilancia y de alerta en la detección de posibles amenazas a su independencia y en la adopción de las medidas de salvaguarda necesarias para reducirlas y, en su caso, eliminarlas, a cuyo objeto está sometido a un especial deber de adoptar medidas de salvaguarda (art. 15 LAC). Responden de manera directa e ilimitada frente a la empresa auditada y frente a terceros de los daños y perjuicios ocasionados pero de forma proporcional al daño efectivo, lo que supone que la responsabilidad será exigible en forma personal e individualizada, con exclusión del daño o perjuicio causado por la propia entidad auditada o por los terceros (art. 26.2 LAC). Si se trata de sociedades de auditoría, la responsabilidad afecta al propio auditor que haya firmado el informe de auditoría y a la sociedad, de manera solidaria (art. 26.3 LAC). Los restantes socios auditores que no hayan firmado el informe de auditoría no responden.

La legitimación para exigir la responsabilidad frente a la sociedad al auditor o sociedad de auditoría se rige por lo dispuesto para los administradores de sociedades de capital (art. 271 LSC). La acción para exigir la responsabilidad contractual del auditor de cuentas y de la sociedad de auditoría prescribirá a los cuatro años a contar desde la fecha del informe de auditoría (art. 26.4 LAC), lo que supone que la acción para exigir la responsabilidad extracontractual se rige por lo dispuesto en el Cciv (art. 26.1 LAC). En consecuencia prescribe al año (art. 1968.2º Cciv) y afecta a todos aquellos sujetos distintos a la entidad auditada, incluyendo, pues, tanto a socios de esta como a terceros en sentido estricto.

Asimismo están sujetos a responsabilidad administrativa en los casos previstos en la LAC (arts. 70 a 86 LAC y 125 a 138 REAC), correspondiendo la potestad sancionadora al ICAC (arts. 68 LAC y 122 REAC).

5.3.4. Derechos del auditor

Entre los derechos que su estatuto atribuye a los auditores destaca el de percibir una remuneración. Los honorarios correspondientes a los servicios de auditoría se fijarán, en todo caso, antes de que comience el desempeño de sus funciones y para todo el periodo en que deban desempeñarlas. Los honorarios no podrán estar influidos o determinados por la prestación de servicios adicionales a la entidad auditada. No podrán tener carácter contingente ni basarse en ningún tipo de condición distinta a cambios en las circunstancias que sirvieron de base para la fijación de los honorarios. A estos efectos, se entiende por honorarios contingentes en un encargo de auditoría aquellos en los que la remuneración se calcula con arreglo a una fórmula preestablecida en función de los resultados de una transacción o del propio trabajo de auditoría. No se considerarán contingentes los honorarios establecidos por resolución judicial o por las autoridades correspondientes. En cualquier caso, por el ejercicio de dicha función, ni los auditores de cuentas ni las sociedades de auditoría podrán percibir otra remuneración o ventaja (art. 24.1 LAC). Si la entidad auditada es de interés público, se aplicará el Reglamento (UE) nº 537/2014, de 16 de abril en relación con las limitaciones de honorarios (art. 41.1 LAC).

Por lo demás, los auditores de cuentas y sociedades de auditoría deberán comunicar al ICAC, anualmente, las horas y honorarios facturados a cada entidad auditada, distinguiendo las que corresponden a trabajos de auditoría de cuentas y otros servicios prestados, así como cualquier otra información que precise el ICAC para el ejercicio de sus funciones (arts. 24.2 y 41.3 LAC).

Lección 4

El Registro Mercantil

SUMARIO: I. EL REGISTRO MERCANTIL COMO INSTRUMENTO DE LA PUBLICIDAD LEGAL. II. SUJETOS Y ACTOS INSCRIBIBLES. 1. Sujetos. 2. Actos inscribibles. III. ORGANIZACIÓN. 1. Organización. 2. Registros mercantiles territoriales. 2.1. Titular, circunscripción y funciones. 2.2. Libros del Registro. 2.3. La inscripción. Proceso de inscripción. Principios. 2.4. La calificación registral. 2.4.1. Caracterización. 2.4.2. Efectos de la calificación. 2.5. Eficacia de la inscripción respecto del hecho inscrito. 3. Registro Mercantil Central. Funciones. 4. El BORME. IV. LA PUBLICIDAD. 1. Publicidad formal. 2. Publicidad material. El principio de oponibilidad. V. OTRAS FUNCIONES DEL REGISTRO MERCANTIL TERRITORIAL. 1. Otras funciones del Registro mercantil territorial. 2. En particular el nombramiento de expertos independientes.

I. EL REGISTRO MERCANTIL COMO INSTRUMENTO DE LA PUBLICIDAD LEGAL

El Registro Mercantil es un Registro Público dotado de publicidad legal porque su misión no es únicamente hacer accesible al público en general ciertos datos relevantes para el tráfico mercantil; sino que los datos que se incluyen en él se consideran conocidos por todos con independencia de que efectivamente los hayan conocido. Su origen remoto se encuentra en la matrícula de los gremios y Corporaciones de la Edad Media. Primero con efectos internos, para el conocimiento de los propios comerciantes. Después, externos, respecto de terceros. En la actualidad su organización y funciones se hallan reguladas en el Ccom y en el Real Decreto 1784/1996 de 19 de julio por el que se aprueba el Reglamento del Registro Mercantil (RRM).

II. SUJETOS Y ACTOS INSCRIBIBLES

1. *Sujetos*

El RM nació como un registro de personas (empresarios mercantiles) y de sus actos. Tras un período en que se convirtió en un registro mixto, al añadirse la inscripción de cosas (buques y aeronaves), la Ley de Reforma y Adaptación de la Legislación mercantil a las Directivas de la CEE en materia de sociedades, de 25 de julio de 1989, retoma la orientación tradicional volviendo a caracterizarle exclusivamente como un registro de personas y actos. Introdujo, sin embargo, una novedad importante, que constituye una característica actual del sistema. Me refiero a la ampliación del elenco de los sujetos inscribibles. La ampliación llega a tales extremos que algunos de ellos ni siquiera merecen la calificación de sujetos. Por ejemplo, los fondos de pensiones o los fondos de inversión, que no son sujetos, sino patrimonios dotados de un cierto grado de autonomía (cfr. art. 16 Ccom, art. 81 RRM y vid. DA 4ª de la Ley 7/1996 de 15 de enero de Ordenación del Comercio Minorista). A consecuencia de ello, se ha llegado a afirmar, no sin razón, que, a partir de tal reforma, el RM abandonó su vieja fisonomía de simple registro de comerciantes para adquirir la condición de registro general del tráfico empresarial de mercado. Orientación que es deseable que se potencie.

Ahora bien, no todos los sujetos inscribibles deben acceder obligatoriamente al RM. El modelo adoptado por el RRM puede considerarse mixto pues, junto a ciertos casos en que la inscripción es obligatoria; hay otros en que es simplemente facultativa.

En concreto la inscripción de los empresarios individuales es potestativa, salvo en el caso del naviero, esto es, del empresario individual dedicado al comercio marítimo. No obstante, con el fin de "estimular eficazmente por medios indirectos la inscripción" (cfr. EM Ccom), el empresario individual no inscrito no podrá pedir la inscripción de ningún documento en el RM, ni aprovecharse de sus efectos legales (art. 19.1 Ccom), esto es, de los efectos positivos de la publicidad propios del Registro. La falta de inscripción de ciertos actos de la vida mercantil impide además que puedan ser opuestos a terceros. Sin embargo, al empresario individual no inscrito no se le puede prohibir que legalice sus libros (art. 27.1 y 2 Ccom, 330 RRM).

Por otro lado, hay que dejar siempre a salvo el caso tradicional de práctica obligatoria de la inscripción en situaciones de concurso previstas en el art. 322 RRM.

Tratándose, en distinto orden de cosas, de empresarios sociales y otras organizaciones sujetas a inscripción, aunque el art. 19.2 Ccom dispone que la inscripción de todas ellas es obligatoria, esta afirmación debe ser matizada en el sentido al que se aludirá en los capítulos dedicados al Derecho de Sociedades. Adicionalmente esta regla se excepciona en los supuestos de fondos de inversión y fondos de capital-riesgo, cuya inscripción es potestativa (art. 10.6 de la Ley 35/2003 de 4 de noviembre de Instituciones de Inversión Colectiva y art. 7 de la Ley 25/2005 de 24 de noviembre, reguladora de las entidades de capital riesgo y de sus sociedades gestoras).

Por último, cabe destacar que cualesquiera sujetos y entidades de inscripción obligatoria deben hacer constar en toda su documentación, correspondencia, notas de pedido y facturación, además del domicilio, los datos identificadores de su inscripción en el RM. Las sociedades mercantiles y demás entidades harán constar también su forma jurídica y, en su caso, la situación de liquidación en que se encuentren (art. 24.1 Ccom). El incumplimiento de estas obligaciones será sancionado con multa (art. 24.2 Ccom).

2. *Actos inscribibles*

Por lo que se refiere a los actos inscribibles, su relación varía en función de la clase de sujeto de que se trate (art. 16.1.8º y 22 Ccom). La que prevé el Ccom está minuciosamente detallada en el RRM donde se regula el contenido de la hoja registral de cada uno de ellos. Con esta indicación se quiere destacar el papel esencial que desempeña el RRM en la regulación de los empresarios y, en especial, de las sociedades y otras entidades inscribibles. Constituye un complemento necesario de las distintas leyes que los regulan, cuyo conocimiento es imprescindible.

Es importante destacar que la relación de sujetos y actos inscribibles tiene carácter de *numerus clausus*, por lo que no pueden acceder al RM otros distintos de los expresamente autorizados por la Ley o por el RRM. Tal medida se justifica en razón de la seguridad del tráfico y la protección de terceros a que tiende el RM como instrumento de publicidad, ante la inseguridad que podría generar el que cualquier acto o sujeto, por su exclusiva voluntad, se beneficiara de los efectos de la publicidad ligados a la inscripción.

III. ORGANIZACIÓN

1. *Organización*

El RM es una oficina pública dependiente de la Dirección General de Seguridad y Fe Pública (DGSJFP) integrada en el Ministerio de Justicia. En el organigrama del RM ha de distinguirse entre los Registros territoriales y el Registro Mercantil Central.

2. *Registros mercantiles territoriales*

2.1. Titular, circunscripción y funciones

A cargo de los Registros mercantiles territoriales, en virtud de oposición, se encuentran los registradores de la propiedad y mercantiles (art. 13 RRM). En el caso de los Registros Mercantiles territoriales y provincias de gran envergadura económica, el RM puede contar con una pluralidad de registradores mercantiles, que llevarán el despacho de documentos con arreglo al Convenio de distribución de materias o sectores que acuerden, que deberá ser aprobado por la okLo suele tener a su cargo también el Registro de la Propiedad.

Los Registros territoriales se hallan ubicados en cada capital de provincia, en las ciudades de Ceuta y Melilla y en determinadas islas (art. 16.1 RRM). La circunscripción territorial de los mismos coincide con la provincia en cuya capital radican, excepto en los casos de Ceuta, Melilla y las islas (art. 16.2 RRM). Su función fundamental es practicar las inscripciones relativas a los empresarios y organizaciones inscribibles y sus actos y vicisitudes. Junto a este cometido la Ley les asigna tres funciones más. El nombramiento de auditores de cuentas y expertos independientes, el depósito y publicación de las cuentas anuales de los empresarios y la legalización de los libros contables de estos últimos.

2.2. Libros del Registro

Para el cumplimiento de estas funciones el RRM ordena la llevanza obligatoria de una serie de libros y legajos, determinando las formalidades de cada uno (arts. 23 a 32 RRM). Se trata, en primer término, del Libro de inscripciones, en el que constan cada uno de los sujetos u organizaciones inscribibles y los sucesivos actos realizados por ellos o que les afecten [arts. 3, 23.1 a) y 26 RRM]. En segundo lugar, del Libro de legalizaciones, en el que se van anotando sucesivamente los libros legalizados por cada uno de aquellos [arts. 3. 23.1 b) y 27 RRM)]. En tercer lugar, del Libro de depósito de cuentas, que incluye, con indicación de su tipo, los documentos depositados en el Registro [arts. 3, 23.1 c) y 28 RRM]. Y, finalmente, del Libro de nombramiento de expertos independientes y de auditores, que contiene, junto con las fechas de las resoluciones del nombramiento, la identificación de los designados en cada caso (arts. 23.1 y 29 RRM).

Todos ellos se llevan por el sistema de hoja personal (art. 3 RRM), de modo que cada sujeto y organización inscrita tiene asignada una hoja, en la que, en los folios que sean necesarios, se irán incluyendo los actos y vicisitudes realizados por ellos o que les afecten y que la Ley o el RRM consideren inscribibles, según la clase de libro. Para la apertura de la hoja es competente el registrador mercantil del domicilio del sujeto inscribible (art. 17.1 RRM), a quien deberá solicitarse certificación literal de las inscripciones practicadas a fin de que las mismas se trasladen a la nueva hoja que se abra en el Registro de destino ante un cambio de domicilio de aquel (art. 19 RRM). A él corresponde también el cierre de la hoja, que implica la cancelación de los asientos relativos. El cierre puede ser definitivo, como sucede, por ejemplo, ante la muerte del empresario individual o en supuestos de extinción de la sociedad; o provisional. Este último, a su vez, puede ser total, si no cabe practicar tras el mismo ninguna otra inscripción en la hoja abierta al sujeto, hasta que este subsane el defecto que lo originó (vgr. 173.2 RRM), o parcial, si no se da tal circunstancia, existiendo la posibilidad en consecuencia de practicar ciertas inscripciones, como sucede, por ejemplo, en los casos de falta de depósito de las cuentas anuales (arts. 96 y 378 RRM).

Conviene tener en cuenta que, cada uno de esos Libros, cuenta con su Libro Diario de presentación (arts. 23 y 25 RRM). Y que, además de todos ellos, el RRM ordena la llevanza Libros adicionales. Se trata, en primer lugar, del Índice, donde, por orden alfabético, se incorporará la identificación de los sujetos inscritos, indicando, en su caso, la denominación social, el domicilio, tomo, folio de inscripción y el número de hoja así como su NIF [art. 23.1 e) y 30 RRM]. En segundo lugar del Inventario de todos los libros y carpetas o legajos que en el Registro existan [cfr. art. 23.1 f) y 31 RRM). Junto a estos Libros, los registradores formarán, por los períodos que juzguen conveniente, según el movimiento de la oficina, los legajos de los documentos relacionados en el propio RRM, exigidos por disposiciones especiales o que estimen convenientes por razones del servicio (art. 32 RRM). Y podrán llevar asimismo los libros y cuadernos auxiliares que entiendan precisos para la adecuada gestión del Registro (art. 23.3 RRM).

2.3. La inscripción. Proceso de inscripción. Principios

La inscripción registral es un asiento o anotación practicada con la firma del Registrador en los Libros del Registro. En sentido amplio incluye cualquier tipo de asiento de estas características. Sin embargo, desde un punto de vista estricto, constituye sólo un tipo de asiento de notas específicas (cfr. art. 33 RRM). Se trata de un asiento principal, lo que la diferencia de la nota marginal, que tiene carácter accesorio. Es un asiento positivo, al contrario que la cancelación, asiento de signo negativo o extintivo, que tiene por objeto dejar sin efecto y publicar la pérdida de vigencia de otro anterior. Asimismo tiene carácter definitivo, lo que la separa de la anotación preventiva, cuya vigencia temporal es limitada. Esta misma circunstancia, así como la distinta ubicación, la aleja del asiento de presentación, que sólo puede practicarse en el Libro Diario, como asiento preparatorio de aquella.

Pues bien, así definida, la inscripción constituye la fase final de un procedimiento que se inicia sometido a los principios de rogación, titulación pública, prioridad y tracto sucesivo. El principio de rogación significa que el procedimiento se inicia a instancia de parte legitimada, no de oficio por el registrador, a excepción de ciertas hipótesis, como la prevista en el art. 322 RRM. Si bien el RRM facilita en gran medida la presentación al sentar la presunción de que quien la efectúe se considera representante del legitimado (art. 45 RRM). El principio de titulación pública alude a que la inscripción se practica por medio de documento público (art. 18.1 Ccom y 5 RRM), salvo en las hipótesis expresamente previstas en las Leyes y en el RRM (cfr. por ejemplo, arts. 93 o 142 y 245 RRM).

La presentación se hará en el Registro territorial del domicilio del sujeto u organización inscribible. Puede efectuarse físicamente, es decir, mediante la entrega del título a inscribir (art. 17.1 RRM), o por vía telemática y con firma electrónica avanzada del Notario autorizante o responsable del protocolo. Si la inscripción es obligatoria debe realizarse dentro del mes siguiente al otorgamiento del documento necesario para su práctica (arts. 19.2 Ccom y 83 RRM), salvo disposición contraria, legal o reglamentaria (vgr. art. 26.3 Ccom). Una vez efectuada, se extiende en el Libro Diario un asiento de presentación, haciéndose constar en el documento el día y la hora de la presentación y el número y tomo del Diario (art. 42 RRM) y se entrega al solicitante un recibo en el que se indica la clase de títulos o documentos sobre los que pide la inscripción, el día y la hora de presentación, y el número y tomo del Diario (art. 53 RRM). Estos datos son importantes porque, si llega a practicarse la inscripción, esa fecha sirve para determinar la de esta. Y si existen varias inscripciones de la misma fecha, se determinará la prioridad atendiendo a la hora de presentación (art. 55 RRM). El asiento de presentación tiene, sin embargo, una vigencia limitada en el tiempo (art. 43 RRM).

El principio de tracto sucesivo afecta a las inscripciones posteriores (art. 11 RRM). En virtud del mismo la inscripción de actos o contratos relativos a un sujeto inscribible precisa la previa inscripción del sujeto, al igual que la inscripción de actos modificativos o extintivos de otros exige la inscripción anterior de estos. Y para inscribir actos otorgados por apoderados o administradores deberán hallarse estos últimos inscritos con antelación. Por su parte, según el principio de prioridad, inscrito o anotado preventivamente en el Registro Mercantil cualquier título, no podrá inscribirse o anotarse ningún otro de igual o anterior fecha que resulte opuesto o incompatible con él. Asimismo el documento que acceda primeramente al Registro será preferente sobre los que accedan con posterioridad, debiendo el Registrador practicar las operaciones registrales correspondientes según el orden de presentación (art. 10 RRM).

2.4. La calificación registral

2.4.1. Caracterización

Cumplidos los trámites anteriores, el registrador ha de proceder a la calificación de los documentos presentados (arts. 61 y 39 RRM). La calificación registral, denominada también principio de legalidad (art. 18.2 Ccom y 6 y 58.2 RRM), implica un examen de los documentos presentados limitado a juzgar acerca de la legalidad de las formas extrínsecas de aquellos, así como de la capacidad y legitimación de los que los otorguen o suscriban y la validez de su contenido. Y, además, sólo por lo que resulte de ellos y de los asientos del RM. A consecuencia de ello se estima que tiene un carácter prevalentemente formal.

Excepción a este principio constituyen las facultades otorgadas al notario en lo atinente al denominado juicio notarial de suficiencia. Conforme a él, en los instrumentos públicos otorgados por representantes o apoderado, el notario autorizante insertará una reseña identificativa del documento auténtico que se le haya aportado para acreditar la representación alegada y expresará que, a su juicio, son suficientes las facultades representativas acreditadas para el acto o contrato a que el instrumento se refiera. La reseña por el notario de los datos identificativos del documento auténtico y su valoración de la suficiencia de las facultades representativas harán fe suficiente, por sí solas, de la representación acreditada, bajo responsabilidad del notario. Por ese motivo el registrador limitará su calificación a la existencia de la reseña identificativa del documento, del juicio notarial de suficiencia y a la congruencia de éste con el contenido del título presentado, sin que pueda solicitar que se le transcriba o acompañe el documento del que nace la representación (art. 98 de la 24/2001 de 27 de diciembre, de Medidas Fiscales, Administrativas y del Orden Social y 24/2005, de 18 de noviembre, de Reforma para el Impulso a la Productividad).

2.4.2. *Efectos de la calificación*

Los efectos de la calificación se restringen a extender, suspender o denegar la inscripción (art. 59 RRM). Si el documento no tiene defectos, deberá practicarse la inscripción, extendiendo al pie de esta y al margen del asiento de presentación la oportuna nota de referencia (art. 62.1 RRM). De advertirse defectos en los documentos que impidan su inscripción, se explicarán en forma sucinta y clara, citándose las disposiciones o doctrina jurisprudencial que los justifiquen y señalando si son subsanables o no, lo que se consignará en nota fechada y firmada por el registrador, que se extenderá al pie del título y se reproducirá al margen del asiento de presentación (art. 62.3 RRM). Es interesante destacar que, con posterioridad a esa nota, el registrador no puede alegar otros defectos del título presentado (art. 59.2 RRM y RDGSSYFP de 22 de febrero de 1995). Si el defecto es subsanable, se suspenderá la inscripción y se extenderá, a solicitud del interesado, anotación preventiva, que caducará a los dos meses de su fecha (art. 62.4 RRM). Si, en cambio, los defectos se consideran insubsanables, se denegará la inscripción, sin que pueda practicarse anotación preventiva (art. 62.5 RRM).

La calificación ha de ser global y unitaria, de modo que se provea a inscribir, suspender o denegar la inscripción de todo el documento (art. 59.2 RRM). Sin embargo, puede practicarse la inscripción parcial del mismo si comprendiere varios hechos, actos o negocios inscribibles, independientes unos de otros, y los defectos que apreciase el registrador en alguno de ellos no impidieran la inscripción de los demás (art. 62.2 RRM). Ahora bien, en cualquiera de los casos en que el registrador a quien corresponda la calificación de un documento apreciare defectos que impidan practicar la operación solicitada, ha de poner el hecho en conocimiento del cotitular o cotitulares del mismo sector o del sector único, con traslado de la documentación pertinente. Si el cotitular entendiere que la operación es procedente la practicará bajo su responsabilidad. A fin de asegurar el cumplimiento de este deber, en la calificación negativa, el registrador a quien corresponda deberá expresar que la misma se ha extendido con la conformidad de los cotitulares. Si falta dicha indicación, la calificación se entenderá incompleta, pudiendo los legitimados recurrirla, instar la intervención del sustituto, o pedir expresamente que se complete (art. 18.8 Ccom).

Si la calificación del registrador es positiva no cabe recurso gubernativo alguno. El interesado, no obstante, podrá reclamar ante la jurisdicción civil la declaración de inexactitud o de nulidad del asiento practicado (art. 20.1 Ccom).

Contra la calificación del registrador que deniegue, o suspenda, la inscripción el interesado dispone de varias alternativas. Podrá, en primer lugar, solicitar que el título sea calificado por otro registrador, que se designará conforme al cuadro de sustituciones previsto en el art. 275 bis LH. En segundo lugar, está legitimado para interponer recurso gubernativo. De inclinarse por esta opción, se le reconocen, a su vez, dos posibilidades. Dirigirse directamente a la DGSSYFP (art. 18.7 Ccom y art. 66 LH) o interponer recurso de reforma ante el mismo registrador (art. 18.7 Ccom y art. 66 RRM). La interposición del recurso no excluye, sin embargo, su derecho de acudir a los Tribunales para litigar acerca de la validez de los títulos (art. 66.2 RRM).

Si elige el recurso de reforma, el registrador decidirá motivadamente si mantiene la calificación en todo o en parte, o si la reforma. En este último caso extenderá los asientos solicitados (art. 70 RRM). En el primero, el recurrente dispone de un recurso de alzada ante la DGSSYFP (arts. 71 a 73 RRM). Si la resolución de esta declara insubsanables los defectos, o si estos no se subsanan en el plazo establecido, el registrador cancelará de oficio las anotaciones preventivas y notas marginales practicadas y extenderá nota al margen del asiento de presentación con referencia a la resolución recaída y a las cancelaciones efectuadas, con cancelación, además, del asiento por haber expirado el plazo en el último caso (art. 74 RRM).

Todavía, sin embargo, dispone el interesado del denominado "recurso judicial" para litigar ante la jurisdicción mercantil acerca de la validez del título y la procedencia de la inscripción (art. 80 RRM, arts. 66 y 324 LH, arts. 101, 111, 132 RH y art. 86 *ter* LOPJ). Opción que también podrá utilizar como primera alternativa, impugnando directamente la calificación ante el Juzgado de lo mercantil por los trámites del juicio verbal (arts. 66 y 324 LH y art. 86 *ter* LOPJ).

2.5. Eficacia de la inscripción respecto del hecho inscrito

La eficacia de la inscripción y posterior publicación frente a terceros no puede confundirse con la que se anuda, desde el punto de vista interno, al propio hecho inscrito. La cuestión de si cierto acto ha de estar inscrito en el RM para tener existencia legal o producir los efectos que le son propios es distinta e independiente de la relativa a que al tercero no le sea oponible ese hecho hasta tanto no esté inscrito y publicado. Bien es verdad que, mientras ese hecho no se inscriba, no podrá serle opuesto, pero ésta inoponibilidad —cuestión de la que se tratará después— nada tiene que ver con la publicidad material negativa o inoponibilidad (efectos externos), sino con la circunstancia relevante de que ese hecho jurídicamente no existe o, al menos, no genera los efectos que le son propios, ni frente a tercero, ni frente a nadie (efectos internos).

Desde este último punto de vista se distinguen en nuestro Derecho dos tipos de inscripciones, las constitutivas y las declarativas. Que una inscripción tenga efectos constitutivos significa que la existencia del negocio o acto depende de su inscripción, que actúa como *condictio sine qua non* de la producción de los efectos pretendidos. Ejemplo de este tipo de inscripciones es la relativa a las sociedades anónimas y limitadas, que, según la doctrina tradicional, no existen como tales hasta que no medie la inscripción. Criterio que hoy ya no es posible sostener en términos tan radicales, como veremos en su momento. Por su parte, la inscripción es declarativa cuando el acto o negocio existe y produce los efectos que le son propios con independencia de aquélla. Es la regla general en nuestro Derecho.

Es distinto orden de cosas, es preciso advertir que, cualquiera que sea la eficacia de la inscripción respecto del hecho inscrito, de ningún modo, adquiere carácter sanatorio. La inscripción, de otra forma, no convalida los actos y contratos que sean nulos con arreglo a las Leyes (arts. 20.2 Ccom y 7.2 RRM). Es verdad que el contenido del Registro se presume exacto y válido (art. 20.1 Ccom y 7.1 RRM). Por ese motivo, una vez inscrito, el acto se presume exacto y válido. Se trata del principio de legitimación, que es una consecuencia o complemento del principio de legalidad, porque es la calificación del registrador la que permite establecer tal presunción. Pero se trata de una simple presunción, que puede ser destruida mediante resolución judicial donde se declare su inexactitud o nulidad, ya que los asientos del Registro estén bajo la salvaguarda de los Tribunales (arts. 20.1 y 7.1 RRM).

Hasta que la resolución judicial no sea inscrita, sin embargo, los asientos del Registro continúan produciendo los efectos que les son propios (art. 20.1 Cco y 7.1 RRM). La misma, además, no puede perjudicar los derechos de tercero de buena fe adquiridos conforme a Derecho, entendiéndose adquiridos de tal forma los que resulten de acto o contrato válido con arreglo al contenido del Registro (art. 20.2 Ccom y 8 RRM). Con todo, hay que observar que, si bien la inscripción carece en esos términos de eficacia convalidante, la limitación de las causas de nulidad que la Ley ordena en algunos supuestos produce de hecho unas consecuencias similares a la misma. Ejemplo paradigmático de estos casos constituye la disciplina de la acción de nulidad de las sociedades anónimas, comanditarias por acciones y de responsabilidad limitada (arts. 56 y 57 LSC).

3. Registro Mercantil Central. Funciones

La organización del Registro Mercantil se completa con el RMC, que ocupa el vértice del sistema registral. Se trata de un registro único con sede en Madrid, que no incluye entre sus funciones la ordinaria de inscribir a los empresarios y sus actos, con la sola excepción del registro de las sociedades y entidades que hubieran trasladado su domicilio al extranjero sin perder la nacionalidad española (arts. 20 y 379 RRM). Está concebido como un registro de carácter esencialmente informativo y centralizador de los datos esenciales de las inscripciones practicadas en los Registros territoriales (arts. 17.3, 18.3, 23.3 Ccom y 379 y ss. RRM). Específicamente tiene encomendadas las tareas de ordenación, tratamiento y publicidad meramente informativa de los datos que recibe de los Registros territoriales, el archivo y publicidad de las denominaciones de las sociedades y demás organizaciones inscribibles y la comunicación a la Oficina de Publicaciones de la Unión Europea a que se refiere el artículo 14 del Reglamento CE 2157/2001 del Consejo, de 8 de octubre, por el que se aprueba el Estatuto de la Sociedad Anónima Europea y la publicación del BORME (art. 379 RRM).

Por lo que a la primera de las funciones expuestas se refiere, hay que decir que los Registros territoriales, dentro de los tres días hábiles siguientes a la práctica del asiento correspondiente, deberán remitir los datos esenciales de dicho asiento al RMC mediante soportes magnéticos a través de comunicación telemática, haciendo constar la remisión por nota al margen del asiento practicado (arts. 18.3 Ccom y 384 y ss. RRM). Estos datos serán ordenados y programados informáticamente (art. 381 RRM), reelaborados, en su caso (art. 394 RRM), con el fin de ser incorporados al archivo informático a su cargo (art. 385.3 RRM) y de ser publicados en el BORME (arts. 420 y ss. RRM). A ellos, aunque limitadamente, también se aplica el principio de publicidad formal del Registro, según se señala más abajo.

En lo atinente a las funciones en materia de archivo y publicidad de las denominaciones de sociedades y otras entidades, su finalidad consiste en evitar que se inscriban organizaciones con denominaciones idénticas que puedan inducir a error o que resulten contrarias a la ley, al orden público o a las buenas costumbres (arts. 404 a 408 RRM). A este respecto se prevé expresamente la posibilidad de solicitar certificación donde se haga constar si la denominación que se quiere adoptar o modificar figura o no registrada (art. 409 RRM). A continuación se instaura el requisito de calificación de la denominación solicitada, aspecto que el RRM regula poniendo especial énfasis en el principio de unidad de la denominación, en su composición y en la prohibición de identidad (art. 411 RRM, y vid. arts. 398 a 403 y 407 RRM). Asimismo se disciplina la reserva temporal de denominación (art. 412 RRM), la obligatoriedad de la certificación negativa en cuanto haya de autorizarse escritura de constitución de la entidad (art. 413

RRM) y la vigencia de la misma (art. 414 RRM), estableciéndose que, una vez inscrita la sociedad o entidad, el registro de la denominación se convertirá en definitivo (art. 415 RRM). También se prevén los cambios de denominación (arts. 416 y 417 RRM) y la sucesión de esta última en los supuestos de fusión y escisión de sociedades (art. 418 RRM).

4. El BORME

El BORME se publica diariamente, salvo sábados, domingos y días festivos en Madrid. Su publicación corresponde al RMC, pero la impresión y distribución del mismo es competencia del Organismo Autónomo BOE (art. 423 RRM). Los actos sujetos a publicación están previstos por la Ley y el propio RRM (art. 420 RRM). Con este propósito, el BORME cuenta con dos secciones. La sección primera se denomina "empresarios" y tiene dos apartados: "actos inscritos", en el que se recogerán los datos a que se refieren los arts. 386 a 391 RRM, y "otros actos publicados en el RM", en el que se incluyen los datos a que se refiere el art. 392 RRM (art. 421 RRM). La segunda sección se denomina "anuncios y avisos legales", y en ella se contienen los anuncios y avisos correspondientes a los sujetos y organizaciones inscritas que no causen operación en el RM y cuya publicación resulte impuesta por la Ley (art. 422 RRM).

La publicación en el BORME desempeña una función esencial en el contexto del sistema registral, a la que aludiremos en el epígrafe siguiente. Es de esperar, no obstante, que tal función sea desempeñada en breve, no a través de esta publicación en papel, sino por medio de una "plataforma electrónica central" (vid. art. 3.4 de la Directiva 2003/58/CE del Parlamento europeo y del Consejo de 15 de julio de 2003) de acceso gratuito a través de internet en la que, además, no consten simples extractos de las inscripciones, sino la totalidad del contenido de la hoja registral.

IV. LA PUBLICIDAD

1. Publicidad formal

Se habla de publicidad formal para poner de manifiesto que, en consonancia con la función primaria del Registro como instrumento de publicidad, el RM es público, en el sentido de que cualquier persona tiene acceso a él y goza del derecho de acceder a la información recogida en los asientos registrales (art. 23.1 CCom y art. 12 RRM). Tal publicidad se hace efectiva a través de dos instrumentos, las certificaciones y las notas informativas o copias (art. 23 Ccom).

Las certificaciones son expedidas con la firma del registrador y constituyen la única forma de acreditar fehacientemente el contenido de los asientos del Registro o de los documentos archivados o depositados en él (art. 23.1 Ccom y 77.2 RRM). Se solicitan mediante escrito entregado directamente, enviado por correo o trasmitido por telecopia o por comunicación electrónica (art. 23.4 Ccom, art. 77.3 RRM y 227 LH), debiendo el Registrador, en estos últimos casos, remitir por correo la certificación solicitada (art. 77.3 RRM) o, a elección del interesado, en los términos que reglamentariamente se dispongan, expedirla en formato electrónico (art. 227 LH).

La nota informativa, simple, o copia de los asientos y de los documentos depositados en el Registro, se diferencia de la certificación porque no cumple la función de acreditar fehacientemente el contenido de los asientos del Registro (art. 222.5 LH). Pero, frente a ella, ofrece dos ventajas. En primer lugar, que ha de expedirse en el plazo máximo de tres días desde la solicitud y, en segundo lugar, que su coste es menor (art. 78 RRM). Además de que se solicitan y obtienen en papel o por vía telemática, a elección del interesado (art. 23.4. Ccom y 369 RRM).

Adicionalmente, a algunos de los datos también es posible acceder a través de Internet, en la página web http://www.registradores.org. Junto a estos medios de acceso a la publicidad, cualquier persona puede conocer los datos esenciales de los asientos practicados en los Registros territoriales, es decir, los datos que estos Registros remiten al RMC, por medio de terminales de ordenador instaladas a tal efecto en la oficina del Registro (art. 79 RRM), así como por intermedio del BORME y del RMC.

Tratándose del RMC, la petición se efectuará por escrito, según modelo oficial a presentar en el mismo Registro, si bien puede ser solicitada por correo o telemáticamente y se expedirá en cualquiera de estas dos formas. Ahora bien, esta publicidad formal tiene un alcance limitado ya que el Registrador no puede expedir certificaciones sobre tales informaciones, salvo las relativas a las denominaciones, sino solo notas informativas (art. 382 RRM), que cursará dentro del plazo de 24 horas, indicando lo que de los asientos de los Registros Mercantiles territoriales consta en el RMC, el Registro Mercantil territorial donde se encuentra inscrito el empresario o la entidad a que se refiera y el BORME en el que se hayan publicado (arts. 28 y 29 O. 30 de diciembre de 1991). Por eso, en las notas que expida, debe advertir acerca de las limitaciones de la información que facilita (art. 382.1 RRM). No obstante, respecto de los datos contenidos en la Sección de denominaciones, el RMC tiene plena competencia.

La extensión de la información accesible a través del RM ha recibido alguna crítica ante la eventualidad de que esos datos puedan utilizarse con fines competenciales no lícitos. Tal vez por eso el art. 12.3 RRM dispone que los registradores calificarán bajo su responsabilidad el cumplimiento de las normas vigentes en las solicitudes de publicidad en masa o que afecten a los datos personales reseñados en los asientos.

2. *Publicidad material. El principio de oponibilidad*

La publicidad material se ocupa de los efectos de la inscripción respecto de terceros. No obstante, en la actualidad, tales efectos se producen a partir de la publicación en el BORME. Los efectos son de dos tipos.

Por un lado, el efecto positivo supone que los actos sujetos a inscripción son oponibles a terceros desde su publicación en el BORME (art. 21.1 Ccom), en el sentido de que el contenido de los asientos del Registro se presume conocido por todos desde el momento de la publicación, sin posibilidad de oponer prueba en contrario. De modo que es indiferente que, de hecho, se ignoren. Como excepción, con el objeto de procurar en la medida de lo posible un conocimiento real, cuando se trate de operaciones realizadas dentro de los quince días siguientes a la publicación, los actos inscritos y publicados no serán oponibles a terceros de buena fe que prueben que no pudieron conocerlos (art. 21.2 Com). La buena fe del tercero se presume en tanto no se pruebe que, en efecto, conocía la discordancia entre la publicación y la inscripción (art. 21.4 Ccom). En todo caso, quienes hayan ocasionado la discordancia entre el contenido de la inscripción y el de la publicación están obligados a resarcir al perjudicado (art. 21.3 Ccom). Con todo, es conveniente advertir que la publicación determina sólo el momento de la oponibilidad, pero su contenido se rige por la inscripción, de tal manera que no se podrá alegar el desconocimiento de datos cuya publicidad no se exige, pero constituyen el contenido de la inscripción. En este sentido hay que interpretar la norma que permite al tercero de buena fe invocar el contenido de la publicación frente al de la inscripción, si aquel le fuera más favorable (art. 21.3 Ccom).

Por otro lado, en el aspecto negativo, la publicidad material determina que la ausencia de inscripción y publicación de un hecho que debiera haberse inscrito y publicado impide su oponibilidad a terceros de buena fe. De manera que la ausencia de inscripción o publicación de un hecho que debiera haberse inscrito y publicado, libera al tercero de la necesidad de conocerlo, puesto que se presume que no lo conoce. El efecto se produce únicamente frente a terceros de buena fe. Eso significa, en primer término, que "la falta de inscripción no podrá ser invocada por quien esté obligado a procurarla" (art. 4.2 RRM), tanto si tal invocación pretende dulcificar la responsabilidad patrimonial de quien estaba obligado a la inscripción como incrementarla. De otro lado, ha de tratarse de terceros de buena fe. La buena fe se presume mientras no se pruebe que conocían el acto sujeto a inscripción y no inscrito o el acto inscrito y no publicado (art. 21.4 Ccom), de manera que dicho acto resulta inoponible, salvo que se pruebe su conocimiento efectivo (art. 21.4 Ccom). Y, adicionalmente, los terceros de buena fe sí podrán invocar el hecho no inscrito en lo que les sea favorable. Si la obligación exigía para su plena eficacia el sistema de publicidad registral, quien debió gestionar la inscripción no podrá invocar su falta de gestión para liberarse de la obligación asumida, pero ese mismo defecto no ha de dejar a la otra parte sin la posibilidad; bien de exigir el cumplimiento de la obligación que dependía de la inscripción del hecho; o bien, según los casos, de dar por extinguido el vínculo por falta de inscripción (vid. art. 40 LSC).

V. OTRAS FUNCIONES DEL REGISTRO MERCANTIL TERRITORIAL

1. *Otras funciones del Registro mercantil territorial*

Además de la función fundamental de inscribir a los empresarios y otras organizaciones del tráfico económico, así como los actos y vicisitudes que les afecten, el Registro Mercantil territorial tiene encomendadas tres tareas más. La legalización de los libros y documentos de los empresarios, el depósito y publicidad de las cuentas anuales y el nombramiento de auditores de cuentas y expertos independientes. A esta última nos referiremos ahora.

2. *En particular el nombramiento de expertos independientes*

El nombramiento de expertos independientes como función propia del RM tiene su campo de aplicación esencial en el ámbito de las sociedades de capital. El RRM se ocupa del procedimiento de designación de estos profesionales independientes en los casos previstos por la Ley y al objeto determinado en ella, con la finalidad de suministrar criterios que permitan la elección de una persona con conocimientos sobre la materia específica a la que se refiera su intervención y que ejerza su función objetiva e independientemente y en breve plazo. La designación de experto independiente procede, en efecto, en los casos determinados legalmente. En especial cuando se trata de la elaboración del informe sobre aportaciones no dinerarias prescrito para las sociedades anónimas o en los supuestos de fusión o escisión de sociedades previstos en la Ley de Modificaciones Estructurales.

El nombramiento es competencia del registrador mercantil del domicilio social (art. 338 RRM), en su caso, del registrador del domicilio social de la sociedad absorbente o del que figure en el proyecto de fusión como domicilio de la nueva sociedad (art. 34.1 LME) o del domicilio de cualquiera de las que participen en la escisión, según los supuestos (art. 78.2 LME). La solicitud debe estar suscrita por, al menos, una de las personas que promuevan la constitución de la sociedad o, si ya estuviera constituida, por la propia sociedad (art. 338.2 RRM), en su caso, por una persona con poder de representación de las sociedades participantes en la fusión (art. 349.2 RRM), o de las sociedades beneficiarias de la escisión (art. 349.3 RRM). Presentada la instancia, se practicará en el Libro diario correspondiente asiento de presentación, en el que se identificará al solicitante y sucintamente los bienes a valorar, procediéndose a abrir un expediente numerado, cuya existencia se hará constar por nota al margen del asiento (art. 339 RRM).

A fin de conseguir los objetivos pretendidos relativos a la competencia técnica del experto en la materia atinente al informe a emitir, si bien el registrador dispone de un amplio margen de discrecionalidad para su designación, ha de elegirlo entre las personas físicas o jurídicas que pertenezcan a una profesión directamente relacionada con los bienes objeto de valoración o que se hallen específicamente dedicadas a valoraciones o peritaciones (art. 340.1 RRM) La disciplina del procedimiento diseñado para proceder al nombramiento y a la emisión del informe obedece, por otra parte, a las otras dos finalidades perseguidas. En efecto, la celeridad que se quiere imprimir al mismo justifica que la designación haya de hacerse dentro de los 15 días siguientes al asiento de presentación (art. 340.1 RRM). Asimismo, en el plazo de 5 días a contar desde la fecha de la notificación, el nombrado deberá comparecer ante el registrador para aceptar el cargo, lo que se hará constar por diligencia en la instancia archivada en el RM. Aceptado el cargo, se extenderá el correspondiente asiento en el Libro de nombramiento de expertos y auditores, indicándose el número de expediente (art. 344.2 RRM).

El experto, salvo circunstancias excepcionales, elaborará su informe por escrito razonado en el plazo de un mes a contar desde la fecha de la aceptación del nombramiento. En otro caso caducará el encargo procediéndose a un nuevo nombramiento, sin perjuicio de la responsabilidad en que pueda haber incurrido (art. 345 RRM). El original será entregado por el experto a la persona que hubiera solicitado el nombramiento, comunicando tal entrega al registrador que lo hubiera nombrado, quien lo hará constar en el expediente, que cerrará en ese momento mediante la correspondiente diligencia, consignando tal circunstancia al margen del asiento de nombramiento (art. 346 RRM). El informe caducará a los tres meses de su fecha, salvo que antes haya sido ratificado por el experto, en cuyo caso se prorrogará su validez tres meses más, a contar desde la fecha de ratificación (art. 347 RRM).

A preservar la independencia de criterio y la objetividad se dirigen, en fin, las previsiones relativas al sistema de incompatibilidades a que está sujeto el experto y las cautelas establecidas para el caso de nombramiento por el registrador de un experto ya designado por él dentro del último año. El experto está sometido a las mismas causas de incompatibilidad establecidas en la legislación procesal civil para los peritos (art. 341.1 RRM). Para hacer efectiva esta disciplina, el RRM obliga al experto incurso en causa de incompatibilidad a excusarse inmediatamente ante el registrador, quien, previa notificación a los interesados, procederá a la designación de otro (art. 341.2 RRM). Al tiempo que concede a los interesados la facultad de recusarle, siempre que la ejerciten antes de la elaboración del informe. Si el experto no se opone a la recusación se anulará el nombramiento, procediéndose a otro nuevo. Si se opone, la decisión del registrador resolutoria del incidente podrá ser recurrida en alzada ante la DGSSYFP (art. 342 RRM). Para evitar nombramientos reiterados de un mismo experto y los peligros que tal práctica puede ocasionar, la elección por el registrador de un experto ya designado por él dentro del último año deberá ser puesto en conocimiento de la DGSSYFP (art. 343 RRM).

Por último cabe señalar, en cuanto a la retribución del experto, que el registrador determinará la que haya de percibir o los criterios para su cálculo, en la misma resolución en que efectúe el nombramiento (art. 340.3 RRM). Los honorarios se abonarán directamente por la sociedad o sociedades en cuyo nombre se hubiera solicitado el informe o, si ésta no se hubiera constituido, por quien hubiera firmado la solicitud (art. 348.1 RRM).

Lección 5

La representación en el derecho mercantil. El establecimiento mercantil

I. LA REPRESENTACIÓN

1. Representación voluntaria, legal y orgánica

La representación es una institución jurídica por cuyo intermedio los actos realizados materialmente por una persona (representante) se imputan a otra (representado). La representación puede ser legal, voluntaria y orgánica. La primera tiene su origen en un mandato legal, que la ordena para suplir la falta o la limitación de la capacidad de obrar de un sujeto, vgr. la de los hijos menores de edad es suplida por sus padres. La representación voluntaria surge, al contrario, de la voluntad del representado, por lo que, a diferencia de la legal, presupone su plena capacidad de obrar. También de manera opuesta a la legal tiene una disciplina específica y propiamente mercantil, que difiere de la civil. Finalmente, la representación orgánica, constituye una hipótesis de indudable interés en nuestra disciplina, en cuyo seno, específicamente en el Derecho de Sociedades, se encuentran sus orígenes y ámbito de actuación.

En efecto, la representación orgánica constituye el instrumento a través del cual la sociedad manifiesta externamente la voluntad social y ejecuta los actos necesarios para el desenvolvimiento de sus actividades, sirviéndose en última instancia de personas naturales. Las sociedades mercantiles, en especial las que están dotadas de personalidad jurídica, necesitan valerse de órganos y estos a su vez de "portadores" del órgano. El órgano es un haz de competencias determinadas por la Ley, que son desempeñadas por el portador del mismo. Entre estos órganos figura el de administración de la sociedad, que tiene atribuida la representación de la misma frente a terceros. Pues bien, los portadores de ese órgano, ostentan la representación orgánica de la sociedad. Al contrario que la representación voluntaria, la orgánica es una representación necesaria pues toda sociedad debe contar obligadamente con representantes orgánicos ya que, de otra forma, no podría relacionarse con terceros; mientras que es potestativo valerse de representantes voluntarios. En segundo lugar, si bien el órgano ha de ser ocupado por determinadas personas, la actuación de estas en el marco de las competencias legalmente fijadas supone que los efectos jurídicos de aquella se imputan directamente a la sociedad y sólo a ella, esto es, su actuación será la de la misma sociedad sin interposición de persona. Esta circunstancia permite diferenciar otra vez la representación orgánica de la voluntaria, pues en esta última se distingue el sujeto que actúa y aquel en cuya esfera jurídica despliega efectos su actuación. Por último, a diferencia de la representación voluntaria, la representación orgánica tiene un contenido legal típico predeterminado por la Ley con carácter inderogable.

2. *La representación voluntaria: auxiliares del empresario*

2.1. La representación voluntaria: auxiliares del empresario. Caracterización

Cuando la empresa alcanza cierta entidad, no es posible que el empresario realice las actividades que la definen por sí mismo. Es imprescindible que se valga de auxiliares. Por auxiliar del empresario se entiende el colaborador del empresario integrado de modo permanente en su organización empresarial en una posición de carácter subordinado, de forma que no asume un riesgo empresarial propio. La amplitud de la noción permite advertir que no se trata de una categoría homogénea. Interesa ahora destacar que, junto a los auxiliares que desempeñan sus labores en el interior de la empresa, hay otros que participan en la actividad exterior de la misma, entrando en relaciones contractuales con los terceros por cuenta del empresario. Los primeros carecen de poder de representación, salvo que se les otorgue de modo expreso. Los segundos, que son los que interesan aquí, son representantes voluntarios del empresario. Cuentan, por consiguiente, con un poder otorgado por el empresario para contratar por su cuenta y en su nombre (arts. 281, 292.1° y 293 en relación con el art. 1 Ccom). De ahí que no adquieran la condición de empresarios ni, por amplio que sea el poder otorgado, su posición sea equiparable a los representantes orgánicos del empresario social.

Como única condición se les exige "tener la capacidad necesaria para obligarse" (art. 282). Ahora bien, la representación que ostentan difiere de la civil. Coincide con ella en que su origen es voluntario, pero se diferencian en que la representación mercantil se exterioriza en apoderamientos típicos en atención a la apariencia que genera la actuación del auxiliar en el tráfico y para proteger a los terceros de buena fe. En la vida civil, quien contrata con un representante debe examinar caso por caso los poderes de este para saber si responderá o no el poderdante. Allí se parte de que cualquiera que contrata con un representante asume el riesgo de que el negocio celebrado no esté amparado por el poder de representación. En el Derecho mercantil, al contrario, tal riesgo sería inaceptable. Primero por la seguridad del tráfico, pero también en protección del propio poderdante, a quien se autoriza a servirse de un colaborador sin quedar sometido a molestas consultas, ratificaciones y dilaciones. En atención a ello se explica que la Ley dote al poder mercantil de un contenido típico. Se estima, en efecto, que aquella consagra la presunción de que cada colaborador subordinado tiene el poder necesario para el ejercicio de su misión en la empresa, de modo que está autorizado para realizar todos los actos que integran la función que le ha sido encomendada y al frente de la cual aparece en el tráfico (arts. 292 y 293 para los dependientes y mancebos, implícitamente art. 286 para el factor).

Aunque la doctrina no se hace eco de ello con la claridad que sería deseable, tal prescripción supone, en nuestra opinión, trastocar el significado del poder que, en cierto modo, pierde su carácter presuntivo para convertirse en un poder descrito legalmente, de forma tal que, si la representación del auxiliar es voluntaria por su origen, se convierte en legal por su contenido una vez conferida, salvo que se limite de forma expresa. En resumen, el empresario es libre de nombrar un auxiliar, pero cuando lo hace sin especificar restricción alguna en el ámbito representativo, debe saber que cuantos actos jurídicos realice el designado en la esfera del giro o tráfico del establecimiento se reputarán efectuados por su cuenta con presunción "iuris et de iure". Manteniéndose dentro de estos límites, la actividad de los auxiliares vinculará al empresario frente al tercero contratante, ya se actúe en nombre del empresario, ya en el propio del representante, si, en este último caso, lo ha hecho por cuenta de aquel.

En efecto, el auxiliar ha de actuar, no solo por cuenta o interés del empresario, sino también a nombre de este. El Ccom exige que así lo manifieste aquel al contratar y que lo haga constar de modo expreso en todos los documentos que suscriba (*contemplatio domini* expresa) (art. 284 Ccom). Contratando de esta forma su actuación tiene eficacia directa para el empresario representado de modo que es este quien queda obligado frente al tercero como si aquella hubiera sido realizada por él mismo. Por eso la acción para exigir el cumplimiento se hará efectiva en sus bienes y no en los del auxiliar (art. 285 Ccom). Excepcionalmente, no obstante, el tercero puede dirigirse también contra el auxiliar cuando exista confusión de patrimonio entre ambos (art. 285 Ccom). Por el contrario, si el auxiliar actúa en nombre propio se obliga directamente con el tercero. No se establece relación alguna con el empresario, salvo que lo haya hecho por cuenta de este (representación indirecta). En esa hipótesis, el tercero podrá dirigir su acción contra ambos, empresario y auxiliar (arts. 286 y 287 Ccom). La actuación por cuenta del empresario existe cuando el acto pertenece a la función que le ha sido encomendada y al frente de la cual aparece en el tráfico, en cuyo caso el tercero únicamente tendrá que acreditar la concurrencia de esa circunstancia (*contemplatio domini* presunta o *ex facta concludentia)* (art. 286 Ccom). Si excede de ella, deberá probar que, en el caso concreto, obró por orden del empresario o que este aprobó su gestión en términos expresos o por hechos positivos (art. 286 Ccom). Es decir, que el auxiliar dispone de un poder específico aparte del característico de su posición jurídica de auxiliar (arts. 283, 286, 292 y 293).

El mismo efecto tiene la contratación por delegación sin el consentimiento del empresario, debido a la exigencia legal de que tal actividad se desempeñe personalmente (art. 296 Ccom). Sin autorización del empresario, el auxiliar no puede delegar en otro el encargo recibido. La contravención de esta prohibición provoca que responda directamente de las gestiones del sustituto y de las obligaciones contraídas por este. Como contrapartida el empresario está obligado a resarcir a los auxiliares de todo gasto extraordinario o pérdida que sufran con ocasión del desempeño de sus funciones, salvo pacto expreso (art. 298 Ccom). Finalmente, cabe destacar que, en razón de esas mismas necesidades derivadas del tráfico empresarial en relación con la seguridad jurídica y la protección de los terceros, el poder está dotado de permanencia sin que sea precisa su renovación para cada acto concreto del representante y sin que se extinga, aun sobreviniendo la muerte del principal, hasta que no sea revocado expresamente (arts. 290 y 291 Ccom).

2.2. Naturaleza de la jurídica entre el principal y los auxiliares

Sobre la relación interna entre auxiliar y empresario, si bien el Ccom se refiere a la figura del mandato, ello sucede por diversas razones históricas y dogmáticas entre las que destacan la confusión entre mandato y poder, así como los moldes de un ordenamiento en el que todavía no se había manifestado el impulso del moderno Derecho Laboral. Sin embargo, ni aun aceptando la delimitación más extensa del mandato, es decir, como contrato dirigido a la gestión de negocios ajenos, es posible explicar en su seno la función propia de los auxiliares, que no se agota en el cuidado de los asuntos del mandante, sino que incluye actos de índole material o técnica más propios del arrendamiento de servicios, segunda opción esta de calificación que manejó la doctrina más antigua, en especial en el marco del Ccom 1829, y, que, igualmente, quedó abandonada en razón del contenido jurídico-negocial que también se advierte en la relación.

Al tiempo, ni una ni otra, ni la opción por una figura mixta mandato/arrendamiento de servicios sirven para comprender la compleja relación que surge en virtud de la incorporación del auxiliar a la empresa como organización. No dan respuesta a la repercusión que ejercen las notas de permanencia en la empresa y subordinación al empresario en el marco de una organización jerárquica sobre la estructura de la relación. Y menos, al conjunto de derechos y obligaciones que derivan no ya del aspecto patrimonial, sino ético o personal de dicha relación (colaboración, mutua confianza, lealtad, respeto). Todas estas circunstancias advierten de que la naturaleza jurídica de la relación que une al auxiliar y al empresario es laboral puesto que esta existe desde que, junto a los requisitos genéricos de trabajo y retribución, propios del arrendamiento de servicios, concurren, como en el caso, los específicos de ajenidad de aquel y de dependencia en el régimen de ejecución (art. 1 ET). A consecuencia de ello, es obligado aceptar que los preceptos del Ccom reguladores de esta relación están implícitamente derogados por la normativa laboral.

La relación laboral puede ser ordinaria o especial de alta dirección. Este último es el caso de los apoderados generales cuya relación laboral está sometida al RD 1382/1985 de 1 de agosto. En el Código quedan, no obstante, algunos preceptos reguladores de esta relación interna. Destaca, en particular, la obligación de desempeñar su función con la diligencia de un ordenado empresario y un representante leal, por lo que el auxiliar responde frente al empresario de cualquier perjuicio que le cause por haber procedido con malicia, negligencia o infracción de las órdenes e instrucciones que hubiese recibido (art. 297 Ccom). La cláusula del representante legal obliga al auxiliar a promover los intereses del empresario por encima de los propios y a no actuar en conflicto de interés con él, salvo autorización del mismo. La infracción de esta prohibición está sancionada expresamente, ordenándose que las pérdidas sean asumidas por el auxiliar, mientras que los beneficios deben ser imputados al empresario (art. 288 Ccom).

2.3. Clases

Aunque con una terminología ciertamente arcaica, el Código distingue dos clases de apoderados en consideración al ámbito del poder conferido: los apoderados generales, que denomina factores o gerentes (arts. 281, 283 Ccom) y los apoderados singulares, que pueden ser dependientes o mancebos (arts. 281, 292, 293 Ccom). Respecto de ellos interesa, en especial, el tema de la amplitud de su poder y la técnica empleada para resolver el problema de los efectos de su actuación frente a terceros. A estas cuestiones me refiero a continuación.

2.3.1. *El apoderado general*

2.3.1.1. Caracterización

Como apoderado general el factor ha de estar dotado de un poder asimismo general para realizar en nombre y por cuenta del empresario el tráfico o giro propio de aquel (art. 281), administrando, dirigiendo y contratando sobre las cosas concernientes a su empresa (art. 283). Ahora bien, poder general no tiene por qué significar en todo caso poder ilimitado. El poder es general cuando se refiere a los objetivos generales de la empresa, lo que permite entender que es posible estar al frente de determinadas áreas funcionales o territoriales, sin que el poder pierda el carácter general en la medida en que en aquellas estén implicados los objetivos generales de la empresa en su totalidad. Por este motivo la restricción del ámbito de ejercicio de las facultades y poderes atribuidos a una determinada parcela de la actividad empresarial o a un concreto territorio no excluye la consideración de factor.

Por otro lado, el poder es general cuando está otorgado en términos generales, pero también cuando contiene una enumeración de facultades, siempre que la conjunción de ellas confiera al representante capacidad para dirigir la empresa en su conjunto o sectores funcionales o territoriales de la misma en que se vean implicados sus objetivos generales. A este respecto es importante destacar que, previsto para el mandato civil, el art. 1713 Cciv no resulta de aplicación aquí. La interpretación literal y restrictiva de los poderes que propone tiene que ser rechazada en tanto se basa en un criterio subjetivo protector de los intereses del poderdante, que no puede trasladarse al ámbito mercantil. Un criterio de esa índole presenta cierta justificación en el entorno civil por ser el poder de representación, en definitiva, una autoenajenación de la libertad y capacidad del representado, y, en este sentido, una figura excepcional y, por tanto, de carácter anómalo, que, como todas las excepciones, habría de ser objeto de interpretación restrictiva.

En sede mercantil, por el contrario, el poder no reviste tal excepcionalidad y, además, prima la protección de la seguridad del tráfico, sin la cual se haría imposible el funcionamiento racional o, si se quiere, eficiente del mercado. La seguridad del tráfico exige que los terceros no se vean obligados a investigar caso por caso si determinada facultad puede ser ejercitada en nombre del empresario. Impone que estén en condiciones de contar con antelación con la garantía de que la apariencia que ofrece la actuación en nombre ajeno como apoderado general no sea desvirtuada en el caso concreto. Aquí impera, pues, una interpretación objetiva que se basa en la premisa de que quien apodera no puede pretender que las dudas se resuelvan a su favor, sino que la solución debe favorecer al tercero que contrate con el apoderado. De conformidad con ella basta que el acto que se intenta otorgar esté incluido en el "tráfico o giro de la empresa" para concluir que la facultad existe.

Tratándose de poderes inscritos es habitual en el tráfico que se delimiten mediante una lista de facultades. Es lo que se denomina en la práctica "lista positiva". Muy frecuentemente, sin embargo, esta lista se completa con una cláusula general en virtud de la cual, con una u otra fórmula, se declara que esas facultades han de entenderse extensivamente. Se le confía así "regir y administrar la sociedad" o el "tráfico y giro" de la misma o la "gestión ordinaria" o al límite "—salvo las legalmente indelegables— todas las facultades que, según los Estatutos, corresponden al órgano de administración". Pues bien, relacionando la lista positiva, —que incluye las facultades explicitadas por la declaración externa del poderdante— y la cláusula general, la interpretación objetiva obliga a estimar la existencia de un "ámbito oculto", que comprende el conjunto de facultades que, sin estar explicitadas, quedan implícitamente comprendidas en el apoderamiento como consecuencia de esa conjunción interpretativa. Fuera queda sólo el "ámbito de las no-facultades" que, consideramos, aglutina el conjunto de actos jurídicos respecto de los cuales no quiere el poderdante que el factor actúe en su nombre y por su cuenta y que, en ese modo, han de ser relacionados expresamente, salvo que se trate de actos que no pueda realizar por disposición legal.

2.3.1.2. Ámbito objetivo del poder de representación. Factor notorio e inscrito

No ha sido cuestión pacífica en nuestra doctrina la posibilidad de limitar los poderes atribuidos al factor a la vista de la contradicción en que parece incurrir el Ccom, si se comparan los arts. 283 y 286. El primero autoriza a apoderar al factor con "más o menos facultades"; mientras que el segundo dispone que los contratos celebrados por el factor, que notoriamente pertenezca al establecimiento, se entenderán hechos por cuenta del principal, aun cuando se alegue trasgresión de facultades. Ello no obstante es posible coordinar la dicción de ambos preceptos. Acudiendo no sólo al argumento histórico de la continuidad entre los textos del Ccom 1929 —básicamente los arts. 175 y 181 cuando admitían explícitamente las limitaciones sólo en casos de poderes inscritos— sino, sobre todo, en razón de la disciplina prevista para los efectos de la publicidad registral en relación con la publicidad de hecho.

En efecto, los apoderamientos son inscribibles en el RM, en cuyo caso serán oponibles a terceros en sus propios términos, esto es, con las limitaciones establecidas, desde la fecha de su publicación en el BORME hasta que conste su revocación de la misma manera (art. 291.2 en relación con el art. 21, ambos del Ccom). El empresario será quien fije la amplitud de dicho apoderamiento (arts. 283 Ccom), con la particularidad, no obstante, de que, si en razón de las limitaciones, el poder deja de ser general, se habrá perdido la condición de factor.

Cuando, por el contrario, el poder no se haya inscrito, los terceros sólo cuentan con la publicidad de hecho, de manera que se produce una vinculación del empresario frente a los terceros de buena fe, aunque el factor no manifieste la existencia del poder o, incluso, cuando actúe con abuso de confianza o transgrediendo las facultades conferidas, o se apropie de los efectos del contrato, siempre y cuando la actividad del factor esté amparada por la apariencia creada frente a terceros en razón de su función, esto es, "siempre que estos contratos recaigan sobre objetos comprendidos en el giro o tráfico del establecimiento" (primera parte del art. 286 referida al "factor notorio" Ccom).

En otro caso, esto es, tratándose de negocios no comprendidos en ese tráfico, sólo habrá vinculación del empresario si consta la orden de éste o existe ratificación posterior (último inciso del art. 286 Ccom). Ahora bien, dado que esos efectos se producen en razón de la mecánica a la que está sometida la publicidad de hecho, cuya ordenación preside las relaciones con terceros, no se producen en las relaciones entre el empresario y el factor, de forma que, si éste último se excede en su actuación del ámbito de poder conferido, incurrirá en responsabilidad (art. 297 Ccom).

La coherencia de esta construcción parece quebrar en la disciplina relativa a la extinción del poder por revocación (arts. 290 y 291 Ccom), ya que induce a estimar que la sujeción del empresario respecto del tercero por los actos del factor termina cuando llegue a conocimiento de éste último la revocación de sus poderes, lo que únicamente puede aceptarse si la tal disciplina estuviera referida en exclusiva a las relaciones factor-empresario. Con todo, es posible salvar la desconexión anteponiendo el contenido del art. 286, en el sentido de que si no desaparece la notoriedad del factor sus contratos seguirán vinculando al empresario. En favor de esta orientación milita el argumento de que inicialmente la vinculación del empresario surge a partir de la publicidad de hecho de la existencia del poder por lo que este mismo sistema ha de regir para la extinción.

Tratándose de poderes inscritos los efectos de la extinción del poder comenzarán cuando se haya inscrito y publicado en el BORME la revocación (art. 291 y 21.1 Ccom). Salvo pacto en contrario, el poder se extingue también por la enajenación del establecimiento, lo que habrá de ser puesto en conocimiento del factor (art. 291 Ccom). Sin embargo, a diferencia de los poderes civiles (art. 1732 Cciv), la muerte, la declaración de fallecimiento o la incapacitación del empresario individual no es causa de extinción del apoderamiento (art. 290 Ccom), debido al interés legal de facilitar la continuación de la empresa. La extinción en estos casos exige la revocación de forma expresa por los herederos o por el representante legal del incapacitado. El poder puede finalmente extinguirse por voluntad del propio factor mediante renuncia, que habrá de ser comunicada al empresario, y por muerte o inhabilitación del factor (art. 280 Ccom).

2.3.1.3. El factor interesado

Una figura particular constituye el llamado factor "interesado" (art. 288 IV Ccom). Su especificidad radica en que, además de la retribución salarial pactada en su contrato laboral especial de alta dirección, el factor participa en las ganancias obtenidas por el empresario. Se trata, pues, de una sociedad interna entre ambos de caracteres semejantes a las cuentas en participación (arts. 239 a 243 Ccom). Si la cuantía de la participación no se determina por las partes, será proporcional a los bienes o derechos que hubiera aportado. De haber contribuido únicamente con su actividad, será reputado socio industrial, es decir, que su participación en los beneficios se determinará conforme a la reglas previstas para los socios colectivos de esa clase (art. 140 Ccom).

2.3.2. Los apoderados singulares

Dentro del catálogo de apoderados, el Código se refiere a los dependientes y mancebos. Lo hace, sin embargo, con una terminología arcaica anclada en una concepción de la actividad empresarial restringida al comercio de tienda y poco indicativa de las funciones que tienen atribuidas. Resulta por ello más adecuada la expresión de "apoderados singulares", que utiliza el art. 281 CCom, ya que indica claramente el punto central de su caracterización, que es, frente al factor dotado de un poder general, la restricción del ámbito de su representación. A ello aluden además, el art. 292.1 CCom, que se refiere a "alguna o algunas gestiones", el art. 292.2 Ccom, que alude al ramo que les estuviera encomendado, o el art. 293 Ccom, cuando menciona el hecho de "regir una operación mercantil o alguna parte del giro y tráfico de su principal".

Dentro de esta categoría genérica cabe incluir a los dependientes y a los mancebos. Mientras que los primeros son aquellos apoderados singulares que tienen atribuida la representación para la actividad de una sección o rama del negocio, el poder de los mancebos es más restringido. Se circunscribe a las ventas y cobranzas en almacenes abiertos al público, así como a la recepción de mercaderías. Se excluyen las cobranzas que hicieran fuera del almacén, por no operar en este caso la publicidad de hecho, y aquellas que procedan de ventas a plazos, exigencia que parece tener como fin condicionar las operaciones de los mancebos exclusivamente al cobro al contado (art. 294.2 Ccom). En lo relativo a la posibilidad de limitar estos apoderamientos hay una coincidencia con la disciplina del factor, aunque no se exprese de modo tan terminante como al tratar de éste. Los poderes son inscribibles (art. 21 CCom) y se cuenta con la posibilidad de la publicidad de hecho expresa (arts. 292.1 y 293 Ccom) o derivada de la posición que ocupan en la empresa (art. 294 y 295 Ccom).

2.3.3. Los representantes de comercio

Junto a los auxiliares anteriores, que ejercen su actividad normalmente dentro del establecimiento y cuya relación de subordinación con el empresario es directa, existen otros colaboradores dependientes que, de forma más o menos indirecta, cooperan con él en el ejercicio de su actividad empresarial fuera del establecimiento. Tanto las características que adornan esta relación de dependencia como el catálogo y denominación de estos colaboradores son difusos, pero entre ellos han de incluirse con seguridad los llamados "representantes de comercio", conocidos también como agentes o viajantes. Se trata de personas físicas que asumen la función de promover de manera estable operaciones mercantiles relativas al giro o tráfico de la empresa fuera del establecimiento del empresario, siguiendo las instrucciones de éste y sin asumir el riesgo y ventura de las mismas.

Puede decirse que actúan en nombre y por cuenta del empresario pero sólo en esa labor de promoción, limitándose a transmitir los pedidos de los clientes. Frente a estos últimos no se comprometen de suyo al cumplimiento de la obligación. Y, además, su actuación no vincula al empresario, que puede o no aceptar la operación. La relación interna que les une con el empresario es de carácter laboral, ordinaria o especial [art. 2.1 f) ET), estando sometidos, en este último caso, a la disciplina prevista en el RD 1438/1985 de 1 de agosto. La dificultad principal que presenta esta figura sigue siendo no obstante su deslinde de otros colaboradores que también actúan de forma continuada por cuenta del empresario en la promoción de operaciones mercantiles. En particular cuando se trate de colaboradores independientes, esto es, de los agentes mercantiles o comerciales, cuyo régimen jurídico es distinto.

El agente, en efecto, se obliga a promover actos u operaciones de comercio por cuenta ajena, o a promoverlos y concluirlos por cuenta y nombre ajenos, a cambio de una remuneración, sin asumir, salvo pacto en contrario, el riesgo y ventura de tales operaciones. Cuando el agente no participa en el riesgo empresarial propio de la contraparte, esto es, en el relativo a la ejecución por los terceros de los negocios de realización, supuesto natural ex art. 1 LCA, se trata, pues, de una actividad esencialmente idéntica a la que desarrolla el viajante. Al respecto, no obstante, ha de tenerse en cuenta que, según ese mismo precepto, lleva a cabo tal tarea como "intermediario independiente", lo que quiere decir que asume el riesgo empresarial correspondiente generado por los gastos e inversiones de la actividad de promoción, porque esa actividad la realiza en nombre e interés propios, debiendo considerársele por eso como un empresario independiente y autónomo, no integrado en la organización estricta del empresario principal.

Por tanto, a pesar de que se trata de colaboradores de ese último, son colaboradores independientes, a diferencia de los representantes y viajantes. Se ha afirmado en tal sentido que los datos relevantes para la acotación de la agencia mercantil y el deslinde de la figura del agente de otras afines, así como para la distribución del ámbito subjetivo de aplicación de las respectivas regulaciones no son tanto la entidad y complejidad de la organización, sino la autonomía organizativa de la actividad, la asunción del riesgo empresarial de su actividad de promoción, esto es, la sumisión o no al poder directivo de la contraparte y la asunción o no de los costes de tal actividad, así como el formal ejercicio personal de la actividad externa (ex art. 2.2. LCA y arts. 1.3. f) y 2.1 f) ET y 1.2. b) del RD 1 de agosto 1985). Y eso, pese a las previsiones del art. 1.2 b) del RD de 1 de agosto de 1985, que parece establecer un criterio mixto al excluir del ámbito de la disciplina laboral a todos aquellos agentes que cuenten con una organización empresarial autónoma con instalaciones y personal propios.

II. EL ESTABLECIMIENTO MERCANTIL

1. Caracterización

La Ley no define el establecimiento de modo unívoco. De los distintos preceptos que se refieren a él es posible no obstante inferir la existencia de un concepto estricto y otro amplio. Estrictamente, la noción coincide con los bienes inmuebles y las instalaciones en los que el empresario desarrolla su actividad. Desde el punto de vista amplio, establecimiento es sinónimo de empresa en sentido objetivo.

2. El establecimiento mercantil en sentido estricto

2.1. Concepto

Estrictamente considerado, por establecimiento hay que entender cualquier instalación en la que el empresario desarrolla su actividad. En consecuencia, no coincide en todo caso con el local, concebido este como instalación inmueble de carácter fijo y permanente, sino que abarca también toda instalación móvil en la que el empresario ejerce su actividad [art. 59 bis 1 k) TRLCU], como sucede, por ejemplo, en el caso de la venta ambulante o no sedentaria, realizada en puestos desmontables o transportables o en camiones-tienda (art. 53 LOCM). El concepto no incluye la necesidad de que se encuentre abierto al público, lo que sucede en la mayoría de los establecimientos industriales, que distribuyen su producción a través de otros empresarios, como agentes o concesionarios. Con todo, el hecho de que el establecimiento se encuentre abierto al público tiene importantes efectos en el ámbito mercantil. Específicamente por las especialidades del régimen jurídico de las compraventas realizadas en ellos.

La Ley considera establecimientos abiertos al público los almacenes o las tiendas que permanezcan abiertos al público por espacio de ocho días consecutivos, o se hayan anunciado por medio de rótulos, muestras o títulos en el local del mismo, o por avisos repartidos al público o insertos en los diarios de la localidad (art. 85.2.2º Ccom). Las compraventas realizadas en ellos se presumen hechas al contado, salvo pacto en contrario (art. 87 Ccom). Y los objetos vendidos son irreivindicables, es decir, el propietario carece de acción para reclamar la devolución de los bienes al comprador de buena fe, quedando únicamente a salvo su derecho para ejercitar las acciones civiles o penales que puedan corresponderle contra quien los hubiere vendido indebidamente (art. 85 Ccom). Por público, el Código alude a una noción más amplia que la de consumidor, pues incluye también la distribución al por mayor a otros empresarios, pero evidentemente comprende al consumidor.

2.2. Clases

Atendiendo a la índole de la actividad que se desarrolle en él, el establecimiento puede ser comercial, industrial o de servicios (arts. 283, 286 Ccom). Si bien tal distinción tiene más interés en el ámbito administrativo que en el mercantil, donde no hay un régimen específico para cada modalidad. Cabe asimismo distinguir entre establecimiento principal, secundario y accesorio. El primero es aquel donde está situado el centro principal de las operaciones empresariales. El secundario o sucursal es el establecimiento dotado por el empresario de representación permanente y de autonomía de gestión a través del cual se desarrollan total o parcialmente las actividades de la empresa (art. 295 RRM). Los demás establecimientos tendrán la consideración de accesorios. De la sucursal hay que diferenciar la filial por cuanto esta última es una sociedad dotada de personalidad jurídica cuyas acciones o participaciones son titularidad de otra sociedad de la que es independiente jurídicamente, pero no económicamente.

2.3. El arrendamiento de local de negocio

En caso de que el establecimiento se encuentre instalado en local arrendado, su disciplina está sujeta a ciertas especialidades normativas mercantiles en el marco de la legislación de arrendamientos urbanos, que tienden a reforzar los derechos del empresario arrendatario de inmuebles destinados a locales de negocios, permitiéndole apropiarse del plusvalor que a aquellos añade el ejercicio de la empresa que desarrolla en ellos. La LAU distingue, en efecto, entre arrendamientos de fincas urbanas que se destinen a vivienda y los que se dedican a usos distintos (art. 1 LAU), siempre que, en este último caso, recaigan sobre una edificación y tengan como destino primordial uno diferente al de satisfacer la necesidad permanente de vivienda del arrendatario (art. 3 LAU). Dentro de esta última categoría quedan comprendidos, en particular, los contratos celebrados para realizar en la finca una actividad industrial, comercial o de servicios, pero no los arrendamientos de establecimiento en sentido amplio, o arrendamiento de empresa o negocio.

El arrendamiento de local de negocio se rige, en primer término, por la voluntad de las partes. Y solo, en su defecto, por lo dispuesto en el título III de la LAU y, supletoriamente, por el Cciv (art. 4.3 LAU). Del último título destacan, como pautas de régimen jurídico básicas, la facultad indisponible de arrendador y arrendatario de compelerse recíprocamente para la formalización por escrito del contrato (art. 37 LAU) y la obligatoriedad de la prestación de fianza en el momento de la celebración del contrato, en metálico correspondiente a dos mensualidades (art. 36.1 LAU), cantidad que podrá ser objeto de actualización, transcurridos los cinco primeros años de duración del contrato, o los siete primeros si el arrendador fuera persona jurídica (art. 36.2 y 3 LAU), y que, en la parte que proceda, deberá ser restituida al arrendatario en el momento de la extinción del mismo (art. 36.4 LAU).

A tenor del título III, salvo que las partes hayan previsto otra cosa, el arrendatario podrá ceder el contrato o subarrendar el local sin necesidad de contar con el consentimiento del arrendador, al que deberá notificárselo en el plazo de un mes desde que se hubiera concertado la operación, ostentando este último, en tales casos, el derecho a la elevación de la renta en los porcentajes legalmente fijados (cfr. art. 32 LAU, que extiende esta posibilidad a los supuestos de transformación, fusión o escisión de sociedades, aunque en ninguno de ellos pueda hablarse propiamente de cesión del contrato, como se verá al estudiar el Derecho de Sociedades). Se reconoce también al heredero o legatario del empresario arrendatario fallecido la facultad de continuar el ejercicio de la actividad, subrogándose en los derechos y obligaciones de aquel hasta la extinción del contrato, con la obligación de notificar tal circunstancia por escrito al arrendador dentro de los dos meses siguientes al fallecimiento (art. 33 LAU).

De igual forma, el arrendatario tiene derecho a la adquisición preferente (tanteo y retracto) del local si el arrendador lo vende a un tercero en las condiciones previstas en el art. 25 LAU para los arrendamientos de viviendas (art. 31 LAU). De modo que se admite la renuncia previa del arrendatario en todo caso (art. 25.8 LAU). El tercer adquirente del local, por su parte, quedará subrogado en los derechos y obligaciones del arrendador, salvo que en el mismo concurran las circunstancias previstas en el art. 34 LH (art. 29 LAU). Sustancialmente, si adquirió de buena fe a título oneroso de quien, según el Registro de la Propiedad era su titular, sin que en el mismo constara el arrendamiento, ostenta el derecho de provocar la extinción del arrendamiento, salvo que el arrendatario pueda probar la ausencia de buena fe, pues, como es sabido, su concurrencia se presume.

Adicionalmente, el arrendatario ostenta el derecho a exigir al arrendador una denominada indemnización por clientela cuando, extinguido el contrato de arrendamiento de un local por transcurso del plazo convencional, durante los últimos cinco años se hubiera venido ejerciendo en aquel una actividad empresarial de venta al público, y el arrendatario haya manifestado con cuatro meses de antelación su voluntad de renovar el contrato por un mínimo de cinco años más y por una renta de mercado, sin aceptación por el arrendador de esa oferta de prórroga o con aceptación en condiciones distintas a las ofrecidas (art. 34 LAU, que fija los criterios para determinar la cuantía de la indemnización).

3. El establecimiento mercantil en sentido amplio. La dimensión objetiva de la empresa

3.1. Concepto y naturaleza

Desde un punto de vista amplio el establecimiento expresa el aspecto objetivo de la empresa plasmando la existencia de un conjunto de elementos materiales, —entre los que se encuentra el establecimiento en sentido estricto, pero también otros como las materias primas—, inmateriales y personales organizados por el empresario para el ejercicio de su actividad empresarial y en el cual se materializa y objetiviza esta. Sobre su naturaleza no existe, sin embargo, una opinión pacífica en la doctrina. En una síntesis apretada cabría distinguir dos corrientes doctrinales, que separan a los partidarios de las denominadas *teorías unitarias* y los defensores de las *teorías atomistas.*

Para los primeros la empresa en este aspecto objetivo nace cuando el empresario "realiza", aplica y traslada, la organización a los objetos del mundo exterior objetivándose en ellos. Por este motivo es considerada como un bien inmaterial unitario integrado por una serie de valores o elementos intangibles que surgen progresivamente por virtud de la actividad empresarial. Tales elementos se refieren, tanto a la organización interna de la empresa, incluyendo las experiencias y secretos del negocio, como a las relaciones externas con proveedores y clientes, y su número dependerá del tipo de empresa y de las características concretas de la actividad empresarial realizada.

Las teorías atomistas, en cambio, defienden que el establecimiento ha de concebirse como un conjunto heterogéneo de bienes materiales e inmateriales, sobre los cuales se puede ostentar igual una pluralidad de derechos diversos —propiedad, derechos reales limitados, derechos personales de uso—, y de relaciones jurídicas, creadas al servicio de la actividad empresarial o a consecuencia de ella. Este conjunto de bienes y relaciones personales no está meramente yuxtapuesto, sino unido y coordinado entre sí porque está funcionalmente organizado por el empresario. De modo que la organización adquiere un significado fundamental como factor aglutinante de los elementos que integran el establecimiento en atención a la función económica a la que están destinados todos: la producción o distribución de bienes y servicios en el mercado. Desde esta perspectiva puede afirmarse que forman un todo orgánico, lo que autoriza a hablar de una unidad económico-funcional y de una unidad de conexión estructural, objetiva, y, en tal sentido, de un bien económico unitario, con una utilidad (económica) propia, esto es, de un bien económico-productivo. Pero no de un bien jurídico (objeto de derecho) unitario *strictu sensu* y nuevo, distinto del conjunto de elementos que lo integran, sobre el que se ostente un derecho de la misma índole, pues el catálogo de estos viene delimitado normativamente no sólo por criterios económicos, sino también por razones ligadas a la fijeza y seguridad que el Derecho exige para legitimar su apropiación individual.

El hecho de que se trate de un bien económico con una utilidad de tal carácter, propia y distinta de la mera agregación de las utilidades que pueden proporcionar los diferentes elementos que lo componen, considerados individualmente, explica que el establecimiento adquiera un valor superior al que alcanzarían aisladamente cada uno de los diferentes elementos que lo integran. Pero la relación jurídica del titular con el establecimiento no se construye al respecto de un objeto unitario de derecho sobre el que se ostente un único derecho subjetivo. Por el contrario, se fragmenta en múltiples relaciones jurídicas sobre cada uno de los elementos que lo integran, cuya naturaleza jurídica se diversificará en función de la de estos y de las exigencias funcionales de la actividad. En consecuencia los elementos patrimoniales así agrupados no pierden por ello su autonomía y propia sustantividad. Tampoco modifican su régimen jurídico individual, salvo, tal vez las mercaderías, cuando han sido adquiridas en tiendas o almacenes abiertos al público (cfr. art. 85 Ccom, frente a los arts. 348 y 349 Cciv). Además, pueden ser separados del establecimiento y sustituidos por otros sin que se rompa la unidad (cfr. art. 22 LHM), en tanto no se produzca una dispersión esencial que destruya la organización.

Debido a ello y, asimismo, en razón de su caracterización como unidad funcional y de conexión estructural, objetiva, atribuida por el sujeto-titular, constituye una unidad no estática, sino dinámica, esto es, en constante mutación, sostenida por la actividad del empresario. Esto, sin embargo, no impide que el Derecho tome en consideración esa unidad de conexión estructural que es el establecimiento como bien económico en otros planos normativos de ordenación distintos del jurídico-real.

3.2. Elementos

Aunque el catálogo de los elementos integrantes del establecimiento depende, en cada caso concreto, tanto de la naturaleza, como de la entidad de la actividad empresarial a la que esté funcionalmente ligado el mismo, a nivel general puede decirse que está integrado por los bienes y derechos afectos a la actividad empresarial, las relaciones jurídicas y de hecho establecidas por el empresario para el desarrollo de dicha actividad y el fondo de comercio resultante de la organización de los elementos anteriores. Puede tratarse de bienes materiales muebles (materias primas, mercaderías, medios de transporte), o inmuebles (como el local en que se encuentra instalado), o de bienes inmateriales (patentes, marcas...), derechos reales, derechos de crédito, relaciones jurídicas (vgr. de servicios con el personal que presta su trabajo en él) y de posiciones jurídicas complejas.

Junto a este conglomerado de elementos objetivo-patrimoniales, se advierte en el establecimiento la existencia de un conjunto de valores inmateriales, cuyo número, si bien puede variar también en el caso concreto, puede ser reducido a tres. En primer término, la organización como tal, esto es, la selección, combinación y disposición de los elementos objetivo-patrimoniales integrantes del establecimiento (vgr. procedimientos de fabricación o comercialización no patentables, fuentes de aprovisionamiento, red de comercialización...). En segundo lugar, las relaciones de hecho que la actividad desarrollada a través del establecimiento genera con los proveedores y, sobre todo, con la clientela como círculo indeterminado de personas que le otorgan con habitualidad su preferencia y que tienden a anudarse a la organización y acompañarla en su eventual transmisión. Finalmente, las meras expectativas de ganancia asociadas a factores exógenos de la empresa relativos al entorno en que esta se desenvuelve (tendencias de crecimiento económico del sector...). Se habla en este sentido de fondo de comercio —el "aviamiento" de la doctrina italiana— para hacer referencia a ese conjunto de heterogéneos valores inmateriales, que, en definitiva, constituyen lo más característico del establecimiento, dotándole de un valor adicional al que alcanzarían aisladamente cada uno de los diferentes elementos que lo integran. Este mayor valor se materializa especialmente, con ocasión de la transmisión del mismo, en el "sobreprecio" que el adquirente paga por encima del atribuido a los elementos objetivo-patrimoniales que integran la organización, considerados en su individualidad.

Ahora bien, estos componentes no constituyen elementos autónomos añadidos a los patrimoniales. Se trata de propiedades o cualidades del establecimiento como unidad, puesto que radican en su misma configuración estructural, en su disposición. La prueba más determinante de la falta de autonomía de estos elementos es su nulo valor económico en cuanto se desgajen del conjunto. La contabilización del fondo de comercio como partida independiente del balance no puede justificar otra opinión, pues obedece a simples razones de lógica económico-contable, en las que cuentan no la caracterización del elemento como bien en sentido jurídico, sino económico, esto es, en atención a su capacidad para contribuir a la actividad económico-productiva de la empresa. Es indicativo al respecto el distinto tratamiento a que se ven sometidos los derechos inmateriales de la propiedad industrial y el fondo de comercio. En concreto, el "fondo de comercio" sólo puede figurar en el activo si se ha adquirido de un tercero a título oneroso, siendo también distinto el tratamiento contable de la amortización. Al tiempo, el hecho de que tales valores deban transmitirse al adquirente de la empresa, sólo ahonda en la consideración de que se trata de meras propiedades de la misma, como bien económico, para cuyo aprovechamiento el adquirente de esta requiere la asistencia y colaboración del trasmitente.

3.3. La transmisión

3.3.1. La transmisión del establecimiento

La consideración del establecimiento como un bien económico derivada de la existencia de una unidad funcional y de conexión estructural justifica su consideración como objeto de tráfico jurídico unitario. Esto es, como objeto unitario de la prestación debida, ya que, como se ha indicado antes, salvando los límites genéricos de la autonomía privada, el principio de libertad de contratación que rige en el seno del Derecho de Obligaciones permite la existencia de relaciones obligacionales de cualquier contenido ajustadas a la consecución de los más variados intereses, sólo con que estos sean dignos de protección. En este sentido, el establecimiento concebido en su más amplio sentido como empresa en su dimensión objetiva puede constituir el objeto de diferentes operaciones jurídicas en los que las partes persiguen (transmisiones voluntarias), o el ordenamiento exige (transmisiones forzosas) la transmisión de aquella unidad, como una organización "en funcionamiento". Ahora bien, transmisible es sólo la organización fruto de la actividad del empresario, no la propia actividad creadora que, en cuanto tal, sigue siendo personal e intransferible. Y no hay tampoco, propiamente, transmisión de los valores inmateriales (clientela, expectativas...) generados por aquella. La objetivación real de una y otros no les convierte en objetos de derecho, susceptibles de disposición. Lo que no obsta a que la causa de todos los negocios, como fin económico perseguido por las partes, sea el traspaso "fáctico" de ese campo de actividad "objetivado" de la empresa y de los valores económicos inmateriales a él asociados y, en tal sentido, acomoden a la misma sus respectivas prestaciones y contraprestaciones.

Estas consideraciones consienten afirmar, en primer término, que la trasmisión de los elementos patrimoniales sólo adquiere relevancia para el adquirente en la medida en que sean necesarios para la continuación de esa actividad de explotación. Y permiten, en segundo lugar, resolver las dudas que puedan suscitarse ante la trasmisión de un conjunto de elementos de un mismo establecimiento. Sólo si estos son suficientes para que el adquirente desarrolle por su intermedio la actividad empresarial, se presumirá que ha existido transmisión del establecimiento en sí y no de un conjunto de elementos del mismo aisladamente considerados. Explican también, en tercer lugar, que, aunque no sea posible que el trasmitente se comprometa a disponer de la actividad en sí misma, sí ha de colaborar —positiva y negativamente— a fin de que los valores inmateriales objetivados ligados a la organización sean utilizados por el adquirente, a fin de que pueda realizar el mismo tipo de actividad que aquel venía desarrollando por intermedio del establecimiento cedido. La unidad del objeto y de la causa justifica, por fin, que, en caso de trasmisión voluntaria, el negocio jurídico en que se arbitre sea único, y no una mera yuxtaposición de diferentes negocios jurídicos relativos a cada uno de los distintos elementos que integran el establecimiento.

En cuanto a las fórmulas trasmisivas se distinguen, en primer término, las que tienen lugar de modo definitivo inter *vivos* o *mortis causa*, de las que sólo se producen a título limitado (arrendamiento, usufructo). Dejando a salvo, no obstante, algunos aspectos concretos, como la aportación de establecimiento a una sociedad de capital (art. 66 LSC), ninguno de esos supuestos cuenta con un régimen jurídico específico en nuestro Derecho. Asimismo, junto a estas modalidades trasmisivas, el establecimiento puede ser objeto unitario de garantía o embargo por semejantes motivos a los esbozados al tratar de aquellas, es decir, en razón de la representación unitaria que del conjunto de sus elementos quieran hacer las partes, o imponga el ordenamiento. Entre ellos se hará referencia únicamente a la compraventa, dada su mayor implantación en el tráfico y el carácter de modelo que ha asumido para la interpretación de los aspectos esenciales del régimen del resto de modalidades. A consecuencia de ello las pautas aquí formuladas puedan extrapolarse a otras, siempre y cuando no se opongan a la especialidad del concreto título trasmisivo.

3.3.2. En especial la compraventa de establecimiento

3.3.2.1. Caracterización

La compraventa de establecimiento obliga al vendedor a transmitirlo a cambio de un precio. La representación unitaria que las partes hacen del establecimiento como bien económico justifica que el contrato de compraventa del mismo sea único, con objeto y causa únicos. Se trata de la transmisión del establecimiento, como una organización "en funcionamiento". No se está, pues, ante una pluralidad de contratos según los bienes, derechos y relaciones que compongan aquel. Lo que sucede, no obstante, es que, al no alcanzar aquel la consideración de bien jurídico *strictu sensu*, no puede ser objeto de un único derecho subjetivo. Por el contrario, existen múltiples derechos sobre cada uno de los elementos que lo integran, de modo que, aunque estén así agrupados no pierden por ello su autonomía y propia sustantividad, ni, en general, modifican su régimen jurídico individual. En consecuencia la trasmisión de la titularidad de cada uno de sus componentes sigue estando sometida a la normativa que los disciplina en particular, lo que se traduce en una diversificación del régimen de la trasmisión, según la ley de circulación de cada elemento.

Sin embargo, esa circunstancia no afecta a la unidad del contrato, pues la diferenciación de régimen repercute sólo en la ejecución de la obligación de entrega. El título es único, y sólo el modo o tradición, imprescindible para adquirir la propiedad (art. 609.2 Cciv), es plural. Por ese motivo se entiende que un eventual incumplimiento de las exigencias y formas que la Ley prevé para la tradición de cada uno de los elementos no afecte a la validez del contrato, para la cual basta sólo el consentimiento de las partes, sin que se exija forma especial (arts. 1258 Cciv y 51 Ccom). De modo que, una vez prestado este, pueden las partes compelerse recíprocamente a cumplir los eventuales requisitos de forma (art. 1279 Cciv).

3.3.2.2. Elementos personales

En materia de elementos personales las especialidades más significativas se refieren a la capacidad de las partes en caso de enajenación por menores o personas con discapacidad y en supuestos de establecimientos gananciales. En estos casos se aplicará el régimen general previsto en el Código Civil (arts. 166 , 271, 287, 1389).

Respecto de las sociedades de capital se suscita asimismo la cuestión en torno a la competencia de la decisión de venta.

Al respecto de las cuestiones de competencia entre órganos al tratar de transmisiones de establecimientos de sociedades de capital se duda si, en defecto de previsión estatutaria expresa, recae en la Junta de socios o en el órgano de administración. Aunque la cuestión sigue siendo controvertida, ha de partirse del principio de que la disposición de partes del patrimonio que constituyan unidades económicas, como son sin duda los establecimientos, está sometida al régimen de la segregación previsto en el artículo 61 del Libro Primero del RD-Ley 5/20023, de 28 de junio, por el que se incluye el nuevo régimen de las modificaciones estructurales adaptándolo a la normativa comunitaria . Conforme a este precepto, se entiende por segregación el traspaso en bloque por sucesión universal de una o varias partes del patrimonio de una sociedad, cada una de las cuales forme una unidad económica, a una o varias sociedades, recibiendo a cambio la sociedad segregada acciones, participaciones o cuotas de las sociedades beneficiarias.

La empresa en sentido objetivo constituye claramente una unidad económica y el régimen en materia de modificaciones estructurales han de considerarse imperativos cuando determinan los procedimientos a través de los cuales han de ejecutarse las operaciones que prevé. Por este motivo las partes no pueden optar por aplicar la disciplina sobre aportaciones no dinerarias de empresas cuando concurran los presupuestos que definen la segregación. El carácter imperativo se fundamenta, además, en el mayor grado de protección que reciben todos los afectados en el marco de la segregación.

3.3.2.3. Contenido del contrato

a) Caracterización

Como en el contrato de compraventa en general, en la del establecimiento, las obligaciones fundamentales de las partes son, para el vendedor, la de entrega y saneamiento y, para el comprador, el pago del precio. Ahora bien, este contenido obligacional se haya mediatizado por la índole del objeto y la causa del contrato, esto es, la transmisión del establecimiento como una organización "en funcionamiento", de modo tal que ambas obligaciones vienen referidas al conjunto como un todo unitario y no tanto a cada elemento individualmente considerado.

b) Obligaciones del vendedor

i) Obligación de entrega

De conformidad con la caracterización del contenido del contrato, la entrega comprenderá el establecimiento en su totalidad. Si hay formado inventario, deben transmitirse todos los elementos mencionados en él y los accesorios, aun cuando no hubieran sido incluidos en él (art. 1097 Cciv). Si bien, la falta de entrega de un elemento de esta índole no permite al comprador resolver el contrato. En defecto de inventario, la obligación queda cumplida con la cesión de todos los elementos esenciales al mismo, lo que se decide en razón de su aptitud para procurar que el adquirente esté en condiciones de explotar la organización, permitiéndole el ingreso en el campo de actividad de la empresa cedida. A tal fin, junto a la entrega de los elementos patrimoniales, son decisivas las obligaciones de colaboración del transmitente, consideradas elementos naturales del contrato, esto es, aplicables aunque no vengan explicitadas en él, en tanto derivadas del principio de buena fe o, directamente, del contenido de la obligación de entrega. Incluso puede admitirse que su exclusión privaría al contrato de la consideración de contrato de trasmisión de establecimiento, razón por la que, probablemente, deban considerarse elementos esenciales de aquel.

Tales obligaciones son de signo positivo y negativo. Las primeras, cuya entidad varía según el concreto tipo de establecimiento, pueden consistir desde ciertas indicaciones mínimas sobre el estado de la contabilidad hasta una colaboración más amplia, como la entrega de listas de clientes, suministradores y colaboradores, informaciones sobre la organización interna del negocio, secretos empresariales. Sin embargo, como tal colaboración positiva serviría de poco si se permitiera al vendedor seguir ejerciendo la misma clase de actividad en un lugar próximo al establecimiento, pues, en tal hipótesis, la clientela, con muchas probabilidades, permanecería ligada al empresario vendedor, sobre él pesa una obligación de no competencia. Su licitud en el caso, no obstante, ha de ser contrastada con el Derecho protector de la libre competencia a fin de que los términos de la misma no impidan al trasmitente toda posibilidad de actuación en el mercado. Con ese objeto ha de sujetarse a límites objetivos —idéntico o semejante género de actividad—, geográficos —en razón de la proximidad del ejercicio de la actividad por el trasmitente al establecimiento cedido—, y temporales —sólo puede prolongarse el tiempo que hubiera sido razonablemente necesario para que el adquirente consolide su posición en el mercado, de modo que la competencia del trasmitente sea similar a la de cualquier tercero, sin que sea necesario que lo haya conseguido—.

Aparte de estas singularidades, las cuestiones principales se suscitan alrededor de otros elementos de carácter incorporal que pueden formar parte del establecimiento, sustancialmente los créditos y los contratos. Y asimismo sobre cual es el destino de las deudas ligadas a la actividad empresarial ejercitada a través de aquel. Para la transmisión de los créditos es preciso el consentimiento de ambas partes, pero no del deudor. A él basta que se le notifique la transmisión (arts. 1526 y ss. Cciv y 347 Ccom).

El vendedor responde de la legitimidad de todos los créditos en conjunto y no aisladamente por aplicación del art. 1532 del Cciv, en lugar del art. 348 Ccom, previsto para el caso de transmisión aislada de créditos mercantiles.

Los contratos celebrados por el empresario cedente son, en ocasiones, indispensables para la explotación del establecimiento e incluso para su propia subsistencia. Por ejemplo, el arrendamiento de locales de negocio, suministros de materias primas o mercaderías, contratos de licencias de patentes o marcas... Sin embargo, en tanto implican, en términos generales, la subrogación de un tercero (adquirente de la empresa) en la posición contractual del cedente (vendedor), están sujetos al consentimiento de la otra parte contratante, por aplicación de las reglas generales sobre subrogación, salvo que otra cosa disponga el contrato o la Ley. La Ley prevé la cesión automática al comprador del establecimiento de ciertos contratos, sustancialmente los de trabajo (art. 44 ET) y seguro contra daños del establecimiento (art. 34 LCS). Asimismo cuando el vendedor sea arrendatario del local sede del establecimiento existe un régimen especial de cesión del contrato sin consentimiento del propietario, según se comentó.

Las deudas del vendedor relativas al negocio sólo se transmiten al comprador si existe acuerdo expreso entre las partes y consentimiento, también expreso, de cada uno de los acreedores (art. 1205 CCiv). En defecto de este, el pacto de asunción de deudas sólo tiene eficacia entre cedente y cesionario. Excepción a este régimen constituye el tratamiento a que vienen sometidas ciertas deudas tributarias (art. 42.1 LGT), con la Seguridad Social (art. 142 y 168 LGSS), con los trabajadores (art. 44 ET) y frente a las entidades aseguradoras del establecimiento (art. 34.3 LCS).

Una cuestión adicional se plantea en relación con los libros de contabilidad, que son propiedad del transmitente y deben ser conservados por este durante 6 años desde el último asiento (art. 30.1 Ccom), pero que interesan al adquirente para poder continuar las relaciones comerciales y tener una idea de la marcha del negocio. A falta de norma expresa, existe la duda de si se transmiten como elemento esencial del establecimiento o no, pues ciertas propuestas, como la de sacar copia y legalizarla pueden plantear serios problemas. Se apunta por ello la conveniencia de su transmisión a título de depósito, sin perjuicio de que siempre asistiría al adquirente un derecho de exhibición fundado en la buena fe (art. 1258 CCiv).

ii) Obligación de saneamiento

La obligación de entrega se completa con las normas sobre garantía legal o saneamiento. Para la evicción ha de tenerse en cuenta sobre todo el art. 1479 Cciv, donde se contempla tanto la cosa compuesta como la universalidad de cosas. Y, para los vicios ocultos, lo dispuesto en el art. 1491 Cciv en relación con el art. 1492 Cciv, así como lo establecido en el art. 1532 del mismo texto legal, y, por analogía, lo previsto en el art. 66 LSC. Conforme a todos ellos la garantía se hará efectiva tanto si la evicción o los vicios afectan a la totalidad como a alguno de los elementos esenciales para la explotación del establecimiento. E igualmente procederá el saneamiento individualizado de aquellos elementos singulares que sean de importancia por su valor patrimonial.

c) Obligaciones del comprador

La principal obligación del comprador es abonar el precio. En cuanto a ello es importante señalar que para la unidad del contrato es irrelevante que el precio se haya calculado según valoración de cada uno de los elementos componentes y las cualidades inherentes al mismo (fondo de comercio).

3.3.2.4. Compraventa de establecimiento a través de compraventa de acciones

Es de interés observar que la finalidad económica perseguida por la compraventa de empresa puede conseguirse con una vía jurídico-negocial distinta, mediante la venta de las acciones/participaciones de la sociedad-persona jurídica, titular del establecimiento. De hecho, en la práctica, las compraventas de empresas suelen arbitrarse a través de este mecanismo ya que la mayor parte de las empresas pertenecen a sociedades. Conviene observar, con todo, que, en estos supuestos, no hay propiamente transmisión del establecimiento pues no se produce un cambio de la titularidad jurídico-formal. La modificación afecta a las posiciones jurídicas de miembro de la organización, titular del mismo, que si confieren el control del poder de dirección de la sociedad, conceden indirectamente el del establecimiento. Por eso, a este tipo de negocios hay que aplicar por analogía algunas de las prescripciones relativas a la compraventa de establecimiento, singularmente las que se refieren a la garantía por evicción y vicios ocultos.

Esta clase de contratos suele estar muy elaborada, producto de la traslación de la práctica anglosajona sobre el particular. El procedimiento para su conclusión está asimismo tipificado socialmente. En él se advierte de ordinario una etapa precontractual en la que el futuro y eventual comprador emite la llamada carta de intenciones, en la que demuestra su interés por la compra. Tras ella comienza el denominado proceso de *due diligence*, que básicamente consiste en una revisión pormenorizada de la empresa titularidad de la sociedad cuyas acciones o participaciones pretenden adquirirse, llevada a cabo por los profesionales designados por el futuro comprador. Concluido ese proceso a satisfacción del comprador, se procede a la suscripción del contrato, que suele elevarse a escritura pública en la que constan igualmente una serie interminable de anexos relativos a los aspectos más variados de la empresa titularidad de la sociedad cuyas acciones o participaciones se adquieren. Destacan a este respecto los balances de la misma y la relación de activos, donde se describe cada uno de los inmuebles.

Por su parte, el contrato suele ser minucioso hasta el detalle más nimio. Normalmente incluye una serie de manifestaciones, responsabilidades y garantías adicionales. Las manifestaciones consisten en declaraciones que efectúa el vendedor. Entre ellas resaltan las relativas a que los datos sobre la situación económica que deriva de los documentos integrados en los anexos son ciertos, expresando igualmente que de ellos, en concreto del balance, se desprende la imagen fiel de aquella y de los resultados de la empresa. Las responsabilidades el vendedor obligan a este a resarcir y mantener indemne al comprador frente a cualesquiera daños y perjuicios que pudiera sufrir, ya sea directa o indirectamente, como consecuencia, normalmente de la falta de veracidad, error o inexactitud de cualesquiera de las manifestaciones contenidas en el contrato y de la información sobre titularidad, relación de activos y pasivos, situación económico-financiera contenida o ajunta a aquel; así como del incumplimiento de cualquiera de los compromisos y obligaciones asumidos por el vendedor y por razón de cualquier reclamación de terceros (entre otras, de naturaleza civil, mercantil, laboral, administrativa, de seguridad social y tributaria), frente a la sociedad, que tenga su origen en hechos o circunstancias ocurridos en fecha anterior a la del contrato.

Es muy importante destacar a estos efectos que este tipo de cláusulas instituye una responsabilidad civil contractual de carácter específico, por lo que su tratamiento jurídico no se encuentra en el general del incumplimiento contractual, sino en el particular de la responsabilidad civil. Por consiguiente, el nacimiento de la obligación de resarcir queda sujeto a la prueba por el comprador de todos y cada uno de los presupuestos que engendran aquella. Por ejemplo, si el vendedor realiza una manifestación errónea o inexacta sobre algún particular, esa sola circunstancia no genera responsabilidad alguna para él. Es preciso acreditar que tal manifestación causó un daño efectivo al comprador y que, entre este y la manifestación errónea, existe una relación de causalidad directa. Finalmente las garantías suelen resolverse en la prestación por parte del vendedor de un aval a primer requerimiento en beneficio del comprador para el caso de que surja algún supuesto de responsabilidad.

Lección 6

Derecho de la libre competencia

I. INTRODUCCIÓN

1. Concepto económico de competencia

El concepto económico de competencia alude a la concurrencia en un mismo mercado de diferentes agentes económicos que ofrecen sus productos y servicios a un conjunto de consumidores, que actúan independientemente, y que constituyen la demanda. Los ordenamientos jurídico-privados nacidos del proceso codificador europeo del siglo pasado se inspiran en un modelo económico y social caracterizado por el mercado como institución básica organizada en torno a la igualdad formal de oferentes y demandantes cuyos postulados esenciales proceden, en lo ideológico, de los principios liberales del siglo XIX y, en lo económico, de la existencia de un sistema de libre competencia. En la concepción de los economistas clásicos, el mercado no sólo constituía el punto de encuentro teórico de la oferta y la demanda sino, al mismo tiempo, un instrumento de planificación económica descentralizada, por cuyo intermedio tiene lugar, de forma espontánea, y merced al mecanismo de los precios, la coordinación de los planes económicos individuales formulados por las empresas y las economías familiares.

Ahora bien, este mecanismo sólo puede funcionar satisfactoriamente cuando el mercado permanece abierto, es decir, cuando se halla sujeto a un régimen de libre competencia, entendida como expresión de la libertad de iniciativa económica, derecho que asiste a toda persona de actuar al servicio de sus intereses particulares. A través de la llamada función "ordenadora y de dirección", la competencia permite que la oferta se oriente según los deseos y exigencias de los demandantes. La competencia cumple, por otro lado, una función de "selección", recompensando con el máximo beneficio a los empresarios que ofrecen las mejores prestaciones en el mercado y eliminando de este último a los operadores ineficaces o inmorales. Dentro de estas coordenadas se configura el sistema constitucional económico del movimiento codificador europeo.

Sin embargo, frente a este modelo de competencia perfecta, caracterizado porque el precio constituye siempre un dato externo a oferentes y demandantes, la realidad se ha encargado de demostrar que esta visión clásica del equilibrio del mercado no se da más que excepcionalmente y que el reconocimiento de la libertad de iniciativa económica no comporta sin más una "situación objetiva" de libre competencia. Por el contrario, el derecho individual a la libre iniciativa económica ha permitido, unas veces, renunciar a esa libertad a través de límites convencionales a la competencia y, otras, excluir del mercado a los restantes competidores mediante la adquisición de una posición de dominio, que permite influir decisivamente sobre los precios o las condiciones de aquel.

Se produce de esta suerte el tránsito de un modelo de competencia perfecta a un sistema de competencia efectiva o funcional integrado por elementos competitivos y monopolísticos, que da lugar a una progresiva reducción de la competencia en aras a determinados procesos de concentración económica destinados a asegurar el progreso tecnológico y el nivel de eficiencia que deriva de la dimensión óptima de la empresa. Un mercado con esta estructura, sujeto en su funcionamiento a las reglas de la competencia "efectiva" o funcional, tiende inevitablemente a alejarse del esquema ideal de la competencia perfecta, para acomodarse a un modelo más dinámico, en el que apenas queda espacio para la llamada soberanía de los consumidores, reducida a lo sumo a una simple libertad de decisión.

2. *Derecho de la libre competencia*

Los hechos enunciados el epígrafe anterior demuestran que, por sí solo, el mercado no puede garantizar la existencia de libre competencia. Es necesario que el ordenamiento proteja su efectivo desarrollo. Por otra parte, frente a los postulados del "ordoliberalismo", a cuyo tenor las normas sobre libre competencia están destinadas a proteger únicamente el interés particular del libre desarrollo de la actividad económica por los sujetos privados frente al poder económico, existe la convicción, más o menos generalizada, de que la competencia se halla al servicio del progreso técnico y del desarrollo económico. A consecuencia de todo ello la protección de la libre competencia se ha erigido en un presupuesto institucional del sistema de economía de mercado. Esta significación "constitucional económica" de la competencia tiene como consecuencia que el dispositivo de protección jurídica quede fuera de la esfera de tutela individual. La protección de la competencia opera, justamente, a partir de este momento, en cuanto institución típica del actual sistema económico, en aras, por tanto, del interés general.

En particular, la defensa de la libre competencia es un principio de orden público económico y, en cuanto tal, pieza clave del vigente sistema constitucional económico, reconocido como uno de los principios básicos de la denominada "Constitución Económica" en el art. 38 CE cuando reconoce "*la libertad de empresa en el marco de la economía de mercado*". De ahí que, tanto nuestra legislación interna, como la comunitaria, hayan dispuesto un sector normativo específico, incluido dentro del Derecho Mercantil, cuyo objeto es promover y proteger la existencia de una competencia libre y efectiva. Con ese propósito se prohíben aquellas prácticas y conductas que tienen por objeto o producen el efecto de falsear la competencia en los diferentes sectores del mercado. Se trata de las prácticas colusorias y del abuso de posición dominante. Además, las prohibiciones alcanzan a conductas llevadas a cabo por los poderes públicos, por ejemplo, determinadas ayudas públicas prohibidas por sus efectos sobre el mantenimiento de la competencia. Al tiempo, las concentraciones de empresas están sometidas al control público, entendiéndose por empresa cualquier persona o entidad que ejerza una actividad económica, con independencia del estatuto jurídico de dicha entidad y de su modo de financiación (DA IV LDC).

El contenido material de ambas normativas, estatal y comunitaria, es sustancialmente equivalente ya que la primera incorpora los principios del TFUE y, en gran parte, el Derecho derivado, que recoge de forma casi idéntica en lo relativo a las prácticas y conductas prohibidas por el Derecho de la Unión Europea. Por ese motivo, los epígrafes dedicados a ellas se incluyen en los mismos apartados de este tema. Tan solo se diferencia, en punto al régimen jurídico material, en relación con las ayudas de Estado y el control de concentraciones, ya que la disciplina interna y comunitaria difiere. Por el contrario, tanto los procedimientos como los órganos de aplicación de cada uno de estos dos bloques normativos son distintos por lo que requieren una exposición individualizada, que se efectúa en los epígrafes siguientes.

En la actualidad, el Derecho de la libre competencia se encuentra ante un importante desafío motivado por la generalización de la denominada economía de los datos. El Big Data y su tratamiento supone un salto cualitativo muy importante que coloca a quien dispone de los datos y del conocimiento y técnicas para tratarlos en una situación de ventaja competitiva sin precedentes. Las grandes compañías tecnológicas que dominan el mercado, las denominadas GAFA (Google, Apple, Facebook y Amazon) a la que habría que añadir también Microsoft, así como las de origen asiático, las denominadas BAXT (Baidu, Alibaba, Xiaomi y Tecent) tienen acceso a un número muy elevado de datos de sus clientes. Datos que obtienen tanto por sus relaciones directas con los mismos, como de empresas relacionadas con ellas que prestan servicios como titulares de redes sociales, buscadores o servicios de compra muy extendidos en la actualidad. La aplicación de programas de inteligencia artificial y el manejo de los datos resultantes, permiten a estas empresas crear auténticos perfiles digitales de sus clientes. Ello les permite, lógicamente, afinar mucho en sus políticas de venta y publicidad perfectamente adaptadas a los gustos y preferencias de sus clientes. También les permiten conocer las tendencias del mercado y prepararse para ella adelantándose a cualquier competidor o entrando en nuevos mercados. Hay que tener en cuenta que se produce una concentración asimétrica de conocimientos en muy pocos actores, lo que exige aplicar unas normas, no muy diferentes a las que en la actualidad se ocupan de la defensa de la competencia, pero sí adaptadas a este nuevo escenario.

II. DERECHO DE LA UNIÓN EUROPEA

1. *Fuentes normativas*

La normativa básica del Derecho de la Unión Europea de la competencia está contenida en los arts. 101 a 109 del Tratado sobre el Funcionamiento de la Unión Europea de 13 diciembre 2007 (TFUE) (antiguos artículos 81 y ss. del Tratado CE). Este Derecho originario, ha sido desarrollado por diversos Reglamentos de la Unión Europea y otras normas de Derecho derivado. Entre los Reglamentos, destaca, en primer lugar, el Reglamento (CE) nº 1/2003 del Consejo, de 16 de diciembre de 2002, para la aplicación de las normas de competencia previstas en los artículos 101 y 102 del (TFUE) (antiguos art. 81 y 82 del Tratado CE). Contiene las normas de aplicación de las disposiciones del TFUE relativas a los acuerdos, decisiones de asociaciones de empresas y prácticas concertadas susceptibles de limitar la competencia (artículo 101 TFUE) y a los abusos de posición dominante (artículo 102 TFUE). En segundo lugar, el Reglamento (CE) nº 139/2004 del Consejo, de 20 de enero de 2004, sobre el control de las concentraciones entre empresas ("Reglamento de concentraciones"). En tercer lugar, en relación con las ayudas públicas, Reglamento (UE) 2015/1589 de 13 de julio por el que se establecen normas detalladas para la aplicación del artículo 108 del tratado de funcionamiento de la Unión Europea, que contiene las reglas generales en materia de procedimiento; el Reglamento (UE) 1407/2013, de 18 de diciembre relativo a la aplicación de los artículos 107 y 108 del Tratado de Funcionamiento de la Unión Europea a las ayudas de minimis y el Reglamento (UE) 651/2014, de 17 de junio, que declara determinadas categorías de ayudas compatibles con el mercado interior en aplicación de los artículos 107 y 108 del Tratado conocido como Reglamento General de Exención por Categorías.

Debe también ser tenido en cuenta el Reglamento 2022/1925 de 14 de septiembre de 2022 sobre mercados disputables y equitativos en el sector digital y por el que se modifican las Directivas 2019/1937 y 2020/1828 (llamado "Reglamento de Mercados digitales"). Se ha optado por establecer un régimen regulador ex ante, de carácter preventivo, para los mercados digitales frente al tradicional del Derecho de la competencia que se basa en mecanismos ex post, es decir, una vez producida la vulneración de la competencia. Se trata, por tanto, de un reglamento que complementa el régimen previsto por las normas sobre competencia señaladas con anterioridad. El principal objetivo perseguido con este reglamento es mantener la igualdad de condiciones respecto de todas las empresas digitales. Se pretende así garantizar el buen funcionamiento del mercado interior mediante el fomento de una competencia efectiva en los mercados digitales y, en particular, un entorno de plataformas en línea competitivo y leal.

El aspecto central del Reglamento de Mercados Digitales es la regulación de las prácticas de las grandes plataformas en línea, que actúan como guardianes de acceso digitales del mercado único. Para ser calificada como guardián de acceso una empresa ha de cumplir una serie de criterios cualitativos contenidos en el artículo 3(1) del Reglamento de Mercados Digitales: debe tener un tiene un impacto significativo en el mercado interior; prestar un servicio básico de plataforma; y disfrutar de una posición consolidada y duradera en sus operaciones. El reglamento presume que se reúnen dichos criterios si se cumplen los criterios cuantitativos previstos en su artículo 3(2) y que vienen referidos al volumen anual de negocios y al número de usuarios finales de las mismas.

Para lograr los objetivos señalados, se impone a las plataformas que reúnan esos requisitos un conjunto de obligaciones dirigidas a impedir que realicen prácticas restrictivas de la competencia. La supervisión de la aplicación del Reglamento corresponderá a la Comisión Europea y se establecen importantes multas en caso de incumplimiento de las normas del Reglamento.

En definitiva, se pretende lograr un entorno empresarial más justo para las empresas usuarias que dependen de los guardianes de acceso. Un entorno en que las starts-up tecnológicas tengan nuevas oportunidades para innovar y competir en la economía de plataformas sin que las condiciones abusivas impuestas por los guardianes de acceso limiten su desarrollo. Todo ello redunda en un beneficio claro para los consumidores, que podrán optar entre más y mejores servicios, puesto que van a poder cambiar fácilmente de proveedor y van a pagar precios más justos.

2. *Ámbito de aplicación. Derecho de la Unión Europea y Derecho Interno*

En las relaciones entre el ordenamiento de la Unión Europea y los estatales rigen los principios de aplicabilidad inmediata y primacía del primero. Este último principio obliga a aplicar el Derecho de la Unión Europea con preferencia al estatal contrario a las disposiciones comunitarias dictadas en el ámbito de las competencias cedidas a la Unión Europea a través del Tratado. Por ambos motivos se impone determinar el ámbito de aplicación de uno u otro Derecho. Tratándose de prácticas anticompetitivas, dicho ámbito de aplicación está determinado por el mercado que resulte afectado por la realización de la práctica. Si limita su alcance al mercado nacional, se aplicará la estatal. Si, por el contrario, comprende los intercambios comerciales entre los Estados miembros de la Unión se aplica el Derecho De la Unión Europea. En el supuesto de que la práctica afecte a los dos mercados de forma simultánea se aplican ambos ordenamientos a la vez (teoría de la doble barrera). Este criterio de la afectación rige también en el ámbito de las ayudas públicas.

En materia de control de concentraciones la regla es distinta, ya que se atribuye la competencia a la Comisión europea o a los órganos internos en razón del volumen de negocios y su dimensión europea o simplemente nacional, como principio general. Ahora bien, en caso de prácticas colusorias y abuso de posición dominante el Derecho de la Unión Europea puede ser aplicado también por la CNMyC y por los juzgados de lo mercantil. Para facilitar la aplicación uniforme del mismo se prevén mecanismos de cooperación y recíproca información entre las distintas autoridades con competencia en la materia (arts. 16 y 18 LDC y Reglamento 1/2003 del Consejo, de 16 de diciembre de 2002, relativo a la aplicación de las normas sobre competencia previstas en los Artículos 81 y 82 —arts. 101 y 102 TFUE— del Tratado de la Unión Europea).

III. EL MODELO ESPAÑOL

1. *Autoridades autonómicas y Comisión Nacional de los Mercados y la Competencia*

El Derecho español de la competencia está recogido en la Ley 15/2007 de 3 de julio de Defensa de la Competencia y en su Reglamento, aprobado por RD 261/2008, así como en Ley 3/2013, de 4 de junio, de creación de la Comisión

Nacional de los Mercados y la Competencia y en la Ley 1/2002 de 21 de febrero, de Coordinación de las Competencias del Estado y las Comunidades Autónomas en materia de defensa de la competencia, entre las normas más destacadas. Esta última Ley fue promulgada a consecuencia de la STC 208/1999 de 11 de noviembre, que determinó que la defensa de la competencia no es una materia de competencia exclusiva del Estado en todas sus dimensiones. En concreto, especificó que las CCAA pueden contar con competencias de ejecución, no normativas, por tanto, dentro de su ámbito territorial respectivo. Por consiguiente, el modelo español de aplicación de la LDC es de carácter descentralizado puesto que está integrado, por una parte, por la CNMyC, como Autoridad Nacional de la Competencia (ANC) y, por otra, por las Autoridades Autonómicas de Defensa de la Competencia (AAC), que asumen competencias de ejecución de la normativa estatal.

Las AAC son las constituidas por las respectivas CCAA. Su composición y funcionamiento se rigen por las normas autonómicas que desarrollan las competencias ejecutivas en la materia de la Comunidad en cuestión; si bien el marco básico para su creación se establece en la Ley 1/2002, de 21 de febrero de Coordinación de las Competencias del Estado y de las Comunidades Autónomas en materia de defensa de la competencia, que también aclara las normas de procedimiento aplicables a las actuaciones de dichos órganos. Esa misma Ley disciplina los criterios que rigen el reparto de competencias entre las AAC y la ANC, así como los mecanismos de coordinación, colaboración e información recíprocas al objeto de garantizar la aplicación uniforme del Derecho de la Competencia en todo el territorio nacional.

En cuanto a los criterios de reparto, corresponderá a la ANC el ejercicio de las competencias respecto de los procedimientos que tengan por objeto conductas prohibidas, autorizaciones singulares de tales conductas, abuso de posición dominante, falseamiento de la libre competencia por actos desleales y control de concentraciones que alteren o puedan alterar la libre competencia en un ámbito supra-autonómico o en el conjunto del mercado nacional, o puedan afectar a la unidad de mercado nacional, entre otras causas, por la dimensión del mercado afectado, la cuota de mercado de la empresa correspondiente, la modalidad y alcance de la restricción de la competencia, o sus efectos sobre los competidores efectivos o potenciales y sobre los consumidores y usuarios, aun cuando tales conductas se realicen en el territorio de una Comunidad Autónoma.

La ANC es también competente cuando la conducta pueda atentar contra principios reconocidos en la Constitución, como el establecimiento de un equilibrio económico adecuado y justo entre las diversas partes del territorio español, la libertad de circulación y establecimiento de las personas y la libre circulación de bienes en todo el territorio nacional o la igualdad de todos los españoles en el ejercicio de los derechos y en el cumplimiento de los deberes constitucionales, aun cuando tales conductas se realicen en el territorio de una Comunidad Autónoma.

En consecuencia, corresponde a las CCAA el ejercicio en su territorio de las competencias respecto de los procedimientos que tengan por objeto conductas anticompetitivas que, sin afectar a un ámbito superior al de una Comunidad Autónoma o al conjunto del mercado nacional, alteren o puedan alterar la libre competencia en el ámbito de la respectiva Comunidad Autónoma.

La resolución de los conflictos de competencias entre las ANC y las AAC cuenta con la participación de la Junta Consultiva en materia de conflictos, cuya composición es paritaria. Si las Administraciones en conflicto no asumen el resultado del dictamen, será el TC el que decida acerca de qué Administración debe ser la que resuelva el procedimiento en cuestión a través del planteamiento de un conflicto, positivo o negativo, entre el Estado y las CCAA, o entre éstas entre sí.

No obstante, en la medida en que n la Ley 1/2002 de 21 de febrero, de Coordinación de las Competencias del Estado y las Comunidades Autónomas se prevén otros procedimientos de cooperación y coordinación entre las Administraciones en conflicto, la elevación de la cuestión ante el TC debe erigirse en última instancia de resolución de las cuestiones competenciales. En primer lugar, crea el Consejo de Defensa de la Competencia, órgano que reúne a representantes de todas las Administraciones Territoriales con competencia en la materia, cuyas funciones básicas se refieren a la centralización de la información relevante sobre la competencia en los mercados, a la discusión de los criterios conducentes a lograr la adecuada coordinación en la aplicación de la Ley y al informe de las disposiciones que regulen cuestiones relacionadas con la materia. En segundo lugar se prevén mecanismos destinados a asegurar la completa, simétrica y recíproca información acerca de las conductas restrictivas de la libre competencia de las que tengan conocimiento los órganos competentes, a fin de posibilitar el desarrollo de sus funciones. Por último, se atribuye legitimación a la CNMyC para intervenir en los procedimientos tramitados por los órganos autonómicos, entendiendo esta legitimación como un instrumento de cierre para evitar diferencias en la doctrina que se siga a la hora de aplicar el ordenamiento de defensa de la competencia.

Asimismo, las AAC tienen encomendadas competencias consultivas o de informe en los procedimientos sancionadores de carácter nacional y de emisión de los preceptivos informes sobre grandes establecimientos comerciales cuya apertura produzca efectos exclusivamente en el ámbito autonómico. Disponen, por último, de legitimación para impugnar actos y disposiciones administrativas de las Administraciones autonómicas, provinciales y locales.

2. *Composición y funciones de la Comisión Nacional de los Mercados y la Competencia*

La CNMyC es un organismo de Derecho público con personalidad jurídica propia y plena capacidad pública y privada, con autonomía orgánica y funcional y absoluta independencia de las Administraciones Públicas. Para garantizar, preservar y promover el correcto funcionamiento, la transparencia y la existencia de una competencia efectiva en todos los mercados y sectores productivos, en beneficio de los consumidores y usuarios, la CNMyC tiene asignadas diversas funciones entre las que destacan supervisión y control de todos los mercados y sectores económicos y la aplicación de la LDC y de la normativa comunitaria sobre competencia. Actúa, asimismo, como órgano consultivo sobre cuestiones relativas al mantenimiento de la competencia efectiva y buen funcionamiento de los mercados y sectores económicos. Adicionalmente, dicha Comisión tiene atribuidas competencias específicas para la supervisión y el control de los mercados de comunicaciones electrónicas y audiovisuales, del mercado postal, del sector eléctrico, de gas natural y ferroviario y en materia de tarifas aeroportuarias.

Los órganos de la CNMyC son el Consejo y el Presidente. El Presidente, que lo es también del Consejo, ostenta la representación legal e institucional de la Comisión y dirige, coordina, evalúa y supervisa las distintas unidades de la Comisión, como funciones principales. El Consejo es el órgano colegiado de decisión en relación con las funciones resolutorias, consultivas, de promoción de la competencia y de arbitraje y de resolución de conflictos atribuidas a la CNMyC, sin perjuicio de las delegaciones que pueda acordar en favor de las Salas.

En caso de infracción de la LDC, el Consejo podrá declarar la existencia de conductas prohibidas por la misma. En estos supuestos está habilitado para ordenar su cesación, para imponer condiciones u obligaciones determinadas, ya sean estructurales o de comportamiento, para ordenar la remoción de los efectos de las prácticas prohibidas contrarias al interés público y para imponer multas. El pago de las multas puede ser dispensado o reducido en su importe en el marco de lo que se ha dado en llamar política de clemencia, que se aplica a las empresas autoras de determinadas prácticas prohibidas, en particular los cárteles, que se arrepienten de su conducta y la ponen en conocimiento de las autoridades de la competencia, cooperando activamente con ellas en la investigación de la infracción.

3. *La aplicación del Derecho de la libre competencia por los Tribunales*

Las decisiones del Consejo de la CNMyC agotan la vía administrativa, de modo que, contra ellas procede únicamente el recurso ante la Sala de lo contencioso-administrativo de la AN. Si la decisión ha sido emitida por las AAC, el órgano competente para decidir del recuso es la Sala de lo contencioso-administrativo del correspondiente TSJ. Sin embargo, además de estas sanciones de carácter administrativo, la LDC prevé sanciones de carácter civil, como la nulidad de pleno derecho en caso de prácticas colusorias. Es posible igualmente solicitar la indemnización de daños y perjuicios conforme al régimen civil común. Para decidir de estas cuestiones en el contexto de las prácticas colusorias y de los abusos de posición dominante son competentes los juzgados de lo mercantil que, asimismo, lo son para declarar exentas de las prohibiciones cualquiera de esas conductas en aplicación del Derecho interno y también del Derecho de la Unión Europea (DA 1 LDC y Reglamento CE 1/2003, de 16 de diciembre de 2002, relativo a la aplicación de normas sobre competencia previstas en los artículos 81 y 82 del Tratado —actuales 101 y 102 TFUE—).

Con el propósito de asegurar una aplicación uniforme del Derecho de la competencia se prevén mecanismos de coordinación entre la Comisión europea, las ANC y los órganos jurisdiccionales de los Estados miembros. En particular, siempre que resulte de aplicación el Derecho de la Unión Europea, el Juez nacional está vinculado por las decisiones de la Comisión Europea, que operan a modo de prejudicialidad administrativa. En el Derecho interno, sin embargo, no existe una previsión semejante. En consecuencia las resoluciones de la CNMyC o de las AAC no vinculan necesariamente a los jueces de lo mercantil en el enjuiciamiento de las acciones civiles basadas en las mismas conductas, aunque se reconoce que constituyen un instrumento de convicción de gran autoridad.

IV. CONDUCTAS COLUSORIAS

1. Concepto

Por conducta colusoria se entiende todo acuerdo, decisión o recomendación colectiva, o práctica concertada o conscientemente paralela, que tenga por objeto, produzca o pueda producir el efecto de impedir, restringir o falsear la competencia en todo o parte del mercado nacional o, en su caso, en el mercado interior (arts. 1.1 LDC, 101.1 TFUE). Requiere, pues, la presencia de tres elementos, que han de concurrir de forma cumulativa. La existencia de una conducta específica, un efecto restrictivo de la competencia y determinada extensión territorial de este.

La conducta está concebida en términos muy amplios. Incluye, en primer término, los acuerdos, esto es, estipulaciones escritas o verbales concertadas entre operadores económicos independientes que expresan la voluntad de las partes, sin que se precise la existencia de un contrato en sentido estricto obligatorio y válido. Un tipo especial de acuerdos son los cárteles, definidos como los concluidos de forma secreta entre dos o más competidores cuyo objeto sea la fijación de precios, de cuotas de producción o de venta, el reparto de mercados, incluidas las pujas fraudulentas, o la restricción de las importaciones o las exportaciones (DA IV LDC). Conductas prohibidas son, en segundo lugar, las decisiones y recomendaciones colectivas, pues se estima que existe un acuerdo de voluntades entre los operadores que emiten la decisión o recomendación y quienes las siguen. En tercer lugar, las prácticas concertadas, que consisten en comportamientos observados por los operadores económicos que permiten presumir la existencia de un acuerdo colusorio, puesto que no se justifican en las condiciones ordinarias de competencia que debieran aplicarse según la estructura del mercado en cuestión, de tal suerte que su existencia sólo puede ser explicada racionalmente presuponiendo la existencia de un acuerdo en sentido estricto. Para que el comportamiento pueda calificarse como práctica concertada debe apoyarse en un elemento externo que lo haga visible —la conducta— y en un elemento interno que lo explique —el propósito de obrar en común—. Finalmente, se incluyen dentro de esta categoría las conductas conscientemente paralelas, que consisten en ajustar el comportamiento en el mercado al de otros operadores económicos, sin que medie ningún tipo de acuerdo entre los implicados.

El segundo elemento que define la conducta como colusoria es el efecto restrictivo de la competencia, consistente en impedirla, restringirla o falsearla. Dado el tenor literal de los preceptos ("objeto o efecto"), queda claro el carácter alternativo de ambos supuestos. Si se verifica el objeto anticompetitivo, no será necesario que se pruebe que la conducta ha sido llevada a la práctica. Para que exista infracción es suficiente con la adopción del acuerdo. Si, por el contrario, sus efectos colusorios se han desplegado —o resultan potencialmente restrictivos de la competencia— será irrelevante la inicial o aparente inocuidad del acuerdo o decisión o la intención de los intervinientes. Basta con que se produzca un resultado contrario a la competencia, aunque este no haya sido perseguido de manera consciente, si bien la intencionalidad se tendrá en cuenta en relación con la imposición de la sanción (art. 63.1 LDC). Es necesario, no obstante, que exista una relación de causalidad entre la conducta y la alteración de la competencia.

El tercer elemento es el relativo a la demarcación territorial. Se precisa que la restricción de la competencia se produzca en el mercado nacional, en todo él o en una parte sustancial del mismo, cuando se trata del Derecho interno. Y en el mercado interior, o en una parte sustancial del mismo, cuando se trata del Derecho de la Unión Europea. Es, por tanto, indiferente que los hechos se hayan realizado fuera del mercado relevante. Lo determinante es que los efectos anticompetitivos, reales o potenciales, tengan lugar en el territorio en cuestión. Conforme a este criterio se determina el ámbito de aplicación de la normativa interna y la comunitaria y de la nacional frente a las autonómicas.

2. *Catálogo de supuestos prohibidos*

Las conductas que reúnan los requisitos enunciados en el epígrafe anterior están prohibidas. Junto a esta regla general prohibitiva, tanto la LDC, como el TFUE, relacionan, con carácter meramente ejemplificativo, una serie de conductas prohibidas. Se trata de la fijación, de forma directa o indirecta, de precios o de otras condiciones comerciales o de servicio, la limitación o el control de la producción, la distribución, el desarrollo técnico o las inversiones, el reparto del mercado o de las fuentes de aprovisionamiento, la aplicación, en las relaciones comerciales o de servicio, de condiciones desiguales para prestaciones equivalentes que coloquen a unos competidores en situación desventajosa frente a otros y la subordinación de la celebración de contratos a la aceptación de prestaciones suplementarias que, por su naturaleza o con arreglo a los usos de comercio, no guarden relación con el objeto de tales contratos —contratos vinculados— [arts. 1.1 a) a e) LDC y 101.1 a) a e) TFUE].

3. *Consecuencias jurídicas derivadas de la inobservancia de la prohibición legal*

Las conductas colusorias están prohibidas. La infracción de esta prohibición se sanciona de manera especialmente contundente mediante la nulidad de los acuerdos, decisiones y recomendaciones afectados (arts. 1.2 LDC, 101.2 TFUE). Esta nulidad se caracteriza por ser inmediata, por lo que no requiere declaración judicial alguna. Puede ser total —y afectar a la integridad del acuerdo— o parcial, e incidir exclusivamente sobre determinadas cláusulas contractuales. La vulneración de la prohibición constituye además infracción administrativa, por lo que puede dar lugar a la imposición de una sanción en sentido estricto (art. 62 LDC).

4. *Exenciones. Exenciones por categorías y sistema de autoevaluación*

Las conductas colusorias no incurren en la prohibición cuando, a pesar de reunir los requisitos que la determinarían, cumplen los presupuestos para ser consideradas exentas. Las conductas colusorias se estiman exentas en dos supuestos. En primer lugar, cuando cumplan las condiciones establecidas en los Reglamentos de exención por categorías. En segundo lugar, en caso de que reúnan los requisitos previstos, respectivamente, en la LDC y en el TFUE. Los Reglamentos de exención por categorías pueden ser comunitarios e internos. Los primeros se aplican en España, aunque las conductas no afecten al comercio entre los Estados miembros de la UE (art. 1.4 LDC). Entre ellos cabe destacar los relativos a los acuerdos verticales de distribución en general, a los de distribución de automóviles, a la transferencia de tecnología, o los acuerdos horizontales de especialización e investigación y desarrollo y los aplicables en el sector de seguros. Los Reglamentos de exención por categorías internos son aquellos que aprueba el Gobierno español mediante Real Decreto, previo informe del Consejo de Defensa de la Competencia y de la CNMyC (art. 1.5 LDC).

Las conductas colusorias quedan exentas, en segundo lugar, cuando reúnan los requisitos previstos en la Ley. Tanto la LDC, como el TFUE, exigen a este respecto que contribuyan a mejorar la producción o la comercialización y distribución de bienes y servicios o a promover el progreso técnico o económico, siempre que permitan a los consumidores o usuarios participar de forma equitativa de sus ventajas, no impongan a las empresas interesadas restricciones que no sean indispensables para la consecución de aquellos objetivos y no consientan a las empresas partícipes la posibilidad de eliminar la competencia respecto de una parte sustancial de los productos o servicios contemplados (arts. 1.3 LDC y 101.3 TFUE). La valoración de la concurrencia de estos requisitos corresponde en primera instancia a los propios operadores económicos, sin que sea necesaria decisión previa alguna a tal efecto. Se trata del sistema denominado de autoevaluación, que la LDC (art. 1.3 LDC) acoge para acomodar nuestra legislación al Derecho de la Unión Europea. En particular al Reglamento (CE) nº 1/2003 del Consejo, de 16 de diciembre de 2002, relativo a la aplicación de las normas sobre competencia previstas en los artículos 81 y 82 del Tratado (hoy arts. 101 y 102 del TFUE).

Este Reglamento sustituyó el anterior sistema de autorización centralizado con notificación previa a la Comisión por un sistema de autoevaluación que, basado en la aplicación descentralizada de las normas de competencia y en el refuerzo del control *a posteriori*, permite, por una parte, reducir el trabajo de la Comisión y, por otra, aumentar el papel de las autoridades y órganos jurisdiccionales nacionales en la puesta en práctica del Derecho de la Competencia, garantizando, al mismo tiempo, su aplicación uniforme. El sistema de autoevaluación tiene como efecto directo responsabilizar a las empresas de su comportamiento en el mercado, puesto que, al no estar obligadas a notificar previamente a la Comisión, deberán garantizar, de buena fe, que sus acuerdos no afectan a la libre competencia y no infringen las normas en la materia. No obstante, con el fin de evitar todo abuso, las autoridades de la competencia y los órganos jurisdiccionales nacionales adquieren un mayor compromiso en la vigilancia del respeto de las normas de competencia. Siempre existe, pues, la posibilidad de que los órganos de defensa de la competencia efectúen un control *a posteriori* sobre la concurrencia de las condiciones de la exención.

V. PRÁCTICAS ABUSIVAS

1. Concepto

Por práctica abusiva se entiende la explotación abusiva por una o varias empresas de su posición de dominio en todo o en parte del mercado (arts. 2.1 LDC y 102 TFUE). En consecuencia, es irrelevante el hecho de que la o las empresas se limiten a disfrutar de una posición dominante en el mercado. Se requiere, además, la explotación abusiva de esa posición dominante. Por consiguiente, el concepto de práctica abusiva exige la concurrencia de dos presupuestos, a saber, la existencia de una posición de dominio en todo o parte del mercado nacional o del mercado interior, en su caso, y el ejercicio abusivo de ese poder. El alcance de estos dos presupuestos se analiza en los epígrafes siguientes.

2. La posición de dominio en el mercado. Noción y criterios de individualización

En términos económicos la posición dominante está anudada a la falta de competencia sustancial, esto es, a la posibilidad de que una empresa modifique unilateralmente los precios u otras condiciones de mercado sin tener en cuenta a sus competidores, proveedores o clientes. Existe, por tanto, posición dominante cuando, como consecuencia de un comportamiento unilateral, o de una entente con otras, la empresa afectada pueda mantener un comportamiento independiente y, en especial, determinar por sí sola los precios del sector u ocasionar la incapacidad de las empresas rivales para ampliar sus cuotas de mercado. Por este motivo la apreciación de su existencia en el caso concreto requiere efectuar dos tipos de consideraciones, relativas, por un lado, a la delimitación de los mercados relevantes de producto y geográfico; y, por otro, a la identificación de la posición que ocupa la empresa en esos mercados.

El mercado geográfico relevante es aquel que presenta unas condiciones homogéneas y diferentes a las imperantes en áreas limítrofes, debido, por ejemplo, al idioma. El mercado relevante de producto comprende no solo bienes o servicios idénticos a los la empresa en cuestión, sino también los similares y los sustituibles por aquellos en atención a la función que cumplen, el precio o sus atributos y características. En punto a la identificación de la posición que ocupa la empresa en esos mercados, el análisis no puede constreñirse a adverar la cuota de mercado que posee. Es preciso considerar los factores concurrentes, como puede ser la existencia de barreras de entrada, la propia estructura de los mercados afectados, la posición que en ellos ocupan las partes interesadas, la posibilidad de elección por parte de terceros o los intereses de los consumidores y el progreso técnico y económico, por citar sólo los supuestos más importantes.

3. La explotación abusiva de una posición de dominio en el mercado

Según la jurisprudencia, el abuso de posición dominante es una modalidad singular del abuso de derecho, un tipo cualificado de éste, que, con sustento en la privilegiada libertad económica de que goza la empresa dominante, sobrepasa los límites normales del ejercicio del derecho para obtener ventajas carentes de justificación, que no habría podido conseguir de existir una competencia practicable y suficientemente eficaz, y que provocan una lesión directa de los intereses de terceros o del interés general al que atiende el sistema de defensa de la competencia. Es necesario, por tanto, que exista un nexo de causalidad entre la posición dominante y el abuso de tal posición. Sin posición dominante no hay posible explotación abusiva. En esos casos, la agresión a la libre competencia deberá ser combatida por otros medios.

Con todo, el abuso es una categoría difusa. Por este motivo, tanto la LDC como el TFUE, incluyen una lista ejemplificativa de supuestos constitutivos de abuso que, por un lado, permite apreciar su existencia cuando concurra alguno de ellos; y, por otro, constituyen criterios interpretativos conforme a los que decidir el abuso en otras situaciones. El abuso podrá consistir, en particular, en la imposición, de forma directa o indirecta, de precios u otras condiciones comerciales o de servicios no equitativos, la limitación de la producción, la distribución o el desarrollo técnico en perjuicio injustificado de las empresas o de los consumidores, la negativa injustificada a satisfacer las demandas de compra de productos o de prestación de servicios, la aplicación, en las relaciones comerciales o de servicios, de condiciones desiguales para prestaciones equivalentes, que coloque a unos competidores en situación desventajosa frente a otros, y en la subordinación de la celebración de contratos a la aceptación de prestaciones suplementarias que, por su naturaleza o con arreglo a los usos de comercio, no guarden relación con el objeto de dichos contratos (arts. 2.2 LDC y 102 TFUE).

4. Consecuencias jurídicas

La explotación abusiva por una o varias empresas de su posición de dominio en todo o en parte del mercado está prohibida (arts. 2.1 LDC y 102 TFUE). Contrariamente a la prohibición de prácticas colusorias, que cumple una función preventiva y sancionadora de ciertos ataques concertados por las empresas contra la libre competencia, la prohibición de abuso se limita a sancionar los atentados a la libre competencia por parte de las empresas en posición de dominio en el mercado, aunque sean unilaterales. La prohibición de abuso es una interdicción directa y absoluta porque los actos que incurran en la misma están vetados sin que sea necesaria una decisión previa que lo declare. Su vulneración constituye infracción administrativa, por lo que puede dar lugar a la imposición de una sanción en sentido estricto (art. 62 LDC). Adicionalmente, con fundamento en el abuso, es posible reclamar el resarcimiento de los daños y perjuicios ocasionados. También a diferencia de la prohibición de prácticas colusorias, la de abuso es una prohibición absoluta ya que no puede beneficiarse de exención alguna, salvo que derive de una Ley, como veremos (art. 4 LDC). No obstante, cabe la posibilidad de que sea objeto de una declaración de inaplicabilidad (art. 6 LDC) y de quedar afectada por la normativa en materia de acuerdos de menor importancia (art. 5 LDC), según se indica en un epígrafe posterior.

VI. FALSEAMIENTO DE LA LIBRE COMPETENCIA POR ACTOS DESLEALES

La LDC incluye entre las conductas prohibidas los actos de competencia desleal que, por falsear la libre competencia, afecten al interés público (art. 3 LDC). Por consiguiente se exige la concurrencia de tres presupuestos. Que exista un acto de competencia desleal en los términos definidos por la legislación en la materia. Que el acto en cuestión afecte a la libertad de competencia en el mercado y, finalmente, que tal afectación comprometa el interés público. El interés público consiste en el caso en preservar el funcionamiento competitivo del mercado por lo que ha de estimarse lesionado cuando la afectación a la libertad de competencia ocasione una grave perturbación en aquel. De no concurrir la totalidad de los presupuestos, la legislación aplicable no será la que protege la libre competencia, sino la que se ocupa de la competencia desleal.

Esta previsión obedece al doble propósito de coordinar la aplicación de la normativa sobre libre competencia y competencia desleal, por un lado; y, por otro, de sancionar las conductas que atenten contra la libre competencia que no puedan considerarse prácticas colusorias, ni abusivas, por realizarse de modo unilateral y sin ostentar una posición de dominio en el mercado, como sucede, por ejemplo, con la aplicación de precios predatorios, esto es, ventas a pérdidas realizadas por empresas con cierto poder de mercado con el objeto de expulsar de este a los competidores.

VII. SUPUESTOS DE DISPENSA DE LAS PROHIBICIONES

1. Enumeración de supuestos de dispensa de prohibiciones

Las prohibiciones relativas a conductas colusorias, al abuso de posición dominante y al falseamiento de la competencia por actos desleales no se aplican en tres supuestos, a saber, en caso de que la conducta deba estimarse exenta por Ley, en las hipótesis de acuerdos de menor importancia y cuando sean declaradas inaplicables por el órgano competente.

2. Exención legal

Las prohibiciones anteriores se excluyen en caso de que la conducta deba estimarse exenta por Ley, lo que sucede cuando resulte de aplicación una norma de ese rango, pero no si se apoya en el ejercicio de otras potestades administrativas o es causada por la actuación de los poderes públicos o de empresas públicas sin dicho amparo legal (art. 4 LDC).

3. Acuerdos de menor importancia

3.1. Delimitación positiva

Las prohibiciones se excluyen, en segundo lugar, en los supuestos de acuerdos de menor importancia. Estos acuerdos comprenden todas aquellas conductas que, por su escasa relevancia, no son capaces de afectar de manera significativa a la competencia. Tratándose de prácticas colusorias, los criterios para la determinación de la escasa importancia del acuerdo están incluidos, en el Derecho de la Unión, en la Comunicación de la Comisión relativa a los acuerdos de menor importancia que no restringen la competencia de forma sensible en el sentido del apartado 1 del artículo 101 TFUE (Comunicación de minimis). En el Derecho interno se recogen en el Reglamento de la LDC, aprobado por RD 261/2008 de 22 de febrero (art. 5 LDC). Ambas disciplinas parten de la base de que la prohibición de prácticas colusorias no es aplicable cuando los efectos del acuerdo sobre la competencia en el mercado interno o, en su caso, intra-comunitario, no son sensibles; circunstancia que determinan con ayuda de los umbrales de cuotas de mercado.

En atención a las cuotas de mercado, se entenderán de menor importancia, y, por tanto, exceptuadas de la prohibición, sin que sea necesaria una previa declaración a tal efecto, en primer lugar, las conductas entre competidores reales o potenciales (acuerdos horizontales), siempre que su cuota de mercado conjunta no exceda el 10% en ninguno de los mercados relevantes afectados. En segundo lugar, los acuerdos entre no competidores (acuerdos verticales) cuando la cuota de mercado de cada una de las partes no exceda el 15% en ninguno de los mercados relevantes afectados. Finalmente, cuando, en un mercado de referencia, la competencia se vea restringida por los efectos acumulativos de acuerdos paralelos para la venta de bienes o servicios concluidos por proveedores o distribuidores diferentes, los porcentajes de cuota de mercado quedan reducidos al 5%. En los casos en los que no resulte posible determinar si se trata de una conducta entre competidores o entre no competidores, se aplicará el porcentaje del 10% de cada uno en los mercados relevantes afectados. Esta definición no implica que los acuerdos entre empresas que superen los límites establecidos restrinjan la competencia de forma sensible. La normativa solo determina unas situaciones que no la restringen. Con ello se crea un ámbito seguro que ayuda a reducir los costes de cumplimiento de las (menores) empresas que están vinculadas a acuerdos no cubiertos por los Reglamentos de exención por categorías.

3.2. Delimitación negativa

Aunque no se superen las cuotas de mercado enunciadas en el epígrafe anterior, en ningún caso podrán ser considerados de menor importancia ciertos acuerdos tasados. En particular, aquellos que contengan una o más restricciones especialmente graves, ya que se supone que dichas restricciones tienen efectos negativos en todo caso, debido a que, por su propia naturaleza, presentan un potencial tan elevado de restringir la competencia que no es necesario aplicar el art. 101.1 del TFUE, en su caso, el art. 1.1 LDC, para demostrar cualquier efecto real o potencial en el mercado. Se consideran restricciones especialmente graves a estos efectos, en primer lugar, las conductas entre competidores que tengan por objeto, directa o indirectamente, de forma aislada o en combinación con otros factores controlados por las empresas partícipes:

i) La fijación de los precios de venta de los productos a terceros.

ii) La limitación de la producción o las ventas.

iii) El reparto de mercados o clientes, incluidas las pujas fraudulentas, o la restricción de las importaciones o las exportaciones.

En segundo lugar, las conductas entre no competidores que tengan por objeto, directa o indirectamente, de forma aislada o en combinación con otros factores controlados por las empresas de partícipes:

i) El establecimiento un precio de reventa fijo o mínimo al que haya de ajustarse el comprador.

ii) La restricción de las ventas activas o pasivas a usuarios finales por parte de los miembros de una red de distribución selectiva, sin perjuicio de la posibilidad de que el proveedor restrinja la capacidad de dichos miembros para operar fuera del establecimiento autorizado.

iii) La restricción de los suministros recíprocos entre distribuidores pertenecientes a un mismo sistema de distribución selectiva, incluso entre distribuidores que operen en distintos niveles comerciales.

iv) La restricción acordada entre un proveedor de componentes y un comprador que los incorpora a otros productos que limite la capacidad del proveedor de vender esos componentes como piezas sueltas a usuarios finales, a talleres de reparación independientes o a proveedores de otros servicios a los que el comprador no haya encomendado la reparación o el mantenimiento de sus productos.

v) El establecimiento de cualquier cláusula de no competencia cuya duración sea indefinida o exceda de cinco años.

Con independencia de lo anterior tampoco se considerarán de menor importancia las conductas desarrolladas por empresas titulares o beneficiarias de derechos exclusivos (monopolios), ni las conductas desarrolladas por empresas presentes en mercados relevantes en los que más del 50% esté cubierto por redes paralelas de acuerdos verticales cuyas consecuencias sean similares.

4. Declaraciones de inaplicabilidad

En el ordenamiento interno, las prohibiciones relativas a las conductas colusorias, abusivas y que falseen la competencia mediante actos desleales podrán declararse no aplicables cuando, atendiendo a su contexto jurídico y económico, tales conductas no sean aptas para afectar de manera significativa a la competencia. Se trata de una función encomendada al Consejo de la CNMyC, oído el Consejo de Defensa de la Competencia. Asimismo, la prohibición de prácticas colusorias tampoco procede cuando, mediante una declaración de inaplicabilidad, la CNMyC aprecie, en atención al interés público, que la conducta no reúne las condiciones para considerarse prohibida o reúne los requisitos para estimarse exenta. Esta declaración, que se efectuará mediante decisión adoptada de oficio, previo informe del Consejo de Defensa de la Competencia, también podrá emitirse en caso de prácticas abusivas (art. 6 LDC).

VIII. CONTROL DE LAS OPERACIONES DE CONCENTRACIÓN ECONÓMICA

1. Concepto de concentración

Por concentración económica se entiende toda operación que suponga un cambio estable del control de la totalidad o parte de una o varias empresas. Concretamente, se estima producido este cambio de control como consecuencia de la fusión de dos o más sociedades anteriormente independientes, la adquisición por una empresa del control sobre la totalidad o parte de una o varias empresas, o la creación de una empresa en participación (*joint venture*) y, en general, la adquisición del control conjunto sobre una o varias empresas, cuando estas desempeñen de forma permanente todas las funciones de una entidad económica autónoma [arts. 3.1. y 4 Reglamento (CE) nº 139/2004 del Consejo y 7.1 LDC].

El control no tiene que resultar necesariamente de derechos de propiedad sobre los activos de la empresa controlada. Por el contrario, puede derivar de derechos de uso o de otros derechos y contratos que permitan influir decisivamente sobre la composición, las deliberaciones o las decisiones de los órganos de una empresa y, en general, de contratos, derechos o cualesquiera otros medios que, teniendo en cuenta las circunstancias de hecho y de derecho concurrentes en cada caso, confieran la posibilidad de ejercer una influencia decisiva sobre la empresa controlada [arts. 3. 2 Reglamento (CE) nº 139/2004 del Consejo y 7.2 LDC]. Además, en el contexto interno, se añade, como cláusula de cierre del criterio para la determinación de la existencia de control, el que concurra alguno de los presupuestos que engendra la existencia de un grupo de sociedades de conformidad con el art. 5 LMVSI (art. 7 LDC), remisión que ahora debe entenderse realizada al art. 42 del Ccom.

2. *Régimen jurídico*

La normativa sobre concentraciones parte del principio de que las reorganizaciones y concentraciones de empresas deben valorarse de forma positiva en la medida en que responden a las exigencias de una competencia dinámica y pueden aumentar la competitividad de la industria, mejorar las posibilidades de crecimiento y elevar el nivel de vida. No obstante, se estima que es necesario garantizar que el proceso de restructuración no cause un perjuicio duradero a la competencia. Por ello, tanto el Derecho de la Unión Europea, como el Derecho interno contienen disposiciones que regulan las concentraciones que puedan obstaculizar de forma significativa la competencia efectiva en el mercado interior o en una parte sustancial del mismo o, en su caso, en el mercado interno, sometiéndolas a un procedimiento de control.

2.1. Régimen de la Unión Europea

El núcleo fundamental de la disciplina comunitaria sobre control de concentraciones está recogida en el Reglamento (CE) nº 139/2004 del Consejo, de 20 de enero de 2004, sobre el control de las concentraciones entre empresas ("Reglamento comunitario de concentraciones") y en el Reglamento (UE) nº 1269/2013 de la Comisión, de 5 de diciembre de 2013, por el que se modifica el Reglamento (CE) nº 802/2004, por el que se aplica el Reglamento (CE) nº 139/2004 del Consejo sobre el control de las concentraciones entre empresas.

2.1.1. Ámbito de aplicación del procedimiento de control

2.1.1.1. Criterio general para la determinación del ámbito de aplicación del procedimiento de control

Para que una concentración económica quede sujeta al procedimiento de control debe adquirir una dimensión comunitaria. Se considera que una concentración tiene dimensión comunitaria cuando el volumen de negocios total de las empresas afectadas supere los umbrales determinados en el Reglamento [art. 1 Reglamento (CE) nº 139/2004 del Consejo], con independencia de que las empresas participantes en la concentración tengan o no su sede o sus actividades principales en la Unión Europea, siempre y cuando realicen operaciones sustanciales en la misma. Y con independencia de la cuota de mercado. Sin embargo, pese a que puedan cumplir el criterio anterior, el Reglamento prevé tres excepciones al concepto de concentración relevante a efectos del procedimiento de control.

En primer lugar, se excluyen las operaciones de inversión financiera a corto plazo, definidas como las operaciones de tenencia temporal de participaciones por parte de entidades de crédito, otras entidades financieras o compañías de seguros que, habitualmente, realicen inversiones temporales con el propósito de su reventa. En segundo lugar, se establece una excepción para las operaciones de restructuración societaria derivadas de un procedimiento concursal, excluyendo del concepto de concentración relevante a efectos del procedimiento de control los casos de adquisición de control por una persona en virtud de un mandato conferido por autoridad pública con arreglo a la normativa concursal. Por último, se excluyen las operaciones distintas a la fusión realizadas por sociedades de participación financiera.

La dimensión comunitaria en el sentido expresado es el criterio que determina la distribución de competencias entre la Comisión y las ANC. Conforme a él, por tanto, la Comisión tiene atribuida competencia exclusiva para el conocimiento de aquellas concentraciones que tengan dimensión comunitaria en atención al volumen de negocios; mientras que las ANC tienen atribuido el control de aquellas en las que no concurra dicha circunstancia, aplicándose en estos casos el Derecho interno. Dicho criterio permite identificar de forma clara las concentraciones de dimensión europea. Establece, además, un sistema de distribución de competencias basado en el denominado principio de "ventanilla única", cuyos efectos positivos son indudables porque permite la centralización en una sola autoridad de las notificaciones de concentraciones con dimensión comunitaria, de forma que las empresas participantes en una concentración con efectos en varios Estados miembros no se ven obligadas a notificar aquélla en cada uno de esos países a fin de obtener las múltiples autorizaciones nacionales que sean necesarias bajo regímenes legales y procedimientos administrativos distintos, ni a que su conducta sea enjuiciada en el marco de ordenamientos dispares.

2.1.1.2. Criterios basados en solicitud de remisión

El criterio general del volumen de negocios, explicado en el epígrafe anterior, no es, sin embargo, el único. Junto a él, rige asimismo el denominado de "tipo 3 +", que establece la competencia exclusiva de la Comisión cuando todos los Estados miembros o, al menos, tres de ellos formulan una solicitud de remisión a la Comisión. Este modelo de distribución de competencias entre la Comisión y las ANC se completa con la previsión de otros supuestos de remisión cuyo objeto es garantizar que el análisis de una operación de concentración se efectúe por la autoridad situada al mejor nivel para apreciar sus efectos potenciales, sea ésta la Comisión o la ANC de un Estado miembro. La iniciativa de la remisión puede proceder, por un lado, de las partes notificantes, y, por otro, de la Comisión o de las ANC.

Las partes notificantes están facultadas para solicitar la remisión de una concentración a la Comisión o a un Estado miembro de forma total o parcial con carácter previo a la notificación en la jurisdicción que, en principio, sería competente, en el contexto del sistema denominado de notificación previa. Por un lado, es posible que, aun tratándose de una concentración de dimensión transfronteriza, solo afecte significativamente a la competencia en el mercado de un Estado miembro. En este caso, si el Estado miembro afectado no manifiesta su desacuerdo sobre la petición de remisión del asunto efectuada por las partes mediante la notificación previa ante la Comisión, esta puede decidir la remisión de todo el asunto, o de parte del mismo, a la ANC del Estado en cuestión, con vistas a la aplicación de la legislación nacional sobre competencia de dicho Estado.

Esta notificación previa a la Comisión puede utilizarse también en el caso contrario. Esto es, aunque la concentración no tenga dimensión comunitaria, pero pueda producir efectos transfronterizos, lo que se presume cuando tenga que ser notificada en, al menos, tres Estados miembros conforme a su normativa nacional. En este caso, se supone que la concentración tiene una dimensión comunitaria si la Comisión no la rechaza expresamente y ninguno de los Estados miembros afectados manifiesta su desacuerdo. Este mecanismo permite a las partes afectadas beneficiarse de la ventanilla única y realizar la notificación únicamente a la Comisión en vez de, al menos, en tres Estados miembros. La iniciativa de la remisión puede provenir adicionalmente de la Comisión y de las ANC, quienes están facultadas para remitirse entre sí una concentración una vez que ésta haya sido objeto de notificación.

Los Estados miembros están habilitados para solicitar la remisión del análisis de una concentración con dimensión comunitaria inicialmente notificada a la Comisión en dos supuestos. En primer lugar, si la concentración amenaza con afectar de forma significativa a la competencia en un mercado de ese Estado miembro que presenta todas las características de un mercado definido. En segundo lugar, si la concentración afecta a la competencia en un mercado de ese Estado miembro que presenta todas las características de un mercado definido y no constituye una parte sustancial del mercado común. Por "mercado definido" se entiende aquel territorio en el que las condiciones de competencia son suficientemente homogéneas, para lo que debe tenerse en cuenta la naturaleza y características de los productos y/o servicios de que se trate, la existencia de barreras de entrada, las preferencias de los consumidores y la existencia entre el territorio considerado y los territorios vecinos de diferencias considerables de cuotas de mercado de las empresas o de diferencias de precio sustanciales.

En cualquier caso, aun cuando la Comisión concluya que concurren las circunstancias anteriores goza de discrecionalidad para remitir el caso total o parcialmente a la ANC demandante o, por el contrario, para rechazar la petición de remisión efectuada y tramitar directamente el asunto. Alternativamente, los Estados miembros pueden, individual o conjuntamente, solicitar a la Comisión que examine cualquier concentración que carezca de dimensión comunitaria siempre que concurran dos condiciones: (i) que dicha concentración afecte al comercio entre Estados miembros y (ii) que amenace con afectar de forma significativa a la competencia en el territorio del Estado miembro o Estados miembros solicitantes. Si la Comisión no se opone expresamente, se considerará que ha decidido examinar la concentración.

2.1.2. Objeto del procedimiento de control y criterio de valoración sustantiva

2.1.2.1. Caracterización del objeto del procedimiento de control y del criterio de valoración sustantiva

El objeto del procedimiento de control es evaluar la compatibilidad de una concentración de dimensión europea con el mercado interior. El criterio sustantivo que ha de utilizarse para esa evaluación es la susceptibilidad de la concentración para obstaculizar de forma significativa la competencia efectiva en el mercado común o en una parte sustancial del mismo. La cuestión principal radica, pues, en que, tras la operación, exista o no un nivel de competencia suficiente para que los consumidores tengan una capacidad suficiente de elección.

2.1.2.2. Aplicación del criterio de valoración sustantiva. Los elementos

a) Aplicación del criterio de valoración sustantiva

El criterio general de valoración se aplica considerando diversos factores o elementos. A la luz de estos elementos, mediante su análisis conjunto, se determina si la concentración obstaculizará de forma significativa la competencia efectiva en el mercado considerado y si, por tanto, debe declararse incompatible con el mercado común. Tales elementos se detallan a modo de orientación respecto de la forma en que se valoran las concentraciones en las Directrices para la evaluación de las concentraciones, aprobadas por la Comisión mediante sendas Comunicaciones relativas, respectivamente, a las concentraciones horizontales y a las no horizontales. Ahora bien, debe tenerse en cuenta que, según expresa la Comisión, los factores incluidos en las Directrices no constituyen una "lista de control" que deba aplicarse mecánicamente en todos y cada uno de los casos. Advierte a este respecto de que el análisis competitivo de un asunto particular se basará, por el contrario, en una evaluación general del impacto previsible de la concentración a la luz de los factores y condiciones pertinentes. Y, en ese contexto, de que no todos los elementos resultarán siempre pertinentes en cada una de las concentraciones, y puede que no sea necesario analizar todos los elementos de un caso con la misma minuciosidad.

b) Elementos de aplicación del criterio de valoración sustantiva

i) La determinación del poder de mercado. Los indicadores

Entre los elementos de aplicación del criterio de valoración sustantiva destaca la determinación del poder de mercado de la entidad resultante de la concentración. Un grado significativo de poder de mercado es un indicio relevante de obstaculización. A este respecto debe tenerse en cuenta que ese grado no tiene por qué suponer una dominación. El Reglamento [art. 2.3 Reglamento (CE) nº 139/2004 del Consejo], mantiene una referencia expresa a la creación o refuerzo de una posición de dominio, pero solo como una muestra particular de obstaculización significativa de la competencia. En consecuencia, aunque este concepto sigue constituyendo un elemento clave en el sistema de control de concentraciones comunitario, no es imprescindible que la empresa resultante de la concentración sea dominante en el sentido estricto del término. Basta con que tenga un grado significativo de poder de mercado.

Para la determinación del grado de poder de mercado, la Comisión considera como indicaciones preliminares de utilidad las cuotas de mercado y el grado de concentración del mismo.

La Comisión, no obstante, advierte de que se trata de meros indicadores que constituyen el punto de partida o "índice primario" para el análisis de una concentración, pues la existencia de un grado significativo de poder de mercado al menos en uno de los mercados afectados es una condición necesaria, pero no suficiente, del perjuicio para la competencia.

c) Otros elementos de aplicación del criterio de valoración sustantiva

Según se ha indicado antes la concurrencia del elemento relativo a la existencia de un grado significativo de poder de mercado es una condición necesaria, pero no suficiente, del perjuicio para la competencia. Junto a ese factor hay que valorar otros, entre los que se incluyen los factores compensatorios, tales como el poder de la demanda, el alcance de las barreras de entrada, la presencia de poder de negociación o la probabilidad de que la entrada en el mercado mantenga la competencia efectiva, y asimismo las posibles eficiencias alegadas por las partes. A este último respecto considera la Comisión que es posible que las eficiencias derivadas de una concentración contrarresten los efectos anticompetitivos de la misma determinando su compatibilidad con el mercado común. La principal eficiencia consiste en que la concentración proporcione un beneficio a los consumidores, en particular que redunde en una reducción de precios.

2.2. Régimen nacional

2.2.1. Ámbito de aplicación del procedimiento de control

Para la determinación del ámbito del procedimiento de control la legislación española acoge un criterio distinto al que prevé el Derecho de la Unión Europea. Mientras que en este último se atiende exclusivamente al volumen de negocios total de las empresas afectadas sin considerar en esta fase la cuota de mercado, el Derecho interno utiliza un criterio mixto, que combina tanto el volumen de negocios como la cuota de mercado.

En efecto, el procedimiento de control se aplicará a las concentraciones económicas cuando concurra, al menos, una de las dos circunstancias siguientes (art. 8 LDC). En primer lugar, que, como consecuencia de la concentración, se adquiera o se incremente una cuota igual o superior al 30% del mercado relevante de producto o servicio en el ámbito nacional o en un mercado geográfico definido dentro del mismo. Como excepción, no obstante, quedan exentas del procedimiento de control todas aquéllas concentraciones económicas en las que, aun concurriendo la circunstancia anterior, el volumen de negocios global en España de la sociedad adquirida o de los activos adquiridos en el último ejercicio contable no supere la cantidad de 10 millones de euros, siempre y cuando las partícipes no tengan una cuota individual o conjunta igual o superior al 50% en cualquiera de los mercados afectados, en el ámbito nacional o en un mercado geográfico definido dentro del mismo. En segundo lugar, que el volumen de negocios global en España del conjunto de los partícipes supere en el último ejercicio contable la cantidad de 240 millones de euros, siempre que, al menos, dos de los partícipes realicen individualmente en España un volumen de negocios superior a 60 millones de euros.

Sin embargo, pese al cumplimiento de cualquiera de los anteriores criterios para la determinación de la existencia de control, la LDC prevé tres excepciones al concepto de concentración relevante a efectos del procedimiento de control. Además de los dos primeros supuestos previstos en el Derecho de la Unión Europea, se excluyen del ámbito objetivo de aplicación del procedimiento de control de concentraciones las operaciones corporativas intragrupo, estableciéndose que no tendrá la consideración de concentración la mera redistribución de valores o activos entre empresas de un mismo grupo (art. 7.3 LDC). También se excluyen del procedimiento de control, aquellas concentraciones en las que concurran los requisitos expresados, pero alcancen simultáneamente dimensión comunitaria. En este caso, queden sujetas al procedimiento comunitario de control de concentraciones, de conformidad con el Reglamento de la Unión Europea 139/2004, salvo que la concentración haya sido objeto de una decisión de remisión por la Comisión Europea a España conforme a lo establecido en el citado Reglamento (art. 8.2 LDC).

2.2.2. *Objeto del procedimiento de control y criterios sustantivos*

El objeto del procedimiento de control es verificar la compatibilidad de una concentración con el mercado nacional, igual que sucede en el ámbito de la Unión Europea. Ahora bien, la legislación nacional se aparta de la comunitaria en los criterios que sienta para determinar dicha compatibilidad puesto que añade un segundo criterio sustantivo.

En efecto, el primer criterio sustantivo coincide con el previsto en el Derecho de la Unión Europea ya que atiende a la posible obstaculización del mantenimiento de una competencia efectiva en todo o en parte del mercado nacional (art. 10.1 LDC). Este es el criterio que tendrá en cuenta la CNMyC para determinar la compatibilidad con el mercado interno.

Este criterio general ha de ser aplicado atendiendo a una serie de elementos que relaciona, con carácter ejemplificativo, la LDC (art. 10.1 LDC). Entre ellos se incluyen, igual que en el ámbito comunitario, las eficiencias económicas derivadas de la operación de concentración y, en particular, la contribución que la concentración pueda aportar a la mejora de los sistemas de producción o comercialización así como a la competitividad empresarial, la medida en que dichas eficiencias sean trasladadas a los consumidores intermedios y finales, en concreto, en la forma de una mayor o mejor oferta y de menores precios. Ahora bien, junto a este criterio sustantivo, la LDC añade uno ulterior relativo a la existencia de un interés general distinto de la defensa de la competencia. Este criterio solo podrá ser aplicado por el Consejo de Ministros. A este respecto, la LDC incluye una lista no exhaustiva de consideraciones que podrá tener en cuenta como criterios de interés general (art. 10.4 LDC).

IX. LAS AYUDAS PÚBLICAS

1. Concepto de ayuda pública

Las ayudas públicas son aquellas otorgadas por los Estados o mediante fondos estatales, bajo cualquier forma, que, favoreciendo a determinadas empresas o producciones, falseen o amenacen falsear la competencia, y afecten a los intercambios comerciales entre Estados miembros (art. 107.1 TFUE) o a los que suceden en el interior del Estado (art. 11 LDC). De este concepto se deduce que la noción de ayuda está integrada por cinco elementos. El primero consiste en que la ayuda constituye una ventaja o beneficio para las empresas afectadas. Por consiguiente, la noción de ayuda es más amplia que la de subvención, ya que incluye no sólo los beneficios consistentes en prestaciones positivas, sino también otros que aminoran el presupuesto de gastos (por ejemplo, una exención fiscal). El segundo elemento es la atribución de la ayuda al Estado. El término Estado se entiende aquí en sentido amplio por lo que alcanza también a los supuestos en que la ayuda se otorgue por entidades públicas de menor alcance territorial, por ejemplo regional o incluso o local, e integradas en la organización el Estado o no. Desde este punto de vista parece más adecuada la terminología que utiliza la LDC española cuando alude a ayudas públicas (art. 11 LDC) y no a ayudas de Estado (art. 107.1 TFUE). Sin embargo puede dar lugar a equívocos puesto que la referencia al Estado excluye del concepto de ayuda relevante, las otorgadas, por ejemplo, por la propia Unión Europea o por terceros países no comunitarios.

El tercer elemento es el carácter singular. Consiste en que la ayuda supone un trato de favor singular respecto de una norma general, destinado a favorecer a determinadas empresas, sectores o regiones. Por tanto, el hecho de que las empresas beneficiarias no estén concretamente identificadas de antemano, no excluye la aplicación del sistema, en la medida en que sean identificables por reunir determinados requisitos, como es el establecimiento o desarrollo de la actividad en un ámbito territorial concreto. El cuarto elemento, consiste en que la ayuda falsee o amenace con falsear la competencia. En consecuencia no es necesario que la ayuda falsee la competencia efectivamente, sino que es suficiente que exista un riesgo serio de que tal falseamiento se produzca. Por último se exige que afecte a los intercambios comerciales en el mercado de que se trate. Este elemento es de la mayor importancia puesto que, en atención al mercado afectado, resulta de aplicación la normativa comunitaria o la interna.

2. *Régimen jurídico*

Las ayudas públicas generan un alto riesgo de que la competencia sea distorsionada, así como de que den lugar a discriminaciones injustificadas entre las empresas. Por este motivo están sujetas a una disciplina específica, tanto en el ámbito comunitario, como en el interno. Los regímenes previstos en uno y otro difieren, sin embargo, sustancialmente.

2.1. Régimen de la Unión Europea

La legislación básica sobre ayudas de Estado está incluida en los arts. 107 a 109 TFUE. Conforme a ellos se consideran incompatibles con el mercado interior las ayudas públicas en que concurran los elementos enunciados en el apartado anterior en la medida en que afecten a los intercambios comerciales entre Estados miembros (art. 107.1 TFUE). Desde el punto de vista cualitativo, el concepto de afectación se concibe en términos amplios puesto que no se exige que sea efectiva. Por el contrario, comprende tanto las ayudas que afecten de hecho a los intercambios comerciales (competencia actual), como también aquellas que, previsiblemente, puedan producir tal efecto (competencia potencial). Desde el punto de vista cuantitativo, sin embargo, se exige un determinado grado de afectación, que la normativa comunitaria especifica estableciendo un importe fijo determinado ("regla de mínimos"). En concreto, como regla general, se prevé un límite de 200.000 euros en un período de tres años, salvo en el sector del transporte de mercancías por carretera, que se fija en 100 000 EUR [Reglamento (UE) 1407/2013, de 18 de diciembre relativo a la aplicación de los artículos 107 y 108 del Tratado de Funcionamiento de la Unión Europea a las ayudas de *minimis*]. Por tanto, las ayudas que no superan esos límites no son incompatibles con el mercado intracomunitario porque no reúnen el requisito de la afectación. La principal consecuencia jurídica de ello consiste en que su concesión no está sujeta a la obligación de notificar a la Comisión.

Por lo demás, se trata de un régimen especialmente severo por cuanto parte de un principio general de incompatibilidad, dotado de un alcance esencialmente prohibitivo, que instaura, como regla general, la obligación de notificar a la Comisión los proyectos dirigidos a conceder o modificar ayudas [art. 108.3 TFUE y Reglamento (UE) 2015/1589 de 13 de julio sobre normas detalladas para la aplicación del artículo 108 del TFUE en relación con las Ayudas de Estado, que contiene las reglas generales en materia de procedimiento]. Al tiempo, atribuye a la Comisión amplios poderes de actuación, ya que está habilitada para examinar permanentemente, junto con los Estados miembros, los regímenes de ayudas existentes en dichos Estados, pudiendo proponer a éstos las medidas apropiadas que exija el desarrollo progresivo o el funcionamiento del mercado interior y actuar de oficio en caso de ayudas incompatibles con el mismo. Si considerare que una ayuda o un proyecto de ayuda no es compatible con el mercado interior o que la ayuda se aplica de manera abusiva, la Comisión decidirá que el Estado interesado la suprima, modifique o tome todas las medidas necesarias para obtener del beneficiario la recuperación de la misma, en el plazo que ella misma determine. Entretanto, el Estado miembro interesado no podrá ejecutar las medidas proyectadas antes de que la Comisión haya decidido (art. 108.2 TFUE).

Esta regla general está, sin embargo, sometida a un cúmulo de excepciones tal que restringen en una medida no irrelevante su ámbito de aplicación. Entre dichas excepciones hay que distinguir aquellas ayudas que se consideran compatibles con el mercado interior (ayudas incondicionadas), de aquellas otras que pueden ser consideradas compatibles (ayudas condicionadas). Las primeras están expresamente previstas en el TFUE (art. 107.2 TFUE). Entre ellas destacan las ayudas de carácter social concedidas a los consumidores individuales, siempre que se otorguen sin discriminaciones basadas en el origen de los productos. Este tipo de ayudas está exento de la obligación de notificar en todo caso.

Las ayudas condicionadas pueden ser declaradas compatibles a través de decisiones individuales de la Comisión o del Consejo, o mediante Reglamentos de exención. Los tipos de ayudas susceptibles de ser declaradas compatibles por decisión de la Comisión están relacionados en el TFUE, que prevé asimismo la posibilidad de que el Consejo determine otras categorías de ayudas que pueden considerarse compatibles (art. 107.3 TFUE). Así pues, a diferencia de las ayudas incondicionadas, en estos casos existe margen de apreciación por parte de la Comisión para determinar en qué casos considera compatible la ayuda en cuestión. En consecuencia, no están excluidas del deber de notificación. Por otra parte, a petición de un Estado miembro, el Consejo podrá decidir, por unanimidad, que la ayuda que ha concedido o va a conceder dicho Estado sea considerada compatible con el mercado interior, cuando circunstancias excepcionales justifiquen dicha decisión (art. 108.2 III TFUE). Finalmente, también son compatibles con el mercado interior las ayudas que, aún reuniendo todos los elementos que definen su noción, están incluidas en alguna de las categorías previstas en los Reglamentos de exención que dicta la Comisión, relativos a las categorías de ayudas públicas sobre las que el Consejo haya determinado que pueden quedar exentas del procedimiento de notificación (art. 108.4 TFUE).

Entre estos Reglamentos destaca el Reglamento (UE) 651/2014, de 17 de junio, que declara determinadas categorías de ayudas compatibles con el mercado interior en aplicación de los artículos 107 y 108 del Tratado, conocido como Reglamento General de Exención por Categorías. El Reglamento comprende categorías de ayudas relativas a la mayoría de los sectores de la economía. Estas categorías de ayudas se consideran compatibles con el mercado interior y exentas de la obligación de notificación previa si, adicionalmente, cumplen todas las condiciones establecidas en el Reglamento, tanto las generales, aplicables a todas las categorías de ayudas, como las específicas, previstas para cada una de ellas. No obstante, se instituye una obligación de comunicación *a posteriori* a la Comisión relativa a cada medida de ayuda exenta; así como la de remitir a dicha Comisión un informe anual sobre la aplicación del Reglamento. Adicionalmente, para garantizar la transparencia, se impone a los Estados miembros la obligación de crear sitios web completos sobre ayudas estatales, a nivel regional o nacional, que contengan información relativa a cada medida de ayuda exenta en virtud del Reglamento, accesible al público en general.

2.2. Régimen nacional

En contraste con los amplios poderes de que goza la Comisión en el contexto europeo, la legislación española sobre ayudas públicas concede a la CNMyC unas facultades mínimas por cuanto, en síntesis, se reducen a la emisión de informes y a la formulación de propuestas. En efecto, de oficio o a instancia de las Administraciones Públicas, la CNMyC podrá analizar los criterios de concesión de las ayudas públicas en relación con sus posibles efectos sobre el mantenimiento de la competencia efectiva en los mercados con el fin de emitir informes relativos a los regímenes de ayudas y las ayudas individuales, y dirigir a las Administraciones Públicas propuestas conducentes al mantenimiento de la competencia. Adicionalmente emitirá un informe anual sobre las ayudas públicas concedidas en España, que tendrá carácter público, y otro informe anual, que remitirá a las Cortes Generales, a disposición de los Diputados, Senadores y las Comisiones parlamentarias.

El análisis de las ayudas versará sobre aspectos tanto jurídicos como económicos, pudiendo llegar a valorar circunstancias como el plan estratégico en el que la ayuda se integra, sus bases reguladoras o los elementos positivos y negativos de su concesión dentro la denominada prueba de ponderación de la ayuda (arts. 7 y 8 RDC). Para facilitar su tarea, la LDC impone al órgano responsable de la notificación a la Comisión Europea la obligación de comunicar a la CNMyC los proyectos de ayudas públicas incluidos en el ámbito de aplicación de los artículos 107 y 108 del TFUE, en el mismo momento de su notificación a la Comisión Europea y las ayudas públicas concedidas al amparo de los Reglamentos comunitarios de exención. Sin perjuicio de todo ello, la CNMyC podrá requerir cualquier información en relación con los proyectos y las ayudas concedidas por las Administraciones públicas y, en concreto, las disposiciones por las que se establezca cualquier ayuda pública distintas de las anteriores. Asimismo, los órganos de Defensa de la Competencia de las Comunidades Autónomas podrán elaborar informes sobre las ayudas públicas concedidas por las Administraciones autonómicas o locales en su respectivo ámbito territorial, que serán remitidos a la CNMyC a los efectos de su incorporación al informe anual.

Lección 7

Competencia desleal. Publicidad comercial

SUMARIO: I. LA COMPETENCIA DESLEAL. ASPECTOS GENERALES. INTERESES TUTELADOS. II. CONCEPTO DE COMPETENCIA DESLEAL. 1. La primera cláusula general. 1.1. Caracterización. 1.2. Función de la cláusula general. 2. La segunda cláusula general. 2.1. Caracterización y presupuestos. 2.2. Diligencia profesional y prácticas honestas del mercado. 2.3. La distorsión del comportamiento económico del consumidor. III. CATÁLOGO DE SUPUESTOS CONCRETOS DE COMPETENCIA DESLEAL. 1. Caracterización y sistematización. 2. Actos contrarios a los intereses de los competidores. 2.1. Actos de denigración. 2.2. Actos de imitación. 2.3. Aprovechamiento indebido de la reputación ajena. 2.4. Violación de secretos. 2.5. Inducción a la infracción contractual. 3. Actos contrarios a los intereses de los consumidores. 3.1. Consideraciones generales. 3.2. Actos de confusión. 3.3. Actos de engaño. 3.4. Actos de comparación. 3.5. Prácticas agresivas. 4. Actos contrarios al mercado. 4.1. Violación de normas. 4.2. Discriminación y dependencia económica. 4.3. Venta a pérdida. IV. ACCIONES. V. LA PUBLICIDAD COMERCIAL. 1. Generalidades. La publicidad ilícita. La publicidad desleal. Remisión. 2. Supuestos específicos de publicidad ilícita. 3. Acciones. 4. El jurado de la publicidad de autocontrol.

I. LA COMPETENCIA DESLEAL. ASPECTOS GENERALES. INTERESES TUTELADOS

La exigencia de un mínimo de lealtad en la lucha por el mercado ha sido una constante desde los albores del Derecho mercantil. Muy pronto se entendió que la facultad que asiste a todo empresario de ampliar el ámbito de sus negocios y el círculo de los clientes, con los perjuicios que ello pueda ocasionar a los restantes competidores, había de ejercitarse necesariamente bajo los principios de honestidad y juego limpio, que gobiernan la actividad concurrencial. La competencia ilícita es reprobada por el ordenamiento jurídico, no en razón de la intensidad o agresividad de la competencia, ya que la libertad de competencia permite que un empresario arruine "lícitamente" a otros, sino por la utilización de ciertos medios considerados incorrectos o desleales, a través de los cuales se perjudican los intereses tanto de los propios competidores como de los consumidores. De ahí que en la regulación de la competencia ilícita coexista la defensa de intereses públicos en mantener un orden concurrencial debidamente saneado, el interés colectivo de los consumidores y el interés particular de los competidores. A todos ellos se refiere la LCD cuando dispone que tiene por objeto la protección de la competencia en interés de todos los que participan en el mercado, y a tal fin establece la prohibición de los actos de competencia desleal, incluida la publicidad ilícita en los términos de la LGP (art. 1 LCD).

Las exigencias de conservación del mercado y de protección de los que en él participan obligan a que, frente a los actos de competencia desleal, la Ley no se limite a tutelar a los empresarios competidores directamente amenazados sino que extienda su ámbito de aplicación a otros portadores de intereses potencialmente perjudicados por dichos actos, como las asociaciones de profesionales competidores o de consumidores. En este sentido, en la actualidad, cobra especial importancia las actuaciones llevadas a cabo en un entorno virtual con la intervención de prestadores de servicios de la sociedad de la información. Por ello, ha sido preciso modernizar la ley para incluir determinadas prácticas contrarias a los intereses de las personas consumidoras que se dan en las relaciones de consumo a través de internet y que requieren de un tratamiento particularizado.

La aplicación de la LCD no podrá supeditarse, por tanto, a la existencia de una relación de competencia entre el sujeto activo y el sujeto pasivo del acto de competencia desleal (art. 3.2 LCD), lo que significa que la protección legal procede aunque el perjudicado no sea un competidor directo o indirecto del autor del acto desleal. Puede tratarse también de un consumidor o de otro empresario que no compita con el autor, por ejemplo. El hecho de que no requiera de una relación de competencia en sentido estricto permite configurar el acto de competencia desleal como un ilícito de mercado. Esas exigencias explican también que, en cuanto operan en el mercado, también los artesanos, agricultores, profesionales liberales, etc. —sean o no empresarios— pueden acogerse a la disciplina que en ella se establece. La LCD aclara expresamente este extremo disponiendo que es de aplicación a los empresarios, profesionales y a cualesquiera otras personas físicas o jurídicas que participen en el mercado (art. 3.1 LCD).

En definitiva, según señala la propia Exposición de Motivos de la LCD, la competencia desleal ha dejado de concebirse como un ordenamiento dirigido prioritariamente a resolver conflictos entre competidores para operar como un instrumento de ordenación y control de las conductas en el mercado. Del mismo art. 1 LCD hay que deducir, en efecto, que, de aquellos intereses, los de los consumidores y competidores únicamente son objeto de una protección refleja o mediata, pues el objeto directo de tutela es “la protección de la competencia”, esto es, la propia institución de la competencia económica, de modo que el interés que prima es el de promover el correcto funcionamiento del sistema de competencia. Por lo demás, las piezas que componen nuestro sistema positivo son básicamente tres: una cláusula general que sirve de guía para la calificación de un acto como de competencia desleal; un amplio catálogo de actos concretos de competencia desleal y un dispositivo procesal destinado a garantizar la adecuada aplicación de esta disciplina y a promover la eficacia de la protección que en ella se dispensa.

II. CONCEPTO DE COMPETENCIA DESLEAL

1. La primera cláusula general

1.1. Caracterización

A pesar de su apariencia unitaria, la LCD incluye una doble cláusula general. La primera (art. 4.1, inciso primero LCD), relativa a las relaciones entre empresas o profesionales. A este respecto, el concepto de competencia desleal exige la realización de un acto que reúna tres requisitos. En primer lugar, es imprescindible que el acto en cuestión se realice en el mercado (art. 2.1. LCD). A estos efectos, es indiferente que se ejecute antes, durante o después de una operación comercial o contrato, así como el hecho de que el contrato llegue a celebrarse o no (art. 2.3 LCD). En segundo lugar, es necesario que se ejecute con fines concurrenciales (art. 2.1 LCD). Se presume la finalidad concurrencial del acto cuando, por las circunstancias en que se realice, se revele objetivamente idóneo para promover o asegurar la difusión en el mercado de las prestaciones propias o de un tercero (art. 2.2 LCD). En consecuencia se excluyen de la noción los actos realizados con una finalidad distinta a la concurrencial. El tercer requisito, que determina la consideración de desleal del acto, consiste en que resulte objetivamente contrario a las exigencias de la buena fe (art. 4.1 LCD), concebida ésta en su acepción más genuina como aplicación al comportamiento en el mercado del principio general de buena fe, que rige de modo universal en nuestro ordenamiento. La buena fe es un concepto jurídico abierto y relativamente indeterminado, pero con la suficiente consistencia como para cumplir la función que tiene asignada de constituir un módulo genérico para la valoración de la deslealtad.

En efecto, es comúnmente aceptado que la buena fe relevante en esta sede se determina a través de dos juicios de compatibilidad y de la ponderación de las categorías de intereses implicadas. El primer juicio de compatibilidad es el relativo a la existente entre el acto enjuiciado y el modelo de competencia que protege la LCD, en tanto su objeto primario de protección es precisamente el interés general en el correcto funcionamiento de ese sistema de competencia (art. 1 LCD). A este respecto existe cierto consenso acerca de que el modelo de competencia tutelado por la LCD es el de la competencia basada en las propias prestaciones o competencia por el esfuerzo. Este sistema se funda en que la libertad de actuación en el mercado debe ser utilizada para operar en él con fundamento en las características y bondades (precio, calidad, servicio al cliente, etc.) de las propias prestaciones, entendiendo por prestación no sólo el producto o servicio ofertado, sino también toda la actividad desplegada, incluyendo la promocional y publicitaria, destinada precisamente a convencer a la clientela acerca de la bondad de la oferta. Por oposición a este sistema, el modelo de la competencia no basada en las propias prestaciones, comprende todos aquellos actos tendentes, bien a limitar o restringir la libertad y autonomía de decisión del consumidor, bien a obstaculizar al competidor, bien a aprovecharse indebidamente del esfuerzo ajeno o a apropiarse ilegítimamente de las prestaciones de un tercero.

El segundo juicio de compatibilidad, es el que se efectúa en el contexto constitucional. La apuesta de nuestro texto constitucional por un sistema de economía social de mercado obliga a concluir que el modelo de competencia económica que la LCD pretende tutelar no se restringe a tener en cuenta el principio de competencia de prestaciones, sino que debe promover los valores y derechos constitucionalmente reconocidos. La tipificación como acto de competencia desleal de la publicidad ilícita (art. 18 LCD), y la inclusión, dentro de esta categoría, de modalidades tales como la publicidad contraria a la dignidad de la persona o a los valores y derechos constitucionalmente reconocidos, comprendiendo la publicidad vejatoria para las mujeres, o la publicidad de determinados productos cuya publicidad se encuentra prohibida, no hacen más que demostrar la necesidad de este segundo juicio de compatibilidad. Por consiguiente, la tutela de un valor o derecho constitucionalmente reconocido podrá servir también de fundamento para un juicio de deslealtad, aun cuando la práctica examinada no entre en abierta contradicción con el principio de competencia de prestaciones. Finalmente, han de ponderarse las categorías de intereses implicadas, esto es, el interés de los consumidores y competidores y el interés general en el correcto funcionamiento del sistema de competencia, teniendo en cuenta que, en caso de conflicto, prevalece este último ya que los dos primeros son objeto de una protección refleja o mediata, mientras que el interés general es el objeto inmediato y prevalente de tutela (art. 1 LCD).

Aun así, la buena fe no deja de constituir un concepto jurídico indeterminado. Sin embargo esta constatación no impide estimar que la cláusula general incorpora una norma de carácter sustantivo, capaz de sustentar la declaración de deslealtad del acto enjuiciado, y no una previsión de carácter meramente programático. La cláusula general sanciona, en efecto, un ilícito desleal, que se caracteriza por ser un ilícito objetivo y de riesgo o peligro. Es un ilícito objetivo porque la deslealtad de la conducta no depende del dolo o la culpa de su autor. Al considerar desleal todo comportamiento que resulte objetivamente contrario a las exigencias de la buena fe, la LCD (art. 4.1 LCD) desvincula el juicio de deslealtad de cualquier análisis en torno a la intención o la voluntad del autor de la conducta examinada. En consecuencia, es indiferente la existencia o no de intencionalidad en el autor. De modo que se reputará desleal aunque no concurra dolo o culpa. Es un ilícito de riesgo o de peligro porque el juicio de deslealtad no se hace depender de los efectos derivados de la conducta analizada. En concreto no requiere la efectiva producción de un daño, sino sólo su incompatibilidad con las exigencias del principio de buena fe objetiva y, en su razón, la posibilidad de que aquel se produzca.

1.2. Función de la cláusula general

La función principal asignada a la cláusula general consiste en constituir la norma del cierre del sistema, en el sentido de que permite declarar la deslealtad de conductas que no estén expresamente tipificadas en los restantes preceptos de la LCD. Por este motivo constituye una fuente de permanente actualización del Derecho de la competencia desleal, que permite su aplicación a nuevas conductas o prácticas sin necesidad de acometer repetidas reformas de la LCD. La cláusula general, sin embargo, no debe ser utilizada para analizar la deslealtad de conductas que cuenten con una tipificación expresa. Estas conductas han de enjuiciarse con arreglo a los criterios insertos en las normas que las regulan. Aunque no puede dejar de advertirse que todos ellos constituyen —deberían constituir— en cierta medida una especificación de la cláusula general.

2. La segunda cláusula general

2.1. Caracterización y presupuestos

Junto a la primera cláusula general, la LCD incluye otra, que quiere ser una aplicación de la misma cuando se trata de actos de competencia relacionados con los consumidores. Sin embargo, introduce, en realidad, una segunda cláusula general específicamente prevista para aquellos (art. 4.1, inciso segundo LCD), puesto que somete el juicio de deslealtad en ese ámbito a presupuestos y requisitos que no vienen exigidos por la primigenia cláusula general. En consecuencia, la aplicación de la cláusula general exige una tarea previa, consistente en determinar los destinatarios de la conducta analizada, pues, dependiendo de éstos, se utilizará una u otra.

En efecto, “en las relaciones con los consumidores y usuarios se entenderá opuesto a las exigencias de la buena fe el comportamiento de un empresario o profesional contrario a la diligencia profesional, entendida ésta como el nivel de competencia y cuidados especiales que cabe esperar de un empresario conforme a las prácticas honestas del mercado, que distorsione o pueda distorsionar el comportamiento económico del consumidor medio o del miembro medio del grupo destinatario de la práctica, si se trata de una práctica comercial dirigida a un grupo concreto de consumidores”. Por consiguiente, a diferencia de lo que sucede con la cláusula general para empresarios, la cláusula general para consumidores condiciona su ámbito de aplicación al concurso de dos presupuestos diversos: en primer término, que el comportamiento del empresario o profesional resulte contrario a la diligencia profesional que le es exigible; en segundo lugar, que sea susceptible de distorsionar de manera significativa el comportamiento económico del consumidor medio o del miembro medio del grupo al que se dirige la práctica.

2.2. Diligencia profesional y prácticas honestas del mercado

El primer presupuesto que determina la calificación de acto desleal con los consumidores comprende los comportamientos contrarios a la diligencia profesional exigible al empresario o profesional. La LCD precisa que la diligencia profesional ha de ser entendida como el nivel de competencia y cuidados especiales que cabe esperar de un empresario conforme a las prácticas honestas del mercado. Las diferencias entre este precepto y la cláusula general para empresarios son claras y fácilmente apreciables, pues mientras esta última hace de la buena fe el concepto relevante, la que ahora se trata coloca a las prácticas honestas del mercado en el centro del sistema. Da a entender, en definitiva, que en las relaciones entre empresas y consumidores, la actuación conforme al principio de buena fe sólo exige el respeto a las prácticas honestas del mercado. De esta forma, se aparta de la cláusula general para empresarios e ignora la Directiva 2005/29, relativa a las prácticas comerciales desleales de las empresas en sus relaciones con los consumidores en el mercado interior, que la LDC presumiblemente incorporó.

La Directiva, hoy derogada por la Directiva 2011/83/UE del Parlamento Europeo y del Consejo, de 25 de octubre de 2011, sobre los derechos de los consumidores, optó por determinar las fuentes de las que debe nutrirse la diligencia profesional, especificando que los parámetros a tener en cuenta para concretar las pautas de conducta o comportamiento que la misma impone son dos: las prácticas honradas del mercado y el principio general de buena fe. En concreto, la referencia al principio general de buena fe se incluyó para evitar que el juicio de deslealtad de una conducta se hiciera depender únicamente de las prácticas honestas del mercado. El propósito perseguido con ello fue el de permitir que, a través del recurso al principio general de buena fe, se impusiesen a las empresas normas de conducta distintas o exigencias ulteriores de las que se derivan simplemente de aquellas prácticas, pues, aunque existe un cierto solapamiento entre las exigencias de las prácticas honradas del mercado y los requerimientos de la buena fe, esta última proporciona normas de conducta o, si se prefiere, niveles de competencia y cuidado distintos de los que suministran las prácticas honestas del mercado.

2.3. La distorsión del comportamiento económico del consumidor

El segundo presupuesto que determina la calificación de acto desleal con los consumidores comprende las actuaciones susceptibles de distorsionar de manera significativa el comportamiento económico del consumidor medio o del miembro medio del grupo al que se dirige la práctica. A ese respecto la LCD entiende por comportamiento económico del consumidor o usuario toda decisión por la que éste opta por actuar o por abstenerse de hacerlo en relación con:

i) La selección de una oferta u oferente;

ii) La contratación de un bien o servicio, así como, en su caso, de qué manera y en qué condiciones contratarlo.

iii) El pago del precio, total o parcial, o cualquier otra forma de pago.

iv) La conservación del bien o servicio

v) El ejercicio de los derechos contractuales en relación con los bienes y servicios. Igualmente, se entiende por distorsionar de manera significativa el comportamiento económico del consumidor medio utilizar una práctica comercial para mermar de manera apreciable su capacidad de adoptar una decisión con pleno conocimiento de causa, haciendo así que tome una decisión sobre su comportamiento económico que de otro modo no hubiera tomado.

Para la valoración de las conductas cuyos destinatarios sean consumidores, se tendrá en cuenta al consumidor medio. El concepto de "consumidor medio" ha sido acuñado por la jurisprudencia del TJUE no en términos estadísticos, sino como la reacción típica del consumidor normalmente informado, razonablemente atento y perspicaz, teniendo en cuenta los factores sociales, culturales y lingüísticos. Ahora bien, que la referencia para calificar un comportamiento como desleal sea la reacción típica del consumidor medio no supone, sin embargo, que grupos de consumidores más vulnerables queden desprotegidos, toda vez que la LCD exige que se tenga en cuenta la reacción típica del consumidor medio al que se dirige la práctica, o la reacción típica del consumidor medio de un grupo especialmente vulnerable, cuando el acto de competencia sólo es susceptible de alterar el comportamiento económico de un grupo concreto de consumidores especialmente vulnerables, ya sea por circunstancias personales o sociales.

III. CATÁLOGO DE SUPUESTOS CONCRETOS DE COMPETENCIA DESLEAL

1. Caracterización y sistematización

La LCD tipifica un amplio repertorio de actos ilícitos, que pese a su extensión y detalle, no cabe considerar como un *numerus clausus* debido a la existencia de la cláusula general. La tipificación se efectúa, al hilo de la Directiva 2005/29, introduciendo una artificial fragmentación en el Derecho de la competencia desleal, al distinguir entre prácticas comerciales desleales entre empresas y prácticas comerciales desleales de las empresas en sus relaciones con los consumidores. No obstante ello, aquí se sigue un criterio de clasificación sistemático, ampliamente aceptado, que distingue entre los actos contrarios a los intereses de los competidores, de los consumidores y los opuestos al buen funcionamiento del mercado.

2. *Actos contrarios a los intereses de los competidores*

2.1. Actos de denigración

Entre los actos dirigidos contra un competidor determinado hay que mencionar, en primer término, los actos de denigración, entendiendo por tales la realización o difusión de manifestaciones sobre la actividad, las prestaciones, el establecimiento o las relaciones mercantiles de un tercero que sean aptas para menoscabar su crédito en el mercado, a no ser que sean exactas, verdaderas y pertinentes. En particular, no se estiman pertinentes las manifestaciones que tengan por objeto la nacionalidad, las creencias o ideología, la vida privada o cualesquiera otras circunstancias estrictamente personales del afectado (art. 9 LCD)

2.2. Actos de imitación

La LCD parte del principio de que la imitación de prestaciones e iniciativas empresariales o profesionales ajenas es libre, salvo que estén amparadas por un derecho de exclusiva reconocido por la ley. De modo que únicamente la reputa desleal cuando resulte idónea para generar la asociación por parte de los consumidores respecto a la prestación o comporte un aprovechamiento indebido de la reputación o el esfuerzo ajeno, siempre que los riesgos de asociación o de aprovechamiento de la reputación ajena sean evitables. En otro caso se excluye la deslealtad de la práctica. Por otra parte, la imitación sistemática de las prestaciones e iniciativas empresariales o profesionales de un competidor se considera desleal cuando dicha estrategia se halle directamente encaminada a impedir u obstaculizar su afirmación en el mercado y exceda de lo que, según las circunstancias, pueda reputarse una respuesta natural del mercado (art. 11 LCD).

2.3. Aprovechamiento indebido de la reputación ajena

Es desleal el aprovechamiento indebido, en beneficio propio o ajeno, de las ventajas de la reputación industrial, comercial o profesional adquirida por otro en el mercado. En particular, se reputa desleal el empleo de signos distintivos ajenos o de denominaciones de origen falsas acompañadas de la indicación acerca de la verdadera procedencia del producto o de expresiones tales como “modelo”, “sistema”, “tipo”, “clase” y similares (art. 12 LCD).

2.4. Violación de secretos

Se considera desleal la violación de secretos empresariales. Su régimen jurídico será el establecido en la legislación sobre secretos empresariales (art. 13 LCD), que se verá más adelante, y a la que nos remitimos.

2.5. Inducción a la infracción contractual

Es desleal la inducción a trabajadores, proveedores, clientes y demás obligados a infringir los deberes contractuales básicos que han contraído con los competidores. Sin embargo, la inducción a la terminación regular de un contrato o el aprovechamiento en beneficio propio o de un tercero de una infracción contractual ajena sólo se reputará desleal cuando, siendo conocida, tenga por objeto la difusión o explotación de un secreto industrial o empresarial o vaya acompañada de circunstancias tales como el engaño, la intención de eliminar a un competidor del mercado u otras análogas (art. 14 LCD).

3. Actos contrarios a los intereses de los consumidores

3.1. Consideraciones generales

Se incluyen en este apartado un conjunto de normas, muy prolijas, que pretenden garantizar la libertad de decisión del consumidor. La LCD carece en este contexto de la necesaria coherencia y sistemática. En primer término, por cuanto para cierto tipo de actos, incluye una doble regulación de prácticas comerciales en las que participa un consumidor. En efecto, los actos de engaño, las omisiones engañosas y las prácticas agresivas están sometidos a una doble tipificación. Por un lado, su calificación como acto de competencia desleal se encuentra consagrada en los arts. 5, 7 y 8 LCD, aplicables con carácter general, y a los que remite expresamente el art. 19 LCD cuando se trata de las relaciones con consumidores. Por otra parte, la LCD contiene un amplio catálogo de prácticas, concretamente especificadas, relativas a esos mismos tipos de actos, que son consideradas también como desleales cuando se realicen con consumidores (arts. 21 a 31 LCD), que no rigen, sin embargo, para los empresarios y profesionales.

A modo de introducción general cabe decir que ese catálogo de prácticas desleales concretamente tipificadas posee una doble funcionalidad. Por un lado, implica un reproche directo de deslealtad en relación con las prácticas que allí se recogen, evitando que, en relación con ellas, deba analizarse si concurren los requisitos generales para su calificación como prácticas engañosas. Se entiende que lo son *per se*, a modo de "lista negra", en la medida en que cumplan las condiciones previstas en la norma respectiva (art. 19.2 LCD). Por otra parte, su contenido ofrece valiosas pautas interpretativas e integradoras al objeto de determinar el alcance de los presupuestos necesarios para calificar como engañosa una práctica que no cuente con una tipificación expresa. Eso no obstante, ha de tenerse en cuenta que tales previsiones únicamente se aplican a las prácticas que se dirijan o tengan como destinatarios a los consumidores. Por tanto, si esas mismas prácticas se producen en el ámbito de las relaciones entre empresarios o profesionales, no serán merecedoras de un reproche automático de deslealtad, de modo que su licitud o ilicitud deberá ser examinada a la luz de las definiciones generales.

La LCD tampoco ha extremado la coherencia, en segundo lugar, cuando designa los tipos de actos que han de reputarse desleales para los consumidores. En efecto, tratándose de estos únicamente remite a la disciplina general cuando se trata de actos de engaño, omisiones engañosas y prácticas agresivas (art. 19.1 LCD), por lo que obliga a concluir que el resto de actos a los que no alude expresamente no rigen en caso de prácticas con consumidores. Esta orientación es abiertamente criticable ya que muchos de ellos han sido instituidos principalmente para cobijar los intereses de los consumidores. Resulta, por tanto, en ciertos casos, que un precepto predispuesto para la tutela del consumidor no se aplica a las relaciones con consumidores. Con ello, adicionalmente, se ha fragmentado el ámbito de aplicación de la LCD, pues el dispositivo enunciado supone la existencia de unas prácticas que son desleales solo cuando el destinatario es un empresario y de otras que solo lo son cuando el destinatario es un consumidor.

3.2. Actos de confusión

Se considera desleal todo comportamiento que resulte idóneo para crear confusión con la actividad, las prestaciones o el establecimiento ajeno. Para fundamentar la deslealtad de la práctica basta con que se produzca el riesgo de asociación por parte de los consumidores respecto de la procedencia de la prestación (art. 6 LCD). La LCD no define el por riesgo de confusión, por lo que parece conveniente utilizar el concepto que de él ofrece el Derecho de Marcas. En consecuencia, por riesgo de confusión hay que entender el riesgo de que el público consumidor concluya que dos productos o servicios proceden de un mismo empresario (riesgo de confusión en sentido estricto), o, al menos, de empresas vinculadas jurídica o económicamente entre sí (riesgo de asociación). Para apreciar su existencia deben utilizarse asimismo parámetros similares a los que ordena el Derecho de Marcas. De modo que, en particular, procede efectuar dos tipos de comparaciones. En primer lugar, la relativa a la identidad o similitud y a la proximidad competitiva entre los correspondientes productos o servicios, y, en segundo lugar, la referente a la identidad o similitud entre su presentación comercial, sus signos distintivos o su publicidad. A este último respecto, cabe destacar, sin embargo, que el medio a través del cual se crea ese riesgo no está limitado en la LCD. Por tanto el riesgo de confusión puede apoyarse en signos distintivos, como las marcas o los nombres comerciales, pero también en otros signos identificadores de la actividad, la prestación o el establecimiento, como pueden ser, por ejemplo, los embalajes, la presentación comercial, los escaparates..., o en determinados elementos publicitarios, como los catálogos o los carteles.

Los actos de confusión se incluyen entre aquellos cuyo objeto es la tutela de los consumidores pues, aunque también protegen al empresario en su derecho de asegurarse de que se identifique correctamente la procedencia empresarial de sus productos o servicios, la protección se otorga en última instancia en beneficio de los consumidores al objeto de que no se distorsione su derecho de elección. Eso no obstante, la LCD no prevé la aplicación de este precepto a las prácticas con consumidores (art. 19.1 LCD).

En su lugar regula un supuesto específico de acto de confusión en relación con aquellos. En ese ámbito, se reputan desleales aquéllas prácticas comerciales, incluida la publicidad comparativa, que, en su contexto fáctico y teniendo en cuenta todas sus características y circunstancias, creen confusión, incluido el riesgo de asociación, con cualesquiera bienes o servicios, marcas registradas, nombres comerciales u otras marcas distintivas de un competidor, siempre que sean susceptibles de afectar al comportamiento económico de los consumidores y usuarios (art. 20 LCD).

En consecuencia, los actos de confusión que se planteen en las relaciones entre empresarios o profesionales solo podrán ser examinados a la luz del art. 6 LCD; mientras que, en caso de consumidores, se aplicará el art. 20 LCD. Ese último precepto subsume los actos desleales de confusión dentro de las prácticas comerciales engañosas, por lo que induce a entender que el riesgo de confusión constituye una hipótesis específica del riesgo de engaño en la medida en que desencadena o puede desencadenar el error de los consumidores en punto al origen empresarial del producto, que es precisamente una de las circunstancias sobre las que puede recaer el engaño [art. 5.1 g) LCD]. Adicionalmente, la LCD incluye un supuesto concreto de práctica engañosa por confusión para consumidores, que supone una tipificación especial en relación con la general que efectúa el art. 20 LCD. En efecto, son desleales, por engañosas las prácticas por confusión consistentes en "promocionar un bien o servicio similar al comercializado por un determinado empresario o profesional para inducir de manera deliberada al consumidor o usuario a creer que el bien o servicio procede de ese mismo empresario o profesional, no siendo cierto" (art. 25 LCD). Esta práctica se inserta dentro del catálogo o lista negra de comportamientos que se consideran desleales en sí mismos en las relaciones con consumidores. Sin necesidad, por tanto, de verificar si se cumplen los requisitos previstos en el art. 20 LCD.

3.3. Actos de engaño

Son desleales los actos de engaño, entendiendo por tal cualquier conducta que contenga información falsa o información que, aun siendo veraz, por su contenido o presentación, induzca o pueda inducir a error a los destinatarios, siendo susceptible de alterar su comportamiento económico, siempre que incida sobre alguno de los siguientes aspectos:

i) La existencia o la naturaleza del bien o servicio.

ii) Las características principales del bien o servicio, tales como su disponibilidad, sus beneficios, sus riesgos, su ejecución, su composición, sus accesorios, el procedimiento y la fecha de su fabricación o suministro, su entrega, su carácter apropiado, su utilización, su cantidad, sus especificaciones, su origen geográfico o comercial o los resultados que pueden esperarse de su utilización, o los resultados y características esenciales de las pruebas o controles efectuados al bien o servicio.

iii) La asistencia postventa al cliente y el tratamiento de las reclamaciones.

iv) El alcance de los compromisos del empresario o profesional, los motivos de la conducta comercial y la naturaleza de la operación comercial o el contrato, así como cualquier afirmación o símbolo que indique que el empresario o profesional o el bien o servicio son objeto de un patrocinio o una aprobación directa o indirecta.

v) El precio o su modo de fijación, o la existencia de una ventaja específica con respecto al precio.

vi) La necesidad de un servicio o de una pieza, sustitución o reparación.

vii) La naturaleza, las características y los derechos del empresario o profesional o su agente, tales como su identidad y su solvencia, sus cualificaciones, su situación, su aprobación, su afiliación o sus conexiones y sus derechos de propiedad intelectual, o los premios y distinciones que haya recibido;

viii) Los derechos legales o convencionales del consumidor o los riesgos que éste pueda correr (art. 5.1 LCD).

Cuando el empresario o profesional indique en una práctica comercial que está vinculado a un código de conducta, el incumplimiento de los compromisos asumidos en dicho código, se considera desleal, siempre que el compromiso sea firme y pueda ser verificado, y, en su contexto fáctico, esta conducta sea susceptible de distorsionar de manera significativa el comportamiento económico de sus destinatarios (art. 5.2 LCD).

También se considera desleal cualquier operación que consista en la comercialización de un bien como idéntico a otro comercializado en otros Estados miembros, cuando ese bien tenga una composición o características significativamente diferentes, salvo que esté justificado por factores legítimos y objetivos (art. 5.3 LCD). Con ello se pretende atajar el denominado fenómeno de la calidad dual, en virtual del cual se vende un producto con la misma marca y envasado, pero con distinta composición y, por tanto, calidad, según los Estados en los que se comercialice.

Son desleales también las omisiones engañosas. Consisten en la ocultación de la información necesaria para que el destinatario adopte o pueda adoptar una decisión relativa a su comportamiento económico con el debido conocimiento de causa (art. 7 LCD). La práctica es igualmente desleal si la información que se ofrece es poco clara, ininteligible, ambigua, no se ofrece en el momento adecuado, o no se da a conocer el propósito comercial de la misma, cuando no resulte evidente por el contexto (art. 7 LCD). Para la determinación del carácter engañoso de estos actos se atenderá al contexto fáctico en que se producen, teniendo en cuenta todas sus características y circunstancias y las limitaciones del medio de comunicación utilizado.

Estos dos preceptos ofrecen las definiciones generales de actos de engaño y omisiones engañosas y rigen tanto para las prácticas con empresarios como para las que tienen lugar con consumidores (art. 19.1 LCD). Sin embargo, junto a ellos, la LCD incluye un prolijo catálogo de prácticas expresamente tipificadas como engañosas: las prácticas engañosas sobre códigos de conducta u otros signos distintivos de calidad (art. 21 LCD), las prácticas señuelo y las prácticas promocionales engañosas (art. 22 LCD), las prácticas engañosas sobe la naturaleza y propiedades ellos bienes o servicios, su disponibilidad y los servicios posventa (art. 23 LCD), las prácticas de venta piramidal (art. 24 LCD), las prácticas engañosas por confusión (art. 25 LCD), las prácticas comerciales encubiertas en entornos virtuales (art. 26 LCD) y, otro conjunto de prácticas de diversa índole que se recogen en el art. 27 LCD.

En particular, cabe mencionar que tras la modificación de la LCD por el RD-ley 24/2021, se incluyen nuevas prácticas relacionadas con el entorno virtual. En concreto, se califican de desleales, la reventa de entradas de espectáculos empleando medios automatizados para evitar los límites a las compras masivas; las que afirmen que las reseñas de un bien o servicio son añadidas por consumidores y usuarios que han utilizado o adquirido realmente el bien o servicio, sin tomar medidas razonables y proporcionadas para comprobar que dichas reseñas pertenezcan a tales consumidores y usuarios; o las que añadan o encarguen a otra persona física o jurídica que incluya reseñas o aprobaciones falsas o distorsionadas de consumidores con el fin de promocionar bienes o servicios.

La consideración de prácticas engañosas se aplica únicamente en la medida en que se dirijan o tengan como destinatarios a los consumidores. De modo que, si esas mismas prácticas se producen en el ámbito de las relaciones entre empresarios o profesionales, no serán merecedoras de un reproche automático de deslealtad. Su licitud o ilicitud deberá ser examinada a la luz de las definiciones generales de los actos de engaño y de omisiones engañosas.

3.4. Actos de comparación

Los actos de comparación pública, incluida la publicidad comparativa, mediante una alusión explícita o implícita a un competidor, están permitidos si los bienes o servicios comparados tienen la misma finalidad o satisfacen las mismas necesidades y la comparación se realiza de modo objetivo entre una o más características esenciales, pertinentes, verificables y representativas de los bienes o servicios, entre las cuales podrá incluirse el precio. Ahora bien, en el supuesto de productos amparados por una denominación de origen o indicación geográfica, denominación específica o especialidad tradicional garantizada, la comparación sólo podrá efectuarse con otros productos de la misma denominación. Y no podrán presentarse bienes o servicios como imitaciones o réplicas de otros a los que se aplique una marca o nombre comercial protegido. Además, la comparación no podrá contravenir lo dispuesto en la LCD en materia de actos de denigración, explotación de la reputación ajena o engaño, incluidas las prácticas engañosas por confusión para los consumidores, previstas en el art. 20 LCD (art. 10 LCD).

Este último precepto alude, también expresamente, a la publicidad comparativa como una de las modalidades publicitarias que, potencialmente, puede desencadenar el riesgo de confusión entre el público de los consumidores, considerándola desleal por tal motivo. Lo que contrasta con la regulación general de los actos de comparación, en la que no efectúa referencia explícita alguna al riesgo de confusión, ni tampoco implícita fuera del caso de las prácticas con consumidores (art. 10 LCD). De modo que esta sesgada y asistemática regulación induce a pensar que la publicidad comparativa solo es desleal en relación con los consumidores cuando provoca un riesgo de confusión. El art. 20 LCD únicamente se aplica a los consumidores, y el art. 10 LCD no rige para las relaciones con ellos a tenor del art. 19.1 LCD. Por consiguiente, será desleal respecto de aquellos cuando genera riesgo de confusión; pero no si no cumple los requisitos generales de licitud de los actos de comparación del art. 10 LCD, a pesar de que esos requisitos han sido seleccionados precisamente en atención a la tutela de los intereses económicos de los consumidores. Y de que no hay duda de que la publicidad comparativa afecta a los intereses económicos de los consumidores cuando es apta para generar un riesgo de confusión, pero también cuando se refiere a productos o servicios que no sean similares o no compara de forma objetiva características esenciales, pertinentes, verificables y representativas de aquéllos.

3.5. Prácticas agresivas

Son desleales las prácticas agresivas, esto es, todo comportamiento que, teniendo en cuenta sus características y circunstancias, sea susceptible de mermar de manera significativa, mediante acoso, coacción, incluido el uso de la fuerza, o influencia indebida, la libertad de elección o conducta del destinatario en relación al bien o servicio y, por consiguiente, afecte o pueda afectar a su comportamiento económico. A este respecto, se considera influencia indebida la utilización de una posición de poder en relación con el destinatario de la práctica para ejercer presión, incluso sin usar fuerza física ni amenazar con su uso.

Para determinar si una conducta hace uso del acoso, la coacción o la influencia indebida se tendrán en cuenta las siguientes circunstancias (art. 8 LCD):

i) El momento y el lugar en que se produce, su naturaleza o su persistencia;

ii) El empleo de un lenguaje o un comportamiento amenazador o insultante;

iii) La explotación por parte del empresario o profesional de cualquier infortunio o circunstancia específicos lo suficientemente graves como para mermar la capacidad de discernimiento del destinatario, de los que aquél tenga conocimiento, para influir en su decisión con respecto al bien o servicio;

iv) Cualesquiera obstáculos no contractuales onerosos o desproporcionados impuestos por el empresario o profesional cuando la otra parte desee ejercitar derechos legales o contractuales, incluida cualquier forma de poner fin al contrato o de cambiar de bien o servicio o de suministrador;

v) La comunicación de que se va a realizar cualquier acción que, legalmente, no pueda ejercerse.

Esta previsión afecta a empresarios o profesionales y a consumidores (art. 19.1 LCD). Adicionalmente, en caso de prácticas con estos últimos, la LCD contiene un catálogo de prácticas de esta índole (arts. 28 a 31 LCD) que se consideran desleales per se (art. 19.2 LCD).

4. Actos contrarios al mercado

4.1. Violación de normas

Se considera desleal prevalerse en el mercado de una ventaja competitiva adquirida mediante la infracción de las leyes. La ventaja ha de ser significativa. Tendrá también la consideración de desleal la simple infracción de normas jurídicas que tengan por objeto la regulación de la actividad concurrencial. Igualmente, se considera desleal la contratación de extranjeros sin autorización para trabajar obtenida de conformidad con lo previsto en la legislación sobre extranjería. Y finalmente, se considera desleal el incumplimiento reiterado de las normas de lucha contra la morosidad en las operaciones comerciales (art. 15 LCD).

4.2. Discriminación y dependencia económica

Es ilícito el tratamiento discriminatorio del consumidor en materia de precios y demás condiciones de venta, a no ser que medie causa justificada. Y la explotación por parte de una empresa de la situación de dependencia económica en que puedan encontrarse sus empresas clientes o proveedores que no dispongan de alternativa equivalente para el ejercicio de su actividad. Esta situación se presumirá cuando un proveedor, además de los descuentos o condiciones habituales, deba conceder a su cliente de forma regular otras ventajas adicionales que no se conceden a compradores similares. Tendrá asimismo la consideración de desleal la ruptura, aunque sea de forma parcial, de una relación comercial establecida sin que haya existido preaviso escrito y preciso con una antelación mínima de seis meses, salvo que se deba a incumplimientos graves de las condiciones pactadas o en caso de fuerza mayor y la obtención, bajo la amenaza de ruptura de las relaciones comerciales, de precios, condiciones de pago, modalidades de venta, pago de cargos adicionales y otras condiciones de cooperación comercial no recogidas en el contrato de suministro que se tenga pactado (art. 16 LCD).

4.3. Venta a pérdida

Es desleal la venta a pérdida, esto es, la realizada bajo coste, o bajo precio de adquisición cuando sea susceptible de inducir a error a los consumidores acerca del nivel de precios de otros productos o servicios del mismo establecimiento, cuando tenga por efecto desacreditar la imagen de un producto o de un establecimiento ajenos o cuando forme parte de una estrategia encaminada a eliminar a un competidor o grupo de competidores del mercado (art. 17 LCD).

IV. ACCIONES

Contra los actos de competencia desleal, incluida la publicidad ilícita, podrán ejercitarse las siguientes acciones:

i) Acción declarativa de deslealtad.

ii) Acción de cesación de la conducta desleal o de prohibición de su reiteración futura. Asimismo, podrá ejercerse la acción de prohibición, si la conducta todavía no se ha puesto en práctica.

iii) Acción de remoción de los efectos producidos por la conducta desleal.

iv) Acción de rectificación de las informaciones engañosas, incorrectas o falsas.

v) Acción de resarcimiento de los daños y perjuicios ocasionados por la conducta desleal, si ha intervenido dolo o culpa del agente.

vi) Acción de enriquecimiento injusto, que sólo procederá cuando la conducta desleal lesione una posición jurídica amparada por un derecho de exclusiva u otra de análogo contenido económico. En las sentencias estimatorias de las acciones previstas en los cuatro primeros casos anteriores, el tribunal, si lo estima procedente, y con cargo al demandado, podrá acordar la publicación total o parcial de la sentencia o, cuando los efectos de la infracción puedan mantenerse a lo largo del tiempo, una declaración rectificadora.

De la disciplina que contiene la LCD en cuanto a estas acciones destacan las reglas sobre la carga de la prueba en relación con la veracidad y exactitud de las afirmaciones de hecho realizadas por los empresarios o profesionales. También las reglas especiales de legitimación, sobre todo las atinentes a la activa, en la medida en que tienen en cuenta, junto a los intereses particulares afectados por la práctica desleal, los generales en el correcto funcionamiento del mercado y los de los consumidores como categoría. Finalmente, de modo coherente con la regulación adoptada sobre los códigos de conducta, destacan las acciones frente a los empresarios adheridos públicamente a códigos de conducta que infrinjan las obligaciones libremente asumidas o incurran en actos de competencia desleal y frente a los responsables de tales códigos cuando éstos fomenten actos desleales.

Estas reglas deben completarse con lo dispuesto en el TRLCU (art. 20 bis), en el que se establece que para el ejercicio de las acciones anteriores se considerará acreditado, salvo prueba en contrario, el uso de prácticas comerciales desleales contra los consumidores y usuarios que haya sido constatado por una resolución firme de una autoridad competente o un órgano jurisdiccional. Se establece, asimismo, la responsabilidad solidaria por los daños y perjuicios ocasionados de todos los que hayan realizado de forma conjunta la infracción. Y finalmente, se prohíbe que la existencia de una práctica comercial desleal pueda ser utilizada en contra de los intereses de los consumidores y usuarios.

V. LA PUBLICIDAD COMERCIAL

1. Generalidades. La publicidad ilícita. La publicidad desleal. Remisión

Por publicidad se entiende toda forma de comunicación realizada por una persona física o jurídica, pública o privada, en el ejercicio de una actividad comercial, industrial, artesanal o profesional con el fin de promover de forma directa o indirecta la contratación de bienes muebles o inmuebles, servicios, derechos y obligaciones (art. 2 LGP). Son destinatarios de la publicidad las personas a las que se dirija el mensaje publicitario o las que éste alcance (art. 2 LGP).

La publicidad se rige por la Ley 34/1988, de 11 de noviembre, General de Publicidad (LGP), por la LCD y por las normas especiales que regulen determinadas actividades publicitarias (art. 1 LGP). La LCD establece un régimen jurídico unitario sobre la deslealtad de las prácticas engañosas, de las agresivas y, en general, de las prácticas desleales. Su disciplina se aplica con independencia de quien sea el autor de la práctica, de que sus destinatarios sean consumidores o empresarios y del medio utilizado para realizar la oferta. Por consiguiente, se ha superado la tradicional distinción entre los actos desleales y la regulación de la publicidad ilícita por desleal o engañosa.

Debido a ello, la LGP queda reducida a poco más que una norma meramente contractual, en la que se han dejado únicamente supuestos particulares de publicidad ilícita y las acciones y remedios que posibilitan su represión, en especial frente a la publicidad que atente contra la dignidad de la persona o vulnere los derechos y valores reconocidos en la Constitución, significativamente en lo que se refiere a la infancia, la juventud y la mujer. El resto de materias están disciplinadas en la LCD. En efecto, la publicidad ilícita por su carácter engañoso, agresivo y, en general, la desleal tiene la consideración de acto de competencia desleal en los términos contemplados en la LCD [art. 3 e) LGP]. Adicionalmente, la publicidad considerada ilícita por la LGP, fuera de esos casos, también se reputará desleal (art. 18 LCD).

2. *Supuestos específicos de publicidad ilícita*

La publicidad es ilícita, en primer lugar, cuando atente contra la dignidad de la persona o vulnere los valores y derechos reconocidos en la Constitución, especialmente los previstos en sus artículos 14, 18 y 20. 4. Se entenderán incluidos en la previsión anterior los anuncios que presenten a las mujeres de forma vejatoria o discriminatoria, bien utilizando particular y directamente su cuerpo o partes del mismo como mero objeto desvinculado del producto que se pretende promocionar, bien su imagen asociada a comportamientos estereotipados que vulneren los fundamentos de nuestro ordenamiento coadyuvando a generar la violencia a que se refiere la Ley Orgánica 1/2004, de 28 de diciembre, de Medidas de Protección Integral contra la Violencia de Género y la Ley Orgánica 10/2022, de 6 de septiembre, de garantía integral de la libertad sexual. Asimismo, cualquier forma de publicidad que contribuya a generar violencia o discriminación sobre menores de edad o fomente estereotipos de carácter sexista, racista, estético o de carácter homofóbico o transfóbico o por razones de capacidad [art. 3 a) LGP].

Es también ilícita la publicidad dirigida a menores que les incite a la compra de un bien o de un servicio, explotando su inexperiencia o credulidad, o en la que aparezcan persuadiendo de la compra a padres o tutores. Por otra parte, no se podrá, sin un motivo justificado, presentar a los niños en situaciones peligrosas. Tampoco se deberá inducir a error sobre las características de los productos, ni sobre su seguridad, ni acerca de la capacidad y aptitudes necesarias en el niño para utilizarlos sin producir daño para sí o a terceros [art. 3 b) LGP]. Asimismo, es ilícita la publicidad subliminal. Es subliminal la publicidad que, mediante técnicas de producción de estímulos de intensidades fronterizas con los umbrales de los sentidos o análogas, pueda actuar sobre el público destinatario sin ser conscientemente percibida [arts. 3 c) y 4 LGP].

Es ilícita igualmente la publicidad que infrinja lo dispuesto en la normativa que regule la publicidad de determinados productos, bienes, actividades o servicios [art. 3 d) LGP]. A este respecto la LGP alude a la publicidad de materiales o productos sanitarios y de aquellos otros sometidos a reglamentaciones técnico-sanitarias, así como la de los productos, bienes, actividades y servicios susceptibles de generar riesgos para la salud o seguridad de las personas o de su patrimonio; a la publicidad sobre juegos de suerte, envite o azar; y a los supuestos en que la protección de los valores y derechos constitucionalmente reconocidos así lo requieran (art. 5.1 LGP). Los reglamentos que desarrollen estas previsiones y aquellos que, al regular un producto o servicio, contengan normas sobre su publicidad especificarán las siguientes circunstancias, a saber, i) la naturaleza y características de los productos, bienes, actividades y servicios cuya publicidad sea objeto de regulación; ii) la forma y condiciones de difusión de los mensajes publicitarios y iii) los requisitos de autorización y, en su caso, registro de la publicidad, cuando haya sido sometida al régimen de autorización administrativa previa. Establecerán, asimismo, la exigencia de que en la publicidad de estos productos se recojan los riesgos derivados, en su caso, de la utilización normal de los mismos. En el procedimiento de elaboración de estos reglamentos será preceptiva la audiencia de las organizaciones empresariales representativas del sector, de las asociaciones de agencias y de anunciantes y de las asociaciones de consumidores y usuarios, en su caso, a través de sus órganos de representación institucional. El otorgamiento de autorización habrá de respetar los principios de libre competencia, de modo que no pueda producirse perjuicio de otros competidores. Sin embargo, una vez vencido el plazo de contestación que las normas especiales establezcan para los expedientes de autorización, se entenderá concedida esta por silencio administrativo positivo. En cambio, la denegación de solicitudes de autorización deberá ser motivada (art. 5.2 y 3 LGP).

En especial, tratándose de productos estupefacientes, psicotrópicos y medicamentos, destinados al consumo de personas y animales, solamente podrán ser objeto de publicidad en los casos, formas y condiciones establecidos en las normas especiales que los regulen (art. 5.4 LGP).

De otro lado, se prohíbe la publicidad de todo tipo de bebidas alcohólicas en aquellos lugares donde esté prohibida su venta o consumo y la comunicación comercial audiovisual de las mismas cuando su graduación alcohólica supere los 20 grados centesimales. Esta última prohibición podrá extenderse por el Gobierno a las bebidas con graduación alcohólica inferior a 20 grados centesimales. En general, además, la forma, contenido y condiciones de la publicidad de bebidas alcohólicas serán limitados reglamentariamente en orden a la protección de la salud y seguridad de las personas, teniendo en cuenta los sujetos destinatarios, la no inducción directa o indirecta a su consumo indiscriminado y en atención a los ámbitos educativos, sanitarios y deportivos (art. 5.5 LGP).

Finalmente, hay que destacar que el incumplimiento de las normas especiales que regulen la publicidad de los productos, bienes, actividades y servicios aludidos tendrá consideración de infracción a los efectos previstos en la Ley General para la Defensa de los Consumidores y Usuarios y en la Ley General de Sanidad (art. 5.6 LGP), además de ser considerados, en su caso, actos de competencia desleal (art. 18 LCD).

3. *Acciones*

Las acciones frente a la publicidad ilícita son las establecidas con carácter general para la competencia desleal en la LCD. Adicionalmente, frente a la publicidad ilícita por utilizar de forma discriminatoria o vejatoria la imagen de la mujer, están legitimados para el ejercicio de las acciones previstas en el artículo 32.1, 1ª a 4ª de la LCD la Delegación del Gobierno para la Violencia de Género, el Instituto de la Mujer o su equivalente en el ámbito autonómico, las asociaciones legalmente constituidas que tengan como objetivo único la defensa de los intereses de la mujer y no incluyan como asociados a personas jurídicas con ánimo de lucro y el Ministerio Fiscal (art. 6 LCD).

4. *El jurado de la publicidad de autocontrol*

Autocontrol es una asociación sin ánimo de lucro, compuesta por los principales anunciantes, agencias de publicidad, medios de comunicación y asociaciones profesionales relacionadas con la actividad publicitaria en España. La Asociación gestiona el sistema español de autorregulación de la comunicación comercial construido sobre la base de tres instrumentos esenciales, a saber, un Código de Conducta, un Gabinete Técnico que presta asesoramiento previo sobre concretos proyectos de campañas publicitarias antes de su emisión, a través del servicio de "*copy advice*" y un órgano independiente, el Jurado de la Publicidad de Autocontrol.

El Jurado de la Publicidad es un órgano especializado en materia deontológico-publicitaria y jurídico-publicitaria, formado por personas independientes, que actúa con plena y absoluta autonomía. Sus principales funciones son formular los anteproyectos de códigos éticos y otras normas de conducta en materia de comunicación comercial que se presenten a la Junta Directiva de la Asociación para su tramitación definitiva y, sobre todo, resolver, de conformidad con su Reglamento, las reclamaciones o controversias que se presenten en relación con las comunicaciones comerciales realizadas o difundidas por los asociados, o por terceros no asociados que acepten expresa o tácitamente su competencia, por presunta infracción de los códigos y normas de conducta aprobados por la Asociación.

En este aspecto es una instancia de resolución extrajudicial de controversias que desempeña un arbitraje de tipo institucional y especializado en materia publicitaria y de comunicación comercial. En razón del cumplimiento por su parte de los requisitos y principios de independencia, transparencia, contradicción, eficacia, legalidad, libertad de elección y derecho de representación, el sistema extrajudicial de controversias publicitarias de Autocontrol forma parte de la Red EJE (Red Extra-Judicial Europea) de la Comisión Europea.

Lección 8

Propiedad intelectual. La protección de los signos distintivos (I)

SUMARIO: I. PROPIEDAD INTELECTUAL: IDEAS GENERALES. II. SIGNOS DISTINTIVOS. CARACTERIZACIÓN. III. LAS MARCAS. 1. Caracterización. 1.1. Concepto. 1.2. Función económica. 1.3. Clases. 1.3.1. En atención a los signos y a la actividad. 1.3.2. En atención al titular. Marcas colectivas y marcas de garantía o certificación. 1.3.3. En atención al ámbito territorial de protección. 1.3.3.1. Marca nacional. 1.3.3.2. Marca de la Unión Europea. 1.3.3.3. Marca internacional. 1.3.4. Marcas renombradas. 2. Composición. 2.1. El signo constitutivo de marca. 2.2. Prohibiciones absolutas. 2.2.1. Ausencia de carácter distintivo. 2.2.2. La forma del producto. 2.2.3. Signos engañosos. 2.2.4. Otras prohibiciones absolutas. 2.3. Prohibiciones relativas. 2.3.1. Caracterización y presupuestos. 2.3.2. Los derechos. 2.3.3. El carácter anterior de los derechos. 2.3.4. El riesgo de confusión. 2.3.4.1. Caracterización. 2.3.4.2. Riesgo de asociación. 3. Nacimiento del derecho sobre la marca. 4. Procedimiento de registro. 4.1. Procedimiento nacional. 4.1.1. Fases del procedimiento. 4.1.2. La solicitud. 4.1.3. El examen de forma. 4.1.4. El examen de licitud. 4.1.5. La publicación de la solicitud y la notificación. 4.1.6. El examen de fondo. 4.1.7. La decisión sobre concesión o denegación. 4.2. Procedimiento de la Unión Europea. 4.2.1. Fases del procedimiento. 4.2.2. La solicitud. 4.2.3. El examen. 4.2.4. Observaciones de tercero y Oposición. 4.2.5. Registro y publicación de la marca. 4.3. Disciplina Internacional. 5. Contenido. 5.1. Derechos. 5.1.1. Dimensión positiva y negativa. 5.1.2. Limitaciones objetivas. En particular el agotamiento del derecho de marca. 5.1.3. Limitaciones subjetivas. 5.2. Acciones por violación del derecho de marca. 5.3. Cargas. 5.3.1. La carga del uso. 5.3.2. La solicitud de renovación.

I. PROPIEDAD INTELECTUAL: IDEAS GENERALES

La propiedad intelectual es una locución técnica que incluye la disciplina de las creaciones industriales (patentes, modelos de utilidad y diseños industriales) de los signos distintivos (marcas, nombres comerciales y rótulos de establecimiento), de los signos distintivos de calidad (denominaciones de origen e indicaciones geográficas) y de los derechos de autor, concebidos todos ellos como creaciones del intelecto humano y, por ende, como bienes inmateriales susceptibles de protección por el Derecho.

Se trata de una orientación político-jurídica acorde con la preconizada por la OMPI ya en 1967 y posteriormente ratificada por la Declaración de las partes contratantes del GATT de Punta del Este en 1986. En ambas sedes se propuso agrupar las distintas clases de derechos sobre bienes inmateriales en una sola categoría bajo la denominación genérica de propiedad intelectual. Locución en la que quedarían comprendidos, por tanto, los tradicionales derechos de propiedad industrial recogidos en el Convenio de la Unión de París como los regulados en el Convenio de Berna, que integran los derechos de autor y derechos conexos.

Este criterio amplio fue adoptado también en el protocolo 28 del Acuerdo sobre el Espacio Económico Europeo y en el Acuerdo Marco Interregional de Cooperación entre la Comunidad Europea y sus Estados miembros, por un lado, y el Mercado Común del Sur y sus Estados Partes, por otro (BOE 3 de noviembre de 1999).

Asimismo, en el Acuerdo sobre los aspectos de los derechos de propiedad intelectual relacionados con el comercio ("Acuerdo sobre los ADPIC"), aprobado, en el marco de las negociaciones multilaterales de la Ronda Uruguay, mediante la Decisión 94/800/CE del Consejo y celebrado en el marco de la Organización Mundial del Comercio de 1995. Este acuerdo fue ratificado por España el 30 de diciembre de 1994, con lo que pasó a ser derecho de obligado cumplimiento en nuestro país. El acuerdo define la propiedad intelectual disponiendo que se extiende a: 1. Derecho de autor y derechos conexos 2. Marcas de fábrica o de comercio 3. Indicaciones geográficas 4. Dibujos y modelos industriales 5. Patentes 6. Esquemas de trazado (topografías) de los circuitos integrados 7. Protección de la información no divulgada 8. Control de las prácticas anticompetitivas en las licencias contractuales.

En el mismo sentido se pronuncian el resto de textos legales vinculantes en España, que conforman el régimen jurídico de nuestro país. Por ejemplo, la Directiva 2004/48/CE del Parlamento Europeo y del Consejo de 29 de abril de 2004 relativa al respeto de los derechos de propiedad intelectual, que incluye dentro de esta categoría no solo los derechos de autor y afines, sino también el resto de derechos de la propiedad intelectual, tales como patentes, marcas, diseños. La incorporación de esa Directiva en España se hizo modificando la Ley de Patentes, la Ley de Marcas y la Ley de protección jurídica del Diseño Industrial.

Finalmente, cabe señalar el Reglamento de la Unión Europea 2015/2424 del Parlamento Europeo y del Consejo de 16 de diciembre de 2015, que modifica la denominación de la anterior OAMI (Oficina de Armonización del Mercado Interior) que, desde ese momento, se llama Oficina de Propiedad Intelectual de la Unión Europea (EUIPO), atribuyéndole las competencias básicas de registrar las marcas y diseños de los Estados miembros de la Unión Europea, como partes que son de la propiedad intelectual, que resulta claro no se restringe a los derechos de autor.

Resulta por tanto evidente que debe abandonarse la distinción que venía haciéndose en nuestro país entre propiedad industrial y propiedad intelectual, sobre la base de que en el Código Civil de 1889 se acuña el término de propiedad intelectual. Considerando que las normas citadas anteriormente son bastante posteriores a 1889 y que definen la propiedad intelectual en sentido distinto a la contenida en el Código Civil no es posible sostener, legalmente, que exista una identificación legal entre propiedad intelectual y derechos de autor.

Con esta orientación no se quiere importar fórmulas del Derecho comparado necesitadas todavía de un debate que, entre nosotros, dista de ser satisfactorio. Se trata de contribuir a la elaboración de un sistema orgánico y sentar las bases destinadas a dar una unidad de sentido al conjunto de los materiales normativos que disciplinan las creaciones intelectuales.

II. SIGNOS DISTINTIVOS. CARACTERIZACIÓN

Los signos distintivos constituyen una creación intelectual cuya finalidad es individualizar y diferenciar la empresa como organización, su titular, sus productos y su sede física. Se trata, en efecto, de instrumentos sensoriales que, al exteriorizarse en los múltiples elementos que guardan relación con la empresa, o en los que ésta se manifiesta en su actividad de relación con los terceros en el mercado (productos, inmuebles e instalaciones, documentación mercantil relacionada con el negocio, instrumentos publicitarios o de propaganda de la empresa), hacen posible que aquellos la reconozcan en su individualidad y puedan diferenciarla de otras organizaciones del mismo género que concurren con ella al mercado.

Son, por consiguiente, bienes inmateriales típicos de empresa, que confieren a su titular un derecho de utilización exclusiva. Su inclusión dentro del Derecho Mercantil es innegable puesto que se produce por una doble conexión. Por un lado, en su dimensión de bienes inmateriales típicos de empresa, constituyen elementos de la empresa en su sentido objetivo. Por otro lado, se incardinan en el régimen de la competencia. En el de la libre competencia en la medida en que, si, por un lado la restringen; por otro, constituyen factores concurrenciales de primer orden. En el de la competencia desleal, puesto que esta comprende su protección cuando los signos se utilizan en la realización de prácticas desleales.

III. LAS MARCAS

1. Caracterización

1.1. Concepto

La marca es el signo distintivo que sirve para individualizar y distinguir en el mercado productos o servicios de una persona de productos o servicios idénticos o similares de otra persona (arts. 4 LM y 4 RMUE). Su principal característica es, por tanto, su aptitud diferenciadora o distintiva. El derecho sobre la marca se resuelve en la utilización del signo con el fin de diferenciar determinadas "clases" de productos o servicios, dentro de las previstas en el Nomenclátor internacional establecido en virtud del Arreglo de Niza de 15 de junio de 1957, que es sucesivamente revisado [arts. 12.1 d) y 12.2 LM y 33.3 RMUE]. Esta característica fundamenta el principio de especialidad sobre el que tradicionalmente descansa el régimen jurídico del derecho sobre la marca. Este no se refiere al signo en abstracto sino a la relación entre el signo y los productos o servicios que identifica, por lo que productos o servicios de naturaleza distinta pueden distinguirse con el mismo signo sin menoscabar el derecho exclusivo del primer titular.

1.2. Función económica

En atención a su noción, la primera función que desempeña la marca consiste en indicar el origen empresarial del producto o servicio. Habida cuenta que el uso de la marca puede ser cedido a terceros, esta función da al consumidor la certeza de que el producto revestido con la marca no ha sido objeto de manipulaciones sin consentimiento del titular. La función indicadora de la calidad —segunda que se atribuye a la marca— se recoge en el art. 36.2 LM y en el art. 15.2 RMUE. En ellos se establece que, aun habiéndose producido el agotamiento de la marca, el *"ius prohibendi"* del titular renace cuando el estado de los productos designados por ella ha sido modificado o alterado tras su comercialización. Con todo la terminología es un tanto equívoca porque esta función no supone que los productos identificados con una marca sean productos de calidad. Únicamente alude a que tales productos tienen unas características homogéneas.

Cabe también reconocer que la marca puede desempeñar una función indicadora del prestigio o buena reputación ("*goodwill*") de los productos o servicios entre el público consumidor, que se hace especialmente visible en el caso de marcas renombradas, a las que luego aludiré. El prestigio puede deberse a la buena calidad de los productos, pero también a la publicidad o incluso a la fuerza sugestiva del propio signo. Junto a las anteriores, la marca desempeña asimismo una función publicitaria. Debido a su propia configuración sintético-simbólica constituye un instrumento particularmente idóneo para potenciar el mensaje publicitario. Al tiempo, la publicidad puede convertirse en un efectivo mecanismo para generar o incrementar el prestigio anudado a la marca.

1.3. Clases

1.3.1. En atención a los signos y a la actividad

Atendiendo a los signos por los que están constituidas, las marcas pueden ser denominativas, que están formadas por una o varias palabras; gráficas o emblemáticas, que consisten en imágenes o dibujos; tridimensionales, es decir, modelos con tres dimensiones, como los envases; auditivas, por ejemplo, la señal acústica identificativa de un programa de radio; o mixtas, cuando combinan algunos de esos elementos (arts. 4.2 LM). Al haberse eliminado el requisito de la representación gráfica como se explicará más adelante, se incluyen también otro tipo de marcas, como las olfativas o gustativas.

Considerando la actividad empresarial a la que se aplican, cabe distinguir, además de las marcas de producto y servicio, las de fabricante y distribuidor, según, en este último caso, la función que asuma respecto del producto el titular de la misma (art. 34.4 LM).

1.3.2. En atención al titular. Marcas colectivas y marcas de garantía o certificación

Por su titularidad, las marcas pueden ser individuales y colectivas. Las marcas colectivas diferencian los productos/servicios de los miembros de una asociación de empresarios, que es la titular de la marca, de los productos/servicios de los miembros de otras asociaciones. Por eso la asociación debe establecer las condiciones de uso de la marca, para lo que confeccionará un "Reglamento de Uso". Cumplen, por tanto, la misma función que las marcas individuales, indicar el origen empresarial, si bien no de un único empresario en sí mismo considerado, sino de un empresario como miembro de una asociación de la que también forman parte otros empresarios. Pueden desempeñar, no obstante, la función adicional de indicar el origen geográfico de los productos o servicios, cuando el signo constitutivo de la marca colectiva es una indicación geográfica (art. 62.3 LM).

Una modalidad distinta la constituyen las marcas de garantía o de certificación. Su función consiste en garantizar o certificar que los productos o servicios a los que se aplican reúnen unos requisitos comunes en lo que concierne a su calidad, componentes u otras características determinadas en el Reglamento de Uso, con excepción de la procedencia geográfica, lo que permite distinguirlos de los productos y servicios que no posean esa certificación. No cumplen, pues, una función indicadora del origen empresarial, sino una función indicadora de la calidad de los productos o servicios, no solo en la esfera socio-económica, sino también en el plano jurídico, en la medida en que se impone al titular de la marca la obligación de controlar la calidad de los productos o servicios que se distribuyen identificados con esa marca de garantía. Por otro lado, mientras las marcas colectivas solo pueden ser solicitadas por asociaciones de empresarios y por personas jurídicas, las de garantía pueden serlo por cualquier persona. Salvo el titular de esta última, que carece de la facultad de usarla.

1.3.3. En atención al ámbito territorial de protección

En atención al ámbito territorial de protección, las marcas pueden ser nacionales, de la Unión Europea e internacionales.

1.3.3.1. Marca nacional

La marca nacional es aquella cuyo ámbito de protección territorial se restringe a un Estado determinado. En España, está regulada por la Ley 17/2001, de 7 de diciembre, de Marcas. Esta ley ha sufrido una profunda modificación para su adaptación a la Directiva (UE) 2015/2436 del Parlamento Europeo y del Consejo, de 16 de diciembre de 2015, relativa a la aproximación de las legislaciones de los Estados miembros en materia de marcas (DM). El objetivo del legislador europeo es facilitar el registro y la gestión de las marcas en Europa y para ello se considera esencial aproximar no solo las disposiciones de derecho material sino también las de carácter procedimental. Por esta razón, se incorporan a la Directiva los principios normativos esenciales del Reglamento (CE) nº 207/2009 del Consejo, de 26 de febrero de 2009, en la actualidad, en su versión codificada, Reglamento (UE) 2017/1001 (RMUE), produciéndose así una armonización legislativa no solo en los sistemas nacionales de marcas, sino también entre estos y el sistema de marcas de la Unión.

Dado que se ha agotado ya el plazo previsto para la transposición de la Directiva, sin que se haya llevado a efecto en nuestro Ordenamiento, se ha optado por razones de urgencia por proceder a la adaptación del Derecho interno a la misma a través del Real Decreto-Ley 23/2018, de 21 de diciembre, de transposición de directivas en materia de marcas, transporte ferroviario y viajes combinados y servicios vinculados. Con ello, se introducen sustanciales modificaciones respecto a la regulación existente; en especial, en relación con los signos que pueden constituir marcas, con la eliminación de la diferencia entre marcas notorias y renombradas, y en materia de nulidad y caducidad.

1.3.3.2. Marca de la Unión Europea

La marca de la Unión Europea es la que goza de vigencia en todo el territorio de la Unión. Su régimen jurídico está contenido básicamente en el Reglamento (UE) 2017/1001 del Parlamento Europeo y del Consejo de 14 de junio de 2017 sobre la marca de la Unión Europea, publicado en el DOUE de 16 de junio de 2017 que deroga el Reglamento 207/2009. El sistema que instituye el Reglamento se basa en los principios de unidad y autonomía. En aplicación del principio de unidad permite registrar una misma marca en todo el territorio de la Unión mediante una sola solicitud y a través de un único organismo, la Oficina de Propiedad Intelectual de la Unión Europea (EUIPO). Como corolario del principio de autonomía, los textos legales comunitarios contienen una regulación completa, exclusiva y excluyente de las marcas de la Unión, tanto en lo que respecta al régimen sustantivo, como al administrativo y procedimental. Este principio supone el respeto a los sistemas de marcas nacionales o internacionales que convivan con él para las marcas que no quieran operar a nivel de la Unión Europea.

Como excepción, no obstante, al principio de autonomía, existen algunos aspectos de la disciplina que se rigen por la normativa interna. Sucede, en particular, con las acciones por violación de la marca de la Unión, cuyo régimen procedimental es el del Derecho interno, o con la normativa de la marca como objeto de negocios jurídicos, ámbito en el que se ordena una asimilación a la marca nacional, sin perjuicio de las prescripciones del Reglamento.

1.3.3.3. Marca internacional

La marca internacional es aquélla objeto de protección en varios Estados, pero sujeta al régimen jurídico de cada uno de ellos. Se encuadra en un sistema de registro de marcas para países que están integrados en el Sistema de Madrid. Por tanto, no es una marca registrable en todo el mundo, sino únicamente en los países integrados en tal Sistema. Este Sistema comprende dos tratados internacionales, el Arreglo de Madrid de 14 de abril 1891, posteriormente revisado, y el Protocolo de Madrid de 28 de junio de 1989. También puede solicitarse una marca para protegerla en la Unión Europea por esta vía. El Sistema establece un procedimiento internacional de marcas para obtener la protección en más de un país con la misma solicitud, en un único idioma y pagando una única tasa. Su principal ventaja consiste en la simplificación y unificación de trámites que supone, como serían el examen formal y la publicación. Asimismo este tipo de marcas son más fáciles de gestionar que varias marcas nacionales, dado que son objeto de una única renovación (el registro internacional tiene una duración de 10 años renovable cada 10 años) y también es más fácil registrar cambios de titularidad, representante o limitaciones en los productos o servicios.

Las solicitudes internacionales deben presentarse a través de una Oficina Nacional o de la EUIPO, con fundamento en una marca ya registrada en el ámbito territorial correspondiente, pero el Sistema está gestionado por la Oficina Internacional de Ginebra de la Organización Mundial de la Propiedad Intelectual (OMPI). Estas marcas no están sujetas a un régimen jurídico unitario. Por el contrario, en cada uno de los países designados por el solicitante otorgan los mismos derechos y obligaciones que si se tratara de una marca nacional.

En este mismo plano internacional cabe citar el registro de marcas en el ámbito del Convenio de la Unión de París de 20 de marzo de 1883, posteriormente revisado. Como hitos fundamentales de su disciplina destacan la consagración de los principios de tratamiento nacional y de tratamiento unionista. El primero obliga a todos los Estados a conceder a los ciudadanos de los demás Estados contratantes la misma protección y ventajas que otorga a sus nacionales. Los ciudadanos de Estados no contratantes también estarán protegidos por el Convenio si tienen un establecimiento industrial o comercial real y efectivo en alguno de los Estados contratantes. El principio de tratamiento unionista significa que el de trato nacional se entiende sin perjuicio del régimen jurídico especialmente previsto por el Convenio. En ese contexto, hay que citar, en primer término, el fundamental derecho de prioridad, según el cual quienes hayan depositado regularmente una solicitud en un país de la Unión gozarán, para efectuar el depósito en otros países, de un plazo durante el cual no podrá denegarse la protección solicitada sobre la base de hechos acaecidos durante ese tiempo. Al tiempo, rige el principio de protección de la marca unionista "tal cual es". A tenor del mismo se permite el registro de la marca en un segundo Estado en la misma forma en que se registró en el país de origen, aun cuando suponga una violación de alguna norma del Estado en que se pretende el registro ulterior, de modo que no podrá ser rehusada para su registro ni invalidada más que en los casos excepcionales previstos de forma expresa en el Convenio. Es también destacable la protección que concede a las marcas notorias.

1.3.4. Marcas renombradas

La adaptación de nuestra LM a la DM ha supuesto la eliminación de la distinción que venía realizándose en nuestro Ordenamiento entre marcas notorias y renombradas. En su redacción actual, la LM, al igual que el RMUE, únicamente contempla las marcas renombradas o de renombre (art. 8 LM). Aunque no las define, señala la Exposición de Motivos del RD-Ley 33/2018, de 21 de diciembre, que ha de tenerse en cuenta que, conforme a la jurisprudencia más extendida, para que una marca goce de renombre ha de ser conocida "por una parte significativa del público interesado en los productos o servicios".

La principal característica de las marcas renombradas es que se tutelan sin considerar el principio de especialidad. Es decir, se protegen aunque la marca posterior se refiera a productos o servicios que no sean similares a los protegidos por la marca renombrada anterior, siempre y cuando concurra alguna de las condiciones previstas en la Ley. A saber, que el uso de la marca posterior pueda indicar una conexión entre los productos o servicios amparados por la misma y el titular de los signos renombrados, o, en general, que con ese uso, realizado sin justa causa, *se pretendiera obtener una ventaja desleal del carácter distintivo o del renombre de la marca anterior o tal uso fuera perjudicial para dicho carácter distintivo o dicho renombre.* En consecuencia el titular de estos signos puede oponerse al registro, instar la nulidad de este y ejercitar las acciones de infracción de marcas frente a signos posteriores, idénticos o semejantes, aunque no exista similitud entre los correspondientes productos y servicios.

2. *Composición*

2.1. El signo constitutivo de marca

El ordenamiento reconoce en principio un amplio margen de libertad en orden a la composición del signo constitutivo de la marca. Tras la transposición a nuestro Ordenamiento de la DM, únicamente se requiere que goce de fuerza distintiva, del mismo modo que se exige para la marca de la Unión Europea. Se elimina por tanto el requisito de que la marca sea susceptible de representación gráfica (arts. 4 LM y 4 RMUE). A fin de permitir una mayor flexibilidad y garantizar al mismo tiempo una mayor seguridad jurídica en cuanto a los medios de representación de la marca, solo se requiere que el signo sea apropiado para ser representado en el Registro de Marcas de manera que permita a las autoridades competentes y al público en general determinar el objeto claro y preciso de la protección otorgada a su titular. De manera que puede representarse de cualquier forma que se considere adecuada usando la tecnología generalmente disponible, y no necesariamente por medios gráficos, siempre que la representación sea clara, precisa, autosuficiente, fácilmente accesible, inteligible, duradera y objetiva. Se admite así, por ejemplo, en el caso de marcas sonoras, la representación por un archivo de audio o, en el caso de marcas en movimiento, la representación por medio de un archivo de vídeo, como ya venía admitiendo la EUIPO, para las marcas de la Unión Europea, además de las representaciones tradicionales como las palabras, incluidos los nombres de personas, los dibujos, las letras, las cifras, los colores o la forma del producto o de su embalaje. Se consigue, de este modo, emplear en la representación del signo la tecnología disponible en cada momento y que sea adecuada a los efectos anteriormente mencionados.

Esa libertad se halla, no obstante, restringida, puesto que el signo no puede incurrir en las prohibiciones que establece la Ley, que tipifica dos clases, las prohibiciones absolutas y las relativas. Ambas se diferencian, en particular, porque, mientras las primeras consignan requisitos que debe reunir el signo en sí mismo sin compararlo con otros, las segundas exigen tal comparación. El fundamento de su protección es, en consecuencia, distinto. Las prohibiciones absolutas pretenden preferentemente la tutela de intereses públicos o generales. Por el contrario, las relativas persiguen amparar los derechos de terceros particulares. Por este motivo, la comprobación de la inexistencia de prohibiciones absolutas se efectúa de oficio por la OEPM o, en su caso, por la EUIPO, y la denegación de registro basada en prohibiciones relativas requiere oposición del titular afectado (arts. 19 y 20 LM y arts. 7 y 8 RMUE y R11 y 15 RPMUE).

2.2. Prohibiciones absolutas

2.2.1. Ausencia de carácter distintivo

En el catálogo de prohibiciones absolutas se distinguen en primer lugar las que afectan a los signos que carecen de carácter distintivo de los productos o servicios que se pretende diferenciar con ellos, denominadas, de ordinario, indicaciones genéricas. El carácter distintivo debe apreciarse en relación con los productos y servicios a los que se quiera aplicar la marca en relación con la percepción que se supone al consumidor medio de la categoría de productos o servicios de que se trate, normalmente informado y razonablemente atento y perspicaz.

En particular incurren en esta prohibición los signos descriptivos, esto es, los que se componen exclusivamente de indicaciones que designan características del producto o servicio al que se refieren, tales como su calidad, cantidad, destino o procedencia geográfica [art. 5.1 c) LM y art. 7.1 c) RMUE], y los que se componen exclusivamente de indicaciones que se hayan convertido en habituales para designar los productos o servicios de que se trate [art. 5.1 d) LM y art. 7.1 c) RMUE]. No obstante, esta última prohibición pone de manifiesto que el carácter genérico del signo no es estático. Por el contrario, puede adquirirse con posterioridad. Cuando ha sucedido por la actividad o inactividad de su titular constituye una causa de caducidad de la marca [arts. 55. 1 d) LM y 58.1.b) RMUE]. De igual modo, pero en sentido inverso, es posible que el carácter genérico se pierda ulteriormente debido al uso que se ha hecho del signo, adquiriendo en consecuencia el carácter distintivo propio de la marca. Es lo que se conoce como "segundo significado". En tales casos, es protegible como marca (arts. 5.2 y 51.3 LM y 7.3 RMUE). Con todo hay que precisar que estas prohibiciones se refieren a signos compuestos exclusivamente por indicaciones genéricas, por lo que no impiden el registro de la marca cuando esta incluya otros con suficiente aptitud diferenciadora o incluso que tal aptitud derive de la conjunción de varios signos genéricos. Por ejemplo, la STPi de 11 de diciembre de 2001 declaró que no incurría en prohibición absoluta la locución *Der Prinzip der Bequemlichkeit* (El Principio de la Comodidad) para vehículos y muebles.

Por lo demás, tratándose de denominaciones geográficas, esta prohibición no se aplica a las marcas colectivas ni a las de garantía (arts. 62.3 y 68.3 LM y 66.2 RMUE), de modo que podrán constituir marcas de esos tipos los signos o las indicaciones que puedan servir, en el comercio, para señalar la procedencia geográfica de los productos o de los servicios. Además, tras la reforma de la LM por Real-Decreto Ley 23/2018. de 21 de diciembre, existen prohibiciones específicas para las marcas cuyo registro deba denegarse con arreglo a la legislación de la Unión o el Derecho nacional, o a los acuerdos internacionales en los que sea parte la Unión o el Estado miembro de que se trate y que confieran protección a denominaciones de origen e indicaciones geográficas, a las denominaciones tradicionales de vinos, a especialidades tradicionales garantizadas [arts. 5.1. h, i, j) LM y 7.1. j, k, l) RMUE] así como a las marcas que consistan en una denominación de obtención vegetal anterior registrada con arreglo a la legislación de la Unión o al Derecho nacional, o a los acuerdos internacionales en los que sea parte la Unión o el Estado miembro de que se trate, que establecen la protección de las obtenciones vegetales, o que reproduzcan dicha denominación en sus elementos esenciales, y que se refieran a obtenciones vegetales de la misma especie o de especies estrechamente conexas [art. 5.1.k) LM y 7.1. m) RMUE].

2.2.2. *La forma del producto*

El fundamento genérico de esta prohibición alude a la necesidad de que la marca tenga una existencia propia y distinta del producto o servicio al que se aplique, lo que afecta, en particular, a las marcas tridimensionales. Por ese motivo, incurren en esta prohibición constituidos exclusivamente por la forma u otra característica impuesta por la naturaleza misma del producto; o por la forma u otra característica del producto necesaria para obtener un resultado técnico; o por la forma u otra característica que dé un valor sustancial al producto [art. 5.1. e) LM]. Se trata de un artículo que también ha sido modificado al trasponer la DM, al objeto de extender las prohibiciones también a los signos compuestos por otras características, como puede ser, por ejemplo, el color o el sonido.

La prohibición relativa a la forma del producto necesaria para obtener un resultado técnico, deslinda lo que puede protegerse como modelo de utilidad y como marca. Su fundamento se anuda a la necesidad de impedir que se vulnere la disciplina que, en el marco de aquel, impide el disfrute de un monopolio indefinido sobre las soluciones técnicas. Por otra parte, la prohibición atinente a la forma que concede un valor sustancial al producto es de aplicación preferente a los productos en que la apariencia estética incide directamente en su valor. Estas formas estéticamente atractivas son, sin embargo, protegibles por la vía del diseño industrial o de la propiedad intelectual.

2.2.3. *Signos engañosos*

Se entiende por signos engañosos los que puedan inducir al público a error, por ejemplo, sobre la naturaleza, la calidad o la procedencia geográfica del producto o servicio [arts. 5.1. g) LM y 7.1 g) RMUE]. El error se refiere al signo en relación con el producto o servicio al que identifica, no al generado por confusión con los productos o servicios de un competidor, que genera una prohibición relativa. Un supuesto específico de este tipo de prohibiciones es la que impide registrar signos que incluyan indicaciones de procedencia geográfica que identifiquen vinos o bebidas espirituosas que no tengan esa procedencia, incluso cuando se indique el verdadero origen del producto o se utilice la indicación geográfica traducida o acompañada de expresiones tales como "clase", "tipo", "estilo", "imitación" u otras análogas [arts. 5.1. h) LM].

2.2.4. *Otras prohibiciones absolutas*

Otras prohibiciones absolutas son, en primer lugar, las que afectan a los signos que no reúnen los requisitos generales relativos a la composición de la marca [arts. 4.1 y 5.1 a) LM y arts. 4 y 7.1 a) RMUE]. En segundo lugar, un conjunto de disposiciones que vetan el registro como marca de los signos oficiales identificativos del Estado o de las Administraciones Públicas y aquellos otros previstos con un significado público determinado [arts. 5.1 i), j) y k) LM y 7.1 h) e i) RMUE]. Finalmente incurren en estas prohibiciones los signos contrarios a la Ley, al orden público o a las buenas costumbres [arts. 5.1 f) LM y 7.1 f) RMUE]. Y las que deban ser denegadas en virtud del artículo 6 ter del Convenio de París sobre protección de la propiedad industrial [art. 7.1 h) RMUE].

2.3. Prohibiciones relativas

2.3.1. *Caracterización y presupuestos*

Las prohibiciones relativas impiden el registro como marca de signos que ocasionan un riesgo de confusión con derechos anteriores adquiridos por terceros sobre ese signo o uno semejante o que lesionan otros derechos reconocidos a su titular. Tanto la LM como el RMUE explicitan de manera puntual cuáles son esos derechos, cuando se consideran anteriores y en qué consiste el riesgo de confusión.

2.3.2. *Los derechos*

Entre los derechos cabe citar en primer lugar las marcas. En concreto, las marcas que se entienden comprendidas son las de la Unión Europea, las registradas en un Estado miembro o, por lo que respecta a Bélgica, Luxemburgo y los Países Bajos, en la Oficina de propiedad intelectual del Benelux, las marcas que hayan sido objeto de un registro internacional que surta efecto en un Estado miembro y las registradas en virtud de acuerdos internacionales que surtan efecto en la Unión Europea. Tratándose de marca nacional es necesario que la marca anterior no española surta efectos en España. A este respecto, las solicitudes de marca se equiparan a las marcas registradas, si resultan finalmente registradas.

Junto a las marcas, cabe considerar otros derechos que confieren al titular el derecho de usar un determinado signo así como el de prohibir el uso de una marca posterior. Un caso típico de estos signos es el del nombre comercial. A este último alude expresamente la LM considerando que se trata de un derecho anterior. Al igual que la solicitud del mismo, a condición de que sea finalmente registrada.

La LM incluye —tras su reforma para la transposición de la DM— del mismo modo que lo hace RMUE, entre estos derechos las denominaciones de origen o indicaciones geográficas solicitadas de conformidad con la legislación de la Unión o el Derecho nacional antes de la fecha de solicitud de registro de la marca de la Unión o de la fecha de la prioridad reivindicada para la solicitud, a condición de que se registre ulteriormente y, siempre y cuando, confieran el derecho a prohibir la utilización de una marca ulterior.

Adicionalmente, la LM incluye como derechos de este tipo las denominaciones o razones sociales de una persona jurídica, el nombre civil o la imagen que identifique a una persona distinta del solicitante de la marca y el nombre, apellido, seudónimo o cualquier otro signo que, para la generalidad del público, identifique a una persona distinta del solicitante. A este respecto ha de tenerse en cuenta, sin embargo, que tampoco podrán registrarse como marcas el nombre, apellidos, seudónimo o cualquier otro signo que identifique al solicitante del registro si los mismos incurren en alguna de las prohibiciones de registro, incluyendo las absolutas, pero también las relativas. Por último, la LM considera derechos de esta índole los signos que reproduzcan, imiten o transformen creaciones protegidas por un derecho de autor o por otro derecho de propiedad intelectual.

2.3.3. El carácter anterior de los derechos

El carácter anterior los derechos viene atribuido por la prioridad de la solicitud de registro, considerándose que son signos anteriores aquellos cuya fecha de presentación de la solicitud sea anterior, siempre que resulte finalmente registrada (arts. 6 y 7 y DT 3ª 3 LM, y 8.2 RMC).

Junto a él, no obstante, existen ciertos casos en que se estima anterior el derecho, aunque no esté registrado, ni solicitado su registro, a pesar de que este sea preceptivo para la adquisición del mismo. Es el caso, en primer lugar, de las marcas no registradas, que constituyen derechos anteriores si, en la fecha de presentación o prioridad de la solicitud de la marca posterior, son "notoriamente conocidas" en España —es decir, se trata de marcas renombradas—, o en cualquier Estado miembro, en caso de marcas de la Unión Europea, siempre en el sentido del artículo 6 bis del Convenio de París. En segundo término, si la marca solicitada es de la Unión Europea comunitaria, son asimismo derechos anteriores, las marcas no registradas u otros signos utilizados en el tráfico económico de alcance no únicamente local, cuando, con arreglo a la legislación comunitaria o al Derecho del Estado miembro que regule dicho signo, el titular ostente sobre él el derecho de usarle con anterioridad a la fecha de la prioridad invocada. Si la marca solicitada es nacional, constituyen derechos anteriores el nombre comercial y la razón o denominación social de las personas jurídicas que identifiquen en el tráfico económico a una persona distinta del solicitante antes de la fecha de presentación o prioridad de la marca solicitada, siempre que el titular de esos signos pruebe el uso o conocimiento notorio de dichos signos en el conjunto del territorio nacional.

2.3.4. El riesgo de confusión

Para apreciar la existencia de las prohibiciones relativas, tratándose de marcas, nombres comerciales o razones o denominaciones sociales anteriores, se exige, en tercer lugar, que exista riesgo de confusión.

2.3.4.1. Caracterización

Al respecto de marcas anteriores, por riesgo de confusión se entiende el riesgo de que el público pueda creer que los productos o servicios a los que se pretende aplicar la marca posterior proceden de la misma empresa que los designados con la marca anterior o, según el caso, de empresas jurídica o económicamente relacionadas. La existencia de un riesgo de confusión para el público debe apreciarse globalmente, teniendo en cuenta todos los factores del supuesto concreto que sean pertinentes. Por consiguiente, de conformidad con el principio de especialidad de la marca, para advertir su existencia es preciso, en primer término, realizar una doble comparación. Por un lado, la de los signos. Por otro, la de los productos o servicios identificados con ellos. La apreciación de riesgo de confusión depende, en particular, del grado de similitud entre la marca y el signo posterior y entre los productos o servicios designados con ambos.

Cuando los signos y los productos o servicios son idénticos no ha lugar a duda alguna, por lo que la Ley incluye una presunción *iuris et de iure* de la existencia de riesgo de confusión [arts. 6.1 a) LM y 8.1 a) RMUE]. Es en el caso en el que no exista esa doble identidad cuando ha de procederse de forma meticulosa a la doble comparación [arts. 6.1 b) LM y 8.1 b) RMUE].

Por lo que respecta a la de los productos o servicios, debe efectuarse teniendo en cuenta todos los factores pertinentes que caracterizan la relación entre los mismos. Estos factores incluyen, en particular, su naturaleza, su destino, su utilización y su carácter competidor o complementario, de modo que habrán de tenerse en cuenta también los canales de distribución. Sin embargo, no constituye un factor decisivo el que figuren o no en la misma clase del Nomenclátor internacional.

En relación con la comparación de los signos, la apreciación global del riesgo de confusión, debe basarse en la impresión de conjunto producida por las marcas en el consumidor medio, atendiendo a su grado de similitud gráfica, fonética y conceptual, pero teniendo en cuenta, en particular, sus elementos distintivos y dominantes, esto es, postergando los elementos genéricos y descriptivos. En ausencia de elementos gráficos, se concederá relevancia al aspecto fonético sobre el conceptual, atendiendo en especial a los vocablos iniciales de cada una de las marcas enfrentadas.

La apreciación global ha de hacerse, en efecto, desde la perspectiva del consumidor medio de la categoría de productos considerada. En la medida en que el riesgo de confusión consiste en el riesgo de que el público consumidor pueda creer que los correspondientes productos o servicios proceden de la misma empresa o, en su caso, de empresas vinculadas económicamente, la percepción de las marcas que tiene el consumidor medio de la categoría de productos o servicios de que se trate tiene una importancia determinante en la apreciación global del riesgo de confusión. Pues bien, partiendo de que el consumidor medio de la categoría de productos considerada es un consumidor normalmente informado y razonablemente atento y perspicaz, tal consumidor medio suele percibir la marca como un todo, sin detenerse a examinar los diferentes detalles. Rara vez tiene la posibilidad de comparar directamente las marcas, sino que debe confiar en la imagen imperfecta que conserva en la memoria.

Por este motivo, en el caso de denominaciones compuestas, no se discute la tendencia de los consumidores a acortar las marcas largas a su elemento dominante. El consumidor, en efecto, acostumbra a designar el producto por el vocablo que le resulta más característico; de tal forma que esta reducción se generaliza y adquiere carta de naturaleza, hasta el extremo de desechar los otros componentes del signo, que pierden su sustantividad y pasan a un segundo plano, llegando incluso a difundirse en el mercado con la expresión dominante, que así resulta evocadora del objeto o servicio que se comercializa. En consecuencia, si el elemento dominante coincide, el riesgo de confusión existe aun cuando, desde el punto de vista fonético, existan diferencias. Es lo que se conoce con el criterio del "núcleo del signo". En aplicación del mismo cuando alguno o algunos de los elementos utilizados por las marcas tienen especial eficacia individualizadora, es este particular elemento el que, por la peculiaridad singularizante del producto común, ha de ser preferentemente contemplado para decidir si la discutida puede provocar confusión en el tráfico, a costa de la prioritaria.

Con todo, es importante tener en cuenta que la apreciación global implica una cierta interdependencia entre los factores tomados en consideración y, en particular, entre la similitud de las marcas y la de los productos o los servicios cubiertos. Así, un bajo grado de similitud entre los productos o servicios cubiertos puede ser compensado por un elevado grado de similitud entre las marcas, y a la inversa. Por otro lado, como excepción, ha de tenerse en cuenta que, en caso de marcas renombradas y nombres comerciales renombrados, la apreciación del riesgo de confusión no precisa que se trate de productos idénticos o similares. Basta que el uso de la marca posterior pueda indicar una conexión entre los productos y servicios amparados por la misma y el titular de los signos renombrados o que el uso del signo posterior, realizado sin justa causa permitiera obtener una ventaja desleal del carácter distintivo o del renombre de la marca anterior o tal uso fuera perjudicial para dicho carácter distintivo o dicho renombre (arts. 8.1 LM y 8.5 RMUE).

El riesgo de confusión se exige también cuando se trata de comparar la marca posterior con nombres comerciales o denominaciones o razones sociales que identifiquen en el tráfico económico a una persona distinta del solicitante. En estos casos la comparación se efectuará entre los productos y servicios que pretende distinguir la marca posterior y, respectivamente, las actividades que designe el nombre o el ámbito de aplicación de las denominaciones o razones sociales [arts. 7 y 9.1 d) LM].

2.3.4.2. Riesgo de asociación

El riesgo de confusión incluye el riesgo de asociación. El riesgo de asociación es una modalidad de riesgo de confusión que sirve para precisar el alcance de este. Por este motivo, presupone, al igual que él, la identidad o semejanza de los signos enfrentados y la identidad o semejanza de los productos o servicios respectivamente protegidos por aquellos. Puede concebirse como un riesgo de confusión indirecto en el sentido de que, debido a la similitud de los productos o servicios identificados con la marca anterior y el signo posterior, existe el riesgo de que el público considere que estos últimos no proceden del titular de la marca anterior (riesgo de confusión en sentido estricto), sino que, entre uno y otro empresario, existen vínculos económicos, como la pertenencia al mismo grupo de empresas; o jurídicos, como la concesión de una licencia, que autorizan su empleo; el cual, por lo tanto, no está sólo tolerado, sino incluso patrocinado por su titular (riesgo de asociación).

3. Nacimiento del derecho sobre la marca

Para la adquisición del derecho sobre la marca, la LM prevé un sistema en cierto modo mixto que combina el principio de inscripción registral con el de la notoriedad. En efecto, el derecho sobre la marca se adquiere por el registro válidamente efectuado (art. 2 LM). Sin embargo, el titular de una marca no registrada renombrada goza de la mayor parte de las facultades que confiere el derecho de marca [arts. 6.2 d) y 34.5 LM y 8.2 c) RMUE].

4. Procedimiento de registro

4.1. Procedimiento nacional

4.1.1. Fases del procedimiento

El procedimiento comprende los siguientes hitos: la solicitud, el examen de forma, el examen de licitud, la publicación de la solicitud y la notificación de ésta a los titulares de derechos anteriores y el examen de fondo. Finaliza con la decisión sobre concesión o denegación. No obstante, antes de iniciar el procedimiento propiamente dicho es conveniente solicitar en la OEPM un informe de búsqueda para asegurarse de que el signo elegido como marca está libre. Si bien ha de tenerse en cuenta que tiene un coste y que sólo versará sobre prohibiciones absolutas y marcas, nombres comerciales y rótulos de establecimiento inscritos en la OEPM.

4.1.2. La solicitud

La solicitud de registro puede presentarla cualquier persona física o jurídica, directamente, o bien mediante agente de la propiedad industrial o representante debidamente autorizado.

El lugar de presentación difiere según se utilice el sistema general o se recurra al régimen transitorio previsto en la LM hasta que las CCAA inicien formalmente sus actividades registrales

A la solicitud presentada se le otorga día, hora y minuto de presentación y un número que identificará el expediente y no será nunca modificado. Esta solicitud tiene un contenido mínimo que aparece recogido en impresos oficiales de la OEPM.

4.1.3. *El examen de forma*

Recibida la solicitud, el órgano competente examinará si la misma contiene los datos mínimos para obtener una fecha de presentación; si se ha presentado en los formularios correspondientes y éstos han sido debidamente cumplimentados; y si el solicitante está legitimado para ser titular de una marca española.

En el caso de que exista algún defecto en la documentación presentada, se comunicará solicitante para que los subsane en el plazo de un mes (dos meses para los domiciliados en el extranjero, si el defecto observado se refiere a los datos mínimos para obtener una fecha de presentación). En el supuesto de que los defectos no se subsanen, la solicitud se tendrá por desistida. Si los defectos no subsanados sólo afectaran a una parte de la solicitud, se podrá tener por desistida parcialmente.

4.1.4. *El examen de licitud*

Una vez superado el examen de forma, la OEPM efectuará el examen de licitud, que consiste en controlar si la solicitud presentada es contraria al orden público o a las buenas costumbres. Este examen de licitud podrá realizarse conjuntamente con el examen de forma, cuando la OEPM sea el órgano competente por no haber iniciado aún sus competencias registrales la correspondiente Comunidad Autónoma. Si la OEPM observara algún defecto de licitud lo comunicará al solicitante para que, en el plazo de un mes alegue, lo que considere oportuno. Si no se supera este examen la solicitud será denegada.

4.1.5. *La publicación de la solicitud y la notificación*

Si el examen de licitud resulta positivo, la OEPM comprobará si la solicitud puede afectar los derechos de titulares registrales de marcas, nombres comerciales o rótulos de establecimiento ya registrados o anteriormente solicitados, comunicando a estos titulares la próxima publicación de la solicitud presentada por si desearan formular oposición al registro de la misma. Posteriormente ordenará la publicación de la solicitud en el BOPI por un plazo de dos meses, para que toda persona que se considere perjudicada pueda presentar escrito de oposición a la concesión de la marca solicitada.

4.1.6. *El examen de fondo*

Transcurrido el plazo de presentación de oposiciones se examina la solicitud para comprobar si incide en alguna de las prohibiciones absolutas que anteriormente se han analizado (art. 5.1 LM) y si la misma consiste en el nombre, apellido, seudónimo, imagen o cualquier otro signo que, para la generalidad del público, identifique a una persona distinta del solicitante [art. 9.1.b) LM].

En el caso de que se hubiera presentado alguna oposición o la marca solicitada incurriera en alguna de las citadas prohibiciones, se suspenderá la tramitación, notificando los reparos y oposiciones presentadas al solicitante para que formule las alegaciones y aporte los documentos que considere oportunos en el plazo de un mes contado a partir de la publicación de la suspensión en el BOPI. El solicitante puede modificar la marca en el sentido de limitar los productos o servicios o suprimir del conjunto el elemento causante del reparo, siempre que tal modificación no altere sustancialmente la marca tal como fue solicitada.

4.1.7. La decisión sobre concesión o denegación

Si la marca solicitada no incurre en prohibición alguna y contra la misma no se han presentado oposiciones, la OEPM procede a la concesión de la marca. Asimismo, transcurrido el plazo fijado para la contestación a los reparos u oposiciones, haya o no contestado el solicitante, se concederá o denegará total o parcialmente el registro, según proceda. Sin embargo, esta resolución, que se comunicará al solicitante y, en su caso, a los oponentes, no pone fin a la vía administrativa ya puede ser recurrida en alzada en el plazo de un mes a partir de su publicación en el BOPI, siendo este recurso previo y obligatorio para acudir a la vía contenciosa.

4.2. Procedimiento de la Unión Europea

4.2.1. Fases del procedimiento

El procedimiento para registrar una marca de la Unión Europea se inicia con la solicitud y comprende tres fases, la de examen, la de observaciones de terceros y oposición y la de registro y publicación.

4.2.2. La solicitud

Las solicitudes de marca de la Unión Europea deben presentarse en la EUIPO. No se admite la presentación en las oficinas nacionales. Es preciso cumplimentar el formulario de solicitud que incluye los mismos datos que la solicitud de marca nacional, a los que se añade la indicación de la primera y segunda lengua. Al formulario se adjuntará la acreditación del pago de la tasa de base.

4.2.3. El examen

Al recibirse la solicitud de marca comienza el procedimiento de examen, que incluye:

i) la comprobación del cumplimiento de los requisitos formales de la solicitud y del pago de la tasa de base, que supondrá la asignación de una fecha de presentación y de un número de registro, de resultar positiva;

ii) la comprobación de la clasificación de productos y/o servicios;

iii) el examen de formalidades, que comprende la comprobación de la firma, lenguas, datos del titular y/o representante, reivindicaciones de prioridad y/o antigüedad;

iv) el examen de los motivos de denegación absolutos;

v) el envío de la lista de productos y servicios al Centro de Traducción de los Órganos de la Unión Europea. No obstante, este trámite puede eludirse escogiendo los productos y servicios para la marca en la *Harmonised Database.*

De no advertirse irregularidad alguna en el procedimiento de examen, siempre que lo requiera el solicitante, puede elaborarse un informe de búsqueda comunitaria a partir de la base de datos de la EUIPO, que contendrá una lista con las marcas idénticas o similares anteriores (incluidos los registros internacionales que designen a la UE). Y se informará a los titulares de las marcas o solicitudes de marcas anteriores mencionadas en el informe mediante una carta, conocida como "carta de vigilancia". Junto a ello, el solicitante puede pedir también búsquedas nacionales. En tal caso, la EUIPO requerirá la elaboración de los informes de búsqueda nacionales de las oficinas nacionales participantes pertinentes. Los resultados de los informes de búsqueda, así como las cartas de vigilancia, solo tienen efectos informativos, es decir, la mención de una marca determinada no deberá siempre considerarse como constatación de que existe un conflicto. Sólo se podrá llegar a tal conclusión cuando se presente una oposición.

Si, en cualquier momento del proceso de examen, se detecta alguna irregularidad, se enviará una comunicación al solicitante para que subsane la solicitud en un plazo de dos meses. De no ser subsanada, la solicitud será denegada, pero la decisión es susceptible de recurso ante las Salas de Recurso de la EUIPO. Como alternativa, la EUIPO puede modificar los datos de la solicitud (por ejemplo, suprimiendo la descripción o añadiendo una reivindicación de color). Dicha decisión también es recurrible. De no descubrirse irregularidad alguna, o ser resueltas las objeciones, la solicitud de marca se publica en el Boletín, lo que abre el periodo para la presentación de observaciones de terceros y de oposición.

4.2.4. Observaciones de tercero y Oposición

Las observaciones pueden ser presentadas por cualquier tercero cuando se fundamenten en motivos de denegación —prohibiciones— absolutas (arts. 7 y 40 del RMUE). De otro lado, la oposición es un procedimiento que se tramita ante la EUIPO cuando un tercero, titular de derechos anteriores, solicita a la Oficina que rechace una solicitud de marca amparándose en motivos de denegación relativos. El procedimiento incluye un intercambio de observaciones entre el oponente y el solicitante

A grandes rasgos, estas tres fases constituyen el proceso. Sin embargo, la Oficina podrá conceder y/o solicitar "rondas" adicionales durante el que las partes pueden negociar un acuerdo. Se trata del llamado periodo de reflexión. En cualquier caso, la decisión de la División de Oposición es susceptible de recurso por cualquiera de las partes. El recurso es competencia de las Salas de Recurso de la EUIPO, cuya decisión es impugnable ante el Tribunal General, que lo es, a su vez, ante el Tribunal de Justicia de la Unión Europea. Las partes también pueden solicitar la mediación una vez interpuesto el recurso y abonado la tasa. El procedimiento de mediación permite a las partes reunirse y alcanzar un acuerdo amigable antes de que sea necesaria una decisión formal de las Salas.

4.2.5. Registro y publicación de la marca

Si no se presentan oposiciones ni observaciones de terceros, o son desestimadas, la marca se registrará y dicho registro se publicará en el Boletín de marcas de la Unión Europea. Al mismo tiempo la EUIPO enviará al solicitante un enlace desde donde este podrá descargar un certificado de registro en formato PDF.

4.3. Disciplina Internacional

La marca internacional ha de tener idéntico titular y distintivo y ha de identificar los mismos productos o servicios que estén incluidos entre los solicitados o concedidos en la llamada marca de base, que puede ser una marca nacional o una marca de la Unión Europea. Según se trate de una u otra, la solicitud se presentará ante la Oficina Nacional, en nuestro caso, la OEPM, o en la EUIPO, que son quienes deben estimar acreditados los extremos anteriores.

La solicitud se efectuará en los formularios preestablecidos por la OMPI y requiere el pago de una tasa nacional o comunitaria con independencia de las tasas que deben abonarse a la Oficina Internacional.

El procedimiento de registro de una marca internacional comprende tres fases. La primera se desarrolla ante la Oficina de origen, en la que se recibe la solicitud y se hace un primer examen formal en el que se comprueba que todos los datos solicitados coinciden con los de la marca que le sirve de base, tras lo cual, en su caso, se remite la solicitud a OMPI. La segunda fase tiene lugar ante la OMPI, que efectuará un examen formal y publicará la marca, con número internacional, en la gaceta OMPI de Marcas Internacionales. La última fase corresponde a la Oficina Nacional de cada país designado, que recibe la designación de la OMPI, y que decide, conforme a su legislación nacional, si se ha de conceder la marca internacional, ya que el registro internacional tiene en cada país los mismos efectos que una solicitud nacional de dicho país.

5. Contenido

5.1. Derechos

5.1.1. Dimensión positiva y negativa

En el contenido del derecho de marca se aprecia una doble dimensión, positiva y negativa (arts. 34.1 LM y 9 RMUE).

La dimensión positiva consiste en que el registro de la marca confiere a su titular el derecho exclusivo de utilizarla en el tráfico económico para los productos o servicios respecto de los que se ha otorgado.

La dimensión negativa tiene unos contornos más amplios. Conforme al principio de especialidad confiere al titular de la marca la posibilidad de oponerse a la utilización por terceros en el tráfico económico de cualquier marca que pudiera inducir a confusión con la suya en relación con productos o servicios similares a aquellos a los que se aplica la primera, siempre que el signo haya sido usado por el tercero con finalidad distintiva de sus propios productos o servicios. Le permite también impedir la utilización del signo confundible como nombre comercial o denominación social, si concurre la circunstancia anterior, esto es, que el uso responda al propósito de distinguir los productos o servicios. No obstante, en el Derecho interno podrá establecerse que el titular de la marca esté legitimado para hacer valer su derecho de exclusiva frente a un nombre comercial, un rótulo o una denominación social que no se use para distinguir productos o servicios extendiendo la protección de la marca contra el uso de un signo que se efectúe con fines diversos a los de distinguir los productos o servicios.

La existencia de confusión se decide según los mismos criterios que rigen para el riesgo de confusión y de asociación a los que se hizo referencia antes, de modo que, tratándose de marcas renombradas, se extiende a la prohibición de uso para productos o servicios no similares, siempre que el uso de la marca posterior pueda indicar una conexión entre los productos o servicios amparados por la misma y el titular de los signos renombrados o, en general, cuando ese uso, realizado sin justa causa, pueda suponer la obtención de una ventaja desleal del renombre de la marca de la Unión o sea perjudicial para dicho renombre. Cumplidas las condiciones anteriores, el titular de la marca podrá prohibir, en especial, poner el signo en los productos o en el embalaje, ofrecer los productos, comercializarlos o almacenarlos con dichos fines, u ofrecer o prestar servicios, con el signo, importar o exportar los productos con el signo o utilizar el signo en los documentos mercantiles y la publicidad y realizar actos preparatorios en relación con el uso de embalajes u otros soportes en los que se coloca la marca. Podrá también prohibir que se use el signo en redes de comunicación telemáticas, como nombre de dominio o, en la publicidad comparativa sin respetar las condiciones de licitud de la misma. Está asimismo autorizado para impedir que se introduzcan bienes en tránsito en España, o en el territorio de la Unión Europea si es marca de la Unión, que lleven sin autorización una marca idéntica a la suya respecto de los mismos tipos de productos o que no pueda distinguirse en sus aspectos esenciales de dicha marca, aunque dichos bienes no estén destinados a una comercialización en nuestro país o, en la Unión Europea si es marca de la Unión, salvo que el propietario de los productos pueda demostrar que el titular de la marca no está facultado para prohibir la comercialización de los productos en cuestión en el país de destino final.

5.1.2. Limitaciones objetivas. En particular el agotamiento del derecho de marca

La vertiente negativa del derecho de marca está sometida a dos tipos de limitaciones objetivas. Las primeras se anudan a la necesidad de que el monopolio que concede el derecho de marca, y la consiguiente limitación de la competencia que supone, se restrinja a las actuaciones necesarias para preservar la función esencial de la marca, esto es, identificar y diferenciar en el mercado los productos y servicios para los que ha sido concedida, impidiendo solo el uso de signos confundibles con finalidad distintiva de los productos o servicios de terceros. Con ese objeto, tanto la LM, como el RMUE, enuncian una serie de actuaciones que no se pueden prohibir a dichos terceros (arts. 35 y 37 LM y 10 y 12 RMUE). En particular, no es posible impedir la reproducción de la marca en diccionarios u obras similares, tanto en formato impreso como electrónico, pero el titular podrá exigir que vaya acompañada de la indicación de que se trata de una marca registrada. Y si la utilización por el tercero es conforme a las prácticas leales en materia industrial o comercial, tampoco podrá prohibirle el uso de su nombre, la utilización de signos o indicaciones carentes de carácter distintivo o relativos a características del producto o servicio, ni el uso de la marca a efectos de designar productos o servicios como correspondientes al titular de esa marca o de hacer referencia a los mismos, en especial cuando el uso de esa marca sea necesario para indicar el destino de un producto o de un servicio, en particular como accesorios o piezas de recambio.

En un contexto próximo, se regula el agotamiento del derecho de marca (art. 36 LM y 15 RMUE). El agotamiento está conectado al fundamento mismo del propio derecho subjetivo sobre la marca, que confiere a su titular la facultad en exclusiva de introducir en el mercado los productos distinguidos con la marca, permitiéndole fijar el precio de su venta, pero no un monopolio sobre la distribución de los mismos. Si se permitiese el ejercicio del *ius prohibendi* inherente a la marca para controlar el proceso de ulterior comercialización de los correspondientes productos, se desnaturalizaría la figura de la marca, ya que dejaría de ser un signo indicador del origen empresarial y de la calidad de los productos para convertirse en un mecanismo al servicio de prácticas restrictivas de la competencia. Esta es la razón por la que los arts. 36.1 LM y 15 RMUE establecen que el derecho conferido por la marca no permite a su titular oponerse a la ulterior comercialización de los productos que han sido introducidos en el mercado por el titular de la marca o por un tercero con su consentimiento, v. gr. un licenciatario.

El agotamiento se produce para todo el Espacio Económico Europeo, una vez introducido el producto en cualquiera de los Estados de la Unión. Por el contrario, la comercialización fuera de la Unión Europea no produce el agotamiento del derecho dentro de ella. Esta regla queda excepcionada —reactivándose de nuevo el *ius prohibendi* del titular— si éste demuestra que existen motivos legítimos para oponerse a la comercialización de los productos que fueron introducidos en el mercado por el titular de la marca o por un tercero autorizado. Los art. 36.2 LM y 15.2 RMUE recogen como ejemplo un supuesto concreto, a saber, que las características de los productos hayan sido alteradas o modificadas por un tercero que luego trata de comercializar al amparo de la marca los productos alterados o modificados. Cabe empero mencionar otras hipótesis en que se aprecia igualmente aquel fundamento genérico, vgr. cuando la comercialización posterior lesione el prestigio inherente a la marca.

5.1.3. Limitaciones subjetivas

Las limitaciones subjetivas se aplican a la dimensión negativa del derecho de marca. Derivan de la tolerancia del titular en el uso por un tercero de una marca confundible con la suya durante un período de cinco años consecutivos. El titular de un derecho anterior que haya tolerado el uso de una marca posterior registrada durante un período de cinco años consecutivos con conocimiento de dicho uso no podrá solicitar en lo sucesivo la nulidad de la marca posterior ni oponerse al uso de la misma basándose en dicho derecho anterior para los productos o los servicios para los cuales se hubiera utilizado la marca posterior, salvo que la solicitud de ésta se hubiera efectuado de mala fe, en cuyo caso la acción será imprescriptible (arts. 52 LM y 61 RMUE).

5.2. Acciones por violación del derecho de marca

Para hacer efectivo el derecho sobre la marca en las distintas facetas apuntadas, la LM consagra con carácter general la facultad del titular de la marca registrada para ejercitar ante los órganos jurisdiccionales las acciones civiles o penales que correspondan contra quienes lesionen sus derechos y relaciona los tipos principales de acciones civiles que otorga al titular de la marca (arts. 40 a 45 LM), cuya competencia está atribuida a los juzgados de lo mercantil. De entre ellos, los radicados en Alicante, denominados tribunales de marca de la Unión Europea, asumen la competencia exclusiva para conocer acciones acumuladas concernientes a marcas de la Unión y nacionales o internacionales idénticas o similares; o si existiere cualquier otra conexión entre las pretensiones y al menos una de ellas esté basada en un registro o solicitud de marca de la Unión (DA 1ª LM).

Estos mismos tribunales son los designados por el Estado español para conocer de los litigios en materia de marcas de la Unión. En particular gozan de competencia exclusiva para dilucidar i) cualquier acción por violación; ii) las demandas de reconvención por caducidad o por nulidad; iii) las demandas contra el uso de una marca de la Unión Europea posterior que viole derechos anteriores conforme establece el RMUE. Las normas procedimentales aplicables son las del Derecho español, por lo que las acciones son las mismas que en caso de marcas internas. Por lo demás, en todo aquello que no esté previsto expresamente en la LM resulta de aplicación la LP, siempre que la previsión no sea incompatible con la naturaleza de las marcas (DA 1ª LM).

5.3. Cargas

5.3.1. La carga del uso

El disfrute del derecho sobre la marca está supeditado al cumplimiento por su titular de una serie de cargas. La primera es la de usarla. La marca ha de ser objeto de uso efectivo y real (arts. 39 LM y 18 RMUE). Tiene la consideración de uso el empleo de la marca en una forma que difiera únicamente en aquellos aspectos o elementos que no alteren el carácter distintivo de la marca en la forma bajo la cual se halla registrada [art. 39.2 b) LM] con independencia de si la marca, en la forma en que se utilice, también está o no registrada a nombre del titular [art. 15 1 a) RMUE]. De otro lado, el uso efectivo y real constituye una noción abstracta, cuya delimitación conceptual se integra por varios factores. En primer lugar se exige que la marca se utilice externa y públicamente en el sector del mercado en el que se insertan los productos/servicios diferenciados por ella de manera continuada y en una determinada proporción. Dado que el prototipo de uso jurídicamente relevante es la venta de productos o la prestación de servicios diferenciados por la marca, para la cuantificación de las ventas o prestaciones de servicios han de tenerse en cuenta a su vez dos factores, la naturaleza y características del artículo de marca y la dimensión de la empresa titular de la marca. En segundo lugar, también ha de considerarse relevante a estos efectos el uso publicitario de la marca. Asimismo la marca se reputará usada por su titular cuando sea utilizada por un tercero con el consentimiento expreso de aquel.

Es importante precisar que la carga del uso solo se estima cumplida respecto de aquellos productos o servicios para los que se utilice efectivamente sin extenderse a los demás registrados, ni a otros similares o susceptibles de crear asociación en el tráfico (art. 41.2 LM). El uso efectivo y real ha de producirse, además, en España (art. 39.1 LM), o, en su caso, en la Unión Europea (art. 18.1 RMUE). Sin embargo, esta exigencia debe estimarse cumplida aunque la marca se use en una zona restringida del territorio en cuestión y cuando se aplique a productos o servicios o a su embalaje, con fines exclusivamente de exportación.

El incumplimiento de la carga legal de uso de la marca durante cinco años consecutivos tiene importantes consecuencias. La primera consiste en que el titular de la marca no podrá ejercitar su derecho exclusivo frente a un tercero cuando ha incumplido la carga del uso. La segunda supone que no puede declararse la nulidad de una marca en razón de otra anterior, si esta no está siendo usada. La tercera y fundamental es que constituye una causa de caducidad del registro, según se verá más abajo. De conformidad con ello se suspenderá el procedimiento de concesión si el solicitante ha interpuesto una demanda de caducidad de la marca anterior oponente.

5.3.2. La solicitud de renovación

El titular registral de la marca asume la carga de solicitar la renovación del registro. El registro de la marca se otorga por diez años contados desde la fecha de depósito de la solicitud, pero podrá renovarse indefinidamente por períodos ulteriores de diez años, siempre que el titular solicite la renovación y pague la tasa correspondiente. La OEPM podrá establecer que, en los casos de renovación total de la marca, el pago de la tasa de renovación pueda considerarse que constituye una solicitud de renovación. La renovación de la MUE ha de solicitarse antes de la fecha de expiración (arts. 31 y 32 LM y 53 RMUE).

Lección 9

Propiedad intelectual. La protección de los signos distintivos (II)

6. La marca como objeto de derecho de propiedad

6.1. Caracterización y disciplina aplicable

Pese a que la peculiar función instrumental desempeñada por la marca como medio para comunicar a terceros una información —singularmente la de que el producto contraseñado con la marca procede de una determinada empresa— no se compadece bien con la autonomía que presupone la noción de bien, se acepta que el derecho sobre la marca es de índole jurídico real, afín al de propiedad, por cuanto incide sobre el signo como idea objetivada, es decir, como bien inmaterial definido con el auxilio del instrumento registral y dotado de un valor económico apreciable. Este bien inmaterial constituye el objeto de un poder de dominación, que se asimila al derecho de propiedad, que se atribuye al titular de la marca y que alcanza también a la mera solicitud.

En este contexto se entiende que, tanto la marca como su solicitud, pueden pertenecer a una o a varias personas proindiviso. Asimismo, el poder de dominación que se atribuye al titular sobre la marca y su solicitud permite que ambas puedan ser cedidas o licenciadas, así como dadas en garantía o ser objeto de derechos reales o de embargo y ejecución y, en general, ser transmitida por todos los medios que el Derecho reconoce con total desconexión o independencia de la empresa, en la que se integre, siempre y cuando se observe el principio básico de indivisibilidad de la marca (arts. 46.2 LM y 19 a 29 RMUE). La LM contiene una escueta regulación sobre ciertos aspectos de alguna de las operaciones anteriores. En lo demás, la regulación jurídica de las mismas se encuentra en los textos generales correspondientes.

Tratándose de marcas de la Unión Europea la disciplina de su transmisión es la prevista en la legislación del Estado miembro correspondiente, con la única excepción de las cuestiones reguladas expresamente en el RMUE. En efecto, salvo disposición en contrario de los preceptos del RMUE dedicados a la marca como objeto de derecho de propiedad, la marca de la Unión Europea en cuanto objeto de propiedad se considerará en su totalidad y para el conjunto del territorio de la Unión como una marca nacional registrada en el Estado miembro en el cual, según el Registro de marcas de la Unión Europea el titular tenga su sede o su domicilio en la fecha considerada; o, en su defecto, el titular tenga un establecimiento en la fecha considerada (art. 19.1 RMUE).

Por lo demás, conviene tener en cuenta que esos actos jurídicos sólo podrán oponerse frente a terceros de buena fe una vez inscritos en el Registro correspondiente. En consecuencia, dado que esta regla general se refiere a los terceros y, asimismo, considerando el significado del principio de buena fe registral, tales actos jurídicos sólo podrán oponerse frente a terceros una vez inscritos en el Registro, pero solo como regla general. Aunque no estén inscritos, podrán oponerse a los terceros que, después de la fecha de celebración de dichos actos, hubieren adquirido derechos sobre la marca y a los que hayan tenido conocimiento de los mismos.

6.2. Copropiedad de la marca

La copropiedad de la marca surge cuando la marca o su solicitud pertenecen a varias personas proindiviso. La comunidad resultante de dicha copropiedad se rige por lo acordado entre las partes, en su defecto por lo dispuesto en la LM y, en último término, por las normas del Derecho común sobre la comunidad de bienes. La LM dispone a este respecto que la concesión de licencias y el uso independiente de la marca por cada partícipe deberán ser acordados conforme a lo dispuesto en el art. 398 Cciv. Puntualizando, en relación con el uso, que la oposición absoluta e injustificada de un partícipe al uso de la marca de forma que pueda dar lugar a su declaración de caducidad se considerará, a todos los efectos, como renuncia a su derecho.

En caso de cesión de la marca o de una participación, establece que los partícipes podrán ejercitar el derecho de tanteo en el plazo de un mes a contar desde el momento en que fueran notificados del propósito y condiciones en que se llevaría a cabo la cesión. A falta de aviso previo, o si la cesión se hubiere realizado de forma distinta a lo prevenido en aquél, los partícipes podrán ejercitar el derecho de retracto, en igual plazo, desde la publicación de la inscripción de la cesión en el Registro de Marcas. Por otro lado, declara que cada partícipe podrá por sí solo ejercitar las acciones civiles y criminales en defensa de la marca, pero deberá notificarlo a los demás comuneros, a fin de que éstos puedan sumarse a las mismas y para que contribuyan al pago de los gastos habidos (art. 46.1 LM).

6.3. Cesión

La cesión implica una transmisión plena del derecho sobre la marca o sobre la solicitud del registro de la misma. Tanto la LM como el RMUE adoptan en esta materia un sistema de libre cesión de la marca conforme al cual puede transmitirse con total independencia de la empresa a la que se halla adscrita (arts. 46.2 LM y 20.1 RMUE). El principio solo se excepciona en la LM cuando la transmisión pueda inducir al público a error, en particular sobre la naturaleza, la calidad o la procedencia geográfica de los productos o de los servicios para los cuales esté solicitada o registrada, en cuyo caso se denegará la inscripción de la transmisión (arts. 47.2 LM). Sin embargo, la transmisión de la marca se considera un elemento natural de la empresa, por lo que la transmisión de la empresa en su totalidad implicará la de sus marcas, salvo que exista pacto en contrario o ello se desprenda claramente de las circunstancias del caso. Esta disposición también se aplicará a la obligación contractual de transmitir la empresa (arts. 47.1 LM y 20.2 RMUE).

6.4. Licencia de marca. Caracterización y clases de licencias

La licencia supone una autorización de uso de la marca, reteniendo su propietario la titularidad de la misma. Tanto la LM como el RMUE regulan de forma muy parcial esta figura, ya que sólo tipifican determinadas clases de licencias (arts. 48 LM y 25 RMUE). Se distinguen, en efecto, las licencias exclusivas de las que no lo son, presumiendo que son de este último tipo, salvo pacto en contrario. En la licencia no exclusiva el licenciante podrá conceder otras licencias y utilizar por sí mismo la marca; mientras que en las exclusivas se obliga a no conceder licencias ulteriores a terceros en la zona geográfica asignada al licenciatario, así como a prohibir a los restantes licenciatarios que invadan las zonas ajenas, zonas que pueden estar referidas a todo el territorio de la Unión Europea o español o sólo a una parte del mismo. Asimismo sólo podrá utilizar la marca si en el contrato se hubiera reservado expresamente ese derecho (licencia exclusiva reforzada —art. 48.5 y 6 LM—).

La licencia, por otro lado, puede ser global, esto es, relativa a todos los productos o servicios para los que esté registrada la marca, o parcial, —que comprende sólo una parte de ellos— y extenderse a todo o parte del territorio español o de la Unión. El titular de una licencia no podrá cederla a terceros, ni conceder sublicencias, a no ser que se hubiere convenido lo contrario. En punto a los derechos atribuidos al licenciante, la legislación refuerza considerablemente la posición de éste último pues le permite ejercitar frente al licenciatario que viole alguna de las limitaciones establecidas en el contrato de licencia relativas a su duración, a la forma protegida por el registro, a la naturaleza de los productos o servicios, al territorio en el cual pueda ponerse la marca o a la calidad de los productos fabricados o de los servicios prestados por el licenciatario, los derechos conferidos por la marca además de los que ya dispone derivados del contrato. Sustancialmente puede ejercitar frente al licenciatario la acción de cesación. Hay que tener en cuenta, no obstante, que la lista anterior tiene carácter de *numerus clausus*.

Continúan, sin embargo, sin arbitrarse medidas de control obligatorio por el licenciante destinadas a salvaguardar las funciones atribuidas a la marca en estos casos, singularmente las relativas a la indicación de la calidad que producen atentados al interés de los consumidores y competidores, de especial gravedad en caso de licencias parciales. El control se deja a la voluntad del licenciante. Sólo en los casos más graves podrá acudirse al art. 55 e) LM o al 58.1.c) RMUE, respectivamente.

7. Extinción

El derecho sobre la marca registrada se extingue por la declaración de nulidad y por caducidad.

7.1. Nulidad

7.1.1. Causas de nulidad

Son causas de nulidad absoluta las prohibiciones absolutas analizadas antes y haber actuado de mala fe al presentar la solicitud de marca (art. 51.1 LM y 59.1 RMUE). La acción para pedir la declaración de nulidad en razón dichas causas es imprescriptible (art. 51.2 LM). Ahora bien, hay que tener en cuenta aquí la regla del llamado "segundo significado". Conforme a ella, en caso de prohibiciones relacionadas con el carácter genérico, no procede la nulidad cuando este se pierda ulteriormente debido al uso que se ha hecho del signo, por su titular o con su consentimiento, adquiriendo en consecuencia el carácter distintivo propio de la marca.

La marca se verá afectada por una causa de nulidad relativa cuando esté incursa en alguna de las prohibiciones relativas. Con todo, el titular del derecho anterior no puede ejercitar la acción si ha tolerado el uso por el tercero de la marca posterior durante cinco años consecutivos, salvo que la presentación de la solicitud de la marca posterior se hubiera efectuado de mala fe. No obstante, el titular de la marca posterior no podrá oponerse al uso del derecho anterior, a pesar de que ese derecho ya no pueda invocarse contra la marca posterior (arts.

52.2 LM y 61 RMUE). Tampoco procede la nulidad cuando, antes de la presentación de la solicitud de nulidad o de la demanda de reconvención por nulidad, el titular del derecho anterior hubiera dado expresamente su consentimiento al registro de esa marca (arts. 51.3. LM y 60.3. RMUE).

7.1.2. La declaración de nulidad y sus efectos

Una de las principales novedades introducidas en nuestra LM tras su reforma por el RD-Ley 23/2018, de 21 de diciembre, es la atribución a la OEPM de la competencia para declarar la nulidad. No obstante, se reconoce la posibilidad de plantear una pretensión de nulidad en vía judicial por medio de una demanda reconvencional en el seno de una acción por violación de marca. Estarán legitimados quienes ostenten interés legítimo cuando se ejercita una acción basada en la existencia de prohibiciones absolutas. En el supuesto de acción de nulidad basada en prohibiciones relativas, corresponde al titular del derecho anterior afectado. La declaración de nulidad de la marca de la Unión Europea corresponde en primera instancia a la EUIPO, cuyas decisiones son recurribles ante el Tribunal General y ante el TJUE. Sin embargo los tribunales de marca de los distintos Estados pueden pronunciarse en torno a la nulidad cuando se aduzca mediante demanda de reconvención en una acción por violación de marca (arts. 66 y 72 RMUE).

Al compartir la competencia para la declarar la nulidad y caducidad la OEPM (vía directa) y los Tribunales (vía reconvencional) se regula de forma especial los efectos de cosa juzgada y de firmeza de las resoluciones administrativas (art. 61 LM). Se contempla igualmente la litispendencia y la prejudicialidad así como la existencia de procedimientos administrativos previos de nulidad o caducidad, dadas las interferencias que pueden producirse entre los órganos administrativos y jurisdiccionales cuando existan pretensiones planteadas ante órganos diferentes en los que exista una conexión que condicione la resolución a adoptar (arts. 61 bis y 61 ter LM). La resolución firme declaratoria de la nulidad tiene efecto retroactivo, esto es, se estima que ni el registro ni la solicitud que originó aquel tuvieron nunca efectos (arts. 60.2 LM y 62.2. RMUE).

Debido, no obstante, a la grave perturbación que originaría la drástica aplicación de esa regla, la Ley modera su alcance estableciendo que, sin perjuicio de la indemnización de daños a que hubiese dado lugar, cuando el titular de la marca hubiera actuado de mala fe, el efecto retroactivo de la nulidad no afectará a las resoluciones sobre violación de la marca que hubieran adquirido fuerza de cosa juzgada y hubieran sido ejecutadas antes de la declaración de nulidad, ni a los contratos concluidos antes de la declaración de nulidad que hubieran sido ejecutados con anterioridad a la misma. Ahora bien, por razones de equidad, y en la medida en que lo justifiquen las circunstancias, será posible reclamar la restitución de sumas pagadas en virtud del contrato (arts. 60.3 LM y 62.3.b) RMUE).

Por otra parte, ha de tenerse en cuenta que la declaración de nulidad puede ser parcial, lo que sucede cuando la causa de nulidad afecta únicamente a una parte de los productos o servicios para los cuales fue registrada (arts. 51.4 LM y 62.3 RMUE).

7.2. Caducidad

7.2.1. Causas de caducidad

Es posible distinguir dos grupos de causas de caducidad, según la intervención de la voluntad del titular de la marca en el hecho que la origina.

7.2.1.1. Causas de caducidad voluntarias

a) Caracterización y supuestos

Las causas de caducidad voluntarias son aquellas que obedecen a motivos relacionados con la voluntad de su titular. Se trata en concreto de la caducidad por falta de renovación de la marca y por renuncia (arts. 54.3.a), 55, 56 y 57 LM y 57 RMUE).

b) Falta de renovación de la marca

Como se indicó en la Lección anterior, el titular registral de la marca tiene la carga de solicitar la renovación de su registro. Cuando la marca no sea renovada se declarará su caducidad y se procederá a cancelar el registro. No obstante, al objeto de tutelar el interés de terceros, de existir embargos inscritos sobre una marca o una acción reivindicatoria en curso, la falta de renovación no determinará la caducidad hasta el levantamiento del embargo o la desestimación definitiva de la acción reivindicatoria. Si como consecuencia de estos procedimientos se produjera un cambio en la titularidad de la marca, el nuevo titular podrá renovarla en el plazo de dos meses a contar desde la fecha en que la sentencia sobre la acción reivindicatoria hubiera ganado firmeza o desde que la autoridad o tribunal competente hubieran notificado a la OEPM la adjudicación definitiva de la marca embargada. Transcurrido este plazo, la marca caducará si no hubiere sido renovada.

Tampoco caducará una marca por falta de renovación cuando se encuentre inscrita en el Registro de Marcas una hipoteca mobiliaria sobre la misma. El titular hipotecario podrá solicitar la renovación en nombre de su propietario abonando las tasas de renovación correspondientes. La inactividad del titular hipotecario en los plazos previstos determinará la caducidad de la marca.

c) La renuncia

La marca podrá ser objeto de renuncia para la totalidad o parte de los productos o de los servicios para los cuales esté registrada, mediante escrito del titular dirigido a la Oficina nacional competente o, en caso, a la EUIPO.

Como sucede, en general, con cualquier otro derecho, el titular de la marca puede renunciar a ella libremente. Sin embargo, al objeto de que la renuncia no perjudique los derechos de terceros, si en el Registro se hallara inscrito algún derecho, la renuncia sólo podrá registrarse con el consentimiento del titular de ese derecho. De modo que no se admitirá la renuncia del titular de una marca sobre la que existan derechos reales, opciones de compra, embargos o licencias inscritos en el Registro de Marcas, sin que conste el consentimiento de los titulares de esos derechos. Tampoco se admitirá la renuncia si existiera en curso una acción reivindicatoria sobre la marca y no constara el consentimiento del demandante (art. 56.3 LM).

7.2.1.2. Causas de caducidad no voluntarias

Las causas de caducidad no voluntarias son aquellas independientes de la voluntad de su titular. En este contexto se distinguen cuatro tipos (art. 54.1 LM y 58 RMUE).

En primer lugar, el incumplimiento de la carga legal de usar la marca registrada. Esta causa concurre salvo que su titular acredite la existencia de causas justificativas de la falta de uso, que han de consistir en circunstancias obstativas independientes de su voluntad, como las restricciones a la importación u otros requisitos oficiales impuestos a los productos o servicios para los que esté registrada. Ahora bien, como plazo de favor, se prevé que la falta de uso será inoperante a efectos de la caducidad si, en el intervalo entre la expiración del período de cinco años y la presentación de la demanda de caducidad, se hubiera iniciado o reanudado un uso efectivo de la marca [arts. 39 y 57 LM y 58.1.a) RMUE].

La segunda causa de caducidad consiste en la conversión de la marca registrada en la designación usual del producto o servicio en relación al cual la marca había sido registrada. Se trata de la vulgarización de la marca en su concepción subjetiva, por cuanto la misma depende, en los términos de la Ley, no tanto de los hábitos del público y de los competidores como de la propia conducta o pasividad del titular de la marca registrada [art. 541.b) LM y 58.1.b) RMUE].

La tercera causa de caducidad presupone la concurrencia de dos requisitos. Uno objetivo, que la marca pueda inducir a error al público, especialmente acerca de la naturaleza, la calidad, las características o la procedencia geográfica de los productos o servicios en relación con los que la marca ha sido registrada. Y otro subjetivo, que consiste en que el sobrevenido carácter engañoso tenga su origen en el uso que de la marca venga haciendo su titular o un tercero con su consentimiento, normalmente un licenciatario [art. 54.1.c) LM y 58.1.c) RMUE].

7.2.2. La declaración de caducidad y sus efectos

Del mismo modo que para la nulidad, tras la reforma de la LM para su adaptación al Derecho de la Unión Europea, la declaración de caducidad corresponde por vía directa a la OEPM y por vía reconvencional a los juzgados de lo mercantil. Por este motivo, la regulación es común a la de la nulidad (arts. 58, 59, 61, 61 bis y 61.ter). La declaración de caducidad de la MUE corresponde en primera instancia a la EUIPO, cuyas decisiones son recurribles ante el Tribunal General y ante el TJUE. Sin embargo, los tribunales de marca de los distintos Estados pueden pronunciarse en torno a la caducidad cuando se oponga mediante demanda de reconvención en una acción por violación de marca, salvo que se trate de causas voluntarias, en cuyo caso la competencia reside exclusivamente en la EUIPO.

Una vez declarada la caducidad de una marca registrada, los efectos de dicha declaración se retrotraen a la fecha de solicitud administrativa de caducidad o a la fecha de la demanda reconvencional (art. 60 LM y 62.1. RMUE). La caducidad puede ser parcial, lo que sucede cuando el derecho sobre la marca se extingue únicamente respecto a una parte de los productos o servicios para los que fue concedida (art. 54.2. LM y 58.2 RMUE).

IV. EL NOMBRE COMERCIAL

El nombre comercial es el signo distintivo que identifica al empresario en el tráfico mercantil distinguiéndole, en el ejercicio de su empresa, de los empresarios que desarrollan actividades idénticas o similares. En la composición del nombre rige el principio de libertad, por cuanto las personas físicas pueden utilizar su patronímico, y las sociedades, según sus tipos, sus razones sociales o denominaciones objetivas; pero, además, pueden servirse de cualquier denominación, incluidas las de fantasía, coincidan o no con las anteriores (art. 87.2 LM).

Como regla general, son de aplicación al nombre comercial, las normas de la LM relativas a las marcas, en la medida en que no sean incompatibles con su propia naturaleza y salvo disposición expresa en contra (art. 87.3 LM). En concreto, su registro está sometido a las prohibiciones concernientes a la marcas (art. 88 LM). Respecto de ellas es importante destacar que el derecho que se ostenta sobre el propio nombre o la denominación o razón social no autoriza a registrarlos o utilizarlos como nombres comerciales si son confundibles con un signo distintivo anteriormente registrado por un tercero (art. 9.2 LM). Por lo demás, el titular del nombre comercial, igual que el de una marca, puede exigir que una denominación o razón social confundible con su nombre comercial o con su marca sea modificada para evitar el riesgo de confusión (DA 16ª LM). Asimismo, al nombre comercial notorio o renombrado está sometido a idéntica disciplina que las marcas de esos mismos tipos (art. 8 LM).

El derecho sobre el nombre comercial se adquiere con el registro (art. 90 LM); si bien el nombre comercial notoriamente conocido en España en el sentido del artículo 6 bis del Convenio de la Unión de París tiene reconocido un grado de protección similar a las marcas en las que concurre la misma condición. Por otra parte, el contenido del derecho sobre el nombre comercial coincide con el que se ostenta sobre la marca, tanto en lo relativo a las facultades que atribuye, como a las cargas que incluye. Finalmente, la nulidad y la caducidad se declararán en la forma y por las causas previstas para las marcas, siempre que ello no sea incompatible con su propia naturaleza (art. 91 LM).

V. EL RÓTULO DE ESTABLECIMIENTO

El rótulo es el signo distintivo que sirve para dar a conocer al público un establecimiento y para distinguirlo de otros destinados a actividades idénticas o similares. Con el propósito de alinearse con los sistemas de nuestro entorno político y económico, la LM suprimió su carácter registral, dejando la protección de esta modalidad de propiedad intelectual a las normas comunes de competencia desleal. Por otra parte, la protección antes otorgada a través de los rótulos de establecimiento podrá hacerse valer a través del registro de una marca o nombre comercial, pudiendo convivir en diferentes ámbitos territoriales si no existiera oposición de tercero, como consecuencia del nuevo procedimiento, en que se suprime el examen de oficio de las anterioridades. La Ley fija minuciosamente en sus disposiciones transitorias el tránsito a este nuevo modo de protección de los rótulos de establecimiento inscritos durante la vigencia de legislaciones anteriores.

VI. DENOMINACIONES DE ORIGEN E INDICACIONES GEOGRÁFICAS

1. Caracterización

Por denominación de origen se entiende el nombre de una región, de un lugar determinado o, en casos excepcionales, de un país, que sirve para designar un producto originario de dicha región, lugar o país, cuya calidad o características se deban, fundamental o exclusivamente, al medio geográfico con sus factores naturales y humanos, y cuyas fases de producción tienen lugar en su totalidad en la zona geográfica delimitada.

Por indicación geográfica se entiende el nombre de una región, de un lugar determinado o, en casos excepcionales, de un país, que sirve para designar un producto originario de dicha región, lugar o país, que posea una cualidad determinada, una reputación u otra característica que pueda atribuirse a dicho origen geográfico, y de cuyas fases de producción, una al menos, tiene lugar en la zona geográfica definida.

En consecuencia, los dos niveles de referencia geográfica son distintos. La exigencia del vínculo entre los productos, incluyendo las cualidades y/o características, y el territorio es menos intensa en las indicaciones geográficas, dado que es suficiente con que pueda atribuirse a dicho origen geográfico, sin que sea necesario, como en la denominación de origen, que se deba al mismo de forma fundamental o exclusiva. De otro lado, en la denominación de origen es esencial que todas las fases de producción tengan lugar en la zona geográfica determinada, con una especialización reconocida y comprobada (por ejemplo: "*Mozzarella di Bufala Campana*"). A diferencia de ella, la indicación geográfica alude al vínculo con el territorio en, al menos, una de las fases de producción, transformación o elaboración ("*Turrón de Alicante*"). Asimismo en la indicación se admite que la especialidad de los productos resida, además de en la calidad o en las características, en la reputación, lo que no sucede en la denominación.

En común mantienen ambos signos la atenuación de la función primaria de las marcas como indicadoras del origen empresarial, en la medida en que no indican un origen empresarial concreto, sino el conjunto de productores que se encuentran autorizados a emplear aquellos, quienes, adicionalmente, pueden ir cambiando con el tiempo, en consideración a los que se adhieran a una concreta denominación o indicación. Lo importante para los consumidores no es tanto saber que el producto proviene de un empresario determinado, sino que ese empresario o productor cumple con los requisitos de calidad y origen que el signo representa. Características estas que son determinantes en la modalización del régimen jurídico, como, por ejemplo, en los requisitos constitutivos del signo o en la imposibilidad de su transmisión.

En este tipo de signos prima, por consiguiente, la función de garantía, lo que los aproxima a las marcas de garantía. Desempeñan, como sucede con esta clase de marcas, una función indicadora de la calidad desde un punto de vista tanto socio-económico como jurídico, garantizando la existencia de unas características comunes constantes así como un determinado nivel de calidad. No obstante, a diferencia de lo que sucede con las marcas de garantía, en las denominaciones e indicaciones se exige que esos requisitos comunes que se certifican se encuentren vinculados a un origen geográfico, que debe resultar determinante para la calidad o características que individualizan al producto y en el cual se debe llevar a cabo la producción (en todo o en parte, según el tipo de signo).

2. *Normativa aplicable*

Existe distinta normativa en atención a si se trata de denominaciones o indicaciones geográficas de origen agrícolas o si se trata de indicaciones geográficas artesanales o industriales.

En el contexto español, la normativa básica que regula las denominaciones e indicaciones geográficas está constituida por la Ley 6/2015, de 12 de mayo, de Denominaciones de Origen e Indicaciones Geográficas Protegidas de ámbito territorial supra-autonómico. Esta Ley deroga la mayor parte del articulado de la Ley 24/2003, de 10 de julio, de la Viña y del Vino, para integrar el sistema nacional en el de la Unión Europea, al que, además, reconoce prevalencia sobre el interno. Por tanto, el objeto de esta ley es el establecimiento de un nuevo régimen jurídico, complementario a la regulación europea, aplicable a las DOP e IGP, cuyo ámbito territorial se extienda a más de una comunidad autónoma. Define el sistema de tutela en términos similares al que rige en la Unión Europea, e igual que este hace hincapié en la calificación de estos signos como derechos de propiedad intelectual al objeto de garantizar una protección uniforme en todo el territorio de la Unión. De otro lado, delimita claramente las funciones de las entidades de gestión y el ejercicio del control oficial por parte de la autoridad competente, prestando una atención especial a este último antes de la comercialización de los productos.

No obstante, se adelanta en cierto modo a la normativa europea por cuanto establece un régimen jurídico unitario para las DOP y las IGP, con independencia del tipo de producto amparado. Esto es, supera la tradicional diferenciación sectorial, en la medida en que incluye las DOP y las IGP de productos vitivinícolas, de bebidas espirituosas, de vinos aromatizados así como de otros productos de origen agrícola o alimenticio, que, por el contrario, se mantienen reguladas en textos distintos en la disciplina de la Unión.

En efecto, la normativa comunitaria está contenida fundamentalmente en tres cuerpos normativos claramente diferenciados, relativos, respectivamente, a productos vitivinícolas, bebidas espirituosas y a todos los demás productos agrícolas y alimenticios. Si bien se trata de disciplinas con un régimen de protección análogo. Por una parte, el Reglamento 1151/2012 del Parlamento Europeo y del Consejo de 21 de noviembre de 2012 sobre los regímenes de calidad de los productos agrícolas y alimenticios, que afecta a productos agrícolas y alimenticios, excepción hecha de los productos que dependen del sector vitivinícola, salvo los vinagres de vino. De otra, el Reglamento (UE) 2019/787 del Parlamento Europeo y del Consejo, de 17 de abril de 2019, sobre la definición, designación, presentación y etiquetado de las bebidas espirituosas, la utilización de los nombres de las bebidas espirituosas en la presentación y etiquetado de otros productos alimenticios, la protección de las indicaciones geográficas de las bebidas espirituosas y la utilización de alcohol etílico y destilados de origen agrícola en las bebidas alcohólicas, y por el que se deroga el Reglamento (CE) nº 110/2008. Y por último, en materia vitivinícola, el Reglamento (UE) No 1308/2013 del Parlamento europeo y del Consejo de 17 de diciembre de 2013 por el que se crea la organización común de mercados de los productos agrarios y por el que se derogan los Reglamentos (CEE) nº 922/72 (CEE), nº 234/79 (CEE), nº 1037/2001 y nº 1234/2007 (CEE). Y el Reglamento 251/2014 del Parlamento Europeo y del Consejo de 26 de febrero de 2014 sobre la definición, descripción, presentación, etiquetado y protección de las indicaciones geográficas de los productos vitivinícolas aromatizados. En relación con las indicaciones geográficas artesanales e industriales, el régimen aplicable viene recogido en el Reglamento del Parlamento Europeo y del Consejo relativo a la protección de las indicaciones geográficas de productos artesanales e industriales y por el que se modifican los Reglamentos (UE) 2017/1001 y (UE) 2019/1753 del Parlamento Europeo y del Consejo y la Decisión (UE) 2019/1754 del Consejo.

En el contexto internacional existe, finalmente, un sistema de registro internacional de denominaciones de origen regido por el Arreglo de Lisboa relativo a la Protección de las Denominaciones de Origen y su Registro Internacional, que se adoptó en 1958, se revisó en Estocolmo en 1967 y fue modificado en 2002.

3. El sistema de protección

3.1. Descripción del sistema y objetivos

Las normas relacionadas en el apartado anterior prevén un sistema comunitario de protección de la calidad diferenciada en materia de denominaciones de origen y de indicaciones geográficas, mediante la inscripción en el correspondiente registro de la Unión Europea. Este sistema ha sido previsto con un triple objetivo. Por un lado, ofrecer información a los profesionales y a los consumidores. En concreto, permite a estos últimos disponer de una información clara y sucinta sobre el origen y las características asociadas a los productos, mediante el empleo de los símbolos de la Unión Europeas correspondientes en el etiquetado de los mismos. Por otro lado, la introducción de las menciones puede resultar muy beneficiosa para el mundo rural, especialmente para las zonas menos favorecidas y más apartadas, al asegurar la mejora de la renta de los agricultores y el asentamiento de la población rural en esas zonas. Finalmente se ha querido proteger adecuadamente a los beneficiarios de la denominación o indicación. Por eso, el registro otorga a estas el carácter o mención de protegidas en cualquier Estado miembro.

Se instituye al efecto un procedimiento de registro, así como las pautas a seguir en el procedimiento nacional preliminar. En el contexto de este último, las autoridades nacionales del Estado miembro examinan las solicitudes con carácter previo al examen que, posteriormente, efectúa la a Comisión o la EUIPO —si es artesanal o industrial— al objeto de cerciorarse de que se cumplen las condiciones establecidas en los Reglamentos y de garantizar un enfoque uniforme entre los Estados miembros. En España ese procedimiento nacional preliminar está diseñado para las agrícolas en el Real Decreto 1335/2011, de 3 de octubre, por el que se regula el procedimiento para la tramitación de las solicitudes de inscripción de las DOP y de las IGP en el registro de la Unión Europea y la oposición a ellas. El Real Decreto disciplina dicho procedimiento nacional atribuyendo la competencia, respectivamente, al Ministerio de Agricultura y a los órganos responsables de las Comunidades Autónomas, según se trate de signos de carácter supra-autonómico o no. Para las indicaciones geográfica artesanales o industriales se está desarrollando la normativa en aplicación.

Cabe destacar que este régimen reviste carácter exhaustivo en el sentido de que reemplaza a la protección nacional de dichos productos, de modo que los Estados miembros no pueden conservar regímenes nacionales para proteger denominaciones o indicaciones que sean subsumibles dentro del mismo. Faculta, no obstante, a los Estados para conceder protección a un signo, de forma transitoria y a escala nacional, con efectos desde la fecha en que se haya presentado la solicitud a la Comisión; si bien, la protección nacional cesará a partir de la fecha en que se tome una decisión de registro de la Unión Europea o se retire la solicitud. Asimismo, en los casos en los que un signo no se encuentre registrado, serán de responsabilidad exclusiva del Estado miembro las consecuencias de tal protección nacional. De forma que las medidas que adopte un Estado miembro en este sentido únicamente producirán efectos a escala nacional y no tendrán incidencia alguna en el comercio interior de la Unión ni en el comercio internacional.

3.2. Ámbito de protección

La protección comprende la producción y todas las fases de comercialización, así como la presentación, la publicidad, el etiquetado y los documentos comerciales de los productos afectados y se concede frente a:

i) cualquier uso comercial directo o indirecto de un nombre registrado en productos no amparados por el registro, cuando dichos productos sean comparables a los productos registrados con ese nombre o cuando el uso del nombre se aproveche de la reputación del nombre protegido, la debilite o diluya, incluso cuando esos productos se utilicen como ingredientes;

ii) cualquier uso indebido, imitación o evocación, incluso si se indica el verdadero origen de los productos o servicios o si el nombre protegido se traduce o se acompaña de expresiones tales como "estilo", "tipo", "método", "producido como en", "imitación" o expresiones similares, incluso cuando esos productos se utilicen como ingredientes;

iii) cualquier otro tipo de indicación falsa o falaz en cuanto a la procedencia, el origen, la naturaleza o las características esenciales de los productos, que se emplee en el envase o en el embalaje, en la publicidad o en los documentos relativos a los productos de que se trate, así como la utilización de envases que por sus características puedan crear una impresión errónea acerca de su origen;

iv) cualquier otra práctica que pueda inducir a error al consumidor acerca del verdadero origen del producto.

Asimismo, el registro de la denominación o indicación confiere a las mismas el carácter de derecho anterior en orden al registro de una marca posterior. En concreto, como regla general, se denegará el registro como marca y, en su caso, se declarará la nulidad, de los signos que reproduzcan, imiten o evoquen una denominación protegida como DOP o IGP, siempre que se apliquen a los mismos productos o a productos similares, comparables o que puedan considerarse ingredientes o que puedan aprovecharse de la reputación de aquéllas. En la Ley española aplicable a las denominaciones e indicaciones geográficas agrícolas, la prohibición se extiende de modo expreso a nombres comerciales y razones sociales y a nombres de dominio. Los signos objeto de una DOP o IGP están protegidos frente a su uso como nombres de dominio de internet que consistan, contengan o evoquen dichas DOP o IGP.

Lección 10

Propiedad intelectual. Creaciones técnicas. Las patentes (I)

SUMARIO: I. CREACIONES TÉCNICAS. CARACTERIZACIÓN Y MODALIDADES. II. LAS PATENTES. 1. Caracterización. El sistema de patentes. 2. Concepto. 3. Disciplina. 3.1. Disciplina nacional. 3.2. Disciplina europea. 3.3. Disciplina internacional. 4. Invención y requisitos de patentabilidad. 4.1. Concepto de invención. 4.2. Novedad. 4.3. Actividad inventiva. 4.4. Susceptibilidad de aplicación industrial. 4.5. Excepciones a la patentabilidad. 5. Derechos del inventor. 5.1. En particular el derecho a la patente. 5.2. Invenciones realizadas en el marco de relaciones de empleo o servicio. 6. Procedimientos de concesión de la patente. 6.1. Procedimiento nacional. 6.1.1. La solicitud y la presentación. 6.1.1.1. La solicitud. 6.1.1.2. La presentación y la prioridad. 6.1.2. Admisión a trámite y examen de oficio. Emisión del informe sobre el estado de la técnica y de la opinión escrita. 6.1.3. Publicación de la solicitud y del informe sobre el estado de la técnica. Observaciones de terceros. 6.1.4. Examen sustantivo, resolución sobre la concesión y publicación. 6.1.5. Oposiciones y recursos. 6.2. Procedimiento de concesión de la patente europea. 6.3. Procedimiento de concesión de la patente PCT. 7. Contenido. 7.1. Derechos. 7.1.1. Caracterización y alcance del derecho. 7.1.2. Vertiente positiva. 7.1.3. Vertiente negativa. 7.1.3.1. Descripción de la vertiente negativa. 7.1.3.2. Límites. En particular el agotamiento del derecho de patente. 7.2. Acciones para la protección del derecho de patente. 7.3. Cargas. En particular la carga de explotar la patente.

I. CREACIONES TÉCNICAS. CARACTERIZACIÓN Y MODALIDADES

Las creaciones técnicas constituyen un tipo particular de creaciones intelectuales y, por ende, de bienes inmateriales, cuya característica común consiste en que están destinadas a resolver un problema técnico para satisfacer las necesidades de la comunidad directamente mediante su aplicación industrial o comercial. Este dato las diferencia de los descubrimientos científicos, que no incluyen necesariamente esa aplicación industrial directa. Las modalidades principales de creaciones técnicas son las patentes y los modelos de utilidad. Junto a ellas, sin embargo, se reconocen otros tipos de creaciones técnicas, que se estudiarán en la Lección siguiente.

II. LAS PATENTES

1. Caracterización. El sistema de patentes

Las patentes constituyen creaciones intelectuales tendentes a resolver un problema técnico para satisfacer las necesidades de la comunidad directamente mediante su aplicación industrial. En concreto se trata de creaciones denominadas de fondo puesto que se basan en la existencia de una invención. En atención a ello no hay duda alguna de que la patente tiene una importancia de primer orden en el progreso tecnológico. Y que, por ende, el hecho de que la invención se ponga a disposición del público en general comporta grandes beneficios en el orden económico, e incluso social, general. Ahora bien, resulta claro que nadie dedicaría tiempo y dinero para idear nuevos inventos, si su creación no le reportara una compensación económica. Por eso ha sido necesario arbitrar un sistema que compatibilice el interés del inventor con el interés de la comunidad en conocer el invento y en utilizar el producto de la invención. Este sistema es el sistema de patentes. En su seno se produce, en efecto, una compatibilización racional de ambos intereses porque el inventor queda protegido por el derecho exclusivo que se le otorga para producir y comercializar el objeto de su invención, pero solo durante un tiempo limitado. De modo que, transcurrido el plazo, cualquier persona puede explotar y comercializar el objeto de la invención, lo que atiende al interés del Estado y de la comunidad.

Por otro lado, resulta claro que el sistema de patentes promueve la investigación y el progreso tecnológico e industrial en la medida en que incentiva al inventor individualmente considerado por medio del monopolio de explotación que le concede, aunque sea limitado; pero, al tiempo, lo hace también de forma colectiva, pues una nueva invención puede eliminar del mercado a los competidores si no idean otra que, al menos, la iguale en prestaciones. Por eso las relaciones del Derecho de patentes con el Derecho de libre competencia son ambivalentes. De un lado, la patente restringe la competencia al conceder el monopolio de explotación. Pero, por otro, y, sin embargo a la vez, la estimula en tanto induce a introducir nuevos inventos en el mercado como elemento de competencia.

2. Concepto

La patente es un título de naturaleza oficial que reconoce el derecho de explotar en exclusiva de una invención. Por tanto, reviste un carácter formal identificativo de su objeto, esto es, de la invención, y, al tiempo, constata los derechos atribuidos a su titular sobre ella y como consecuencia de ella.

3. Disciplina

3.1. Disciplina nacional

La normativa nacional básica está constituida por la Ley 24/2015 de 24 de julio, de patentes, que sustituye a la Ley de 20 de marzo de 1986, desarrollada por el RD 316/2017, de 31 de marzo, por el que se aprueba el Reglamento para la ejecución de la Ley de Patentes (RELP).

El objetivo de la actual LP es culminar la coordinación del Derecho interno con el Derecho internacional y el de la Unión Europea. Supone también adecuar el marco legal a las necesidades actuales y facilitar la obtención rápida de títulos sólidos para los innovadores españoles, principales usuarios del sistema, puesto que las patentes concedidas por vía nacional son de origen español en más de un 95 por ciento.

3.2. Disciplina europea

La normativa europea básica es el Convenio sobre concesión de patentes europeas (CPE), adoptado en Múnich el 5 de octubre de 1973, si bien posteriormente ha sido objeto de revisión mediante Acta de 27 de diciembre de 2000. España se adhirió al mismo por Instrumento de 10 de julio de 1986 y al Acta en 2007. A través de este Convenio se crea la Organización Europea de Patentes, que expresa la voluntad política colectiva de los países europeos de establecer un sistema de patentes uniforme en Europa, no restringido a los Estados miembros de la Unión Europea.

El Convenio establece una regulación mínima que se aplica a todas las patentes europeas con preferencia sobre eventuales normas de carácter nacional de los Estados parte, en particular disciplina los requisitos de patentabilidad. Y crea un procedimiento centralizado de concesión de patentes, de cuya gestión se encarga la OEP. Su principal finalidad es sustituir los procedimientos nacionales de concesión de patentes de invención por este único procedimiento con el objeto de facilitar la protección de las invenciones en varios países europeos.

De este modo, la patente europea se caracteriza por su unidad y la autonomía. Es única porque se concede, trasmite, revoca o expira para todos los países de la Organización; y es autónoma porque a esos trámites sólo se aplica la normativa prevista en el CPE. Ahora bien, la patente europea sólo es unitaria hasta que es expedida, ya que, después de su concesión, se convierte en tantas patentes nacionales como países se designan en la solicitud. Su protección se descompone en un haz de protecciones nacionales, produciendo en cada Estado contratante que haya designado el solicitante los mismos efectos que la patente nacional concedida en aquel Estado y quedando sometida a su régimen jurídico. Por tanto, obtenida la patente europea, deja de serlo para sujetarse a las leyes nacionales. En consecuencia, es europea solo en su gestión.

Hay que indicar, no obstante, que el objetivo último del legislador de la Unión es establecer una patente europea con efecto unitario (patente unitaria) y lograr un régimen unificado de protección en todos los países de la Unión. De hecho, viene básicamente regulada en el Reglamento (UE) 1257/2012, de 17 de diciembre por el que se establece la cooperación reforzada para la creación de una protección unitaria mediante patente; y en el que se prevé la creación de un Tribunal Unificado de Patentes, que es un tribunal común para la resolución de litigios relativos a patentes europeas y a patentes europeas con efecto unitario. No obstante, el Reglamento no ha sido suscrito, por el momento, por España y no resulta, en consecuencia, de aplicación en nuestro país.

Finalmente, cabe citar también el Reglamento (CE) nº 816/2006 del Parlamento Europeo y del Consejo, de 17 de mayo de 2006, acerca de la concesión de licencias obligatorias sobre patentes relativas a la fabricación de productos farmacéuticos destinados a la exportación a países con problemas de salud pública.

3.3. Disciplina internacional

La normativa internacional básica está constituida por el Tratado de Cooperación en Materia de Patentes (PCT), firmado en Washington el 19 de junio de 1970, pero cuya vigencia comenzó en 1978, de forma casi coetánea, por tanto, con el Convenio sobre Patente Europea. El Instrumento de adhesión de España data de 13 de julio de 1989. El PCT no contempla la concesión de patentes, se limita a regular un procedimiento único para su solicitud y tramitación en los diversos Estados, entre los signatarios, en que se solicita. Por ello, una vez finalizado el procedimiento previsto en el PCT, el solicitante debe traducir y presentar la solicitud en cada uno de los países en que desee la protección para que se conceda o deniegue la patente según las concretas leyes nacionales. Contiene, no obstante, un desarrollo del principio del derecho de prioridad, en cuya virtud concede al inventor un plazo de 30 meses (la fase internacional) antes de determinar los Estados donde pedirá la protección por la patente.

Es importante también el Tratado sobre el Derecho de Patentes (PLT), hecho en Ginebra el 1 de junio de 2000 y ratificado por España en 2013, que tiene por objeto facilitar la tramitación y evitar la pérdida involuntaria de derechos por motivos formales. Su objeto consiste en promover la racionalización y armonización de los requisitos formales de los procedimientos nacionales y regionales sobre patentes en todo el mundo.

Junto a ambos textos, hay que citar el Convenio de la Unión de París de 20 de marzo de 1883 (CUP). Su contenido se extiende a la mayoría de las modalidades de la propiedad intelectual (patentes, modelos de utilidad, dibujos y modelos industriales, marcas, nombre comercial, indicaciones de procedencia), así como a la represión de la competencia desleal. Como hitos fundamentales de su disciplina en materia de patentes destaca la consagración de los principios de tratamiento nacional y de tratamiento unionista.

El principio del trato nacional obliga a todos los Estados a conceder a los ciudadanos de los demás Estados contratantes la misma protección y ventajas que concede a sus nacionales. Los ciudadanos de Estados no contratantes también estarán protegidos por el Convenio si tienen un establecimiento industrial o comercial real y efectivo en alguno de los Estados contratantes.

El principio de tratamiento unionista significa que el de trato nacional se entiende sin perjuicio del régimen jurídico especialmente previsto por el Convenio. En ese contexto destaca que las patentes solicitadas en los diferentes países de la Unión por los nacionales de países de la Unión serán independientes de las patentes obtenidas para la misma invención en los otros países adheridos o no a la Unión. Esta independencia es absoluta, tanto desde el punto de vista de las causas de nulidad y caducidad, como desde el punto de vista de la duración normal. A este último respecto, el Convenio declara también que las patentes obtenidas con el beneficio de prioridad gozarán, en los diferentes países de la Unión, de una duración igual a aquella de la que gozarían si hubiesen sido solicitadas o concedidas sin el beneficio de prioridad. Asimismo, establece que el inventor tiene derecho a ser reconocido como tal en la patente.

Por último, el Convenio sienta el fundamental derecho de prioridad (art. 4 CUP). Conforme a él toda persona que hubiere depositado regularmente una solicitud de patente de invención en alguno de los países de la Unión, o su causahabiente, goza de un derecho de prioridad para efectuar el depósito en los otros países durante un plazo de doce meses (período de prioridad). El contenido de tal derecho se resuelve en dos consecuencias principales. En primer lugar, que el depósito efectuado posteriormente en alguno de los demás países de la Unión, antes de la expiración de ese plazo, no podrá ser invalidado por hechos ocurridos en el intervalo, en particular, por otro depósito o por la publicación de la invención o su explotación. Esos hechos, además, no podrán dar lugar a ningún derecho de terceros. En segundo lugar, que, a partir de la fecha del primer depósito, se tiene un plazo de un año para solicitar patentes en otros Estados conservando la fecha del primer depósito, de manera que el inventor o solicitante queda protegido en el caso de que la invención fuera publicada y/o descubierta por otros durante dicho plazo de un año. En resumen, cada uno de los países miembros de la Unión de París se compromete a estimar que la solicitud posterior fue depositada en la fecha anterior, de manera que las últimas solicitudes serán consideradas como si hubieran sido presentadas el mismo día que la primera.

Junto a estos textos internacionales básicos, cabe citar el Arreglo de Estrasburgo relativo a la clasificación internacional de patentes, de 24 de marzo de 1971.

4. *Invención y requisitos de patentabilidad*

La LP delimita el ámbito de la patentabilidad recurriendo a la noción de invención y exigiendo tres requisitos cumulativos: novedad, actividad inventiva y susceptibilidad de aplicación industrial. Dispone que son patentables, en todos los campos de la tecnología, las invenciones que sean nuevas, impliquen actividad inventiva y sean susceptibles de aplicación industrial (art. 4.1 LP). La LP 2015 precisa que la patentabilidad abarca todos los campos de la tecnología al objeto de acomodarse a lo dispuesto en el ADPIC (art. 27 ADPIC).

4.1. Concepto de invención

La invención es una regla ideada para permitir la obtención de un resultado determinado de carácter técnico, que puede referirse tanto al procedimiento como al objeto resultante. La LP no suministra directamente esta definición, pero se infiere de los supuestos, que sí prevé, que no considera invenciones. No son, en efecto, invenciones los meros descubrimientos, ya que no suministran aquella regla, sino que se limitan a constatar elementos que ya existen en la naturaleza [art. 4.4 a) LP]. Tampoco se consideran invenciones las obras literarias, artísticas o cualquier otra creación estética, así como los métodos matemáticos, las teorías científicas, los planes, reglas y métodos para el ejercicio de actividades intelectuales, para juegos o para actividades económico-comerciales, los programas de ordenadores o las formas de presentar informaciones [art. 4.4 a), b), c) y d) LP], debido, según los casos, bien a su naturaleza abstracta, bien a la ausencia de carácter técnico. Ahora bien, la presencia de alguna o algunas de las materias o actividades anteriores solamente excluye la patentabilidad en la medida en que la solicitud de patente o la patente se refiera exclusivamente a ellas, no cuando se presenten junto con verdaderas invenciones (art. 4.5 LP).

La LP alude de manera específica a las invenciones biotecnológicas cuando dispone que la invención puede tener por objeto un producto que esté compuesto o que contenga materia biológica, o un procedimiento mediante el cual se produzca, transforme o utilice materia biológica (art. 4.1 LP). Permite también que pueda ser objeto de una invención la materia biológica aislada de su entorno natural o producida por medio de un procedimiento técnico, aun cuando ya exista anteriormente en estado natural (art. 4.2 LP). Por consiguiente, el simple hallazgo de materia biológica en estado natural, sin aislarla, no es una invención patentable, sino un mero descubrimiento. Por materia biológica se entiende la que contenga información genética autorreproducible o reproducible en un sistema biológico (art. 4.3 LP).

4.2. Novedad

El primer requisito de patentabilidad es la novedad. Se trata de una nota esencial porque la patente sólo se justifica por la existencia de una aportación que implique una mejora en beneficio general. La LP exige novedad absoluta o mundial, señalando como parámetro para decidir acerca de su existencia que la invención no esté comprendida en el estado de la técnica, entendiendo que dicho estado está constituido por todo lo que antes de la fecha de presentación de la solicitud de patente se ha hecho accesible al público en España o en el extranjero por una descripción escrita u oral, por una utilización o por cualquier otro medio y por el contenido de las solicitudes españolas de patentes o de modelos de utilidad, de solicitudes de patentes europeas que designen a España y de solicitudes de patente internacionales PCT que hayan entrado en fase nacional en España, tal como hubieren sido originariamente presentadas, siempre que su fecha de presentación sea anterior a la de la solicitud española y hubieran sido publicadas en español en aquella fecha o lo sean en otra posterior.

La LP viene a alinearse con el CPE al introducir de forma expresa la posibilidad de patentar sustancias o composiciones ya conocidas para su uso como medicamento o para nuevas aplicaciones terapéuticas. Permite la patentabilidad de cualquier sustancia o composición comprendida en el estado de la técnica para ser usada en cualquier método de tratamiento quirúrgico, terapéutico o de diagnóstico aplicados al cuerpo humano o animal siempre que su utilización para cualquiera de esos métodos no esté comprendida en el estado de la técnica; así como la de las que supongan un segundo o ulterior uso (art. 6.4 y 5 LP). Alude también a las divulgaciones inocuas estimando que no se tomará en consideración para determinar el estado de la técnica una divulgación de la invención que, acaecida dentro de los seis meses anteriores a la fecha de presentación de la solicitud, haya sido consecuencia directa o indirecta de un abuso evidente frente al solicitante o su causante o del hecho de que el solicitante o su causante hubieren exhibido la invención en exposiciones oficiales (art. 7 LP).

4.3. Actividad inventiva

El segundo requisito de patentabilidad es la actividad inventiva, que existe solo cuando la invención no resulta del estado de la técnica de manera evidente para un experto en la materia. Para decidir en torno a ella no se tienen en cuenta el contenido de las solicitudes de patentes o modelos de utilidad españoles, de patentes europeas, ni de patentes internacionales PCT que hayan entrado en fase nacional en España, cuya fecha de presentación sea anterior a la fecha de la prioridad (art. 8 LP y 56 CPE).

4.4. Susceptibilidad de aplicación industrial

La invención ha de tener, además, aplicación industrial, es decir, ha de ser ejecutable de modo que un experto normal en la materia a la que se refiere obtenga el resultado previsto realizando las operaciones descritas en ella. Y ha de ser apta para conseguir un resultado útil que sirva para satisfacer una necesidad humana. Se considera que una invención es susceptible de aplicación industrial cuando su objeto puede ser fabricado o utilizado en cualquier clase de industria, incluida la agrícola (art. 9 LP).

4.5. Excepciones a la patentabilidad

Aunque determinada invención reúna todos los requisitos de patentabilidad, no resultará patentable si incurre en alguna de las excepciones a la patentabilidad. En general la LP excluye de la patentabilidad las invenciones cuya explotación comercial sea contraria al orden público o a las buenas costumbres, sin que pueda considerarse como tal la explotación de una invención por el mero hecho de que esté prohibida por una disposición legal o reglamentaria (art. 5 LP). En particular señala un cúmulo de prohibiciones, que afectan en especial a las invenciones biotecnológicas, en las que se enfrenta la necesidad de protegerlas con el hecho de que su objeto no es el típico del derecho tradicional de patentes, es decir, materia inanimada, sino materia viva, lo que provoca, entre otros, problemas éticos no desdeñables. Se comprende desde esta perspectiva que, entre las invenciones no patentables por ser contrarias al orden público o a las buenas costumbres, la LP aluda expresamente a los procedimientos de clonación de seres humanos, a los de modificación de su identidad genética germinal y a la utilización de embriones humanos con fines industriales o comerciales [art. 5.1 a) a c) LP].

En un contexto próximo, la LP excluye la patentabilidad del cuerpo humano, en los diferentes estadios de su constitución y desarrollo, así como el simple descubrimiento de uno de sus elementos, incluida la secuencia o la secuencia parcial de un gen. Sin embargo, un elemento aislado del cuerpo humano u obtenido de otro modo mediante un procedimiento técnico, incluida la secuencia total o parcial de un gen, podrá considerarse como una invención patentable, aun en el caso de que la estructura de dicho elemento sea idéntica a la de un elemento natural (art. 5.5 LP). De otro lado, los métodos de tratamiento quirúrgico o terapéutico del cuerpo humano o animal, y los métodos de diagnóstico aplicados al cuerpo humano o animal también están excluidos de patentabilidad. El motivo reside en razones socioéticas y de salud pública, pues de lo que se trata es de que los facultativos no se encuentren limitados en su actividad por la existencia de patentes. En razón de ello, esta disposición no será aplicable a los productos, en particular a las sustancias o composiciones, ni a las invenciones de aparatos o instrumentos para la puesta en práctica de tales métodos (art. 5.4 LP).

Tampoco son patentables las variedades vegetales y las razas animales, pero sí las invenciones que tengan por objeto vegetales o animales si la viabilidad técnica de la invención no se limita a una variedad vegetal o a una raza animal determinada (art. 5.2 LP). Las variedades vegetales pueden acogerse, sin embargo, a la protección de la Ley 3/2000, de 7 de enero, de régimen jurídico de la protección de las obtenciones vegetales. Adicionalmente no pueden ser objeto de patente los procedimientos esencialmente biológicos de obtención de vegetales o de animales. A estos efectos se considerarán esencialmente biológicos aquellos procedimientos que consistan íntegramente en fenómenos naturales como el cruce o la selección.

Sin embargo, son patentables los procedimientos microbiológicos o cualquier otro procedimiento técnico o un producto obtenido por dichos procedimientos (art. 5.3 LP). De otro lado, los procedimientos de modificación de la identidad genética de los animales que supongan sufrimientos para estos sin reportar utilidad, médica o veterinaria, sustancial para el hombre o el animal, y los animales resultantes de tales procedimientos no son patentables por resultar contrarios al orden público o a las buenas costumbres [art. 5.1 d) LP]. Por último, no se considera patentable la mera secuencia de ácido desoxirribonucleico (ADN) sin indicación de función biológica alguna (art. 5.6 LP).

5. Derechos del inventor

5.1. En particular el derecho a la patente

La invención es una creación de la mente humana. Por esta razón sólo puede ser titular del derecho sobre ella una persona física. Este derecho sobre la invención posee un doble contenido, personal y patrimonial. Desde el punto de vista personal la invención otorga a su autor el derecho personalísimo a ser reconocido como autor de la misma, aun cuando no llegue a ser titular de la patente (arts. 14 LP). Se trata de un derecho intransmisible. Desde el punto de vista patrimonial el derecho del inventor tiene como contenido esencial el derecho a la concesión de la patente. Por eso la LP atribuye al inventor, o a sus causahabientes, el derecho a la patente. Dado su contenido y valor económico, este derecho, sin embargo, puede ser transmitido, en vez de ejercitado directamente (art. 10.1 LP). Debido a esta circunstancia las personas jurídicas pueden solicitar patentes (art. 3 LP). En caso de que sean varias las personas que conjuntamente han realizado una invención, el derecho a la patente pertenece a todos "en común" (arts. 10.2 LP). Si las han realizado de forma independiente, el derecho corresponde al primer inventor solicitante (art. 10.3 LP).

Ahora bien, para descargar a la Administración de la complicada tarea de investigar si el solicitante está legitimado para ejercer el derecho a la patente, se establece la presunción *"iuris tantum"* de que el solicitante está legitimado (art. 10.4 LP). Se trata, no obstante, de una simple legitimación procesal para exigir la concesión de la patente, no de que el derecho a la patente pertenezca al solicitante. De ahí que se hayan previsto mecanismos aplicables en caso de concesión de la misma a quien luego resulta no ser titular del derecho a la patente y ello, tanto antes de la concesión (art. 11 LP), como después de la misma (art. 12 LP, que se refiere a la "reivindicación" de la patente).

5.2. Invenciones realizadas en el marco de relaciones de empleo o servicio

Un supuesto específico son las invenciones realizadas por asalariados y otros prestadores de servicios, que son, cuantitativamente, las de mayor trascendencia en la práctica. Como medida tuitiva del trabajador o prestador del servicio, la disciplina que dicta la LP en este punto es imperativa, de modo que será nula toda renuncia anticipada del empleado a los derechos que se le reconocen (art. 19.2 LP). Dicha disciplina establece un régimen diverso según a quien se atribuya la titularidad del derecho de patente, por lo que distingue tres supuestos, las invenciones pertenecientes al empresario (art. 15 LP), las pertenecientes al empleado o prestador de servicios (art. 16 LP) y las asumibles por el empresario (art. 17 LP). No obstante, para facilitar la aplicación del régimen, se entiende que las invenciones para las que se presente una solicitud de patente o de otro título de protección exclusiva dentro del año siguiente a la extinción de la relación de empleo o de servicios, se presumen realizadas durante la vigencia de ésta, salvo prueba en contrario (art. 19.1 LP). Se trata, por tanto, de una presunción *iuris tantum*.

Pertenecen al empresario las invenciones realizadas por el empleado o prestador de servicios durante la vigencia de su contrato o relación de empleo o de servicios con el empresario que sean fruto de una actividad de investigación explícita o implícitamente constitutiva del objeto de su contrato. En estos casos, el autor de la invención no tendrá derecho a una remuneración suplementaria por su realización, excepto si su aportación personal a la invención y la importancia de la misma para el empresario exceden de manera evidente del contenido explícito o implícito de su contrato o relación de empleo (art. 15 LP). Pertenecen al empleado o prestador de servicios las invenciones en cuya realización no concurran las circunstancias anteriores, salvo que se trate de invenciones asumibles por el empresario (art. 16 LP).

El empresario tendrá derecho a asumir la titularidad de la invención o a reservarse un derecho de utilización de la misma cuando el empleado realice una invención relacionada con su actividad profesional en la empresa y en su obtención hubiesen influido predominantemente conocimientos adquiridos dentro de la empresa o la utilización de medios proporcionados por ésta. Si ejercita tal facultad, el empleado tendrá derecho a una compensación económica justa fijada en atención a la importancia industrial y comercial del invento y teniendo en cuenta el valor de los medios o conocimientos facilitados por la empresa y las aportaciones propias del empleado. Dicha compensación económica podrá consistir en una participación en los beneficios que obtenga la empresa de la explotación o de la cesión de sus derechos sobre dicha invención (art. 17 LP). No obstante, el derecho del empresario caducará si no comunica al empleado su voluntad de asumir la titularidad de la invención en los plazos previstos en la LP, pudiendo el empleado presentar la solicitud de patente. Por el contrario, si habiendo comunicado al empleado su voluntad de asumir la titularidad de la invención, no presentase la solicitud dentro de un plazo adicional razonable fijado con el empleado, este último solo podrá presentar la solicitud de patente en nombre y por cuenta del empresario (art. 18.2 LP). De otro lado, el empleado que realice cualquiera de los tres tipos de invención y no informe de ello al empresario dentro del plazo legal perderá todos los derechos que le reconoce la LP (art. 18.1 LP).

La LP alude también a las mejoras técnicas no patentables obtenidas por el empleado que mediante su explotación como secreto industrial ofrezcan al empleador una posición ventajosa similar a la obtenida a partir de un derecho de propiedad intelectual. Dispone que darán derecho a reclamar del empleador una compensación razonable fijada de acuerdo con los criterios anteriores tan pronto como este último explote la propuesta (art. 18.3 LP).

Este régimen es asimismo aplicable a los funcionarios, empleados y trabajadores del Estado, Comunidades Autónomas, Provincias, Municipios y demás Entes Públicos, salvo al personal investigador de las Universidades Públicas y de los Entes Públicos de Investigación para el que, en la propia LP, se prevé una disciplina mucho más restrictiva de los derechos del inventor en tanto sienta la premisa de que las invenciones pertenecerán a dichas entidades (art. 21.1 LP). No mejora la situación el hecho de que el investigador tenga derecho a participar en los beneficios que obtengan las entidades en las que presta sus servicios de la explotación o de la cesión de sus derechos sobre dichas invenciones, cuando la patente se solicite a nombre de la entidad o se decida el secreto industrial (art. 21.4 LP), puesto que la cuantía de la compensación se decide de forma unilateral por el Ente Público (art. 21.6 y 7 LP). Además, aunque estas entidades cedan la titularidad de dichas invenciones al autor de las mismas, pueden reservarse una licencia no exclusiva, intransferible y gratuita de explotación o una participación en los beneficios que se obtengan de la explotación de estas invenciones (art. 21.4 LP).

6. Procedimientos de concesión de la patente

6.1. Procedimiento nacional

6.1.1. La solicitud y la presentación

6.1.1.1. La solicitud

La invención por sí sola no otorga el derecho de patente. Este tiene que ser solicitado. Gozan de legitimación a tal efecto las personas físicas o jurídicas, incluidas las entidades de derecho público. Estas personas podrán invocar la aplicación en su beneficio de las disposiciones de cualquier tratado internacional que resulte de aplicación en España, en cuanto les fuere de aplicación directa, en todo lo que les sea más favorable respecto de lo dispuesto en la LP (art. 3 LP). La solicitud sólo puede comprender una invención o un grupo de invenciones que integren un único concepto inventivo general (art. 26 LP). En otro caso deberá ser dividida en tantas solicitudes como invenciones contengan (art. 26 LP).

La solicitud se integra por varios documentos (art. 23 LP y arts. 1 a 3 RELP), entre los que cabe mencionar una instancia dirigida al Director de la Oficina, la descripción del invento para el que se solicita la patente y las reivindicaciones, así como el resumen de la invención y los dibujos a los que se refieran la descripción o las reivindicaciones y, en su caso, las secuencias biológicas presentadas. Adicionalmente, cuando la invención se refiera a materia biológica de origen vegetal o animal la solicitud deberá incluir la mención de su origen geográfico o la fuente de procedencia de dicha materia si estos datos fueran conocidos.

Fundamentales, con todo, son la descripción y las reivindicaciones, ya que en ellas se define el objeto para el que se solicita la protección. La invención ha de describirse de manera suficientemente clara y completa para que un experto en la materia pueda ejecutarla (art. 27.1 LP y art. 3 RELP). La importancia de la misma se explica por su carácter de medio a través del cual los interesados reciben la información sobre las reglas técnicas que constituyen la invención, convirtiéndose de esta suerte en un factor relevante para fijar el ámbito del derecho a la patente, dado que ha de ser tenida en cuenta para interpretar las reivindicaciones (art. 68.1 LP). En el caso de patentes biotecnológicas no es fácil ejecutar el invento por mucho que se describa si no se dispone de la materia biológica en cuestión. En algunos supuestos puede resultar imposible. Por ello se exige que, cuando la materia biológica no sea accesible al público y no pueda ser descrita en la solicitud de patente de manera tal que un experto pueda reproducir la invención, el requisito de la descripción no se entenderá cumplido si, al presentar la solicitud de patente, no se ha depositado la materia en un institución reconocida legalmente para ello (art. 27.2 LP).

La relevancia de las reivindicaciones, por su parte, radica en que concretan la regla técnica que se desea patentar, definiendo el objeto de la invención. La verificación de la concurrencia de los requisitos de patentabilidad se produce básicamente en atención a ellas, por lo que han de ser claras y concisas y han de fundarse en la descripción (art. 28 LP y art. 7 RELP). Determinan, además, el contenido y alcance de la protección conferida por la patente o por la solicitud y precisan la extensión del derecho exclusivo (art. 68.1 LP). Por el contrario, el resumen de la invención servirá exclusivamente para una finalidad de información técnica. No podrá ser tomado en consideración para ningún otro fin, y en particular no podrá ser utilizado ni para la determinación del ámbito de la protección solicitada, ni para delimitar el estado de la técnica (art. 29 LP). Finalmente, los dibujos servirán para interpretar las reivindicaciones (art. 68.1 LP).

6.1.1.2. La presentación y la prioridad

La solicitud se presentará en la OEPM, en el órgano competente de cualquier Comunidad Autónoma o en los lugares previstos en el art. 16.4 LPAC dirigida a los órganos anteriores; aunque también es posible efectuar una presentación telemática (art. 22 LP). Es de destacar que, por disposición del art. 149.1.9 CE, la competencia sobre propiedad Intelectual es exclusiva del Estado. No obstante las CCAA podrían asumir competencias de ejecución como el examen formal de las solicitudes.

La fecha de presentación reviste una importancia excepcional por cuanto conforme a ella se determina si la invención está comprendida en el estado de la técnica y, por tanto, si goza de novedad, y si el solicitante es el primer inventor y, en consecuencia, quien tiene derecho a obtener la patente (art. 30.3 LP). La fecha de presentación de la solicitud será la del momento en que el solicitante entregue a las oficinas autorizadas para la recepción de solicitudes de patente la documentación que contenga los elementos previstos en la LP (art. 24 LP) o, en su caso, la del momento en que la OEPM reciba la documentación con los defectos debidamente corregidos (art. 33.2 LP). No obstante, si se goza de derecho de prioridad, se considerará como fecha de presentación la fecha de presentación de la solicitud anterior cuya prioridad hubiere sido válidamente reivindicada (art. 30.3 LP). En la práctica, el derecho de prioridad se traduce en el otorgamiento de un plazo durante el cual, si se presentara una segunda solicitud idéntica, será posible reconocer a ambas, a todos los efectos, la fecha de presentación de la primera solicitud.

6.1.2. Admisión a trámite y examen de oficio. Emisión del informe sobre el estado de la técnica y de la opinión escrita

Recibida la solicitud en la OEPM se le asignará, si procede, fecha de presentación y si es así la admitirá a trámite (arts. 32, 33 y 24 LP) y procederá al examen de oficio en cuyo seno verificará si el objeto de la misma no está manifiestamente y en su totalidad excluido de la patentabilidad por no tratarse de una invención o incurrir en alguna de las excepciones a la patentabilidad y si se cumplen los requisitos relativos a la representación y a la reivindicación de prioridad en su caso, así como cualquier otro referido a la regularidad formal de la solicitud cuya comprobación haya de realizarse antes de la publicación de la solicitud. De existir defectos en cualquiera de los dos ámbitos y no ser corregidos dentro del plazo otorgado, se denegará la solicitud mediante resolución motivada. Cuando los defectos se refieran al derecho de prioridad el solicitante perderá este derecho (art. 35 LP).

En otro caso, continuará el procedimiento con la emisión por parte de la OEPM de un informe sobre el estado de la técnica y de una opinión escrita, preliminar y no vinculante, relativos a la solicitud de patente, realizados sobre la base de las reivindicaciones, teniendo debidamente en cuenta la descripción y, en su caso, los dibujos o secuencias biológicas (art. 36.1 LP). El informe sobre el estado de la técnica se fundará en una búsqueda que se extenderá a todo lo que se haya hecho accesible al público en España o en el extranjero por una descripción escrita u oral, por una utilización o por cualquier otro medio (art. 36.2 LP). Tanto del informe sobre el estado de la técnica como de la opinión escrita se dará traslado al solicitante (art. 36.1 LP).

6.1.3. Publicación de la solicitud y del informe sobre el estado de la técnica. Observaciones de terceros

Dentro del plazo legalmente establecido, o antes si lo pide el solicitante, superado el examen de oficio, la OEPM procederá a publicar la solicitud de patente, mediante anuncio en el BOPI y pondrá a disposición del público los documentos obrantes en el expediente. Una vez publicada la solicitud cualquier persona podrá formular observaciones debidamente razonadas y documentadas sobre la patentabilidad de la invención objeto de la misma. Pero las observaciones no interrumpirán la tramitación y los terceros no se considerarán parte en el procedimiento (art. 38 LP).

6.1.4. Examen sustantivo, resolución sobre la concesión y publicación

La OEPM examinará si la solicitud de patente y la invención que constituye su objeto cumplen los requisitos formales, técnicos y de patentabilidad establecidos en la Ley. El examen se efectuará a petición del solicitante, pero si este no la realiza, se entenderá que ha retirado la solicitud (art. 39 LP). Junto con la petición de examen sustantivo, el solicitante podrá presentar observaciones al informe sobre el estado de la técnica, a la opinión escrita y a las observaciones de terceros y modificar —si lo estima oportuno— las reivindicaciones y los restantes documentos de la solicitud (art. 39 LP y arts. 33 y 34 RELP). Si el examen no revela la falta de ningún requisito que impida la concesión de la patente solicitada, o si los defectos son subsanados, la OEPM concederá la patente solicitada (art. 40 LP) y procederá al anuncio de la concesión en el BOPI poniendo a disposición del público los documentos obrantes en el expediente de la patente concedida (art. 41 LP).

6.1.5. Oposiciones y recursos

En lugar de las oposiciones previas, la LP ha optado por la oposición postconcesión, al igual que el CPE. De modo que dentro del plazo legal, computado desde la publicación de la concesión en el BOPI, cualquier persona podrá oponerse a la concesión porque la invención reivindicada no reúna alguno de los requisitos de patentabilidad, su descripción no sea lo suficientemente clara y completa para que un experto en la materia pueda ejecutarla o porque el objeto de la patente concedida exceda del contenido de la solicitud tal como fue presentada.

La resolución de la OEPM es recurrible en la vía administrativa. Contra la resolución denegatoria de la solicitud podrá presentar recurso el solicitante y contra la que decida la concesión quienes hayan sido parte en el procedimiento de oposición. En el procedimiento de recurso el titular de la patente podrá modificar la solicitud (art. 44 LP). Finalmente, las resoluciones de los recursos administrativos dictados por los órganos competentes de la OEPM que pongan fin a la vía administrativa serán recurribles ante la Jurisdicción Contencioso-administrativa, de conformidad con la LPAC (art. 54 LP).

6.2. Procedimiento de concesión de la patente europea

Como se indicó en su momento, la principal finalidad del CPE es sustituir los procedimientos nacionales de concesión de patentes de invención por el único procedimiento que prevé, con el objeto de facilitar la protección de las invenciones en varios países europeos. La solicitud se presenta, se tramita y se concede, en su caso, por la Oficina Europea de Patentes (OEP), que es quien gestiona las patentes europeas. Está legitimado para presentar tal solicitud cualquier ciudadano de un Estado miembro del CPE. La patente es concedida, en su caso, por la OEP, pues, con carácter previo a la concesión de la patente, lleva a cabo un examen de fondo sobre la concurrencia de los requisitos de patentabilidad en la invención. Ahora bien, dado que, concedida una patente europea, su protección se descompone en un haz de protecciones nacionales, produciendo en cada Estado contratante que haya designado el solicitante los mismos efectos que la patente nacional concedida en aquel Estado y quedando sometida a su régimen jurídico, una vez concedida por la OEP, el solicitante debe presentar una solicitud en cada uno de los Estado para los que ha solicitado la eficacia de la patente. Si transcurren los plazos especificados en el CPE sin que se haya realizado la solicitud de validación, el solicitante pierde el derecho a la patente.

6.3. Procedimiento de concesión de la patente PCT

El Tratado de Cooperación de Patentes (PCT) permite solicitar protección para una invención simultáneamente en un gran número de países mediante la presentación de una solicitud de patente "internacional". En efecto, según se indicó en su momento el PCT crea un procedimiento único de solicitud de patentes para proteger las invenciones en todos los países miembros. El procedimiento facilita la tramitación de las solicitudes cuando dicha protección se desea obtener en varios países, pues una solicitud única produce los mismos efectos que si hubiera sido presentada en cada uno de los países que forman parte del Tratado.

El PC, por tanto, no instaura un procedimiento de concesión de patentes, ya que la concesión la otorga cada uno de los países elegidos, ni sustituye a las patentes obtenidas en cada uno de los países designados. El PCT es simplemente un sistema por el que se unifica la tramitación previa a la concesión, que sustituye al sistema de tramitación país por país. El procedimiento establecido por el PCT consta de dos fases. Por un lado, la internacional, que se realiza en la Oficina receptora del Estado miembro o en la Oficina Internacional (OMPI). Por otro lado, la fase nacional, que se lleva a cabo en las Oficinas Nacionales de cada uno de los países elegidos.

7. Contenido

7.1. Derechos

7.1.1. Caracterización y alcance del derecho

El titular de la patente tiene derecho al disfrute exclusivo de su invención. Con ello se incurre en una limitación de la libre competencia, que, no obstante, se permite como compensación a su aportación al progreso técnico y como un modo de incentivar estas actividades en beneficio de la comunidad. Sin embargo dicho derecho de explotación exclusiva se otorga con sujeción a un alcance determinado, tanto en el plano territorial, como temporal y objetivo.

Respecto del límite territorial, sólo puede ejercitarse en el territorio español. En cuanto al límite temporal, el plazo de vigencia tiene una duración de 20 años improrrogables (art. 58 LP) que comienzan a contarse desde la fecha de presentación de la solicitud, habida cuenta que la mención de que la patente ha sido concedida puede demorarse. Ahora bien, dado que resultaría excesivo otorgar el derecho desde la fecha de presentación, porque en ese momento ni siquiera se sabe si se han cumplido los requisitos formales exigidos, se ha optado por conceder una protección provisional desde el momento en que se publica la solicitud de patente hasta que se publica la mención de la concesión. Dicha protección provisional consiste en el derecho a exigir una indemnización, "razonable y adecuada a las circunstancias", a cualquier tercero, que, mediando culpa, utilice la invención, cuya protección se solicita, de un modo que, después de concedida la patente, estaría prohibido (art. 67 LP).

El tercer límite que determina el alcance del derecho de patente es de carácter objetivo y se refiere al ámbito de protección de la patente, que viene determinado por el contenido de las reivindicaciones (art. 68 LP). A este respecto, la LP introduce una precisión importante al reconocer de modo expreso la doctrina de los equivalentes, con la que se pretende combatir que puedan cometerse infracciones del derecho de exclusiva sobre una invención por medio del recurso de introducir variaciones o alteraciones irrelevantes que puedan entenderse comprendidas dentro de las reivindicaciones. Dispone a tal efecto la LP que para determinar el alcance de la protección deberá tenerse debidamente en cuenta todo elemento equivalente a un elemento indicado en las reivindicaciones (art. 68.3 LP). Por lo demás, en el contenido de dicho derecho se advierten dos vertientes o dimensiones, que se estudian a continuación.

7.1.2. Vertiente positiva

En su vertiente positiva el derecho de patente comprende la facultad de explotar la invención patentada en exclusiva, lo que incluye, en caso de patentes de procedimiento, no sólo éste último, sino también el producto directamente obtenido por dicho procedimiento. Reforzando la posición del titular de este tipo de patentes, la LP establece una presunción *iuris tantum* de que todo producto o sustancia de las mismas características ha sido obtenido por el procedimiento patentado (art. 69.2 LP). Ahora bien, como límite legal, la explotación del objeto de una patente no podrá llevarse a cabo en forma abusiva o contraria a la Ley, la moral, el orden público o la salud pública, y estará supeditada, en todo caso, a las prohibiciones o limitaciones, temporales o indefinidas, establecidas o que se establezcan por las disposiciones legales (art. 66 LP).

En particular, el titular de una patente no podrá invocarla para defenderse frente a las acciones dirigidas contra él por violación de otras patentes que tengan una fecha de prioridad anterior a la de la suya (art. 64 LP). Se trata de las llamadas patentes de cobertura que constituyen una limitación a la vertiente positiva del derecho de patente. Por otra parte, esta dimensión del derecho desaparece cuando la invención que constituye el objeto de la patente es dependiente de otra anterior, lo que sucede cuando no puede ser explotada sin utilizar aquella. En estos casos, ni el titular de la patente anterior podrá explotar la patente posterior durante la vigencia de ésta sin consentimiento de su titular, ni el titular de la patente posterior podrá explotar ninguna de las dos patentes durante la vigencia de la patente anterior, a no ser que cuente con el consentimiento del titular de la misma o haya tenido una licencia obligatoria (art. 65 LP). Se mantiene, por tanto, la vertiente negativa, que se considera, por ello, la fundamental del derecho sobre la patente.

7.1.3. Vertiente negativa

7.1.3.1. Descripción de la vertiente negativa

En su vertiente negativa el derecho de exclusiva que otorga la patente permite impedir a terceros no autorizados la explotación de la invención ya sea de forma directa, como indirecta. La prohibición de explotación directa comprende todas sus fases, desde la industrial hasta la comercialización (art. 59 LP). En concreto, tratándose de patentes de producto, la fabricación, el ofrecimiento, la introducción en el comercio o la utilización, importación al territorio nacional o posesión del mismo para alguno de los fines mencionados. En el caso de patentes de procedimiento, el titular puede impedir la utilización del procedimiento cuando el tercero sabe, o las circunstancias hacen evidente, que está prohibida, así como el ofrecimiento, la introducción en el comercio o la utilización del producto directamente obtenido por el procedimiento o la importación o posesión del mismo para alguno de esos fines.

Cuando la patente tenga por objeto una materia biológica o un procedimiento que permita producir una materia biológica que, por el hecho de la invención, posea propiedades determinadas, los derechos conferidos por la patente se extenderán a la materia biológica directamente obtenida por el procedimiento patentado y a cualquier materia biológica obtenida a partir de ella por reproducción o multiplicación, en forma idéntica o diferenciada, y que posea esas mismas propiedades (art. 59.2 y 3 LP). Asimismo, cuando la patente tenga por objeto un producto que contenga información genética o que consista en información genética, los derechos conferidos por la patente se extenderán a toda materia a la que se incorpore el producto y en la que se contenga y ejerza su función la información genética (art. 59.4 LP).

Finalmente, la prohibición de explotación indirecta confiere al titular de la patente el derecho a impedir la entrega u ofrecimiento de medios esenciales que sirvan para la puesta en práctica de la invención patentada (art. 60 LP).

7.1.3.2. Límites. En particular el agotamiento del derecho de patente

La vertiente negativa del derecho que otorga la patente está sujeta a tres limitaciones principales. Cabe citar, en primer lugar, las que se refieren a supuestos que no pueden considerarse actos de explotación, ya que el derecho exclusivo que otorga la patente se circunscribe a su explotación. Entre ellos, por ejemplo, los realizados en el ámbito privado y con fines no comerciales, el empleo del objeto de la invención patentada en determinados medios de locomoción que invadan temporal o accidentalmente el territorio español, la preparación de medicamentos realizada en farmacias extemporáneamente y por unidad de ejecución de una receta médica y los actos relativos a los medicamentos así preparados, así como los actos ejecutados con fines experimentales y la realización de los estudios y ensayos necesarios para obtener la autorización de comercialización de medicamentos, incluida la preparación, obtención y utilización del principio activo para estos fines (art. 61.1 LP). Este último supuesto supone el reconocimiento de la denominada cláusula bolar como límite específico al derecho de patente.

El segundo límite es el relativo al llamado derecho de preuso. Conforme a él no es posible impedir la explotación a quien, con anterioridad y de buena fe, estuviera explotando en España el objeto de la invención patentada (art. 63 LP).

El tercer límite está constituido por el agotamiento de la patente. La patente tiene por objeto recompensar y estimular al inventor. Esta finalidad se entiende cumplida cuando el producto ha sido puesto en circulación en el mercado del Espacio Económico Europeo por el titular, o con su consentimiento. Por ese motivo el derecho de patente se considera agotado en aquel momento, de forma que el titular de la patente no podrá prohibir al comprador la utilización o reventa del producto (art. 61.2 LP). Tampoco podrá impedir la realización de estos actos para los productos puestos en el comercio por el titular del derecho de preuso (art. 63.2 LP). Otra cosa supondría un atentado contra el Derecho protector de la libre competencia, salvo que existan motivos legítimos que justifiquen que el titular de la patente se oponga a la comercialización ulterior del producto, según previene ahora, como novedad, la LP (art. 61.2 LP). A diferencia de lo que ocurre con las marcas, en la disciplina nacional de patentes no se preveía excepción alguna.

Tratándose de invenciones biotecnológicas, los derechos conferidos por la patente no se extenderán a los actos relativos a la materia biológica obtenida por reproducción o multiplicación de una materia biológica protegida objeto de la patente, después de que ésta haya sido puesta en el mercado en el Espacio Económico Europeo por el titular de la patente o con su consentimiento, cuando la reproducción o multiplicación sea el resultado necesario de la utilización para la que haya sido comercializada dicha materia biológica, y a condición de que la materia obtenida no se utilice posteriormente para nuevas reproducciones o multiplicaciones, salvo que existan motivos legítimos que justifiquen que el titular de la patente se oponga a la comercialización ulterior de la materia biológica (art. 61.3 LP).

De otro lado, la LP reconoce los denominados privilegios o excepciones del agricultor y del ganadero. El relativo al primero confiere al agricultor que ha adquirido material de reproducción vegetal para su explotación agrícola del titular de la patente o con su consentimiento el derecho a utilizar el producto de su cosecha para ulterior reproducción o multiplicación realizada por él mismo en su propia explotación, sometido a los límites previstos en la normativa sobre protección de obtenciones vegetales (art. 62.1 LP). El privilegio del ganadero implica que la venta o cualquier otra forma de comercialización de animales de cría o de material de reproducción animal realizada por el titular de la patente o con su consentimiento a un agricultor o ganadero, supone la autorización a estos últimos para utilizar el ganado protegido con fines agrícolas o ganaderos. Ello incluye la puesta a disposición del ganado o de otro material de reproducción animal para que el agricultor o ganadero pueda proseguir su actividad agrícola o ganadera, pero no la venta en el marco de una actividad de reproducción comercial o con esa finalidad. El alcance y las modalidades de esta excepción corresponderán con las que se fijen reglamentariamente (art. 62.2 LP).

7.2. Acciones para la protección del derecho de patente

La previsión genérica que establece el art. 70 LP, al declarar que el titular de la patente podrá ejercitar ante los órganos de la jurisdicción ordinaria las acciones que correspondan contra quienes lesionen su derecho aclara que dispone de cualesquiera acciones, entre ellas las de carácter penal. Además, la LP establece un catálogo de acciones que tienen como finalidad hacer efectivos los derechos que comprende el genérico derecho de patente, esto es, permitir que el titular goce del monopolio de explotación sobre el invento patentado.

Entre ellas destacan, en primer lugar, la acción de cesación, que atribuye al titular del derecho la facultad de pedir la cesación de los actos que violen su derecho, y la de prohibición, que compete al mismo cuando dichos actos todavía no se han producido. Esta exigencia se completa con distintas medidas cautelares, como el embargo de los objetos producidos o importados, así como de los medios utilizados para su elaboración, y la adopción de cuantas cautelas se consideren necesarias para evitar que prosiga la violación de la patente (art. 71 LP) y con la posibilidad de acordar una indemnización coercitiva (art. 74.4 LP).

Se prevé, en segundo lugar, la posibilidad de solicitar una indemnización de los daños y perjuicios sufridos por el titular a consecuencia de la explotación no autorizada del invento. A tales efectos se consagra una responsabilidad objetiva para quienes fabriquen o importen el objeto de la patente y una responsabilidad por culpa para quienes realicen cualquier otro acto de explotación del objeto protegido por la patente, pero acompañada de una presunción *iuris tantum,* conforme a la cual se entenderá que el infractor ha actuado a sabiendas si hubiera sido advertido por el titular de la patente acerca de la existencia de ésta, convenientemente identificada y de su infracción, con el requerimiento de que cese en la misma (art. 72.2 LP), ocupándose también la LP de determinar el contenido de la indemnización y los criterios para fijarla (arts. 74 a 77 LP). Estas acciones prescriben a los cinco años, contados desde el momento en que pudieron ejercitarse (art. 78 LP).

Con carácter general, además, la LP regula lo que continúa llamando diligencias de comprobación de hechos (arts. 123 a 126 LP) cuando en realidad se trata de diligencias preliminares (art. 256 LEC) y también se refiere a las medidas cautelares (arts. 127 a 132 LP). Finalmente, la LP alude a la acción negatoria, que cualquier interesado podrá ejercitar contra el titular de una patente, para que el juez competente declare que una actuación determinada no constituye una infracción de esa patente (art. 121 LP).

7.3. Cargas. En particular la carga de explotar la patente

El contenido del derecho de patente impone a su titular una serie de obligaciones o cargas. En primer término la de pagar las anualidades, pues el impago de las mismas da lugar a la caducidad de la patente, que cae en el dominio público, pudiendo ser explotada por cualquiera. Gran importancia reviste la carga de explotar la patente, como medio de que se produzca una verdadera transferencia de tecnología en favor del desarrollo tecnológico e industrial de la comunidad, motivo determinante de la concesión del monopolio que constituye el derecho de patente y justificativo de la restricción de la libre competencia que éste último implica. En atención a ello el titular de la patente, por sí o mediante persona autorizada, deberá llevar a cabo una explotación de la misma mediante su ejecución en España o en el territorio de un miembro de la Organización Mundial del Comercio y la comercialización de los resultados obtenidos de forma suficiente para atender la demanda del mercado nacional. La explotación tiene que ejecutarse en un plazo de cuatro años desde la fecha de presentación de la solicitud o de tres años desde la fecha en que se publique la concesión, aplicándose automáticamente el plazo que expire más tarde (art. 90 LP). En otro caso el titular de la patente será sancionado con la concesión de licencias obligatorias a terceros o con la caducidad de la patente, en los términos que luego se verá.

Lección 11

Propiedad intelectual. Creaciones técnicas. Las patentes (II). Los modelos de utilidad. Otras creaciones técnicas

8. El derecho de patente como objeto de propiedad

8.1. Caracterización y disciplina aplicable

El derecho que otorga la patente es un bien jurídico integrado por un entramado de derechos y obligaciones y dotado de un valor patrimonial, al que conviene la calificación de bien inmaterial, por lo que tanto ella como su solicitud pueden ser objeto de propiedad y tráfico jurídico por todos los medios que el Derecho reconoce, tanto entre vivos como *mortis causa,* por actos voluntarios o no, como las que resultan de procedimientos de ejecución, y a título pleno o limitado, por lo que podrán darse en garantía o ser objeto de otros derechos reales (art. 82.1 LP). Cuando estos actos se realicen entre vivos deberán constar por escrito para que sean válidos (art. 82.2 LP). Y, en cualquier caso, sólo surtirán efectos frente a terceros de buena fe desde que hubieren sido inscritos en el Registro de Patentes (art. 79.2 LP). En el supuesto de que se constituya una hipoteca mobiliaria, ésta se regirá por sus disposiciones específicas y se inscribirá, con carácter previo, en el Registro de Bienes Muebles (art. 82.1 LP). Con todo, salvo unas escuetas menciones al régimen de copropiedad de la patente (art. 80 LP) y a la expropiación (art. 81 LP), la LP dedica el grueso de la disciplina únicamente a las licencias; si bien, incluye unas normas generales, que resultan de aplicación tanto a estas como a la transmisión plena.

8.2. Las licencias

8.2.1. Caracterización

En virtud de las licencias, en lugar de la transmisión plena del derecho sobre la patente, se autoriza a un tercero a la explotación de su objeto. En los términos formulados por la LP pueden ser voluntarias, obligatorias y de pleno derecho.

8.2.2. Licencias voluntarias. Clases de licencias voluntarias

Las licencias voluntarias o contractuales tienen su génesis en un pacto entre el licenciante, titular de la patente o solicitante de la misma, y un tercero, denominado licenciatario, al que se autoriza para ejercitar los derechos que derivan de la patente a cambio de una contraprestación, en el régimen y con los límites que las partes acuerden, dado que las prescripciones de la LP tienen, en este ámbito, carácter dispositivo. Ahora bien, en todo caso la LP concede al licenciante la posibilidad de ejercitar los derechos conferidos por la patente o por la solicitud frente al licenciatario que viole alguno de los límites de su licencia (art. 83.2 LP), permitiendo así compatibilizar estas medidas con la responsabilidad contractual por incumplimiento de obligaciones asumidas en el marco de la licencia. Se trata de un contrato *"intuitu personae"*, razón por la que el licenciatario no podrá ceder la licencia a terceros ni conceder sublicencias, salvo pacto en contra (art. 83.3 LP). El contrato deberá constar por escrito, pero los efectos frente a tercero sólo se producen desde su inscripción en el Registro de Patentes (arts. 82.2 y 79.2 LP).

La licencia puede recaer tanto sobre la patente ya concedida como sobre la simple solicitud. Asimismo las licencias pueden ser limitadas o ilimitadas y simples o exclusivas. Las limitaciones pueden referirse a la duración, al espacio —para todo el territorio nacional o para una parte del mismo— a las facultades que se conceden al licenciatario, esto es, relativas a la fabricación, a la comercialización, a la exportación...; o al empleo de la regla técnica, autorizándose su uso sólo para determinados fines (arts. 83.1 LP). No obstante, se advierte una clara preferencia acerca de que el derecho de patente no se parcele entre distintos licenciatarios cuando en el art. 83.4 LP se establece que, salvo pacto en contra, el titular de una licencia tendrá derecho a realizar todos los actos que integran la explotación de la invención patentada, en todas sus aplicaciones, en todo el territorio nacional y durante toda la duración de la patente.

Respecto de las licencias simples y exclusivas la LP sienta una presunción a favor de las primeras, de modo que, salvo que las partes acuerden otra cosa, se entenderá que la licencia no es exclusiva y que el licenciante podrá conceder licencias a otras personas y explotar por sí mismo la invención (art. 83.5 LP). Sin embargo, con la intención sin duda de fortalecer la posición del licenciatario —

habida cuenta la situación de España como país receptor de tecnología— la LP considera, salvo pacto en contrario, las licencias exclusivas como reforzadas, esto es, que ni siquiera el licenciante podrá explotar la patente, a no ser que se haya reservado este derecho en el contrato (art. 83.6 LP). En ambos casos el licenciatario, salvo pacto en contrario, podrá ejercitar en su propio nombre todas las acciones que en la LP se reconocen al titular de la patente frente a los terceros que infrinjan su derecho (art. 117 LP).

8.2.3. Licencias de pleno derecho

La licencia de pleno derecho, que no puede ser exclusiva (art. 87 LP), ni ofrecerse como tal cuando figure inscrita en el Registro de Patentes una licencia exclusiva o cuando hubiere sido presentada una solicitud de inscripción de una licencia de esa clase (art. 88.4 LP), tiene lugar como consecuencia de una declaración pública del titular de la patente dirigida por escrito a la OEPM, que la inscribirá y difundirá (art. 88.1 LP). Mediante la declaración pública, el titular manifiesta que permitirá a cualquier interesado utilizar la invención patentada, en calidad de licenciatario no exclusivo, a cambio de una adecuada compensación. El ofrecimiento se mantiene durante toda la vida de la patente, mientras no sea retirado, cosa que puede suceder en cualquier momento, siempre que ningún tercero comunique a la OEPM su intención de utilizar la patente (art. 88.2 LP). En efecto, una vez recibida la declaración cualquier tercero podrá notificar a la OEPM su intención de utilizar la patente (art. 88.5 LP), fijándose, a falta de pacto, la cuantía de la compensación por la propia OEPM (art. 89.3 LP).

La LP las considera como licencias contractuales (art. 87 LP) e impide la concesión de licencias exclusivas mientras se mantenga el ofrecimiento de licencias de pleno derecho (art. 88.4 LP). Su existencia responde a la intención de fomentar la explotación, razón por la que, una vez recibida la declaración en la OEPM, se reducen las tasas anuales que devengue la patente (art. 88.1 LP), gozando adicionalmente de beneficios fiscales.

8.2.4. Licencias obligatorias

8.2.4.1. Disposiciones generales

Las diversas modalidades de licencias obligatorias tienen en común entre sí que se conceden sin considerar la voluntad de su titular, al que la OEPM impone el deber de contratar, determinando el contenido y condiciones de las mismas (art. 99 LP), que podrán ser modificadas por la OEPM, a instancia del licenciante o del licenciatario, cuando existan nuevos hechos que justifiquen el cambio y, en especial, cuando el titular de la patente otorgue, con posterioridad a la licencia obligatoria, licencias contractuales en condiciones injustificadamente más favorables a las de aquella (art. 101.3 LP). Asimismo el licenciatario podrá solicitar que se reduzca el canon fijado para la licencia en caso de violación del principio de buena fe por el titular de la patente (art. 100.4 LP). Eso no obstante, estas licencias serán siempre no exclusivas (art. 100.1 LP) y llevarán aparejada una remuneración adecuada según las circunstancias propias de cada caso, habida cuenta de la importancia económica de la invención (art. 100.2 LP). De otro lado, las relaciones que mantengan el titular de la patente y el licenciatario con motivo de la concesión de una licencia obligatoria deberán atenerse a la buena fe, lo que, para el titular de la patente, implica la obligación de poner a disposición del licenciatario los conocimientos técnicos que posea y resulten necesarios para poder proceder a una adecuada explotación comercial del invento (art. 100.4 LP).

Este tipo de licencias está sometido también a un régimen particular en materia de cesión y extinción. Para que la cesión sea válida, será preciso que la licencia se transmita junto con la empresa o parte de la empresa que la explote y que sea expresamente anotada por la OEPM (art. 101.1 LP). Será nula, en todo caso, la concesión de sublicencias por parte del titular de una licencia obligatoria (art. 101.2 LP). Y podrá instarse su extinción por el licenciante, si demuestra que el licenciatario contrarió el principio de buena fe (art. 100.4 LP). Por lo demás, serán de aplicación las normas establecidas para las licencias contractuales, en cuanto no se opongan a las previsiones anteriores o a la normativa comunitaria (art. 100.6 LP).

La concesión de las mismas se somete en la LP a dos requisitos generales y a la concurrencia de alguna de las causas previstas en dicha Ley, que dan lugar a otros tantos tipos de licencias obligatorias. El interesado deberá probar que ha intentado obtener del titular de la patente una licencia contractual en términos y condiciones comerciales razonables, sin conseguirlo en un plazo prudencial (art. 97.1 LP), salvo casos de emergencia nacional u otras circunstancias de extrema urgencia, supuestos de uso público no comercial o licencias obligatorias otorgadas por la necesidad de poner término a prácticas que una decisión administrativa o jurisdiccional firme haya declarado contrarias a la legislación nacional o comunitaria de defensa de la competencia (art. 97.2 LP). Y, en segundo lugar, deberá acreditar que cuenta con los medios y garantías suficientes para llevar a cabo una explotación real y efectiva de la invención patentada acorde con la finalidad de la licencia (art. 98.2 LP).

Por último, ha de tenerse en cuenta que si la patente recae sobre tecnología de semiconductores las licencias obligatorias solo podrán tener por objeto un uso público no comercial o utilizarse para rectificar una práctica declarada anticompetitiva tras un procedimiento judicial o administrativo (art. 100.3 LP). Y que la licencia obligatoria comprenderá los certificados complementarios de protección que, al concederse la licencia o posteriormente, recaigan sobre el objeto de la patente de base incluido en el ámbito de la licencia obligatoria (100.5 LP).

8.2.4.2. Tipos de licencias obligatorias

En cuanto a las causas y tipos de licencias obligatorias, se trata, en primer término, de la licencia obligatoria por falta o insuficiencia de explotación una vez haya transcurrido el plazo establecido en la LP para iniciar la explotación o cuando ésta se haya interrumpido durante más de un año, salvo que existan excusas legítimas. Se consideran como tales las dificultades objetivas de carácter técnico legal, ajenas a la voluntad y a las circunstancias del titular de la patente, que hagan imposible la explotación del invento o que impidan que esa explotación sea mayor de lo que es [arts. 90, 91 a) y 92 LP].

El segundo tipo de licencia obligatoria se anuda a los supuestos de dependencia entre patentes o entre patentes y derechos de obtención vegetal. Cuando no sea posible explotar el invento protegido por una patente sin menoscabo de los derechos conferidos por una patente o por un derecho de obtención vegetal anterior, el titular de la patente posterior podrá solicitar una licencia obligatoria, para la explotación del objeto de la patente o de la variedad objeto del derecho de obtención vegetal anterior. Asimismo cuando no sea posible explotar un derecho de obtención vegetal sin menoscabo de los derechos conferidos por una patente anterior, el obtentor podrá solicitar una licencia obligatoria, para la explotación del invento protegido por la patente. En ambas hipótesis el otorgamiento de la licencia exige el pago de un canon adecuado. Por otra parte, si una patente tuviera por objeto un procedimiento para la obtención de una sustancia química o farmacéutica protegida por una patente en vigor, tanto el titular de la patente de procedimiento como el de la patente de producto, tendrán derecho a la obtención de una licencia obligatoria sobre la patente del otro titular (art. 93.1, 2 y 3 LP). En los tres supuestos, también el titular de la patente o del derecho de obtención vegetal anterior podrá solicitar el otorgamiento, en condiciones razonables, de una licencia para utilizar la invención o la variedad protegida por la patente o por el derecho de obtención vegetal posterior (art. 93.5 LP).

Estas licencias se otorgarán solo previa demostración de que la invención o la variedad representa un progreso técnico significativo de considerable importancia económica con relación a la invención reivindicada en la patente anterior o a la variedad protegida por el derecho de obtención vegetal anterior (art. 93.4 LP). Y únicamente con el contenido necesario para permitir la explotación de la invención protegida por la patente, o de la variedad protegida por el derecho de obtención vegetal de que se trate, y quedarán sin efecto al declararse la nulidad o la caducidad de alguno de los títulos entre los cuales se dé la dependencia (art.

93.6 LP). De otro lado, en caso de cesión de la licencia, además de las condiciones generales, será preciso que se transmita junto con la patente dependiente (art. 101.1 LP).

La tercera modalidad de licencias de esta clase obedece a la necesidad de poner término a prácticas que hayan sido declaradas contrarias a la legislación nacional o comunitaria de defensa de la competencia por decisión administrativa o jurisdiccional firme. La resolución firme que haya declarado la violación del derecho de la competencia por parte del titular de la patente y la sujeción de la misma al régimen de licencias obligatorias será comunicada por la CNMyC o por el juez o tribunal que la haya emitido a la OEPM que la publicará en el BOPI y procederá a la concesión de acuerdo con el procedimiento general de concesión de las licencias obligatorias previsto en la LP. No obstante, no será precisa en este caso la justificación de la negociación previa entre el titular de la patente y el potencial usuario, solicitante de la licencia obligatoria. Y la necesidad de corregir las prácticas anticompetitivas se podrá tener en cuenta al determinar el canon de la licencia. Con todo, cuando el Gobierno considere que existen razones de interés público para poner término a prácticas anticompetitivas, la sujeción de la patente al régimen de licencias obligatorias podrá acordarse por real decreto según lo previsto para las licencias obligatorias por motivos de interés público (art. 94 LP).

La LP regula en cuarto lugar las licencias obligatorias por motivo de interés público cuando la salud pública, la defensa nacional, el desarrollo económico o tecnológico del país o necesidades de abastecimiento nacional así lo exijan, según enumera ejemplificativamente la LP (art. 95 LP). El sometimiento a este tipo de licencias, que, en realidad, constituyen un instrumento de intervención del Estado en la economía, ha de ser acordado por el Gobierno mediante Real Decreto, que puede obviar la sujeción a las condiciones previstas en la LP para el resto de tipos de licencias obligatorias.

Finalmente, la LP se refiere a las licencias obligatorias sobre patentes relativas a la fabricación de productos farmacéuticos destinados a la exportación a países con problemas de salud pública, que serán concedidas por la OEPM, pero con sujeción a lo dispuesto en el Reglamento (CE) nº 816/2006 del Parlamento Europeo y del Consejo, de 17 de mayo de 2006. Este Reglamento y, por su intermedio, la LP ejecuta la Decisión del Consejo General de la OMC de 30 de agosto que creó un sistema provisional de concesión de licencias obligatorias en el Estado exportador a la espera de la modificación del ADPIC que, por ahora, únicamente prevé la posibilidad de que las legislaciones de los Estados miembros de la OMC permitan utilizar una invención patentada sin autorización del titular de la patente para abastecer el mercado interno del Estado que conceda la licencia obligatoria, lo que genera numerosas dificultades para los países menos desarrollados, pues, aunque su legislación nacional pueda establecer licencias obligatorias, muchos de ellos se encuentran con la falta de una industria farmacéutica propia que elabore dichos medicamentos, haciéndose imprescindible su importación.

8.3. Normas comunes a la cesión y licencias

Aunque la LP no define, ni regula, la cesión, dicta unas normas que declara aplicables tanto a la cesión, como a las licencias. En primer término, dispone que las previsiones que contempla se entienden sin perjuicio de las normas referidas al contenido y límites de los contratos de cesión y licencia sobre bienes inmateriales impuestos en la normativa, nacional y de la Unión Europea, sobre defensa de la competencia en materia de prácticas colusorias, citando en particular el Reglamento de exención sobre determinadas categorías de acuerdos de transferencia de tecnología (art. 82.4 LP). Alude en segundo lugar a los conocimientos técnicos precisando que, salvo pacto en contrario, quien transmita una solicitud de patente o una patente o conceda una licencia sobre las mismas, está obligado a poner a disposición del adquirente o del licenciatario los conocimientos técnicos que posea y que resulten necesarios para poder proceder a una adecuada explotación de la invención, y el adquirente o licenciatario a adoptar las medidas necesarias para evitar su divulgación (art. 84 LP).

En materia de responsabilidad distingue la LP entre la del transmitente o licenciante frente al adquirente o licenciatario y la de ambos frente a terceros. El transmitente o licenciante responden frente al adquirente o licenciatario si, con posterioridad a la cesión o licencia, se declara que carecían de la titularidad o de las facultades necesarias para la realización del negocio de que se trate o la solicitud de patente es retirada o denegada o la patente es revocada o declarada nula, salvo pacto en contrario (art. 85.1 LP). Ahora bien, responderán siempre cuando hubieren actuado de mala fe. La mala fe se presume, salvo prueba en contrario, cuando no hubiere dado a conocer al otro contratante, haciéndolo constar en el contrato con mención individualizada de tales documentos, los informes o resoluciones de que disponga o cuya existencia le conste, referentes a la patentabilidad de la invención objeto de la solicitud o de la patente (art. 85.2 LP). Esta acción, a la que resulta de aplicación subsidiaria la normativa del Código Civil sobre saneamiento por evicción, prescribe a los seis meses (art. 85.3 LP).

Frente a terceros responden solidariamente el transmitente o licenciante y el adquirente o licenciatario de las indemnizaciones a que hubiere lugar como consecuencia de los daños y perjuicios ocasionados a terceras personas por defectos inherentes a la invención objeto de la solicitud o de la patente (art. 86.1 LP), pero se prevé un derecho de repetición a favor de quien efectúe el pago frente al declarado responsable, salvo pacto en contrario, mala fe o que, dadas las circunstancias del caso y por razones de equidad, deba ser él quien soporte en todo o en parte la indemnización establecida a favor de los terceros (art. 86.2 LP).

9. Extinción y modificación del derecho de patente

El derecho de patente se extingue por la declaración de nulidad, por la revocación de la patente y por caducidad. Y puede ser modificado por la declaración de limitación.

9.1. Nulidad

9.1.1. Causas de nulidad

Las causas de nulidad de la patente se encuentran tasadas en la LP (art. 102 LP). La patente será declarada nula:

i) Ante la falta de alguno de los requisitos de patentabilidad.

ii) Cuando no se describa la invención de forma suficientemente clara para que pueda ser ejecutada por un experto en la materia.

iii) Cuando su objeto exceda del contenido de la solicitud tal y como fue presentada.

iv) Cuando se haya ampliado la protección conferida por la patente tras la concesión.

v) Cuando el titular no tuviera derecho a obtenerla por no ser el inventor o su causahabiente. Si las causas de nulidad sólo afectan a una parte de la patente ésta quedará limitada mediante la modificación de la o las reivindicaciones afectadas y se declarará parcialmente nula.

9.1.2. La acción de nulidad

La acción de nulidad debe ejercitarse ante los Tribunales. En concreto el conocimiento de estas acciones corresponde al orden jurisdiccional civil (arts. 116 y 118 LP). La competencia objetiva se atribuye a los juzgados de lo mercantil de la ciudad sede del Tribunal Superior de Justicia de aquellas Comunidades Autónomas en las que el Consejo General del Poder Judicial haya acordado atribuir en exclusiva el conocimiento de los asuntos de patentes. La competencia territorial se encomienda al juez de lo mercantil especializado anterior correspondiente al domicilio del demandado o, en su defecto, del lugar de residencia del representante autorizado en España para actuar en nombre del titular. Si en las Comunidades Autónomas anteriores no existieran juzgados especializados, a elección del actor, será competente cualquier juez de lo mercantil especializado (art. 118 LP).

La acción para impugnar la validez de la patente es pública, salvo en el caso de ejercicio ilegítimo del derecho a la misma, en que sólo puede ejercitar la acción el inventor o su causahabiente (art. 103.1 LP). La legitimación pasiva, por su parte, corresponde al titular inscrito en la OEPM, pero la demanda ha de ser notificada a todos los titulares de derechos sobre la patente inscritos a fin de que puedan intervenir (art. 103.3. LP). La demanda se sustanciará por las normas del juicio ordinario (arts. 118.1 LP y 249.1.4°. LEC), con las especialidades previstas en la LP (básicamente arts. 119 y 120 LP). La acción de nulidad puede ejercitarse durante toda la vida de la patente y en los cinco años siguientes a su caducidad (art. 103.2 LP), pero no podrá demandarse ante la jurisdicción civil la nulidad de una patente, invocando la misma causa de nulidad que hubiera sido ya objeto de pronunciamiento, en cuanto al fondo de la cuestión, en sentencia dictada en la vía contencioso-administrativa, sobre los mismos hechos invocados como causa de nulidad (art. 103.5 LP).

9.1.3. Efectos de la declaración de nulidad

La declaración de nulidad se produce "erga omnes", por lo que, una vez firme la sentencia, tendrá fuerza de cosa juzgada frente a todos (art. 104.4 LP) produciendo efectos retroactivos, lo que implica que la patente nunca fue válida (art. 104.1 LP). Ahora bien, sin perjuicio de la procedencia de la indemnización de daños cuando el inscrito actuó de mala fe, este efecto retroactivo no afectará a las resoluciones por violación de la patente que hayan adquirido fuerza de cosa juzgada y hayan sido ejecutadas antes de la declaración de nulidad, así como a los contratos concluidos y ejecutados antes de ella. En este caso, sin embargo, si las circunstancias lo justifican en razón de la equidad, es posible reclamar la restitución de las sumas pagadas (art. 104.3 LP).

La nulidad de la patente determinará la de sus certificados complementarios en la medida en que afecte al derecho sobre el producto protegido por la patente de base que fundamentó la concesión de aquéllos (art. 104.2 LP) y la cancelación o, en caso de nulidad parcial, la modificación, de la inscripción registral de la patente, a cuyo fin la sentencia que declare la nulidad será comunicada a la OEPM para que proceda en un sentido u otro (art. 104.5 LP).

9.2. Caducidad

9.2.1. Causas de la declaración de caducidad

El art. 108.1 LP enumera cinco causas de caducidad. En primer término, la expiración del plazo para el que hubiera sido concedida la patente. En segundo lugar, la falta de pago de una anualidad en tiempo oportuno o, en su caso, de la sobretasa correspondiente. En este supuesto se entiende que la omisión que da lugar a la caducidad se produce al comienzo del año de la vida de la patente para el cual no hubiere sido abonada la anualidad. No obstante, la caducidad no se producirá en este caso antes de que transcurran los seis meses de demora sin que se haya pagado la anualidad y la sobretasa correspondiente, o en su caso, la correspondiente tasa de regularización (art. 108.3 LP). Sin embargo, aún en caso de impago, la patente no caducará cuando existan embargos inscritos sobre ella o una acción reivindicatoria en curso hasta el levantamiento del embargo o la desestimación definitiva de la acción reivindicatoria. El titular de la patente embargada podrá no obstante evitar la caducidad abonando las anualidades devengadas en el plazo establecido en la LP (art. 109.1 LP). También podrá hacerlo el nuevo titular cuando, como consecuencia de los procedimientos anteriores, se produjera un cambio en la titularidad de la patente si abona la tasa dentro del plazo establecido en la LP (art. 109.2 LP). Transcurridos los plazos anteriores la patente caducará si no se hubiere efectuado el correspondiente pago (art. 109.3 LP).

Tampoco caducará la patente a pesar del impago cuando se encuentre inscrita en el Registro de Patentes una hipoteca mobiliaria sobre la misma. En este caso se concede un plazo adicional al titular hipotecario a fin de que proceda al pago en nombre del propietario. Asimismo podrán efectuar el pago en idénticas condiciones los titulares de otros derechos inscritos sobre la patente que pudieran verse afectados por su caducidad, sin perjuicio de su derecho a repetir frente al titular de la patente las cantidades abonadas. Cuando la hipoteca se haya constituido a favor de la Hacienda Pública el pago quedará suspendido hasta la cancelación de la misma, sin que se produzca la caducidad de la patente por falta de pago de las anualidades pendientes, que deberán ser abonadas, bien por el titular de la patente que hipotecó la misma, bien por quien resulte nuevo propietario tras la ejecución de la garantía hipotecaria por el procedimiento administrativo de apremio (art. 109.4 LP). Finalmente cabe destacar que aunque haya desaparecido la posibilidad de rehabilitar las patentes caducadas por falta de pago de una anualidad por causa de fuerza mayor, prevista en la LP 1986, puede acudirse a la figura del restablecimiento de derechos.

La tercera causa de caducidad es la renuncia de su titular, la cual no podrá admitirse en tanto existan derechos reales, opciones de compra, embargos o licencias inscritos en el Registro de Patentes sin que conste el consentimiento de los titulares de esos derechos. Tampoco se admitirá la renuncia si existiera en curso una acción reivindicatoria o de nulidad sobre la patente y no constara el consentimiento del demandante (art. 110.4 LP). La renuncia puede ser total, cuando afecte a toda la patente, o parcial, en caso de que se refiera a una o varias reivindicaciones de la misma (art. 110.1 LP). En este último caso, la patente seguirá en vigor con referencia a las reivindicaciones no comprendidas en la misma, siempre que no suponga la ampliación del objeto de la patente (art. 110.3 LP).

Por último, se prevén dos causas relacionadas con la obligación de explotar la patente. En caso de que la invención no sea explotada en los dos años siguientes a la concesión de la primera licencia obligatoria y ante la ausencia o insuficiencia de explotación en los términos y plazos antes estudiados. Sin embargo, en este último supuesto la patente solo caducará cuando el titular de la misma no pueda beneficiarse de las disposiciones del CUP o del ADPIC y resida habitualmente o tenga su establecimiento industrial o comercial en un país cuya legislación admita la adopción de una medida similar.

9.2.2. Efectos de la declaración de caducidad

La caducidad de una patente incorpora su objeto al dominio público (art. 108.2 LP). A diferencia de la nulidad, la caducidad carece, sin embargo, de efecto retroactivo. Se considera que la patente fue concedida válidamente y que ha tenido vigencia efectiva hasta el momento en que se produjeron los hechos u omisiones que la fundamentan, sin perjuicio de su declaración por la OEPM (art. 108.2 LP), su inscripción en el Registro de patentes y su publicación en el BOPI (arts. 108.2 y 110 LP), previa instrucción de un expediente administrativo en la mayor parte de los casos. Salvo que se declare por la expiración del plazo para el que hubiere sido concedida, la caducidad de la patente determinará la de sus certificados complementarios en la medida en que afecte al derecho sobre el producto protegido por la patente de base que fundamentó la concesión de aquéllos (arts. 108.2 y 104.2 LP).

9.3. Revocación y limitación

La LP prevé la posibilidad de que el titular de la patente solicite a la OEPM la revocación de la patente o la limitación de una o varias reivindicaciones de la misma (arts. 105 a 107 LP), confiriendo a la primera los efectos de la nulidad total y a la segunda los de la parcial, con expresa remisión al régimen de la nulidad en relación con los efectos sobre los contratos de licencia y sobre las sentencias que se hubieren dictado sobre la base de la patente tal y como fue originalmente concedida y con la indicación de que la limitación tendrá efectos retroactivos y, por ello, las reivindicaciones modificadas determinarán con ese carácter el alcance de la protección otorgada por la patente (arts. 107 y 104) LP). La finalidad natural de la limitación voluntaria de la patente es su fortalecimiento como medida encaminada a la preparación de una demanda de infracción o de una solicitud de medidas cautelares o para reducir el riesgo de responsabilidad en contratos de licencia; pero también al objeto de evitar disputas previsibles sobre su validez ante la aparición, tras la concesión, de una circunstancia no considerada anteriormente, sea en la fase de examen previa a la concesión, sea en la fase de oposición, que pudiera apoyar una acción u excepción de nulidad.

III. LOS MODELOS DE UTILIDAD

1. *Concepto*

El modelo de utilidad es una invención que consiste en dar a un objeto una nueva configuración, estructura o composición de la que resulte alguna ventaja prácticamente apreciable para su uso o fabricación (art. 137.1 LP). Tradicionalmente se ha diferenciado por ello de la patente, ya que esta constituye una invención de fondo; mientras que el modelo es una invención de forma. Por tratarse de invenciones de forma no pueden ampararse como modelos de utilidad ni los procedimientos, ni las materias que recaigan sobre materia biológica, lo que incluye, entre otras, las variedades vegetales, ni las sustancias y composiciones farmacéuticas (art. 137.2 LP). No obstante, la LP admite que otro tipo de composiciones puedan constituir el objeto de protección de un modelo.

2. *Requisitos de protección*

Los modelos de utilidad se separan de las patentes de invención en cuanto a uno de los requisitos sustantivos para su protección, pues si bien se exige que concurran todos ellos, incluida la novedad mundial, respecto de la actividad inventiva basta con que la invención no resulta de manera “muy evidente”, del estado de la técnica para un experto en la materia, frente a la manera sólo “evidente” que se exige en la patente (arts. 137, 139 y 140 LP). Aunque la frontera así delimitada sea difícil de deslindar en la práctica, parece claro en todo caso que, para los modelos, se exige menor actividad inventiva.

3. *Régimen jurídico*

La concesión del modelo está sujeta a la verificación por parte de la OEPM acerca de si su objeto es susceptible de protección como modelo de utilidad y si la solicitud cumple los requisitos de regularidad formal, pero no examina la novedad, la actividad inventiva, la suficiencia de la descripción o la aplicación industrial. Tampoco se realizará el informe sobre el estado de la técnica ni se emitirá la opinión escrita, previstos para las patentes de invención (art. 142.3 LP). La concesión del modelo se produce en el marco del sistema del llamamiento a terceros. En la oposición, que podrá efectuar cualquier persona, puede alegarse la ausencia de cualquiera de los requisitos exigidos para la concesión, incluidas la novedad, la actividad inventiva, la aplicación industrial o la suficiencia de la descripción, salvo la falta de legitimación del solicitante para pedir la protección del modelo, que deberá hacerse valer ante los Tribunales ordinarios. Contestadas las oposiciones por el solicitante y, tras un plazo concedido a fin de que pueda subsanar los eventuales defectos, la OEPM resuelve sobre la concesión o denegación del modelo (arts. 144 y 145 LP).

En cuanto al resto del régimen jurídico, el hecho de que se trate de una invención menor justifica que su protección también lo sea, de manera que su vida legal se limita a diez años improrrogables (art. 148.2 LP). Sin embargo, esa "menor protección" queda prácticamente reducida a esa consecuencia, dado que el conjunto de la reglamentación aplicable al modelo es, en lo demás, esencialmente semejante al previsto para las patentes, aplicándose sus normas siempre que no sean incompatibles con la especialidad de aquél (art. 150 LP). De forma específica, en cuanto al contenido y los efectos, el modelo atribuye a su titular los mismos derechos que la patente (art. 148.1 LP).

IV. OTRAS CREACIONES TÉCNICAS

1. Certificados complementarios de protección

Los certificados complementarios de protección de medicamentos y de productos fitosanitarios son títulos de propiedad intelectual que extienden la protección conferida por una patente a un ingrediente activo o combinación de ingredientes activos, presentes en un producto farmacéutico o fitosanitario, después de que la patente haya caducado. Pretenden compensar la reducción en el tiempo efectivo de protección de patentes relativas a productos farmacéuticos o fitosanitarios, pues este tipo de productos deben obtener una autorización de comercialización antes de su puesta en el mercado y su tramitación puede reducir el periodo efectivo de protección conferido por la patente, de manera que sea insuficiente para amortizar las inversiones efectuadas en la investigación. Por ese motivo, el certificado confiere los mismos derechos que la patente y protege los productos farmacéuticos o fitosanitarios específicos que, estando previamente protegidos por una patente de base, hayan recibido una autorización de comercialización, así como cualquier uso de los mismos mientras el certificado está en vigor. Por eso también el certificado entra en vigor cuando caduca la patente. La protección se atribuye por un periodo máximo de cinco años.

Están regulados en sendos Reglamentos de la Unión Europea - Reglamento (CE) nº 469/2009 del Parlamento Europeo y del Consejo, de 6 de mayo de 2009, relativo al certificado complementario de protección para los medicamentos y Reglamento CE) nº 1610/96 del Parlamento Europeo y del Consejo, de 23 de julio de 1996, relativo a los productos fitosanitarios, pero son, en realidad, títulos de propiedad intelectual nacional, pues su alcance es nacional, sujeto plenamente al principio de territorialidad. Por ese motivo, la LP declara que el otorgamiento de los mismos está sujeto al cumplimiento de los requisitos establecidos en la normativa comunitaria, pero la concesión compete a la OEPM (art. 46 LP desarrollado en los arts. 54 a 57 RELP). Debido a la misma circunstancia, si la patente de base surte efectos en varios Estados y se desea un certificado también en varios Estados, es preciso que la solicitud se presente ante la autoridad competente de cada uno de los Estados en que el producto esté protegido y en que haya sufrido un procedimiento de autorización administrativa de comercialización. Y son las autoridades nacionales las que expiden el certificado.

2. *Topografías de productos semiconductores*

Las topografías de productos semiconductores son objeto de tutela por medio un título específico de la propiedad intelectual, denominado título de protección de topografías de productos semiconductores. Dichos títulos se refieren a circuitos integrados electrónicos y su fin es proteger el esquema de trazado de las distintas capas y elementos que componen el circuito integrado, su disposición tridimensional y sus interconexiones, lo que en definitiva constituye su "topografía".

En concreto, por producto semiconductor, se entiende la forma final o intermedia de cualquier producto:

i) Constituido por un sustrato que incluya una capa de material semiconductor.

ii) Que tenga una o más capas suplementarias de materiales conductores, aislantes o semiconductores, dispuestas en función de una estructura tridimensional predeterminada.

iii) Que esté destinado a desempeñar, exclusivamente o junto con otras funciones, una función electrónica.

El papel que los productos semiconductores desempeñan en el mundo es de mayor importancia cada día, no sólo en el campo de la industria electrónica misma, sino en toda una amplia gama de sectores industriales. El que sectores como el del automóvil, la telefonía, las comunicaciones, el de fabricación de equipos militares, el de máquinas recreativas, los programas espaciales, etc., dependan cada vez más de esta tecnología, conduce a estimar que nuestra vida diaria está íntimamente ligada a su desarrollo. Pues bien, las funciones de los productos semiconductores dependen en gran medida de sus topografías. La estructura y disposición de los elementos, así como de las distintas capas que componen el circuito integrado —su topografía—, son resultado directo del diseño y representan una parte importante del esfuerzo creativo, exigiendo su concepción considerables recursos humanos, técnicos y financieros.

Como consecuencia del proceso necesario, el coste del diseño resulta ser muy elevado, al requerir el diseño del circuito funcional, el de cada elemento individual del circuito, el de su disposición geométrica y el de las interconexiones. Sin embargo, una vez realizado el diseño, el coste de fabricación no es elevado. Ahora bien, si concebir y diseñar un circuito integrado es costoso y difícil, copiarlo es, por el contrario, relativamente fácil y su costo muy inferior al necesario para su desarrollo. Por ello se ha considerado necesario establecer, en aras de la innovación tecnológica, la protección de los creadores de las topografías de los productos semiconductores, de manera que puedan amortizar sus inversiones mediante la concesión de derechos exclusivos. Esta protección se arbitra a través de las disposiciones de la Ley 11/1988, de 3 de mayo, de protección jurídica de las topografías de los productos semiconductores, que incorpora la Directiva 87/54/CEE, de 16 de diciembre de 1986, del Consejo. Junto a ella hay que citar el RD 149/1996, de 2 de febrero, por el que se amplía la protección jurídica de las topografías de los productos semiconductores a los nacionales de los miembros de la organización mundial del comercio, y el RD 1465/1988, de 2 de diciembre, por el que se aprueba el reglamento para la ejecución de la ley 11/1988, de 3 de mayo, de protección jurídica de las topografías de los productos semiconductores.

3. Obtenciones vegetales

3.1. Concepto

Las obtenciones vegetales están protegidas por medio de un título específico de la propiedad intelectual, denominado título de obtención vegetal. Ese título tiene como objeto el reconocimiento y protección del derecho de obtentor de una variedad vegetal nueva. Se considera obtentor a la persona que haya creado o descubierto y desarrollado una variedad, o sus causahabientes.

3.2. Disciplina jurídica

La importancia socio-económica de las obtenciones vegetales en el contexto de la economía nacional, comunitaria e internacional, en particular en el sector agrícola, y los elevados costes o inversiones necesarias para lograrlas han propiciado la necesidad de prever un sistema de protección del derecho de los obtentores de variedades vegetales al objeto de estimular la investigación y el consecuente incremento de los recursos privados destinados a esta actividad, lo que se estima facilitará el acceso de los agricultores a las nuevas tecnologías, mejorará la productividad de las explotaciones y, en definitiva, provocará un aumento de la competitividad de los productos y de la renta de los agricultores.

El sistema de protección abarca tres niveles. El nacional, el de la Unión Europea y el internacional. Rasgo común de los tres constituye el hecho de que el régimen de protección de las obtenciones vegetales presenta grandes similitudes con el previsto para las patentes.

En el ámbito internacional rige el Convenio internacional para la protección de las obtenciones vegetales firmado en París el 2 de diciembre de 1961 (CUPOV), si bien ha sido posteriormente modificado en varias ocasiones a través de las Actas de la Unión Internacional para la Protección de las Obtenciones Vegetales (UPOV). A este Convenio se adhirieron tanto España como la Unión Europea, que, además, han adaptado sus correspondientes legislaciones al mismo. El CUPOV contiene una disciplina material sobre las obtenciones vegetales, que ha sido trasladada en esencia a la normativa comunitaria y nacional. Pero no instaura un procedimiento de concesión internacional, ni siquiera un procedimiento de tramitación de la solicitud internacional.

La protección comunitaria de las obtenciones vegetales se contiene en el Reglamento (CE) nº 2100/94 del Consejo, de 27 de julio de 1994, relativo a la protección comunitaria de las obtenciones vegetales (ROV). A diferencia del CUPOV, el ROV no solo establece un régimen sustantivo aplicable a las obtenciones vegetales en el ámbito de la Unión, sino que también instaura un procedimiento comunitario de concesión, cuya gestión se encomienda a la Oficina Comunitaria de Variedades Vegetales (OCVV), que es la responsable de implantar y aplicar ese sistema y de conceder el título de obtención vegetal con eficacia en el conjunto de la Unión Europea.

La protección nacional se encuentra, principalmente, en la Ley 3/2000, de 7 de enero, de régimen jurídico de la protección de las obtenciones vegetales (LOV) y en el Real Decreto 1261/2005, de 21 de octubre, por el que se aprueba el Reglamento de protección de obtenciones vegetales (LROV).

3.3. Requisitos de protección

La autoridad competente solo concederá el título de obtención vegetal a un solicitante cuando, como resultado del examen técnico de la variedad, se haya acreditado la concurrencia de los requisitos previstos legalmente y la obtención cuente con una denominación adecuada. Siguiendo al CUPOV, tanto la LOV, como el ROV, exigen que la variedad vegetal reúna los siguientes requisitos (arts. 5 a 9 LOV, 12 y 5 a 9 y 20 CUPOV y 6 a 10 ROV):

i) Que sea nueva.

ii) Que sea distinta de cualquier otra variedad cuya existencia sea notoriamente conocida en el momento de presentar la solicitud.

iii) Que sea homogénea o uniforme.

iv) Que sea estable

El examen de la concurrencia de estos requisitos se conoce con la expresión examen "DHE", en atención a la primera letra de los tres últimos, distinta (D), homogénea (H) y estable (E).

3.4. El derecho del obtentor

El derecho del obtentor se define como el conjunto de derechos que se otorgan a quien ha creado o descubierto y desarrollado una variedad vegetal (o sus causahabientes). Tales derechos abarcan (arts. 2 a 4 y 12 y 13 LOV y 5 y 13 ROV):

i) Las variedades vegetales o sus componentes esto es, el material de reproducción o de multiplicación de la variedad. Por tanto, se protegen no sólo las plantas enteras, las flores o los frutos, sino también las semillas, simientes, esquejes, bulbos, raíces, hojas, brotes, injertos, yemas, o incluso una célula vegetal.

ii) Las variedades derivadas esencialmente de la variedad vegetal inicial protegida, las variedades que no se distingan claramente de la variedad protegida y las variedades cuya producción necesite el empleo repetido de la variedad protegida.

iii) El producto de la cosecha.

iv) Los productos fabricados directamente a partir de un producto de cosecha.

Lección 12

Propiedad intelectual. Creaciones estéticas. El diseño industrial

I. CARACTERIZACIÓN Y DELIMITACIÓN FRENTE A OTRAS FIGURAS

1. Caracterización

El diseño industrial es una creación intelectual relativa a la apariencia de la totalidad o de una parte de un producto que se deriva de las características del producto en sí, en particular, las líneas, contornos, colores, forma, textura o materiales, o de su ornamentación [art. 1.2 a) y EM LDI y art. 3 a) RDMC]. La apariencia en que consiste el diseño confiere al producto un valor añadido desde el punto de vista comercial al hacerle funcional y estéticamente más atractivo para el consumidor y, por tanto, más vendible. La referencia a la apariencia exige integrar en el concepto de diseño el requisito de la "visibilidad" a la que aluden también los arts. 8 LDI y 4.2 RDMC. Por consiguiente la apariencia o aspecto del producto en cuestión, incluidos una parte de otro producto o un componente de un producto complejo, han de ser visibles durante la utilización normal del producto por el usuario final.

A tenor de esta definición resulta claro que el diseño es un bien inmaterial dotado de un valor en sí mismo que no se confunde con el producto en que se plasma. Por producto se entiende todo artículo industrial o artesanal, incluidas, entre otras cosas, las piezas destinadas a su montaje en un producto complejo, el embalaje, la presentación, los símbolos gráficos y los caracteres tipográficos, con exclusión de los programas informáticos [arts. 1.2 b) LDI y 3 b) RDMC] puesto que en ningún caso pueden consistir en la apariencia de un producto o de una parte del mismo. El producto es complejo cuando está constituido por múltiples componentes reemplazables que permiten desmontar y volver a montar el producto [arts. 1.2 c) LDI 3 b) RDMC].

2. *Diseño industrial y diseño artístico*

No se exige que la creación en que consiste el diseño industrial tenga un valor artístico, es decir, un alto nivel de creatividad y de originalidad. Si la tiene no se tratará de un simple diseño industrial, sino de una obra de arte aplicada a la industria, conocida como diseño artístico. En este caso podrá acogerse también a la tutela que le brinda el derecho de autor, ya que ambas formas de protección son independientes, acumulables y compatibles (DA 10ª LDI y art. 10.1 LPI).

A los diseños artísticos de aplicación industrial (previstos en los arts. 190 a 193 del derogado Estatuto de Propiedad Industrial) se refiere, en efecto, de modo expreso la DA 10ª LDI como un tipo de creación, que, además de ser protegible como diseño, puede beneficiarse también de la protección del derecho de autor según el sistema de acumulación parcial, es decir, cuando la forma o apariencia externa sea original en los términos del art. 10 LPI, y no solamente sea nueva y tenga carácter singular, según exige el art. 5 LDI.

Por ello, el criterio de delimitación entre el diseño propiamente dicho y el diseño artístico u obra de arte aplicado es de orden cuantitativo y no cualitativo, ya que no se diferencian en cuanto a su naturaleza, sino sólo respecto de su distinto grado de creatividad y originalidad. De manera que sólo tiene la categoría de obra de arte aplicado la apariencia de un producto que posee un elevado nivel artístico, esto es, de creatividad y originalidad.

3. *Diseño industrial y modelo de utilidad*

El valor añadido desde el punto de vista comercial, característico del diseño industrial, puede derivar de la estética y de su funcionalidad, de modo que el concepto incluye los diseños que tienen carácter estético u ornamental y los diseños funcionales, excluyéndose, sin embargo, de su ámbito de protección aquellos cuyas características formales vengan exclusivamente impuestas por su función técnica (arts. 11. 1 LDI y 8.1 RDMC).

De cumplir exclusivamente una función técnica, la creación podrá protegerse como modelo de utilidad. La delimitación del diseño frente al modelo de utilidad no resulta problemática cuando aquel consiste exclusivamente en la apariencia ornamental de un producto o de una parte del mismo, ya que, en este caso, la creación no puede protegerse como modelo de utilidad debido a que lo impide la LP al excluir del concepto de invención toda creación estética [art. 4.4

b) LP]. Sin embargo, cuando el diseño consiste en la apariencia funcional de un producto o, a la vez, en la apariencia ornamental y funcional, los límites no son tan claros, puesto que hay que precisar si se está ante una apariencia de forma que venga exclusivamente impuesta por su función técnica, esto es, una apariencia de forma "técnicamente necesaria", única que no puede ser protegida como diseño (arts. 11. 1 LDI y 8.1 RDMC).

Pues bien, con fundamento en la EM LDI cuando declara que "la separabilidad de la forma y la función es lo que permite que la forma externa de un producto utilitario pueda ser protegida como diseño, cuando las características de apariencia revisten además novedad y singularidad", es posible afirmar que el criterio para determinar si se trata o no de una apariencia de forma técnicamente necesaria es la separabilidad entre forma y función. A este respecto es importante tener en cuenta que los dos principales criterios utilizados para determinar la separabilidad entre la forma y la función son: el criterio de la multiplicidad de las formas y) el criterio de la incidencia de la variación de la forma de un objeto sobre el resultado producido por este.

Adicionalmente, se considera que cumplen exclusivamente una función técnica las características de la apariencia del producto que hayan de ser necesariamente reproducidas en su forma y dimensiones exactas para permitir que el producto al que se aplique o incorpore el diseño pueda ser conectado mecánicamente a otro producto, adosado, o puesto en su interior o en torno al mismo, al objeto de que cada uno de ellos pueda cumplir su función (arts. 11.2 LDI y 8.1 RDMC). Sin embargo, sí pueden ser objeto de protección los diseños que permitan el ensamble o la conexión múltiple de productos intercambiables dentro de un sistema modular (arts. 11.3 LDI y 8.1 RDMC).

II. CLASES

Atendiendo a su objeto, el diseño admite dos modalidades. Las formas tridimensionales, denominadas modelos, y las formas bidimensionales, conocidas como dibujos. Su régimen jurídico, sin embargo, no difiere por lo que la distinción carece de relevancia a efectos de su disciplina. De otro lado, según se condicione o no la concesión de un derecho exclusivo con efectos "erga omnes" al registro en una oficina pública, el diseño puede ser registrado o no registrado. La Ley española solo regula los diseños registrados, de manera que la concesión del derecho exclusivo con efectos "erga omnes" se vincula al registro. Eso no obstante, el diseño no registrado goza de una protección comunitaria específica, establecida en el RDMC con efectos uniformes en toda la Unión Europea y, por tanto, también en España.

III. DISCIPLINA JURÍDICA

1. Disciplina nacional

La disciplina nacional básica sobre el diseño está constituida por la Ley 20/2003, de 7 de julio, de Protección Jurídica del Diseño Industrial (LDI), que regula el diseño cuyo ámbito de protección territorial se restringe al Estado español. La Ley fue desarrollada reglamentariamente mediante Real Decreto 1937/2004 de 27 septiembre. Su régimen jurídico sustantivo está construido sobre la base de disposiciones europeas, en particular por la Directiva 98/71/CE del Parlamento Europeo y del Consejo, de 13 de octubre de 1998, relativa a la protección jurídica de los dibujos y modelos, y por el Reglamento (CE) nº 6/2002 del Consejo, de 12 de diciembre de 2001, relativo a los dibujos y modelos comunitarios. En razón de esa circunstancia dicha disciplina coincide básicamente con la del diseño comunitario, lo que ha aconsejado tratar ambos de forma conjunta.

2. Disciplina comunitaria

La normativa comunitaria principal está formada por el Reglamento (CE) nº 6/2002 del Consejo, de 12 de diciembre de 2001, sobre los dibujos y modelos comunitarios (RDMC), por el Reglamento (CE) nº 2245/2002, de 21 de octubre de 2002, de ejecución del primero, y por el Reglamento (CE) nº 2246/2002 de la Comisión de tasas que se han de abonar a la EUIPO en concepto de registro de dibujos y modelos comunitarios.

El RDMC establece el régimen jurídico del diseño comunitario, que es aquel que goza de vigencia en todo el territorio de la Unión europea. El sistema que instituye el RDMC se basa en los principios de unidad y autonomía. En aplicación del principio de unidad, permite registrar un diseño en todo el territorio de la Unión Europea mediante una sola solicitud y a través de una única oficina, la (EUIPO). Como corolario del principio de autonomía, los textos legales comunitarios contienen una regulación completa, exclusiva y excluyente del diseño comunitario, tanto en lo que respecta al régimen sustantivo, como al administrativo y procedimental. Este principio supone el respeto a los sistemas de diseño nacionales o internacionales que convivan con él para los diseños que no quieran operar a nivel de la Unión Europea.

Como se ha indicado antes, la esencial identidad del régimen sustantivo interno y comunitario permiten su estudio conjunto. Por ese motivo solo se harán referencias específicas al Derecho de la Unión Europea en relación con el procedimiento de registro y con los diseños no registrados, cuya normativa resulta de aplicación también a los diseños internos. Por lo demás, interesa destacar que, como excepción al principio de autonomía, existen algunos aspectos de la disciplina que se rigen por la normativa interna. Sucede, en particular, con las acciones por violación del diseño comunitario, cuyo régimen procedimental es el del Derecho interno, o con la normativa del diseño como objeto de negocios jurídicos, ámbito en el que se ordena una asimilación al diseño nacional, sin perjuicio de las prescripciones del Reglamento.

3. Disciplina internacional

El sistema de registro internacional de dibujos y modelos industriales, denominado "sistema de La Haya", está regulado en el Arreglo de La Haya relativo al registro internacional de dibujos y modelos industriales, que está constituido por dos Actas distintas, a saber, el Acta de Ginebra (1999), que fue adoptada el 2 de julio de 1999 y entró en vigor el 23 de diciembre de 2003; y el Acta de La Haya (1960), que fue adoptada el 28 de noviembre de 1960 y entró en vigor el 1 de agosto de 1984. El sistema está administrado por la Oficina Internacional de la OMPI, que mantiene asimismo el Registro Internacional y publica el Boletín de Dibujos y Modelos Internacionales. El sistema ofrece la posibilidad de proteger los dibujos o modelos industriales en varias Partes Contratantes presentando una única solicitud internacional ante la Oficina Internacional de OMPI en Ginebra (Suiza), en un único idioma, acompañada del pago de una única serie de tasas, en una única divisa.

Esta única solicitud internacional sustituye a toda una serie de solicitudes que, de otro modo, habrían tenido que presentarse en distintas oficinas nacionales. La principal ventaja de este sistema reside en la simplificación y unificación de trámites que supone. En efecto, se reducen y facilitan los trámites a consecuencia de la presentación de una sola solicitud porque evita la presentación en los distintos Estados en los que se pretenda la protección, eludiéndose así las complicaciones inherentes a las exigencias procedimentales, que pueden ser distintas de un Estado a otro. Pero también porque se unifican otros trámites como son, sustancialmente, el examen formal de la solicitud y su publicación, que efectúa la Oficina Internacional. Asimismo este tipo de diseños son más fáciles de gestionar que varios diseños nacionales, dado que son objeto de algunos trámites únicos, como sucede, por ejemplo con la renovación. De modo que no se precisa estar al tanto de los plazos de renovación de toda una serie de registros nacionales, cuyas fechas varían de un Estado a otro. También es posible inscribir en el Registro cambios respecto a la solicitud original que surtirán efecto en todas las partes contratantes designadas mediante un simple trámite.

Sin embargo, este sistema no instituye un diseño internacional propiamente dicho, ni un procedimiento internacional de concesión en sentido estricto ya que no contiene un régimen jurídico exhaustivo aplicable al diseño con independencia del Estado en el que cual se solicita la protección. Por el contrario, el diseño solicitado internacionalmente está sometido a la normativa de cada uno de esos Estados en su más amplio sentido, incluyendo la disciplina sustantiva y procedimental sobre concesión del registro, salvo algún trámite específicamente considerado en las Actas.

IV. REQUISITOS DE PROTECCIÓN

1. Requisitos generales

El fundamento de la protección del diseño reside no sólo en el acto de creación, sino también en que ésta produce un enriquecimiento del patrimonio de las formas estéticas aplicadas al comercio y a la industria. En atención a ello los requisitos para la protección del diseño industrial son dos, novedad y carácter singular (arts. 5 LDI y 4 RDMC).

Se considera que un diseño es nuevo cuando ningún otro diseño idéntico haya sido hecho accesible al público antes de la fecha de presentación de la solicitud de registro o, si se reivindica prioridad unionista, antes de la fecha de prioridad. Son idénticos los diseños cuyas características difieran sólo en detalles irrelevantes (arts. 6 LDI y 5.2 RDMC).

Se estima que un diseño posee carácter singular cuando la impresión general que produzca en el usuario informado difiera de la impresión general producida en dicho usuario por cualquier otro diseño que haya sido hecho accesible al público antes de la fecha de presentación de la solicitud de registro o, si se reivindica prioridad, antes de la fecha de prioridad. Para determinar si el diseño posee carácter singular se tendrá en cuenta el grado de libertad del autor para desarrollar el diseño (arts. 7 LDI y 6 RDMC).

Por su parte, un diseño ha sido hecho accesible al público cuando haya sido publicado, expuesto, comercializado o divulgado de algún otro modo antes de la fecha de presentación de la solicitud de registro o, si se reivindica prioridad, antes de la fecha de prioridad, salvo que estos hechos, razonablemente, no hayan podido llegar a ser conocidos en el curso normal de los negocios por los círculos especializados del sector de que se trate que operen en la Unión Europea (arts. 7.1 LDI y 7 RDMC). Ahora bien, no se considerará que el diseño ha sido hecho accesible al público por el simple hecho de haber sido comunicado a un tercero bajo condiciones tácitas o expresas de confidencialidad (arts. 7.2 LDI y 7 RDMC), ni cuando se haya hecho público durante los doce meses anteriores a la fecha de presentación de la solicitud o, si se reivindica prioridad, a la fecha de prioridad, por su autor, su causahabiente, o por un tercero a quien aquellos le hayan suministrado la información o haya actuado abusivamente frente al autor o su causahabiente (arts. 10 LDI y 7 RDMC).

2. *Otros requisitos*

Cabe referirse en este apartado a los requisitos que se exigen para que un diseño ordinario pueda considerarse un diseño artístico. Según se indicó en un apartado anterior no es preciso que el diseño ordinario tenga un valor artístico, es decir, un cierto nivel de creatividad y de originalidad. Ahora bien si la tiene no se tratará de un simple diseño industrial, sino de una obra de arte aplicada a la industria, conocida como diseño artístico. El criterio de delimitación entre el diseño propiamente dicho y el diseño artístico u obra de arte aplicado es de orden cuantitativo y no cualitativo, ya que no se diferencian por su naturaleza, sino sólo por su distinto grado de creatividad y originalidad. De manera que sólo tiene la categoría de obra de arte aplicada la apariencia de un producto que posee un cierto nivel artístico, esto es, de creatividad y originalidad. Se precisa, por tanto, definir ambos conceptos y, asimismo, determinar el grado o nivel que se exige para que la creación pueda considerarse un diseño artístico.

El concepto de creatividad se define en atención a un criterio subjetivo, esto es, relativo al autor de la obra. Supone la capacidad para concebir intelectualmente la obra, pero también, si se trata de una obra plástica, la capacidad para ejecutarla material y personalmente. La noción de originalidad se relaciona con una dimensión objetiva por lo que se traduce en una cualidad predicable del objeto de la propiedad intelectual, esto es, de la obra, significando que plasma la capacidad de creación del autor. Por tanto, debe descartarse el criterio meramente objetivo de determinación de la originalidad, que la asimila a la novedad, toda vez que este se restringe exclusivamente a datos como el de si la obra ha sido o no divulgada y el de si es, o no, una obra diferente a otras anteriores. Si bien esas circunstancias constituyen presunciones fundadas de la falta de originalidad. En consecuencia, hay que inclinarse por el criterio subjetivo, considerando, pues, que la obra es original si revela que ha sido fruto de la capacidad de creación personal de su autor, lo que se decide en atención al reflejo que tienen en aquellas circunstancias tales como el esfuerzo y el trabajo del autor, su personalidad, el sello de su individualidad.

Más difícil resulta precisar el grado o nivel de creatividad y originalidad que se exige para que la creación pueda considerarse un diseño artístico. En este aspecto cualquier consideración obedece en gran medida a motivaciones subjetivas, por lo que, a pesar de los esfuerzos realizados por la doctrina, no se ha encontrado un principio de aplicación general suficientemente claro.

V. PROHIBICIONES DE REGISTRO

1. Caracterización

Por prohibiciones de registro se entiende aquí, en sentido amplio, las que la LDI denomina literalmente prohibiciones de registro (art. 12) y también las que regula bajo el título de motivos de denegación del registro (arts. 13 LDI). En caso de que el diseño se hubiera concedido, todas ellas actúan como causas de nulidad a oponer ante los Tribunales (art. 65 LDI). En el diseño comunitario la expresión comprende los motivos que el RDMC regula con la rúbrica de causas de denegación del registro, que coinciden con las prohibiciones de registro LDI y con el motivo de denegación del registro LDI relativo a la carencia de los caracteres propios de la definición de diseño (art. 47 RDMC), y las causas de nulidad, que coinciden con los motivos de denegación del registro LDI (art. 25 RDMC).

Para lograr una mejor comprensión del sistema, estas prohibiciones se analizan distinguiendo las que son apreciables de oficio por la OEPM o, en su caso, por la EUIPO, de aquellas que han de oponerse por determinados terceros, como motivos de oposición o nulidad, en el diseño interno, y solo como causas de nulidad en el diseño comunitario.

2. Motivos de denegación apreciables de oficio

Las causas de denegación del registro apreciables de oficio son las siguientes:

i) que la creación no reúna los caracteres que se precisan en la definición de diseño en los términos a que se ha hecho referencia en el apartado relativo al concepto [arts. 13 a) y 29.1 LDI y 47 RDMC];

ii) que el diseño sea contrario al orden público o a las buenas costumbres [arts. 12 y 29.1 LDI y 47 RDMC]

iii) que el diseño suponga un uso indebido de algunos de los distintivos públicos que figuran en el artículo 6 ter del CUP, o de distintivos distintos que tengan un interés público especial en un Estado miembro, como, en España, el escudo, la bandera y otros emblemas de España, sus CCAA, sus municipios, provincias u otras entidades locales, a menos que medie la debida autorización [arts. 13 e), 29.1 y 33.2 e) LDI y 25.1 g) RDMC].

3. Motivos de denegación a instancia de parte

Las causas de denegación que han de ser opuestas por terceros son las siguientes:

i) Que el diseño no reúna los requisitos de novedad y carácter singular o que suponga una apariencia, única y exclusivamente, funcional, esto es, que esté dictada en exclusiva por la función técnica, o, tratándose de los diseños de las interconexiones de los productos, que recaiga sobre las características de apariencia de un producto que hayan de ser necesariamente reproducidas en su forma y dimensiones exactas para permitir la conexión entre productos, salvo que permitan el ensamble o la conexión múltiple de productos intercambiables dentro de un sistema modular [arts. 13 b), 33.1 y 5 a 11 LDI y 25.1 b) RDMC].

ii) Que conste en resolución judicial firme que el titular del registro no es el autor del diseño o su causahabiente o, en general, no es la persona que tiene derecho a obtener el registro según las reglas previstas en la norma [arts. 13 c), 33.2 a), 14 y 15 LDI, 25.1 c) RDMC].

iii) Que exista incompatibilidad del diseño con un diseño protegido en España o, en su caso, en la Unión Europea en virtud de una solicitud o de un registro con fecha de presentación o de prioridad anterior, pero que sólo ha sido hecho accesible al público después de la fecha de presentación o de prioridad del diseño posterior [arts. 13 d), 33.2 b) LDI, 25.1 d) RDMC].

Se entiende que existe incompatibilidad cuando el diseño solicitado posteriormente no es nuevo o no tiene carácter singular. En definitiva, la prohibición pretende evitar que se concedan dos derechos de diseño a nombre de distintas personas para proteger la misma creación o creaciones con diferencias nimias, debido a las distintas fechas de presentación de la solicitud y de divulgación. En estos casos, el diseño que actúa como causa de denegación del registro tiene una fecha de presentación anterior a la del diseño al que se opone, pero de divulgación posterior.

iv) Que el diseño incorpore una marca u otro signo distintivo anteriormente protegido cuyo titular tenga derecho, en virtud de dicha protección, a prohibir el uso del signo en el diseño registrado [arts. 13 f), 33.2 c) LDI y 25.1 e) RDMC].

v) Que el diseño registrado suponga un uso no autorizado de una obra protegida por la propiedad intelectual [arts. 13 g), 33.2 d) LDI y 25.1 f) RDMC], lo que exige que el diseño posterior constituya una copia de la obra intelectual anterior

Ahora bien, una vez presentada la oposición, el titular tiene la posibilidad de modificar el diseño, eliminando los elementos que hayan motivado la oposición, siempre que mantenga su identidad sustancial y no se trate de las causas de oposición consistentes en carecer de derecho a obtener el registro por no ser el autor o su causahabiente y en la incompatibilidad con un diseño anterior.

VI. TITULARIDAD DEL DISEÑO

Para obtener la protección del diseño nacional y del diseño comunitario registrado es preciso que sea registrado, respectivamente, en la OEPM (art. 2 LD) y en la EUIPO [arts. 1.1 a) y 12 RDMC]. La innovación en que consiste el diseño es una creación de la mente humana. Por este motivo sólo puede ser titular del derecho sobre ella una persona física. Sin embargo, este derecho posee un doble contenido: personal y patrimonial. Desde el punto de vista personal la creación otorga a su autor el derecho personalísimo a ser reconocido como tal, aun cuando no llegue a ser titular del diseño registrado (arts. 19 LDI y 18 RDMC). Se trata de un derecho intransmisible. Desde el punto de vista patrimonial el derecho del creador tiene como contenido esencial el derecho al diseño. Por eso, tanto la LDI como el RDMC, atribuyen al inventor o a sus causahabientes el derecho a registrar el diseño (arts. 14.1 LDI y 14.1. RDMC). Dado su contenido y valor económico, este derecho, sin embargo, puede ser transmitido, en vez de ejercitado directamente. Debido a esta circunstancia las personas jurídicas pueden obtener el registro de diseños (art. 4 LDI).

Cuando el diseño haya sido realizado por varias personas conjuntamente, el derecho a registrarle pertenecerá en común a todas ellas en la proporción que determinen (arts. 14.2 y 58 LDI y 14.2 RDMC). Si un mismo diseño ha sido creado por distintas personas de forma independiente, el derecho a registrar el diseño pertenecerá a aquél cuya solicitud de registro tenga una fecha anterior de presentación, siempre que dicho registro llegue a ser concedido. Cuando el diseño haya sido desarrollado por un empleado en ejecución de sus funciones o siguiendo las instrucciones del empresario o empleador, o por encargo en el marco de una relación de servicios, el derecho a registrar el diseño corresponderá al empresario o a la parte contractual que haya encargado la realización del diseño, salvo que en el contrato se disponga otra cosa (arts. 14. 1 a 3 y 15 LDI y 14.3 RDMC).

Ahora bien, para descargar a la Administración de la complicada tarea de investigar si el solicitante es el titular del derecho de registrar el diseño, se establece la presunción “iuris tantum” de que lo es (arts. 14.4 LDI y 17 RDMC). Se trata, no obstante, de una simple legitimación procesal para exigir el registro, no de que el derecho pertenezca al solicitante. De ahí que se haya previsto un mecanismo para el caso de que se conceda el registro a favor de alguien que luego resulta no ser titular del derecho. Se trata de la reivindicación del diseño, que confiere al verdadero titular del derecho la posibilidad de reivindicar que le sea reconocida y transferida la titularidad registral de un diseño solicitado o registrado por quien no tenía derecho a su registro (arts. 16 LDI y 15 RDMC).

VII. CONTENIDO

1. Derechos

1.1. Caracterización y límites generales

El titular del diseño tiene derecho al disfrute exclusivo de su innovación. Sin embargo dicho derecho de explotación exclusiva se otorga sujeto a límites generales de índole territorial y temporal. Respecto de los primeros, sólo puede ejercitarse en el territorio español, o, tratándose de diseños comunitarios, en el territorio de la Unión Europea. En cuanto a los segundos, el plazo de vigencia tiene una duración de cinco años contados desde la fecha de presentación de la solicitud de registro. Sin embargo, podrá renovarse por uno o más períodos sucesivos de cinco años hasta un máximo de 25 años computados desde dicha fecha (arts. 43 LDI y 12 RDMC).

Dado que el derecho al diseño nace el día en que se publica la mención de su concesión, pero el plazo de vigencia comienza a contarse desde la fecha de presentación de la solicitud, se ha optado por conceder una protección provisional al titular de la solicitud de registro del diseño frente a quien, aun antes de la publicación del diseño registrado, se le hubiere notificado fehacientemente la presentación de la solicitud y el contenido de ésta. La protección provisional confiere el derecho a exigir una indemnización razonable de cualquier tercero que, entre la fecha de presentación de la solicitud de registro y la fecha de publicación del diseño registrado, hubiera llevado a cabo una utilización del diseño que, después de ese período, quedaría prohibida (art. 46 LDI). Por lo demás, en el contenido del derecho que otorga el diseño se aprecia un doble aspecto, positivo y negativo.

1.2. Aspecto positivo. Facultades incluidas en el aspecto positivo. Limitaciones. En particular los diseños de cobertura

El aspecto positivo del derecho que confiere el diseño consiste en que atribuye a su titular el derecho exclusivo de utilizarlo, lo que incluye, entre otros actos, la fabricación, la oferta, la comercialización, la importación y exportación o el uso de un producto que incorpore el diseño, así como el almacenamiento de dicho producto para alguno de los fines mencionados (arts. 45 LDI y 19 RDMC). Ahora bien, este aspecto del derecho está limitado en dos sentidos. En primer término por el hecho de que la explotación del diseño registrado no podrá llevarse a cabo de forma contraria a la ley, la moral, el orden público o la salud pública, y estará supeditada, en todo caso, a las prohibiciones o limitaciones temporales o indefinidas establecidas o que se establezcan por las disposiciones legales (arts. 51.1 LDI y 9 RDMC). En segundo lugar porque el derecho sobre el diseño registrado no podrá invocarse para eximir a su titular de responder frente a las acciones dirigidas contra él por violación de otros derechos de propiedad intelectual o industrial que tengan una fecha de prioridad anterior (art. 52.2 LDI). Se trata de los llamados diseños de cobertura cuyo mero registro no es apto para eximir a su titular frente a las acciones dirigidas contra él por violación de otros derechos propiedad intelectual o industrial anteriores.

1.3. Aspecto negativo. Facultades incluidas en el aspecto negativo. Limitaciones. En particular el agotamiento del derecho de diseño

En el aspecto negativo el diseño permite a su titular prohibir su utilización por terceros sin su consentimiento con la misma extensión que antes respecto de un diseño idéntico al suyo (arts. 45 LDI y 19.1 RDMC) o que no produzca en el usuario informado una impresión general diferente (arts. 47 LDI y 10.1. RDMC), es decir, que carezca frente a él del requisito del carácter singular. Este aspecto negativo también está sujeto a limitaciones.

Cabe citar, en primer lugar, las que derivan de actos de utilización del diseño que no suponen explotación industrial o comercial del mismo (arts. 48 LDI y 20 RDMC). El segundo límite está constituido por el llamado derecho de preuso. Conforme a él el titular de un diseño registrado no tiene derecho a impedir a quienes demuestren que, con anterioridad a la fecha de presentación o, en su caso, de prioridad de la solicitud de registro, han comenzado a explotar de buena fe en España un diseño que esté comprendido en el ámbito de protección del registrado y no sea copia del mismo, o que han efectuado preparativos serios y efectivos para ello, prosigan o inicien dicha explotación en la misma forma y con la misma finalidad para la que hubieran empezado a utilizarlo o realizado los preparativos (arts. 50.1 LDI y 22.1 y 2 RDMC). Sin embargo, este derecho de preuso no habilitará a conceder licencias de explotación sobre el diseño, y sólo podrá ser transferido con la empresa o sección de la empresa en cuyo marco se haya iniciado la explotación o realizado los preparativos (arts. 50.2 LDI y 22.3 RDMC).

El tercer límite está constituido por el agotamiento del derecho de diseño. Conforme a él, los derechos conferidos por el diseño registrado no se extienden a los actos relativos a un producto que incorpore un diseño comprendido en el ámbito de protección de aquél cuando dicho producto haya sido puesto en el comercio en el Espacio Económico Europeo por el titular del diseño registrado o con su consentimiento (arts. 49 LDI y 21 RDMC).

2. *Acciones*

La LDI establece un catálogo de acciones que tienen como finalidad hacer efectivos los derechos que comprende el genérico derecho protegido por el diseño, esto es, permitir que el titular goce del monopolio de utilización y explotación de dicho diseño (arts. 53 a 57 LDI). Entre ellas destacan, la acción de cesación de los actos que violen su derecho y la de indemnización de los daños y perjuicios sufridos, cuyo contenido se precisa en la LDI [arts. 53 b) a 55 LDI]. A tales efectos se consagra una responsabilidad objetiva para quienes fabriquen o importen el objeto de la patente y una responsabilidad por culpa para quienes lo comercialicen (art. 54 LDI).

Estas acciones prescriben a los cinco años, contados desde el momento en que pudieron ejercitarse (art. 57 LDI). En materia de competencia así como de ejercicio de acciones y adopción de medidas provisionales y cautelares se aplica la LP en todo aquello que no sea incompatible con lo previsto en la LDI, que, no obstante, dedica una regla específica a la competencia, atribuyéndosela a los juzgados de marca de la Unión Europea cuando se trate del ejercicio acumulado de acciones fundadas en títulos comunitarios y nacionales o internacionales sobre el mismo o similar diseño, o si existiere cualquier otra conexión entre las pretensiones y al menos una de ellas esté basada en un registro o solicitud de título comunitario (DA 1ª LDI).

3. *La carga de la renovación*

El contenido del derecho de diseño impone a su titular la carga de renovarle en los plazos previstos en la ley, abonando la tasa correspondiente. La falta de renovación provoca la caducidad del diseño [arts. 43, 44 y 71.1 a) LDI y 13 RDMC]. La renovación se acordará a solicitud del titular del registro o de su causahabiente y deberá ir acompañada del justificante de pago de la tasa de renovación. La solicitud de renovación se presentará ante la OEPM o ante los órganos competentes de la Comunidad autónoma correspondiente, que la remitirá a la OEPM, en caso de diseño nacional. Tratándose de diseño comunitario se presentará ante la EUIPO. Surtirá efectos desde el día siguiente al de la fecha de expiración del período de duración o de renovación anterior.

4. *La protección del diseño no registrado*

La protección del diseño no registrado se hace necesaria ante la realidad a la que se enfrentan ciertos sectores industriales en los que se crea un gran número de diseños que, sin embargo, están destinados a tener una vida comercial muy breve. En estos casos, exigir el registro para obtener la protección resultaría desproporcionado no solo por sus costes económicos, sino también por los temporales. El hecho de que la normativa española no prevea tal protección es indiferente pues este tipo de modelos está regulado en el RDMC con efectos uniformes en toda la Unión Europea. Esta circunstancia convierte en superflua cualquier otra normativa similar de alcance nacional, ya que, automáticamente, todos los diseños no registrados que cumplan las condiciones del RDMC quedan incluidos en la cobertura comunitaria.

Pues bien, según el RDMC, el derecho al diseño no registrado se adquiere a partir de la fecha en que dicho diseño sea hecho público por primera vez dentro de la Comunidad. Se considera que un diseño ha sido hecho público dentro de la Comunidad si se ha publicado, expuesto, comercializado o divulgado de algún otro modo, de manera tal que, en el tráfico comercial normal, dichos hechos podrían haber sido razonablemente conocidos por los círculos especializados del sector de que se trate, que operen en la Comunidad. No obstante, no se considerará que el dibujo o modelo ha sido hecho público por el simple hecho de haber sido divulgado a un tercero en condiciones tácitas o expresas de confidencialidad [arts. 1.1 b) y 11 RDMC]. El plazo de duración de la protección es de tres años, contados a partir de aquella fecha en que se hizo público (art. 11 RDMC), si bien el derecho a registrarlo se pierde con el transcurso de un año [arts. 10.1 b) LDI y arts. 7.2 b) RDMC].

Ahora bien, el aspecto negativo de este derecho se limita a impedir a los terceros la utilización del diseño cuando el posterior sea una copia del anterior (art. 19 RDMC). Por tanto, el titular del diseño comunitario no registrado tan sólo recibe protección, de modo coherente con el único derecho que ostenta, cuando se ha producido copia de aquél. Ahora bien, la copia no sólo se dará en los casos de total identidad, sino también cuando el diseño impugnado no produzca en los usuarios informados una impresión general distinta, debiendo tenerse en cuenta, al determinar la protección, el grado de libertad del autor al desarrollar su dibujo o modelo (art. 10 RDMC). Por este motivo, la utilización impugnada no se considerará resultante de haber sido copiado el diseño protegido en caso de que sea resultado de un trabajo de creación independiente realizado por un autor del que quepa pensar razonablemente que no conocía el dibujo o modelo divulgado por el titular (art. 19 RDMC).

VIII. EL DISEÑO COMO OBJETO DE DERECHOS

1. *Caracterización, transmisión y disciplina aplicable*

Pese al carácter inmaterial del diseño se acepta que el derecho sobre él es de índole jurídico real, afín al de propiedad, por cuanto incide sobre la creación como idea objetivada, es decir, como bien inmaterial definido con el auxilio del instrumento registral y dotado de un valor económico apreciable. Este bien inmaterial constituye el objeto de un poder de dominación asimilado al derecho de propiedad, que se atribuye al titular del diseño y que alcanza también a la mera solicitud. En este contexto se entiende que, tanto el diseño, como su solicitud, pueden pertenecer a una o a varias personas proindiviso. Asimismo, el poder de dominación que se atribuye al titular sobre el diseño y su solicitud permite que ambos puedan ser cedidos o licenciados, y, en general, transmitidos por todos los medios que el Derecho reconoce. Por el idéntico motivo pueden ser objeto de gravámenes, esto es, de derechos reales como el usufructo, incluidos los derechos reales de garantía, como la hipoteca mobiliaria, y de medidas cautelares y ejecutivas (art. 59.1 LDI).

La disciplina jurídica aplicable a estos actos se encuentra, con carácter general, en las normas comunes, ya que la LDI se limita a incluir una escueta regulación sobre ciertos aspectos de alguna de ellas. Junto a ello dispone que, cuando se realicen *inter vivos,* deberán constar por escrito y sólo podrán oponerse frente a terceros de buena fe una vez inscritos en el Registro de Diseños, salvo supuestos de sucesión universal o transmisión del diseño con el conjunto de la empresa (arts. 59.2 LDI y 28 a 30 y 33 RDMC). Adicionalmente, en el supuesto de que se constituya una hipoteca mobiliaria, ésta se inscribirá en el Registro de Bienes Muebles con notificación de dicha inscripción a la OEPM para su anotación en el Registro de Diseños. A estos efectos ambos registros estarán coordinados para comunicarse telemáticamente los gravámenes sobre diseños inscritos o anotados en ellos (art. 59.1 LDI).

En este contexto, el diseño comunitario se rige por el Derecho interno, salvo las escasas previsiones que contiene el RDMC al respecto, que, por otro lado, coinciden básicamente con la normativa interna (art. 27 RDMC).

2. *Copropiedad del diseño*

La LDI regula la pertenencia del diseño a varias personas proindiviso disponiendo que la comunidad resultante se regirá por lo acordado entre las partes, en su defecto por lo dispuesto en la propia LDI y, en último término, por las normas de derecho común sobre la comunidad de bienes (art. 58 LDI). A ese respecto dispone que cada uno de los cotitulares por sí solo podrá:

i) Disponer de la parte que le corresponda notificándolo a los demás comuneros, que podrán ejercitar los derechos de tanteo y retracto en el plazo de un mes a contar desde la notificación en el caso del derecho de tanteo o desde la inscripción de la cesión en el registro de diseños, en el caso del derecho de retracto.

ii) Explotar por sí mismo el diseño, previa notificación a los demás cotitulares.

iii) Realizar los actos necesarios para la conservación de la solicitud o del registro.

iv) Ejercitar acciones civiles o criminales contra quienes infrinjan los derechos derivados del diseño registrado, notificándolo a los demás cotitulares a fin de que éstos puedan sumarse a la acción y para que contribuyan al pago de los gastos habidos. Sin embargo, la concesión de licencias a terceros para explotar el diseño requerirá el acuerdo de la mayoría de los partícipes en los términos previstos en el art. 398 del Código Civil.

3. Licencia

La licencia permite autorizar el uso del diseño por terceros sin prejuzgar la titularidad del mismo. La licencia puede ser ilimitada o limitada, según se conceda para todo o parte del territorio español, o, en su caso, de la Unión Europea, en su totalidad o en alguna de las facultades que integran el derecho exclusivo, o para todas o parte de sus posibles aplicaciones. No obstante, salvo pacto en contrario, se presume que es ilimitada, de forma que el licenciatario tendrá derecho a explotar el diseño durante toda la duración del registro, incluidas las renovaciones, en todo el territorio español y para todas sus aplicaciones. Sin embargo, no podrá cederla a terceros ni conceder sublicencias, a no ser que se hubiere convenido lo contrario. Tampoco está autorizado a ejercitar en su propio nombre las acciones que se reconocen al titular del diseño frente a terceros, salvo previsión expresa en el contrato o, ante la inactividad del licenciante, en caso de que la licencia sea exclusiva (art. 61 LDI).

Se distinguen, en efecto, también las licencias exclusivas de las simples. Las primeras impiden el otorgamiento de otras licencias y que el otorgante explote el diseño directamente, salvo que se hubiere reservado expresamente este derecho en el contrato. Con todo, la LDI presume que la licencia es simple, salvo que se pacte lo contrario, de modo que el otorgante podrá conceder otras licencias y explotar por sí mismo el diseño.

Como es norma en la propiedad intelectual, la LDI refuerza la posición del licenciante permitiéndole ejercitar los derechos conferidos por el diseño registrado frente a cualquier titular de la licencia que viole alguna de las limitaciones establecidas en el contrato relativas a la duración, la forma del diseño, la modalidad de explotación o la naturaleza y calidad de los productos a que se aplique el diseño (art. 60.4 LDI). Junto a ello añade una previsión a favor del licenciatario al hacer responder al licenciante frente a él si, posteriormente, se declarara que carecía de la titularidad o de las facultades necesarias para la realización del negocio de que se trate. Pero tal norma tiene carácter dispositivo, por lo que se admite el pacto de exclusión o limitación de responsabilidad, salvo que el transmitente u otorgante hubiese actuado de mala fe, en cuyo caso el pacto se estima nulo (art. 62 LDI).

IX. EXTINCIÓN DEL DERECHO

El derecho sobre el diseño registrado se extingue mediante declaración de nulidad y de caducidad.

1. Nulidad. Causas. La acción de nulidad. Efectos

Las causas de nulidad coinciden con los motivos de denegación del registro a que se aludió antes (arts. 65.1, 1 y 13 LDI y 25 RDMC). El procedimiento para la declaración de nulidad varía según se trate de diseño interno o comunitario.

En el Derecho interno la nulidad debe declararse necesariamente por los Tribunales de Justicia mediante sentencia firme. La acción de nulidad podrá ejercitarse durante la vigencia del registro y dentro de los cinco años siguientes a su caducidad o extinción (art. 65.2 LDI). La legitimación activa corresponde a cualquier persona o agrupación que resulte afectada u ostente un derecho subjetivo o un interés legítimo, cuando la causa de nulidad consista en que el diseño no se ajusta a lo definido como tal en la LDI y en que carece de novedad o carácter singular o es contrario al orden público o a las buenas costumbres. En los demás supuestos, sólo podrá ser ejercitada por los titulares de los derechos en que se funde la acción (art. 66 LDI). La legitimación pasiva corresponde al titular registral del diseño, pero la demanda deberá ser notificada a todas las personas titulares de derechos inscritos sobre él con el fin de que puedan personarse e intervenir en el procedimiento (art. 66 LDI).

La competencia judicial y el procedimiento para dilucidar estas acciones se rige por lo previsto en la LP y en la LEC (DA 1ª LDI). La sentencia que declare la nulidad del registro ordenará la cancelación del mismo con efecto retroactivo, aunque se contemplan excepciones (arts. 65. 1 y 68 LDI). La nulidad puede ser, sin embargo, parcial, cuando no se funde en que el diseño no se ajusta a lo definido como tal en la LDI, en que el titular registral no tenía derecho a obtener el registro o en la incompatibilidad con un diseño anterior, y sólo afecte a una parte del diseño, siempre que la modificación no altere sustancialmente su identidad (art. 67 LDI).

En distinto orden de cosas, la nulidad del diseño comunitario puede solicitarse; bien ante la EUIPO; bien ante los Tribunales de marca nacionales. En este último caso, sin embargo, solo cabe como reconvención en una acción por violación de diseño comunitario.

2. Caducidad. Causas. Efectos

Las causas de caducidad son la falta de renovación al término de alguno de los quinquenios previstos en la Ley, la renuncia y la falta de legitimación sobrevenida para obtener el registro. En los dos primeros casos la caducidad será declarada por la OEPM o, en su caso, por la OAMI, y, en el tercero, por los Tribunales (arts. 71 LDI y 13 y 51 RDMC). La caducidad opera *ex nunc*, de modo que carece de efecto retroactivo. En concreto el registro caducado dejará de surtir efectos desde el momento en que se produjeron los hechos u omisiones que dieron lugar a la caducidad, con independencia de la fecha en que se hubiera realizado su publicación en el BOPI (art. 72 LDI). Sin embargo, puede dar lugar a una indemnización de daños y perjuicios cuando el titular del diseño registrado hubiere actuado de mala fe.

Lección 13

Propiedad intelectual. Derechos de autor y derechos afines. Otras formas de protección de los bienes inmateriales

I. CARACTERIZACIÓN Y DISCIPLINA APLICABLE

1. Caracterización

En sentido amplio la propiedad intelectual comprende los derechos que se confieren a las personas sobre las creaciones de su mente. Estos derechos suelen ser derechos exclusivos sobre la utilización o explotación de la creación por un plazo determinado. El hecho de que el concepto central de la propiedad intelectual esté constituido por la creación de la mente permite entender incluidos en el mismo los derechos de autor y derechos con él relacionados. Su protección, a través de derechos de exclusiva, es por ello, semejante a la de otros derechos de propiedad intelectual.

Junto con los derechos de autor tradicionales, cabe aludir a otra serie de derechos afines, entre otros, los derechos de los artistas, intérpretes y ejecutantes, de los productores de fonogramas y de los productores de grabaciones audiovisuales, de las entidades de radiodifusión, sobre las meras fotografías y sobre determinadas producciones editoriales. También, los denominados derechos sobre las bases de datos que presentan contornos difusos. Finalmente, no puede tratarse los derechos de autor y afines sin efectuar una consideración a su evolución y tratamiento jurídico en entornos digitales.

La protección de estos derechos adquiere una singular importancia en el entorno digital. Por esta razón, será objeto de un tratamiento particularizado en el tema siguiente.

2. *Disciplina aplicable*

2.1. Disciplina interna

La legislación interna básica se halla constituida, además de por los arts. 428 y 429 Cciv, por el RD Legislativo 1/1996 de 12 de abril por el que se aprueba el Texto Refundido de la Ley de Propiedad Intelectual (LPI), que incorpora las Directivas comunitarias sobre la materia.

Este texto legal ha ido modificándose, al objeto de adaptarse a las normas comunitarias. Por Ley 21/2014 de 4 de noviembre, se produjo una importante modificación pasando a regular los derechos de autor propiamente dichos y los derechos relacionados con él, que denomina "otros derechos de propiedad intelectual". Además, se incluyeron nuevos instrumentos para evitar la vulneración de los derechos de autor, especialmente en Internet, medidas para mejorar la transparencia y control de las entidades de gestión, un pago compensatorio y nuevos límites a la copia privada.

Desde esa modificación de la Ley, se han aprobado tres Directivas: la Directiva 2014/26/UE, relativa a la gestión colectiva de los derechos de autor y derechos afines y a la concesión de licencias multiterritoriales de derechos sobre obras musicales para su utilización en línea en el mercado interior; la Directiva (UE) 2017/1564, sobre ciertos usos permitidos de determinadas obras y otras prestaciones protegidas por derechos de autor a favor de personas ciegas, con discapacidad visual u otras dificultades para acceder a textos impresos; y la Directiva (UE) 2019/790 sobre los derechos de autor y derechos afines en el mercado único digital.

El retraso del legislador español en la transposición de las Directivas ha motivado la publicación del Real Decreto-ley 2/2018, de 13 de abril, que permitió adaptar parcialmente la ley española a la Directiva 2014/26, en espera de que se apruebe la nueva LPI en la que se lleve a cabo la plena adaptación del Derecho interno al Derecho de la Unión Europea. Y recientemente, la publicación del Real Decreto-ley 24/2021, de 2 de noviembre para adaptar la ley española a la Directiva 2019/790.

2.2. Síntesis de las fuentes internacionales

Además del ADPIC, son de destacar a escala internacional: i) el Convenio para la Protección de la Obras Literarias y Artísticas, adoptado en Berna de 9 de septiembre de 1886, revisado en varias ocasiones, y cuyos principios básicos son proteger las obras literarias y artísticas, dar un trato nacional al autor extranjero y establecer una protección mínima; ii) el Convenio Universal de Derechos de Autor hecho en Ginebra el 6 de septiembre de 1952; iii) El Convenio de Roma sobre la protección de los artistas intérpretes o ejecutantes, los productores de fonogramas y los organismos de radiodifusión, adoptado el 26 de octubre de 1961; y iv) el Tratado de la OMPI de 20 de diciembre de 1996, sobre Derecho de Autor (WCT), adoptado en Ginebra el 20 de diciembre de 1996.

II. EL DERECHO DE AUTOR

1. Requisitos de protección

El objeto del derecho de autor es toda creación original, ya sea literaria, artística o científica, expresada por cualquier medio o soporte, tangible o intangible, actualmente conocido o que se invente en el futuro (art. 10.1 LPI). Tras definir el objeto del derecho de autor en estos términos, la LPI relaciona una lista no exhaustiva de ejemplos en los que mezcla tipos de creaciones y clases de soportes. En cualquier caso, con arreglo a tal definición, es posible concluir que la protección conferida por el derecho de autor requiere la concurrencia de dos requisitos, a saber, la existencia de una creación y la originalidad. El concepto de creatividad se define en atención a un criterio subjetivo, esto es, relativo al autor de la obra. Supone la capacidad para concebir intelectualmente la obra, pero también, si se trata de una obra plástica, la capacidad para ejecutarla material y personalmente. La noción de originalidad se relaciona con una dimensión objetiva por lo que se traduce en una cualidad predicable del objeto de la propiedad intelectual, esto es, de la obra, significando que plasma la capacidad de creación del autor.

Por tanto, debe descartarse el criterio meramente objetivo de determinación de la originalidad, que la asimila a la novedad, toda vez que este se restringe exclusivamente a datos como el de si la obra ha sido o no divulgada y el de si es, o no, una obra diferente a otras anteriores. Si bien esas circunstancias y, sobre todo la última, constituyen presunciones fundadas de la falta de originalidad. En consecuencia, hay que inclinarse por el criterio subjetivo, considerando, pues, que la obra es original si revela que ha sido fruto de la capacidad de creación personal de su autor, esto es, que se trata de una creación propia del sujeto, lo que se decide en atención al reflejo que tienen en aquella circunstancias tales como el esfuerzo y el trabajo del autor, su personalidad, el sello de su individualidad. De cualquier modo, la necesidad de que se trate de una creación propia del sujeto, excluye la originalidad de la obra que sea resultado de copia o de plagio. Por el contrario, no es un requisito para la protección la inscripción en el Registro de la Propiedad Intelectual, pues la inscripción es potestativa y meramente declarativa. El Registro General de la Propiedad Intelectual tiene carácter único en todo el territorio nacional. Está integrado por el Registro Central, dependiente del Ministerio de Cultura, por los Registros Territoriales, establecidos y gestionados por las CCAA, y por una Comisión de Coordinación, como órgano colegiado de colaboración entre los Registros.

2. *Derechos personales y patrimoniales*

La creación atribuye a su autor dos tipos de derechos, un derecho personal, el llamado derecho moral (arts. 14 a 16 LPI) y un derecho de carácter patrimonial o derecho de explotación (arts. 17 a 23 LPI).

2.1. Derecho moral

El derecho moral comprende un conjunto de facultades que se caracterizan por ser intransmisibles, salvo a título *mortis causa*, y, como consecuencia de ello, por carecer de contenido patrimonial inmediato, si bien su lesión da lugar a indemnización, con independencia de que se acredite o no la producción de daños y perjuicios. Se trata de las siguientes facultades:

i) La facultad de decidir si su obra ha de ser divulgada y en qué forma, y determinar si tal divulgación ha de hacerse con su nombre, bajo seudónimo o signo, o anónimamente.

ii) La facultad de exigir el reconocimiento de su condición de autor de la obra.

iii) La de exigir el respeto a la integridad de la obra.

iv) La de modificar la obra respetando los derechos adquiridos por terceros y las exigencias de protección de bienes de interés cultural.

v) La de retirar la obra del comercio, por cambio de sus convicciones intelectuales o morales, previa indemnización de daños y perjuicios a los titulares de derechos de explotación.

vi) La de acceder al ejemplar único o raro de la obra, cuando se halle en poder de otro.

2.2. Derecho de explotación

2.2.1. Concepto y contenido

El derecho de contenido patrimonial consiste en el derecho de explotar la obra con carácter exclusivo. Comprende, por tanto, las dos clásicas vertientes que caracterizan a los derechos de ese tipo. Por un lado, la vertiente positiva, consistente en la atribución del derecho exclusivo de explotar la obra en cualquier forma. En especial, mediante su reproducción, distribución, comunicación pública y transformación. Se entiende por reproducción la fijación directa o indirecta, provisional o permanente, por cualquier medio y en cualquier forma, de toda la obra o de parte de ella, que permita su comunicación o la obtención de copias. Se considera distribución la puesta a disposición del público del original o de las copias de la obra, en un soporte tangible, mediante su venta, alquiler, préstamo o de cualquier otra forma.

Se estima comunicación pública todo acto por el cual una pluralidad de personas pueda tener acceso a la obra sin previa distribución de ejemplares a cada una de ellas. Son actos de comunicación pública, por ejemplo, las representaciones escénicas, recitaciones disertaciones y ejecuciones públicas de las obras dramáticas, dramático-musicales, literarias y musicales mediante cualquier medio o procedimiento o la proyección o exhibición pública de las obras cinematográficas y de las demás audiovisuales, la radiodifusión o comunicación al público vía satélite, por hilo, cable, y otro procedimiento análogo, con o sin abono e de cualquiera obras, la exposición pública de obras de arte, la retransmisión a través de los medios anteriormente señalados por entidad distinta a la de origen, o la realización de cualquiera de los actos anteriores respecto de una base de datos protegida por la Ley (art. 20.2 LPI). No se considerará pública la comunicación cuando se celebre dentro de un ámbito estrictamente doméstico que no esté integrado o conectado a una red de difusión de cualquier tipo.

Finalmente, la transformación de una obra comprende su traducción, adaptación y cualquier otra modificación en su forma de la que se derive una obra diferente (art. 21 LPI). A este respecto es de destacar que los derechos de autor comprenden no solo la obra original, sino también las llamadas obras derivadas, esto es, las traducciones y adaptaciones, las revisiones, actualizaciones y anotaciones, los compendios, resúmenes y extractos, los arreglos musicales y, en general, cualesquiera transformaciones de una obra literaria, artística o científica, sin perjuicio del derecho que se atribuye al autor de la transformación.

En el aspecto negativo el derecho permite a su titular prohibir la realización de cualquier acto de explotación a todo tercero, sin su autorización.

2.2.2. *Límites. En particular el relativo a la copia privada*

2.2.2.1. Caracterización

Como sucede con el resto de derechos de propiedad intelectual en sentido amplio, el derecho de explotación exclusiva del autor está sujeto a determinados límites. Junto a los que se derivan de la propia descripción de los actos de explotación (arts. 18 a 21 LPI), entre esos límites destaca, en lo relativo al derecho de reproducción, el atinente a la copia privada.

Además la ley recoge otros límites a los derechos de autor como en casos relativos a la seguridad pública y procedimientos oficiales (art. 31 bis); los realizados en beneficio de personas con discapacidad siempre que carezcan de finalidad lucrativa y guarden una relación directa con la discapacidad (art. 31 ter); las citas y reseñas e ilustración con fines educativos o de investigación científica cumpliendo los presupuestos que marca la ley (art. 32); la realización de trabajos sobre temas de actualidad difundidos por medios de comunicación social, si se cita la fuente y siempre que no se hubiera hecho costar en origen la reserva de los derechos (art. 33); la reproducción de obras en vías públicas (art. 34) la reproducción sin finalidad lucrativa en museos, bibliotecas, fonotecas, hemerotecas, archivos de titularidad pública o integradas en instituciones de carácter cultural o científico, siempre que sea para fines de investigación (art. 37)

2.2.2.2. Requisitos de licitud de la copia privada

La copia privada constituye un límite al derecho exclusivo de explotación mediante reproducción que asiste al autor. Por consiguiente, la copia privada no constituye un derecho del copista, sino un límite del derecho exclusivo del autor. Esta apreciación tiene suma importancia por cuanto supone que, como todo límite a un derecho, ha de ser interpretado de forma restrictiva. De forma que la copia privada solo será lícita siempre que concurran cumulativamente las condiciones previstas en la LPI que, además, según lo dicho, han de interpretarse de forma restrictiva.

Las condiciones previstas en la LPI a fin de que se aplique el beneficio de la limitación, y, por ende, al objeto de excluir la necesaria autorización del autor para la reproducción, que constituyen, según la propia LPI límites legales de la copia privada, son las siguientes y han de concurrir cumulativamente (art. 31.2 LPI):

i) Ha de tratarse de obras ya divulgadas.

ii) La reproducción ha de efectuarse sin asistencia de terceros, esto es, se requiere que la persona en quien concurran los requisitos legales sea, materialmente, la que realice la copia; sin que pueda encargar a otro que la efectúe.

iii) Ha de llevarse a cabo por una persona física exclusivamente para su uso privado, no profesional ni empresarial, y sin fines directa ni indirectamente comerciales, sin que la copia pueda ser objeto de una utilización colectiva ni lucrativa, ni de distribución mediante precio. De modo que están excluidas de la autorización legal cualesquiera personas en quienes no concurra esa condición, quienes, por ende, no pueden realizar copias de ningún tipo sin autorización del autor. En particular, en ningún caso están habilitados para realizar copias sin autorización del autor los establecimientos dedicados a realizar copias para el público (establecimientos de reprografía o de copiado de discos), ni las empresas que ponen a disposición del público los medios para realizar las copias. Ambos supuestos están excluidos expresamente por el RD 1434/1992 de 27 de noviembre [art. 10.1 a)]. Ahora bien, la persona física no se beneficia de la limitación únicamente por el hecho de serlo. Es imprescindible, además, que confiera a la copia uso exclusivamente privado, no profesional ni empresarial, ni tampoco colectivo y que la realice sin fines directa ni indirectamente comerciales, ni lucrativos, ni pueda distribuirla mediante precio.

iv) Ha de referirse a obras a las que haya accedido legalmente desde una fuente lícita. A estos efectos, se entenderá que se ha accedido legalmente y desde una fuente lícita a la obra divulgada únicamente en los siguientes supuestos: 1º Cuando se realice la reproducción, directa o indirectamente, a partir de un soporte que contenga una reproducción de la obra, autorizada por su titular, comercializado y adquirido en propiedad por compraventa mercantil. 2º Cuando se realice una reproducción individual de obras a las que se haya accedido a través de un acto legítimo de comunicación pública, mediante la difusión de la imagen, del sonido o de ambos, y no habiéndose obtenido dicha reproducción mediante fijación en establecimiento o espacio público no autorizada.

En consecuencia, no existe acceso legal cuando el ejemplar de la obra no es propiedad del copista en virtud de contrato de compraventa. Por consiguiente, no cabe amparar en el límite, por ejemplo, las copias que se obtienen de obras destinadas a préstamo público, ya que, en este caso, la disponibilidad de la obra no está amparada en la propiedad del copista. Además, en el préstamo solo se autoriza, siempre que dicho préstamo se lleve a cabo a través de establecimientos accesibles al público, la puesta a disposición de una obra para su uso por tiempo limitado y, no por tanto, la reproducción de la obra. Ni total, ni parcial. A estos efectos interesa destacar también que la reproducción parcial de pequeños fragmentos de obras solo está permitida sin autorización de su autor al profesorado de la educación reglada cuando tales actos se hagan únicamente para la ilustración de sus actividades educativas, en la medida justificada por la finalidad no comercial perseguida, y siempre que no se trate de libros de texto o de manuales universitarios, que están excluidos de la autorización (art. 32.3 LPI).

Y tampoco existe acceso legal cuando el soporte que contenga la reproducción de la obra no haya sido autorizado por el autor o no haya sido adquirido en propiedad por compraventa mercantil, conteniendo la obra, lo que supone la ilicitud, por ejemplo, de los dispositivos electrónicos en que se contienen reproducciones no autorizadas de las obras. Adicionalmente existen dos tipos de obras de las cuales no cabe hacer copia privada ni aún con sujeción a los requisitos anteriores, los programas de ordenador y las bases de datos electrónicas (art. 31.2 LPI).

También exige autorización la puesta a disposición del público por parte de prestadores de servicios electrónicos de agregación de contenidos, de textos o fragmentos de textos de publicaciones de prensa objeto de derechos de propiedad intelectual, por parte de quienes fueran los titulares de los mismos. Se excepcionarán los casos en los que se ponga a disposición del público instrumentos que faciliten la búsqueda de palabras asiladas siempre que se realice sin finalidad comercial propia y esa búsqueda se realice estrictamente circunscrita a lo imprescindible para ofrecer resultados de búsqueda en respuesta a consultas previamente formuladas por un usuario al buscador y siempre que la puesta a disposición del público incluya un enlace a la página de origen de los contenidos (art. 32.2. LPI).

2.2.2.3. El pago compensatorio

Aun cuando se den las condiciones que determinan su licitud, ha de tenerse en cuenta que la copia privada ocasiona evidentes perjuicios a los autores, desincentivándoles para emprender actividades creadoras, lo que, sin duda, lesiona también a la sociedad en la medida en que se detiene el progreso en el ámbito de la literatura, el arte y las ciencias. En efecto, conforme a la doctrina sentada por STJUE de 21 de octubre de 2010, dictada sobre una cuestión prejudicial presentada por un Tribunal español, la realización de una copia por una persona física que actúa a título particular debe considerarse un acto que puede generar un perjuicio para el autor de la obra en cuestión. Por consiguiente, quien causa el perjuicio al titular exclusivo del derecho de reproducción es la persona que realiza, para su uso privado, una reproducción de una obra protegida sin solicitar la autorización previa de su titular. Así pues, incumbe en principio a dicha persona reparar el perjuicio derivado de tal reproducción, financiando la compensación que se abonará al titular.

La regulación de este tema ha sido polémica y ha pasado por distintas fases. En un primer momento, se estableció una compensación equitativa, mal llamada por la prensa "canon digital". Se trataba des establecimiento de un canon que gravaba a quienes disponían de quipos, aparatos y soportes de reproducción digital, y quienes ponen los mismos a disposición de personas privadas o les prestan un servicio de reproducción.

Según la STJUE de 21 de octubre de 2010, el sistema español, sin embargo, no se ajustaba al Derecho de la Unión Europea al considerar que efectuaba una aplicación indiscriminada del canon por copia privada, en especial en relación con equipos, aparatos y soportes de reproducción digital que no se hubieran puesto a disposición de usuarios privados y que estuvieran manifiestamente reservados a usos distintos a la realización de copias privadas.-A consecuencia de ello se procedió a la supresión de la compensación equitativa por copia privada, y a su sustitución por un pago a cargo de los Presupuestos Generales del Estado

Esta solución, tampoco resultó ser pacífica, y fue objeto de una nueva revisión al objeto de lograr el adecuado equilibrio entre los intereses de los autores protegidos por los derechos de autor y los empresarios y agentes afectados por la medida. Tras la sentencia del STJUE de 9 de junio de 2016, en la que se permita que se utilice cualquier sistema de compensación, con la única condición de que resulten solo grabados aquellos que utilizan la copia privada, se procede a la modificación de la LPI; primero a través del Real decreto Ley-12-2017, que introduce el sistema que se concreta en el Real Decreto 1398/2018 y después acogido por la Ley 2/2019, regulándose en el artículo 25 la compensación equitativa por copia privada.

Se sujeta a compensación equitativa la reproducción de obras divulgadas en forma de libros o publicaciones, así como de fonogramas, videogramas o de otros soportes sonoros, visuales o audiovisuales, realizada mediante aparatos o instrumentos técnicos no tipográficos, exclusivamente para uso privado, no profesional ni empresarial, sin fines directa ni indirectamente comerciales. Esa compensación será única para cada una de las tres modalidades de reproducción mencionadas y está dirigida a compensar adecuadamente el perjuicio causado a los sujetos acreedores como consecuencia de las reproducciones realizadas al amparo del límite legal de copia privada. La cuantía de la compensación se determinará para cada modalidad en función de los equipos, aparatos y soportes materiales idóneos para realizar dicha reproducción, fabricados en territorio español o adquiridos fuera de este para su distribución comercial o utilización dentro de dicho territorio.

Recibirán esa compensación equitativa únicamente los autores de las obras anteriormente señaladas, explotadas públicamente en alguna de las formas mencionadas en dicho apartado, conjuntamente y, en los casos y modalidades de reproducción en que corresponda, con los editores, los productores de fonogramas y videogramas y los artistas intérpretes o ejecutantes cuyas actuaciones hayan sido fijadas en dichos fonogramas y videogramas. Este derecho se configura como a irrenunciable para los autores y los artistas intérpretes o ejecutantes. También los editores o titulares de derechos, cuando se ponga a disposición del público por parte de prestadores de servicios electrónicos, de contenidos que han sido divulgados en publicaciones de carácter periódico o en sitios web de actualización periódica, y cuya finalidad sea informativa, la de entretenimiento o la de crear opinión pública.

Vendrán obligados al pago de la compensación los fabricantes en España, en tanto actúen como distribuidores comerciales, así como los adquirentes fuera del territorio español, para su distribución comercial o utilización dentro de este, de equipos, aparatos y soportes materiales citados anteriormente. Asimismo, serán responsables solidarios del pago de la compensación los distribuidores, mayoristas y minoristas, que sean sucesivos adquirentes de los mencionados equipos, aparatos y soportes materiales, con respecto de los deudores que se los hubieran suministrado, salvo que acrediten haber satisfecho efectivamente a estos la compensación.

2.2.3. Transmisión

A diferencia del derecho moral, los derechos de explotación son susceptibles de transmisión a terceros, tanto *inter vivos*, como *mortis causa*. Pueden asimismo ser hipotecados, pero no son embargables. Lo son, por el contrario, sus frutos o productos, que se considerarán como salarios, tanto en lo relativo al orden de prelación para el embargo, como a retenciones o parte inembargable. La transmisión se produce de manera independiente en relación con los distintos derechos que comprende, ya que cada uno de ellos es independiente entre sí y está sujeto a un propio régimen jurídico (art. 23 LPI). Por tanto, se limita al derecho o derechos cedidos, a las modalidades de explotación expresamente previstas y al tiempo y ámbito territorial que se determinen (art. 43.1 LPI).

Tratándose de actos *intervivos* la falta de mención del tiempo limita la transmisión a cinco años y la del ámbito territorial al país en el que se realice la cesión. Si no se expresan específicamente y de modo concreto las modalidades de explotación de la obra, la cesión quedará limitada a aquella que se deduzca necesariamente del propio contrato y sea indispensable para cumplir la finalidad del mismo. Y no alcanza a las modalidades de utilización o medios de difusión inexistentes o desconocidos al tiempo de la cesión. La cesión otorgada por el autor a título oneroso le confiere una participación proporcional en los ingresos de la explotación, en la cuantía convenida con el cesionario, aunque también podrá pactarse una remuneración a tanto alzado para el autor en los casos previstos en la LPI con sujeción al derecho de revisión por remuneración no equitativa (arts.

46 y 47 LPI). En este aspecto la particularidad más relevante consiste en que su ejercicio suele cederse a las entidades de gestión colectiva de derechos de propiedad intelectual, ya que son ellas las que cuentan con los medios de control adecuados de los actos de reproducción, distribución y comunicación pública, de los que carece el autor o incluso su causahabiente. Por este motivo, el ejercicio efectivo de tales derechos sólo es posible por medio de tales entidades. No obstante y como excepción, esta posibilidad de revisión no resulta aplicable a los autores de programas de ordenador ni a las autorizaciones exclusivas concedidas por las entidades de radiodifusión.

Se contempla igualmente un derecho de revocación que tiene carácter de irrenunciable (art. 48 bis LPI). Este derecho consiste en la posibilidad que se concede a un autor que haya concedido una autorización o cedido sus derechos sobre una obra de forma exclusiva para resolver, en todo o en parte, la autorización o cesión si la obra no está siendo explotada. Se matiza que esa falta de explotación no venga motivada por circunstancias respecto de las cuales podría razonablemente esperarse que el autor las subsanara. El autor, en cualquier caso, también puede optar por poner fin a la exclusividad del contrato.

Este derecho no se aplicará en relación con las obras colectivas, las obras en colaboración y los programas de ordenador.

Las entidades de gestión colectiva de derechos de propiedad intelectual son organizaciones privadas de base asociativa y, según la LPI, de naturaleza no lucrativa, que se dedican, en nombre propio o ajeno, a la gestión de derechos de propiedad intelectual de carácter patrimonial por cuenta de sus legítimos titulares. Sometidas a tutela administrativa, requieren la autorización del Ministerio de Cultura para actuar en el cumplimiento de sus funciones, entre las que se encuentran las siguientes:

i) Administrar los derechos de propiedad intelectual conferidos, con sujeción a la legislación vigente y a sus estatutos. Estas entidades ejercitan derechos de propiedad intelectual, bien de forma delegada por sus legítimos titulares, o bien por mandato legal (derechos de gestión colectiva obligatoria), persiguen las violaciones a estos derechos mediante un control de las utilizaciones, fijan una remuneración adecuada al tipo de explotación que se realice y perciben esa remuneración con arreglo a lo estipulado.

ii) En el ámbito de las utilizaciones masivas, celebran contratos generales con asociaciones de usuarios de su repertorio y fijan tarifas generales por la utilización del mismo;

iii) Realizan el reparto de la recaudación neta correspondiente a los titulares de derechos;

iv) Prestan servicios asistenciales y de promoción de los autores y artistas intérpretes o ejecutantes.

v) Protegen y defienden los derechos de propiedad intelectual contra las infracciones que se cometan, acudiendo en su caso a la vía judicial.

3. Duración y protección

El derecho moral de autor es imprescriptible por lo que su duración es ilimitada. Por el contrario, los derechos de explotación duran toda la vida de su autor y setenta años después de su muerte (art. 26 LPI), tras lo cual pasan al dominio público (art. 41 LPI). Para su protección, el titular de los derechos puede ejercitar todas las acciones reconocidas en la Ley. Sin perjuicio de ello, la LPI hace referencia a algunas de ellas, entre las que destacan la acción de cesación y la indemnización de daños y perjuicios, que, en el caso de daño moral, procederá aun no probada la existencia de perjuicio económico (arts. 138 a 143 y LPI). La LPI prevé además ciertas especialidades en materia de medidas cautelares (art. 141 LPI). La competencia objetiva para conocer de estas acciones y medidas corresponde a los Juzgados de lo Mercantil (art. 86 *ter* LOPJ).

III. OTROS DERECHOS DE PROPIEDAD INTELECTUAL

1. Introducción

Junto al Derecho de autor, la LPI regula lo que denomina "otros derechos de propiedad intelectual". Estos derechos incluyen los tres clásicos grupos relativos a los derechos de los artistas, intérpretes o ejecutantes, de los productores de fonogramas y de grabaciones audiovisuales y de las entidades de radiodifusión. La LPI añade además otras dos categorías, los derechos sobre las meras fotografías y los derechos sobre determinadas producciones editoriales. Adicionalmente hace referencia a una protección que denomina "sui generis" de las bases de datos.

Pues bien, dejando a salvo los artistas, en el resto de los supuestos no parece que medie una actividad creadora significativa, por lo que posiblemente el fundamento de la protección resida en la valoración de la actividad o iniciativa empresarial de quienes contribuyen a la difusión de las obras o, en general, a incrementar el conocimiento del acervo cultural.

2. *Derechos de los artistas, intérpretes y ejecutantes*

Se entiende por artista intérprete o ejecutante la persona que represente, cante, lea, recite, interprete o ejecute en cualquier forma una obra, incluyendo al director de escena y al director de orquesta (art. 105 LPI). Estas personas gozan de los dos típicos derechos de la propiedad intelectual, a saber, el derecho moral y el de explotación. El derecho moral comprende un conjunto de facultades que se caracterizan por ser irrenunciables e intransmisibles, salvo a título mortis causa y, como consecuencia de ello, por carecer de contenido patrimonial inmediato, si bien su lesión da lugar a indemnización, con independencia de que se acredite o no la producción de daños y perjuicios. Se trata de las siguientes facultades: la de exigir el reconocimiento de su nombre sobre sus interpretaciones o ejecuciones; la de oponerse a toda deformación, modificación, mutilación o cualquier atentado sobre su actuación que lesione su prestigio o reputación, siendo necesaria la autorización expresa del artista, durante toda su vida, para el doblaje de su actuación en su propia lengua. Este derecho tiene una duración ilimitada, transmitiéndose indefinidamente a los herederos.

El derecho de explotación comprende el derecho exclusivo de autorizar la fijación y reproducción de sus actuaciones, así como la comunicación pública de sus actuaciones y de las fijaciones de sus actuaciones y la distribución de las fijaciones de sus actuaciones. Los derechos de explotación son transmisibles por cualquier título y tienen una duración de cincuenta años. No obstante, si, dentro de dicho período, se publica o se comunica lícitamente al público, por un medio distinto al fonograma, una grabación de la interpretación o ejecución, los mencionados derechos expirarán a los cincuenta años computados desde el día 1 de enero del año siguiente a la fecha de la primera publicación o la primera comunicación pública, si ésta es anterior. Si la publicación o comunicación pública de la grabación de la interpretación o ejecución se produjera en un fonograma, los mencionados derechos expirarán a los setenta años computados desde el día 1 de enero del año siguiente a la fecha de la primera publicación o la primera comunicación pública, si ésta es anterior.

3. *Derechos de los productores de fonogramas y de los productores de grabaciones audiovisuales. Derechos de las entidades de radiodifusión*

Por fonograma se entiende toda fijación exclusivamente sonora de la ejecución de una obra o de otros sonidos. Es productor de un fonograma la persona natural o jurídica bajo cuya iniciativa y responsabilidad se realiza por primera vez la mencionada fijación. Si dicha operación se efectúa en el seno de una empresa, el titular de ésta será considerado productor del fonograma. De otro lado, se entiende por grabaciones audiovisuales las fijaciones de un plano o secuencia de imágenes, con o sin sonido, sean o no creaciones susceptibles de ser calificadas como obras audiovisuales. Se considera productor de una grabación audiovisual a la persona natural o jurídica que tenga la iniciativa y asuma la responsabilidad de dicha grabación audiovisual.

Tanto a los productores de fonogramas como a los productores de grabaciones audiovisuales se les reconocen los derechos de reproducción, comunicación pública y distribución, con una duración de cincuenta años. No obstante, si el fonograma se publica lícitamente durante dicho período, los derechos expirarán setenta años después de la fecha de la primera publicación lícita. Si durante el citado período no se efectúa publicación lícita alguna pero el fonograma se comunica lícitamente al público, los derechos expirarán setenta años después de la fecha de la primera comunicación lícita al público. En el caso del productor de grabaciones audiovisuales estos derechos comprenden también las fotografías extraídas de la grabación. Finalmente cabe indicar que las entidades de radiodifusión gozan del derecho exclusivo de autorizar la fijación, retransmisión y comunicación pública de sus emisiones o transmisiones; así como la reproducción, puesta a disposición del público y distribución de las fijaciones de sus emisiones o transmisiones. Estos derechos de explotación durarán cincuenta años (art. 110 LPI).

4. Derechos sobre las meras fotografías y sobre determinadas producciones editoriales

Los derechos sobre las meras fotografías se reconocen a quien realice una fotografía u otra reproducción obtenida por procedimiento análogo a aquélla, cuando ni una ni otra tengan el carácter de obras protegidas por los derechos de autor. Estas personas gozan del derecho exclusivo de autorizar su reproducción, distribución y comunicación pública, en los mismos términos reconocidos en la LDI a los autores de obras fotográficas. La disciplina sobre producciones editoriales comprende las obras inéditas y las obras no protegidas por el derecho de autor. Respecto de las primeras, toda persona que divulgue lícitamente una obra inédita tendrá sobre ella los mismos derechos de explotación que hubieran correspondido a su autor. En cuanto a las segundas, los editores de obras no protegidas por el derecho de autor gozan del derecho exclusivo de autorizar la reproducción, distribución y comunicación pública de dichas ediciones siempre que puedan ser individualizadas por su composición tipográfica, presentación y demás características editoriales. Todos estos derechos tendrán una duración de veinticinco años.

5. *Derecho "sui generis" sobre las bases de datos*

Se consideran bases de datos las colecciones de obras, de datos, o de otros elementos independientes dispuestos de manera sistemática o metódica y accesibles individualmente por medios electrónicos o de otra forma (art. 12.2 LPI). Las bases de datos así concebidas están protegidas por el derecho de autor en sentido estricto cuando, por la selección o disposición de sus contenidos, constituyan creaciones intelectuales. Ahora bien, esta protección se refiere únicamente a la estructura de la base de datos en cuanto forma de expresión de la selección o disposición de sus contenidos, por lo que no es extensiva a éstos últimos. Dichos contenidos pueden ser considerados obras protegidas por el derecho de autor independientemente (art. 12.1). Pues bien, además de esta eventual doble protección, la LPI reconoce un tercer derecho, que denomina "sui generis" sobre las bases de datos, que es acumulable a los anteriores, esto es, se aplica con independencia de la posibilidad de que dicha base de datos o su contenido esté protegida por el derecho de autor o por otros derechos.

El derecho "sui generis" sobre una base de datos protege la inversión sustancial, evaluada cualitativa o cuantitativamente, que realiza su fabricante, ya sea de medios financieros, empleo de tiempo, esfuerzo, energía u otros de similar naturaleza, para la obtención, verificación o presentación de su contenido. El derecho se concede, pues, al fabricante de la base de datos. Para comprender la índole del mismo es necesario tener en cuenta los derechos que se atribuyen al usuario legítimo de una base de datos. Este podrá, sin autorización del fabricante de la base, extraer y/o reutilizar una parte sustancial del contenido de la misma, en los siguientes casos:

i) Cuando se trate de una extracción para fines privados del contenido de una base de datos no electrónica.

ii) Cuando se trate de una extracción con fines ilustrativos de enseñanza o de investigación científica en la medida justificada por el objetivo no comercial que se persiga y siempre que se indique la fuente.

iii) Cuando se trate de una extracción y/o reutilización para fines de seguridad pública o a efectos de un procedimiento administrativo o judicial.

Ahora bien, estas previsiones no podrán interpretarse de manera tal que permitan su aplicación de forma que cause un perjuicio injustificado a los intereses legítimos del titular del derecho o que vaya en detrimento de la explotación normal del objeto protegido. Además, fuera de estos casos, el fabricante ostenta el derecho "sui generis" de prohibir la extracción y/o reutilización de la totalidad o de una parte sustancial del contenido de ésta, evaluada cualitativa o cuantitativamente, siempre que la obtención, la verificación o la presentación de dicho contenido representen una inversión sustancial desde el punto de vista cuantitativo o cualitativo. Este derecho podrá transferirse, cederse o darse en licencia contractual.

Por otra parte, el usuario legítimo goza en todo caso del derecho de extraer y/o reutilizar partes no sustanciales de su contenido, evaluadas de forma cualitativa o cuantitativa, con independencia del fin a que se destine. Pero en ningún caso podrá realizar actos que:

i) Sean contrarios a una explotación normal de dicha base o lesionen injustificadamente los intereses legítimos del fabricante de la base. En particular está prohibida la extracción y/o reutilización repetidas o sistemáticas de partes no sustanciales del contenido de una base de datos que supongan actos contrarios a una explotación normal de dicha base o que causen un perjuicio injustificado a los intereses legítimos del fabricante de la base.

ii) Perjudiquen al titular de un derecho de autor o de los restantes derechos de propiedad intelectual. Estos derechos expiran por el transcurso de quince años.

V. OTRAS FORMAS DE PROTECCIÓN DE LOS BIENES INMATERIALES. LOS SECRETOS EMPRESARIALES

La innovación constituye un estímulo fundamental para el desarrollo de nuevos conocimientos. Las empresas valoran sus secretos empresariales tanto como los derechos de propiedad intelectual puesto que se trata de una herramienta que permite gestionar su competitividad. El objetivo, por tanto, es proteger la información de la empresa que abarca no solo conocimientos técnicos científicos, sino también datos empresariales relativos a clientes y proveedores, planes comerciales y estudios o estrategias de mercado.

Por esta razón, los secretos empresariales reciben una protección específica, en tanto bienes inmateriales, sujetos a negocios jurídicos. Su régimen jurídico se encuentra recogido en la Directiva (UE) 2016/943 del Parlamento Europeo y del Consejo, de 8 de junio de 2016, relativa a la protección de los conocimientos técnicos y la información empresarial no divulgados (secretos comerciales) contra su obtención, utilización y revelación ilícitas. Y en nuestro país por la Ley 1/2019, de 20 de enero de Secretos Empresariales que realiza la transposición a nuestro Ordenamiento de la mismas (LSE).

Se considera secreto empresarial cualquier información o conocimiento, incluido el tecnológico, científico, industrial, comercial, organizativo o financiero, que sea secreto, tenga un valor empresarial y haya sido objeto de medidas razonables por parte de su titular para mantenerlo en secreto. La ley atribuye al titular del secreto empresarial un derecho subjetivo de naturaleza patrimonial, susceptible de ser objeto de transmisión, en particular, de cesión o transmisión a título definitivo y de licencia o autorización de explotación con el alcance objetivo, material, territorial y temporal que en cada caso se pacte (art. 1.1 LSE).

La protección se dispensa al titular de un secreto empresarial, que es definido por la ley como cualquier persona física o jurídica que legítimamente ejerza el control sobre el mismo. Esta protección se extiende frente e a cualquier modalidad de obtención, utilización o revelación de la información constitutiva de aquél que resulte ilícita o tenga un origen ilícito con arreglo a lo previsto en esta ley (art. 1.2 LSE).

A estos efectos, la obtención de la información constitutiva del secreto empresarial se considera lícita cuando se realice por alguno de los medios siguientes (art. 2.1. LSE): a) El descubrimiento o la creación independientes; b) La observación, estudio, desmontaje o ensayo de un producto u objeto que se haya puesto a disposición del público o esté lícitamente en posesión de quien realiza estas actuaciones; c) El ejercicio del derecho de los trabajadores y los representantes de los trabajadores a ser informados y consultados, de conformidad con la normativa vigente; d) Cualquier otra actuación que, según las circunstancias del caso, resulte conforme con las prácticas comerciales leales.

Asimismo, no procederán las acciones y medidas previstas en esta ley cuando se dirijan contra actos de obtención, utilización o revelación de un secreto empresarial que hayan tenido lugar en cualquiera las circunstancias siguientes (art. 2.3. LSE): a) En ejercicio del derecho a la libertad de expresión e información recogido en la Carta de los Derechos Fundamentales de la Unión Europea, incluido el respeto a la libertad y al pluralismo de los medios de comunicación; b) Con la finalidad de descubrir, en defensa del interés general, alguna falta, irregularidad o actividad ilegal que guarden relación directa con dicho secreto empresarial; c) Cuando los trabajadores lo hayan puesto en conocimiento de sus representantes, en el marco del ejercicio legítimo de las funciones atribuidas por la normativa aplicable, siempre que tal revelación fuera necesaria para ese ejercicio; d) Con el fin de proteger un interés legítimo reconocido por el Derecho europeo o español.

Tal y como señalábamos, el secreto empresarial es susceptible de transmisión (art. 4 LSE), así como de cotitularidad (art. 5 LSE) y de licencia (art. 6 LSE). En la ley se recoge un catálogo de acciones de defensa para hacer frente a la violación del secreto empresarial, entre las que hay que destacar, la acción para exigir la indemnización de daños y perjuicios; en este punto, por tanto, se regula de forma similar a las patentes y otros derechos de propiedad intelectual.

Por otra parte, la violación de secretos empresariales es, además, un acto de competencia desleal, contrario a los intereses de los competidores, tal y como viene reconocido en la Ley de Competencia Desleal, que remite a la propia LSE para su calificación y régimen jurídico.

Lección 14

Propiedad intelectual en entornos digitales. Protección de datos

SUMARIO: I. PROPIEDAD INTELECTUAL EN ENTORNOS DIGITALES. 1. Consideraciones generales. 2. Derecho de patentes. 3. Nombres de dominio y marcas. 3.1. Nombres de dominio. 3.2. Colisión entre marcas y nombres de dominio. 4. Los derechos de autor en el Mercado Único Digital. II. PROTECCIÓN DE DATOS. 1. Consideraciones generales: la necesidad de regular el tratamiento de los datos personales. 2. El Reglamento General de Protección de Datos. 2.1. Ámbito de aplicación. 2.2. Principios relativos al tratamiento de los datos personales. 2.3. Derechos. 3. La Ley Orgánica de protección de datos y garantía de derechos digitales. 3.1. Protección de datos: reglas específicas. 3.2. Garantía de derechos digitales.

I. PROPIEDAD INTELECTUAL EN ENTORNOS DIGITALES

1. Consideraciones generales

El entorno digital da lugar a la aparición de nuevos problemas relacionados con la propiedad intelectual motivados por el uso de tecnologías que no existían en el momento de publicación de los textos legales vigentes y a los que, por tanto, el Ordenamiento jurídico se debe enfrentar, tomando para ello como referencia los desarrollos normativos de la Unión Europea para la que es un objetivo esencial la consecución de un Mercado Único Digital.

En general todos los sectores de la propiedad intelectual se ven afectados por la digitalización. La innovación basada en datos está llamada a jugar un papel esencial en la mejora de las condiciones de la sociedad y en el crecimiento económico. Una pieza nuclear de la economía de los datos es la inteligencia artificial, tal y como se ha puesto de manifiesto en múltiples campos. Por ello debe ofrecerse seguridad jurídica a quienes invierten en estas herramientas de innovación tecnológica y una adecuada protección sea a través de patentes, derechos de autor o en el marco del secreto empresarial. Pero para que la inteligencia artificial pueda evolucionar, se precisa de un gran volumen de datos que se usan para "entrenar" los sistemas. La obtención y el tratamiento de los datos permite dotar de un extraordinario valor a datos que de forma aislada no lo tienen, puesto que permiten obtener conclusiones que se pueden aplicar a fines muy variados. El problema es cómo se obtienen y tratan esos datos; así como la propia opacidad de los algoritmos que se nutren de los mismos. El Big Data y la inteligencia artificial aplicados a la propiedad intelectual plantean nuevos conflictos y evidencian las lagunas normativas existentes.

En relación con las patentes surgen interrogantes acerca de la patentabilidad de algunas invenciones relacionadas con las TICs a la vista de la exclusión de los programas de ordenador en cuanto tales; e incluso se cuestiona la posibilidad de atribuir la condición de inventor al ordenador o máquina que usando inteligencia artificial realiza una invención susceptible de ser patentada. O la posibilidad de que la creación realizada pueda ser susceptible de derechos de autor. En este concreto ámbito de los derechos de autor, donde más se deja sentir la influencia de la digitalización y por tanto, en el que el Derecho está sufriendo un importante proceso de transformación para regular la coexistencia de estos derechos con el entorno digital dominado, cada vez más, por la tecnología de Big Data, por el almacenamiento de datos en la nube (*cloud*) y por el esencial papel que están jugando las plataformas de servicios de la sociedad de la información. Aspectos como la identidad digital, el derecho al olvido, y las nuevas formas de delincuencia asociados al entorno digital son aspectos igualmente que deben ser objeto de especial atención por el legislador.

En el contexto de los negocios *on line*, el nombre de dominio es en la práctica una de las formas básicas de identificación de un empresario e incluso de sus productos, aun cuando realmente su función es identificar y permitir el acceso a una página web. Esto choca con el Derecho de Marcas en el que se atribuye, como es sabido, la función de identificación de los productos y servicios de un empresario para diferenciarlos del de otro, a las marcas. También puede aludirse a los conflictos que surgen con los buscadores o comparadores de información, tan extendidos en la actualidad, que pueden en ocasiones conducir a resultados contrarios al Derecho de la Competencia.

2. *Derecho de patentes*

Como es conocido, las patentes constituyen un factor determinante en el desarrollo de las economías industrializadas. En el momento actual resulta cada vez más notable el número de patentes que se registran relacionadas con la digitalización de la economía y de las propias relaciones sociales. Nuestro entorno es cada vez más digital. La inteligencia artificial, la automatización, la realidad virtual y la robótica están dando lugar a transformaciones tan relevantes en todos los sectores de suerte que ya comienza a hablarse de la cuarta revolución industria (4IR), caracterizada precisamente porque da lugar a nuevos sistemas que se construyen a partir de innovaciones que están protegidas, como es natural, por patentes.

Este tipo de invenciones se producen básicamente en los últimos diez años y el ritmo de crecimiento aumenta exponencialmente en los últimos. Básicamente, y a efectos sistemáticos, puede hablarse de tres grupos de patentes, en cada uno de los cuales como es lógico habrá diferentes tipos de invenciones y se desarrollarán en diferentes sectores: un grupo lo constituyen las patentes en materia de hardware, software y conectividad, que permiten transformar cualquier objeto en un dispositivo inteligente conectado a través de internet (son la base del denominado Internet de las cosas, IoT); otro grupo es el referido a invenciones relacionadas con la seguridad, análisis de datos, inteligencia artificial, sistemas 3D, interfaces de usuario, que se usan en combinación con objetos; y, finalmente, un grupo amplio de invenciones más generales relacionados con procesos de fabricación, infraestructuras (vgr. ciudades inteligentes), transportes (vgr. los coches autónomos) y también con las personas (vgr. monitorización de enfermedades), por citar solo algunas de las aplicaciones más destacadas.

Este nuevo tipo de invenciones plantean interrogantes de cara a su patentabilidad. Los programas de ordenador y otras invenciones que tienen como base aspectos relacionados con la computación, se tratan de manera diferente por las oficinas de patentes en diferentes países. En Europa, el artículo 52 del Convenio Europeo de Patentes (CPE) excluye los programas de ordenador "como tales" de la protección de la patente. Nuestra Ley de Patentes considera no patentables los programas de ordenadores o las formas de presentar informaciones [art. 4.4 a), b), c) y d) LP], debido, según los casos, bien a su naturaleza abstracta, bien a la ausencia de carácter técnico. Ahora bien, la presencia de alguna o algunas de las materias o actividades anteriores solamente excluye la patentabilidad en la medida en que la solicitud de patente o la patente se refiera exclusivamente a ellas, no cuando se presenten junto con verdaderas invenciones (art. 4.5 LP).

La patentabilidad, por tanto, de estas invenciones o patentes 4IR requiere un examen más preciso y si cabe especializado del estado de la técnica. A lo largo de los años, la OEP ha ido aclarando el art. 52, determinando que es preciso un "efecto técnico", como puede ser por ejemplo que bajo la influencia del programa informático se logre el control de la ejecución del programa. De este modo, la OEP está concediendo patentes en muchos campos en los que el programa de ordenador realiza esa función técnica; también la OEPM. Ejemplos los tenemos en dispositivos médicos, en el sector aeroespacial, en programas de traducción automática de lenguaje natural, etc. En todo caso, la complejidad de las invenciones y el hecho de que tomen como presupuesto programas y aplicaciones informáticas plantea la necesidad de contemplar de forma particularizada, desde un punto de vista jurídico, este tipo de invenciones.

Por otra parte, además de las creaciones humanas asistidas por inteligencia artificial, nos encontramos con creaciones, de tipo técnico o intelectual, generadas directamente por la inteligencia artificial, que plantea nuevos retos normativos relacionados con la titularidad de la invención, la atribución de la condición de inventor y la remuneración que corresponde por tal concepto. Nos encontramos con un vacío normativo que reconoce el propio Parlamento Europeo en su Resolución de 20 de octubre de 2020, sobre los derechos de propiedad intelectual para el desarrollo de las tecnologías relativas a la inteligencia artificial que recrimina a la Comisión que no haya abordado el problema de la protección de los derechos de propiedad intelectual en el marco del desarrollo de la Inteligencia Artificial y las tecnologías conexas, y le insta a dictar una marco regulador operativo armonizado de la materia, que adopte la forma de Reglamento, en aras a evitar la fragmentación del mercado único digital europeo y promover la innovación. Pone de relieve, a este respecto, la función del marco de protección mediante patente a la hora de incentivar los inventos de Inteligencia Artificial y fomentar su difusión, así como la necesidad de crear oportunidades para las empresas europeas y las empresas emergentes al objeto de impulsar el desarrollo y a adopción de la Inteligencia Artificial en Europa; pero no descarta el ámbito de los derechos de autor, ni el de los secretos empresariales.

En definitiva, si la premisa es que la inteligencia artificial es necesaria para el progreso, y que para que esta se desarrolle resulta precisa su protección, la necesidad de una regulación que permita compatibilizar ambos aspectos se muestra cada vez más imperiosa. Conseguir ese equilibrio es uno de los objetivos inspiradores del proyectado Reglamento Europeo titulado provisionalmente Reglamento sobre un enfoque europeo para la IA (Regulation on a european approach for artificial intelligence).

3. Nombres de dominio y marcas

3.1. Nombres de dominio

El nombre de dominio es una clave que se traduce en una secuencia gráfica cuya función es identificar y permitir el acceso a una página web. Los nombres de dominio pueden ser de primer y segundo nivel. Los de primer nivel consisten en un sufijo que aparece al final de la secuencia, que se asigna para un conjunto de actividades, vgr. ".com", para instituciones comerciales, o para un determinado país, vgr. ".es" para España. El de segundo nivel es el nombre de dominio concreto. Se forma anteponiendo al sufijo de primer nivel la denominación elegida por el solicitante para identificarse.

En España, la asignación de los nombres de segundo nivel del primero ".es" corresponde a la entidad pública española "Red.es", conforme a lo previsto en la DA 6ª de la LSICE y a la OM ITC/1542/2005 de 19 de mayo, que aprueba el plan nacional de nombres de dominio de internet bajo el código de país correspondiente a España —".es"—. La asignación se realiza sin comprobación previa del derecho del solicitante al nombre, de forma automática si se encuentra libre, salvo.gob.es y.edu.es. Además es posible obtener el mismo nombre de dominio de segundo nivel pidiendo su asignación a la entidad extranjera encargada del registro de los nombres de primer nivel genéricos, fundamentalmente de los códigos ".com", ".net", o ".info", por lo que se podrá conseguir sin consideración a las normas españolas, siempre que no coincida con otro previamente asignado.

Pues bien, cuando la página web se utiliza para ofertar productos y servicios, el nombre de dominio se convierte en su signo identificativo de estos o del empresario dentro del comercio electrónico, cumpliendo, por tanto, un papel similar al que realizan las denominaciones sociales y los signos distintivos de la empresa. Esto hace que en el entorno digital cada vez resulte más frecuente la colisión entre marcas y nombres de dominio, aspecto que se aborda a continuación.

3.2. Colisión entre marcas y nombres de dominio

El nombre de dominio se ha convertido, de facto, en uno de los signos distintivos de una empresa en Internet; es más, en numerosas ocasiones los tribunales se han pronunciado en el sentido de que el nombre de dominio cumple en Internet la función de marca. La sencillez del registro del nombre de dominio, en el que se aplica el principio *first to file*, en virtud del cual se adjudica el nombre de dominio al primero que lo solicita, con independencia que ese solicitante sea o no el titular de un derecho de marca sobre un signo idéntico o semejante, ha dado lugar a que se produzcan registros de mala fe por parte de quienes se quieren aprovechar de la reputación o fama de una marca ya existente, en un fenómeno que se conoce como ciberocupación (*cybersquatting*). Los derechos de marca tienen un ámbito de protección territorial que choca con el uso de los nombres de dominio en Internet, esencialmente extraterritorial.

Esta circunstancia explica los problemas de compatibilidad que se generan en el tráfico entre aquellos y estos últimos, que están acrecentados porque los órganos competentes para asignar los nombres de dominio son distintos de los que otorgan las denominaciones sociales y porque, según se ha indicado, la atribución se hace sin considerar derechos anteriores distintos de los propios nombres de dominio. Aunque se arbitran algunas soluciones, no resultan plenamente satisfactorias.

Es verdad que la Ley de Marcas, contempla la prohibición de usar una marca como nombre de dominio. Esta prohibición afecta, desde un punto de vista estricto, al uso de direcciones de internet sin el consentimiento del titular o licenciatario de la marca, así como el uso de esas direcciones de internet en páginas web, documentación de la empresa, etc. Y esto entra en colisión con el funcionamiento del registro de nombres de dominio (tanto del primer nivel, los *generic top level Domains,* como los territoriales, como es el caso del nivel "com" o el nivel "es"). Por otra parte, en los supuestos en los que exista riesgo de confusión en el mercado podrían ejercitarse las acciones por confusión previstas en la LCD y las normas sobre violación de signos distintivos registrados. La jurisprudencia española viene siendo muy proclive a ordenar la cancelación y el cese en el uso de los nombres de dominio que infrinjan derechos de marca anteriores por constituir denominaciones idénticas o similares a aquellas y utilizarse en el mercado para identificar productos o servicios idénticos o similares a los que comprenden tales marcas.

Sin embargo, la eficacia de estas soluciones es muy relativa ya que ambos tipos de acciones limitan su ámbito de aplicación al territorio español y puede muy bien suceder que la página web esté situada en un servidor fuera de esos territorios y, asimismo, el domicilio del operador económico titular del nombre también puede estar fuera de ellos, en cuyo caso se plantea el problema de la determinación del derecho aplicable. Es de destacar, no obstante, que el ICANN (*Internet Corporation for Assigned Names and Numbers*), que es la entidad encargada de controlar la atribución de nombres de dominio en internet, ha establecido una reglamentación para la resolución de conflictos entre marcas y nombres del dominio, la *Uniform Domain Dispute Resolution Policy* de 24 de octubre de 1999, que encomienda la administración de las disputas relativas a los nombres de primer nivel genéricos, fundamentalmente de los códigos ".com", ".net", o ".info" al Centro de Arbitraje y Mediación gestionado por la OMPI. Asimismo en la OM ITC/1542/2005 de 19 de mayo se prevé un sistema de resolución extrajudicial de conflictos entre estos y un catálogo más amplio de signos, como nombres comerciales o de empresas.

En similares términos podemos referirnos a otro supuesto habitual como es el uso en internet de marcas de terceros previa comercialización de palabras clave vinculadas a enlaces publicitarios en motores de búsqueda (es el caso típico de *Google AdWords*). El problema se produce cuando se usan esas marcas o nombres comerciales como palabras claves de productos o servicios, de suerte que cuando se introducen determinados términos en la búsqueda que resultan idénticos a las marcas, se proporcionan enlaces patrocinados a sitios en línea que pueden ser competidores del titular o licenciatario de la marca o incluso donde se pueden ofrecer productos que imitan de la marca.

Se trata, entre otros, de claros ejemplos de colisión entre nombres de dominio con el tradicional Derecho de Marcas, pero también en relación con el Derecho de la competencia, dado que las actuaciones anteriormente descritas pueden constituir actos de confusión y actos desleales de explotación de la reputación ajena. El conflicto entre ambos sistemas dista de estar resuelto satisfactoriamente y exige nuevas soluciones adaptadas al nuevo entorno digital.

4. *Los derechos de autor en el Mercado Único Digital*

Otro ámbito donde se está notando especialmente el conflicto entre las concepciones tradicionales y las nuevas propias del entorno digital es el de los derechos de autor, como ya hemos tenido ocasión de señalar. La evolución de las tecnologías digitales ha transformado la manera en que se crean, producen, distribuyen y explotan las obras y otras prestaciones protegidas. La evolución vertiginosa de las tecnologías en los últimos años ha posibilitado la copia y reproducción de las creaciones intelectuales con bastante facilidad y a través de redes sociales y plataformas sin el consentimiento de la persona autora de las mismas, que por otra parte, hasta el momento dejaba de recibir la contraprestación económica que le corresponde. El papel de las plataformas que alojan contenidos es un foco permanente de conflictos, puesto que invocan para eximir cualquier tipo de responsabilidad respecto de los contenidos que alojan, el principio de neutralidad tecnológica. Aparecen también nuevas licencias pensadas para el mundo digital, como las *Creative Commons.*

El legislador consciente de esa dicotomía, inició un proceso de reforma de la Directiva en materia de propiedad intelectual que ha cristalizado en la Directiva (UE) 2019/790 del Parlamento Europeo y del Consejo de 17 de abril de 2019 sobre los derechos de autor y los derechos afines en el mercado único digital y por la que se modifican las directivas 96/9 CE y 2001/29 (CE). En ella se establecen normas para adaptar determinadas excepciones y limitaciones a los entornos digital y transfronterizo, así como medidas destinadas a facilitar determinadas prácticas de concesión de licencias en lo que respecta a la difusión de obras que están fuera del circuito comercial y la disponibilidad en línea de obras audiovisuales en plataformas de vídeo a la carta con miras a garantizar un mayor acceso a los contenidos. A fin de lograr un correcto funcionamiento del mercado de los derechos de autor, también se incluyen normas sobre los derechos de edición, sobre el uso de obras y otras prestaciones por parte de los proveedores de servicios en línea que almacenan y facilitan acceso a los contenidos cargados por los usuarios, y sobre la transparencia de los contratos de autores y artistas intérpretes o ejecutantes.

El Real Decreto Ley 24/21 de 2 de noviembre supone la transposición a nuestro Ordenamiento jurídico de la Directiva 2019/789. A este efecto, se le dedica el Libro Cuarto. Las medidas de transposición se centran en dos grandes áreas que se delimitan en el artículo 65 del Real Decreto Ley: mejorar el acceso seguro de las personas usuarias de Internet en la Unión Europea al contenido en línea protegido por derechos de propiedad intelectual, principalmente los contenidos pedagógicos o científicos, los programas de radio y televisión, las obras europeas audiovisuales y el patrimonio cultural; y, garantizar un funcionamiento correcto y equitativo del mercado de los derechos de autor en el entorno digital. En el artículo 66 del citado Real Decreto-Ley, se incluyen una serie de definiciones, entre las que cabe destacar la inclusión de nuevos conceptos como el de "minería de textos y datos", "prestador de servicios para compartir contenidos en línea", "entorno gestionado" o "inyección directa".

Se establece un conjunto de límites a los derechos de autor en el entorno digital y transfronterizo (arts. 67 a 70 RD-Ley 24/21). En algunos casos se establecen nuevos límites que excluyen la necesaria autorización de los titulares de derechos para el uso de las obras y prestaciones protegidas por los mismos cuando se utilicen con fines de minería de textos y datos (art. 67). También se establecen límites dirigidos a la conservación del patrimonio cultural y a la difusión de obras fuera del circuito comercial por parte de las instituciones responsables del patrimonio cultural (art. 69). Se refuerzan los límites ya existentes en relación con la utilización de obras y otras prestaciones en actividades pedagógicas digitales y transfronterizas (art. 68). Y se incluye, por vez primera en nuestro Ordenamiento, como límite el "Pastiche" (coloquialmente denominado "meme") (art. 70), excluyendo la autorización en caso de transformación de una obra divulgada "que consista en tomar determinados elementos característicos de la obra de un artista y combinarlos, de forma que den la impresión de ser una creación independiente", matizando no obstante que no podrá inducir a confusión con las obras o prestaciones originales ni de lugar a un daño a la obra original o su autor. Este límite también resulta aplicable a usos diferentes a los digitales.

Se establecen asimismo toda una serie de medidas dirigidas a garantizar el correcto funcionamiento del mercado de derechos de autor y conexos. Así, se regula el uso de contenidos protegidos por parte de prestadores de servicios para compartir contenidos en línea. En este sentido, los prestadores de servicios para compartir contenidos en línea están obligados a pedir autorización previa a los titulares de obras o prestaciones protegidas por derechos de autor que hayan sido cargadas por los usuarios y respecto a los cuales los prestadores realizan un acto de comunicación o puesta a disposición del público (art. 73 RD-ley). Si bien, con carácter general, los prestadores de servicios para compartir contenidos en línea no tendrán una obligación general de supervisión, se contemplan algunos supuestos en los que el prestador de servicios es responsable por ilícitos en esos contenidos puestos a disposición del público. Y, la obligación de establecer un mecanismo de reclamación y recurso a disposición de los usuarios.

Se regula de forma expresa los derechos de las editoriales de publicaciones de prensa y agencias de noticias respecto a los usos en línea de sus publicaciones de prensa (art. 129 bis LPI). Estas entidades tendrán el derecho exclusivo de reproducción directa o indirecta, provisional o permanente, por cualquier medio y forma, de la totalidad o parte de una publicación de prensa, así como el derecho exclusivo de puesta a disposición del público para el uso en línea de sus publicaciones por parte de prestadores de servicios de la sociedad de la información.

Por ello, la reproducción o puesta a disposición del público por terceros usuarios de cualquier imagen, texto u obra protegido por este derecho estará sujeto a autorización. Estos derechos tendrán una duración de 25 años, computados desde el día uno de enero del año siguiente al de la divulgación lícita de la obra o la publicación (art. 130 1 y 2).

Las editoriales de publicaciones de prensa y agencias de noticias, podrán autorizar el ejercicio de los derechos anteriormente mencionados a los prestadores de servicios de la sociedad de la información (art. 129. 3 LPI). En este caso, la duración de los derechos será de dos años contados desde el uno de enero siguiente al de la fecha de publicación de prensa (ART. 130.2 LPI).

Estos derechos no serán aplicables (129.6 LPI) en los siguientes supuestos: uso privado de las publicaciones por usuarios individuales; actos de hiperenlace; uso de palabras sueltas o extractos muy breves o poco significativos, tanto desde el punto de vista cualitativo como cuantitativo por prestadores de servicios de la sociedad de la información; los contenidos literarios que no tengan la consideración de publicación de prensa; las publicaciones periódicas con fines científicos o académicos, como las revistas científicas; los sitios web, como blogs, que proporcionan información como parte de una actividad que no se lleva a cabo por iniciativa ni con la responsabilidad y control editorial de un prestador de servicios como los que caracterizan a una editorial de noticias; y en general todos aquellos cuyo uso venga permitido por una ley.

II. PROTECCIÓN DE DATOS

1. Consideraciones generales: la necesidad de regular el tratamiento de los datos personales

La protección de las personas físicas en relación con el tratamiento de datos personales es un derecho fundamental. Viene recogido en el ámbito europeo en el artículo 8.1 de la Carta de los Derechos Fundamentales de la Unión Europea y el artículo 16.1, del Tratado de Funcionamiento de la Unión Europea (TFUE) que establecen que toda persona tiene derecho a la protección de los datos de carácter personal que le concierna. Y en nuestro país, en el artículo 18.4 CE.

La globalización y el desarrollo tecnológico han planteado nuevos retos para la protección de los datos personales. La tecnología proporciona en la actualidad potentes instrumentos de captación y de intercambio de datos en unos volúmenes cada vez más crecientes y sin precedentes. Resulta cada vez más habitual la difusión por parte de las personas físicas de un importante volumen de datos personales. En la actualidad se genera una información realmente incuantificable y además no estructurada. Hablamos, por tanto, de datos que no pueden ser tratados en el modo convencional puesto que superan los límites y capacidades de las herramientas de software que se venían utilizando. Esa información, esos datos, considerados de forma aislada no tienen excesivo valor; sí desde luego, cuando se entrelazan, puesto que pueden permitir obtener información adicional, diferente a la que proporcionan los datos de forma aislada. Se necesita por ello poner en valor esos datos y de ahí, la importancia del proceso de digitalización que se extiende en todos los ámbitos, tanto en el público como en el ámbito de los negocios; y, que ha dado lugar a una auténtica revolución en el modo de capturar, procesar, analizar y visualizar los datos. Se trata de la tecnología Big Data, expresión con la que se pretende hacer referencia a nuevas tecnologías que permiten analizar ágilmente, mediante el uso de complejos algoritmos, cantidades masivas de datos provenientes de fuentes dispares con la finalidad de obtener conclusiones aplicadas a los más distintos fines.

Este nuevo contexto es el que ha motivado una profunda revisión de la normativa de la Unión Europea, al objeto de reforzar la seguridad jurídica y práctica para las personas físicas, los operadores económicos y las autoridades públicas. De este modo, además, es como se puede generar la confianza necesaria para que la economía digital pueda desarrollarse en todo el mercado interior. En este entorno digital dominado por la tecnología de Big Data y por el almacenamiento de datos en la nube (cloud), aparecen nuevos problemas relacionados con el derecho al olvido y nuevas formas de delincuencia asociadas a la identidad digital.

En esta línea se han aprobado dos importantes normas que componen lo que se conoce como el nuevo marco europeo de protección de datos y que deben ser de especial aplicación respecto de las empresas que usan tecnología Big data: el Reglamento (UE) 2016/679 del Parlamento Europeo y del Consejo de 27 de abril de 2016, relativo a la protección de las personas físicas en lo que respecta al tratamiento de datos personales y a la libre circulación de estos datos y por el que se deroga la Directiva 95/46/CE (RGPD) y la Directiva 2016/680 del Parlamento Europeo y del Consejo de 27 de abril de 2016, relativa a la protección de las personas físicas en lo que respecta al tratamiento de datos personales por parte de las autoridades competentes para fines de prevención, investigación, detección o enjuiciamiento de infracciones penales o de ejecución de sanciones penales, y a la libre circulación de dichos datos.

El RGPD unifica y moderniza la normativa europea sobre protección de datos, estableciendo mecanismos para que, por un lado, los ciudadanos puedan tener un mejor control de sus datos personales y por otro, las empresas puedan aprovechar al máximo las oportunidades de un mercado único digital, reduciendo la burocracia y beneficiándose de una mayor confianza de los consumidores. El objetivo del RGPD es dar más control a los ciudadanos sobre su información privada en un mundo con cada vez más dependencia a los teléfonos inteligentes, a las redes sociales, a la banca por internet, al internet de las cosas, al big data y a las transferencias globales. La Directiva de Protección de Datos, por su parte, está destinada a la protección de los datos de víctimas, testigos y sospechosos de la comisión de delitos en los ámbitos policiales y de la Justicia. Las personas físicas deben tener el control de sus propios datos personales.

Siguiendo esa estela, se ha aprobado la Ley Orgánica 3/2018, de 5 de diciembre, de Protección de Datos Personales y garantía de los derechos digitales (LOPD). Teniendo que cuenta que el RGPD es de aplicación directa, cabría hablar de desarrollo o complemento del Derecho de la Unión Europea, tal y como establece la Exposición de Motivos de la LOPD. Por tanto, en materia de protección de datos habrá que aplicar ambas disposiciones. El campo para nuestra norma será organizativo y de completar aquellos elementos que no hayan sido desarrollados en la norma comunitaria.

Por otra parte, desde la Unión Europea se está promoviendo la denominada "Estrategia europea para los datos" dirigida a la creación de un mercado único de datos que garantice la competitividad global de Europa y la soberanía de los datos y que permitirá que estos fluyan libremente por la Unión y entre sectores, en beneficio de las empresas, los investigadores y las administraciones públicas. Se parte de la consideración de que el acceso a los datos y la capacidad de utilizarlos son esenciales para potenciar la innovación y con ello la mejora de la sociedad —por ejemplo, avanzando en una medicina personalizada, en una movilidad más eficiente o en una modernización de los servicios públicos—. Este mercado único de datos deberá, en todo caso, respetar las normas en materia de protección de datos y la legislación sobre competencia. Pieza esencial de esa Estrategia es el Reglamento de Gobernanza de Datos, en el que se establecen los procesos y estructuras para facilitar los datos. Y que se complementará con otras normas en proceso de elaboración, como el futuro Reglamento de datos, con el que se trata de establecer normas sobre quién puede acceder a qué datos y para qué fines pueden ser utilizados.

2. El Reglamento General de Protección de Datos

2.1. Ámbito de aplicación

El ámbito general de aplicación del Reglamento puede analizarse desde tres puntos de vista: desde el punto de vista objetivo, viene referido a las personas físicas respecto al tratamiento de sus datos personales y la libre circulación de los mismos (art. 1 RGPD); desde el punto de vista material, afecta al tratamiento de datos personales, sean estos automatizados o no (art. 2 RGPD); y, desde el punto de vista territorial, resulta aplicable a los responsables del tratamiento de datos en el ámbito de la Unión Europea (art. 3 RGPD).

Además, hay otros ámbitos nuevos de aplicación relativos a los responsables y encargados del tratamiento no establecidos en la Unión Europea siempre que realicen tratamientos derivados de una oferta de bienes o servicios destinados a ciudadanos de la UE (redes sociales, buscadores o comercio electrónico) o como consecuencia de una monitorización y seguimiento de su comportamiento (*cookies* de seguimiento de navegación o *tracking*) (art. 3 RGPD).

No resulta de aplicación (art. 2.2 RGPD):

i) Al tratamiento de datos de personas fallecidas

ii) Al tratamiento de datos por Estados Miembros en el ejercicio de actividades relacionadas con el SEBC (Sistema Europeo de Bancos Centrales).

iii) Al tratamiento de datos por autoridades competentes para los fines de prevención, investigación, detección o enjuiciamiento de infracciones penales, o de ejecución de sanciones penales incluida la protección frente amenazas a la seguridad pública.

iv) A los temas relativos a la protección de derechos fundamentales o libre circulación de datos personales relativos a actividades no comprendidas en el Derecho de la UE.

v) A la persona física en el ejercicio de actividades exclusivamente personales o domésticas Sin embargo se aplica el Reglamento a los responsables de tratamiento que proporcionen los medios para tratar datos personales para actividades personales o domésticas como podría ser Facebook).

vi) Al tratamiento de datos personales de personas jurídicas (nombre y forma social)

2.2. Principios relativos al tratamiento de los datos personales

El RGPD parte de la prohibición de tratamiento de los datos personales, entendiendo como tratamiento "*cualquier operación o conjunto de operaciones realizadas sobre datos personales o conjuntos de datos personales, ya sea por procedimientos automatizados o no, como la recogida, registro, organización, estructuración, conservación, adaptación o modificación, extracción, consulta, utilización, comunicación por transmisión, difusión o cualquier otra forma de habilitación de acceso, cotejo o interconexión, limitación, supresión o destrucción*" (art. 4.2); Por datos personales, se entiende "*toda información sobre una persona física identificada o identificable («el interesado»)*". A su vez, se considerará persona física identificable "*toda persona cuya identidad pueda determinarse, directa o indirectamente, en particular mediante un identificador, como por ejemplo un nombre, un número de identificación, datos de localización, un identificador en línea o uno o varios elementos propios de la identidad física, fisiológica, genética, psíquica, económica, cultural o social de dicha persona*" (art. 2.1)

Como excepción, el tratamiento será lícito (art. 6 RGPD), cuando exista el consentimiento inequívoco. Es posible que es consentimiento sea inequívoco y se otorgue de forma implícita, salvo en los supuestos de que se trate de datos sensibles, decisiones automatizadas o transferencia internacional de datos, en los que se precisa que el consentimiento sea explicito. En cualquier momento, es posible retirar el consentimiento otorgado.

Los principios aplicables al tratamiento de los datos son los siguientes (art. 5 RGPD):

i) Licitud, lealtad, transparencia: los datos deben ser tratados de manera lícita, leal y transparente en relación con el interesado.

ii) Limitación de la finalidad: los datos deben tratarse para fines determinados, explícitos y legítimos.

iii) Minimización de datos: ha de tratarse de datos adecuados, pertinentes y limitados a lo necesario para el cumplimiento de los fines previstos.

iv) Exactitud: implica, si fuera necesario, la actualización de los datos.

v) Limitación del plazo de conservación durante el período necesario para los fines del tratamiento.

vi) Integridad y confidencialidad: debe garantizarse un tratamiento adecuado para evitar su tratamiento no autorizado, o su pérdida o destrucción

vii) Responsabilidad proactiva: el responsable del tratamiento debe cumplir con el RGPD y debe ser capaz de demostrarlo, tomando medidas para evitar que se produzca la infracción.

2.3. Derechos

En el RGPD se contemplan los siguientes derechos:

i) Derecho de información y acceso a los datos personales del interesado (art. 15 RGPD): se diferencia en los supuestos en los que los datos se obtienen del afectado, de los que se obtienen de un tercero.

ii) Derecho de rectificación (art. 16 RGPD), en relación con los datos que resulten inexactos o incompletos.

iii) Derecho de supresión (art. 17 RGPD): se establece para una serie de supuestos, como retirada del consentimiento, oposición al tratamiento, que los datos dejen de ser necesarios, se hayan tratado ilícitamente, o se hayan obtenido respecto de una oferta de servicios de la sociedad de la información efectuada a menores de edad. Tratándose de datos en internet, se alude a “derecho al olvido”, como aquel que posibilita bloquear o eliminar en las listas de resultados de buscadores determinados datos; se condiciona a que no sean datos de interés públicos o con determinados fines, como científicos o históricos.

iv) Derecho a la limitación del tratamiento (art. 18 RGPD) en una serie de casos tasados por el Reglamento.

v) Derecho a la portabilidad de los datos (art. 20 RGPD). Este derecho posibilita recibir los datos personales cedidos y transmitirlos a otro responsable del tratamiento.

vi) Derecho de oposición (art. 21 RGPD). Este derecho podrá ejercitarse, en cualquier momento, por motivos relacionados con su situación particular sobre aquellos datos personales suyos que sean objeto de un tratamiento basado en el interés público o en el interés legítimo de la responsable incluida la elaboración de perfiles

3. La Ley Orgánica de protección de datos y garantía de derechos digitales

3.1. Protección de datos: reglas específicas

La ley efectúa una remisión a los principios y derechos al RGPD. No obstante, matiza y completa el régimen del RGPD en cuanto a los principios básicos de tratamiento de datos. Y establece como regla particular que la edad para poder prestar el consentimiento es la de 14 años.

Por otra parte, en relación con una serie de supuestos específicos que atañen directamente al ámbito mercantil, se modulan algunos de los principios como el de exactitud, confidencialidad, y consentimiento que han de seguirse por parte de los encargados y responsables de la protección de datos. Estos casos son: tratamiento de datos de contacto de empresarios individuales y de profesionales liberales (art. 19), sistemas de información crediticia (art. 20), tratamientos relacionados con la realización de determinadas operaciones mercantiles (art. 21) y sistemas de exclusión publicitaria (art. 23).

Respecto al tratamiento de datos de contacto de empresarios individuales y profesiones liberales, el tratamiento de datos de contacto será lícito, salvo prueba en contrario, cuando se refiera únicamente a datos necesarios para su localización profesional y no para entablar una relación con ellos como personas físicas.

En relación con los sistemas de información crediticia, salvo prueba en contrario, se presumirá lícito el tratamiento de datos personales relativos al incumplimiento de obligaciones dinerarias, financieras o de crédito por sistemas comunes de información crediticia cuando se cumplan los siguientes requisitos:

i) Que los datos hayan sido facilitados por el acreedor o por quien actúe por su cuenta o interés.

ii) Que los datos se refieran a deudas ciertas, vencidas y exigibles, cuya existencia o cuantía no hubiese sido objeto de reclamación administrativa o judicial por el deudor o mediante un procedimiento alternativo de resolución de conflictos que fuera vinculante para las partes.

iii) Que el acreedor haya informado al afectado en el contrato o en el momento de requerir el pago acerca de la posibilidad de inclusión en dichos sistemas, con indicación de aquéllos en los que participe.

iv) Que los datos únicamente se mantengan en el sistema mientras persista el incumplimiento. Se fija como límite máximo el plazo de cinco años desde la fecha de vencimiento de la obligación dineraria, financiera o de crédito.

v) Que los datos referidos a un deudor determinado solamente puedan ser consultados cuando quien consulte el sistema mantuviese una relación contractual con el afectado que implique el abono de una cuantía pecuniaria o este le hubiera solicitado la celebración de un contrato que suponga financiación, pago aplazado o facturación periódica, como sucede, entre otros supuestos, en los previstos en la legislación de contratos de crédito al consumo y de contratos de crédito inmobiliario.

vi) Que, en el supuesto de que se denegase la solicitud de celebración del contrato, o éste no llegara a celebrarse, como consecuencia de la consulta efectuada, quien haya consultado el sistema informe al afectado del resultado de dicha consulta.

Por otra parte, salvo prueba en contrario, se presumirán lícitos los tratamientos de datos relacionados con modificaciones estructurales de sociedades, o de la aportación o transmisión de negocio o rama de actividad empresarial, siempre y cuando los tratamientos resulten necesarios para que pueda llevarse a cabo la operación, y permitan garantizar, cuando proceda, la continuidad en la prestación de servicios. En el supuesto de que la operación no pudiera concluirse, la entidad cesionaria de los datos debería de forma inmediata proceder a la supresión de los mismos.

En relación con el régimen de exclusión publicitaria, el artículo 23 LOPD establece una serie de prescripciones. En primer lugar, que será lícito el tratamiento de datos personales que tenga por objeto evitar el envío de comunicaciones comerciales a quienes hubiesen manifestado su negativa u oposición a recibirlas. En este sentido, podrán crearse sistemas de información, generales o sectoriales, en los que solo se incluirán los datos imprescindibles para identificar a las personas a las que se dirigen, a las que la ley denomina afectados. Es posible, además, que los interesados establezcan únicamente limitaciones a la recepción de comunicaciones comerciales de determinadas empresas.

En segundo término, establece que quienes deseen utilizar los datos personales para la remisión de comunicaciones comerciales deberán informar a los afectados acerca de los sistemas de exclusión publicitaria existentes. Las entidades responsables de los sistemas de exclusión publicitaria comunicarán a la autoridad de control competente su creación, su carácter general o sectorial, así como el modo en que los afectados pueden incorporarse a los mismos y, en su caso, hacer valer sus preferencias. La autoridad de control competente hará pública en su sede electrónica una relación de los sistemas de esta naturaleza que le fueran comunicados, incorporando la información mencionada en el párrafo anterior. A tal efecto, la autoridad de control competente a la que se haya comunicado la creación del sistema lo pondrá en conocimiento de las restantes autoridades de control para su publicación por todas ellas.

Finalmente, señala que quienes pretendan realizar comunicaciones de mercadotecnia directa, deberán previamente consultar los sistemas de exclusión publicitaria que pudieran afectar a su actuación, excluyendo del tratamiento los datos de los afectados que hubieran manifestado su oposición o negativa al mismo. No será necesario realizar esa consulta cuando el afectado, siguiendo lo establecido en la ley, hubiera prestado su consentimiento para recibir la comunicación a quien pretenda realizarla.

En otro orden de cosas, la LOPDGDD instaura como autoridad de supervisión, a la Agencia Española de protección de datos, configurada como una autoridad administrativa independiente, que tiene que supervisar el cumplimiento del RGPD y de la ley española. Se crean también autoridades autonómicas de protección de datos.

Finalmente, regula el nombramiento del delegado de protección de datos que resulta obligatorio solo en algunos casos concretos fijados en el art. 34. Entre ellos, respecto a las empresas de servicios de inversión, entidades aseguradoras y establecimientos financieros de crédito.

3.2. Garantía de derechos digitales

En la ley se regula asimismo un conjunto de derechos digitales. Se trata de una aportación del legislador español, puesto que tales derechos no vienen recogidos en el RGPD. Tal y como establece la Exposición de Motivos de la LOPD, se trata de "*reconocer y garantizar un elenco de derechos digitales de los ciudadanos conforme al mandato establecido en la Constitución*".

En particular, se regulan los derechos que se vinculan al entorno de internet, tales como la neutralidad de la Red y el acceso universal, los derechos a la seguridad y educación digital, y los derechos al olvido, a la portabilidad y al testamento digital. Se contempla igualmente el derecho a la desconexión digital en el marco del derecho a la intimidad en el uso de dispositivos digitales en el ámbito laboral, así como la protección de menores en Internet. Y, se refuerzan las garantías para que la libertad de expresión y el derecho a la aclaración de informaciones en medios de comunicación digitales resulten efectivas.

DERECHO DE SOCIEDADES

Lección 15

Sociedades. Teoría general

SUMARIO: I. PRELIMINAR. II. CARACTERIZACIÓN. 1. Concepto amplio y estricto. Noción. 2. Elementos. 2.1. Contrato *versus* negocio jurídico. 2.2. Puesta en común y colaboración en la promoción del fin común. 2.3. Fin de lucro frente a fin común. 3. Funciones del concepto amplio. III. SOCIEDADES CIVILES Y MERCANTILES. 1. Mercantilidad objetiva y subjetiva. Noción. 2. Criterios de atribución de la mercantilidad objetiva y subjetiva. 2.1. El sistema del Código de Comercio. 2.2. El sistema del artículo 1670 del Código Civil. 2.3. El sistema de la Ley de Sociedades de Capital. 3. Clases de sociedades mercantiles. 3.1. Sociedades de personas. 3.2. Sociedades de capital. IV. LA FUNDACIÓN DE LAS SOCIEDADES. 1. Elementos de la fundación. 1.1. Caracterización. 1.2. El negocio fundacional. 1.2.1. Caracterización. 1.2.2. Elementos esenciales. 1.3. La escritura. 1.4. La inscripción. 2. Nulidad de la sociedad y sociedades de hecho. 2.1. Causas de nulidad. 2.1.1. Caracterización. 2.1.2. Causas de nulidad en las sociedades de personas. 2.1.3. Causas de nulidad en las sociedades de capital. 2.2. Efectos de la nulidad. Las sociedades de hecho. 3. Sociedades en formación. 4. Sociedades irregulares. 4.1. Concepto. 4.2. Sociedades de personas irregulares. 4.3. Sociedades de capital irregulares. V. EFECTOS DE LA FUNDACIÓN. LA PERSONALIDAD JURÍDICA DE LA SOCIEDAD. 1. Efecto obligatorio y organizativo. 2. La personalidad jurídica de la sociedad. 3. Crisis y levantamiento del velo de la personalidad jurídica. VI. DENOMINACIÓN. 1. Caracterización. 2. Composición de la denominación. 2.1. Composición de la denominación en las sociedades de personas. 2.2. Composición de la denominación en las sociedades de capital. VII. DOMICILIO Y SEDE ELECTRÓNICA. 1. El domicilio. 2. Sede electrónica y comunicaciones por medios electrónicos. VIII. NACIONALIDAD.

I. PRELIMINAR

Las sociedades son formas de organización de tareas colectivas, creadas por y para el tráfico. Como norma, en efecto, los distintos tipos de sociedades han ido surgiendo de forma paulatina y espontánea en el tráfico para atender las necesidades de este. No son, por tanto, invenciones del legislador, de ahí la falta de homogeneidad que existe entre ellos. La sociedad civil, la forma social más simple, constituye una evolución de la "*societas* romana", surgida como consecuencia de las transformaciones experimentadas en el sector agrario y artesano en la época feudal. La sociedad colectiva, primera forma social de carácter mercantil, nace aproximadamente en la misma época con el objeto de atender las exigencias de las empresas de la época, dedicadas básicamente al comercio. Frente al comerciante individual se presenta como una técnica de agregación de esfuerzos que, además, pretende aprovechar el crédito de aquel tras su fallecimiento. Por eso no son extrañas razones sociales tales como "hijos o herederos de..., sociedad colectiva" o "Viuda de...". De ahí su carácter de "sociedad general entre mercaderes" de índole, además, familiar. La sociedad comanditaria simple y las cuentas en participación surgen también en ese tiempo. En estos casos para permitir que personas que no querían ejercer el comercio públicamente pudieran, no obstante, obtener rendimientos del ejercido por terceros. Tal era el caso de los clérigos o de la nobleza, por las connotaciones sociales negativas que acompañaban al ejercicio de cualquier profesión en la época.

Con posterioridad surgen las Compañías coloniales, antecedente de las actuales sociedades anónimas, con el objeto de reunir el ingente capital necesario para acometer las empresas de ultramar. A diferencia de todas estas formas sociales, surgidas espontáneamente en el tráfico, la sociedad de responsabilidad limitada, es la única que fue producto de una invención del legislador. Fue creada por la Ley de 1892, en Alemania, como un híbrido entre las sociedades anónimas y las sociedades colectivas, tomando de las primeras la limitación de responsabilidad de los socios y de las segundas el reducido número de partícipes. Más adelante, otra vez a instancias de los particulares, nacieron tipos con los que se pretendía suprimir al intermediario capitalista, procurando ayuda y cobertura a los propios socios. A estas finalidades responden las sociedades cooperativas o las mutuas. Este catálogo de formas sociales se mantiene básicamente en la actualidad, con la particularidad de que ahora la Ley no permite a los particulares a inventar nuevas modalidades. Únicamente están autorizados a introducir modificaciones en los tipos legales, hasta dónde les permitan sus leyes reguladoras, lo que, en algunos casos, puede llegar a desvirtuar los rasgos originarios, dando lugar a formas mixtas.

II. CARACTERIZACIÓN

1. Concepto amplio y estricto. Noción

Estrictamente considerada la sociedad es un contrato por el cual dos o más personas se obligan a poner en común dinero, bienes o industria para obtener lucro, esto es, con ánimo de obtener ganancias y partirlas entre sí (arts. 1665 Cciv y 116 del Ccom). Sin embargo, desde un punto de vista amplio, para que exista sociedad únicamente es preciso que concurra origen negocial y promoción en común de un fin común. Concepto amplio y estricto se diferencian, pues, en razón de los elementos que los integran.

2. Elementos

2.1. Contrato *versus* negocio jurídico

En primer término, el contrato, que requiere el concepto estricto, frente al mero negocio jurídico propio del concepto amplio. El negocio jurídico es una categoría más amplia que la de contrato, pues este último, en lo que ahora interesa, ha de ser, al menos bilateral, mientras que el negocio puede ser también unilateral. Pues bien, para que exista sociedad es claro que no se precisa la concurrencia de dos voluntades. La Ley admite expresamente la posibilidad de que ciertas sociedades, por ejemplo, las sociedades anónimas y las de responsabilidad limitada, sean constituidas por un único socio (arts. 12 y ss. LSC). El origen negocial de la sociedad presupone su carácter voluntario y un sustrato personal, lo que impide calificar como sociedades a las figuras en las que falten cualquiera de esos dos datos. Por prescindir de la voluntariedad no son sociedades, por ejemplo, las organizaciones constituidas en testamento, salvo que se trate de una mera carga impuesta en este. Asimismo, por excluir el sustrato personal no son sociedades las fundaciones, ya que se trata de patrimonios con personalidad jurídica.

2.2. Puesta en común y colaboración en la promoción del fin común

La segunda diferencia que se aprecia entre concepto amplio y estricto consiste en que, en el ámbito de este último, se exige una puesta en común de bienes; mientras que, en el contexto del primero, es suficiente la colaboración en la promoción de un fin común. La "puesta en común" no significa que se precise la aportación por los socios de un fondo real de bienes, puesto que ya los artículos 1665 Cciv y 116 Ccom excluyen tal conclusión al admitir las aportaciones de industria (actividades, servicios). Tradicionalmente se ha entendido que alude a la necesidad de que la sociedad tenga un patrimonio, ya esté formado por las aportaciones de los socios, ya haya sido generado por su actividad. De forma que, cuando falte tal titularidad "común", no habría sociedad para quien excluye la existencia de un concepto amplio. Lo que ocurre, por ejemplo, en las cuentas en participación, en que el patrimonio pertenece formalmente al gestor, no a la sociedad.

Sin embargo, esta forma de entender la "puesta en común" aparece contradicha ya por el propio Código Civil al tratar, por ejemplo, de la "subparticipación" (art. 1696 Cciv). Conforme a ella cada socio puede asociar a un tercero en su parte, sin que el asociado ingrese en la sociedad, lo que obliga a estimar, en primer término, que se trata de una sociedad, y, en segundo lugar, que tal sociedad no supone la cotitularidad en la "parte" de socio, que, al contrario, está anudada exclusivamente al socio originario. Por consiguiente resulta claro que la estructura de la titularidad sobre los derechos no tiene relevancia en el ámbito del concepto amplio de sociedad. En este contexto, la "puesta en común" tiene un significado económico, no jurídico, expresivo únicamente de la necesidad de que todos los socios colaboren en la promoción de un fin común, concebida como el sometimiento de ellos a un riesgo común. La cotitularidad de un patrimonio es entonces un elemento del tipo "sociedad civil", pero no del concepto de sociedad. Y, en cualquier caso, el hecho de que la sociedad tenga un patrimonio no es una condición de su existencia, sino la consecuencia necesaria de esta.

2.3. Fin de lucro frente a fin común

El último elemento en que divergen concepto amplio y estricto es el relativo al ánimo de lucro, que es un requisito del estricto, de conformidad con los artículos 1665 Cciv y 116 Ccom, pero no del amplio, respecto del cual el art. 1666 Cciv solo exige que "la sociedad debe establecerse en interés común de los socios". Por tanto, fin común y no, además, fin de lucro, ya que el art. 1666 Cciv no constituye una especificación del art. 1665 Cciv en el sentido de que se exigiera que el fin de lucro ha de ser común a todos los socios. De entenderse así, el art. 1666 resultaría superfluo debido a que esa consideración ya se deduce del art. 1691 Cciv, a tenor del cual "es nulo el pacto que excluye a uno o más socios de toda parte en las ganancias".

En atención a ello, el centro del sistema ha de desplazarse desde el art. 1665 al art. 1666 Cciv. El primero recoge solo un elemento usual de la causa, mientras que es en el segundo dónde se encuentra el elemento esencial, el fin común como causa del contrato. Ahondan en esta interpretación muchos otros preceptos, tanto del Código Civil, como de leyes posteriores. Del Código Civil cabe citar el art. 1671 que, al admitir la sociedad universal, no contempla ánimo de lucro alguno, sino una fórmula organizativa que proporciona una infraestructura patrimonial a ciertas comunidades de vida. O el art. 1678 Cciv cuando alude a que la sociedad puede tener por objeto el uso de una cosa. Fuera del Código civil la relevancia conceptual del fin común sobre el fin de lucro se aprecia no solo en las sociedades de base mutualista en sentido amplio (cooperativas, sociedad mutua de seguros, sociedad de garantía recíproca), sino también en otras figuras como la agrupación de interés económico, que es una sociedad sin ánimo de lucro (art. 2.2 LAIE). E incluso en las sociedades de capital, en la medida en que pueden constituirse con "cualquier objeto" (art. 2 LSC).

3. Funciones del concepto amplio

Las funciones asignadas al concepto amplio de sociedad demuestran su relevancia en el plano constructivo del Derecho de Sociedades. Tiene asignada, en primer término, una función ordenadora. Conforme a ella, en un plano lógico, todas las figuras en las que concurran los tres elementos del mismo han de ser calificadas como sociedades. Lo que, a su vez, en el plano jurídico, autoriza a aplicar el régimen jurídico del contrato de sociedad, por la remisión que efectúa a este el art. 36 Cciv al tratar de las asociaciones de interés particular. Por otra parte, permite comprender que los distintos tipos societarios se forman mediante la superposición de elementos adicionales a esos tres esenciales que constituyen el núcleo básico del concepto amplio de sociedad. Cuantos más elementos se agreguen, más perfecta es la estructura organizativa del tipo en cuestión. Por ejemplo, si a los elementos del concepto amplio sumamos la actividad mercantil, el patrimonio, la permanencia y la exteriorización o publicación obtenemos el tipo de sociedad colectiva. Si continuamos adicionando otros como la estructura corporativa, la responsabilidad limitada, la división del capital en acciones, la escritura y la inscripción, conseguimos una sociedad anónima.

En segundo lugar, el concepto amplio cumple una función residual y de régimen jurídico supletorio por cuanto permite aplicar la normativa societaria a figuras que no reúnen todos los requisitos o elementos esenciales del tipo elegido. En concreto, las normas civiles o las mercantiles previstas para la sociedad colectiva según la índole de la actividad que se ejercite. Si la actividad es mercantil se aplicará el esquema de la sociedad colectiva, que es una estructura societaria igual de genérica que la civil, pero diseñada para el tráfico mercantil. Más allá de este esquema se precisa una voluntad electora del tipo, por lo que, si no hay ninguna o esta se frustra, porque no se han reunido los elementos esenciales del tipo en cuestión, la figura se incardina en el tipo general del tráfico mercantil, esto es, en la sociedad colectiva. La razón no resulta difícil de explicar. La participación en el tráfico mercantil exige someterse al rigor de la sociedad colectiva, del cual solo es posible prescindir cumpliendo las garantías establecidas por el legislador para el uso de otros tipos más benignos en el ámbito de la responsabilidad.

En consecuencia, es claro que nuestro Derecho se basa en un sistema de *numerus clausus,* conforme al cual los únicos tipos que cabe constituir son los expresamente recogidos en la Ley. No hay libertad de creación de tipos, ni, por ende, existen sociedades absolutamente atípicas, a pesar del equívoco al que puede inducir la dicción del art. 122 Ccom cuando dispone que "por regla general las sociedades se constituyen con arreglo a alguna de las formas siguientes...", ya que aquellas que no reúnan todos los elementos esenciales del tipo civil o mercantil elegido (sociedades atípicas) han de ser calificadas de igual modo como sociedades civiles o colectivas y ese mismo será el régimen jurídico al que habrán de sujetarse. Ahora bien, sí es posible incluir cláusulas atípicas en sociedades que reúnen todos los elementos del tipo. Su licitud, sin embargo, debe resolverse caso por caso, teniendo presente, como norma general, que no deben admitirse aquellas que vulneren o afecten a los elementos esenciales de caracterización del tipo a los que la Ley atribuye carácter imperativo, normalmente, en atención a la seguridad del tráfico y de terceros. Finalmente, el concepto amplio de sociedad tiene atribuida una función integradora ya que permite integrar las lagunas que surjan en las leyes reguladoras de tipos específicos.

III. SOCIEDADES CIVILES Y MERCANTILES

1. Mercantilidad objetiva y subjetiva. Noción

Antes de abordar los criterios de distinción entre sociedades civiles y mercantiles es conveniente señalar que la mercantilidad puede ser aprehendida desde dos puntos de vista, que constituyen dos dimensiones de su noción. La mercantilidad objetiva hace referencia a la sociedad como negocio jurídico, informa de la disciplina reguladora del tipo. Con arreglo a esta perspectiva una sociedad cuya estructura y funcionamiento se ajuste a las normas de la sociedad civil, será civil. Será mercantil cuando la normativa de referencia tenga este carácter (la sociedad colectiva, por ejemplo, según las previsiones del Ccom). La mercantilidad subjetiva se refiere a la sociedad como persona jurídica o ente subjetivado para atribuirle la condición de empresario y, en su razón, aplicar el estatuto de este (normas de Registro, de contabilidad...).

2. Criterios de atribución de la mercantilidad objetiva y subjetiva

Para decidir en torno a los criterios de atribución de estas dos dimensiones de la mercantilidad es preciso distinguir tres sistemas. El del Ccom, el del art. 1670 Cciv y el de la LSC.

2.1. El sistema del Código de Comercio

En el sistema del Ccom, el criterio relevante de la atribución de mercantilidad objetiva es el material. Son sociedades mercantiles las que tienen por objeto una actividad empresarial. Cierto es que el Ccom no se pronuncia en términos expresos de forma tan tajante. Es más, conforme al art. 116.1 Ccom podría pensarse que el criterio determinante es el formal en tanto dispone que la sociedad será mercantil, cualquiera que sea su clase, siempre que se haya constituido con arreglo a las disposiciones del Ccom, esto es, con arreglo a alguna de las formas que prevé el Ccom. Sin embargo, cuando el art. 122 Ccom relaciona cuáles son esas formas mercantiles (sociedad colectiva, comanditaria...) antepone el criterio material al formal al disponer que, por regla general, las sociedades mercantiles se constituirán adoptando alguna de esas formas, ya que dicha expresión aclara que, primero, es la materia mercantil y, luego, la forma mercantil. Esta conclusión se ve corroborada por el conjunto de los preceptos del Ccom que tratan sobre formas mercantiles. En especial el art. 136 Ccom cuando presupone que las sociedades colectivas desarrollan actividades comerciales.

De esta manera la materia mercantil, exige un tipo mercantil y viceversa. Existe, pues, una correlación perfecta entre materia y forma. Lo que, definitivamente, no adquiere relevancia alguna en este contexto es el cumplimiento de las formalidades previstas en el Ccom. Según la orientación tradicional, hoy claramente superada, el criterio de las formalidades era determinante para decidir en torno a la atribución de carácter mercantil. El equívoco partía de la interpretación que se hizo de los arts. 116.1 Ccom y 119.1 Ccom. Conforme al primero es mercantil la sociedad constituida con arreglo a las disposiciones del Ccom; mientras que el segundo dispone que toda sociedad, antes de dar comienzo a sus operaciones, debe hacer constar su constitución, pactos y condiciones en escritura pública, que se presentará para su inscripción en el Registro Mercantil. De la conjunción de ambos preceptos se dedujo que la constitución con arreglo al Ccom suponía necesariamente la escritura pública y la inscripción en el Registro Mercantil, sin detenerse a observar que ya el mismo art. 119.1 Ccom presupone la existencia anterior de la sociedad cuando declara que "debe hacer constar su constitución", lo que obliga a entender que se inscribe después de que ya está individualizada y constituida con arreglo a otros parámetros.

En el sistema del Ccom existe también una perfecta conexión entre mercantilidad objetiva y subjetiva, en el sentido de que las sociedades que son mercantiles en cuanto a las normas que rigen su organización y funcionamiento, son también empresarios. Cuando el art. 1.2 Ccom dispone que son comerciantes para los efectos de este Código las compañías mercantiles o industriales que se constituyeren con arreglo a él parece que están optando por el criterio de la forma. Pero, en la medida en que sólo pueden adoptar la forma mercantil, las sociedades que ejerzan una actividad mercantil, es posible afirmar que el criterio decisivo para la atribución de la condición de empresario es también el ejercicio de una actividad empresarial. De esta manera se asegura también la coherencia con el art. 1.1 Ccom, que establece este mismo criterio para los empresarios individuales. Son comerciantes los que teniendo capacidad legal para ejercer el comercio se dedican a él habitualmente.

2.2. El sistema del artículo 1670 del Código Civil

El sistema trazado en el art. 1670 Cciv tiene como objetivo poner al servicio de la actividad civil las formas y estructuras organizativas mercantiles, más depuradas técnicamente. Por este motivo rompe las conexiones impuestas en el Ccom. En primer término acaba con la correlación que existe en el ámbito de la mercantilidad objetiva entre materia (actividad empresarial) y forma (mercantil). Dispone, en efecto, que las sociedades civiles por el objeto al que se consagren, pueden revestir todas las formas reconocidas en el Ccom. Por consiguiente, admite que sociedades cuya actividad no consista en el ejercicio de una empresa (materia civil), revistan cualquiera de las formas mercantiles. En la medida en que son sociedades mercantiles por la forma, les resultan de aplicación las normas del Ccom (mercantilidad objetiva por la forma).

A consecuencia de ello se produce también la ruptura de la conexión entre mercantilidad objetiva (sometimiento del contrato a las normas del Ccom) y subjetiva (condición de empresario). En efecto, debido a que la atribución de la condición de empresario está restringida a quien ejercite una actividad empresarial (criterio material) estas sociedades civiles por su objeto no pueden adquirirla. En estos términos debe interpretarse el último inciso del art. 1670 Cciv cuando dispone que "en tal caso les serán aplicables sus disposiciones (del Ccom) en cuanto no se opongan a las del presente Código", esto es, que están sometidas al Ccom al respecto de las normas que regulan el contrato, pero no están sujetas al estatuto del empresario, porque estas son las normas que se oponen a las del Cciv, ya que son incompatibles con su naturaleza, subjetivamente civil. Otra interpretación generaría una gran inseguridad jurídica debido a que no existe un criterio cierto que permita decidir qué normas del Ccom reguladoras del contrato de sociedad no se aplican a esta sociedades civiles por el objeto por ser opuestas a las del Cciv.

2.3. El sistema de la Ley de Sociedades de Capital

El último sistema es el que acoge la LSC. Este texto legal restablece la conexión entre mercantilidad objetiva y subjetiva, si bien lo hacen en términos distintos al Ccom. En lugar de atender a la materia, aquí prevalece la forma. Con independencia de su objeto (actividad a la que se dediquen), si la sociedad adopta alguna de estas formas, es objetivamente mercantil y también subjetivamente (art. 2 LSC). Este criterio de atribución de la mercantilidad por la forma también se utiliza en tipos como las sociedades de garantía recíproca, las cooperativas y algunas modalidades de sociedades de personas como la agrupación de interés económico (art. 1 LAIE).

3. Clases de sociedades mercantiles

Las sociedades mercantiles pueden ser de dos clases, sociedades de personas y de capital.

3.1. Sociedades de personas

Las sociedades de personas poseen una estructura organizativa simple y concreta, ya que se apoya directamente en las personas que la integran, sin interposición de un esquema de órganos con competencias predeterminadas por la Ley.

A consecuencia de ello, las relaciones internas transcurren entre socios o entre socios y administradores, pero no como miembros de un órgano de administración, puesto que en su seno rige el principio de autoorganicismo, que quiere decir que todo socio, por el mero hecho de serlo, ostenta ya facultades gestoras y representativas. Expresándolo más terminantemente, el socio es, además, administrador, lo que atribuye a la condición de socio un acentuado carácter personalista. Asimismo, la Junta general no es un órgano que adopte sus decisiones por mayoría según el régimen colegial, sino el conjunto de todos los socios que deciden por unanimidad. Incluso aunque se pacte que las decisiones puedan tomarse por mayoría parece que esta es la expresión directa de la voluntad de los socios y no el resultado de la deliberación de un órgano colegiado.

Debido a estas circunstancias la identidad y las cualidades personales de los socios son tan determinantes del consentimiento de los demás que informan los aspectos esenciales de su régimen jurídico. En el momento fundacional importan más tales cualidades que la aportación al capital, de ahí que se admita el mero socio industrial. Se genera además una relación de naturaleza profundamente personal que se plasma en el principio del autoorganicismo, en el voto personal, en el régimen de la disolución, —donde se observa cómo las incidencias personales de los socios afectan al contrato mismo y, por ende, a la sociedad—, de la separación o la exclusión y, sobre todo, en el cambio de socios, que, al constituir una modificación del contrato, requiere el consentimiento unánime de todos, observándose en atención a todo ello una correlación básica entre estructura del tipo y principio general de intransmisibilidad.

En cuanto a las relaciones externas el nexo que se produce entre la sociedad y los terceros implica relaciones de los socios colectivamente considerados y los terceros, por lo que las obligaciones son obligaciones de todos los socios. De ahí que, aunque estas sociedades estén dotadas de patrimonio, no es titularidad de la sociedad como persona jurídica, sino del conjunto de los socios. Por eso el grado de subjetivación de estas sociedades es el propio de la comunidad germánica. En este tipo de comunidad el patrimonio pertenece a la colectividad de los socios, no por cuotas, como en la comunidad romana, sino en su conjunto. A consecuencia de ello se produce una separación del patrimonio común del individual de cada socio, pero esta separación no es perfecta, lo que explica el régimen de responsabilidad de estos tipos sociales: hay una separación de deudas y un sistema de prelación de acreedores. Primero cobran los acreedores de la sociedad. Pero si la sociedad no tiene patrimonio suficiente, entra en juego la responsabilidad subsidiaria e ilimitada de los socios por las deudas sociales.

Los tipos principales de sociedades de personas son la sociedad colectiva y la comanditaria simple.

3.2. Sociedades de capital

A diferencia de las sociedades de personas, las sociedades de capital son sociedades de estructura compleja o corporativa. Esto implica la sujeción a un régimen estatutario que se caracteriza por la existencia de unos órganos cuyo número y competencias están predeterminados por la Ley. Tales órganos funcionan, además, según el método colegial que, entre otros aspectos, supone la decisión por mayorías tras la oportuna deliberación. Y el órgano de administración se rige por el principio del heteroorganicismo, lo que excluye de la condición de socio el derecho a administrar. A consecuencia de ello la organización adquiere la condición de persona jurídica en sentido estricto, lo que, en el ámbito patrimonial, supone la creación de un patrimonio perfectamente acotado y responsable desligado del de los socios. Por este motivo, los socios no responden de las deudas sociales. La independencia aviene igualmente entre la sociedad y sus socios, de tal manera que las relaciones surgen entre cada uno de ellos y la sociedad como persona jurídica. Todo ello despersonaliza en gran medida la condición de socio. Aquí importan, más que las cualidades personales de los mismos, su aportación al capital. Se advierte ya en el momento fundacional en el que, para adquirir la posición de socio, hay que aportar al capital, sin que se admitan las aportaciones de industria.

Los tipos principales de sociedades de capital son las sociedades anónimas y la sociedad de responsabilidad limitada.

IV. LA FUNDACIÓN DE LAS SOCIEDADES

1. Elementos de la fundación

1.1. Caracterización

En la fundación de la sociedad hay que distinguir el negocio fundacional y los elementos no negociales de la fundación. El negocio es un elemento esencial de la fundación de cualquier tipo de sociedad; pero, a excepción de la *societas* obligatoria, no es suficiente para ultimarla. Se precisan los elementos no negociales. El elemento principal de este tipo es la inscripción en el RM.

1.2. El negocio fundacional

1.2.1. Caracterización

El negocio fundacional es un contrato, salvo en la hipótesis de sociedad unipersonal, en que es un negocio unilateral. En cualquier caso, se trata de un negocio jurídico en sentido propio, es decir, de un negocio obligatorio, que debe, por ende, incardinarse en el Derecho de obligaciones, ya que del mismo surgen derechos y obligaciones, poderes y facultades que implican a la sociedad con cada uno de sus socios. Los derechos y las obligaciones pueden ser de contenido patrimonial o económico y administrativo o político. Entre los derechos patrimoniales destaca el derecho a los beneficios y el derecho a la cuota de liquidación; mientras que la obligación económica fundamental es la de aportar. En el ámbito administrativo, el derecho de carácter político por excelencia es el voto. El negocio produce asimismo una vinculación de carácter jurídico personal, que deriva del deber de fidelidad, pero esta circunstancia no autoriza a excluir el carácter propio del mismo para incluirlo en una hipotética categoría de negocios jurídico-personales.

En las hipótesis ordinarias, se trata también de un contrato bilateral o plurilateral con prestaciones recíprocas porque todos los socios se obligan recíprocamente unos frente a otros a realizar prestaciones, pero no las prometen en función de las de sus consocios, para intercambiarlas con ellos. Se prometen todas en atención al fin común. No se intercambian, se unen, para promover en conjunto el fin común. Por este motivo, el contrato de sociedad no tiene carácter sinalagmático. No hay sinalagma ni siquiera entre aportación y beneficios, porque el beneficio no es la contraprestación de la aportación, sino la expresión de la participación en una relación comunitaria.

A consecuencia de ello el primer marco jurídico de referencia del negocio fundacional ha de buscarse en el Derecho de obligaciones y contratos, pero excluyendo de él todas las normas que se basen en el sinalagma. Por ejemplo, el incumplimiento de un socio no autoriza a resolver el contrato *ex* art. 1124 Cciv. El Derecho de Sociedades ofrece en estos casos sus propios recursos. En la sociedad civil es causa de disolución (art. 1707 Cciv). En las colectivas o comanditarias, causa de exclusión (art. 218 Ccom) o, si la prestación incumplida origina una imposibilidad sobrevenida de cumplir el fin social, causa de disolución (art. 221 Ccom). Tampoco se aplica la excepción de contrato no cumplido, que permite a una parte negarse a cumplir en tanto la otra no cumpla (art. 1214 Cciv). También aquí el Derecho de Sociedades tiene sus propios remedios. Proceder ejecutivamente contra el socio incumplidor o expulsarle (arts. 170, 171 Ccom, 84 LSC).

1.2.2. Elementos esenciales

Dada la caracterización del negocio fundacional como negocio jurídico de carácter obligacional, los elementos esenciales para su validez son los que prevé con carácter general el Derecho de obligaciones, esto es, capacidad (arts. 315, 322, 323, 166.1, 271.2º Cciv y 1263 Cciv), consentimiento, objeto y causa (art. 1261 Cciv). La peculiaridad más relevante del consentimiento consiste en que no se precisa voluntad electora del tipo. Si no se elige uno concreto, se entiende que se ha optado por la sociedad colectiva ya que, en el resto de tipos, se concede el privilegio de la limitación de la responsabilidad, por lo que, para acogerse a él, es necesario cumplir los requisitos que prevé la Ley en defensa de los terceros. Si no se cumplen se aplica el tipo más rígido de la colectiva. El objeto del contrato son las aportaciones de los socios. Finalmente, la causa tiene dos dimensiones. Una abstracta, que se resuelve en el fin común, y otra concreta que alude al objeto social, esto es, el sector o ramo de actividad o actividades a que se dedica la sociedad.

1.3. La escritura

La escritura es la forma solemne que recoge el negocio fundacional y sus modificaciones. Su contenido reproduce los elementos esenciales exigidos para la validez de los contratos en el Derecho Común con las adaptaciones derivadas de la especificidad del negocio fundacional, por lo que varía según la forma social elegida. Además puede incluir todos los pactos y condiciones que los socios fundadores juzguen conveniente establecer, siempre que no se opongan a las leyes ni contradigan los principios configuradores del tipo social elegido. En general, incluye los nombres de los otorgantes, lo que cada socio aporta y las cuotas de socio que se le atribuyen en su razón, así como la voluntad de fundar determinada sociedad. En las sociedades de capital debe contener necesariamente los estatutos, que comprenden las normas de organización y funcionamiento que han de regir aquellas.

Conforme a las reglas generales del Derecho de Obligaciones y contratos esta forma no puede considerarse elemento esencial del contrato (arts. 1254 y 1278 y concordantes Cciv). Resulta de aplicación, en particular, el art. 1279 Cciv. De acuerdo con este precepto, si la Ley exigiere el otorgamiento de escritura u otra forma especial de hacer efectivas las obligaciones propias de un contrato, los contratantes pondrán compelerse recíprocamente a llenar aquella forma desde que hubiera intervenido el consentimiento y demás requisitos necesarios para su validez. Para las sociedades civiles reitera esta regla el art. 1667 Cciv al disponer que la sociedad civil se podrá constituir en cualquier forma. Únicamente se exceptúa dicha regla para el caso de aportación de bienes inmuebles o derechos reales, en que es necesaria la escritura pública para la validez (art. 1668 Cciv). Ahora bien, en la medida en que la *ratio* es probar la realidad de la aportación del inmueble parece que será posible otorgar la escritura después y sostener la validez del contrato restringiendo la declaración de nulidad a la aportación del inmueble si falta la escritura.

Para las sociedades de personas, el Ccom reitera la misma regla de libertad de forma, según la interpretación que debe preferirse de los arts. 117 y 119 en relación con el 51 Ccom. Este último dispone que serán válidos los contratos mercantiles cualquiera que sea la forma. Mientras que el art. 117 Ccom declara que el contrato de compañía mercantil celebrado con los requisitos esenciales del derecho será válido y obligatorio entre quienes lo celebren cualquiera que sea la forma que elijan. Lo que reitera el art. 119 Ccom cuando dispone que toda compañía de comercio, antes de dar principio a sus operaciones, deberá hacer constar su constitución, pactos y condiciones en escritura pública, que se presentará para su inscripción en el RM. Presuponiendo, por tanto, que ya está constituida antes de la escritura, pues en la misma solo se hace constar tal constitución. Ahora bien, en estos casos, además de forma solemne no necesaria, la escritura es un presupuesto de acceso al RM, dado el principio de titulación pública que rige en él.

El sistema cambia al tratar de las sociedades de capital. En estas sociedades la escritura es necesaria, en el sentido de que no es una simple vía de acceso al RM, como en las sociedades de personas, sino un elemento esencial de carácter constitutivo del negocio fundacional (requisito de forma *ad solemnitatem*) que ha de ser considerado como presupuesto del tipo, ya que es en ella dónde se insertan todos los elementos de la organización. Sólo en apariencia el art. 20 LSC reitera, pues, las prescripciones de los arts. 116.2 y 119 Ccom. En su razón, antes de la escritura no hay sociedad de capital, ni siquiera irregular. Desde el punto de vista del proceso fundacional de la sociedad de capital no puede advertirse más que, a lo sumo, un contrato preparatorio o un compromiso preliminar de constituirla. Eso no obstante, de haberse iniciado la actividad en el tráfico, operaría como cláusula de cierre, primero, el concepto amplio de sociedad, y, como subsunción de primer grado, si la actividad ejercitada es mercantil, la sociedad colectiva, en su condición de sociedad general del tráfico mercantil, o la sociedad civil, en otro supuesto. Pero la frustración del fin negocial concebido como causa del negocio, o la ausencia de consentimiento (no existe voluntad concurrente de crear tal sociedad colectiva o civil), habilitaría a cualquier socio a instar la nulidad, conforme al Derecho común. En su caso, con las adaptaciones derivadas de la teoría de las sociedades de hecho, a la que se aludirá más abajo.

1.4. La inscripción

La inscripción en el RM es el más importante de los elementos no negociales de la fundación. Su tratamiento difiere según se trate de sociedades de personas o de capitales. En el primer caso, la inscripción en el RM es meramente declarativa (art. 119 Ccom), de modo que la sociedad existe conforme a su tipo aun sin inscripción en aquel. En cambio, en las sociedades de capital tiene, igual que la escritura, carácter constitutivo (art. 20 LSC). Antes de la inscripción no existe sociedad de capital regular. A esta cuestión se alude posteriormente.

2. *Nulidad de la sociedad y sociedades de hecho*

2.1. Causas de nulidad

2.1.1. Caracterización

En la Teoría General del Derecho de Obligaciones y Contratos, la nulidad puede producirse por defectos de fondo y por defectos de forma. Esta última deriva de la ausencia de forma cuando la misma deba ser considerada esencial. Sin embargo, en el ámbito de las sociedades, los defectos de forma no tienen cabida en esta sede, como regla general. Cuando el defecto consiste en la ausencia de escritura pública, tratándose de sociedades de personas, sucede esto porque, en ellas, la escritura no es un elemento esencial del negocio, de modo que su ausencia no determina la nulidad. En caso de sociedades de capital ocurre debido a que la falta de escritura ocasiona la inexistencia como tal sociedad de capital, pero no impide su consideración como sociedad colectiva o civil. Ahora bien, la frustración del fin negocial concebido como causa del negocio, o la ausencia de consentimiento (no existe voluntad concurrente de crear tal sociedad colectiva o civil), habilitaría a cualquier socio a instar la nulidad, conforme al Derecho común, por dichos vicios de fondo. Por otra parte, si el requisito que no concurre es la inscripción en el RM, hay que advertir un defecto de publicidad, no de forma, lo que determina la calificación como sociedad irregular, no nula. Por estos motivos la sociedad solo puede ser nula en consideración a motivos o vicios intrínsecos o de fondo de la fundación.

2.1.2. Causas de nulidad en las sociedades de personas

En la Teoría General del Derecho de Obligaciones y Contratos los motivos de nulidad se conciben en sentido amplio. Incluyen los supuestos de inexistencia, esto es, la falta de elementos esenciales, como el consentimiento, objeto o causa. Los de nulidad, esto es, la contradicción con normas imperativas cuando no se haya previsto otro efecto en la Ley. Y también los de anulabilidad, defectos de capacidad y vicios del consentimiento, como el error o el dolo. Pues bien, todos esos motivos y, precisamente en los términos regulados en el Derecho Común, son causas de nulidad de las sociedades de personas.

2.1.3. Causas de nulidad en las sociedades de capital

A diferencia de lo que sucede en las sociedades de personas, en las de capital las causas de nulidad están restringidas con carácter de *ius cogens*. En efecto, fuera de los casos enunciados en la LSC no podrá declararse la inexistencia ni la nulidad de la sociedad ni tampoco declararse su anulación (art. 56.2 LSC). Son causas tasadas, por lo que no es posible declarar la nulidad por otras aunque estén íntimamente relacionadas con las previstas de modo expreso y, en el contexto de la Teoría General del Derecho de obligaciones, pudieran motivar la declaración de nulidad. Sucede así, por ejemplo, con la nulidad de las aportaciones, que no retrotrae sus efectos al momento de constitución de la sociedad. A su vez, la deliberada restricción que impone el legislador en el elenco de causas justifica que deban ser objeto de interpretación restrictiva. El motivo reside en que aquel precepto LSC constituye una adaptación a la Primera Directiva de Sociedades (Directiva 68/151/CEE), cuyo objetivo fundamental se centró en la necesidad de garantizar la seguridad del tráfico. En particular, en la de proteger a los terceros que se han relacionado con la sociedad nula confiando en la apariencia de validez generada por la inscripción en el Registro Mercantil. De ahí, la tendencia a limitar las causas de nulidad de la sociedad una vez inscrita; y, sobre todo, los efectos asignados a la nulidad. A consecuencia de ello la disciplina prevista en la LSC solo se aplica a las sociedades inscritas (art. 56.1 LSC). Por tanto, las irregulares quedan sometidas al régimen común si concurren en ellas vicios de fondo.

Los motivos de nulidad relacionados en la LSC pueden agruparse en dos grandes categorías. Por un lado, aquellos que coinciden con la ausencia de elementos esenciales generales aplicables a todo otro negocio jurídico, aunque matizados en su aplicación al contrato de organización que es la sociedad de capital, incluyéndose los defectos de capacidad, que allí darían lugar a la anulabilidad. Por otro, los que sancionan la ausencia de elementos esenciales del tipo específico de sociedad de capital.

De la primera clase son: i) la incapacidad de todos los socios fundadores, [art. 56.1 b) LSC]; ii) la ausencia de consentimiento, por no haber concurrido en el acto constitutivo la voluntad efectiva de, al menos, dos socios fundadores, en el caso de pluralidad de estos, o del socio fundador cuando se trate de sociedad unipersonal [art. 56.1 a) LSC], que plantea dudas sobre todo en caso de sociedades de "favor" o "complacencia", en las que el fundador de hecho se sirve de testaferros o fiduciarios para la constitución; iii) los defectos relacionados con el objeto, relativos a la falta de expresión en la escritura de constitución de las aportaciones de los socios, a la ausencia de desembolso íntegro del capital social, en las SL y a la ausencia del desembolso mínimo exigido por la Ley, en las SA [art. 56.1 c), f) y g) LSC]; y iv) los vicios atinentes a la causa, por no expresarse en los estatutos el objeto social o ser éste ilícito o contrario al orden público [art. 56.1 e) LSC].

Al segundo grupo pertenecen la causa de nulidad relativa a la falta de expresión en los estatutos la denominación de la sociedad [art. 56.1 d) LSC] y a la falta de expresión en los estatutos de la cifra del capital social [art. 56.1 f) LSC].

En la práctica, sin embargo, será difícil que concurra cualquiera de estos motivos, debido a la intervención del Notario y a la calificación del Registrador (art. 6 RRM).

2.2. Efectos de la nulidad. Las sociedades de hecho

Las especificidades más relevantes de la nulidad de la sociedad se perciben al analizar los efectos de la misma, que se separan radicalmente de los asignados al instituto en la Teoría general del Derecho de Obligaciones. Mientras que allí se tiene el negocio por no realizado desde siempre, con efectos retroactivos, obligándose a la devolución recíproca de lo percibido por cuenta de él; la sociedad nula es tratada como si no lo fuera, aplicándosele técnicas que surten efectos únicamente desde ahora, lo que se justifica por la necesidad de garantizar la seguridad del tráfico. En particular por la de proteger a los terceros que se han relacionado con la sociedad nula, confiando en la apariencia de validez generada por la inscripción en el RM o por su funcionamiento de hecho en el tráfico. Dicho resultado se consigue restructurando la causa de nulidad como causa de disolución, que, entonces, abre el proceso de liquidación.

En efecto, la sentencia que declare la nulidad de la sociedad abre su liquidación, que se seguirá por el procedimiento previsto en la Ley para los casos de disolución (art. 57.1 LSC). La nulidad opera, pues, como una mera causa de disolución que, como toda otra, abre la liquidación de la sociedad, lo que significa que subiste como tal sociedad, conservando su personalidad jurídica mientras la liquidación se realiza (art. *ex* 371.2 LSC). Únicamente se modifica su objeto social, que no será ya el ejercicio de las actividades incluidas en él, sino, propiamente, la liquidación. Hasta que concluya la liquidación, la sociedad es tratada como si fuera válida, tanto frente a terceros, como entre los socios. Debido a ello subsisten las relaciones jurídicas externas e internas que la sociedad haya generado, matizadas solo en relación con el fin de la liquidación.

En cuanto a las relaciones externas, la nulidad no afectará a la validez de las obligaciones o de los créditos de la sociedad frente a terceros, ni a la de los contraídos por éstos frente a la sociedad, sometiéndose unas y otros al régimen propio de la liquidación (art. 57.2 LSC). Y respecto de las relaciones internas, en las SL, cuando la sociedad sea declarada nula por no haberse desembolsado íntegramente el capital social, los socios estarán obligados a desembolsar la parte que hubiere quedado pendiente. En las SA, cuando el pago a terceros de las obligaciones contraídas por la sociedad declarada nula así lo exija, los socios estarán obligados a desembolsar la parte que hubiera quedado pendiente (art. 57.3 LSC). No obstante se ha afirmado que la aplicación de las reglas de la liquidación debe compaginarse en la medida de lo posible con la aplicación de las normas generales sobre nulidad, así, por ejemplo, si las aportaciones se mantienen en el patrimonio de la sociedad, habrá de procederse a la restitución *in natura.*

Por otra parte, en tanto la nulidad no sea declarada se está ante una sociedad de hecho. A grandes rasgos una sociedad de hecho es una sociedad nula que actúa en el tráfico como si no lo fuera. Es preciso que la sociedad haya comenzado a actuar, sin que sea suficiente la mera ejecución del contrato en el ámbito interno mediante la realización de las aportaciones prometidas por los socios. Y, naturalmente, se requiere también que el motivo de nulidad subsista, porque, si ha desaparecido, por el motivo que sea, o ha sido confirmado o convalidado, la sociedad ya no es nula, de modo que no resulta de aplicación la doctrina de la sociedad de hecho.

3. Sociedades en formación

La sociedad en formación es una sociedad cuyos pactos constan en escritura pública, pero aún no se ha inscrito en el RM, aunque existe la voluntad de inscribirla. Está regulada en la LSC con el objeto de conciliar el interés de los socios en iniciar la actividad social a la mayor brevedad con las necesidades de tutela de los terceros que se relacionen con una organización que todavía no es sociedad de capital regular al faltarle el presupuesto de la inscripción. La disciplina que dicta la Ley, que está presidida por ese doble objetivo, comprende tanto el momento anterior a la inscripción como el posterior a ella. Con anterioridad a la inscripción se dicta una regla general y una excepción. Como regla general, de los actos y contratos celebrados en nombre de la sociedad antes de su inscripción en el RM, responderán solidariamente quienes los hubiesen celebrado, a no ser que, conforme al significado genuino de la condición suspensiva, su eficacia hubiese quedado condicionada a la inscripción y, en su caso, posterior asunción de los mismos por parte de la sociedad (art. 36 LSC).

Excepcionalmente, la Ley contempla una serie de casos en que responde la sociedad en formación, pero todavía no en calidad de sociedad capital, sino de específica organización corporativa capaz de asumir en nombre propio la titularidad de relaciones jurídicas, y obligada, por ello, a cumplirlas. Se trata de los siguientes supuestos: i) actos y contratos indispensables para la inscripción de la sociedad, —como, por ejemplo, los gastos de notario, registro o liquidación de impuestos—; ii) de los realizados por los administradores dentro de las facultades que les confiere la escritura para la fase anterior a la inscripción; iii) de los estipulados en virtud de mandato específico por las personas a tal fin designadas por todos los socios (art. 37.1 LSC); y, salvo que la escritura o los estatutos sociales dispongan otra cosa, de los realizados por los administradores en ejecución del objeto social, si la fecha de comienzo de las operaciones coincide con el otorgamiento de la escritura fundacional. En este último caso los administradores están facultados para el pleno desarrollo del objeto social y para realizar toda clase de actos y contratos (art. 37.3 LSC). La asunción de estos actos por la sociedad se realiza con cargo al patrimonio formado por las aportaciones de los socios (art. 37.1 LSC), en el que se incluye, no sólo lo que los socios hayan aportado efectivamente y de hecho en ese momento, sino también todo aquello que se hubieran comprometido a aportar (art. 37.2 LSC).

Una vez inscrita la sociedad, pero siempre en relación con los actos y contratos suscritos con anterioridad a la misma, la Ley prevé también dos hipótesis en que la sociedad asumirá la responsabilidad del cumplimiento de aquellos. Con carácter automático, esto es, por el mero hecho de la inscripción, sin que se requiera manifestación alguna, la sociedad quedará obligada por aquellos actos y contratos que, por excepción, eran responsabilidad de la sociedad en formación (art. 38.1 LSC). De los demás se seguirá respondiendo conforme a la regla general enunciada arriba, salvo que la sociedad los asuma, esto es, los acepte, lo que deberá hacer dentro del plazo de tres meses desde su inscripción (art. 38.1 LSC). En ambos casos cesará la responsabilidad de los socios, administradores y representantes, sustituida por la de la sociedad ya inscrita (art. 38.2 LSC).

Es obvio que estos gastos de los que se hace, o se puede hacer, responsable a la sociedad pueden provocar un desequilibrio entre el valor del patrimonio y la cifra de capital social, por lo que, de conformidad con el principio de integridad del capital social, es preciso restablecer la equivalencia. En atención a ello, la LSC dispone que, si el valor del patrimonio social, sumado al importe de los gastos indispensables para la inscripción de la sociedad, fuese inferior a la cifra del capital, los socios estarán obligados a cubrir la diferencia (art. 38.3 LSC). La *ratio legis* expuesta indica el momento al que ha de referirse la eventual diferencia, el de la inscripción y tres meses más contados a partir de ella. Las normas generales sobre la fundación indican el límite máximo de aportación complementaria que se puede exigir a los socios: en proporción a lo que ya hubieran desembolsado, que se ha perdido. No se comprende aquí el importe de aquello que se hubieran comprometido a aportar, pues esas cantidades ya están incluidas en el patrimonio como créditos de la sociedad.

Si la diferencia se advierte por el Registrador Mercantil con ocasión de la inscripción parece que esta debiera denegarse. Si no se hace y los fundadores voluntariamente no realizan las aportaciones complementarias entra en juego la responsabilidad de promotores y fundadores. Asimismo, una vez inscrita la sociedad podrá reclamar frente a ellos en razón del art. 38.3 LSC. Los terceros no tienen acción directa frente a los socios fundadores, al contrario de lo que sucede cuando se trata de la responsabilidad de los socios por lo que se han obligado a aportar mientras la sociedad está en fase de formación (art. 37.2 LSC).

4. Sociedades irregulares

4.1. Concepto

Una comprensión correcta de este temario exige relacionar la noción de sociedad irregular con los vicios de constitución de las sociedades. En concreto sólo con los vicios de forma y, específicamente, con el defecto de inscripción. La irregularidad no es, en efecto, un problema de forma, sino sólo de publicidad. Falta la inscripción en el RM. Por lo mismo, y a pesar de cierta jurisprudencia, se trata de un fenómeno exclusivamente anudado a las sociedades mercantiles. La sociedad civil no puede ser irregular sencillamente porque no está sometida (legalmente) a inscripción registral. Junto a ello es básica la actuación en el tráfico como tal sociedad, pues, en otro caso, se estaría ante una sociedad interna, noción que nada tiene que ver con la cuestión de que se trata. En definitiva, una sociedad irregular es aquella a la que le falta la inscripción en el RM y, contemporáneamente, actúa en el tráfico como tal sociedad. Por consiguiente se advierte en ella una disociación entre (ausencia de) publicidad registral y (existencia de) publicidad de hecho que el ordenamiento resuelve concediendo preminencia a esta última sobre la primera al objeto de tutelar a los terceros. La protección de los terceros es lo que ha justificado el tratamiento dado históricamente al fenómeno de la irregularidad societaria, cuyo principio ordenador básico consiste en que no se beneficie de ella quien es su causante o la conocía (art. 21 Ccom y 9 RRM). Partiendo de estas nociones el tratamiento de la cuestión difiere según se trate de sociedades de personas o de capitales.

4.2. Sociedades de personas irregulares

En las sociedades de personas la inscripción en el RM es meramente declarativa (art. 119 Ccom), de modo que la sociedad existe conforme a su tipo aun sin inscripción en aquel. A consecuencia de ello la irregularidad no afecta a las relaciones internas, a las que se aplicará el régimen previsto para el tipo en el CCom, junto a los pactos particulares (arts. 117, 121 y 125 CCom). Tampoco afecta a las relaciones externas, en que se actuará igual conforme al CCom, aunque obviamente existirá una inoponibilidad a terceros de los términos del contrato, ya que el régimen de la inscripción y de la publicidad legal se dirige a protegerlos. El hecho sujeto a inscripción y no inscrito no les es oponible (publicidad material negativa), a excepción de a aquellos que le conocieran por vía extrarregistral (arts. 21 CCom y 9 RRM). El límite está en la buena fe. Esta afirmación resulta de especial interés para determinar el régimen de responsabilidad de los socios comanditarios. Su responsabilidad solo estará limitada si demuestran que el tercero conocía su condición de comanditarios. Hay que pensar que existen socios colectivos que responden ilimitadamente.

En definitiva, no hay variación sustancial en cuanto a la consideración societaria, al particular grado de subjetivación, a las normas aplicables a la organización (mercantilidad objetiva) o a la atribución de la condición de empresario (mercantilidad subjetiva) a las sociedades personalistas irregulares, en tanto aquellas derivan de las propias disposiciones normativas del Ccom y ésta última, simplemente, de la conexión que manda el mismo texto legal entre mercantilidad objetiva, —determinada por el objeto de actividad—, y, subjetiva. De forma que se trata de sociedades que, por desarrollar una actividad mercantil, son empresarios, y están así sometidas al estatuto de estos, estén inscritas o no, y sean colectivas o comanditarias simples. La cuestión no deja de tener importancia práctica ya que no pocas de estas sociedades son precisamente irregulares; debiendo recordarse al respecto que la atribución de determinada calificación jurídica corresponde a los tribunales. Y que aquí ha de basarse en los datos de promoción en común de un fin común mediante el ejercicio de una actividad empresarial y origen negocial, que puede ser tácito, dada la libertad de forma que se aprecia en este ámbito (arg. *ex* art. 1667 CC y 117 Ccom) y la consideración de la escritura pública como mero presupuesto de la inscripción.

4.3. Sociedades de capital irregulares

En las sociedades de capital el tema de la irregularidad sigue anclado en el defecto de publicidad. La sociedad de capital irregular es una sociedad no inscrita, pero la coherencia del sistema se arbitra de manera distinta a como ocurre con las sociedades de personas. En estos supuestos la escritura pública no es una simple vía de acceso al RM, como en las sociedades de personas, sino un elemento esencial de carácter constitutivo del negocio fundacional (requisito de forma *ad solemnitatem*) que ha de ser considerado como presupuesto del tipo. De ahí que, antes de la escritura, no haya SA/SL, ni siquiera irregular, como se ha indicado antes. Por tanto, la SA/SL irregular es una sociedad cuyos pactos constan en escritura pública, que no se ha inscrito en el RM; mientras que, en las sociedades de personas, es indiferente que no exista tampoco escritura.

A diferencia de lo que sucede con las sociedades de personas, aquí la inscripción tiene, igual que la escritura, carácter constitutivo. Por consiguiente, otorgada la escritura pública y no inscrita en el RM en el plazo de un año desde el otorgamiento, o antes, si se verifica la voluntad de no inscribir, la sociedad en formación se convierte en una sociedad irregular, que ahora sí es anónima o limitada irregular (art. 39.1 LSC), si es que ha comenzado de hecho sus operaciones. En tal situación queda frustrado definitivamente el fin perseguido por las partes, pues consistía en la creación de una sociedad de capital, que no va a constituirse. Por ese motivo la Ley autoriza a cada una de las partes a desligarse de los vínculos frustrados, esto es, cualquier socio podrá instar la disolución de la sociedad ante el juez de lo mercantil del lugar del domicilio social y exigir, previa liquidación del patrimonio social, la cuota correspondiente, que se satisfará, siempre que sea posible, con la restitución de sus aportaciones (art. 40 LSC). Todo ello sin perjuicio de exigir la responsabilidad pertinente a los fundadores y administradores por la falta de inscripción (art. 32.1 LSC).

Mientras tanto, como hay escritura en dónde constan todos los elementos de la organización, en las relaciones internas se aplican las reglas de la corporación. Con eso quedan atendidos los intereses de los socios frustrados. Pero falta el plano externo, de protección a terceros, que eventualmente puedan relacionarse con ella, que es necesario tener en cuenta, porque puede que la sociedad continúe el ejercicio de sus actividades. A este respecto, la normativa a aplicar no puede ser la de las sociedades de capital porque no se ha cumplido el presupuesto necesario para obtener el beneficio de la limitación de responsabilidad. En su razón, de no instar los socios la disolución, si la actividad a la que se dedica la sociedad consiste en el ejercicio de una empresa, se aplicará la disciplina de la sociedad colectiva, o la de la sociedad civil, en otro caso (art. 39.1 LSC). Ahora bien, no se produce una conversión de la sociedad en formación en sociedad colectiva o civil, ni una transformación, sino simplemente el sometimiento *ex lege* de la sociedad de capital irregular a las normas de aquellas sociedades, lo que explica que una eventual posterior inscripción pueda producirse sin más trámites, como un mero acto de gestión que es y no como una segunda conversión o transformación (art. 39.2 LSC).

V. EFECTOS DE LA FUNDACIÓN. LA PERSONALIDAD JURÍDICA DE LA SOCIEDAD

1. *Efecto obligatorio y organizativo*

La fundación produce dos efectos. El obligatorio y el organizativo. El efecto obligatorio, que el negocio fundacional comparte con el resto de negocios jurídicos, consiste, según lo dicho antes, en que genera una serie de derechos y obligaciones, poderes y facultades entre los socios y la sociedad. El efecto organizativo es peculiar del negocio fundacional. Supone la creación de una organización o estructura que unifica al grupo, aunando su actuación y dotándole de capacidad para ser sujeto de derechos y obligaciones, por lo que este efecto se resuelve en la atribución a la sociedad de un particular grado de subjetivación que le permite tener relaciones externas, con terceros, e internas con sus socios.

2. *La personalidad jurídica de la sociedad*

El temario en torno a la personalidad jurídica de las sociedades se comprende en el marco del efecto organizativo de la fundación. Según acabo de indicar, este efecto organizativo se resuelve en la atribución a la sociedad de un particular grado de subjetivación, que le permite tener relaciones externas, con terceros, e internas con sus socios. Si este grado de subjetivación se identifica en todo caso con la personalidad jurídica, o no, depende de la noción que se tenga de esta. En el sistema auspiciado por nuestros Códigos, la personalidad jurídica es un mero mecanismo de imputación de derechos y obligaciones (art. 38 Cciv). Por eso atribuyen personalidad jurídica a todas las sociedades con el único requisito de que se trate de sociedades externas (arts. 1669 Cciv y 116 Ccom). Sociedad externa es aquella estructurada como organización unitaria para actuar como tal en el tráfico. No es preciso que lo haga efectivamente. En este caso, además de externa, la sociedad es manifiesta.

En consecuencia la sociedad interna se caracteriza por la existencia de una voluntad negocial de los socios de no participar conjuntamente en el tráfico, excluyendo con ello su relevancia *ad extra*. De ahí que se configure como una simple relación obligatoria entre los socios, desprovista de toda vertiente organizativa y, por ende, de relaciones externas, ya que estas no se instauran entre el grupo y los terceros, sino entre cada uno de los socios en particular, o uno solo, y aquellos. Este tipo de sociedades no ostenta personalidad jurídica.

No deben, sin embargo, confundirse con la sociedad oculta, que es aquella que no se publicita en el tráfico, porque la sociedad interna puede muy bien darse a conocer sin perder su carácter. La sociedad interna por excelencia de carácter mercantil es la sociedad de cuentas en participación. El resto de sociedades son externas y, por ende, según esta concepción amplia de la personalidad jurídica, son personas jurídicas. En consecuencia, la personalidad jurídica de las sociedades nace con la mera perfección del contrato, siempre que esté estructurado como organización unitaria, con independencia de la índole de esa organización.

Ocurre, sin embargo, que esta noción amplia de la personalidad no explica la mayor parte de los efectos que tiene la constitución de sociedades. En particular no permite distinguir los que genera la fundación de las sociedades de personas, de los que derivan de la fundación de sociedades de capital. A este temario aludí en el epígrafe III anterior, al que se remite ahora. Conviene únicamente recordar que, desde un punto de vista estricto, solo las sociedades de estructura corporativa son personas jurídicas. Por el contrario las de personas gozan de un grado menor de subjetivación que coincide con el propio de la comunidad germánica o en mano común. Finalmente cabe indicar que la personalidad jurídica se traduce en la capacidad jurídica y de obrar. Esta última es plena. No está limitada por el objeto social, que solo constituye un límite al poder de representación de los administradores.

3. Crisis y levantamiento del velo de la personalidad jurídica

La personalidad jurídica convierte a la sociedad en un sujeto de derecho independiente del conjunto de los socios que la forman, lo que se traduce en múltiples ventajas, pero puede también dar lugar a verdaderos fraudes y abusos en diferentes ámbitos del Derecho. Con el objeto de sancionar esos fraudes y abusos surgió la llamada doctrina del "levantamiento del velo de la personalidad jurídica". Por su intermedio se prescinde de la personalidad jurídica para penetrar o descubrir el sustrato real de las personas físicas situadas en su interior, con el objeto de aplicarlas directamente las normas legales.

El amparo legal que se utiliza para ello es muy variopinto. Se acude a expedientes tales como la simulación, el fraude de ley, la buena fe, la identidad económica material o el abuso del Derecho, pero sin que el recurso a los mismos se funde en criterios seguros, que quedan, por el contrario, remitidos al libre arbitrio de los jueces, quienes, en ocasiones, no ofrecen fundamentos convenientemente razonados y, muchas veces, acuden a este expediente con excesiva profusión. Todo ello provoca sin duda una gran inseguridad jurídica a la que debiera ponerse freno.

VI. DENOMINACIÓN

1. Caracterización

La denominación social identifica a la sociedad en el tráfico y la permite actuar en él como grupo unificado. Es el instrumento formal que hace posible el mantenimiento de relaciones con terceros y, por ende, la imputación a la misma de los derechos y obligaciones que surgen de ellas. Por eso constituye el atributo más relevante de la personalidad jurídica, lo que explica que la falta de esta mención en los estatutos acarree la nulidad de la sociedad (art. 56 LSC). También en atención a ello, con el objeto de evitar confusiones, cada sociedad deberá tener una sola denominación social (art. 398.1 RRM). Puede estar formada con letras del alfabeto de cualquiera de las lenguas oficiales españolas y con expresiones numéricas en guarismos árabes o números romanos (art. 399 RRM).

2. Composición de la denominación

2.1. Composición de la denominación en las sociedades de personas

En la composición de la denominación hay que distinguir dos tipos de elementos. El identificativo del tipo social de que se trate y el de la propia sociedad. Solo el primero puede incluirse mediante abreviaturas, que serán las explicitadas en el Ccom y en el RRM (arts. 398.2 y 403 RRM, 126 Ccom).

El segundo ha de consistir en una denominación subjetiva o razón social, en el sentido de que ha de estar integrada por el nombre de todos los socios, de alguno de ellos o de uno solo. En los dos últimos supuestos, se añadirá al nombre o nombres que se expresen, las palabras "y Compañía" o su abreviatura "y Cia." (art. 400.2 RRM). No podrá figurar el nombre de persona "que no pertenezca de presente a la Compañía", bajo la rigurosa sanción de la responsabilidad solidaria (artículo 126 Ccom.). Si una persona cuyo nombre figure total o parcialmente en la razón social perdiera, por cualquier causa, la condición de socio colectivo, la sociedad está obligada a modificar de inmediato la razón social (art. 401.4 RRM). Tampoco se incluirá el nombre de ningún comanditario en la razón social. Si algún comanditario incluyese su nombre o consintiese su inclusión quedará sujeto, respecto a las personas extrañas a la Compañía, a las mismas responsabilidades que los gestores, sin adquirir más derechos que los correspondientes a su calidad de comanditario (art. 147 Ccom).

La trascendencia que el legislador atribuye a los nombres de los socios obedece a la comunicación de responsabilidad. Este extremo obliga asimismo a aplicar el principio de "veracidad de la firma", esto es, la necesaria correspondencia de los nombres utilizados con los que efectivamente corresponden a los socios y se llevan a la razón social. Ahora bien, los órganos registrales competentes para el otorgamiento o verificación de denominaciones de personas jurídicas denegarán la razón social solicitada si coincidiera o pudiera originar confusión con una marca o nombre comercial notorios o renombrados en los términos que resultan de la LM, salvo autorización del titular de la marca o nombre comercial, aunque se trate del nombre de uno de los socios (DA 14ª LM).

2.2. Composición de la denominación en las sociedades de capital

Igual que sucede con las sociedades de personas, en la composición de la denominación de las sociedades de capitales hay que distinguir dos tipos de elementos. El identificativo del tipo social de que se trate y el de la propia sociedad. También del mismo modo que sucede en aquellas, en estas, solo el primero puede incluirse mediante abreviaturas, que serán las explicitadas en la LSC y en el RRM (arts. 398.2 y 403 RRM, 6 LSC). Es en el segundo elemento en el que se aprecian las diferencias entre sociedades de personas y de capital. En efecto, las sociedades de capital pueden girar bajo una razón social o bajo una denominación objetiva.

En el primer caso no podrá incluirse el nombre o el seudónimo de una persona sin su consentimiento, pero se presume prestado el consentimiento cuando la persona cuyo nombre o seudónimo forme parte de la denominación sea socio de la misma (art. 401.1 LSC). Ahora bien, igual que sucede en las sociedad de personas, aunque se trate del nombre de uno de los socios, no podrá incluirse en la razón social si coincide o puede originar confusión con una marca o nombre comercial notorios o renombrados en los términos que resultan de la LM, salvo autorización del titular de la marca o nombre comercial (DA 14ª LM). A diferencia de lo que ocurre en las sociedades de personas, el sujeto que, por cualquier causa, hubiera perdido la condición de socio de una sociedad de capital no podrá exigir la supresión de su nombre de la denominación social, a menos que se hubiera reservado expresamente este derecho (art. 401.2 RRM).

La denominación objetiva podrá hacer referencia a una o varias actividades económicas o ser de fantasía, pero no es posible adoptar una denominación objetiva que haga referencia a una actividad que no esté incluida en el objeto social (art. 402 RRM). Adicionalmente, la denominación ha de reunir dos tipos de requisitos, absolutos y relativos, que se traducen en dos prohibiciones de la misma índole. Las primeras consignan requisitos que debe reunir la denominación en sí misma, sin compararla con otras. Las segundas exigen tal comparación. El fundamento de su protección es, en consecuencia, distinto. Las prohibiciones absolutas pretenden preferentemente la tutela de intereses públicos o generales. Por el contrario, las relativas persiguen amparar los derechos de terceros particulares.

Prohibiciones absolutas son las siguientes: i) las que impiden incluir en la denominación términos o expresiones que resulten contrarios a la Ley, al orden público o a las buenas costumbres (art. 404 RRM); ii) las que vetan que esté compuesta exclusivamente con el nombre de España, sus Comunidades Autónomas, provincias o municipios o con el nombre de organismos, departamentos o dependencias de las Administraciones Públicas y de Estados extranjeros u organizaciones internacionales (art. 405 RRM), y, finalmente, iii) las que induzcan a error o confusión en el tráfico mercantil sobre la propia identidad de la sociedad y sobre la clase o naturaleza de éstas (art. 406 RRM). De otro lado, incurren en prohibición relativa las siguientes denominaciones: i) las que sean idénticas a alguna de las que figuren incluidas en la Sección de denominaciones del Registro Mercantil Central (arts. 407 y 408 RRM) y ii) las que coinciden o pueden originar confusión con una marca o nombre comercial notorios o renombrados, salvo autorización del titular de la marca o nombre comercial (DA 14 LM).

Para contrastar el cumplimiento de estos requisitos los constituyentes deben obtener del Registrador Mercantil Central una certificación en la que se expresa, exclusivamente, si la denominación figura o no registrada (art. 409 RRM). No podrá autorizarse escritura de constitución de sociedades o de modificación de denominación, sin que se presente al Notario la certificación que acredite que no figura registrada la denominación elegida (art. 413 RRM). De infringirse estas normas, la denominación podrá declararse nula, pero la nulidad no alcanzará a la sociedad. Sin embargo, la sociedad quedará disuelta de pleno derecho, si la sentencia por violación del derecho de marca impusiera el cambio de denominación social y éste no se efectuara en el plazo de un año, procediendo el Registrador Mercantil a practicar la cancelación de oficio (DA 17 LM).

VII. DOMICILIO Y SEDE ELECTRÓNICA

1. El domicilio

El domicilio es el lugar donde se localiza la actuación de la actividad de la sociedad. No es solo una población o término municipal. Es el inmueble o lugar concreto dónde se sitúa la sede social. Ha de consignarse necesariamente en la escritura o en los estatutos y referenciarse en toda la documentación (art. 24 Ccom). A él se anudan importantes funciones de variada índole, como la competencia judicial en caso de ejercicio de acciones contra la sociedad o la identificación del lugar de reunión de la Junta General.

La elección del lugar del domicilio no es libre, sino que debe vincularse a la localización de la gestión del fin común. Se trata de un criterio de conexión real. Las sociedades cuyo principal establecimiento o explotación radique dentro del territorio español deberán tener su domicilio en España (art. 9.2 LSC). Y, dentro de España, en el lugar en que se halle el centro de su efectiva administración y dirección, o en el que radique su principal establecimiento o explotación (art. 9.1 LSC). Por tanto, el domicilio debe fijarse en alguno de esos lugares. Y, en caso de discordancia, originaria o sobrevenida, es preciso rectificar el domicilio que conste en los estatutos inscritos para hacerlo coincidir con el domicilio real —donde se halle el centro de su efectiva administración y dirección o dónde radique su principal establecimiento o explotación—. Ahora bien, los terceros podrán considerar como domicilio cualquiera de ellos (art. 10 LSC).

Por otra parte, el domicilio ha de ser único y estable. La sociedad no puede establecer varios domicilios, ni uno rotatorio. Su cambio constituye, de ordinario, una modificación estatutaria. Por excepción, salvo disposición contraria de los estatutos, el órgano de administración será competente para cambiar el domicilio social dentro del territorio nacional (285.2 LSC). De otro lado, también salvo disposición contraria de los estatutos, el órgano de administración será competente para acordar la creación, la supresión o el traslado de las sucursales en cualquier lugar del territorio nacional o del extranjero (art. 11 LSC).

2. *Sede electrónica y comunicaciones por medios electrónicos*

La sede electrónica de la sociedad es definida por la LSC como la página web corporativa de aquella (arts. 11 bis-11 quáter LSC). Su creación deberá acordarse por la junta general, previa inclusión del asunto en el orden del día de la convocatoria de forma expresa, y el acuerdo deberá ser inscrito en el RM y publicado en el BORME. Sin embargo, salvo disposición estatutaria en contrario, su modificación, traslado o supresión será competencia del órgano de administración, aunque el acuerdo deberá inscribirse en el RM y será publicado en el BORME, así como en la propia página web que se ha acordado modificar, trasladar o suprimir durante los treinta días siguientes a contar desde la inserción del acuerdo. Es importante destacar a estos efectos que, hasta que la publicación de la página web en el BORME tenga lugar, las inserciones que realice la sociedad en ella no tendrán efectos jurídicos. Además, los estatutos sociales podrán exigir que, antes de que se hagan constar en la hoja abierta a la sociedad en el RM, estos acuerdos se notifiquen individualmente a cada uno de los socios.

La sociedad garantizará la seguridad de la página web, la autenticidad de los documentos publicados en la misma, así como el acceso gratuito a ella con posibilidad de descarga e impresión de lo insertado en su seno. La carga de la prueba del hecho de la inserción de documentos en la página web y de la fecha en que esa inserción haya tenido lugar corresponderá a la sociedad. No obstante, se impone expresamente a los administradores el deber de mantener lo insertado en la página web durante el término exigido por la ley. A ese respecto responderán solidariamente entre sí y con la sociedad frente a los socios, acreedores, trabajadores y terceros de los perjuicios causados por la interrupción temporal del acceso a esa página, salvo que dicha interrupción se deba a caso fortuito o fuerza mayor. Sin embargo, para acreditar el mantenimiento de lo insertado durante el término exigido por la ley será suficiente la declaración de los administradores, que podrá ser desvirtuada por cualquier interesado mediante cualquier prueba admisible en Derecho.

Si la interrupción del acceso a la página web fuera superior a dos días consecutivos o cuatro alternos, no podrá celebrarse la junta general que hubiera sido convocada para acordar sobre el asunto a que se refiera el documento inserto en esa página, salvo que el total de días de publicación efectiva fuera igual o superior al término exigido por la ley. En los casos en los que la ley exija el mantenimiento de la inserción después de celebrada la junta general, si se produjera interrupción, deberá prolongarse la inserción por un número de días igual al que el acceso hubiera estado interrumpido. La página web corporativa también podrá utilizarse para arbitrar comunicaciones entre la sociedad y los socios, incluida la remisión de documentos, solicitudes e información, siempre que dichas comunicaciones hubieran sido aceptadas por el socio. En este caso, la sociedad habilitará el correspondiente dispositivo de contacto con la sociedad que permita acreditar la fecha indubitada de la recepción así como el contenido de los mensajes electrónicos intercambiados entre socios y sociedad.

Como regla general, la creación de la página web corporativa constituye una facultad de la sociedad. Por excepción, las sociedades cotizadas deberán disponer de ella para atender el ejercicio por parte de los accionistas del derecho de información y para difundir la información relevante exigida por la legislación sobre el mercado de valores, sin perjuicio del derecho de los accionistas a solicitar la información en forma impresa. Asimismo, publicarán en dicha página web el periodo medio de pago a sus proveedores, y, en caso de que dicho periodo medio sea superior al máximo establecido en la normativa de morosidad, las medidas a aplicar en el siguiente ejercicio para su reducción hasta alcanzar dicho máximo. Corresponde al consejo de administración establecer el contenido de la información a facilitar en la página web, de conformidad con lo que establezca el Ministerio de Economía o, con su habilitación expresa, la CNMV. En todo caso, se habilitará en ella un Foro Electrónico de Accionistas, al que podrán acceder tanto los accionistas individuales como las asociaciones voluntarias que puedan constituir, con el fin de facilitar su comunicación con carácter previo a la celebración de las Juntas generales. En el Foro podrán publicarse propuestas que pretendan presentarse como complemento del orden del día anunciado en la convocatoria, solicitudes de adhesión a tales propuestas, iniciativas para alcanzar el porcentaje suficiente para ejercer un derecho de minoría previsto en la ley, así como ofertas o peticiones de representación voluntaria (art. 539 LSC).

VIII. NACIONALIDAD

La nacionalidad española de la sociedad se adquiere mediante el cumplimiento de dos requisitos cumulativos. La constitución con arreglo a las leyes españolas y el domicilio en España (art. 28.1 Cciv y 15 Ccom). En este contexto, el art. 8 LSC parece presuponer que sólo pueden tener domicilio en España las sociedades constituidas con arreglo al Derecho español. En cualquier caso, sólo cuando ambos requisitos queden simultáneamente satisfechos cabrá atribuir a la sociedad nacionalidad española, sin perjuicio, naturalmente, de lo que puedan disponer en otro sentido los Tratados internacionales.

Lección 16

Modificaciones estructurales. Disolución parcial. Disolución, liquidación y extinción de sociedades. Incidencia de las TICs en el Derecho de Sociedades

I. MODIFICACIONES ESTRUCTURALES

1. Caracterización

Las modificaciones estructurales consisten en alteraciones de la sociedad que van más allá de las simples modificaciones estatutarias para afectar a la estructura patrimonial o personal de la sociedad. Por tanto, incluyen la transformación, la fusión, la escisión y la cesión global de activo y pasivo. Pueden ser tanto internas como transfronterizas , incluyendo las que se llevan a cabo dentro del Espacio Económico Europeo —intraeuropeas— y las que se desarrollan fuera del mismo —extraeuropeas—.

Estas modificaciones estaban reguladas en la Ley de Modificaciones Estructurales (LME) que ha sido derogada y sustituida por la regulación que incorpora el RD-Ley 5/2023, de 28 de junio en el que, entre otros asuntos, se transpone la Directiva 2019/2121 del Parlamento Europeo y del Consejo, de 27 de noviembre de 2019, por la que se modifica la Directiva (UE) 2017/1132 en lo que atañe a las transformaciones, fusiones y escisiones transfronterizas. Están reguladas en el Libro Primero del citado RD-Ley, haciendo referencia a él los artículos que se citan.

Su ámbito de aplicación se extiende a todas las sociedades que tengan la consideración de mercantiles, bien por la naturaleza de su objeto, bien por la forma de su constitución; si bien no resultará aplicable a las sociedades cooperativas, a pesar de su carácter mercantil (art. 2 Libro I RD-L 5/2023).

No obstante lo anterior, se establecen limitaciones en relación con las sociedades en liquidación, por cuanto no podrán realizar una modificación estructural si ha comenzado la distribución de la cuota de liquidación entre los socios; y, respecto a las sociedades que se encuentren en concurso de acreedores o sometidas a un plan de reestructuración, puesto que en estos casos habrá de aplicarse la Ley Concursal en lo que hace referencia a la formación de la voluntad social, los derechos de los socios y la protección de los acreedores.

Asimismo, no podrá realizar una transformación transfronteriza la sociedad que se encuentre en liquidación concursal, así como ciertas entidades financieras y sociedades de cartera a las que alude la Directiva 2014/59 (UE).

El régimen jurídico de las modificaciones estructurales se integra por un conjunto de disposiciones comunes aplicables a todas ellas, sin distinción de que sean operaciones internas o transfronterizas; y por una serie de normas específicas para cada uno de los tipos de modificación interna regulados en la ley. Asimismo, se contempla el régimen de las modificaciones estructurales transfronterizas, que pueden ser intraeuropeas y extraeuropeas.

2. *Disposiciones comunes*

2.1. Contenido

Las disposiciones comunes son un conjunto de normas aplicables a todas las modificaciones estructurales, sin distinción de que sean operaciones internas o transfronterizas, no obstante las adaptaciones, en su caso, oportunas a cada operación. Comprenden por un lado, los diferentes pasos en los que se divide el proceso de la modificación estructural —la elaboración del proyecto de modificación estructural, los informes del órgano de administración y de expertos independientes, la publicidad preparatoria del acuerdo, la aprobación de operación proyectada, el acuerdo unánime de modificación estructural, la publicación e impugnación del acuerdo, la eficacia de la inscripción y validez de la operación inscrita—; y, por otro, el régimen de protección de socios, acreedores y trabajadores afectados por la modificación estructural

2.2. Proceso de modificación

En relación con el proyecto de modificación estructural, realizado por los administradores de la sociedad o sociedades que realicen o participen en una modificación estructural, deberá incluir una serie de menciones mínimas, así como las menciones que, en su caso, se exijan con carácter concreto para cada tipo de modificación. En cuanto a las menciones mínimas comunes harán referencia a los datos identificativos de la sociedad participante y en su caso resultante; calendario indicativo de la operación; derechos que vayan a conferirse por la sociedad resultante a los socios con derechos especiales; implicaciones para los acreedores y garantías que se les vaya a ofrecer; ventajas otorgadas a los órganos de los miembros de administración, dirección o control de las sociedades implicadas; los detalles de la oferta de compensación en efectivo a los socios que tengan derecho a enajenar sus acciones, participaciones o cuotas; y, las consecuencias probables de la operación para el empleo (art. 4 Libro I RD-L 5/2023).

Además, los administradores deben elaborar un informe para los socios y los trabajadores (art. 5 Libro I RD-L 5/2023) en el que expliquen y justifiquen los aspectos jurídicos y económicos de la modificación estructural, sus consecuencias para los trabajadores, así como, en particular, para la actividad empresarial futura de la sociedad y para sus acreedores. En algunos casos, no obstante, se podrá excepcionar la parte del informe destinada a los socios, y en otros, la destinada a los trabajadores.

Será preciso, asimismo, un informe de experto independiente designado por el Registrador Mercantil, a solicitud de los administradores y destinado a los socios, en el que examinará el proyecto de modificación estructural. Este informe será puesto a disposición de los socios con un mes de antelación a la junta donde se someterá a aprobación la modificación.

Con la finalidad de que tanto los socios, como los acreedores y los representantes de los trabajadores, o en su caso, los propios trabajadores puedan conocer la intención de llevar a cabo la modificación estructural, así como su contenido, debe insertarse en la página web de la sociedad o sociedades implicadas, tanto el proyecto de modificación estructural, como un anuncio para que todos ellos, si es el caso, puedan presentar observaciones. También el informe del experto cuando resulte procedente. El hecho de la inserción de tales documentos se publicará además en el BORME.

Toda modificación estructural deberá ser acordada por la junta general, atendiendo a los requisitos y formalidades exigidos en el régimen de la sociedad o sociedades participantes en la operación, salvo en aquellos aspectos expresamente regulados por el Real Decreto-Ley (art. 8 Libro I RD-L 5/2023). Tanto para las sociedades anónimas, como para las limitadas, se establecen mayorías cualificadas, que podrán ser elevadas en los estatutos, siempre y cuando no superen el noventa por ciento de los derechos de voto que corresponden al capital social presente o representado en la junta general.

Se contempla como supuesto particular, que exonera del deber de publicar los documentos anteriormente indicados y el de realizar el anuncio y el informe de los administradores, cuando se adopte por la sociedad o por cada una de las sociedades participantes en junta universal y por unanimidad de todos los socios con derecho de voto y, en su caso, de quienes de acuerdo con la ley o los estatutos pudieran ejercer legítimamente ese derecho.

Una vez adoptado el acuerdo, se publicará en el BORME y en la página web de la sociedad, o si no tiene, en uno de los diarios de mayor difusión en las provincias en las que las sociedades tengan su domicilio. En ese anuncio, se hará constar el derecho que asiste a los socios y acreedores de obtener el texto íntegro del acuerdo adoptado y del balance presentado. No obstante lo anterior, no será necesario cuando el acuerdo se comunique individualmente por escrito o vía electrónica a todos los socios y acreedores, por un procedimiento que asegure la recepción de aquél en la dirección que figure en la documentación de la sociedad (art. 10 Libro I RD-L 5/2023).

El acuerdo es susceptible de impugnación. En todo caso, se establece expresamente que no constituirán por sí solos, individual o conjuntamente, motivos de impugnación del acuerdo de modificación estructural, los siguientes:

1.º La compensación en efectivo ofrecida en el proyecto por la enajenación de las acciones, participaciones o cuotas de los socios fue fijada inadecuadamente;

2.º La relación de canje de las acciones, participaciones o cuotas fue fijada inadecuadamente; o

3.º La información facilitada sobre la compensación en efectivo o la relación de canje no cumplía los requisitos legales

Una vez cumplidos todos los trámites, el Registrador Mercantil inscribirá la modificación estructural, momento a partir del cual, se considerará que la modificación goza de eficacia. No podrá declararse la nulidad de una modificación estructural una vez inscrita. Esto no impide, sin embargo, que los socios y terceros puedan ejercitar las acciones resarcitorias que les correspondan (art. 16 Libro I RD-L 5/2023).

2.3. Régimen común de protección de socios y acreedores

La protección de los socios se lleva a cabo articulando, en los casos que proceda teniendo en cuenta el régimen específico de la modificación estructural de que se trate, un derecho a una compensación adecuada en efectivo por la venta de sus acciones, participaciones o cuotas (art. 12 Libro I RD-L 5/2023). Se trata de los casos de transformaciones internas —cuando una sociedad española adopta un tipo social distinto conservando su nacionalidad—, fusiones por absorción de sociedad participada al 90% en el que no se hayan elaborado los informes de administradores y expertos y, en las operaciones transfronterizas cuyo resultado sea que los socios quedan sometidos a una ley extranjera.

Para ello, será preciso que hayan votado en contra de la aprobación del proyecto de transformación o sean titulares de acciones o participaciones sin voto.

En el caso de que el socio considere que la compensación en efectivo no se ha fijado adecuadamente, tendrá derecho a reclamar una compensación complementaria ante el Juzgado de lo Mercantil del domicilio social, o bien dirigirse al tribunal arbitral si así se hubiera expresamente previsto. Pero esta reclamación en ningún caso paralizará la operación de modificación estructural ni su inscripción en el RM.

En cuanto a los acreedores (art. 13 Libro I RD-L 5/2023), se establecen un conjunto de medidas de garantía, que sustituyen al derecho de oposición que contemplaba la legislación derogada. Estas medidas se aplican, no obstante, solo a los acreedores titulares de créditos que no hayan vencido y que sean anteriores a la publicación del proyecto de modificación, que no estén de acuerdo con las garantías que les han ofrecido o con el hecho de que no se les haya ofrecido ninguna, y que hayan notificado a la sociedad su desacuerdo.

En todo caso, los acreedores deberán demostrar que la modificación estructural pone en riesgo la satisfacción de sus derechos y que las garantías que se les ofrecen no son las adecuadas (art. 14 Libro I RD-L 5/2023). Se presume que son adecuadas cuando así lo exprese el experto en su informe; o bien, cuando se pueda acreditar por parte de la sociedad que no hay motivo para dudar que podrá atender sus obligaciones una vez realizada la modificación estructural (art. 15 Libro I RD-L 5/2023)

Si se dan estos presupuestos, disponen de un mes, en el caso de operación interna, y de tres, si es transfronteriza, contados a partir del momento de la publicación del proyecto de modificación para dirigirse bien al Registrador Mercantil —si el experto ha emitido informe sobre las garantías considerándolas inadecuadas— bien al Juzgado de lo Mercantil, si se ha emitido informe de experto considerando esas medidas adecuadas. En cualquier caso, y al margen de las actuaciones que ordenen con posterioridad el Registrador Mercantil o el juzgado, no se paralizará la operación de modificación estructural ni su inscripción en el RM.

3. Transformación por cambio de tipo social

3.1. Concepto y caracteres

Mediante la transformación por cambio de tipo social una sociedad adopta un tipo social distinto. La transformación no supone la constitución de una nueva sociedad, sino un mero cambio de forma jurídica y estructura interna, por eso conserva su misma personalidad jurídica. A consecuencia de ello la transformación se produce sin solución de continuidad en las relaciones fácticas, su actividad no sufre paralización.

3.2. Supuestos

La norma adopta un criterio de permisibilidad muy amplio a la hora de identificar los tipos sociales entre los que puede efectuarse la transformación. Se admite la transformación de una sociedad mercantil inscrita en cualquier otro tipo de sociedad mercantil, en una agrupación de interés económico o en una sociedad cooperativa. Por su parte una SA podrá transformarse en SAE y viceversa. De otro lado, una agrupación europea de interés económico, podrá transformarse en agrupación de interés económico. Igualmente, una agrupación de interés económico podrá transformarse en cualquier tipo de sociedad mercantil y en agrupación europea de interés económico. La sociedad civil podrá transformarse en cualquier tipo de sociedad mercantil. Las sociedades cooperativas podrán transformarse en sociedades mercantiles y en sociedades cooperativas europeas y estas últimas en sociedades cooperativas (art. 18 Libro I RD-L 5/2023).

3.3. Forma y requisitos

Como se ha indicado, a la transformación se le aplica el régimen común anteriormente señalado, con algunas especialidades que se exponen a continuación.

En relación con el proyecto de transformación, deberá incluirse información adicional, y deberá acompañarse del balance de la sociedad a transformar, cerrado en los seis meses anteriores a la fecha prevista para la junta, junto con un informe acerca de las modificaciones patrimoniales que hayan tenido lugar después del mismo; el informe del auditor si estuviera obligada la sociedad a auditar sus cuentas; y, los certificados acreditativos de encontrarse al corriente en el cumplimiento de sus obligaciones tributarias y frente a la Seguridad Social (art. 20 Libro I RD-L 5/2023). Tratándose de transformaciones internas, no será necesario que en el proyecto se incluya un ofrecimiento de garantías a los acreedores.

En cuanto al informe de los administradores, se precisa que deberán informar sobre cualquier cambio significativo acaecido desde el cierre del informe que justifica la transformación y el balance, y la de la celebración de la junta.

El informe del experto únicamente se requerirá en los casos de transformación en sociedad anónima o comanditaria por acciones, al objeto de valorar las aportaciones no dinerarias.

En cuanto a la escritura de transformación, además de las menciones exigidas para la constitución de la sociedad cuyo tipo se adopte, será preciso incluir la relación de socios que hubieran quedado separados de forma automática y la cuota, acciones o participaciones que se les atribuyan en la sociedad transformada (art. 30 Libro I RD-L 5/2023). La eficacia de la transformación se producirá con la inscripción de la escritura en el RM.

3.4. Efectos

Se distinguen los efectos internos y los externos. Los primeros afectan a la posición jurídica de los socios. Los segundos a las relaciones con terceros.

En el ámbito interno, los socios asumen la posición jurídica correspondiente al nuevo tipo social, pero no es posible modificar su participación social, salvo que concurra su consentimiento expreso (art. 26 Libro I RD-L 5/2023).

En punto a las relaciones con terceros cabe recordar que la transformación no supone la constitución de una nueva sociedad, sino un mero cambio de forma jurídica y estructura interna, pero con mantenimiento de la misma personalidad jurídica. A consecuencia de ello se produce sin solución de continuidad en las relaciones fácticas, de modo que su actividad no sufre paralización. Pero como puede entrañar un cambio de responsabilidad de los socios, es preciso arbitrar normas para proteger a los acreedores. Por ello se dispone que los socios que, en virtud de la transformación asuman responsabilidad personal e ilimitada por las deudas sociales, responderán en la misma forma de las deudas anteriores a la transformación (art. 32 Libro I RD-L 5/2023). Con ello quieren evitarse estratagemas de quienes puedan adoptar una forma social con responsabilidad ilimitada con la intención de eludir los mecanismos de control del capital social de las formas sin responsabilidad de los socios a los que antes estaban sometidos, lo que les permite ahora acceder al patrimonio en perjuicio de los acreedores.

Por otra parte, salvo que los acreedores sociales hayan consentido expresamente la transformación, subsistirá la responsabilidad de los socios que respondían personalmente de las deudas de la sociedad transformada por las deudas sociales contraídas con anterioridad a la transformación de la sociedad. Esta responsabilidad prescribirá a los cinco años a contar desde la publicación de la transformación en el BORME.

Se les reconoce además, a los titulares de derechos especiales distintos de las acciones participaciones o cuotas que no puedan atenderse después de la transformación un derecho a oponerse a que esta se lleve a cabo. Disponen para ello del plazo de un mes desde que se publicó el acuerdo en el BORME o desde que se envió la comunicación individual por escrito.

4. Fusión

4.1. Caracterización y clases

En virtud de la fusión, dos o más sociedades mercantiles inscritas se integran en una única sociedad mediante la transmisión en bloque de sus patrimonios y la atribución a los socios de las sociedades que se extinguen de acciones, participaciones o cuotas de la sociedad resultante, que puede ser de nueva creación o una de las sociedades que se fusionan (art. 33 Libro I RD-L 5/2023).

La fusión puede ser de dos clases (art. 34 Libro I RD-L 5/2023). Fusión por creación de una nueva sociedad, que implica la extinción de todas las que se fusionan y la creación de una nueva entidad. Y fusión por absorción, en la que se extinguen todas menos una, que absorbe a las demás (Libro I RD-L 5/2023). Sin embargo, la diferencia entre ellas es meramente formal o externa, no afecta a su naturaleza jurídica, ya que en ambas se advierten las mismas notas caracterizadoras o elementos, que son tres:

i) la extinción de alguna o algunas de las sociedades;

ii) la transmisión en bloque de los respectivos patrimonios de las sociedades extinguidas a la nueva entidad o a la absorbente, que adquirirán por sucesión universal los derechos y obligaciones de aquéllas; es decir, en un único acto. Este mecanismo facilita sin duda la cesión patrimonial y explica que la extinción de las sociedades se produzca sin previa liquidación ya que, por su intermedio, no hay deudas que extinguir, ni créditos a cobrar, ni activo que repartir;

iii) la integración de los socios de las sociedades extinguidas en la sociedad resultante de la fusión, que se arbitra entregándoles un número de acciones o participaciones, o una cuota de esta última. Debido a ello, si la fusión es por absorción, la entidad absorbente aumentará, en su caso, el capital social en la cuantía que proceda. El aumento, en efecto, podrá no ser necesario, si la sociedad tiene, por ejemplo, acciones en cartera. De aumentarse el capital, los antiguos socios no tienen derecho de asunción/suscripción preferente (art. 304.2 LSC).

La LME exige que la participación del socio no varíe con la fusión, por lo que las acciones, participaciones o cuotas que reciba deben ser proporcionales a la participación que ostentara en la sociedad extinguida (art. 35 Libro I RD-L 5/2023). Por este motivo regula con especial detalle y cuidado el tipo de canje, al objeto de proteger a los miembros de las sociedades extinguidas. Exige en particular que se establezca sobre la base del valor razonable del patrimonio de las sociedades que participan en la fusión (art. 36 Libro I RD-L 5/2023). Se prohíbe, sin embargo, el canje de las participaciones propias por las de la sociedad resultante de la fusión, que deberán ser amortizadas o extinguidas.

En distinto orden de cosas, en la disciplina legal se presta atención especial a la absorción de una sociedad íntegramente participada (art 53 Libro I RD-L 5/2023, la de una sociedad participada al noventa por ciento (art. 54 Libro I RD-L 5/2023 y a la operación mediante la cual una sociedad se extingue transmitiendo en bloque el patrimonio a la sociedad que posee la totalidad de las acciones, participaciones o cuota correspondientes a aquélla, es decir, sin atribución de éstas a los socios de la sucesora, que la LME considera una operación asimilada a la fusión (art. 57 Libro I RD-L 5/2023).

4.2. Procedimiento

4.2.1. Proyecto de fusión

Los administradores de cada una de las sociedades que participen en la fusión habrán de redactar y suscribir un proyecto común de fusión. Este proyecto, además de las menciones exigidas con carácter general, deberá incluir un contenido mínimo previsto en la ley (art. 40 Libro I RD-L 5/2023). Los administradores deberán hacer constar en el proyecto las implicaciones de la operación para los acreedores y las garantías que, en su caso, se les ofrezcan. La suscripción les obliga a un especial deber de pasividad, por cuanto, tras ella, no podrán realizar acto alguno que pudiera comprometer la aprobación del proyecto o modificar sustancialmente la relación de canje de las acciones, participaciones o cuotas (art. 39.2 Libro I RD-L).

Cuando alguna de las sociedades que participen en la fusión sea SA o SCa será precisa la elaboración de un informe, —o varios—, redactado por uno o varios expertos independientes designados por el Registrador mercantil correspondiente al domicilio social, cuyo contenido mínimo está previsto en la ley.

El proyecto de fusión es objeto de una publicidad especial, que se arbitra mediante su inserción en la página web de cada una de las sociedades que participan en la fusión, sin perjuicio de que los administradores puedan depositar voluntariamente un ejemplar del proyecto común de fusión en el Registro Mercantil correspondiente a cada una de las sociedades que participan en ella.

4.2.2. Acuerdo de fusión

4.2.2.1. Requisitos

El acuerdo de fusión se adoptará necesariamente por la junta de socios de cada una de las sociedades que participen en ella, con sujeción a los requisitos y formalidades establecidos en el régimen de las sociedades que se fusionan (art. 47 Libro I RD-L 5/2023), a los que se adicionan los previstos por la normas específicas en materia de fusiones, cuyo objeto es reforzar la tutela de socios y terceros, en particular en materia de información, ante una decisión de la trascendencia de esta.

Las peculiaridades se refieren, en primer término, a la convocatoria. Antes de la publicación del anuncio de convocatoria de las juntas de socios que hayan de resolver sobre la fusión o de la comunicación individual de ese anuncio a los socios, los administradores deberán insertar en la página web de la sociedad, con posibilidad de descargarlos e imprimirlos, los siguientes documentos: el proyecto común de fusión; en su caso, los informes de los administradores de cada una de las sociedades sobre el proyecto de fusión; en su caso, los informes de los expertos independientes; las cuentas anuales y los informes de gestión de los tres últimos ejercicios, así como los correspondientes informes de los auditores de cuentas de las sociedades en las que fueran legalmente exigibles; el balance de fusión de cada una de las sociedades, cuando sea distinto del último balance anual aprobado, acompañado, si fuera exigible, del informe de auditoría o, en el caso de fusión de sociedades cotizadas, el informe financiero semestral por el que el balance se hubiera sustituido; los estatutos sociales vigentes incorporados a escritura pública y, en su caso, los pactos relevantes que vayan a constar en documento público; el proyecto de escritura de constitución de la nueva sociedad o, si se trata de una absorción, el texto íntegro de los estatutos de la sociedad absorbente o, a falta de estos, de la escritura por la que se rija, incluyendo destacadamente las modificaciones que hayan de introducirse; y, la identidad de los administradores de las sociedades que participan en la fusión, la fecha desde la que desempeñan sus cargos y, en su caso, las mismas indicaciones de quienes vayan a ser propuestos como administradores como consecuencia de la fusión (art. 46 Libro I RD-L 5/2023).

Si la sociedad no tuviera página web, los socios, los obligacionistas, los titulares de derechos especiales y los representantes de los trabajadores que así lo soliciten por cualquier medio admitido en Derecho tendrán derecho al examen en el domicilio social de copia íntegra de los documentos anteriores, a cuyo efecto los administradores están obligados a ponerlos a su disposición; así como a la entrega o al envío gratuitos de un ejemplar de cada uno de ellos.

El acuerdo requerirá, además de las mayorías previstas en el régimen del tipo social de que se trate, el consentimiento de todos los socios que, por virtud de la fusión, pasen a responder ilimitadamente de las deudas sociales, así como el de los socios de las sociedades que se extingan que hayan de asumir obligaciones personales en la sociedad resultante de la fusión. También será necesario el consentimiento individual de los titulares de derechos especiales distintos de las acciones o participaciones cuando no disfruten, en la sociedad resultante de la fusión, de derechos equivalentes a los que les correspondían en la sociedad extinguida, a no ser que la modificación de tales derechos hubiera sido aprobada, en su caso, por la asamblea de esos titulares (art. 48 Libro I RD-L 5/2023).

4.2.2.2. Contenido del acuerdo

El acuerdo ha de incluir las menciones prescritas en el régimen de las sociedades que se fusionan y las legalmente exigidas para la constitución de la nueva sociedad, si esta es la modalidad de fusión por la que se opta. Además, el acuerdo ha de comprender la aprobación del balance de fusión. No es preciso que se trate de una balance específicamente formado para la fusión, ya que podrá considerarse balance de fusión, el último balance de ejercicio aprobado, siempre que hubiere sido cerrado dentro de los seis meses anteriores a la fecha del proyecto de fusión.

4.2.2.3. Escritura e inscripción

El acuerdo de fusión deberá elevarse a escritura pública por todas las sociedades que se fusionan, a la cual se incorporará el balance de fusión de aquéllas o, en el caso de fusión de sociedades cotizadas, el informe financiero semestral por el que el balance se hubiera sustituido (art. 50 Libro I RD-L 5/2023), y se inscribirá en el RM. La inscripción tiene carácter constitutivo, por lo que es precisa para la eficacia de la fusión. Una vez inscrita, se cancelarán los asientos registrales de las sociedades extinguidas (art. 51 Libro I RD-L 5/2023).

4.3. Los efectos de la fusión sobre la responsabilidad de los socios

Salvo que los acreedores sociales hayan consentido de modo expreso la fusión, los socios responsables personalmente de las deudas de las sociedades que se extingan por la fusión contraídas con anterioridad a esa fusión, continuarán respondiendo de esas deudas. Esta responsabilidad prescribirá a los cinco años a contar desde la publicación de la fusión en el BORME (art. 52 Libro I RD-L 5/2023).

5. Escisión

5.1. Delimitación conceptual, supuestos y función económica

La escisión puede ser total, parcial y constituir en una segregación.

Se entiende por escisión total la extinción de una sociedad, con división de todo su patrimonio en dos o más partes, cada una de las cuales se transmite en bloque por sucesión universal a una sociedad de nueva creación o es absorbida por una sociedad ya existente, recibiendo los socios un número de acciones, participaciones o cuotas de las sociedades beneficiarias proporcional a su respectiva participación en la sociedad que se escinde. Además, cuando sea conveniente para ajustar el tipo de canje, los socios podrán recibir una compensación en dinero que no exceda del diez por ciento del valor nominal de las acciones, de las participaciones o del valor contable de las cuotas atribuidas (art. 59 Libro I RD-L 5/2023)

Se entiende por escisión parcial el traspaso en bloque por sucesión universal de una o varias partes del patrimonio de una sociedad, cada una de las cuales forme una unidad económica, a una o varias sociedades de nueva creación o ya existentes, recibiendo los socios de la sociedad que se escinde un número de acciones, participaciones o cuotas sociales de las sociedades beneficiarias de la escisión proporcional a su respectiva participación en la sociedad que se escinde y, en su caso, cuando sea conveniente para ajustar el tipo de canje, los socios podrán recibir, además, una compensación en dinero que no exceda del diez por ciento del valor nominal de las acciones, de las participaciones o del valor contable de las cuotas atribuidas y reduciendo ésta el capital social en la cuantía necesaria (art. 60 Libro I RD-L 5/2023). Si la parte del patrimonio que se transmite en bloque está constituida por una o varias empresas o establecimientos comerciales, industriales o de servicios, podrán ser atribuidas a la sociedad beneficiaria las deudas contraídas para la organización o el funcionamiento de la empresa que se traspasa.

Finalmente se entiende por segregación el traspaso en bloque por sucesión universal de una o varias partes del patrimonio de una sociedad, cada una de las cuales forme una unidad económica, a una o varias sociedades, recibiendo a cambio la sociedad segregada acciones, participaciones o cuotas de las sociedades beneficiarias (art. 61 Libro I RD-L 5/2023).

Resulta claro que todas las modalidades de escisión tienen como objeto conseguir una descentralización empresarial. Normalmente con el fin de obtener una mayor especialización o para separar los riesgos que derivan de las distintas actividades realizadas por una misma sociedad. En este sentido puede afirmarse que se trata de operaciones contrarias a la fusión en la que se persigue la concentración empresarial. Pero no debe descartarse que esta quiera conseguirse a través de la escisión ya que es posible que la parte o partes escindidas sean transmitidas a sociedades prexistentes o nuevas. Su función económica es, pues, cuanto menos, ambivalente.

5.2. Régimen jurídico: protección de los socios y de los acreedores

En lo esencial, las notas caracterizadoras de la escisión coinciden con la fusión. También aquí hay traspaso en bloque de patrimonios por sucesión universal. Y tanto en la escisión total como en la parcial integración de socios en las sociedades beneficiarias. El procedimiento y los intereses afectados por la operación son asimismo semejantes. Por estos motivos la escisión se rige por las normas establecidas para la fusión, entendiendo que las referencias a la sociedad resultante de la fusión equivalen a indicaciones relativas a las sociedades beneficiarias de la escisión.

Se exceptúan únicamente las salvedades contenidas en la misma Ley (art. 63 Libro I RD-L 5/2023). Entre ellas destacan las relativas a la atribución de los elementos del activo y del pasivo a las sociedades beneficiarias (art. 65 Libro I RD-L 5/2023) y a la atribución de acciones, participaciones o cuotas a los socios en las sociedades beneficiarias (art. 66 Libro I RD-L 5/2023), en relación con las notas caracterizadoras. En cuanto hace al procedimiento, son relevantes las peculiaridades del proyecto de escisión.

Finalmente, en punto a los efectos y en orden a proteger a los acreedores, es significativa la responsabilidad solidaria de todas las sociedades beneficiarias por las obligaciones que hubieran quedado a cargo de la sociedad escindida. Se limita la responsabilidad solidaria de la sociedad escindida segregrada por las obligaciones incumplidas por las beneficiarias al activo neto que le quede. En ambos casos, debe tratarse de deudas nacidas y no vencidas antes de la publicación del proyecto de escisión, y prescribirán a los cinco años (art. 70 Libro I RD-L 5/2023).

6. Cesión global de activo y pasivo

La cesión global de activo y pasivo es una modificación estructural que se caracteriza por consistir en la transmisión en bloque de todo el patrimonio de la sociedad, por sucesión universal, a uno o a varios socios o terceros, a cambio de una contraprestación que no podrá consistir en acciones, participaciones o cuotas de socio del cesionario. La sociedad cedente quedará extinguida si la contraprestación fuese recibida total y directamente por los socios (art. 72 Libro I RD-L 5/2023). En estos casos, la tutela del socio se consigue a través de la información que facilita el proyecto de cesión global y mediante el sometimiento del acuerdo a algunos de los requisitos establecidos para la adopción del acuerdo de fusión.

De las obligaciones asumidas por un cesionario que resulten incumplidas responderán solidariamente los demás cesionarios, hasta el límite del activo neto atribuido a cada uno de ellos en la cesión; y, según los casos, los socios, hasta el límite de lo que hubieran recibido como contraprestación por la cesión, o la propia sociedad que no se hubiera extinguido, por la totalidad de la obligación.

II. LA DISOLUCIÓN PARCIAL DE LA SOCIEDAD

1. Concepto y clases

La disolución parcial de la sociedad consiste en la extinción de alguna, o algunas, acciones, participaciones o cuotas sociales, por lo que, en caso de sociedades de capital, supone necesariamente la reducción de este. Incluye como modalidades la exclusión y la separación de socios, que se diferencian en que la separación se produce por voluntad del socio, mientras que la exclusión acaece sin, o contra, su voluntad.

2. Exclusión de socios

2.1. Causas

Las causas de exclusión varían según se trate de sociedades de personas o de capital. En las primeras comprenden, en general, conductas que infringen el deber de lealtad, por lo que su fundamento principal reside en la pérdida de confianza que acarrea su realización (art. 218 Ccom). La exclusión se presenta como una sanción de especial dureza ante comportamientos que defraudan la confianza consustancial a este tipo de sociedades. Su elenco es muy amplio y no tiene carácter tasado debido también a que en esta clase de sociedades la reducción de capital que supone no afecta a la garantía de terceros, que reside más en la responsabilidad personal e ilimitada de los socios.

En la medida en que el *intutitu personae* es prácticamente inexistente en la SA en la que lo que importa es la aportación al capital, el único motivo de exclusión que prevé la LSC es la falta de realización de los desembolsos pendientes. Finalmente, el carácter mixto de la SL justifica que en su seno las causas se amplíen. Afectan al socio que incumpla voluntariamente la obligación de realizar prestaciones accesorias, así como al socio administrador que vulnere la prohibición de competencia o hubiera sido condenado por sentencia firme a indemnizar a la sociedad los daños y perjuicios causados por actos contrarios a la ley o a los estatutos o realizados sin la debida diligencia (art. 350 LSC).

Por lo demás, tanto en la SA como en la SL, con el consentimiento de todos los socios, podrán incorporarse a los estatutos causas determinadas de exclusión o modificarse o suprimirse las que figurasen en ellos con anterioridad (art. 351 LSC).

2.2. Procedimiento de exclusión

En las sociedades de personas, la exclusión exige acuerdo unánime o resolución judicial firme. Esta última es necesaria cuando solo hay dos socios o se trata de excluir al gestor estatutario (art. 132 Ccom). En la SL, el acuerdo exige el voto favorable de, al menos, dos tercios de los votos correspondientes a las participaciones en que se divida el capital social (art. 199 LSC) y, si se trata de la exclusión de un socio con participación igual o superior al 25% del capital social, requerirá además resolución judicial firme, siempre que el socio no se conforme con la exclusión acordada, salvo que se trate del socio administrador condenado a indemnizar a la sociedad (art. 352 LSC).

3. Separación de socios

3.1. Causas

De conformidad otra vez con el *intuitu personae* que domina las sociedades de personas y la importancia relativa que se concede a la devolución de aportaciones a los socios, todo socio puede separarse de la sociedad en cualquier momento sin aducir causa alguna. Los demás no podrán oponerse sino por causa de mala fe en quien lo proponga (arts. 224 y 225 Ccom).

Por el contrario, la merma del capital que supone la separación en perjuicio de la garantía de los acreedores obliga a restringir las causas de separación en las sociedades de capital a los casos de adopción de acuerdos especialmente perjudiciales para los socios, exigiendo que no hayan votado a favor de aquellos. Su número está tasado en la LSC (arts. 346 LSC). En concreto, los socios que no hubieran votado a favor del correspondiente acuerdo, incluidos los socios sin voto, tendrán derecho a separarse de la sociedad de capital en los casos siguientes: i) sustitución o modificación sustancial del objeto social; ii) prórroga de la sociedad; iii) reactivación de la sociedad; y iv) creación, modificación o extinción anticipada de la obligación de realizar prestaciones accesorias, salvo disposición contraria de los estatutos.

En las SL tendrán, además, derecho a separarse de la sociedad los socios que no hubieran votado a favor del acuerdo de modificación del régimen de transmisión de las participaciones sociales.

En las SA, en los casos de modificación estructural tendrán el derecho de enajenación o separación de conformidad a lo establecido en la nueva regulación introducida por Libro I del Real Decreto-ley 5/2023.

La ley contempla también el derecho de separación en razón de la falta de distribución de beneficios (art. 348 bis LSC). A tenor de dicho precepto, a partir del quinto ejercicio a contar desde la inscripción en el RM de la sociedad, el socio que hubiera votado a favor de la distribución de los beneficios sociales tendrá derecho de separación en el caso de que la junta general no acordara la distribución como dividendo de, al menos, un veinticinco por ciento de los beneficios obtenidos durante el ejercicio anterior que sean legalmente distribuibles, siempre que durante los tres ejercicios anteriores se hayan obtenido beneficios. No obstante lo anterior, aún cuando se dieran esas circunstancias, no surgirá el derecho de separación si el total de los dividendos distribuidos durante los últimos cinco años equivale, por lo menos, al veinticinco por ciento de los beneficios legalmente distribuibles que se hayan producido en ese periodo. Se establece igualmente el derecho de separación del socio de la sociedad dominante cuando concurran una serie de presupuestos especificados en el citado artículo. Esta causa de separación no será de aplicación en las sociedades cotizadas, en las declaradas en concurso, en las que se haya alcanzado un acuerdo de refinanciación y en las sociedades anónimas deportivas. Tampoco será aplicable a determinadas entidades financieras, como entidades de crédito, establecimientos financieros de crédito, empresas de servicios de inversión, entidades de pago y de dinero electrónico y ciertos tipos de sociedades de cartera (Disp. Adc. 11ª LSC).

Por lo demás, no obstante el carácter tasado de las causas de separación, los estatutos pueden incluir otras, modificarlas o suprimirlas, mediando unanimidad (art. 347 LSC).

3.2. Ejercicio del derecho de separación

Los acuerdos que den lugar al derecho de separación se publicarán en el BORME. En la SL y en la SA cuyas acciones sean nominativas, los administradores podrán sustituir la publicación por una comunicación escrita a cada uno de los socios que no hayan votado a favor del acuerdo. El derecho de separación habrá de ejercitarse por escrito en el plazo de un mes a contar desde la publicación del acuerdo o desde la recepción de la comunicación (art. 348 LSC). Para garantizar la eficacia de este derecho la inscripción en el RM de la escritura que documente el acuerdo que origina el derecho de separación, solo es posible si la propia escritura, u otra posterior, contiene la declaración de los administradores de que ningún socio ha ejercitado el derecho de separación dentro del plazo establecido o de que la sociedad, previa autorización de la junta general, ha adquirido las participaciones sociales o acciones de los socios separados, o la reducción del capital (art. 349 LSC).

4. Normas comunes a la separación y de la exclusión

4.1. Efectos internos

En las sociedades de personas, los socios afectados tienen derecho a percibir lo que les corresponda en concepto de cuota de liquidación, pero no pueden impedir que se concluyan del modo más conveniente a los intereses comunes las negociaciones pendientes, por lo que deberán esperar a que terminen. Si se trata de un socio excluido no percibirá interés por el retraso y está obligado a indemnizar los daños causados (arts. 219 y 225 Ccom).

En las sociedades de capital, los socios afectados tendrán derecho a obtener el valor razonable de sus participaciones sociales o acciones (art. 356.1 LSC). A falta de acuerdo entre la sociedad y el socio sobre el valor razonable, o sobre la persona o personas que hayan de valorarlas y el procedimiento a seguir para su valoración, serán valoradas por un experto independiente designado por el registrador mercantil del domicilio social, a solicitud de la sociedad o de cualquiera de los socios titulares de las participaciones o acciones objeto de valoración. Si las acciones cotizasen en un mercado secundario oficial, el valor de reembolso será el del precio medio de cotización del último trimestre (art. 353 LSC).

El reembolso se producirá dentro de los dos meses siguientes a la recepción del informe de valoración (art. 356.1 LSC), salvo que los acreedores tengan derecho oposición. En este caso sólo podrá producirse transcurrido el plazo de tres meses contados desde la fecha de notificación personal a los acreedores o desde la publicación en el BORME y en uno de los diarios de mayor circulación en la localidad en que radique el domicilio social y siempre que los acreedores ordinarios no hubiesen ejercido el derecho de oposición. Si lo hubieran ejercitado se aplican las normas previstas para este derecho en sede de reducción de capital (arts. 356.3 y 334 a 337 LSC).

4.2. Efectos externos

En las sociedades de personas, el socio afectado continúa respondiendo de las deudas anteriores a la inscripción en el RM de la disolución parcial del vínculo (art. 220 Ccom). En la SL, los socios a quienes se hubiere reembolsado el valor de las participaciones amortizadas estarán sujetos al régimen de responsabilidad por las deudas sociales establecido para el caso de reducción de capital con restitución de aportaciones (art. 357 LSC).

4.3. Forma

Aunque en puridad la separación y la exclusión solo pueden ejecutarse mediante una reducción de capital ya que, en ambos casos, se trata de disolución parcial del vínculo que, por definición, conlleva la amortización/extinción de las acciones/participaciones, según la LSC también es posible realizarlas mediante adquisición de las acciones/participaciones por la propia sociedad. Este último procedimiento solo se aplica cuando la junta general que haya adoptado los acuerdos correspondientes autorice la adquisición por la sociedad de las participaciones o acciones de los socios afectados. En tal caso, efectuado el pago del precio o consignado su importe, los administradores, sin necesidad de acuerdo específico de la junta general, otorgarán escritura pública de adquisición de participaciones sociales o de acciones, sin que sea preceptivo el concurso de los socios excluidos o separados, expresando en ella las menciones especificadas en la LSC (arts. 358 y 359 LSC). Si la Junta no autoriza la adquisición, efectuado el reembolso o consignado el importe, los administradores, sin necesidad de acuerdo específico de la junta general, otorgarán inmediatamente escritura pública de reducción de capital social expresando en ella las menciones especificadas en la LSC. En el caso de que, como consecuencia de la reducción, el capital social descendiera por debajo del mínimo legal, se estará lo dispuesto en esta ley en materia de disolución (art. 358 LSC).

III. DISOLUCIÓN

1. Caracterización y clases

La disolución consiste en la concurrencia de una causa de disolución. Con ella comienza el proceso de liquidación que, finalmente, terminará con la extinción de la sociedad. Por tanto, no se identifica con la extinción. Por el contrario, la disolución no pone fin a la sociedad, que continúa como contrato y como persona jurídica, ni paraliza su actividad. Supone únicamente un cambio de objeto, que ya no es el ejercicio del objeto social, sino su liquidación. Por el modo de operar las causas de disolución son de dos tipos. Causas no especificadas en la Ley, que, por tanto, necesitan ser creadas por un acto jurídico, y causas especificadas. Entre estas últimas se distinguen las que precisan declaración de las que no la necesitan.

2. Disolución de pleno derecho

Comprende un conjunto de causas especificadas en la Ley que no precisan ser constatadas. Acaecido el hecho determinado por la Ley, la sociedad queda disuelta. Por eso se dice que operan de forma automática o de pleno derecho. Las sociedades de capital se disolverán de pleno derecho en los siguientes casos:

i) Por el transcurso del término de duración fijado en los estatutos, a no ser que, con anterioridad, hubiera sido expresamente prorrogado e inscrita la prórroga en el RM.

ii) Por el transcurso de un año desde la adopción del acuerdo de reducción del capital social por debajo del mínimo legal como consecuencia del cumplimiento de una ley, si no se hubiere inscrito en el RM la transformación o la disolución de la sociedad, o el aumento del capital social hasta una cantidad igual o superior al mínimo legal. Transcurrido un año sin que se hubiere inscrito la transformación, la disolución o el aumento de su capital, los administradores responderán personal y solidariamente entre sí y con la sociedad de las deudas sociales. Tanto en este caso, como en el anterior, el registrador, de oficio o a instancia de cualquier interesado, hará constar la disolución de pleno derecho en la hoja abierta a la sociedad (art. 360 LSC).

iii) Por la apertura de la fase de liquidación en el concurso de acreedores. En tal caso, el juez del concurso hará constar la disolución en la resolución de apertura de la fase de liquidación del concurso (art. 361.2 LSC).

iv) Si recae sentencia por violación del derecho de marca imponiendo el cambio de denominación social y éste no se efectuara en el plazo de un año, procediendo el registrador mercantil a practicar la cancelación de oficio (DA 17 LM).

Excepto la segunda, todas estas causas resultan también de aplicación a las sociedades de personas (arts. 221.1 y 223 Ccom).

3. Disolución por constatación de la existencia de una causa legal o estatutaria

Este tipo de disolución comprende un conjunto de causas que están especificadas en la Ley o en los estatutos y a las que aquella anuda obligatoriamente la disolución de la sociedad. Las causas legales están especificadas en la LSC y el Ccom (arts. 363 LSC y 221 y 222 Ccom), según se trate, respectivamente de sociedades de capital o de personas. Las causas de disolución de las SC son las siguientes:

i) El cese en el ejercicio de la actividad o actividades que constituyan el objeto social. En particular, se entenderá que se ha producido el cese tras un período de inactividad superior a un año.

ii) La conclusión de la empresa que constituya su objeto.

iii) La imposibilidad manifiesta de conseguir el fin social.

iv) La paralización de los órganos sociales de modo que resulte imposible su funcionamiento.

v) Las pérdidas significativas, esto es, pérdidas que dejen reducido el patrimonio neto a una cantidad inferior a la mitad del capital social, a no ser que éste se aumente o se reduzca en la medida suficiente, y siempre que no sea procedente solicitar la declaración de concurso.

vi) La reducción del capital social por debajo del mínimo legal, que no sea consecuencia del cumplimiento de una ley.

vii) El que el valor nominal de las participaciones sociales sin voto o de las acciones sin voto exceda de la mitad del capital social desembolsado y no se restablezca la proporción en el plazo de dos años.

La SCA deberá disolverse también por fallecimiento, cese, incapacidad o apertura de la fase de liquidación en el concurso de acreedores de todos los socios colectivos, salvo que, en el plazo de seis meses y mediante modificación de los estatutos, se incorpore algún socio colectivo o se acuerde la transformación de la sociedad en otro tipo social. Las sociedades de personas se disuelven por la pérdida entera de su capital y por las mismas causas que la SCA cuando concurran en cualquiera de los socios colectivos, salvo que, tratándose del fallecimiento, la escritura social contenga el pacto expreso de continuación de la sociedad con los herederos del socio difunto o de subsistir aquella entre los socios sobrevivientes (arts. 221 y 222 Ccom).

Todas ellas son, pues, causas de disolución previstas por la Ley a las que esta anuda la disolución sin solución de continuidad, esto es, sin posibilidad de excluirla ante la concurrencia de la causa. La sociedad no puede adoptar acuerdos sobre ellas. Se trata de su existencia o inexistencia. Existente la causa, la sociedad debe disolverse. Sin embargo, la misma Ley requiere un acuerdo sobre ella (art. 364 LSC). Ahora bien, dado el carácter obligatorio de la misma, el acuerdo es meramente declarativo, no constitutivo. Su exigencia se funda en la seguridad jurídica. Se pide con el objeto de que se conozca que la sociedad está disuelta. Por este motivo es preceptivo que se inscriba en el RM y se publique en el BORME (arts. 369 LSC y 226 Ccom). En atención a ello también, externamente, los acreedores pueden desconocerla hasta la publicación; pero, internamente, no es posible que los administradores y socios la ignoren. Por el contrario, la LSC incluye toda una batalla de normas destinadas a que la causa finalmente sea constatada, bien mediante acuerdo de la junta, bien mediante resolución judicial (art. 362 LSC).

Impone, en primer término, a los administradores el deber de convocar la junta general en el plazo de dos meses para que adopte el acuerdo de disolución o, si la sociedad fuera insolvente, el de instar el concurso. Cualquier socio podrá solicitar de los administradores la convocatoria si, a su juicio, concurriera alguna causa de disolución o la sociedad fuera insolvente. La junta general podrá adoptar el acuerdo de disolución o, si constare en el orden del día, aquél o aquéllos que sean necesarios para la remoción de la causa (art. 365 LSC).

Si la junta no fuera convocada, no se celebrara, o no adoptara alguno de los acuerdos mencionados antes, cualquier interesado podrá instar la disolución de la sociedad ante el juez de lo mercantil del domicilio social, pero los administradores están obligados a solicitarla cuando el acuerdo social fuese contrario a la disolución o no pudiera ser logrado.

Los administradores no estarán obligados a convocar junta general para que adopte el acuerdo de disolución cuando hubieran solicitado en debida forma la declaración de concurso de la sociedad o comunicado al juzgado competente la existencia de negociaciones con los acreedores para alcanzar un plan de reestructuración del activo, del pasivo o de ambos. En todo caso, la convocatoria de la junta procederá de inmediato en el momento en el que dejen de estar vigentes los efectos de esa comunicación (art. 366 LSC).

Finalmente se impone a los administradores que incumplan la obligación de convocar en el plazo de dos meses la junta general para que adopte, en su caso, el acuerdo de disolución, así como a los administradores que no soliciten la disolución judicial o, si procediere, el concurso de la sociedad, en el plazo de dos meses a contar desde la fecha prevista para la celebración de la junta, cuando ésta no se haya constituido, o desde el día de la junta, cuando el acuerdo hubiera sido contrario a la disolución, una responsabilidad solidaria frente a las obligaciones sociales posteriores al acaecimiento de la causa legal de disolución, presumiéndose además que las obligaciones sociales reclamadas son de fecha posterior al acaecimiento de la causa legal de disolución de la sociedad, salvo que los administradores acrediten que son de fecha anterior. No obstante el previo acaecimiento de causa legal o estatutaria de disolución, los administradores de la sociedad no serán responsables de las deudas posteriores al acaecimiento de la causa de disolución o, en caso de nombramiento en esa junta o después de ella, de las obligaciones sociales posteriores a la aceptación del nombramiento, si en el plazo de dos meses a contar desde el acaecimiento de la causa de disolución o de la aceptación el nombramiento, hubieran comunicado al juzgado la existencia de negociaciones con los acreedores para alcanzar un plan de reestructuración o hubieran solicitado la declaración de concurso de la sociedad. Si el plan de reestructuración no se alcanzase, el plazo de los dos meses se reanudará desde que la comunicación del inicio de negociaciones deje de producir efectos (art. 367 LSC).

4. *Disolución por mero acuerdo de la Junta General*

La disolución por mero acuerdo de la junta general es el caso paradigmático de causa de disolución creada por la sola voluntad de los socios, ya que consiste en el simple acuerdo de la junta general, sin fundamento en causa legal o estatutaria alguna o motivo de ningún tipo, que no requiere ser explicitado. Por eso la LSC exige que el acuerdo se adopte con los requisitos establecidos para la modificación de estatutos, a diferencia del acuerdo que constata la causa obligatoria, que solo requiere la mayoría ordinaria (art. 368 LSC). Aunque el CCom no lo diga, la causa anterior es aplicable también en las sociedades de personas, si bien allí se requiere acuerdo unánime. Por ese motivo resulta menos eficaz que la denuncia. En efecto, en la denuncia la causa es la mera voluntad del socio. Rige en exclusiva en las sociedades de personas ya que su fundamento consiste en la pérdida de confianza del socio denunciante en el resto de sus consocios, que no podrán oponerse a la disolución salvo causa de mala fe en aquel (art. 224 Ccom).

5. Publicidad

La disolución debe inscribirse en el RM y publicarse en el BORME, sea cual sea su causa (arts. 369 LSC y 226 Ccom).

6. Reactivación

Por reactivación se entiende el que una sociedad disuelta y, por tanto, en fase de liquidación, retorne a la vida activa (art. 370 LSC). A consecuencia de ello y del modo de funcionar de las causas de disolución el primer requisito de índole material que se exige es que haya desaparecido la causa de disolución, por lo que no podrá acordarse en los casos de disolución de pleno derecho, en que la causa es definitiva e irrevocable. En segundo lugar, es imprescindible que el patrimonio contable no sea inferior al capital social, porque es una exigencia constitutiva general y, en definitiva, la reactivación supone una ulterior constitución. Finalmente, es necesario que no haya comenzado el pago de la cuota de liquidación a los socios. Este requerimiento se anuda al hecho de que, en ese momento, el derecho a la cuota de liquidación ya se ha convertido en un derecho concreto de crédito frente a la sociedad, que corresponde al socio como a un tercero y sobre el que, por tanto, no pueden influir las normas de la organización, ni sus decisiones mayoritarias.

Formalmente la reactivación precisa un acuerdo de la junta general, que se adoptará con los requisitos establecidos para la modificación de los estatutos porque la reactivación implica un nuevo cambio de objeto social, que deja de ser la liquidación impuesta por la disolución, para volver a ser el ejercicio de la actividad en que consiste aquel. Por este motivo el socio que no vote a favor de la reactivación tiene derecho a separarse de la sociedad. Finalmente, los acreedores sociales podrán oponerse al acuerdo de reactivación, en las mismas condiciones y con los mismos efectos previstos en la LSC para el caso de reducción del capital.

IV. LIQUIDACIÓN

1. Caracterización

La liquidación es un proceso a través del cual se desafecta el patrimonio social, extinguiéndose las relaciones jurídicas con los socios y terceros. Se abre con la disolución de la sociedad, que ha determinado el cambio de objeto que expresa la liquidación, y termina con la distribución del remanente entre los socios, que es el presupuesto final de la extinción de la sociedad en sentido estricto. Por consiguiente, mientras la liquidación se realiza, la sociedad no está extinguida. Por el contrario, conserva su personalidad jurídica; pero, durante el proceso deberá añadir a su denominación la expresión "en liquidación", con el objeto de dar a conocer a terceros el cambio de objeto (art. 371.2 LSC).

El proceso tiende, además, a mantener la organización social en defensa de los acreedores para, una vez satisfechos, repartir el remanente entre los socios. A consecuencia de ello, mientras que las normas que se dictan para las sociedades de personas son dispositivas, en las sociedades de capital tienen carácter imperativo. Tales normas son las que la Ley prevé expresamente para esta fase de la vida social y todas las que rigen en el período de vida activa, siempre que no sean incompatibles con las primeras. En particular, durante el período de liquidación, se observarán las disposiciones de los estatutos en cuanto a la convocatoria y reunión de las juntas generales de socios, a las que darán cuenta los liquidadores de la marcha de la liquidación para que acuerden lo que convenga al interés común (art. 371.3 LSC). Con todo, dichas normas se aplican a la liquidación societaria, que tiene carácter voluntario, la liquidación forzosa concursal se rige por la LC (art. 372 LC).

2. Los liquidadores

Los liquidadores constituyen el órgano de gestión y representación de la sociedad mientras dura la liquidación. Con la apertura del período de liquidación cesan en su cargo los administradores, extinguiéndose su poder de representación y siendo sustituidos por los liquidadores, que asumirán las funciones establecidas en la LSC, con la función esencial de velar por la integridad del patrimonio social en tanto no sea liquidado y repartido entre los socios; si bien los antiguos administradores, si fuesen requeridos, deberán prestar su colaboración para la práctica de las operaciones de liquidación. Por ese motivo, son de aplicación a los liquidadores las normas establecidas para los administradores que no se opongan a lo dispuesto expresamente en materia de liquidación (arts. 374 y 375 LSC).

Como regla general, el cargo de liquidador recae en quienes fueren administradores al tiempo de la disolución de la sociedad, que quedarán convertidos en liquidadores sin necesidad de pronunciamiento ulterior de la junta. Por excepción, los estatutos pueden disponer otra cosa y, asimismo, la junta de socios que acuerde la disolución está habilitada para efectuar una designación distinta (art. 376 LSC). En el supuesto de fallecimiento o de cese del liquidador único, de todos los liquidadores solidarios, de alguno de los liquidadores que actúen conjuntamente, o de la mayoría de los liquidadores que actúen colegiadamente, sin que existan suplentes, cualquier socio o persona con interés legítimo podrá solicitar del letrado de la administración de justicia o del registrador mercantil del domicilio social la convocatoria de junta general para el nombramiento de los liquidadores. Además, cualquiera de los liquidadores que permanezcan en el ejercicio del cargo podrá convocar la junta general con ese único objeto (art. 377.1 LSC).

Junto a ello, se prevé la designación de liquidadores por el letrado de la administración de justicia o por el registrador mercantil del domicilio social en dos casos:

i) Cuando la junta convocada de acuerdo en los supuestos anteriores no proceda al nombramiento de liquidadores. En este caso, cualquier interesado podrá solicitar su designación al letrado de la administración de justicia o al registrador mercantil del domicilio social.

ii) Transcurridos tres años desde la apertura de la liquidación sin que se haya sometido a la aprobación de la junta general el balance final de liquidación. En esta hipótesis cualquier socio, o persona con interés legítimo, está habilitado para solicitar del letrado de la administración de justicia o del registrador mercantil del domicilio social la separación de los liquidadores, quienes, previa audiencia de los liquidadores, acordarán la separación si no existiere causa que justifique la dilación y nombrará liquidadores a la persona o personas que tenga por conveniente, fijando su régimen de actuación.

La resolución que se dicte sobre la separación será recurrible ante el Juez de lo Mercantil (art. 389 LSC). No procederá, sin embargo, la conversión, el nombramiento de liquidadores, ni ninguna de las medidas anteriores, cuando la disolución hubiera sido consecuencia de la apertura de la fase de liquidación de la sociedad en concurso de acreedores. En este caso, los administradores son sustituidos por el administrador concursal.

Salvo disposición contraria de los estatutos, los liquidadores ejercerán su cargo por tiempo indefinido y el poder de representación, que se extiende a todas aquellas operaciones que sean necesarias para la liquidación de la sociedad, corresponderá a cada liquidador individualmente (art. 379 LSC). La separación de los liquidadores designados por la junta general podrá ser acordada por la misma aun cuando no conste en el orden del día. Si los liquidadores hubieran sido designados en los estatutos sociales, el acuerdo deberá ser adoptado con los requisitos de mayoría y, en el caso de SA, de *quórum*, establecidos para la modificación de los estatutos. Los liquidadores de la SA también podrán ser separados por decisión del letrado de la administración de justicia o por el registrador del domicilio social, mediando justa causa, a petición de accionistas que representen la vigésima parte del capital social. La separación de los liquidadores nombrados por el letrado de la administración de justicia o por el registrador sólo podrá ser decidida por aquél que los hubiera nombrado, a solicitud fundada de quien acredite interés legítimo. La resolución que se dicte será recurrible ante el Juez de lo Mercantil (art. 380 LSC). Los liquidadores responderán frente a los socios y a los acreedores de cualquier perjuicio que les hubiesen causado, con dolo o culpa, en el desempeño de su cargo (art. 397 LSC).

3. Operaciones de la liquidación y división del patrimonio social

Con carácter previo al inicio de estas operaciones, los liquidadores asumen el deber inicial de formar un inventario y un balance de la sociedad con referencia al día en que se hubiera disuelto (art. 383 LSC). En su labor de gestionar y representar a la sociedad en liquidación les corresponde concluir las operaciones pendientes y realizar las nuevas que sean necesarias para la liquidación de la sociedad, así como llevar a cabo las operaciones de liquidación en sentido estricto, que comprenden la liquidación del activo y del pasivo.

Las primeras consisten en percibir los créditos sociales, incluyendo los desembolsos pendientes que estuviesen acordados al tiempo de iniciarse la liquidación y los necesarios para satisfacer a los acreedores, y en enajenar los bienes sociales (arts. 385 y 387 LSC). Las operaciones de liquidación del pasivo consisten en pagar las deudas sociales (art. 385 LSC). Junto a ello asumen los deberes de llevanza de la contabilidad y de los libros y documentación de la sociedad (art. 386 LSC) y de información a los socios y acreedores. El deber de información tiene carácter periódico. Los liquidadores harán llegar periódicamente a conocimiento de los socios y de los acreedores el estado de la liquidación por los medios que en cada caso se reputen más eficaces. Si la liquidación se prolongase por un plazo superior al previsto para la aprobación de las cuentas anuales, los liquidadores presentarán a la junta general, dentro de los seis primeros meses de cada ejercicio, las cuentas anuales de la sociedad y un informe pormenorizado que permita apreciar con exactitud el estado de la liquidación (art. 388 LSC).

Concluidas las operaciones de liquidación, someterán a la aprobación de la junta general un balance final, un informe completo sobre dichas operaciones y un proyecto de división entre los socios del activo resultante. El acuerdo aprobatorio del balance y del proyecto podrá ser impugnado por los socios que no hubieran votado a favor del mismo, en el plazo de dos meses a contar desde la fecha de su adopción. Al admitir la demanda de impugnación, el juez acordará de oficio la anotación preventiva de la misma en el RM (art. 390 LSC). En lo atinente a la división del patrimonio social, esta se practicará con arreglo a las normas que se hubiesen establecido en los estatutos o, en su defecto, con sujeción a las fijadas por la junta general (art. 391 LSC). En cualquier caso, salvo disposición contraria de los estatutos, la cuota de liquidación correspondiente a cada socio será proporcional a su participación en el capital social. En las SA y SCA se restituirá en primer término a los accionistas que hubiesen desembolsado mayores cantidades el exceso sobre la aportación del que hubiese desembolsado menos y el resto se distribuirá entre los accionistas en proporción al importe nominal de sus acciones (art. 392 LSC).

Como regla particular para las sociedades limitadas constituidas con un capital inferior a tres mil euros, en caso de liquidación, voluntaria o forzosa, si el patrimonio de la sociedad fuera insuficiente para atender el pago de las obligaciones sociales, los socios responderán solidariamente de la diferencia entre el importe de tres mil euros y la cifra del capital suscrito (art. 4.1 LSC).

Este derecho a la cuota de liquidación es un derecho de crédito dinerario. El socio no tiene obligación de recibir otros bienes, ni derecho a ello, aunque en su momento fueran aportados por él, debido a que perdió su propiedad de forma definitiva al transmitirlos a la sociedad. Por este motivo, salvo acuerdo unánime, los socios tendrán derecho a percibir en dinero la cuota resultante de la liquidación. Sin embargo, los estatutos podrán establecer en favor de alguno o varios socios el derecho a que la cuota resultante de la liquidación les sea satisfecha mediante la restitución de las aportaciones no dinerarias realizadas o mediante la entrega de otros bienes sociales, si subsistieren en el patrimonio social, que serán apreciadas en su valor real al tiempo de aprobarse el proyecto de división entre los socios del activo resultante. En este caso, los liquidadores deberán enajenar primero los demás bienes sociales y si, una vez satisfechos los acreedores, el activo resultante fuere insuficiente para satisfacer a todos los socios su cuota de liquidación, los socios con derecho a percibirla en especie deberán pagar previamente en dinero a los demás socios la diferencia que corresponda (art. 393 LSC).

El pago de la cuota de liquidación a los socios se producirá transcurrido el término para impugnar el balance final de liquidación sin que contra él se hayan formulado reclamaciones o firme la sentencia que las hubiese resuelto (art. 394 LSC). Pero, en ningún caso podrá efectuarse el pago a los socios sin la previa satisfacción a los acreedores del importe de sus créditos o sin consignarlo en una entidad de crédito del término municipal en que radique el domicilio social (art. 391 LSC) o, cuando existan créditos no vencidos, sin asegurar previamente el pago (art. 394 LSC). Se trata de normas de *ius cogens* porque están dictadas en defensa de los acreedores.

4. La intervención en la liquidación

En la SA, cuando el patrimonio que haya de ser objeto de liquidación y división sea cuantioso, estén repartidas entre gran número de tenedores las acciones o las obligaciones, o la importancia de la liquidación por cualquier otra causa lo justifique, podrá el Gobierno designar persona que se encargue de intervenir y presidir la liquidación de la sociedad y de velar por el cumplimiento de las leyes y del estatuto social (art. 382 LSC). Adicionalmente, en caso de liquidación de SA, los accionistas que representen la vigésima parte del capital social podrán solicitar del letrado de la administración de justicia o del registrador mercantil del domicilio social la designación de un interventor que fiscalice las operaciones de liquidación. La decisión adoptada por cualquiera de ambos es recurrible ante el juez de lo mercantil. Si la sociedad hubiera emitido y tuviera en circulación obligaciones, también podrá nombrar un interventor el sindicato de obligacionistas (art. 381 LSC).

V. LA EXTINCIÓN DE LA SOCIEDAD. ACTIVO Y PASIVO SOBREVENIDOS

La extinción de la sociedad se hará constar en escritura pública, que habrá de contener las menciones previstas en la Ley, y a la que se adjuntarán los documentos requeridos en ella (art. 395 LSC). La escritura se inscribirá en el RM. Entre otros extremos, en la inscripción se expresará que quedan cancelados todos los asientos relativos a la sociedad (art. 396 LSC). En ese momento los liquidadores depositarán en el RM los libros y documentos de la sociedad extinguida (art. 396 LSC).

Sin embargo, en la inteligencia de que, tras la extinción, pueden aparecer bienes o deudas de la sociedad ya inexistente, la LSC dicta dos normas. La primera se refiere al activo sobrevenido. En tal caso, los liquidadores deberán adjudicar a los antiguos socios la cuota adicional que les corresponda, previa conversión de los bienes en dinero cuando fuere necesario. En su defecto, cualquier interesado podrá solicitar del juez del último domicilio social el nombramiento de persona que los sustituya en el cumplimiento de sus funciones (art. 398 LSC). En lo atinente al pasivo sobrevenido, los antiguos socios responderán solidariamente de las deudas sociales no satisfechas hasta el límite de lo que hubieran recibido como cuota de liquidación. Esta responsabilidad de los socios se entiende sin perjuicio de la responsabilidad de los liquidadores (art. 399 LSC).

VI. INCIDENCIA DE LAS TICs EN EL DERECHO DE SOCIEDADES

Las TICs se han ido incorporando de forma progresiva en el ámbito societario; es el caso, por ejemplo, de la incorporación del Documento Único Electrónico (DUE) en la constitución de sociedades, la legalización y presentación telemática de las cuentas anuales, etc. No obstante, la innovación digital, y en particular, la tecnología *Blockchain* puede contribuir a dar un salto cualitativo en la digitalización del Derecho de Sociedades. El funcionamiento de este sistema que no requiere un tercero de confianza, pero que ofrece toda la seguridad material de que los contenidos no se pueden modificar y pueden ser conocidos por todos, puede afectar a aspectos básicos del funcionamiento de las sociedades, tanto en la esfera interna como en la externa.

En la esfera interna, la tecnología *Blockchain* puede contribuir a mejorar el funcionamiento de los órganos sociales, logrando que se puedan gestionar de forma más efectiva las relaciones internas. Así puede facilitar, con todas las garantías, el modo de acreditar la representación de los socios, o el modo de comunicación de la sociedad con los mismos; o la sustitución de las reuniones presenciales por telemáticas. En particular, respecto de las sociedades cotizadas, puede contribuir a solucionar los problemas existentes en los casos en los que hay una disociación de la titularidad formal y real de las acciones *(empty voting)*. El objetivo es que la sociedad emisora pueda conocer quiénes son los inversores últimos y por tanto a quien corresponde en realidad el voto, máxime en los casos de voto transfronterizo. La nueva tecnología permite la elaboración de la lista de socios legitimados para asistir a la junta general otorgando certidumbre acerca del titular real de las acciones de la sociedad y, por tanto, sobre la identidad de los socios y el número de acciones poseídas. También resulta de especial utilidad su aplicación para el cómputo de los votos, como de hecho se realiza ya en algunos estados de Norteamérica, como Delaware o en Arizona. De este modo se logra la trazabilidad del voto, lo que ciertamente es muy complicado en los casos en los que se hace a distancia y hay entre el titular real de la acción y quien efectivamente vota en la junta una cadena de intermediarios financieros.

En la esfera externa, una de las principales aplicaciones de la tecnología *Blockchain* tiene que ver con el régimen de transmisión de las acciones y participaciones sociales que se supedita, como es sabido, a la inscripción en los correspondientes libros de registro establecidos en la LSC.

Finalmente, con carácter general, la aplicación de la tecnología *Blockchain* puede facilitar la supervisión por parte de las autoridades de control. Ejemplos posibles son el control del cumplimiento de las operaciones de autocartera a tenor de lo dispuesto en el Reglamento 596/2014, del Parlamento Europeo y del Consejo, de 16 de abril de 2014 sobre el abuso de mercado, o la elaboración de listas de iniciados a que alude el art. 230 TRLMV en relación con el abuso de información privilegiada.

Por su parte, la inteligencia artificial está llamada a jugar un papel fundamental en el apoyo a la toma de decisiones por parte de los administradores de la sociedad.

También los sistemas inteligentes pueden resultar de mucha utilidad para verificar el cumplimiento normativo de las múltiples y muy variadas exigencias legales que se ven obligadas a cumplir las sociedades, en particular las sociedades cotizadas en lo que se ha venido a denominar Rechtech.

Lección 17

Sociedades personalistas

I. LA SOCIEDAD COLECTIVA

1. Concepto, caracteres y función económica

La sociedad colectiva es la sociedad general del tráfico mercantil. El dato más relevante de la sociedad colectiva es que la aplicación de su régimen legal es independiente de la voluntad electiva del tipo social en los términos indicados anteriormente. Es una sociedad externa y manifiesta o publicada, es decir, que está organizada para actuar en el tráfico como tal sociedad, y lo hace efectivamente. Es el prototipo de sociedades de personas. Se trata, en consecuencia, de una sociedad de estructura simple en la que las condiciones personales de los socios adquieren una dimensión esencial. Su grado de subjetivación coincide con el de la comunidad en mano común, lo que fundamenta la nota definitoria, sin duda, más destacada de este tipo de sociedad, es decir, la responsabilidad ilimitada y solidaria de sus socios frente a los acreedores (artículo 127 Ccom), pero subsidiaria respecto de la que asume la sociedad.

Del conjunto de estas notas cabe concluir que toda sociedad publicada, de objeto mercantil, respecto de la cual no se haya elegido eficazmente otro tipo, debe ser subsumida bajo el concepto de sociedad colectiva y, por ende, queda sujeta al régimen de éstas, sin tener que esperar a que se califique por los socios.

2. Fundación

La estructura simple en que se basa la sociedad colectiva obliga a exigir la presencia, al menos, de dos socios. De modo que el negocio fundacional es siempre un contrato. La escritura pública no constituye en este tipo societario una exigencia *ad solemnitatem,* ni tampoco su inscripción reviste carácter "constitutivo".

3. Relaciones jurídicas internas

3.1. Concepto

Las relaciones jurídicas internas son las que surgen entre la sociedad, los socios y los administradores, pero solo en la medida en que se refieran a la esfera jurídico-social y se rijan, en consecuencia, por las normas que regulan dicha esfera. Por tanto, no todas las relaciones que se entablan entre los socios y la sociedad son internas. Es importante retener a estos efectos que la contratación entre un socio y la sociedad es perfectamente admisible. En tales casos, el contrato se regirá por la normativa general que lo regule, considerándose que, a esos efectos, el socio es tan tercero como pueda serlo un no-socio, ya que esta relación no es interna, al no pertenecer a la esfera jurídico-social. Por el mismo motivo, *a sensu contrario,* las relaciones entre la sociedad y sus administradores son internas, siempre que ordenen aspectos relativos a la organización y a la actuación en nombre de la sociedad.

El carácter simple de la estructura y la naturaleza profundamente personal de la relación que se instaura en este tipo de sociedades explican que, en el modelo legal, las decisiones se adopten por unanimidad. Justifica igualmente que el cambio de socios requiera el consentimiento unánime de todos, ya que constituye una modificación del contrato social, por lo que existe una correlación básica entre estructura del tipo y principio general de intransmisibilidad. Estas notas se advierten igualmente en el régimen de la disolución (arts. 221 y ss. Ccom), donde se observa cómo las incidencias personales de los socios afectan al contrato mismo y, por ende a la sociedad, y en la separación o la exclusión de socios (arts. 218, 219, 220 y 225 Ccom). Ahora bien, en materia relaciones jurídicas internas, destaca el carácter dispositivo de la regulación, porque los socios pueden desviarse del modelo previsto por el legislador para las relaciones socio y sociedad (arts. 117 y 121 Ccom.). Este principio se fundamenta en que los terceros no quedan afectados en ningún caso por las decisiones que adopten los socios ya que se hallan suficientemente protegidos con los mecanismos establecidos en la esfera de las relaciones externas, lo que explica asimismo que no se dicten normas especiales de protección de la integridad del capital social.

Como cualquier relación jurídica, la que se instaura entre los socios y la sociedad se compone de derechos y deberes mutuos. En particular, la societaria está integrada por derechos y obligaciones patrimoniales y políticos o administrativos.

3.2. Derechos

3.2.1. Derechos patrimoniales

El socio ostenta los siguientes derechos patrimoniales:

i) El derecho a participar en los beneficios.

ii) A la indemnización por sacrificios patrimoniales soportados en su gestión.

iii) A la detracción de la caja social de las cantidades asignadas para sus gastos particulares (art. 139 CCom);

iv) A la atribución de la cuota de liquidación (arts. 232 y ss.).

3.2.2. Derechos administrativos

Entre los derechos administrativos destaca el derecho a administrar, que corresponde a todo socio por el mero hecho de serlo, conforme al principio de autoorganicismo que rige en este tipo de sociedades. Su posición gestora es, pues, un atributo directamente anudado a la condición de socio e implícitamente contenida dentro del vínculo jurídico socio-sociedad, lo que advierte de la intensidad con que la consecución del fin social está ligada al esfuerzo personal de los socios.

Ahora bien hay que distinguir entre gestión en sentido estricto y gestión en sentido amplio. La primera, que se concibe como actuación continua y asidua de los intereses de la sociedad, puede ser atribuida a todos los socios (art. 129 Ccom), a una parte de ellos (arts. 131 ss. Ccom) o a uno solo, concediéndole la facultad privativa de administrar y representar a la sociedad. Este último es el supuesto del denominado *gerente estatutario*, en el que el derecho a administrar tiene el carácter de cláusula contractual esencial, que se eleva a condición expresa del contrato. A consecuencia de ello, si el administrador usare mal de las facultades de administración y representación, y de su gestión resultare perjuicio manifiesto a la masa común, los demás socios no podrán revocar su nombramiento. Únicamente están autorizados para nombrar de entre ellos un coadministrador, que intervenga en todas las operaciones, o para promover la exclusión del administrador ante el Juez o Tribunal competente, que deberá declararla, si se probare aquel perjuicio (art. 132 Ccom). En cualquier caso, no obstante, la designación específica como administrador transforma en un deber de administrar, lo que antes era un derecho. Por consiguiente, en esa hipótesis, el socio no sólo puede participar en la gestión, sino que viene obligado a hacerlo.

A diferencia de la gestión estrictamente considerada, la gestión en sentido amplio está anudada con carácter imperativo a la condición de socio. En consecuencia, sea cual sea la modalidad de gestión elegida, compete a todo socio en cualquier caso, en la medida en que aquella se efectúa siempre de acuerdo con las directrices genéricas consentidas por todos los socios (art. 133 Ccom), porque, aunque no pueden interferir en la gestión asidua de los gestores, retienen siempre los derechos de información y control, así como la facultad de formular reclamaciones (art. 133 Ccom) y la posibilidad de excluir al *gerente estatutario* por vía judicial o, en su caso, de nombrar un coadministrador. Todo ello sitúa la gestión asidua siempre en una cierta dependencia de los socios no gestores en sentido estricto, que, por ende, conservan el derecho a participar en las decisiones. En efecto, cuando hay designados socios gestores, la exclusión de la inmixtión de los demás en la actividad gestora que impone el Ccom al prohibir a los no gestores "contrariar ni entorpecer las gestiones de aquéllos, o impedir sus efectos", es decir, interferir en la gestión asidua (131 Ccom), no excluye el control por parte de estos últimos, que se manifiesta tanto en la facultad de formular reclamaciones y solicitar información (art. 133 Ccom), como en la posibilidad de nombrar un coadministrador, en caso de *gerente estatutario,* o de solicitar la exclusión del mismo en sede judicial (art. 132 Ccom).

3.3. Obligaciones

3.3.1. La obligación de aportar

En el aspecto obligacional el socio soporta la obligación de aportar concebida en sentido amplio, esto es, como toda prestación prometida para la contribución al fin común. Por tanto, su objeto puede consistir en cualesquiera prestación de dar (art. 170 Ccom), hacer o no hacer (art. 138 Ccom). A consecuencia de ello es posible adquirir la condición de socio mediante la mera aportación de industrias o servicios. Esta medida se explica en razón de que los terceros no necesitan ser protegidos por la consistencia del patrimonio social, ya que disponen de la garantía que representa la responsabilidad solidaria e ilimitada de los socios por las deudas sociales.

Junto a ello, es posible someter a los socios a un comportamiento determinado, imponiéndoles obligaciones específicas, puesto que lo que mueve a los interesados a asociarse no es tanto la aportación que cada socio efectúe, sino la identidad o cualidades personales de los otros contratantes, la confianza recíproca que se instaura entre ellos.

3.3.2. El deber de fidelidad

La relevancia que adquieren los lazos de confianza es tan significativa que la vida misma de la sociedad se hace depender de su subsistencia. Se habla por ello del *intuitus personae* como elemento determinante de la prestación del consentimiento y, consiguientemente, como rasgo individualizador del acto constitutivo de la sociedad. Esta particular configuración explica que el aspecto obligacional de la condición de socio no se agote en la obligación de aportar.

La contribución al fin común incluye asimismo el denominado deber de fidelidad. El deber de lealtad o fidelidad, constituye una condensación del principio general de la buena fe, que, al intensificarse especialmente en el ámbito de las relaciones en que se da la posibilidad de influir sobre la esfera ajena, termina transformándose en un deber de contornos mucho más precisos que los del principio del que deriva. De ahí su centralidad en el contexto de las relaciones comunitarias. Especialmente en el Derecho de sociedades, y, en particular en las sociedades de personas, donde aquella intensificación se hace más evidente y exigible, habida cuenta los estrechos lazos personales que derivan de la comunidad de trabajo, de riesgos y de crédito, y la particular relación de confianza entre socios que rige en estos modelos.

La caracterización del deber de lealtad admite dos formulaciones de diverso signo, pero no excluyentes, sino complementarias, entre sí. Por un lado, impone la obligación de orientar la gestión hacia la promoción del interés social. Por otro, la de perseguir ese último con preferencia a cualesquiera otros, lo que justifica suficientemente el hecho de que engendre ante todo un deber de anteponer el interés social al propio o al de terceros en caso de conflicto entre ambos y, por ende, la prohibición de obtener ventajas propias a costa del sacrificio de la sociedad. La concreción típica de este principio es el deber de no competencia, cuyo tratamiento difiere en atención al objeto social. Si la Sociedad no tiene género de comercio determinado, cualquier operación que quiera realizar el socio debe estar precedida del consentimiento de aquélla, si bien no podrá negarse, salvo que la sociedad acredite que la autorización provoca para la misma un perjuicio efectivo y manifiesto (artículo 136). Si la sociedad tiene género de comercio determinado, los socios no podrán realizar en su interés ninguna de las operaciones incluidas en el objeto social. Por otro lado, la disciplina relativa al socio industrial es más rigurosa: no puede ocuparse en ninguna clase de negociaciones (artículo 138 Ccom).

Con todo, el carácter de cláusula general del deber de fidelidad permite afirmar que no se traduce exclusivamente en esta concreta obligación. Por el contrario, constituye elemento modulador de los derechos y obligaciones contractuales, esto es, pauta de actuación en la promoción de los intereses ajenos, y también fundamento de nuevos deberes no especificados. Las sanciones por su incumplimiento están previstas en distintos lugares. Unas veces se aplica el régimen de la rescisión parcial (art. 218-5° Ccom). Otras, se atribuye a la sociedad un derecho especial consistente en llevar al patrimonio social "el beneficio" originado; mientras que, en caso de "pérdidas", éstas deberán ser soportadas por el socio competidor (art. 136 II Ccom.). Se trata, en suma, de aprovecharse del resultado líquido, si es favorable y rechazarlo si es adverso.

4. *Relaciones jurídicas externas*

De las relaciones externas, esto es, de las que surgen entre la sociedad y los terceros únicamente interesan al Derecho de Sociedades los presupuestos para que se produzca la vinculación de esta con aquellos. En consecuencia, el régimen jurídico de las relaciones, propiamente, no pertenece a este sector del ordenamiento, sino al que corresponda en atención a su causa. Por tanto, en este contexto interesa referirse, en primer lugar, al poder de representación de la sociedad, y, en segundo término al régimen de responsabilidad frente a terceros.

El ámbito objetivo del poder de representación se extiende a todos los actos que constituyan desarrollo o ejecución del objeto social, si este está determinado, por lo que es ilimitado en caso de que no lo esté (arts. 136 Ccom y 209.4º RRM). En el ámbito subjetivo, la atribución del poder de representación exige la autorización para usar de la firma social, que puede otorgarse a todos, a algunos o a uno de los socios. De modo que los socios no autorizados no obligarán con sus actos y contratos a la compañía, aunque los ejecutaren a nombre de esta y bajo su firma. La responsabilidad de tales actos recaerá exclusivamente sobre sus autores (art. 128 Ccom). Si son varios los autorizados, no se deberá contraerse obligación alguna contra la voluntad de cualquiera de ellos, pero, en la medida en que todos ostentan el poder de representación, la obligación será válida y eficaz frente a la sociedad, aunque no medie la autorización del disidente, si bien el socio que la contrajo responderá a la masa social del quebranto que ocasionare (art. 130 Ccom).

Considerando ahora la responsabilidad, cabe recordar que los socios responden de forma ilimitada, personal y solidaria de las deudas sociales (art. 127 Ccom) de manera cogente. En consecuencia, no caben alteraciones del régimen de responsabilidad más que dentro de los límites y con las garantías previstas en la ley. Ello supone de hecho la exclusión de la disciplina de la responsabilidad por deudas sociales del área de la autonomía negocial de los particulares. Por tanto, las convenciones privadas mediante las cuales acreedor y deudor acuerdan sustraer determinados bienes del patrimonio de este último, "desafectándolo" por esta vía del cumplimiento de las obligaciones contraídas, no son válidas, ya que contravienen la regla general de responsabilidad universal del art. 1911 Cciv, que ordena la afectación de todos los bienes del deudor, presentes y futuros. Se trata con todo de una responsabilidad de carácter subsidiario de la que recae sobre la sociedad, lo que obliga a los acreedores a hacer excusión del haber social con carácter previo (art. 237 Ccom).

II. LA SOCIEDAD COMANDITARIA SIMPLE

1. *Concepto, caracteres y función económica*

La sociedad en comandita es una modalidad de sociedad colectiva caracterizada por la adición de un elemento "capitalista". El elemento diferenciador de ambos tipos societarios radica en la existencia de una doble categoría de socios. Los socios colectivos. Y los socios comanditarios, a quienes se prohíbe la intervención en las tareas gestoras y cuya responsabilidad frente a terceros está limitada, lo que expresa la correlación legislativa entre poder económico y responsabilidad. El estatuto jurídico de los socios colectivos es el mismo que en la sociedad colectiva por lo que las peculiaridades de régimen de la sociedad comanditaria se restringen al previsto para los socios comanditarios.

En sus orígenes, la función económica de esta sociedad estuvo ligada a la facilidad que ofrecía a personas que no querían ejercer el comercio públicamente para obtener rendimientos del llevado a cabo por terceros. Tal era el caso de los clérigos o de la nobleza, por las connotaciones sociales negativas que acompañaban al ejercicio de cualquier profesión, y, en particular, el comercio, en la época. Posteriormente se utilizó para asegurar la base financiera de las sociedades colectivas ante los relevos generacionales. En la actualidad tiene interés como instrumento para reforzar la base patrimonial de las sociedades colectivas mediante la conversión de posiciones acreedoras en fondos propios.

2. *Fundación*

Aunque la Ley no lo exige expresamente, en la escritura pública de constitución deberá determinarse la "suma de responsabilidad". Se trata de una cifra dineraria, independiente de la realidad de la aportación y de su valor, que expresa el montante del compromiso o garantía personal asumida por el socio comanditario para hacer frente a las deudas sociales. Sin embargo, la escritura pública no constituye en este tipo societario una exigencia *ad solemnitatem,* ni tampoco su inscripción reviste carácter constitutivo. Basta el conocimiento efectivo por el tercero de la existencia de la sociedad para que el comanditario sea tratado como tal. La prueba corresponde a la sociedad o a sus socios.

3. *Relaciones jurídicas internas y externas*

Los socios comanditarios tienen los mismos derechos y obligaciones que los socios colectivos, salvo en materia de gestión, información y responsabilidad.

En el primer ámbito tienen prohibida la inmixtión en la gestión social, que corresponde en exclusiva a los socios colectivos. De modo que no pueden intervenir en ninguna decisión de esa índole, cualquiera que sea su importancia para la vida social. "Ni aun en calidad de apoderados de los socios gestores" (art. 148 Ccom). En el supuesto de quebrantamiento de la prohibición cabe, por un lado, la posibilidad de exclusión del infractor (art. 218.2 Ccom), dando lugar a un supuesto de rescisión parcial del contrato; y, por otro, pero al mismo tiempo, la aplicación de la sanción de vinculación a la operación o negocio concluido (arg. *ex* art. 1725 Cciv). Si, además, concurre malicia, abuso de facultades o negligencia grave, podrá pedirse indemnización por daños y perjuicios (arts. 149 y 144 Ccom). En la actualidad no obstante está extendida la opinión de que la prohibición afecta únicamente a los actos con trascendencia externa y no a los simples actos de gestión interna, debido al carácter histórico de la misma y a su escaso fundamento actual.

Por el contrario, el comanditario goza de un derecho de información, limitado en el tiempo, pero extenso en cuanto al contenido, susceptible de ser ampliado contractualmente (art. 150 Ccom). En efecto, salvo que exista una previsión distinta en la escritura, los socios comanditarios únicamente pueden revisar las cuentas sociales una vez al año, durante un plazo de quince días. Pero este derecho puede ser ampliado en virtud de disposición estatutaria. De otro lado, el contenido de este derecho de información es especialmente extenso puesto que se extiende, no solo a las cuentas sociales, sino también a todos los antecedentes y documentos relativos al estado y situación de la administración de la sociedad.

Finalmente, en lo relativo a la responsabilidad, cabe indicar que la de los socios comanditarios por las deudas sociales es una responsabilidad de carácter personal y solidario, aunque limitada en su cuantía a los fondos que pusieren, o se obligaron a poner en la comandita, esto es, a la suma de responsabilidad (art. 148.3 Ccom). Se trata además de una responsabilidad subsidiaria, porque los acreedores no pueden dirigirse contra el socio hasta hacer previa excusión del haber social.

La acción para hacer efectiva la responsabilidad solo procede cuando el socio comanditario no haya cumplido totalmente su obligación de aportación. Es una acción directa porque se concede al acreedor frente al socio para reclamarle lo que le falta por aportar. Si la aportación cubre la suma de responsabilidad, la obligación del comanditario se entiende cumplida. Si la cobertura no se ha producido subsistirá la obligación por la diferencia. A pesar de ello el socio no pierde su condición de simple responsable para convertirse en obligado frente al acreedor.

III. LAS CUENTAS EN PARTICIPACIÓN

1. *Concepto, caracteres y función económica*

En las cuentas en participación, una o varias personas, denominadas partícipes, transmiten a otra, denominada gestor, una aportación determinada al objeto de participar en los resultados de la gestión, que se obliga a efectuar este último (art. 239 Ccom). Es una figura próxima a la sociedad comanditaria, que desempeña también una función similar, porque el partícipe, igual que el socio comanditario, aporta su capital, pero no interviene en la gestión. Se limita a intercambiar su aportación por una "probabilidad de ganancia", asumiendo correlativamente las pérdidas, bien de forma limitada al montante de la aportación realizada, bien de manera ilimitada.

Se diferencian, no obstante, de la sociedad comanditaria porque las cuentas en participación constituyen una sociedad interna, esto es, una sociedad meramente obligacional desprovista de todo elemento organizativo, ya que, en las relaciones con terceros, tanto la representación de la actividad externa, como la responsabilidad que de ella se derive corresponden exclusivamente al gestor, en su condición de dueño del negocio.

Son, sin embargo, sociedades mercantiles, ya que el gestor ha de ser empresario (art. 239 Ccom). No así los partícipes, a pesar de los términos en que se pronuncia el Ccom (art. 239 Ccom).

En la actualidad se ha ampliado su uso por parte de las entidades de crédito con el fin de reforzar su capital de riesgo. Constituyen también un instrumento de formación de grupos de sociedades. Pero, sin duda, es en el ámbito de la transmisión de empresas de carácter familiar donde desempeñan una función más importante ya que permiten programar ordenadamente el relevo generacional y asegurarse la sucesión en la dirección, sin comprometer el desenvolvimiento financiero de la empresa.

2. *Fundación*

Las cuentas en participación se constituyen mediante simple pacto, sin que se requiera escritura pública, ni sea posible la inscripción en el RM.

3. *Relaciones jurídicas internas*

Como el socio comanditario, con un alcance limitado análogo, el partícipe tiene derecho a informarse sobre la marcha de los negocios (arg. anal. *ex* art. 173 Ccom) y a la rendición de cuentas por parte del gestor, que constituyen los medios de control mínimos para los socios apartados de la función gestora. Sin embargo, esos medios pueden ampliarse contractualmente. Por otra parte, dado el principio de autonomía de la voluntad que rige en las relaciones internas es posible, además, atribuir funciones gestoras a los partícipes, desde un simple intervención en la administración a la asunción de la totalidad o parte de la gestión. En estos supuestos se está ante las llamadas cuentas en participación atípicas.

4. Relaciones jurídicas externas

Según he indicado con anterioridad las cuentas en participación constituyen una sociedad interna, esto es, una sociedad meramente obligacional desprovista de todo elemento organizativo, ya que, en las relaciones con terceros, tanto la representación de la actividad externa, como la responsabilidad que de ella se derive corresponden exclusivamente al gestor, en su condición de dueño del negocio. En efecto, en las negociaciones con terceros no se podrá adoptar una razón comercial común a todos los partícipes, ni usar de más crédito directo que el del comerciante que las hace y dirige en su nombre y bajo su responsabilidad individual (art. 241 Ccom). De ahí que solo quepa contratar con el empresario a cuyo nombre se efectúa la negociación. Por consiguiente, los terceros sólo tendrán acción contra él. Los terceros no pueden dirigirse contra la sociedad, porque no está dotada de personalidad jurídica, ni de grado de subjetivación alguno. Asimismo, dichos terceros no pueden dirigirse contra los partícipes, quienes tampoco tendrán acción contra el tercero que contrató con el gestor, a no ser que éste les haga cesión formal de sus derechos (art. 242 Ccom).

Lección 18

Sociedades de capital (I). Caracterización y fundación. Régimen del capital y de las aportaciones sociales

SUMARIO: I. CARACTERIZACIÓN Y TIPOS PRINCIPALES. 1. Caracterización. 2. Tipos principales. II. LA FUNDACIÓN. 1. Requisitos. 1.1. Elementos negociales y no negociales. 1.2. La constitución en línea de la sociedad de responsabilidad limitada. 2. Clases de fundación. 2.1. Fundación simultánea. Responsabilidad de los fundadores y derechos especiales. 2.2. La fundación sucesiva de la sociedad anónima. 2.2.1. Caracterización y descripción del procedimiento. 2.2.2. Responsabilidad de los promotores y derechos especiales. 3. Pactos reservados o parasociales. III. EL CAPITAL SOCIAL. 1. Perfil jurídico del capital social. Principios. Capital y patrimonio. 2. Funciones del capital social. 2.1. Función organizativa. 2.2. Función de garantía. El principio de realidad. 2.3. La inexistente función productiva y la infracapitalización. 2.4. El capital mínimo. IV. LA OBLIGACIÓN DE APORTACIÓN. 1. Caracterización. 2. Aportación al capital. 2.1. Objeto. 2.2. Clases. 2.2.1. Aportaciones dinerarias. 2.2.2. Aportaciones no dinerarias. 2.2.2.1. Caracterización. 2.2.2.2. Aportaciones a título de propiedad y a título de uso. 2.2.2.3. La valoración. 3. El desembolso. 3.1. El desembolso. Concepto. 3.2. Los desembolsos pendientes. 4. Prestaciones accesorias.

I. CARACTERIZACIÓN Y TIPOS PRINCIPALES

1. Caracterización

La LSC no define las sociedades de capital (en adelante SC). Se limita a especificar que son sociedades de este tipo la sociedad de responsabilidad limitada, la sociedad anónima y la sociedad comanditaria por acciones (art. 1.1 LSC). No obstante se aprecian en ellas unas notas caracterizadoras comunes que se inducen del propio texto legal. Se trata de las siguientes:

i) En primer término, estas sociedades comparten la misma organización. Todas ellas están dotadas de una estructura corporativa o compleja y están sometidas, por tanto, a un régimen estatutario. Lo que, en síntesis, significa; en primer lugar, la existencia de órganos cuyo número y competencias están predeterminados por la Ley. En concreto la junta de socios y el órgano de administración. En segundo lugar, que en este último órgano rige el principio de heterorganicismo, que excluye de la condición de socio el derecho a administrar. Y, en tercer lugar, que todos los órganos están regidos por el régimen colegial, lo que supone que los acuerdos se toman por mayoría, siendo esa mayoría la expresión de una voluntad única, lo que exige la sumisión del acuerdo a un procedimiento legalmente determinado, integrado, básicamente, por la convocatoria, la reunión, la deliberación y la votación. A consecuencia de las características anteriores, la organización adquiere la consideración de persona jurídica en sentido estricto, y con ello, una notable independencia, tanto en el plano personal, respecto de sus socios, como en el ámbito patrimonial. Frente a los socios, la independencia de la organización se traduce en que las relaciones jurídicas surgen entre cada uno de ellos y la sociedad como persona jurídica.

ii) En segundo lugar, la independencia de la organización en el plano patrimonial se traduce en la nota de responsabilidad limitada. En efecto, dicha independencia ocasiona la creación de un patrimonio perfectamente acotado y responsable desligado del de los socios, quienes, precisamente debido a esta circunstancia, no responden de las deudas sociales. Es común afirmar a ese respecto que una de las notas caracterizadoras de las SC consiste en que se trata de sociedades de responsabilidad limitada. No es de extrañar, en particular por la denominación de uno de los tipos precisamente como sociedad de responsabilidad limitada. Sin embargo, esta apreciación necesita ser matizada a fin de no incurrir en imprecisiones técnicas. Las SC, como personas (jurídicas) que son, no tienen responsabilidad limitada, sino ilimitada. Responden con todo su patrimonio de las deudas presentes y futuras, como ordena el art. 1911 Cciv. Por otra parte los socios tampoco asumen responsabilidad limitada frente a terceros. Respecto de ellos no hay responsabilidad alguna, puesto que, entre ambos, se interpone la persona jurídica que es la sociedad, lo que suprime cualquier tipo de relación entre socios y terceros. La responsabilidad limitada concurre, pues, únicamente en las relaciones socio/SC en el sentido de que la responsabilidad del socio frente a la sociedad queda limitada a la cuantía de su aportación. Este dato es uno de los motivos de la gran difusión de estos tipos sociales. Y la diferencia más aparente con las llamadas sociedades de personas (colectivas y comanditarias), cuyos socios, como se sabe, responden de las deudas de la sociedad de manera solidaria, si bien subsidiariamente.

iii) La responsabilidad limitada de los socios a su aportación al capital, fundamenta la tercera nota caracterizadora de estos tipos de sociedad, que es la especial significación que tradicionalmente se ha atribuido al capital social como mecanismo de protección de terceros. Desprovistos de la garantía que supone la responsabilidad subsidiaria de los socios, el patrimonio de la sociedad constituye el único medio de tutela de aquellos. A consecuencia de ello, la correcta integración del capital está sometida a rigurosas reglas arbitradas en defensa de dichos terceros, desde el mismo momento de la fundación de la sociedad (régimen de las aportaciones, incluyendo su composición, ya que ha de tratarse, como veremos, de bienes valorables con arreglo a criterios objetivos), durante su vida (régimen de los beneficios) y hasta su extinción (normativa sobre reducción de capital y disolución por pérdidas). Por otra parte, esta misma característica explica la importancia que se concede en el seno de estas sociedades a la aportación de capital, por encima de las cualidades personales de los socios. En aplicación de este principio fundamental, para adquirir la condición de socio es imprescindible efectuar aportaciones al capital, sin que pueda conseguirse en ningún caso tal posición a través de prestaciones de trabajo o industria (art. 58 LSC). De igual modo, como regla general, los derechos y obligaciones se atribuyen en proporción a la aportación de cada socio al capital social. Puede decirse por eso que existe una estrecha correlación entre la existencia de este tipo de sociedades y la presencia del capital. No obstante lo anterior, esta función del capital social como mecanismo de garantía para terceros se ha desdibujado de forma notable, ante la constancia de que el capital no logra ser una garantía suficiente, dado que en ningún caso permite corroborar que se trate de una sociedad solvente o que tenga liquidez, que es realmente lo que garantiza a los acreedores el cobro de sus créditos. Resulta, pues, en la actualidad un aspecto del régimen de las sociedades de capital muy cuestionado.

iv) Es asimismo rasgo caracterizador de este tipo de sociedades el carácter constitutivo que se atribuye a su inscripción en el RM (art. 20 LSC). Sin inscripción no hay SC regular. El fundamento de esta previsión es esencialmente práctico. Se trata de proteger a los terceros, cuya única garantía queda constituida por el capital social, el patrimonio que lo respalda, más propiamente. Para que la sociedad pueda beneficiarse de la responsabilidad limitada, la Ley exige que se informe de ese dato a los terceros, lo que se consigue mediante la inscripción en el RM.

v) Finalmente, cabe indicar que las SC son sociedades mercantiles simplemente por adoptar cualquiera de las formas que constituyen sus tipos, con independencia de cual sea su objeto (actividad a la que se dedique) o su fin (lucrativo o no). Tanto desde el punto de vista objetivo, como subjetivo, por lo que gozan en todo caso de la condición de empresarios. Todos los tipos comparten la condición de empresario por la forma de la que disfrutan.

2. *Tipos principales*

Las notas caracterizadoras de las SC enunciadas en el apartado anterior no se aprecian con la misma intensidad en todos los tipos. Los tipos principales de SC son las sociedades anónimas (SA), las sociedades de responsabilidad limitada (SL) y las sociedades comanditarias por acciones (SCA). Siempre a grandes rasgos, la SA está diseñada para poder constituir el cauce formal de ejercicio de grandes empresas, entendiendo por tales no tanto las que disponen de un gran capital, sino muy especialmente las que están integradas por un gran número de socios cambiantes y que acuden para su financiación al ahorro ajeno (sociedades abiertas). Mientras, la SL está prevista para pocos socios relativamente sustituibles, entre los que tendencialmente existen ciertas relaciones personales (sociedades cerradas). A consecuencia de ello, su régimen interno de funcionamiento es más flexible que el de la SA y su carácter capitalista convive con ciertos elementos de personalización, como el régimen restrictivo de la transmisión de las participaciones.

Sin embargo, esto no quiere decir que la SA sea un tipo exclusivo de grandes empresas que recurren para su financiación al mercado de capitales. Por el contrario, se trata de una forma social de reconocida polivalencia funcional, capaz de constituir la forma jurídica de sociedades abiertas o cotizadas y cerradas. En el primer caso, las normas de la LSC, que las dedica un título especial, deben integrarse con las previstas en la LMVSI y su normativa de desarrollo. De otro lado, la opción por la sociedad cerrada está propiciada por la exigua cuantía de capital mínimo que se exige para su constitución, que además sólo tiene que estar desembolsado en un 25%. Por no mencionar la gran libertad de pactos que se permite en su seno. En particular en lo relativo a las restricciones sobre transmisibilidad de acciones. Así como por la posibilidad de recurrir a institutos más propios de las formas previstas para pocos socios, como ocurre, en particular, con las prestaciones accesorias. Todo ello unido a la inexistencia en la SL de capital máximo y de número máximo de socios permite afirmar que nuestras dos SC básicas son, en gran medida, intercambiables entre sí.

Junto a ellas, la SCA es, a pesar de su denominación, una SA cuya especificidad más relevante se aprecia en el estatuto jurídico de sus administradores, a quienes se les atribuye la condición de socios colectivos, lo que se traduce en la asunción de una responsabilidad personal e ilimitada por las deudas sociales. En compensación por esta agravación de la responsabilidad disfrutan de una mayor estabilidad en el cargo (art. 252 LSC). A consecuencia de ello, las SCA se rigen por las normas específicamente aplicables a este tipo social y, en lo que no esté en ellas previsto, por lo establecido en la LSC para las SA (art. 3.2 LSC). A lado de estos tipos básicos, la LSC regula ciertos subtipos de SA, de SL o de ambas. Subtipo de las dos es la sociedad unipersonal puesto que trata de una modalidad de uso restringido en alguna de ellas. Su característica definitoria consiste en que está integrada por un solo socio (arts. 12 a 14 LSC).

Subtipos de la SA son la sociedad cotizada, a la que se aludió antes, y la sociedad anónima europea domiciliada en España. Los rasgos más destacados de esta última se refieren al proceso de constitución y a las formas de organizar la administración social, en cuyo ámbito se admite el sistema dual de administración (arts. 455 a 494 LSC).

II. LA FUNDACIÓN

1. Requisitos

1.1. Elementos negociales y no negociales

Los requisitos de la fundación de las SC son de dos tipos, como en toda otra fundación. Se distinguen, en efecto, los elementos de carácter negocial y los no negociales. En cuanto a los primeros, las sociedades de capital se constituyen por contrato entre dos o más personas, o, en caso de sociedades unipersonales, por acto unilateral (art. 19.1 LSC). Tanto uno como otro deben constar en escritura pública (art. 20 LSC) a la que se atribuye carácter de forma esencial. La escritura es la forma solemne y necesaria que recoge el negocio fundacional. Necesaria quiere decir que no es una simple vía de acceso al RM, como en las sociedades de personas, sino un elemento esencial de carácter constitutivo, un requisito de forma ad solemnitatem, que ha de ser considerado como presupuesto del tipo, ya que es en ella dónde se insertan todos los elementos de la organización. En su razón, antes de la escritura no hay sociedad anónima ni limitada, ni siquiera irregular. El contenido de la escritura está especificado en la LSC (arts. 22, 23 y 28 LSC). Entre las menciones mínimas que debe incluir destacan, en especial, los estatutos de la sociedad en los que constan las normas de organización y funcionamiento que han de regir aquella. A parte de estas menciones mínimas, en la escritura y en los estatutos se podrán incluir, además, todos los pactos y condiciones que los socios fundadores juzguen conveniente establecer, siempre que no se opongan a las leyes ni contradigan los principios configuradores del tipo social elegido.

El elemento no negocial por excelencia es la inscripción en el RM, que es obligatoria y constitutiva, de modo que reviste carácter esencial para la existencia de la sociedad (art. 20 RM).

1.2. La constitución en línea de la sociedad de responsabilidad limitada

La Ley 11/2023, de 8 de mayo, de trasposición de Directivas de la Unión Europea en materia de accesibilidad de determinados productos y servicios, migración de personas altamente cualificadas, tributaria y digitalización de actuaciones notariales y registrales; y por la que se modifica la Ley 12/2011, de 27 de mayo, sobre responsabilidad civil por daños nucleares o producidos por materiales radiactivos , ha supuesto la trasposición de la Directiva 019/1151 del Parlamento Europeo y del Consejo, de 20 de junio de 2019, por la que se modifica la Directiva (UE) 2017/1132 en lo que respecta a la utilización de herramientas y procesos digitales en el ámbito del Derecho de sociedades, conocida como "Directiva de digitalización de sociedades". En ella se obliga a los Estados miembros a introducir en sus respectivos ordenamientos jurídicos un sistema de constitución de las sociedades de capital íntegramente en línea, sin necesidad de que los solicitantes comparezcan en persona ante cualquier autoridad o persona u organismo habilitado en virtud del Derecho nacional para tratar cualquier aspecto de la constitución en línea de sociedades, incluyendo el otorgamiento de la escritura de constitución y la aportación del capital social, contemplándose como excepcional la posibilidad de requerir la presencia física de la persona solicitante. Para facilitar la constitución de las compañías en línea, los Estados miembros deben proporcionar unos documentos estandarizados o modelos, a fin de simplificar la operación. El segundo elemento que caracteriza la Directiva es la extensión de este procedimiento íntegramente en línea a todo el ciclo vital de la sociedad, lo que supone que deberá facilitarse un sistema para la presentación *online* de los documentos necesarios.

El procedimiento íntegro en línea se extiende, también, al registro de sucursales.

Pues bien, hay que indicar que en nuestro Ordenamiento, la Ley de apoyo al emprendedor y su internacionalización (LAEI) ya había introducido la constitución telemática de las sociedades limitadas. En esta ley se regulan dos procedimientos de constitución. El primero, es aquel en el que se utiliza escritura pública y estatutos tipo en formato estandarizado. En este caso, la tramitación tiene que realizarse necesariamente a través de CIRCE (Centro de Información y Red de Creación de Empresas). Hay un plazo máximo de 24 horas para la constitución de la sociedad, lo que se consigue gracias al DUE (documento único electrónico) y a la estandarización de aranceles. Para ello se cuenta con los Puntos de Atención al Emprendedor (PAE), que son oficinas pertenecientes a organismos públicos y privados, incluidas notarías y registros mercantiles, así como puntos virtuales de información y tramitación telemática de solicitudes. Su función es facilitar la creación de nuevas empresas, a través de la prestación de servicios de información, tramitación de documentación, asesoramiento, formación y apoyo a la financiación empresarial (art. 13 LAEI). El DUE es un documento electrónico en el que se incluyen todos los datos que, de acuerdo con la legislación aplicable, deben remitirse a los registros jurídicos y las Administraciones Públicas competentes para la constitución de sociedades de responsabilidad limitada, el cumplimiento de las obligaciones en materia tributaria y de Seguridad Social asociadas al inicio de la actividad y la realización de cualquier otro trámite ante autoridades estatales, autonómicas y locales asociadas al inicio o ejercicio de la actividad, incluidos el otorgamiento de cualesquiera autorizaciones, la presentación de comunicaciones y declaraciones responsables y los trámites asociados al cese de la actividad. De él se excluyen, en particular, las obligaciones fiscales y de la Seguridad Social durante el ejercicio de la actividad, así como los trámites asociados a los procedimientos de contratación pública y de solicitud de subvenciones y ayudas.

El segundo procedimiento, es aquel en el que no hay estatutos tipo. Por ello, puede realizarse o no a través de CIRCE. No se fija un plazo máximo de constitución, y también tiene tasados los aranceles.

Aunque se trata de un procedimiento ágil y no muy costoso de constitución, requiere la comparecencia personal ante la notaría de los fundadores (o su representante); del mismo modo que se requiere la presencia de los administradores en caso de modificaciones posteriores.

Por ello y para cumplir con el mandato europeo, es preciso que se articule un procedimiento íntegramente online —pendiente todavía de desarrollo reglamentario— tanto en el momento de la constitución, como en las eventuales modificaciones posteriores, así como el registro de sucursales por parte de los ciudadanos de la Unión Europea. Para ello, se han modificado, entre otras, la Ley Hipotecaria, para regular la sede electrónica general; la Ley del Notariado, para regular un protocolo electrónico en el que, entre otras cuestiones, se permita el otorgamiento de ciertos instrumentos a través de videoconferencia y comparecencia electrónica. También se ha modificado la Ley de sociedades de capital, estableciendo que las sociedades de responsabilidad limitada podrán ser constituidas mediante un procedimiento íntegramente en línea sin perjuicio de la posibilidad de utilizar cualquier otro tipo de procedimiento legalmente establecido. Quedan exceptuadas de esta posibilidad las sociedades en las que la aportación de los socios venga constituida por aportaciones no dinerarias.

Las sociedades limitadas también podrán realizar íntegramente en línea las demás operaciones inscribibles y las dirigidas al cumplimiento de obligaciones legales de la vida de dichas sociedades. El objetivo es que el acceso, una vez efectuados los desarrollos oportunos, se realice a través de las sede electrónica del Ministerio de Industria, Comercio y Turismo que contará con un nudo de comunicación con la plataforma notarial. A través de esta sede se accederá a los modelos electrónicos para la constitución. Los modelos estarán redactados en español, en las lenguas cooficiales y en inglés (art. 22 bis LSC). Se continuará utilizando el DUE, los estatutos tipo y la escritura pública estandarizada que venían utilizándose en el sistema CIRCE, si bien, el Ministerio de Industria, Comercio y Turismo deberá introducir las preceptivas modificaciones a la luz del nuevo régimen.

En cuanto a las aportaciones dinerarias, deberán efectuarse mediante un instrumento de pago electrónico de amplia disposición en la Unión Europea. Tanto la documentación, como la valoración y transmisión de las mismas serán instrumentadas de forma electrónica. El notario podrá comprobar que se ha acreditado la realidad y valoración de las aportaciones; lo que no resulta necesario, de acuerdo con el régimen general, en el caso de las sociedades limitadas si los fundadores asumen en la escritura la responsabilidad solidaria frente a terceros y acreedores de la realidad y valoración de aquellas (art. 40 ter LSC).

Se contempla, asimismo, que el procedimiento de constitución cuando se utilicen escrituras y formatos estandarizados se llevará a cabo en el plazo de las seis horas hábiles contadas desde el día siguiente al de la fecha del asiento de presentación; si no se utilizan esos documentos estandarizados, el plazo será el de cinco días laborables. Solo se podrá exceptuar el cumplimiento de estos plazos en el caso de que existan causas justificadas por razones técnicas o de especial complejidad debiendo el Registrado Mercantil informar al interesado de esta incidencia.

Aunque como ya se ha señalado, una pieza clave en este nuevo sistema es que no resulta necesario que los fundadores comparezcan de forma presencial ante el notario, hay dos supuestos en los que el notario puede requerir esa presencia notarial motivándolo adecuadamente; y sin que ello impida que el resto del procedimiento se desarrolle online. Estos casos son (art. 40 quinquies LSC):

- por razones de interés público y con la finalidad de comprobar la identidad exacta del fundador, evitando cualquier falsificación de identidad
- para comprobar la capacidad del otorgante y, en su caso, los poderes de representación.

Estas excepciones son aplicables únicamente a la constitución de la sociedad, no pudiendo exigir el notario esta comparecencia física en las restantes etapas de la vida de la sociedad.

2. *Clases de fundación*

2.1. Fundación simultánea. Responsabilidad de los fundadores y derechos especiales

La fundación simultánea consiste en el otorgamiento de la escritura de constitución por todos los socios fundadores, sean personas físicas o jurídicas, por sí o por medio de representante, quienes habrán de asumir la totalidad de las participaciones sociales o suscribir la totalidad de las acciones —principio de suscripción íntegra— (art. 21 LSC). En la SL se requiere además el desembolso íntegro del valor nominal de cada una de las participaciones —principio de desembolso íntegro— (art. 78 LSC). En la SA y en la SCA es suficiente con que se desembolse una cuarta parte del valor nominal de cada una de ellas —principio de desembolso mínimo— (art. 79 LSC).

La noción de fundador es eminentemente formal. Es la persona física o jurídica que, por sí o por medio de representante, concurre al otorgamiento de la escritura de constitución. Los fundadores responden solidariamente frente a la sociedad, los socios y los terceros de la constancia en la escritura de constitución de las menciones exigidas por la ley, de la exactitud de cuantas declaraciones hagan en aquella y de la adecuada inversión de los fondos destinados al pago de los gastos de constitución (art. 30.1 LSC). Esta responsabilidad se extiende al denominado fundador oculto, esto es, a las personas por cuya cuenta obran los fundadores (art. 30.2 LSC).

Por otra parte, en los estatutos de las sociedades anónimas los fundadores podrán reservarse derechos especiales de contenido económico, cuyo valor en conjunto, cualquiera que sea su naturaleza, no podrá exceder del diez por ciento de los beneficios netos obtenidos según balance, una vez deducida la cuota destinada a la reserva legal y por un período máximo de diez años. Los estatutos habrán de prever un sistema de liquidación para los supuestos de extinción anticipada de estos derechos especiales. Estos derechos podrán incorporarse a títulos nominativos distintos de las acciones, cuya transmisibilidad podrá restringirse en los estatutos sociales (art. 27 LSC).

2.2. La fundación sucesiva de la sociedad anónima

2.2.1. Caracterización y descripción del procedimiento

La fundación sucesiva es una clase especial de fundación que tiene lugar siempre que, con anterioridad al otorgamiento de la escritura de constitución de la sociedad anónima, se haga una promoción pública de la suscripción de las acciones por cualquier medio de publicidad o por la actuación de intermediarios financieros (art. 41 LSC). Se trata de un método de fundación escasamente utilizado en la práctica, en la que se sustituye por la intervención de entidades de crédito y otros intermediarios que suscriben las acciones para, inmediatamente después, transmitirlas al público. Con ello se consigue el mismo objetivo —acudir al ahorro público en masa— sin necesidad de cumplir los trámites (lentos y costosos) que exigen las Leyes para fundar de forma sucesiva la sociedad.

Este tipo de fundación está regulado en la LSC (arts. 41 a 55 LSC), en la LMVSI y en la normativa de desarrollo. En síntesis cabe indicar que en su ámbito la figura del fundador queda sustituida por la del promotor. Promotor es la persona que promueve la constitución de la sociedad, suscribiendo el programa fundacional. Entre otros documentos, elabora el folleto informativo. Todos ellos deben se comunicados y aportados a la CNMV antes de realizar cualquier tipo de publicidad sobre la constitución de la futura sociedad. El folleto ha de ser aprobado por la CNMV, quien procederá a su registro. Sin embargo, la inclusión en el registro no constituye publicación en el sentido de puesta a disposición del público, que deberá ser efectuada por la persona que efectúe la oferta pública (art. 25 RD 1310/2005). Los promotores deberán también depositar en el RM un ejemplar del programa de fundación y del folleto informativo. Y el certificado de su depósito previo ante la CNMV (art. 43.2 LSC). Posteriormente se hará público, mediante el BORME, el hecho del depósito, un extracto del contenido de los documentos anteriores y la posibilidad de su consulta en la CNMV o en el RM (art. 43.2 LSC).

La suscripción de acciones se hará de la forma ordinaria, esto es, desembolsando al menos el 25% del valor nominal de cada una, cantidad que deberá depositarse a nombre de la sociedad en las entidades de crédito que se haya designado (art. 44.1 LSC). Estas aportaciones serán indisponibles hasta que la sociedad esté inscrita en el RM, salvo para los gastos de notaría, registro y fiscales imprescindibles para la inscripción (art. 45 LSC). Lógicamente la suscripción no podrá modificar las condiciones del programa de fundación y del folleto y deberá hacerse en el plazo fijado en aquel (art. 44.1 LSC). La suscripción se hará constar en el "boletín de suscripción", cuyo contenido está enunciado en el art. 46.1 LSC, quedando un ejemplar del mismo en poder de los promotores y entregándose otro al suscriptor, con la firma, al menos, de uno de los promotores o de la entidad de crédito autorizada por estos para admitir las suscripciones (art. 46.2 LSC).

Tras la suscripción se convocará la junta constituyente, cuya válida constitución exige la presencia de un número mínimo de suscriptores (art. 48.2 LSC), quienes adoptarán, en su caso, el acuerdo de constitución, decidiendo con las mayorías previstas en la LSC (art. 49 LSC). La escritura de constitución habrá de otorgarse por quien haya sido designado en la Junta constituyente dentro del plazo de un mes contado desde la celebración de la Junta (art. 51 LSC). Y deberá presentarse para su inscripción en el RM dentro de los dos meses siguientes a su otorgamiento (art. 51 LSC). En todo caso, transcurrido un año desde el depósito del programa de fundación y del folleto informativo en el RM sin haberse procedido a inscribir la escritura de constitución, los suscriptores podrán exigir la restitución de las aportaciones realizadas con los frutos que hubieran producido (art. 55 LSC).

2.2.2. Responsabilidad de los promotores y derechos especiales

Los promotores responden solidariamente frente a la sociedad y frente a terceros de la realidad y exactitud de las listas de suscripción que han de presentar a la junta constituyente; de los desembolsos iniciales exigidos en el programa de fundación y de su adecuada inversión; de la veracidad de las declaraciones contenidas en dicho programa y en el folleto informativo, y de la realidad y la efectiva entrega a la sociedad de las aportaciones no dinerarias (art. 54 LSC).

Igual que sucede con los fundadores, en los estatutos de las sociedades anónimas los promotores de la sociedad podrán reservarse derechos especiales de contenido económico, cuyo valor en conjunto, cualquiera que sea su naturaleza, no podrá exceder del diez por ciento de los beneficios netos obtenidos según balance, una vez deducida la cuota destinada a la reserva legal y por un período máximo de diez años. Los estatutos habrán de prever un sistema de liquidación para los supuestos de extinción anticipada de estos derechos especiales. Estos derechos podrán incorporarse a títulos nominativos distintos de las acciones, cuya transmisibilidad podrá restringirse en los estatutos sociales (art. 27 LSC).

2.3. Fundación retardada

La fundación retardada está regulada en la LSC con la denominación de adquisiciones onerosas (art. 72 LSC). El objeto de la disciplina consiste en evitar el fraude en la aplicación de la normativa sobre aportaciones no dinerarias. Con ese fin, las adquisiciones de bienes a título oneroso realizadas por una SA desde el otorgamiento de la escritura de constitución o de transformación en este tipo social y hasta dos años de su inscripción en el RM habrán de ser aprobadas por la junta general de accionistas si el importe de aquéllas fuese, al menos, de la décima parte del capital social, salvo que se trate de adquisiciones comprendidas en las operaciones ordinarias de la sociedad o de operaciones se verifiquen en mercado secundario oficial o en subasta pública.

Con la convocatoria de la junta deberán ponerse a disposición de los accionistas dos informes. Uno, elaborado por los administradores, que justifique la adquisición. Y otro, elaborado por un experto independiente sobre la valoración de las aportaciones. En caso de que este último no sea exigible según las normas que regulan las aportaciones no dinerarias, los administradores elaborarán el informe sustitutivo previsto, también, en aquellas normas. En cualquier caso, una copia autenticada del informe del experto o, en su caso, del informe de los administradores deberá depositarse en el RM en el plazo máximo de un mes a partir de la fecha efectiva de la aportación. Asimismo, el informe del experto o, en su caso, el informe de los administradores, se incorporará como anexo a la escritura.

3. Pactos reservados o parasociales

Los pactos reservados o parasociales son acuerdos estructuralmente autónomos del negocio fundacional, porque no se incluyen en los estatutos de la sociedad, ni en la escritura. Pero su dimensión teleológica, su elemento funcional, consiste en la regulación de un interés común o de una determinada conducta social, que modifica o complementa el régimen establecido en la escritura o en los estatutos de la sociedad en cuestión. Es decir, por su intermedio, los socios en cuanto tales, se proponen influir en el funcionamiento de la agrupación modalizando aspectos decisivos de las relaciones jurídico-sociales.

Su licitud y validez no se discute. Se trata de sociedades internas, puramente obligacionales. Sin embargo, sus efectos se restringen a las partes que los suscriben, ya que no son oponibles a la sociedad (art. 29 LSC). La LCS menciona aquellos que incluyen la regulación del ejercicio del derecho de voto en las juntas generales o los que restringen o condicionan la libre transmisibilidad de las acciones o de las obligaciones convertibles o canjeables emitidas por una sociedad anónima cotizada. Dispone asimismo que sus previsiones resultan de aplicación a los pactos parasociales entre socios o miembros de una entidad que ejerza el control sobre una sociedad cotizada (arts. 530 a 535 LSC).

Los pactos relativos al derecho de voto, llamados sindicatos de voto, pretenden conseguir un influjo estable en la marcha de la sociedad consolidando la mayoría o reuniendo a las minorías. En su modalidad básica, el accionista conserva la disponibilidad de la acción, comprometiéndose solo a votar en el sentido indicado por el sindicato. A consecuencia de ello son poco eficaces, puesto que el accionista está en condiciones de emitir su voto en otro sentido. Ese riesgo se evita entregando la posesión al sindicato y concediendo poderes al síndico o presidente para que vote en nombre del accionista. En este tipo de pactos se suele incluir la prohibición de transmisión de las acciones a terceros ajenos al sindicato, por lo que se denominan sindicatos de voto y bloqueo. Su finalidad típica es eludir la interdicción legal de consignar tal restricción en los estatutos (art. 123.2 LSC). Sus principales inconvenientes se anudan al carácter revocable de la representación, la exigencia de que sea especial para cada junta y su incompatibilidad con las normas sobre solicitud de representación pública. En particular el hecho de que el poder ha de llevar anejo el orden del día y la indicación del sentido en que votará el representante de no haber instrucciones precisas (art. 186 LSC).

Por lo demás, ambos tipos de pactos parasociales están sometidos a una disciplina específica en caso de SA cotizada. Su celebración, prórroga o modificación habrá de ser comunicadas con carácter inmediato a la sociedad y a la CNMV. Han de ser depositados en el RM y publicados como "hechos relevantes". En tanto no tengan lugar las comunicaciones, el depósito y la publicación como hecho relevante, el pacto parasocial no producirá efecto alguno en cuanto a las referidas materias. Sin embargo, todo ello puede ser dispensado por la CNMV cuando la publicidad pueda ocasionar un grave daño a la sociedad. En la decisión se indicará el tiempo de vigencia de la dispensa (arts. 530 a 535 LSC).

III. EL CAPITAL SOCIAL

1. Perfil jurídico del capital social. Principios. Capital y patrimonio

El capital es uno de los conceptos configuradores de las SC. Desde una perspectiva jurídica es una cifra contable, una abstracta magnitud matemática, que aparece en los estatutos de la sociedad, por lo que, técnicamente, no tiene consistencia material. Se trata, además, de una cifra que permanece invariable mientras no se modifiquen los propios estatutos. El capital social está, en efecto, dominado por el principio de determinación. Y, junto a él, por los principios de unidad y de estabilidad. El primero alude a la necesidad de que el importe exacto del capital figure, obligatoriamente, en los estatutos de la sociedad. El principio de determinación así concebido supone también el de unidad. En efecto, la cifra de capital es única, precisamente porque es solo la que se halla determinada en los estatutos. Finalmente, el principio de estabilidad exige que la cifra de capital, que obligatoriamente ha de constar en los estatutos, no puede ser aumentada ni disminuida a no ser que se modifiquen los estatutos en relación con esa específica mención, lo que implica la aplicación de un régimen especial dentro del general relativo a las modificaciones estatutarias.

Por el contrario el patrimonio es el conjunto de bienes y derechos de valor económico que pertenecen a la sociedad. No figura en los estatutos, ni tiene un valor fijo y estable. En el momento constitutivo ambas cifras normalmente coinciden. Puede no obstante que existan ciertas diferencias al alza, por ejemplo, emisión de acciones con prima, o a la baja, por ejemplo, infravaloración de las aportaciones no dinerarias. Pero en el transcurso de la vida social, mientras que la cifra de capital permanece estable —salvo que se modifiquen los estatutos— la del patrimonio oscilará conforme a los resultados —ganancias o pérdidas— de los negocios que constituyan el objeto social. Lo que, comparando el valor del patrimonio con la cifra del capital —que permanece fija—, informa de la situación económica real de la empresa. Con todo la Ley impone ciertos límites a la falta de correlación entre la cifra de capital y el patrimonio (vgr. disolución por pérdidas), dada la función de garantía frente a terceros asignada al capital social, aspecto al que se aludirá más abajo.

2. Funciones del capital social

2.1. Función organizativa

La función organizativa del capital social se desenvuelve en el ámbito de las relaciones internas socio-SC. Alude a que la participación en el capital se utiliza de ordinario para determinar la entidad de la condición de socio, en el sentido de que constituye la unidad de medida de todo aquello que es cuantificable en las relaciones internas.

2.2. Función de garantía. El principio de realidad

La función de garantía, la más importante tradicionalmente entre las asignadas al capital, se inscribe de forma preferente en el contexto de las relaciones externas, esto es, de la sociedad con terceros, aunque no exclusiva ya que opera también en beneficio de los socios e incluso de la subsistencia de la propia sociedad en la medida en que su existencia está íntimamente ligada a la del capital. A tenor de la misma el capital desempeña la función de servir de garantía de terceros, quienes, de otra forma, se verían desprotegidos, dado el sistema de irresponsabilidad de los socios que rige en el seno de estas sociedades.

Dada la inconsistencia material del capital, tal función se arbitra asignándole el carácter de cifra formal de retención sobre el patrimonio de la sociedad, lo que se consigue, en primer término, considerando el capital social como primera partida del pasivo del balance de la sociedad y, después, mediante un amplio aparato normativo, que se explica en el contexto del principio de realidad, efectividad o correspondencia mínima. Este principio, que expresa la necesidad de que la cifra de capital se corresponda con un patrimonio efectivo o real, se proyecta en toda una serie de preceptos que tienden a preservar una cierta correspondencia entre ambos, desde la constitución de la sociedad y durante toda la existencia de esta, hasta el extremo de que, perdida en la proporción que dice la Ley, la sociedad debe disolverse obligatoriamente.

Manifestaciones de este principio en el momento constitutivo son, por ejemplo, las normas que declaran la nulidad de la creación de acciones y participaciones que no correspondan a una efectiva aportación al capital social, así como las que prohíben la emisión de acciones y participaciones por debajo de la par. También, las normas sobre objeto de las aportaciones —las que prohíben las de industria o trabajo, las que regulan las aportaciones dinerarias y no dinerarias o las que disciplinan las normas sobre fundación retardada—. O los preceptos que exigen la suscripción completa y el desembolso mínimo. Esta correspondencia mínima ha de mantenerse durante toda la vida social, de modo que, si se quiebra, la Ley obliga a restablecerla —reduciendo el capital o reintegrándolo, en caso de SA— y, de no hacerse, ordena la disolución de la sociedad —disolución por pérdidas—.

Además de estas normas, constituyen expresión de este principio otras tales como las que prohíben repartir beneficios ficticios, las restrictivas en materia de adquisición de acciones propias, las que prohíben aumentar el capital si no ha sido desembolsado el anterior en su totalidad, las que ordenan la aplicación en sede de aumento de capital del régimen sobre aportaciones dinerarias y no dinerarias o la normativa sobre reducción de capital real. De ahí que cuando se afirma que el capital constituye la garantía de los terceros, lo que se quiere decir es que es el instrumento técnico a través del cual se produce la vinculación de los valores del activo del patrimonio a aquella garantía. A través de ella la sociedad es obligada a mantener un patrimonio del que no podrá disponer más que a través de rígidos procedimientos. Por eso puede decirse que tal función es desempeñada también a través de la disciplina de la reserva legal, cuya cuantía se fija en relación con el capital social, y de otras reservas, por ejemplo, la reserva por capital amortizado.

Se trata, sin embargo, de una función cada vez más cuestionada, dado que se ha constatado en la práctica que el capital no cumple como tal esa función de garantía frente a los acreedores sociales, puesto que en muchos casos las normas citadas resultan insuficientes. La cifra de capital social en ningún caso permite corroborar que se trate de una sociedad solvente o que tenga liquidez, que es realmente lo que garantiza a los acreedores el cobro de sus créditos. Y, por el contrario, limita la libertad de actuación de las sociedades que se ven constreñidas por ese rígido diseño normativo a la hora de adoptar respuestas rápidas ante un eventual problema de financiación. Esta razón ha llevado a algunos ordenamientos a eliminar el capital social. En el caso de nuestro país, se ha optado por una solución intermedia, consistente en mantener la cifra tradicional de sesenta mil euros para las sociedades anónimas y rebajar a un euro la cifra respecto de las sociedades de responsabilidad limitada que son las más extendidas en la práctica. En todo caso, no se produce un cambio sustancial en cuanto a la garantía, por cuanto se establece que mientras que el capital de las sociedades de responsabilidad limitada no alcance la cifra de tres mil euros deberá destinarse a la reserva legal una cifra al menos igual al 20 por ciento del beneficio hasta que dicha reserva junto con el capital social alcance el importe de tres mil euros; y además, en caso de liquidación, voluntaria o forzosa, si el patrimonio de la sociedad fuera insuficiente para atender el pago de las obligaciones sociales, los socios responderán solidariamente de la diferencia entre el importe de tres mil euros y la cifra del capital suscrito (art. 4.1.LSC).

Constituye, pues, una cuestión nuclear en el Derecho de Sociedades, sobre la que se mantiene viva la discusión, ganando cada vez más adeptos la opción de que debería optarse por mecanismos alternativos que pudieran cumplir de forma más eficaz esa función de garantía a los acreedores, entre ellos, los test de solvencia de la sociedad, ya instaurados en otros ordenamientos.

2.3. La inexistente función productiva y la infracapitalización

A las funciones organizativa y de garantía se añadió posteriormente la financiera empresarial, productiva o de explotación. Partiendo de la premisa de que el régimen del capital obliga a la sociedad a constituir —y mantener— un patrimonio, un fondo de explotación o factor de producción, esta función consistiría en que tal obligación comprendería que el patrimonio habría de ser el adecuado y suficiente para desarrollar las actividades que integran el objeto social en atención a su naturaleza y volumen.

El incumplimiento de esta hipotética exigencia daría lugar a la "infracapitalización" de la sociedad, noción que admite dos dimensiones: la material y la nominal. Existe infracapitalización material cuando la sociedad no cuenta con un patrimonio suficiente y adecuado para el desarrollo de su objeto social. Existe infracapitalización nominal cuando hay patrimonio suficiente, pero no está vinculado a la garantía que significa el capital social —capital de responsabilidad—, sino que procede de otro tipo de aportaciones —desvinculadas— de los socios, normalmente de créditos que conceden estos a la sociedad —capital de crédito—, lo que sin duda, merma la garantía de terceros, pues la disponibilidad de este patrimonio no está sometida a las estrictas reglas que impiden la disminución del patrimonio que respalda al capital social. Lo cierto es, sin embargo, que no hay en nuestro Derecho norma alguna que imponga esta función como propia del capital social. Por consiguiente las situaciones a que dan lugar a ambos tipos de infracapitalización deban resolverse con otros argumentos y mecanismos. Máxime, tras la reforma operada en la sociedad limitada en la que se admite la constitución con un euro de capital social.

En cuanto a la infracapitalización material no hay base en nuestro Derecho para impedirla o sancionarla directamente y, menos aún, para obligar a los socios a responder de las deudas sociales. En efecto, no puede denegarse la inscripción de la sociedad en el RM, aunque la cifra de su capital sea manifiestamente desproporcionada e insignificante para atender al desarrollo del objeto social, ya que el juicio sobre la adecuación del capital se excluye del poder de calificación del Registrador. La infracapitalización tampoco es causa de nulidad de la sociedad, ni siquiera presupuesto de responsabilidad de los fundadores. Por su parte, los socios no tienen obligación alguna de realizar nuevas aportaciones cuando el capital resulte insuficiente en relación con el desarrollo del objeto social, sino todo lo contrario, ya que la imposición de nuevas obligaciones exige el consentimiento de los interesados. Adicionalmente, las pérdidas significativas constituyen solo una causa de disolución de la sociedad que, en su caso, puede generar la responsabilidad de los administradores, pero no de los socios. Quedarían únicamente los supuestos en que se utilizara la técnica del "levantamiento del velo" por abuso de la forma social, si los acreedores pueden acreditar que se han visto defraudados por la insuficiencia del patrimonio. La situación es distinta al respecto de la infracapitalización nominal. Pero está regulada únicamente en sede concursal (arts. 92, 93 y 158 LC).

2.4. El capital mínimo

El capital social de la SA no podrá ser inferior a sesenta mil euros y se expresará precisamente en esa moneda. En el caso de la sociedad limitada, tras la reforma operada por la Ley 18/2022 de 28 de septiembre, de creación y crecimiento de empresas podrá ser inferior a un euro y se expresará precisamente en esa moneda (art. 4 LSC). Hay que recordar que, hasta esta reforma, el capital mínimo se situaba en tres mil euros. La opción de mantener el requerimiento de ese mínimo en lugar de haber eliminado el requisito del capital mínimo tiene por objeto, como señala la Exposición de Motivos de la citada ley, garantizar la consistencia de la normativa sobre sociedades de capital, cuya pieza angular es que estas sociedades se constituyen con un capital social de importe estrictamente superior a cero.

No se rompe, de este modo con los principios que sustentan las sociedades de capital, a diferencia de lo que ha sucedido en países de nuestro entorno, como Francia, Portugal e Italia, y en otros como Estados Unidos, Reino Unido, Japón o Canadá, en los que se ha eliminado la necesidad de capital mínimo. Pero se abarata la constitución de sociedades de responsabilidad limitada y se permite a los socios elegir el capital que deseen en función de sus necesidades y preferencias.

La función de este principio no es expresión de la de garantía, ni puede explicarse en el contexto de la función productiva. En primer término, porque la cuantía resulta insuficiente para resolver los problemas que acarrea la infracapitalización; pero, sobre todo, porque se exige, en general, para todas las sociedades del tipo en cuestión y no específicamente para cada una de ellas en relación con el objeto social. Tampoco está en condiciones de cumplir la función de orden político jurídico de reservar la forma anónima para las grandes empresas, en razón de su exigüidad.

En realidad cumple una función de garantía frente a terceros constreñida al proceso fundacional, por lo que está ligada básicamente a la figura de la sociedad en formación. A consecuencia de ello no se autorizarán escrituras de constitución de sociedad de capital que tengan una cifra de capital social inferior al legalmente establecido.

Sin embargo, el capital mínimo debe mantenerse durante toda la vida social, por lo que tampoco se autorizarán escrituras de modificación del capital social que lo dejen reducido por debajo de dicha cifra, salvo que sea consecuencia del cumplimiento de una ley (art. 5 LSC) o que, simultáneamente, se acuerde la transformación de la sociedad o el aumento en una cantidad igual o superior a la mínima —operación acordeón— (art. 343.1 LSC). La reducción del capital por debajo del mínimo constituye también una causa de disolución de pleno derecho [art. 360.1 b) LSC].

Y respecto de la sociedad limitada cuyo capital en el momento de la constitución sea inferior a tres mil euros, se establecen como ya se indicó al hablar de la función de garantía, dos cautelas específicas hasta que esa cifra alcance los tres mil euros, con la finalidad de salvaguardar el interés de los acreedores.

IV. LA OBLIGACIÓN DE APORTACIÓN

1. *Caracterización*

La obligación de aportación admite dos acepciones básicas. Una amplia y otra estricta. Desde un punto de vista amplio, es aquella cuyo objeto consiste en una prestación cualquiera prometida por el socio para colaborar en la prosecución del fin social previsto en el contrato, por lo que incluye cualquier tipo de prestación de dar, de hacer o de no hacer (art. 1088 Cciv). Estrictamente considerada es aquella cuyo objeto es susceptible de integrar el capital social, más propiamente el patrimonio que respalda este, por lo que ha de ser capaz de cumplir la función de garantía asignada a aquel. A consecuencia de ello su objeto se restringe en los términos que se expresan a continuación.

2. *Aportación al capital*

2.1. Objeto

Sólo podrán ser objeto de aportación los bienes y derechos patrimoniales susceptibles de valoración económica (art. 58.1 LSC). La susceptibilidad de valoración económica exige que el objeto de la aportación sea valorable económicamente con arreglo a criterios objetivos, excluyéndose en todo caso como posible objeto de la aportación el trabajo o los servicios (art. 58.2 LSC).

2.2. Clases

2.2.1. Aportaciones dinerarias

Las aportaciones dinerarias son aquellas que se realizan en dinero. Deben establecerse en moneda nacional, pero pueden realizarse en moneda extranjera. En tal caso habrá que determinar su equivalencia en euros (art. 61 LSC). Se trata de una mención dispuesta en tutela de los acreedores a fin de que puedan conocer fácilmente el monto total del capital.

La normativa aplicable a este tipo de aportaciones tiene como objetivo básico garantizar su efectiva realización por lo que se exige acreditarla ante el notario autorizante de la escritura de constitución o de aumento de capital. No obstante, la ley establece un régimen diferencia para las sociedades anónimas y las limitadas. En el primer caso, la acreditación puede efectuarse mediante exhibición y entrega a este de los resguardos de depósito de la cantidad a nombre de la sociedad en una entidad de crédito o mediante su entrega directa al Notario a fin de que sea este quien constituya el depósito a nombre de la sociedad (art. 62.1 LSC). Tratándose de una sociedad limitada no se exige tal acreditación; siendo sustituida por la responsabilidad de los fundadores y de quienes adquieran alguna de las participaciones asumidas en la constitución por la realidad de dichas aportaciones. Se trata de una responsabilidad solidaria frente a la sociedad y frente a los acreedores sociales (art. 62.2 LSC).

En el caso de constitución en línea de sociedad limitada, las aportaciones serán efectuadas mediante instrumente de pago electrónico de amplia disposición en la Unión Europea. Este instrumento debe permitir la identificación de la persona que realizó el pago. Y además, debe proporcionarse por un prestador de servicios de pago electrónico o entidad financiera establecida en un Estado miembro (art. 40 ter LSC).

2.2.2. *Aportaciones no dinerarias*

2.2.2.1. Caracterización

Las aportaciones no dinerarias son aquellas que no consisten en dinero. Deberán describirse en la escritura de constitución o en la de ejecución del aumento del capital social con sus datos registrales si existieran, la valoración en euros que se les atribuya, así como la numeración de las acciones o participaciones atribuidas (art. 63 LSC). A efectos sistemáticos en relación con su régimen jurídico conviene distinguir dos aspectos. El relativo al título de la aportación. Y el atinente a su valoración.

2.2.2.2. Aportaciones a título de propiedad y a título de uso

La aportación puede ser efectuada a título de propiedad o a título de uso, presumiéndose que se realiza a título de propiedad, salvo que expresamente se estipule de otro modo (art. 60 LSC). La aportación a título de propiedad no coincide con la aportación de la propiedad de bienes —muebles o inmuebles—, sino que puede consistir, por ejemplo, en la aportación a título de propiedad de la titularidad de derechos reales, por ejemplo, un derecho de usufructo o de servidumbre. Lo determinante es que el aportante pierda la titularidad del bien o derecho que se transmite a la sociedad con carácter permanente —o con el previsto en el régimen del derecho—.

La LSC dispone un régimen especial sobre estas aportaciones al objeto de garantizar su realidad y consistencia y, en definitiva, la correspondencia mínima entre capital y patrimonio. Si la aportación consiste en bienes muebles, inmuebles o derechos asimilados —esto es, derechos reales—, el aportante está obligado a la entrega y saneamiento de la cosa objeto de aportación en los términos establecidos en el CCiv para el contrato de compraventa; pero se aplicarán las reglas del Ccom sobre el mismo contrato en materia de transmisión de riesgos (art. 64 LSC). Si la aportación consiste en derechos de crédito el aportante responde de la legitimidad de este y de la solvencia del deudor (art. 65 LSC), por lo que si el deudor del socio aportante no cumple con la sociedad, este último queda obligado a efectuar el pago. En fin, si se aporta una empresa o establecimiento el aportante queda obligado al saneamiento de su conjunto si el vicio o la evicción afectasen a la totalidad; pero también cuando afecte a alguno de los elementos esenciales para su normal explotación. Y, a diferencia de la disciplina prevista en el Cciv, también procederá el saneamiento individualizado de aquellos elementos de la empresa aportada que sean de importancia por su valor patrimonial (art. 66 LSC).

De otro lado, las aportaciones a título de uso incluyen únicamente las transmisiones a la sociedad del mero uso o goce de un bien o derecho cuya titularidad conserva el socio aportante, instaurándose un vínculo jurídico de carácter duradero y tracto sucesivo entre el aportante y la sociedad, que permite a esta disfrutar del uso del bien o derecho durante un período de tiempo. Similar por tanto a un relación de carácter arrendaticio, por lo que su régimen debe construirse por remisión a las normas comunes sobre arrendamientos.

2.2.2.3. La valoración

Problema común a ambos tipos de aportaciones es el relativo a su correcta valoración. Con el objeto de preservar la tutela de terceros y socios y, en desarrollo del principio de realidad del capital social, la Ley se sirve de varios mecanismos para asegurarla. En la SA se centran con preferencia en la exigencia de que la valoración sea efectuada por uno o varios expertos independientes con competencia profesional, designados por el registrador mercantil (art. 67.1 LSC). El valor que se otorgue a la aportación en la escritura social no podrá ser superior a la valoración realizada por los expertos (art. 67.3 LSC).

De este régimen quedan, no obstante, exceptuados los siguientes supuestos:

i) Las aportaciones no dinerarias que consistan en valores mobiliarios que coticen en un mercado secundario oficial o en otro mercado regulado o en instrumentos del mercado monetario [art. 69 a) LSC].

ii) Las aportaciones no dinerarias que consistan en bienes distintos de los anteriores cuyo valor razonable se hubiera determinado, dentro de los seis meses anteriores a la fecha de la realización efectiva de la aportación, por experto independiente con competencia profesional no designado por las partes, de conformidad con los principios y las normas de valoración generalmente reconocidos para esos bienes [art. 69 b) LSC].

iii) En casos de fusión o escisión, cuando en la constitución de una nueva sociedad por fusión o escisión se haya elaborado un informe por experto independiente sobre el proyecto de fusión o escisión [art. 69 c) LSC] y cuando el aumento del capital social se realice con la finalidad de entregar las nuevas acciones o participaciones sociales a los socios de la sociedad absorbida o escindida y se hubiera elaborado un informe de experto independiente sobre el proyecto de fusión o escisión [art. 69 d) LSC].

iv) Cuando se realice un aumento del capital social con la finalidad de entregar las nuevas acciones a los accionistas de la sociedad que sea objeto de una oferta pública de adquisición de acciones [art. 69 e) LSC].

En todos estos casos los administradores elaborarán un informe adicional, sustitutivo del informe del experto, cuyo contenido está determinado en la LSC (art. 70 LSC). Incluirá, en particular, la descripción de la aportación, una declaración en la que se precise si el valor obtenido corresponde, como mínimo, al número y al valor nominal y, en su caso, a la prima de emisión de las acciones emitidas como contrapartida; y, sobre todo, el valor de la aportación, el origen de esa valoración y, cuando proceda, el método seguido para determinarla. El método deberá consignarse, en especial, cuando se trate de valores cotizados en un mercado regulado o en instrumentos del mercado monetario, en cuyo caso la LSC ordena que estos bienes se valoren al precio medio ponderado al que hubieran sido negociados en uno o varios mercados regulados en el último trimestre anterior a la fecha de la realización efectiva de la aportación, de acuerdo con la certificación emitida por la sociedad rectora del mercado secundario oficial o del mercado regulado de que se trate. Al informe de los administradores se unirá la certificación emitida por la sociedad rectora.

El informe incluirá también una declaración en la que se indique que no han aparecido circunstancias nuevas que puedan afectar a la valoración inicial. A este respecto cabe indicar que, tratándose de valores cotizados en un mercado regulado o de instrumentos del mercado monetario, si el precio se hubiera visto afectado por circunstancias excepcionales que hubieran podido modificar significativamente el valor de los bienes en la fecha efectiva de la aportación, los administradores de la sociedad deberán solicitar el nombramiento de experto independiente para que emita informe [art. 69 a) LSC]. Asimismo, en caso de que las aportaciones no dinerarias consistieran en bienes distintos de los anteriores cuyo valor razonable se hubiera determinado, dentro de los seis meses anteriores a la fecha de la realización efectiva de la aportación, por experto independiente con competencia profesional no designado por las partes, y concurrieran nuevas circunstancias que pudieran modificar significativamente el valor razonable de los bienes a la fecha de la aportación, los administradores de la sociedad deberán solicitar también el nombramiento de experto independiente para que emita informe. En este supuesto, si los administradores no hubieran solicitado el nombramiento de experto debiendo hacerlo, el accionista o los accionistas que representen, al menos, el cinco por ciento del capital social, el día en que se adopte el acuerdo de aumento del capital, podrán solicitar del registrador mercantil del domicilio social que, con cargo a la sociedad, nombre un experto para que se efectúe la valoración de los activos. La solicitud podrán hacerla hasta el día de la realización efectiva de la aportación, siempre que, en el momento de presentarla, continúen representando al menos el cinco por ciento del capital social [art. 69 b) LSC].

En cambio, en la SL, el centro del sistema gira en torno a la responsabilidad que se impone a los fundadores, las personas que ostentaran la condición de socio en el momento de acordarse el aumento de capital y quienes adquieran alguna participación desembolsada mediante aportaciones no dinerarias por la realidad y el valor asignado en la escritura a la aportación. Se trata de una responsabilidad solidaria frente a la sociedad y frente a los acreedores sociales (art. 73 LSC). Esta responsabilidad queda, no obstante, excluida si las aportaciones se someten a valoración pericial conforme a lo previsto para la SA (art. 76 LSC).

3. El desembolso

3.1. El desembolso. Concepto

La aportación es la prestación objeto de la obligación de aportar. Consiste, por tanto, en el comportamiento comprometido por el socio al asumir la obligación de aportar. Ahora bien, con el término aportación suele designarse igualmente el cumplimiento, la ejecución o consumación de la obligación de aportar, que se produce al realizar el comportamiento en que consiste la prestación. En la terminología de la LSC esta última acepción se identifica con el término desembolso. En las SC la mera asunción del compromiso no es suficiente para adquirir la condición de socio, aunque, al asumirlo, el patrimonio social queda integrado con el crédito de la sociedad contra el socio. Es necesario que se ejecute la prestación en que consiste la aportación en el mismo acto en que se asumen o suscriben las participaciones o acciones. De modo íntegro en la SL, y, al menos, en una cuarta parte de la cada una de las acciones, en la SA (arts. 78 y 79 LSC).

3.2. Los desembolsos pendientes

Conocidos tradicionalmente como dividendos pasivos, los desembolsos pendientes son la parte de capital social no desembolsada en el momento de la suscripción o adquisición originaria de las acciones. El desembolso pendiente consiste, pues, en un aplazamiento parcial de la ejecución de la obligación de aportar, en cuya virtud los accionistas quedan obligados a aportar el monto pendiente, en la forma y dentro del plazo previsto en los estatutos, o, en su defecto, en el plazo decidido por acuerdo de los administradores (arts. 81 y 82 LSA), pero siempre dentro del plazo máximo que ha de estar fijado en los estatutos [art. 23 d) LSC]. Si se trata de aportaciones no dinerarias, el plazo de desembolso no podrá exceder de cinco años desde la constitución de la sociedad o del acuerdo de aumento del capital social (art. 80.3 LSC). En ambos casos, la exigencia del pago de los desembolsos pendientes se notificará a los afectados o se anunciará en el BORME. Entre la fecha del envío de la comunicación o la del anuncio y la fecha del pago deberá mediar, al menos, el plazo de un mes (art. 81.2 LSC). Efectuado el desembolso se hará constar en escritura pública que se inscribirá en el RM (art. 135 RRM).

Vencido el plazo, sin que se haya efectuado el pago, el accionista se constituye en mora de forma automática, sin necesidad de intimación (art. 82 LSC), lo que le priva de importantes derechos. No podrá ejercitar el derecho de voto. El importe de sus acciones será deducido del capital social para el cómputo del *quórum*. Tampoco tendrá derecho a percibir dividendos, ni a la suscripción preferente de nuevas acciones ni de obligaciones convertibles. Si bien, una vez abonado el importe de los desembolsos pendientes, junto con los intereses adeudados, podrá reclamar el pago de los dividendos no prescritos, pero no podrá reclamar la suscripción preferente, si el plazo para su ejercicio ya hubiere transcurrido (art. 83 LSC). A su vez, para garantizar integridad del capital social, cuando el accionista se halle en mora, la sociedad podrá, según los casos y atendida la naturaleza de la aportación no efectuada, reclamar el cumplimiento de la obligación de desembolso, con abono del interés legal y de los daños y perjuicios causados por la morosidad, o enajenar las acciones por cuenta y riesgo del socio moroso (art. 84.1 LSC). Cuando haya de procederse a la venta de las acciones, la enajenación se verificará por medio de un miembro del mercado secundario oficial en el que estuvieran admitidas a negociación, o por medio de fedatario público, en otro caso, y llevará consigo, si procede, la sustitución del título originario por un duplicado. Si la venta no pudiese efectuarse, la acción será amortizada, con la consiguiente reducción del capital, quedando en beneficio de la sociedad las cantidades ya desembolsadas (art. 84.2 LSC).

El accionista moroso puede transmitir la acción; pero, para reforzar la obligación de pago incumplida, la LSC impone al adquirente y a todos los transmitentes que le precedan una responsabilidad solidaria por la parte no desembolsada, a elección de los administradores de la sociedad. Esta responsabilidad durará tres años, contados desde la fecha de la respectiva transmisión. Cualquier pacto contrario a la responsabilidad solidaria será nulo (art. 85.1 y 2 LSC). Pero el adquirente que pague podrá reclamar la totalidad de lo pagado de los adquirentes posteriores (art. 85.3 LSC).

4. Prestaciones accesorias

Las prestaciones accesorias son prestaciones distintas de las aportaciones al capital, por lo que, en ningún caso, podrán integrar el capital social (art. 86.1 y 2 LSC). A consecuencia de ello su objeto no está limitado como ocurre con las aportaciones al capital. Se trata de aportaciones en sentido amplio cuyo objeto, por tanto, comprende todo tipo de prestaciones, de dar, hacer o no hacer (art. 1088 Cciv).

Es imprescindible que estén previstas en los estatutos, que expresarán los siguientes particulares (art. 86.1 y 3, 87, 89.2 LSC):

i) Su contenido concreto y determinado.

ii) Si se han de realizar gratuitamente o mediante retribución. En este último caso determinarán también la compensación que hayan de recibir los socios que las realicen, cuya cuantía no podrá exceder en ningún caso del valor que corresponda a la prestación.

iii) Las eventuales cláusulas penales inherentes a su incumplimiento, teniendo en cuenta que, salvo disposición contraria de los estatutos, la condición de socio no se perderá por la falta de realización de las prestaciones accesorias por causas involuntarias.

iv) Si tienen carácter obligatorio para todos o algunos de los socios o están vinculadas a la titularidad de una o varias participaciones sociales o acciones concretamente determinadas.

A consecuencia de su necesaria constancia estatutaria la creación de prestaciones accesorias con posterioridad a la constitución, su modificación y su extinción anticipada deberá acordarse con los requisitos previstos para la modificación de los estatutos. Pero requerirá, además, el consentimiento individual de los obligados (art. 89.1 LSC). Por otra parte, la transmisión por actos inter vivos de acciones o participaciones con prestaciones accesorias vinculadas y cualquiera de las pertenecientes a un socio personalmente obligado a realizarlas está condicionada a la autorización de la sociedad. Salvo disposición contraria de los estatutos, en las SL la autorización será competencia de la junta general; y, en las SA de los administradores. En cualquier caso, transcurrido el plazo de dos meses desde que se hubiera presentado la solicitud de autorización sin que la sociedad haya contestado a la misma, se considerará que dicha autorización ha sido concedida (art. 88 LSC).

Lección 19

Sociedades de capital (II). Participaciones sociales y acciones. Obligaciones

V. PARTICIPACIONES SOCIALES Y ACCIONES

1. Caracterización

Es común afirmar que la participación es el concepto fundamental de caracterización de la SL, puesto que es el único de ellos que no concurre de igual modo en las demás sociedades de capital (art. 1 LSC). Lo que es cierto en la medida en que ni en la SA ni en la SCA hay participaciones, sino acciones. Si bien hay que hacer notar desde ahora que las diferencias entre acción y participación no afectan a todas las acepciones de las mismas. En esencia se reducen a la representación de la acción, ya que, a diferencia de esta, las participaciones no pueden incorporarse a valores negociables. Y a ciertas matizaciones en el contenido del conjunto de derechos y obligaciones que pueden integrarlas, que es más flexible. Por lo demás, la participación es, igual que la acción, una parte alícuota del capital social y un conjunto de derechos, obligaciones, facultades y poderes que definen la condición de socio de este tipo de sociedades.

2. *Participaciones y acciones como partes alícuotas del capital social*

2.1. Caracterización

Cuando la Ley dispone que el capital social se dividirá en acciones/participaciones (art. 1 LSC) y las considera partes alícuotas de aquel (art. 90 LSC), destaca la proporcionalidad concurrente entre —el valor nominal de— la acción/participación y el capital social, que deriva de la correlación exacta que existe entre el número de acciones/participaciones que ha emitido la sociedad, su valor nominal y la cifra formal en que se ha fijado en los estatutos el capital social, de manera tal que la cuantía de este es el resultado de multiplicar el número de acciones/participaciones por su valor nominal. De esta premisa básica se deducen múltiples consideraciones entre las que cabe destacar las relativas a los requisitos atinentes al valor nominal y al valor nominal como medida de la aportación.

2.2. El valor nominal. Requisitos. Indivisibilidad y acumulabilidad

Las acciones y las participaciones han de tener necesariamente un valor nominal consistente en una suma, lo que excluye la licitud de las acciones/participaciones sin valor nominal o cuyo valor nominal se exprese por referencia a un porcentaje de capital, esto es, la de las llamadas acciones de cuota [art. 23 d) LSC). La Ley, sin embargo, no fija un valor nominal máximo ni mínimo. Su determinación, por tanto, es libre. Lo único que exige es que el valor nominal figure en los estatutos y, en su caso, en el título de la acción y en los resguardos provisionales, así como en la escritura de emisión de las acciones representadas mediante anotaciones en cuenta. Del mismo modo, no exige la Ley que todas las acciones tengan el mismo valor nominal. Pueden, al contrario, emitirse acciones de distintas series con diferente valor nominal. Solo se requiere que todas las acciones de una misma serie tengan igual valor nominal (art. 49.2 LSA). El concepto de serie de acciones remite pues al conjunto de ellas con igual valor nominal. La Ley tampoco prescribe que todas las participaciones deban tener el mismo valor nominal, por lo que la doctrina se inclina por considerar que se admite la existencia de participaciones con distinto valor nominal —desigualdad cuantitativa—. Este hecho explica las notas de indivisibilidad y de acumulabilidad de las acciones/participaciones (art. 90 LSC).

Que sean indivisibles significa que el socio no puede fraccionar su acción/participación al objeto de crear otras de menor valor nominal. Tal posibilidad constituye una operación reservada por la Ley a la junta de socios mediante la oportuna modificación estatutaria. En su razón, cuando varias personas sean titulares de una participación se aplican las reglas de la copropiedad (art. 126 LSC). Por su parte la acumulabilidad supone no que las participaciones sean acumulables entre sí en el sentido de que el socio tenga permitido reagruparlas al objeto de crear otras de mayor valor nominal. Esta eventualidad, como la inversa de divisibilidad, constituye una operación reservada por la Ley a la junta de socios mediante la oportuna modificación estatutaria. La acumulabilidad significa simplemente la posibilidad de que una misma persona sea titular de varias acciones/participaciones, sin que por tal acumulación en la titularidad pierda cada una de ellas su propia y singular autonomía.

2.3. El valor nominal como medida de la aportación

La segunda consecuencia básica que deriva de la consideración de la acción/participación como parte alícuota del capital hace referencia al principio de correspondencia mínima o efectividad, anudado al capital social en relación con su función de garantía. En efecto, constituyendo el capital social una cifra formal que entraña la medida de lo que, en conjunto, los socios han aportado, o se han comprometido a aportar, a la sociedad, el valor nominal de la acción/participación señala la cantidad que, como mínimo, se debe aportar para adquirir la consideración de socio, sea en el momento fundacional como, en su caso, ante eventuales aumentos de capital. En atención a esa circunstancia dispone la Ley que será nula la creación de acciones/participaciones que no respondan a una efectiva aportación patrimonial a la sociedad (art. 59.1 LSC). Así como que las acciones/participaciones no pueden ser emitidas por una cifra inferior a su valor nominal —por debajo de la par— (art. 59.2 LSC). Sí es posible realizar la operación inversa, esto es, emitir acciones/participaciones con prima, es decir, con la obligación de abonar un precio superior al valor nominal, que no queda adscrito al capital social, sino al patrimonio no vinculado, reflejándose en una cuenta separada del pasivo, en principio de libre disposición por la sociedad.

Conforme a ello, ya en el momento constitutivo, el valor nominal no tiene por qué coincidir con el valor contable o valor neto patrimonial, que se obtiene dividiendo el valor contable o teórico del patrimonio —activo real menos pasivo exigible— por el número de acciones/participaciones. A su vez, ambos pueden ser distintos del valor razonable, que se calcula dividiendo el valor que podría obtenerse en el mercado en caso de venta de la empresa por el número de acciones/participaciones, pues en tal valor se incluye no solo el valor contable del patrimonio, sino también las reservas latentes y los rendimientos esperados de la actividad social, considerando la capacidad de la sociedad de obtener ganancias con su funcionamiento. En las sociedades cotizadas tal valor suele coincidir con el valor de bolsa o de mercado.

3. Participaciones y acciones como expresión de la condición de socio

3.1. Caracterización

La acción/participación expresa la condición de socio de la SA/SL porque integra el conjunto de derechos, obligaciones, poderes y facultades que ostenta el socio frente a la sociedad (arts. 91 y 93 LSC).

3.2. Contenido

3.2.1. En particular los derechos. Acciones y participaciones privilegiadas. Acciones rescatables

El contenido mínimo de la acción/participación está explicitado en el art. 93 LSC. Dispone este precepto que comprenden dos derechos de carácter patrimonial o económico: el derecho a participar en el reparto de las ganancias sociales y el derecho a participar en el patrimonio resultante de la liquidación. Cuatro derechos de carácter político o administrativo: el de asistir y votar en las juntas generales, el de impugnar los acuerdos sociales y el de información. Y un derecho de carácter mixto cual es el de asunción preferente de nuevas participaciones o de suscripción preferente de nuevas acciones creadas tras los aumentos de capital o de obligaciones convertibles en acciones.

El valor de tal enumeración no debe ser, sin embargo, sobrevalorado por varios motivos:

i) En primer lugar, porque a lo largo del articulado de la Ley se reconocen otros derechos, por ejemplo, el derecho de representación, el de asignación gratuita de acciones ante ciertos aumentos de capital o el derecho de separación;

ii) En segundo lugar porque algunos de ellos, en concreto los de carácter patrimonial, tienen atribuido un carácter abstracto, lo que, a grandes rasgos, significa que el socio no tiene derecho a exigirlos, por el simple hecho de serlo, sino que debe esperar a la concurrencia de condiciones adicionales. Por ejemplo, el derecho a los beneficios solo se convierte en un derecho a exigir los dividendos cuando se apruebe por la junta general un acuerdo que así lo decida.

iii) En tercer lugar, porque la propia Ley permite en ocasiones la limitación o incluso la supresión de alguno de ellos. Puede lícitamente limitarse, por ejemplo, el derecho de asistencia (art. 179 LSC) o el derecho de voto (arts. 188.3 y 527 LSC) en la SA. El derecho de voto puede excluirse tanto en la SA como en la SL, mediante la creación de acciones/participaciones sin voto (arts. 98 a 103 LSC);

iv) Finalmente, porque, en sentido inverso al anterior, cabe la existencia de privilegios o preferencias en cierto tipo de derechos, siempre que no consistan en el derecho a percibir un interés, supongan, de forma directa o indirecta, la alteración de la proporcionalidad entre el valor nominal de la acción y el derecho de voto o el derecho de preferencia o entre el valor nominal de la participación y el derecho de preferencia (art. 96 LSC), entre los casos más significativos. La LSC regula en particular el privilegio consistente en el derecho a obtener un dividendo preferente (arts. 95 y 498 y 499 LSC).

De conformidad con todo ello las participaciones sociales y las acciones pueden otorgar derechos diferentes. Las acciones que tengan el mismo contenido de derechos constituyen una misma clase (art. 94.1 LSC). Para la creación de participaciones y la emisión de acciones que confieran algún privilegio frente a las ordinarias, habrán de observarse las formalidades prescritas para la modificación de estatutos (art. 94.2 LSC). Además, en ciertos tipos de acciones se exigen otra serie de requisitos. Sucede eso en especial con las acciones rescatables, que solo pueden ser emitidas por SAs cotizadas (arts. 500 y 501 LSC).

3.2.2. Participaciones y acciones sin voto

La SL podrá crear participaciones sociales sin derecho de voto por un importe nominal no superior a la mitad del capital. La SA podrá emitir acciones sin derecho de voto por un importe nominal no superior a la mitad del capital social desembolsado (art. 98 LSC). Las participaciones y acciones sin voto se caracterizan por carecer del derecho al voto y de algún derecho ligado a él. En compensación disfrutan de mayores derechos de carácter patrimonial. Por consiguiente, su función consiste en favorecer la capitalización de las sociedades, sin perder el control de las mismas. Se trata de atraer a socios que conciben su participación como una mera inversión económica, sin que demuestren interés por intervenir en la gestión social.

Como derecho conexo al de voto, las acciones desprovistas de él no podrán agruparse a los efectos de la designación de vocales del consejo de administración por el sistema de representación proporcional. El valor nominal de las mismas no se tendrá en cuenta a efectos del ejercicio de ese derecho por los restantes accionistas (art. 102.2. LSC). En la SA cotizada también puede suprimirse o limitarse eventualmente el derecho de suscripción preferente, ya que, en este aspecto, la LSC remite a lo dispuesto en los estatutos sin ninguna limitación (art. 499.2 LSC). En compensación, no obstante, como se ha indicado, disfrutan de mayores derechos de carácter patrimonial. En este aspecto se trata de acciones privilegiadas. De ahí que toda modificación estatutaria que lesione directa o indirectamente los derechos de las mismas exige el acuerdo de la mayoría de las acciones o participaciones sin voto afectadas (art. 103 LSC). En particular los privilegios se refieren al derecho al dividendo, al derecho a la cuota de liquidación y a la amortización en caso de reducción de capital por pérdidas.

El privilegio en materia de dividendos se resuelve en el derecho a percibir el dividendo anual mínimo, fijo o variable, que establezcan los estatutos sociales. Una vez acordado el dividendo mínimo, sus titulares tendrán derecho al mismo dividendo que corresponda a las participaciones sociales o a las acciones ordinarias. Existiendo beneficios distribuibles, la sociedad está obligada a acordar el reparto de dicho dividendo mínimo (art. 99. 1 y 2 LSC). En el caso de sociedades no cotizadas, de no existir beneficios distribuibles o de no haberlos en cantidad suficiente, la parte de dividendo mínimo no pagada deberá ser satisfecha dentro de los cinco ejercicios siguientes. Mientras no se satisfaga el dividendo mínimo, las participaciones y acciones sin voto tendrán este derecho en igualdad de condiciones que las ordinarias y conservando, en todo caso, sus ventajas económicas (art. 99.3 LSC). Sin embargo, en el supuesto de sociedades cotizadas el régimen es más flexible, ya que son los estatutos los que habrán de determinar si el dividendo mínimo tiene carácter acumulativo o no y si la falta de abono de este implica la recuperación del derecho de voto (art. 499.2 LSC).

Además de estos privilegios en los beneficios, en caso de liquidación de la sociedad las participaciones sin voto confieren a su titular el derecho a obtener el reembolso de su valor antes de que se distribuya cantidad alguna a las restantes. En la SA el privilegio alcanza al reembolso del valor desembolsado de las acciones sin voto (art. 101 LSC). Disfrutan asimismo de la ventaja de no quedar afectadas por la reducción del capital social por pérdidas, cualquiera que sea la forma en que se realice, sino cuando la reducción supere el valor nominal de las restantes. Si, como consecuencia de la reducción, el valor nominal de las participaciones sociales o de las acciones sin voto excediera de la mitad del capital social de la SL o del desembolsado en la SA, deberá restablecerse esa proporción en el plazo máximo de dos años. En caso contrario, procederá la disolución de la sociedad. Cuando en virtud de la reducción del capital se amorticen todas las participaciones sociales o todas las acciones ordinarias, las sin voto tendrán este derecho hasta que se restablezca la proporción prevista legalmente con las ordinarias (art. 100 LSC).

Por lo demás, atribuyen a sus titulares el resto de los derechos de las ordinarias (art. 102.1 LSC). En caso de participaciones la LSC precisa, además, que estarán sometidas a las normas estatutarias y supletorias legales sobre transmisión y derecho de asunción preferente (art. 102.3 LSC).

3.3. Naturaleza jurídica

La acción/participación es, a la vez, una relación jurídica y un derecho de carácter incorporal. El hecho de que la acción/participación consista en un complejo haz de derechos, deberes, poderes y facultades explica sin más que su naturaleza jurídica sea la propia de una relación jurídica que expresa la posición de miembro en la sociedad. Se trata de una relación jurídica de carácter duradero y organizada. Esta última nota permite caracterizarlas simultáneamente como derechos subjetivos, puesto que, a consecuencia de la organización, los derechos y obligaciones se entrelazan y compendian de tal forma que llegan a constituir una realidad unitaria y cerrada que expresa el puesto objetivo dentro de la organización que es la posición de socio, de la que es expresión la acción/participación. Este entramado —incorporal— es el que se erige en objeto de un derecho, por ello también incorporal, y subjetivo, en tanto que se atribuye a su titular, que, admitida su transmisibilidad, así como la posibilidad de ser sometido a usufructo o prenda, se objetiviza.

Esta patrimonialización y objetivación de la acción/participación autoriza a concebirlas, además de cómo una relación jurídica, como un derecho subjetivo que expresa la condición de socio condensando aquella trabazón unitaria y, por ende, como un objeto autónomo de tráfico jurídico, susceptible de transmisión y ejecución, sujeto, en principio, a las reglas de los derechos incorporales. Así se deduce, por otra parte, de la disposición prevista en el art. 120.1 LSC cuando establece que la transmisión de acciones todavía no incorporadas a títulos impresos, procederá de acuerdo con las normas sobre la cesión de créditos y demás derechos incorporales (arts. 1526 y ss. Cciv). Por su parte, la caracterización de la condición de socio y de la acción/participación como relación jurídica permite una consideración analítica del contenido de la misma. Posibilita conocer cuáles son esos derechos, deberes, potestades, facultades y su régimen jurídico particularizado.

4. La representación de las acciones

Las acciones pueden estar representadas por medio de títulos o por medio de anotaciones en cuenta. En uno y otro caso tendrán la consideración de valores mobiliarios (art. 92.1 LSC). Es posible, sin embargo, que no estén representadas, supuesto en que el derecho incorporal que es la acción como expresión de la condición de socio de la SA no pierde esta característica (art. 120.1 LSC). Por el contrario, las participaciones no podrán estar representadas por medio de títulos o de anotaciones en cuenta, ni denominarse acciones, y en ningún caso tendrán el carácter de valores (art. 92.2 LSC).

La representación por medido de títulos es una representación materializada en un documento con la consideración de título-valor, lo que supone que el derecho en que consiste la acción se incorpora al documento a efectos de legitimación del accionista y de transmisión de su derecho. Aunque, en ocasiones, se emiten títulos múltiples, que incluyen varias acciones de la misma serie, el accionista tiene derecho a obtener un título por acción. El título-valor puede ser de dos tipos, al portador o nominativo. En este último consta la identificación del titular, que falta en el primero. La LSC dispone que las acciones revestirán necesariamente la forma nominativa mientras no haya sido enteramente desembolsado su importe, cuando su transmisibilidad esté sujeta a restricciones, cuando lleven aparejadas prestaciones accesorias o cuando así lo exijan disposiciones especiales (art. 113.1 LSC). La diferencia entre ambos tipos de títulos se proyecta en las condiciones en que se produce la legitimación del accionista para ejercitar los derechos de socio y en los requisitos a los que se sujeta la transmisión de la acción.

La anotación en cuenta es la forma inmaterial de representación de las acciones. En atención a ello son, igual que los títulos, valores. La representación de valores por medio de anotaciones en cuenta y por medio de títulos será reversible. La modalidad de representación elegida habrá de aplicarse a todos los valores integrados en una misma emisión, pero el paso al sistema de anotaciones en cuenta podrá hacerse a medida que los titulares vayan prestando su consentimiento a la transformación (art. 6 LMVSI). Esta representación es obligatoria para las acciones que pretendan cotizar en Bolsa (art. 496 LSC). En todo caso, no obstante, las entidades que de acuerdo con la normativa reguladora del mercado de valores hayan de llevar los registros de los valores representados por medio de anotaciones en cuenta están obligadas a comunicar a la sociedad emisora los datos necesarios para la identificación de sus accionistas (art. 118.3 LSC). Cuando la emisora sea una sociedad cotizada tendrá derecho a obtener en cualquier momento de las entidades que lleven los registros de los valores los datos correspondientes de los accionistas, incluidos las direcciones y medios de contacto de que dispongan. El mismo derecho ostentan las asociaciones de accionistas que se hubieran constituido en la sociedad emisora y que representen al menos el uno por ciento del capital social, así como los accionistas que tengan individual o conjuntamente una participación de, al menos, el tres por ciento del capital social, exclusivamente a efectos de facilitar su comunicación con los accionistas para el ejercicio de sus derechos y la mejor defensa de sus intereses comunes. En el supuesto de utilización abusiva o perjudicial de la información solicitada, la asociación o socio será responsable de los daños y perjuicios causados (art. 497 LSC).

Esta modalidad de representación de las acciones también podrá adoptarse en los supuestos de nominatividad obligatoria. En ese caso, cuando las acciones no hayan sido enteramente desembolsadas, o cuando lleven aparejadas prestaciones accesorias, tales circunstancias deberán consignarse en la anotación en cuenta (art. 118.2 LSC).

VI. RÉGIMEN DE TRANSMISIÓN

1. Transmisión de participaciones

1.1. Transmisiones *intervivos*

1.1.1. Transmisiones intervivos voluntarias

El hecho de que la participación no pueda estar representada ni adquirir el carácter de valor obliga a considerar que se trata de un derecho incorporal. A consecuencia de ello su régimen de transmisión está disciplinado por los arts. 1526 y ss. Cciv en todo lo no previsto por la LSC. En aplicación del Cciv, la transmisión plena de la participación por actos intervivos exige un contrato que reúna los requisitos esenciales del Derecho Común (art. 1261 Cciv). Por otro lado, en la regulación que efectúa la LCS conviene distinguir los requisitos de forma y los de fondo o sustantivos. Tratando de los primeros, la transmisión de las participaciones sociales ha de constar en documento público (art. 106 LSC). No se trata, sin embargo, de un requisito de forma *ad solemnitatem*, por lo que el defecto de forma no priva de validez al negocio. Por el contrario, permite la aplicación de los arts. 1279 y 1280 Cciv. Pero impide que el nuevo socio quede legitimado frente a la sociedad (art. 112 LSC). Al respecto de las condiciones sustantivas, cabe indicar que la opción legal de configurar la SL como una sociedad tendencialmente cerrada, formada por socios restrictivamente cambiantes en el seno del círculo de los mismos —entre ellos y las personas de su entorno próximo—, encuentra una de sus manifestaciones más relevantes en el régimen restrictivo al que se ha sometido la circulación *inter vivos* de las participaciones sociales. El sistema legal se estructura sobre la base de un régimen legal supletorio y unos regímenes estatutarios.

El primero resulta aplicable sólo en defecto de previsiones distintas en los estatutos, que están, por lo demás, igualmente restringidas. Además de las cláusulas por las que el socio que ofrezca la totalidad o parte de sus participaciones quede obligado a transmitir un número diferente de las ofrecidas (art. 108.2 LSC), sobre cuya corrección nada hay que objetar, se declaran nulas, tanto las que hagan prácticamente libre la transmisión, cuanto las que la prohíban por un período superior a cinco años, salvo que, en tal caso, se reconozca al socio el derecho a separarse de la sociedad en cualquier momento. Por tanto, los estatutos podrán impedir la transmisión voluntaria de las participaciones por actos inter vivos o el ejercicio del derecho de separación durante un período de tiempo no superior a cinco años, a contar desde la constitución de la sociedad, o para las participaciones procedentes de una ampliación de capital, desde el otorgamiento de la escritura pública de su ejecución (art. 108.1, 3 y 4 LSC). Sujetas a tales limitaciones es lícito el establecimiento, tanto de cláusulas de autorización o consentimiento, como de cláusulas de preferencia o tanteo en las múltiples variantes que admiten.

En el régimen supletorio solo es libre la transmisibilidad entre socios, cónyuges, ascendientes o descendientes de socios y sociedades pertenecientes al mismo grupo que la transmitente (art. 107.1 LSC). El resto de cesiones está sometido al consentimiento de la sociedad, expresado mediante acuerdo de la junta, que, no obstante, solo podrá denegarlo si, tras el oportuno acuerdo de designación, comunica al transmitente la identidad de uno o varios socios o terceros que adquieran la totalidad de las participaciones, o, en su defecto, decida adquirirlas ella misma, por el precio y según la forma de pago comunicados por el socio transmitente, de tratarse de compraventa. O por el fijado por las partes y, en su defecto, por el valor razonable de las participaciones, cuando el negocio proyectado por el socio fuera a título oneroso distinto de la compraventa o a título gratuito. Se entenderá por valor razonable el que determine un experto independiente, distinto al auditor de la sociedad, designado a tal efecto por los administradores de ésta, salvo en los casos de aportación a sociedad anónima o comanditaria por acciones, en que el valor real será el que resulte del informe elaborado por el experto independiente nombrado por el registrador mercantil. El documento público de transmisión deberá otorgarse en el plazo de un mes a contar desde la comunicación por la sociedad de la identidad del adquirente. Y transcurridos tres meses desde la comunicación efectuada por el socio sin que la sociedad le haya notificado la identidad de aquel, podrá transmitir las participaciones en las condiciones comunicadas (art. 107.2 LSC).

1.1.2. Transmisiones intervivos forzosas

De modo coherente con el carácter cerrado de esta sociedad, las transmisiones forzosas también están sujetas a restricciones. El embargo de participaciones en cualquier procedimiento de apremio deberá ser notificado inmediatamente a la sociedad por el juez o autoridad administrativa que lo haya decretado, haciendo constar la identidad del embargante así como las participaciones embargadas. La sociedad procederá a la anotación del embargo en el libro registro de socios, remitiendo de inmediato a todos los socios copia de la notificación recibida. Celebrada la subasta o, tratándose de cualquier otra forma de enajenación forzosa legalmente prevista, en el momento anterior a la adjudicación, quedará en suspenso la aprobación del remate y la adjudicación de las participaciones sociales embargadas. El juez o la autoridad administrativa remitirán a la sociedad testimonio literal del acta de subasta o del acuerdo de adjudicación y, en su caso, de la adjudicación solicitada por el acreedor. La sociedad trasladará copia de dicho testimonio a todos los socios en el plazo máximo de cinco días a contar de la recepción del mismo. El remate o la adjudicación al acreedor serán firmes transcurrido un mes a contar de la recepción por la sociedad del testimonio a que se refiere el apartado anterior. En tanto no adquieran firmeza, los socios y, en su defecto, y sólo para el caso de que los estatutos establezcan en su favor el derecho de adquisición preferente, la sociedad, podrán subrogarse en lugar del rematante o, en su caso, del acreedor, mediante la aceptación expresa de todas las condiciones de la subasta y la consignación íntegra del importe del remate o, en su caso, de la adjudicación al acreedor y de todos los gastos causados. Si la subrogación fuera ejercitada por varios socios, las participaciones se distribuirán entre todos a prorrata de sus respectivas partes sociales (art. 110 LSC).

1.2. Transmisiones *mortis causa*

En caso de transmisiones por causa de muerte, si bien la adquisición de alguna participación social por sucesión hereditaria confiere, en principio, al heredero o legatario la condición de socio, los estatutos podrán establecer a favor de los socios sobrevivientes, y, en su defecto, a favor de la sociedad, un derecho de adquisición de las participaciones del socio fallecido, apreciadas en el valor razonable que tuvieren el día del fallecimiento del socio, cuyo precio se pagará al contado. La valoración se regirá por lo dispuesto en la LSC para los casos de separación de socios y el derecho de adquisición habrá de ejercitarse en el plazo máximo de tres meses a contar desde la comunicación a la sociedad de la adquisición hereditaria (art. 111 LSC).

1.3. Legitimación del adquirente y libro registro de socios

Aunque se cumpla escrupulosamente el régimen limitativo de la transmisibilidad, todavía el nuevo adquirente no se legitima frente a la sociedad a fin de poder ejercitar los derechos que le correspondan. Con ese objeto es preciso que la sociedad tenga conocimiento de la transmisión (art. 106.2 LSC) y que se proceda a su inscripción en el libro registro de socios (art. 104.2 LSC). Las funciones de este libro son similares a las que desempeña el libro registro de acciones nominativas, por lo que se expondrán en el epígrafe siguiente.

2. *Transmisión de acciones*

2.1. Transmisión de acciones al portador

La transmisión de las acciones varía según su forma de representación. En caso de títulos al portador, se sujetará a lo dispuesto en el art. 545 Ccom (art. 120.2 LSA), lo que, conforme a nuestro sistema causalista de transmisión de bienes, supone la necesidad de un negocio con eficacia traslativa (art. 609 Cciv) y la entrega o tradición del título, como bien mueble que es. Adicionalmente, se requiere intervención de notario o la participación de una sociedad o agencia de valores o de una entidad de crédito (art. 11.5 LMVSI). Pero el incumplimiento de este requisito no afecta a la validez del contrato ni a la eficacia de la entrega, pudiendo las partes compelerse recíprocamente a su cumplimiento. Por otra parte la producción del efecto trasmisivo se basa en la presunción de la legitimación del transmitente, que ha de ser el titular de la acción o contar con la autorización de este. Pero se protege la adquisición a *non domino* cuando la posesión se adquiera por tercero de buena fe y sin culpa grave (art. 545 Ccom).

Completado así el proceso de transmisión, se consigue igualmente la legitimación frente a la sociedad para el ejercicio de los derechos de socio. En caso de acciones al portador, en efecto, es suficiente con poseer el título, si bien no es necesario exhibirlo físicamente. Basta con la exhibición del certificado acreditativo de su depósito en una entidad autorizada (art. 122 LSC). La sociedad, no obstante, puede condicionar la asistencia a la Junta al depósito previo del título o del certificado con cinco días de antelación a la celebración de la junta. Si los estatutos no contienen una previsión a este último respecto, el depósito podrá hacerse en el domicilio social El documento que acredite el cumplimiento de estos requisitos será nominativo y surtirá eficacia legitimadora frente a la sociedad (art. 179.3 LSC).

2.2. Transmisión de acciones nominativas

2.2.1. *Fórmulas transmisivas y libro registro de acciones nominativas*

La transmisión de las acciones nominativas puede producirse a través del mismo procedimiento, esto es, negocio causal y entrega de los títulos, o mediante endoso (art. 120.2 LSC), forma característica de circulación de los títulos a la orden, por lo que la LSC remite para su regulación a los preceptos pertinentes de la Ley Cambiaria y del Cheque "en la medida en que sean compatibles con la naturaleza del título". En virtud del endoso, la transmisión se hace constar en el mismo documento representativo de la acción a través de la cláusula de endoso, dónde se incluye la firma del transmitente o endosante y el nombre del adquirente o endosatario. Con ello se completa la transmisión de la titularidad de la acción, que aviene, pues, sin intervención alguna de la sociedad. Pero no se consigue todavía la legitimación del nuevo accionista frente a la sociedad para el ejercicio de los derechos de socio. Esta exige la inscripción del titular en el libro registro de acciones nominativas, pues la sociedad solo reputará accionista a quien se halle inscrito en dicho libro (art. 116.2 LSC).

La inscripción se realizará por los administradores, que es a quienes corresponde la llevanza del libro, una vez acreditada la transmisión mediante la exhibición del título y la comprobación de la regularidad de la cadena de endosos (art. 120.2 LSC). Es muy importante destacar que, practicada la inscripción a nombre de determinada persona, los administradores solo podrán rectificar las inscripciones que reputen falsas o inexactas cuando hayan notificado a los interesados su intención de proceder en tal sentido y estos no hayan manifestado su oposición durante los treinta días siguientes a la notificación (art. 116.4 LSC). Con todo, no es este un libro de carácter público, ya que solo los accionistas tienen derecho a examinarlo (art. 116.3 LSC). Y únicamente podrán obtener certificaciones de las acciones (o derechos sobre ellas) inscritas a su nombre (art. 116.5 LSC). Es lo que se conoce en el tráfico con la denominación de “extractos de inscripción”.

2.2.2. Restricciones a la libre transmisibilidad

La transmisibilidad de las acciones nominativas puede estar restringida. La eventual restricción está sometida a dos requisitos. De forma y de fondo. Formalmente se exige que la restricción conste en los estatutos, que deben indicar el contenido de la restricción (arts. 123.1 LSC y 123.1 RRM). Cuando las limitaciones se establezcan a través de modificación estatutaria, los accionistas afectados que no hayan votado a favor de tal acuerdo, no quedarán sometidos a él durante un plazo de tres meses a contar desde la publicación del acuerdo en el BORME (art. 123.1 LSC). Las condiciones de fondo se fundamentan en el carácter tendencialmente abierto de la SA. Conforme a él las acciones son libremente transmisibles. Por ello la circulación de acciones puede ser limitada o condicionada, pero no eliminada, directa o indirectamente. En consecuencia son nulas las cláusulas estatutarias que hagan prácticamente intransmisible la acción (art. 123.2 LSC). Las modalidades que admiten estas cláusulas son muy extensas, pero, a grandes rasgos, pueden reducirse a tres, que se distinguen en razón de los efectos de la restricción. Se trata de las cláusulas de autorización o consentimiento, de preferencia o tanteo y de rescate. Sin duda, desde el punto de vista de la limitación del derecho de negociación las cláusulas de autorización o consentimiento son las más peligrosas ya que, conforme a ellas, denegado el consentimiento no se puede transmitir la acción. Por eso, la LSC y el RRM las sujetan a dos límites específicos:

i) Que se mencionen en los estatutos las causas que permitan denegar la autorización (art. 123.3 LSC), que se expresarán de forma precisa (art. 123.2 RRM). Con esta prescripción se excluyen las cláusulas de mero consentimiento, que permiten conceder o denegar la autorización sin aducir motivo alguno, debido a la arbitrariedad que suponen, pero también aquellas cuyos motivos pudieran ser justificados a *posteriori*. Fuera de eso parece que deben admitirse todo tipo de motivos, ya sean de carácter objetivo, por ejemplo, las condiciones de mercado, ya sean de índole subjetiva, esto es, en atención a las características del adquirente, si bien aquí pueden plantearse ciertos problemas de inconstitucionalidad. Salvo prescripción contraria de los estatutos, la autorización será concedida o denegada por los administradores de la sociedad (art. 123.3 LSC), pero los estatutos no podrán atribuir a un tercero la facultad de consentir o autorizar la transmisión (art. 123.2 RRM).

ii) El segundo límite es una cláusula de cierre que tiene por objeto impedir conductas obstruccionistas de la sociedad. Dispone la LSC que, en cualquier caso, transcurrido el plazo de dos meses desde que se presentó la solicitud de autorización sin que la sociedad haya contestado a la misma, se considerará que la autorización ha sido concedida (art. 123.3 LSC).

Las cláusulas de tanteo y las de preferencia son aquellas en las que el socio que pretende transmitir sus acciones debe ofrecerlas, antes que a terceros, a los beneficiarios del derecho de preferencia, que suelen ser los demás socios y/o la propia sociedad. La diferencia entre ellas consiste en que, en el tanteo, el beneficiario adquirente ha de subrogarse en las mismas condiciones que el transmitente pactó con el tercero; mientras que, en las de mera preferencia, no se da esa circunstancia, fijándose las condiciones del negocio de cesión entre el transmitente y el beneficiario según distintos procedimientos. La LCS no las menciona. Alude a ellas, sin embargo, el RRM. Dispone este texto que, cuando se reconozca un derecho de adquisición preferente en favor de todos los accionistas, de los pertenecientes a una clase, de la propia sociedad o de un tercero, se expresarán de forma precisa las transmisiones en las que existe la preferencia. Pero no podrán inscribirse en el RM las restricciones estatutarias por las que el accionista o accionistas que las ofrecieren de modo conjunto queden obligados a transmitir un número de acciones distinto a aquel para el que solicitan la autorización, ni las que impidan al accionista obtener el valor real de las acciones. No obstante, queda a salvo lo dispuesto en la legislación especial y los estatutos podrán establecer que el valor real sea fijado por el auditor de cuentas de la sociedad y, si ésta no lo tuviere, por el auditor que, a solicitud de cualquier interesado, nombre el Registrador Mercantil del domicilio social (art. 123 RRM).

Por último, las cláusulas de rescate son aquellas que imponen al socio la obligación de transmitir sus acciones a los beneficiarios del derecho cuando concurran determinadas circunstancias. Se admiten en el RRM para la SL, condicionadas a que las circunstancias se expresen de forma clara y precisa en los estatutos (art. 188.3 RRM). A consecuencia de ello, de admitirse en la SA, en ningún caso puede estimarse que una cláusula de tanteo o preferencia se convierte en un derecho de rescate por el hecho de que la primera sea incumplida por el socio transmitente.

Es imprescindible tener en cuenta que las restricciones estatutarias a la transmisibilidad de las acciones sólo serán aplicables a las adquisiciones por causa de muerte cuando así lo establezcan expresamente los propios estatutos. En este supuesto, para rechazar la inscripción de la transmisión en el libro registro de acciones nominativas, la sociedad deberá presentar al heredero un adquirente de las acciones u ofrecerse a adquirirlas ella misma por su valor razonable en el momento en que se solicitó la inscripción, de acuerdo con lo previsto para la adquisición derivativa de acciones propias. Se entenderá como valor razonable el que determine un experto independiente, distinto al auditor de la sociedad, que, a solicitud de cualquier interesado, nombren a tal efecto los administradores de la sociedad (art. 124 LSC). Este mismo régimen se aplicará a las transmisiones forzosas (art. 125 LSC).

2.3. Transmisión de acciones representadas mediante anotaciones en cuenta

Las acciones representadas mediante anotaciones en cuenta se transmiten mediante el negocio que actúa de causa y la inscripción en el registro contable. Su estudio se efectuará en la segunda parte de esta obra.

3. Ineficacia de la transmisión

Las transmisiones de acciones o participaciones que no se ajusten a lo previsto en la ley o, en su caso, a lo establecido en los estatutos no producirán efecto alguno frente a la sociedad (art. 112 LSC). Quiere decir que la sociedad no solo puede, sino que debe desconocerlas, impidiendo al pretendido adquirente el ejercicio de los derechos de socio, al que, por coherencia, tampoco podrá reclamar obligación alguna.

Sin embargo, entre las partes el negocio es válido por concurrir en él los elementos necesarios para ello (art. 1261 Cciv). Aunque no produce efecto alguno, ni entre ellas, ni frente a terceros, porque falta el poder de disposición del cedente (art. 1112 Cciv), de modo que, a pesar de que exista un contrato válido entre el socio trasmitente y el tercero no consentido, este nada adquiere si no se respetaron las previsiones de la Ley o de los estatutos, en particular en materia de restricciones a la transmisibilidad. Reconociendo este efecto a las cláusulas citadas se protege el interés de la sociedad que es, ante todo, evitar la entrada de extraños no consentidos, ya que se les niega legitimación para el ejercicio de los derechos de socio, que es, por ende, una simple consecuencia de la ausencia de titularidad de las acciones/participaciones implicadas. Su aplicación es, no obstante, problemática en caso de transmisiones forzosas y mortis causa.

VII. COPROPIEDAD Y DERECHOS REALES

1. Copropiedad

Con fundamento en la indivisibilidad de la acción/participación, cuando alguna de las dos pertenezca a varias personas se crea una copropiedad sobre ella. Esta regla que se aplica a todo otro supuesto en que se produzca una cotitularidad de derechos sobre la misma (art. 126 LSC) o sobre un conjunto de acciones/participaciones. De modo que la acción/participación pertenece a todos los copropietarios proindiviso, rigiéndose, en las relaciones internas entre ellos, por las reglas de la comunidad previstas en la legislación común. Sin embargo, al objeto de facilitar las relaciones de la sociedad con los cotitulares, la LSC ha previsto una especial disciplina para la legitimación frente a aquella al disponer que los comuneros habrán de designar una sola persona para el ejercicio de los derechos de la condición de socio, quien será el único legitimado. Tratándose de las obligaciones, la LSC pretende tutelar el principio de integridad del capital social al disponer que, frente a la sociedad, responderán solidariamente todos los copropietarios de cuantas obligaciones deriven de la condición de accionista (art. 126 LSC).

2. Derechos reales

2.1. Constitución y clases de derechos reales

La constitución de derechos reales limitados se efectuará conforme a las disposiciones del Derecho común. Tratándose de acciones nominativas, la constitución de derechos reales podrá realizarse por medio de endoso acompañado, según los casos, de la cláusula valor en garantía o valor en usufructo o de cualquier otra equivalente y se inscribirá en el libro registro de acciones nominativas (art. 121 LSC). En caso de participaciones sociales, la constitución del derecho real de prenda sobre las mismas, deberán constar en documento público; pero la de derechos reales diferentes deberá constar en escritura pública (art. 106

LSC). Los derechos reales que pueden recaer sobre la acción/participación son el usufructo y la prenda.

2.2. Usufructo

La LSC disciplina el usufructo distinguiendo las relaciones con la sociedad y las relaciones internas, esto es, las que median entre usufructuario y nudo propietario.

2.2.1. Relaciones con la sociedad

Las relaciones con la sociedad se regulan sobre la base de que, en el usufructo, la cualidad de socio reside en el nudo propietario, pero el usufructuario tiene derecho, en todo caso, a los dividendos acordados por la sociedad durante el usufructo. El ejercicio del resto de los derechos de socio corresponde al nudo propietario, salvo disposición contraria de los estatutos, pero en este caso, el usufructuario está obligado a facilitar tal ejercicio (art. 127.1 LSC).

No obstante ello, el derecho de asunción/suscripción preferente de nuevas participaciones/acciones u obligaciones convertibles en acciones de la sociedad tiene un tratamiento particular, salvo previsión distinta en el título constitutivo del usufructo. Si el nudo propietario no ha ejercitado o enajenado el derecho de preferencia, diez días antes de la extinción del plazo fijado para su ejercicio, el usufructuario puede; bien, asumir/suscribir las participaciones/acciones; bien, proceder a la venta de los derechos. Distinto es el tratamiento del derecho de asignación gratuita de nuevas acciones/participaciones. Si durante el usufructo se aumentase el capital con cargo a los beneficios o reservas constituidas durante el mismo, las nuevas acciones/participaciones corresponderán al nudo propietario, pero se extenderá a ellas el usufructo (arts. 129 LSC). Las cantidades que hayan de pagarse en virtud de estas reglas podrán abonarse en metálico, o en acciones de la misma clase que las que hubieran estado sujetas a usufructo. Por el contrario, cuando el usufructo recaiga sobre participaciones, las cantidades que hayan de pagarse por el nudo propietario al usufructuario se abonarán en dinero (arts. 131.2 y 502.2 LSC).

La obligación de efectuar los desembolsos pendientes recae en el nudo propietario, en correspondencia con la norma que reconoce a este la cualidad de socio. Pero, efectuado el pago, el nudo propietario tendrá derecho a exigir del usufructuario, hasta el importe de los frutos, el interés legal de la cantidad invertida (art. 130 LSC). Por aquel mismo motivo, la sociedad no está legitimada para dirigirse contra el usufructuario al objeto de reclamar el pago. Aunque este último puede, voluntariamente, hacerle frente al objeto de evitar las graves consecuencias que el impago de desembolsos pendientes acarrea. En su razón, la LSC le autoriza a abonarlos si el nudo propietario no hubiere cumplido con su obligación cinco días antes del vencimiento del plazo fijado para realizar el pago, sin perjuicio de que repita contra el nudo propietario al terminar el usufructo (art. 130 LSA).

2.2.2. *Relaciones internas*

En las relaciones internas entre usufructuario y nudo propietario, regirá lo que determine el título constitutivo, en su defecto, lo previsto en la LSC y supletoriamente en el Código civil (art. 127.2 LSC). Pertenecen, en particular, a las relaciones internas las reglas relativas a la liquidación del usufructo. En ese ámbito, el régimen supletorio legal tiene como principal objetivo evitar que el usufructuario se vea privado de su derecho sobre los dividendos generados por la sociedad durante el usufructo con la simple estrategia de que estos no se repartan, acción en la que, además, puede haber intervenido el nudo propietario que, como principio, continúa ostentando el ejercicio del derecho de voto.

Con ese objeto, una vez finalizado el usufructo, el usufructuario podrá exigir del nudo propietario el incremento del valor experimentado por las acciones/ participaciones usufructuadas que corresponda a los beneficios propios de la explotación de la sociedad, integrados, durante el usufructo, en las reservas expresas que figuren en el balance de la sociedad, cualquiera que sea la naturaleza o denominación de las mismas (art. 128.1 LSC). Por semejantes motivos, disuelta la sociedad durante el usufructo, el usufructuario podrá exigir del nudo propietario una parte de la cuota de liquidación equivalente al incremento de valor de las acciones/participaciones usufructuadas, determinado según el criterio anterior, extendiéndose el usufructo al resto de la cuota de liquidación (art. 128.2 LSC). Si las partes no llegaran a un acuerdo sobre el importe a abonar, será fijado, a petición de cualquiera de ellas y a costa de ambas, por un experto independiente, distinto al auditor de la sociedad, que designe a tal efecto el RM (art. 128.3 LSC). Las cantidades que hayan de pagarse en virtud de estas reglas podrán abonarse bien en metálico, bien en participaciones o acciones de la misma clase que las que hubieran estado sujetas a usufructo, calculando su valor en virtud del que les corresponda conforme al último balance de la sociedad que hubiere sido aprobado (art. 131.1 LSC). El cálculo se efectuará de acuerdo con el valor de cotización media del trimestre anterior a la producción de los hechos anteriores, en caso de sociedades cotizadas.

2.3. Prenda

En la prenda, la condición de socio corresponde al deudor pignoraticio. Por este motivo se le atribuye también el ejercicio de los derechos de socio, salvo disposición contraria de los estatutos, estando el acreedor pignoraticio obligado a facilitar el mismo (art. 132.1 LSC). En las obligaciones rige el mismo principio, de modo que es el deudor pignoraticio quien debe abonar los desembolsos pendientes. Ahora bien, en atención a las graves consecuencias que puede acarrear su impago en la garantía que constituyen las acciones, la LSC autoriza al acreedor; bien, a cumplir por sí esta obligación; bien, a proceder a la realización de la prenda (art. 132.3 LSC). Finalmente, como no podía ser menos, en caso de ejecución de prenda de participaciones se aplican las reglas previstas para las transmisiones forzosas (art. 132.2 LSC).

3. Embargo

En el embargo se observarán las disposiciones previstas para la prenda, siempre que sean compatibles con el régimen específico del embargo (art. 133 LSA). Se entiende que se refiere tanto a los embargos preventivos como a los acordados dentro de procedimientos de ejecución.

VIII. NEGOCIOS SOBRE LAS PROPIAS PARTICIPACIONES Y ACCIONES

1. Supuestos y normativa común

Los negocios sobre las propias acciones/participaciones comprenden la adquisición de acciones/participaciones en la doble modalidad de adquisición originaria y derivativa. La adquisición originaria consiste en la suscripción/asunción de acciones/participaciones. La derivativa es el resultado de una transmisión por parte de un anterior titular. Por propias se entienden tanto las acciones/participaciones de la sociedad como las de su sociedad dominante. Junto a la adquisición en sentido estricto se incluyen entre estos negocios la aceptación en garantía de las propias acciones/participaciones, la asistencia financiera para la adquisición de acciones/participaciones propias y las participaciones recíprocas.

La adquisición de acciones propias siempre ha suscitado cierta prevención por los riesgos que lleva aparejados. Puede afectar a la integridad patrimonial de la sociedad, ya que es posible que la adquisición de acciones propias encubra un mecanismo de devolución a los socios de aportaciones vinculadas al capital social, pero sin reducción del mismo. Asimismo, en el plano corporativo, son susceptibles de provocar disfunciones en el regular funcionamiento de la sociedad porque se revelan especialmente aptas para permitir conductas abusivas o fraudulentas de los administradores, tanto si se les permite ejercitar los derechos de las acciones, como si no, si, con ellas consiguen, por ejemplo, incrementar la importancia relativa de los socios de control al reducir el número de acciones. No se descarta tampoco que vulneren el principio de paridad de trato de los socios ante decisiones de compra de ciertas acciones/participaciones y no de otras. A todo ello se unen los peligros de manipulación específicos en caso de sociedades cotizadas en relación con la negociación bursátil de las acciones.

Estos riesgos son evidentes cuando se trata de la adquisición derivativa de acciones propias. Pero también se advierten en similar medida y contextos con la adquisición originaria —suscripción— o con otros negocios, como la aceptación en garantía de las propias acciones/participaciones, la asistencia financiera para la adquisición de acciones/participaciones propias y las participaciones recíprocas. Por ese motivo, estas operaciones comparten determinadas pautas normativas. En concreto las relativas al ámbito subjetivo de la disciplina y el régimen sancionador de índole administrativa (art. 157 LSC).

En cuanto al ámbito subjetivo, la reglamentación se aplica, en primer término, a las sociedades emisoras de las acciones/creadoras de las participaciones. Pero, con el propósito de que no sea transgredida por vías indirectas, se extiende a dos tipos de sujetos: a las sociedades filiales respecto de los negocios que puedan efectuar en relación con las acciones/participaciones de su sociedad dominante o matriz; y a las realizadas por persona interpuesta, esto es, que actúe formalmente en nombre propio, pero, de hecho, lo haga por cuenta de la sociedad, que será quien asuma las consecuencias de índole económica. Si la sociedad tiene prohibido realizar el negocio en cuestión, se reputará nulo cualquier acuerdo entre la sociedad y la persona interpuesta. Por su parte, los convenios celebrados por esta con terceros se entenderán efectuados por cuenta propia y no producirán efecto alguno sobre la sociedad (art. 156.1 LSA). Si la realización del negocio no estuviera prohibida a la sociedad, el negocio y las acciones propias o de la sociedad dominante sobre los que recaiga tal negocio, quedan sometidos a las disposiciones sobre acciones propias (art. 156.2 LSC).

2. *Adquisición*

2.1. Adquisición originaria

La adquisición originaria se prohíbe de forma absoluta (art. 134 LSC), se dice que de manera coherente con el principio de integridad del capital social. A pesar de ello la LSC solo considera nulo el negocio cuando la adquisición se efectúa por una SL. En cambio, si se trata de una SA, la adquisición es válida, a pesar de la contravención, y plenamente eficaz en orden a producir la transmisión de la titularidad de las acciones a la sociedad. Eso no obstante, al objeto de atender al citado principio, como de disuadir de su realización, en caso de suscripción de acciones propias la obligación de desembolsar recaerá solidariamente sobre los socios fundadores o los promotores, o sobre los administradores, en la hipótesis de aumento del capital. La ley contempla también los supuestos de grupos de sociedades y de adquisición por persona interpuesta (arts. 136 a 138 LSC).

Por otro lado, la irregularidad de la adquisición obliga a enajenar las acciones en el plazo máximo de un año a contar desde la fecha de la primera adquisición. Transcurrido este plazo sin que hubiera tenido lugar la enajenación, si se trata de acciones propias, los administradores procederán de inmediato a convocar junta general para que acuerde su amortización con la consiguiente reducción del capital social. En el caso de que la sociedad no reduzca el capital social dentro de los dos meses siguientes a la fecha de finalización del plazo para la enajenación, cualquier interesado podrá solicitar la reducción del capital al letrado de la administración de justicia o al registrador mercantil del lugar del domicilio social. Los administradores están obligados a solicitar la reducción judicial o registral del capital social cuando el acuerdo de la junta hubiera sido contrarío a esa reducción o no pudiera ser logrado.

2.2. Adquisición derivativa

La adquisición derivativa (autocartera) merece un tratamiento menos rígido debido a que, en ocasiones, puede ser necesaria o conveniente. A consecuencia de ello se admite, si bien dentro de los límites y con los requisitos que marca la Ley, que están dirigidos a desactivar los riesgos patrimoniales y corporativos aludidos arriba. Por eso mismo difieren según se trate de SA o SL.

2.2.1. La adquisición derivativa en la SA

En la SA se distinguen los casos de adquisición libre y condicionada. En ambos supuestos, mientras la sociedad mantenga las acciones propias o las acciones o participaciones de su sociedad dominante, dichas acciones y participaciones son sometidas a un régimen especial.

2.2.1.1. Adquisición libre

La adquisición es libre cuando las acciones propias se adquieran en alguno de los supuestos siguientes:

i) Resultado de la ejecución de un acuerdo de reducción del capital adoptado por la junta general de la sociedad.

ii) Cuando las participaciones o las acciones íntegramente liberadas se adquieran como consecuencia de una adjudicación judicial para satisfacer un crédito de la sociedad frente a su titular.

iii) Cuando las participaciones o acciones formen parte de un patrimonio adquirido a título universal.

iv) Cuando las participaciones o las acciones que estén íntegramente liberadas sean adquiridas a título gratuito (art. 144 LSC).

En los dos últimos casos las participaciones o acciones deberán ser enajenadas en un plazo máximo de tres años a contar desde la fecha de adquisición, salvo que, previamente, hubieran sido amortizadas mediante reducción del capital social, o que, sumadas a las que ya posean la sociedad adquirente y sus filiales y, en su caso, la sociedad dominante y sus filiales, no excedan del veinte por ciento del capital social. Transcurrido el plazo sin que hubiera tenido lugar la enajenación, se amortizarán, en las condiciones previstas para la adquisición originaria (art. 145 LSC).

2.2.1.2. Adquisición condicionada

En la adquisición condicionada se exige la concurrencia de los siguientes condicionantes:

i) Que la adquisición haya sido autorizada mediante acuerdo de la junta general, que deberá establecer las modalidades de la adquisición, el número máximo de participaciones o de acciones a adquirir, el contravalor mínimo y máximo, cuando la adquisición sea onerosa, y la duración de la autorización, que no podrá exceder de cinco años. Cuando la adquisición tenga por objeto participaciones o acciones de la sociedad dominante, la autorización deberá proceder también de la junta general de esta sociedad. Si la adquisición tiene por objeto acciones que hayan de ser entregadas directamente a los trabajadores o administradores de la sociedad, o como consecuencia del ejercicio de derechos de opción de que aquéllos sean titulares, el acuerdo de la junta deberá expresar que la autorización se concede con esta finalidad [art. 146.1 a) LSC]

ii) Que la adquisición, comprendidas las acciones que la sociedad o persona que actuase en nombre propio pero por cuenta de aquélla hubiese adquirido con anterioridad y tuviese en cartera, no produzca el efecto de que el patrimonio neto resulte inferior al importe del capital social más las reservas legal o estatutariamente indisponibles.

iii) En tercer lugar, es preciso que el valor nominal de las acciones adquiridas, directa o indirectamente, sumándose al de las que ya posean la sociedad adquirente y sus filiales, y, en su caso, la sociedad dominante y sus filiales, no sea superior al veinte por ciento (art. 146.2 LSC), o un diez por ciento del capital suscrito en las sociedades cotizadas (art. 509 LSC). Aquí se trata de mantener un cierto equilibrio entre el capital que va a estar realmente integrado y el que no lo está a consecuencia de las acciones propias.

iv) Finalmente, es nula la adquisición de acciones parcialmente desembolsadas, salvo que se produzca a título gratuito, y la de acciones con prestaciones accesorias vinculadas, pues, de admitirse la primera, se produciría de manera indirecta una condonación de desembolsos pendientes, al ocupar la sociedad la doble posición de acreedora y deudora. Y, en el caso de las prestaciones, estas se extinguirían por el mismo motivo, además de que su realización devendría imposible (art. 146.4 LSC).

Como regla general, la contravención de esta disciplina no produce la nulidad del negocio de adquisición. La adquisición es válida, a pesar de aquella, y plenamente eficaz en orden a producir la transmisión de la titularidad de las acciones a la sociedad; si bien se obliga a la sociedad a enajenar las acciones en los términos indicados en la adquisición originaria (arts. 139 y 147 LSC). Como excepción, la adquisición es nula cuando afecte a acciones parcialmente desembolsadas o con prestaciones accesorias, ya que, en estos casos, la posterior enajenación no evita la condonación por confusión de los desembolsos pendientes, ni la extinción de la prestación accesoria, riesgos que tratan de evitarse con la prohibición.

2.2.1.3. Régimen de las acciones propias y de las participaciones o acciones de la sociedad dominante

En cualquier caso, esto es, con independencia de que la adquisición haya sido o no regular, las acciones propias se someten a un régimen específico, cuya finalidad consiste en eliminar los riesgos que llevan aparejados este tipo de negocios:

i) Queda en suspenso el ejercicio del derecho de voto y de los demás derechos políticos incorporados a las acciones propias y a las participaciones o acciones de la sociedad dominante, pero las acciones propias se computarán en el capital a efectos de calcular las cuotas necesarias para la constitución y adopción de acuerdos en la junta.

ii) Los derechos económicos inherentes a las acciones propias, excepción hecha del derecho a la asignación gratuita de nuevas acciones, serán atribuidos proporcionalmente al resto de las acciones.

iii) Se establecerá en el patrimonio neto una reserva indisponible equivalente al importe de las participaciones o acciones de la sociedad dominante computado en el activo. Esta reserva deberá mantenerse en tanto las participaciones o acciones no sean enajenadas.

iv) La sociedad está sujeta a específicos deberes informativos (art. 148 LSC).

2.2.2. La adquisición derivativa en la SL

La menor consistencia patrimonial de la SL y el hecho de que no pueda recurrir al ahorro público para su financiación explican que los negocios sobre las propias participaciones estén más restringidos que en la SA. Sólo podrá adquirir sus propias participaciones, o participaciones o acciones de su sociedad dominante en los casos especificados en la LSC, que, básicamente, reproducen los previstos como adquisiciones libres en la SA, añadiéndose otros supuestos cuyo objeto es mantener el carácter cerrado de la sociedad. Las adquisiciones realizadas fuera de estos casos serán nulas de pleno derecho (art. 140.2 LSC).

En concreto, la adquisición está autorizada además de los casos previstos para la SA en dos casos específicos:

i) Cuando las participaciones propias se adquieran como consecuencia de una transmisión forzosa a un tercero no aceptada por la sociedad.

ii) Cuando la adquisición haya sido autorizada por la junta general, se efectúe con cargo a beneficios o reservas de libre disposición y tenga por objeto participaciones de un socio separado o excluido de la sociedad, participaciones que se adquieran como consecuencia de la aplicación de una cláusula restrictiva de la transmisión de las mismas, o participaciones transmitidas mortis causa (art. 140.1 LSC).

Con todo, la sociedad no puede mantener las acciones o participaciones indefinidamente. Antes al contrario, las participaciones propias deberán ser amortizadas o enajenadas, respetando el régimen legal y estatutario de transmisión, en el plazo de tres años. La enajenación no podrá efectuarse a un precio inferior al valor razonable de las participaciones, fijado conforme a lo previsto para los casos de separación de socios. Si las participaciones no fueran enajenadas en el plazo señalado, la sociedad deberá acordar inmediatamente su amortización y la reducción del capital. Si la sociedad omite estas medidas, cualquier interesado podrá solicitar su adopción por el letrado de la administración de justicia o por el registrador mercantil del domicilio social.

Los administradores de la sociedad adquirente están obligados a solicitar la adopción de estas medidas, cuando, por las circunstancias que fueran, no pueda lograrse el correspondiente acuerdo de amortización y de reducción del capital.

Las participaciones o acciones de la sociedad dominante deberán ser enajenadas en el plazo máximo de un año a contar desde su adquisición (art. 141 LSC). Mientras las participaciones propias y las participaciones o acciones de la sociedad dominante permanezcan en poder de la sociedad adquirente, quedarán en suspenso todos los derechos correspondientes a ellas. Además, en el patrimonio neto del balance se establecerá una reserva equivalente al importe de las participaciones o acciones adquiridas, computado en el activo, que deberá mantenerse en tanto no sean enajenadas (art. 142 LSC).

3. Prenda y aceptación en garantía

Los riesgos anudados a la adquisición de acciones/participaciones propias se manifiestan de manera similar en otros supuestos. Tal sucede, en primer término, con la aceptación en prenda, o en otra forma de garantía de las propias acciones o las emitidas por la sociedad dominante. Estos negocios pueden ser utilizados por la sociedad para burlar las limitaciones establecidas en materia de adquisiciones directas, pues en caso de ejecución de la prenda podría producirse la adquisición. A ello se añade la dudosa aptitud de las acciones/participaciones propias para servir de garantía frente a la propia sociedad emisora ante el impago de un crédito que esta conceda. Estas razones avalan el régimen restrictivo que contiene la LSC que, como en la adquisición, es más rígido en la SL.

En efecto, la SL no podrá aceptar en prenda o en otra forma de garantía sus propias participaciones ni las participaciones creadas ni las acciones emitidas por una sociedad del grupo a que pertenezca (art. 143.1 LSC). Dado que se trata de una norma imperativa que no contiene otra previsión para el caso de contravención, conforme a la normativa común, la doctrina se inclina por la nulidad del negocio de garantía, afirmando que se extendería al de concesión de crédito por la sociedad, si la garantía hubiese sido una base esencial de este. En la SA estos negocios se someten a los límites y requisitos previstos para la adquisición de acciones propias. De modo que sólo podrá aceptar en prenda, o en otra forma de garantía, sus propias acciones, o las participaciones creadas o las acciones emitidas por la sociedad dominante, dentro de los límites y con los mismos requisitos aplicables a la adquisición de las mismas (art. 149.1 LSC). Y, mientras se mantenga la situación, se aplicará igualmente el régimen de suspensión de derechos y demás restricciones previstas para la adquisición a las participaciones o acciones poseídas en concepto de prenda o de otra forma de garantía, en cuanto resulte compatible (art. 149.3 LSC). Únicamente se excluyen de esta disciplina restrictiva las operaciones efectuadas en el ámbito de las actividades ordinarias de los bancos y otras entidades de crédito, aunque las adquisiciones deberán cumplir el requisito relativo a la constitución de la reserva indisponible previsto para la SA (art. 149.2 LSC).

4. Asistencia financiera

A diferencia de lo que sucede en los supuestos anteriores en que los negocios mencionados se admiten sometidos a ciertos límites, la SA no podrá anticipar fondos, conceder préstamos, prestar garantías ni facilitar ningún tipo de asistencia financiera para la adquisición de sus acciones o de participaciones o acciones de su sociedad dominante por un tercero (art. 150.1 LSC). La SL no podrá hacerlo para la adquisición de sus propias participaciones o de las participaciones creadas o las acciones emitidas por cualquier sociedad del grupo a que la sociedad pertenezca (art. 143.1 LSC).

La hipótesis contemplada se refiere al tercero que pretende adquirir las acciones/participaciones actuando por cuenta propia, pues si lo hace por cuenta de la sociedad resulta aplicable el régimen previsto para la adquisición de acciones/participaciones propias mediante persona interpuesta. Por consiguiente, la prohibición no pretende evitar la elusión de este régimen mediante la interposición de un tercero, sino conjurar otros peligros, como son el que el adquirente financie la adquisición a costa de la sociedad o los derivados de la connivencia de los administradores con tales terceros. En cuanto a las consecuencias de la contravención, por motivos similares a los enunciados en caso de aceptación en garantía de las propias participaciones, se estima que la nulidad afecta al negocio de asistencia financiera, pero no al de adquisición de acciones.

En caso de SA, de esta regla general prohibitiva se exceptúan dos tipos de negocios:

i) los dirigidos a facilitar al personal de la empresa la adquisición de las acciones de la propia sociedad o de participaciones o acciones de cualquier otra sociedad perteneciente al mismo grupo.

ii) Las operaciones efectuadas por bancos y demás entidades de crédito en el ámbito de las operaciones ordinarias propias de su objeto social que se sufraguen con cargo a bienes libres de la sociedad, si bien, en este último caso, en el patrimonio neto del balance, la sociedad deberá establecer una reserva equivalente al importe de los créditos anotados en el activo (art. 150.2 y 3 LSC).

5. Participaciones recíprocas

Como indica su denominación las participaciones recíprocas aluden a supuestos de hecho en los que, mientras una sociedad A es titular de determinado porcentaje del capital de una sociedad B, esta, a su vez, lo es de determinado porcentaje del capital de la primera. De modo que, desde un punto de vista patrimonial, puede decirse que cada sociedad es accionista indirectamente de sí misma. Desde el punto de vista corporativo la situación puede dar lugar también a connivencias entre los administradores de ambas sociedades a fin de actuar de consuno en las dos. Generan, pues, riesgos similares a los que se advierten en los negocios sobre acciones/participaciones propias, por lo que, al igual que ocurre con estas, la LSC prevé un régimen restrictivo que tiende a evitar los abusos.

La regla general es que no podrán establecerse participaciones recíprocas que excedan del diez por ciento de la cifra de capital de las sociedades participadas. La prohibición afecta también a las participaciones circulares constituidas por medio de sociedades filiales (art. 151 LSC), pues, de otra forma, sería fácil eludir las restricciones legales con este sencillo mecanismo. Se trata, por ejemplo, de que A es titular de un porcentaje del capital de B, B controla a C y C participa en A. Pero no se aplica a las participaciones recíprocas establecidas entre una sociedad filial y su sociedad dominante (art. 154 LSC), pues, en tal caso, rige el régimen general atinente a los negocios de las filiales sobre las acciones de su sociedad dominante. Por este motivo, en términos generales, la normativa sobre participaciones recíprocas resulta de aplicación a las participaciones recíprocas que se sitúan entre el 10 y el 50% del capital social, ya que, por encima de este porcentaje, suele entenderse que existe una filial.

El régimen previsto obliga a la sociedad que, por sí misma o por medio de una sociedad filial, llegue a poseer más del diez por ciento del capital de otra sociedad a notificárselo de inmediato, quedando, mientras tanto, suspendidos los derechos correspondientes a sus participaciones. Dicha notificación habrá de repetirse para cada una de las sucesivas adquisiciones que superen el cinco por ciento del capital. Las notificaciones se recogerán en las memorias de ambas sociedades (art. 155 LSC). La sociedad que reciba antes la notificación, queda obligada a reducir al diez por ciento su participación en el capital de la otra sociedad. Si ambas sociedades recibieran simultáneamente dicha notificación, la obligación de reducir correrá a cargo de las dos, a no ser que lleguen a un acuerdo para que la reducción sea efectuada solamente por una de ellas (art. 152.1 LSC). La reducción deberá llevarse a cabo en el plazo máximo de un año a contar desde la fecha de la notificación, salvo que se trate de supuestos en los que es libre la adquisición de acciones propias, en que se dispone de tres años (art. 152.2 LSC).

Durante estos plazos queda en suspenso el derecho de voto correspondiente a las participaciones excedentes. Y, en el patrimonio neto de la sociedad obligada a la reducción, se establecerá una reserva equivalente al importe de las participaciones recíprocas que excedan del diez por ciento del capital computadas en el activo (art. 153 LSC). Transcurridos los plazos indicados sin que se lleve a cabo la reducción, procederá la venta judicial de las participaciones excedentes a instancia de parte interesada y la suspensión de los derechos correspondientes a todas las participaciones que la sociedad incumplidora detente en la otra sociedad (art. 152.3 LSC).

IX. OBLIGACIONES

1. *Concepto y caracteres*

Las obligaciones son valores emitidos en serie mediante los que la sociedad emisora reconoce o crea una deuda de dinero a favor de que quienes los suscriban (art. 401.1 LSC). Constituyen un medio de financiación externo con el que la sociedad acude al mercado de capitales para captar fondos con fundamento en el crédito cuando existen dificultades para obtenerlos a través de otras operaciones de crédito o cuando los socios no quieren aportar nuevos capitales. Se trata, por tanto, de un tipo de préstamo mutuo, que obliga a la entidad emisora a restituir las sumas recibidas con los intereses, cuya particularidad más relevante consiste en que el importe total de la deuda reconocida o creada con la emisión se fracciona en una pluralidad de valores homogéneos, representativos de una parte alícuota de la cantidad total del empréstito, que incorporan unos derechos comunes y uniformes frente a la sociedad emisora y que son esencialmente negociables, puesto que pueden ser transmitidos libremente sin consentimiento del deudor.

Por consiguiente, frente a las acciones, que son partes alícuotas del capital social y que atribuyen a sus titulares, entre otros, el derecho a los dividendos, las obligaciones son una parte alícuota de un crédito que confiere a su titular la condición de acreedor y que incorpora el derecho a percibir un interés periódico y a obtener la restitución del principal. A consecuencia de ello, las acciones son valores de renta variable, mientras que las obligaciones lo son de renta fija. Sin embargo, esta distinción no resulta siempre nítida, tal y como sucede sustancialmente con las obligaciones participativas en las que se atribuye a los obligacionistas una participación en las ganancias sociales (art. 406 LSC).

Debido a la pretensión del legislador de impedir a la SL que acuda al ahorro público para su financiación, tradicionalmente se ha prohibido que pueda emitir o garantizar obligaciones u otros valores negociables agrupados en emisiones. Dicha prohibición ha sido eliminada por la Ley 5/2015 de 27 de abril de fomento de la financiación empresarial (arts. 401 y 402 LSC). Por motivos similares tampoco han podido hacerlo las personas físicas y las sociedades civiles, colectivas y comanditarias simples. Esta prohibición continúa vigente (DA 1ª LSC). Por tanto, en la actualidad, todas las sociedades de capital podrán emitir y garantizar obligaciones u otros valores que reconozcan o creen una deuda (art. 401.1 LSC). Salvo lo establecido en leyes especiales, los valores que reconozcan o creen una deuda emitidos por este tipo de sociedades quedarán sometidos al régimen establecido para las obligaciones en la LSC (art. 401.3 LSC).

2. Clases

2.1. Obligaciones convertibles

La posibilidad de emitir o garantizar obligaciones convertibles en participaciones sociales está vetada en la SL (art. 401.2 LSC). La característica definitoria de las obligaciones convertibles consiste en que otorgan a sus titulares la facultad de optar entre el reembolso ordinario de la obligación mediante la restitución de la suma prestada y la conversión de las obligaciones en acciones. Aunque nada impide que se configure como una obligación, de ordinario se trata de una facultad del obligacionista, que podrá ejercitar en cualquier momento, salvo que la junta general haya establecido otro procedimiento (art. 414.1 LSC). Por eso se exige como primera condición para que la sociedad pueda emitir obligaciones convertibles en acciones que la junta general acuerde aumentar el capital en la cuantía necesaria. Debe también determinar las bases y las modalidades de la conversión y el plazo máximo para que pueda llevarse a efecto (art. 414.1 y 418.1 LSC). Y explica asimismo que los administradores estén obligados a ir emitiendo las acciones que correspondan a los obligacionistas que hayan solicitado la conversión y a inscribir en el RM el aumento de capital correspondiente a las acciones emitidas (art. 418.1 LSC). Los administradores se limitan, por tanto, a ejecutar un acuerdo de aumento decidido por la Junta General.

Sin embargo, el aumento no es preciso en caso de obligaciones canjeables. A diferencia de las convertibles, en las canjeables el derecho de conversión se proyecta sobre acciones ya existentes, en poder de la sociedad emisora, en autocartera o de otra forma. En definitiva, la emisión de obligaciones convertibles es un procedimiento indirecto de aumento de capital. Por este motivo las obligaciones convertibles no pueden emitirse por una cifra inferior a su valor nominal, ni pueden ser convertidas en acciones cuando el valor nominal de aquéllas sea inferior al de éstas (art. 415 LSC). Se trata de preservar, como en la emisión directa de acciones, la integridad del capital social. También en atención a esta circunstancia la emisión del empréstito puede influir en la posición de los antiguos socios de la misma manera que un aumento de capital ordinario, puesto que el derecho de conversión otorga, en definitiva, al obligacionista la posibilidad de convertirse en accionista. A consecuencia de ello, los accionistas de la sociedad tendrán derecho de suscripción preferente de las obligaciones convertibles (art. 416 LSC). Se trata de un derecho de preferencia sobre las obligaciones convertibles, no sobre las acciones que emita la sociedad para atender al derecho de conversión pues, en este caso, se condicionaría la efectividad del derecho de conversión a la falta de suscripción por los socios de las acciones emitidas.

Siempre por el mismo motivo, este derecho de suscripción preferente podrá ser suprimido total o parcial en los casos en que el interés de la sociedad así lo exija. La supresión debe ser decidida por la junta general al acordar la emisión de obligaciones convertibles con los requisitos establecidos para la modificación de los estatutos sociales. Los obligacionistas están también protegidos en su condición de accionistas potenciales. Por esta razón, ante aumentos de capital en la sociedad emisora, gozan de un derecho de suscripción preferente en los mismos términos que los accionistas (art. 416 LSC). Y, si se produce un aumento de capital con cargo a reservas o se reduce el capital por pérdidas, deberá modificarse la relación de cambio de las obligaciones por acciones, en proporción a la cuantía del aumento o de la reducción, de forma que afecte de igual manera a los accionistas y a los obligacionistas (art. 418.2 LSC). Asimismo la junta general no podrá acordar la reducción de capital mediante restitución de sus aportaciones a los accionistas o condonación de desembolsos pendientes, en tanto existan obligaciones convertibles, a no ser que, con carácter previo y suficientes garantías, se ofrezca a los obligacionistas la posibilidad de realizar la conversión (art. 418.3 LSC).

2.2. Otras clases de obligaciones

En atención a su representación, las obligaciones pueden estar representadas por medio de títulos, que pueden ser nominativos o al portador (arts. 412.2 y 413 LSC), o por medio de anotaciones en cuenta (art. 412.3 LSC). Esta última forma de representación es necesaria cuando pretendan acceder o permanecer admitidas a cotización en un mercado secundario (art. 496 LSC). En razón de su valor, las obligaciones pueden emitirse a un valor igual a su nominal, lo que se denomina a la par; a un valor inferior a su nominal, lo que se denomina con prima de emisión a favor del suscriptor; o a un valor superior a su nominal, lo que se denomina con prima de emisión a favor de la emisora.

En consideración a la forma de determinar su rentabilidad, las obligaciones pueden emitirse a interés fijo o a interés variable, cuyo tipo es posible hacer depender, por ejemplo, de un índice externo que refleje la evolución del mercado o de la trayectoria de la sociedad emisora, como sucede en las obligaciones participativas, en las que se atribuye a los obligacionistas una participación en las ganancias sociales (art. 406 LSC). Es posible también fijar la rentabilidad en especie, como ocurre, por ejemplo, cuando se concede un derecho a la suscripción o a la adquisición de acciones. Dicha rentabilidad puede ser igual para todas las obligaciones integradas en una emisión o desigual, a favor de determinadas obligaciones seleccionadas mediante sorteo. Es el caso de las obligaciones con premios o lotes. Es admisible que su abono se produzca de manera uniforme y periódica a lo largo de todo el plazo de la emisión, de forma creciente o acumuladamente, en el momento del reembolso de las obligaciones (obligaciones con cupón "0").

En atención a la existencia de garantías, hay obligaciones simples y garantizadas. Las simples cuentan como única garantía con el patrimonio de la sociedad emisora (art. 404.2 LSC). En las obligaciones garantizadas existe una garantía adicional, que puede consistir especial, pero no necesariamente, en alguna de las modalidades previstas en la LSC (art. 404.1 LSC).

3. Emisión de obligaciones

La decisión de emitir obligaciones es competencia del órgano de administración, que asimismo resolverá sobre la admisión a negociación de las mismas y acerca del otorgamiento de garantías, salvo que otra cosa dispongan los estatutos y a excepción de la emisión de obligaciones convertibles en acciones o de obligaciones que atribuyan a los obligacionistas una participación en las ganancias sociales, que requieren acuerdo de la junta general (art. 406 LSC), adoptado, en caso de SA, con el quórum de constitución reforzado y las mayorías reforzadas (arts. 194 y 201.2 LSC). Sin embargo, la junta puede delegar en los administradores la decisión (art. 319 RRM) o, simplemente, su ejecución, de forma similar a lo que sucede en el aumento capital.

Con el objeto de que se mantenga una cierta proporcionalidad entre recursos los propios y los ajenos procedentes de la emisión de obligaciones, en la SL el importe total de las emisiones no podrá ser superior al doble de sus recursos propios, salvo que la emisión esté garantizada con hipoteca, con prenda de valores, con garantía pública o con un aval solidario de entidad de crédito.

La emisión se hará constar en escritura pública, que deberá contener, al menos, las menciones previstas en la LSC y que será otorgada por el representante de la sociedad y por una persona que, con el nombre de comisario, represente a los futuros obligacionistas. Si se emitieran obligaciones especialmente garantizadas mediante garantías personales, el garante deberá concurrir al otorgamiento de la escritura de emisión (art. 407 LSC). Como excepción no será necesario otorgar escritura pública para la emisión de obligaciones que vayan a ser objeto de admisión a negociación en un mercado regulado u objeto de una oferta pública de venta respecto de la cual se exija la elaboración de un folleto sujeto a aprobación y registro por la CNMV o que vayan a ser objeto de admisión a negociación en un sistema multilateral de negociación establecido en España (art. 40 LMVSI).

En los supuestos que prevea la legislación especial aplicable a las emisiones de obligaciones u otros valores que reconozcan o creen deuda es también condición necesaria de la emisión de obligaciones la constitución de una asociación de defensa o sindicato de obligacionistas y la designación, por la sociedad, de una persona que, con el nombre de comisario, concurra al otorgamiento del contrato de emisión en nombre de los futuros obligacionistas (art. 403 LSC). Finalmente, conviene indicar que la suscripción de las obligaciones implica para cada obligacionista la ratificación plena del contrato de emisión y, en su caso, su adhesión al sindicato (art. 409 LSC).

4. El sindicato de obligacionistas

El sindicato de obligacionistas se define como una asociación cuyo objeto es la defensa de los intereses colectivos de los obligacionistas. No hay que olvidar que las obligaciones son partes alícuotas de una sola emisión por lo que sus titulares forman parte de una colectividad con comunidad de intereses. El sindicato de obligacionistas quedará constituido, una vez que se inscriba la escritura de emisión, entre los adquirentes de las obligaciones, a medida que vayan recibiendo los títulos o practicándose las anotaciones (art. 419 LSC).

El comisario es el representante legal del sindicato (art. 421.4 LSC), razón por la que el deber principal que asume es tutelar los intereses comunes de los obligacionistas (art. 421.2 LSC), pero también es el órgano de relación entre la sociedad y los obligacionistas (art. 421.4 LSC). Ha de ser designado por la sociedad emisora una vez que acuerde la emisión de las obligaciones entre cualquier persona física o jurídica con reconocida experiencia en materias jurídicas o económicas. La sociedad emisora fijará también su retribución (art. 421.1 LSC). Además de las facultades que le hayan sido conferidas en la escritura de emisión y de las que le encomiende la asamblea general de obligacionistas (art. 421.2 LSC), la LSC le atribuye importantes funciones cuyo fundamento reside en la doble condición que le reconoce, en atención a las cuales responderá frente a los obligacionistas y, en su caso, frente a la sociedad de los daños que cause por los actos realizados en el desempeño de su cargo sin la diligencia profesional con que debe ejercerlo (art. 421.6 LSC).

Como representante del sindicato obligado a tutelar los intereses comunes de los obligacionistas, ha de elaborar el reglamento interno del sindicato, ajustándose en lo previsto al régimen establecido en la escritura de emisión (art. 421.3 LSC), convoca la asamblea de obligacionistas (art. 422 LSC), presencia los sorteos que se celebren, tanto para la adjudicación como para la amortización de las obligaciones, y vigilará el reembolso del nominal y el pago de los intereses (art. 421.5 LSC). Asimismo ejercitará en nombre del sindicato las acciones que correspondan contra la sociedad emisora, contra los administradores o liquidadores y contra quienes hubieran garantizado la emisión (art. 421.6 LSC). Y, previo acuerdo de la asamblea general de obligacionistas, podrá ejecutar los bienes que constituyan la garantía para hacer pago del principal con los intereses vencidos, si la emisión se hubiera garantizado con hipoteca o con prenda y la sociedad hubiera demorado el pago de intereses por más de seis meses (art. 429 LSC).

Adicionalmente, como órgano de relación entre la sociedad y los obligacionistas ostenta importantes facultades en el seno de la sociedad emisora. Podrá asistir, con voz y sin voto, a las deliberaciones de la junta general de la sociedad emisora, informar a esta de los acuerdos del sindicato y requerir de la misma los informes que, a su juicio, o al de la asamblea de obligacionistas, interesen a dicha asamblea (art. 421.4 LSC). Asimismo, cuando la sociedad haya retrasado en más de seis meses el pago de los intereses vencidos o la amortización del principal, podrá proponer al consejo la suspensión de cualquiera de los administradores y convocar la junta general de accionistas, si aquéllos no lo hicieren, cuando estime que deben ser sustituidos (art. 428 LSC).

La asamblea es el órgano deliberante del sindicato y, por ende, aquel en el que recaen las decisiones de mayor trascendencia. Está facultada para acordar lo necesario a fin de procurar la mejor defensa de los legítimos intereses de los obligacionistas frente a la sociedad emisora; puede modificar, de acuerdo con la misma, las garantías establecidas; destituir o nombrar al comisario, cuya gestión ha de aprobar o censurar; ejercer, cuando proceda, las acciones judiciales correspondientes; aprobar los gastos ocasionados por la defensa de los intereses comunes (art. 424 LSC). La LSC regula su convocatoria (arts. 422y 423 LSC), la asistencia (art. 424 *bis* LSC), el derecho de voto (art. 424 *ter* LSC), el sistemas de adopción de acuerdos y la impugnación de estos por los obligacionistas (arts. 425 y 427 LSC), materia esta última que disciplina por remisión a lo dispuesto para la impugnación de los acuerdos de la junta general.

5. Reembolso y rescate

Las obligaciones pueden ser objeto de reembolso y de rescate. El reembolso deberá realizarse satisfaciendo el importe de las obligaciones en el plazo convenido, con las primas, lotes y ventajas que se hubiesen fijado en el documento de emisión, y de acuerdo con el plan o cuadro de amortización determinado en el momento de la emisión (art. 432.1 LSC). El importe puede coincidir con su valor nominal o ser superior a este, hipótesis en que existe una prima de reembolso. Cabe también que consista en un valor variable en función de determinados índices. En cuanto al plazo, puede acordarse el reembolso de todas las obligaciones en un solo vencimiento o a plazos. En esta última hipótesis es posible prever el abono parcial y escalonado de todas las obligaciones o el pago total de cierto número de valores. De optarse por esta segunda alternativa, la determinación ha de efectuarse por sorteo. La sociedad emisora está obligada a celebrar los sorteos periódicos en los términos y forma previstos por el cuadro de amortización, con intervención del comisario y siempre en presencia de notario, que levantará el acta correspondiente (art. 432.2 LSC). La falta de cumplimiento de esta obligación autoriza a los acreedores para reclamar el reembolso anticipado de las obligaciones (art. 432.2 LSC).

De otro lado, la sociedad podrá rescatar las obligaciones emitidas en cuatro supuestos, que tienen en común el que la recogida o la extinción de las obligaciones se produce al margen del plan de amortización o en fecha distinta a la de su vencimiento normal: i) cabe que se realice por amortización o por pago anticipado, de acuerdo con las condiciones de la escritura de emisión; ii) como consecuencia de los convenios celebrados entre la sociedad y el sindicato de obligacionistas; iii) por adquisición en bolsa, al efecto de amortizarlas; o iv) por conversión en acciones. En este último caso se exige el acuerdo con los titulares (art. 430 LSC).

Lección 20

Sociedades de capital (III). Órganos

SUMARIO: X. ÓRGANOS. CARACTERIZACIÓN Y CLASES. XI. LA JUNTA GENERAL. 1. Caracterización. 2. Competencia. 3. Clases. 4. Convocatoria. 4.1. Caracterización. 4.2. Legitimación. 4.3. Requisitos. 4.3.1. Requisitos formales. 4.3.2. Requisitos relativos al contenido. 4.3.3. Requisitos temporales y espaciales. 4.4. La junta universal. 5. Derechos administrativos. 5.1. Derecho de asistencia. 5.2. Derecho de representación. 5.3. Derecho de voto. 5.4. Derecho de información. 6. Constitución, deliberación y adopción de acuerdos. 7. El acta. 8. Impugnación de acuerdos. XII. EL ÓRGANO DE ADMINISTRACIÓN. 1. Caracterización y formas de organización. 2. La posición jurídica del administrador. 2.1. Nombramiento. 2.2. Requisitos. 2.3. Retribución. 2.4. Función y competencias. En particular la representación. 2.5. Deberes. El deber de diligencia y el deber de lealtad. 2.5.1. Ámbito subjetivo. 2.5.2. El deber de diligencia. 2.5.3. El deber de lealtad. 2.6. Terminación en el cargo. 2.7. Responsabilidad. 2.7.1. Presupuestos. 2.7.1.1. Presupuestos subjetivos. 2.7.1.2. Presupuestos objetivos. 2.7.2. Acciones. 3. El Consejo de Administración. 3.1. Composición, nombramiento y funcionamiento. 3.2. La delegación de funciones. Consejeros delegados y Comisiones ejecutivas. El director general. 3.3. Impugnación de acuerdos. 4. La administración de la sociedad comanditaria por acciones.

X. ÓRGANOS. CARACTERIZACIÓN Y CLASES

El carácter corporativo de las sociedades de capital exige y presupone, a la vez, que esté integrada por órganos, pues sólo a través de los mismos puede formar y exteriorizar su voluntad. A grandes rasgos puede afirmarse que un órgano es un haz o conjunto de competencias predispuestas por la Ley para ser ejercitadas a través de determinada persona denominada por ello portadora del mismo. Dos son los órganos necesarios de las SC, la junta general y el órgano de administración.

XI. LA JUNTA GENERAL

1. Caracterización

La junta general es un órgano no permanente, de carácter deliberante, que carece de funciones ejecutivas. Está formado por los socios que ostenten derecho de asistencia, quienes expresan la voluntad de la sociedad mediante acuerdos adoptados por mayoría sobre asuntos de la competencia de aquella incluidos en el pertinente orden del día (art. 159.1 LSC). Tales acuerdos vinculan a todos los socios, incluso a los disidentes y a los que no hayan participado en la reunión (art. 159.2 LSC).

2. Competencia

La competencia la Junta no abarca todos los asuntos relativos a la sociedad. La propia Ley lo expresa así al disponer que comprende "los asuntos propios de la competencia de la Junta" (art. 159.1 LSC). La LSC relaciona expresamente alguno de ellos (art. 160 LSC):

i) La aprobación de las cuentas anuales, la aplicación del resultado y la aprobación de la gestión social.

ii) El nombramiento y separación de los administradores, de los liquidadores y, en su caso, de los auditores de cuentas, así como el ejercicio de la acción social de responsabilidad contra cualquiera de ellos.

iii) La modificación de los estatutos sociales. El aumento y la reducción del capital social.

iv) La supresión o limitación del derecho de suscripción preferente y de asunción preferente.

v) La adquisición, la enajenación o la aportación a otra sociedad de activos esenciales. Se presume el carácter esencial del activo cuando el importe de la operación supere el veinticinco por ciento del valor de los activos que figuren en el último balance aprobado.

vi) La transformación, la fusión, la escisión o la cesión global de activo y pasivo.

vii) La disolución de la sociedad.

viii) La aprobación del balance final de liquidación.

ix) Cualesquiera otros asuntos que determinen la ley o los estatutos.

Se trata, por tanto, de las cuestiones de mayor trascendencia jurídica y económica para la sociedad —que, básicamente, coinciden con la modificación de los estatutos, las modificaciones estructurales y la adquisición o enajenación de activos esenciales—, de la designación y destitución de los miembros del órgano de administración y del control de su actuación, que efectúa de forma periódica al pronunciarse anualmente acerca de la aprobación de las cuentas anuales y de la gestión de aquellos.

Fuera de estos es dudoso que ostente competencia sobre muchos más. En cualquier caso resulta claro que tales eventuales competencias se hallan limitadas por el respeto a los derechos individuales de los socios (no puede, por ejemplo, privar a un socio del derecho de voto), por el principio de paridad de trato de los accionistas, por el interés social, por los estatutos, que puede modificar, pero no incumplir (art. 204.1 LSC) y, sobre todo, por las facultades atribuidas al órgano de administración. En ningún caso puede asumir el poder de representación, que corresponde a este último de manera exclusiva y excluyente (art. 233.1 LSC). En materia de gestión existe, no obstante, un criterio más flexible ya que los administradores están habilitados para solicitar el pronunciamiento de la junta sobre determinados asuntos (arg. *ex* arts. 234 y 236.1 LSC), los estatutos pueden atribuirle determinadas competencias de gestión (vgr. exigiendo su autorización para determinadas decisiones de gestión de especial relevancia). En defecto de pacto estatutario, posiblemente deba admitirse que esté en condiciones de fijar las grandes directrices de la política empresarial, impartiendo instrucciones globales o generales que, como tales, vinculan a los administradores. Con seguridad, salvo disposición contraria de los estatutos, podrá impartir instrucciones al órgano de administración o someter a su autorización la adopción por dicho órgano de decisiones o acuerdos sobre determinados asuntos de gestión, sin perjuicio del ámbito objetivo de la representación atribuida de forma exclusiva a aquel (art. 161 LSC). Ahora bien, la competencia en materia de gestión no podrá ampliarse hasta vaciar de contenido la función legal de los administradores, lo que sucedería si la junta asumiera la iniciativa en los asuntos de gestión ordinaria de manera frecuente o especialmente intensa, convirtiendo a los administradores en meros ejecutores de sus decisiones. La gestión ordinaria constituye una competencia propia del órgano de administración, mínima e inderogable, ya que, en materia de estructura organizativa, alcanza el valor de principio configurador del tipo SA, que limita la autonomía de la voluntad (art. 28 LSC).

Las previsiones de la LSC a este respecto responden a la necesidad de reforzar el papel de la junta general de la SA, que ha venido perdiendo paulatinamente el carácter soberano, esto es, la primacía que se le atribuyó en un primer momento sobre el órgano de administración. Sucede especialmente en las grandes sociedades cotizadas en las que el poder real reside en el órgano de administración, limitándose la junta a ratificar las decisiones ya tomadas por este, aunque sus integrantes no dispongan normalmente de una participación significativa en el capital social. Este fenómeno se debe a múltiples factores entre los que destacan la dispersión y desinterés de los accionistas y la utilización por los administradores de los mecanismos de representación a su favor. Se ha consolidado así una separación entre la propiedad y la gestión, que es fuente de graves riesgos, al permitir eventuales conductas abusivas de los administradores. A fin de atajarlos existe una tendencia generaliza a revitalizar el papel de la junta, que se ha expresado en las últimas reformas. En ese contexto destaca también la obligación impuesta a las sociedades cotizadas de elaborar un Reglamento de la junta general en el que debe contenerse su funcionamiento. Ha de ser comunicado a la CNMV, inscrito en el RM y publicado por la CNMV (arts. 512 y 513 LSC).

3. Clases

Las juntas pueden ser de dos clases. Ordinarias y extraordinarias. Junta ordinaria es la que ha de reunirse necesariamente dentro de los seis primeros meses de cada ejercicio para, en su caso, aprobar la gestión social, las cuentas del ejercicio anterior y resolver sobre la aplicación del resultado (art. 164.1 LSC), pero es válida aunque haya sido convocada o se celebre fuera de plazo (art. 164.2 LSC). De manera que el criterio determinante para decidir sobre el carácter de la junta no es el temporal, sino el material, esto es, los asuntos sobre los que trata. Conforme a ello, son extraordinarias todas las demás (art. 165 LSC).

Junto a los asuntos anteriores, las sociedades cotizadas someterán a votación, con carácter consultivo y como punto separado del orden del día de la junta general ordinaria de accionistas un informe anual sobre las remuneraciones de sus consejeros, que comprenderá las que perciban o deban percibir en su condición de tales y, en su caso, por el desempeño de funciones ejecutivas; así como una información completa, clara y comprensible sobre la política de remuneraciones de los consejeros aplicable al ejercicio en curso, un resumen global sobre la aplicación de la política de remuneraciones durante el ejercicio cerrado, así como el detalle de las remuneraciones individuales devengadas por todos los conceptos por cada uno de los consejeros en dicho ejercicio (art. 541 LSC). El informe es elaborado por el Consejo con arreglo al contenido y estructura determinados por el Ministro de Economía o, con su habilitación expresa, por la CNMV y ha de ser publicado y difundido como hecho relevante por la sociedad de forma simultánea al informe anual de gobierno corporativo (art. 541 LSC).

4. Convocatoria

4.1. Caracterización

El carácter corporativo de las sociedades de capital explica que la junta general adopte los acuerdos por mayoría. Para que la voluntad mayor se identifique con la única voluntad de la sociedad, la Ley somete el proceso de adopción de los acuerdos a una serie de requisitos que tienen por objeto garantizar esa identificación. Tales requisitos son la convocatoria, el *"quórum"* de constitución, la deliberación y la adopción del acuerdo por las mayorías predeterminadas. La convocatoria es un requisito de la válida constitución de la junta, puesto que forma parte del derecho de información de los socios. Por este motivo, sin convocatoria efectuada en los términos que la Ley ordena, los acuerdos adoptados en la junta son nulos.

4.2. Legitimación

La legitimación para convocar la junta corresponde en primer término a los administradores y, en su caso, a los liquidadores de la sociedad (art. 166 LSC). Los administradores deben convocar la Junta en las fechas o periodos que determinen la ley y los estatutos (art. 167 LSC) y cuando lo soliciten uno o varios socios que representen, al menos, el cinco por ciento del capital social, expresando en la solicitud los asuntos a tratar, que deben ser incluidos necesariamente en el orden del día confeccionado por los administradores (art. 168 LSC).

La omisión de la convocatoria por parte de los administradores puede ser suplida por el *letrado de la administración de justicia o por el registrador mercantil* del domicilio social, contra cuya decisión no cabe recurso alguno, en los siguientes supuestos:

i) A petición de cualquier socio y con audiencia de los administradores, cuando se trate de Junta ordinaria o estatutaria (art. 169.1 LSC).

ii) A solicitud de socios que sean titulares de, al menos, un cinco por ciento del capital social, cuando los administradores no atiendan oportunamente su solicitud de convocatoria (art. 169.2 LSC). En ambos casos el letrado de la administración de justicia o el registrador designarán la persona que habrá de presidirla y al secretario y determinarán el orden del día (arts. 170 LSC y 119 LJV).

iii) A petición de cualquier socio, pero solo para el nombramiento de los administradores, en caso de muerte o de cese del administrador único, de todos los administradores solidarios, de alguno de los administradores mancomunados, o de la mayoría de los miembros del consejo de administración, sin que existan suplentes. En estos casos, además, cualquiera de los administradores que permanezcan en el ejercicio del cargo podrá convocar la junta general con ese único objeto (art. 171 LSC).

Los administradores pueden convocar la junta siempre que lo consideren necesario o conveniente para los intereses sociales (art. 167 LSC). Excepcionalmente, cuando la sociedad haya retrasado en más de seis meses el pago de los intereses vencidos o la amortización del principal, el comisario del sindicatos de obligacionistas podrá proponer al consejo la suspensión de cualquiera de los administradores y convocar la junta general de accionistas, si aquéllos no lo hicieren, cuando estimen que deben ser sustituidos (art. 428.2 LSC).

4.3. Requisitos

4.3.1. Requisitos formales

Los requisitos formales de la convocatoria exigen que se efectúe mediante anuncio publicado en la página web de la sociedad, si ésta hubiera sido creada, inscrita y publicada en los términos previstos en la LSC. En otro caso, la convocatoria se publicará en el BORME y en uno de los diarios de mayor circulación en la provincia en que esté situado el domicilio social. Sin embargo, en sustitución de estos sistemas, los estatutos podrán establecer que la convocatoria se realice por cualquier procedimiento de comunicación individual y escrita, que asegure la recepción del anuncio por todos los socios en el domicilio designado al efecto o en el que conste en la documentación de la sociedad. En el caso de socios que residan en el extranjero, los estatutos podrán prever que sólo serán individualmente convocados si hubieran designado un lugar del territorio nacional para notificaciones. Además, los estatutos podrán establecer mecanismos adicionales de publicidad a los previstos en la ley e imponer a la sociedad la gestión telemática de un sistema de alerta a los socios de los anuncios de convocatoria insertados en la web de la sociedad (art. 173 LSC).

Por excepción, la SA cotizada está obligada a anunciar la convocatoria de modo que se garantice un acceso a la información rápido y no discriminatorio entre todos los accionistas. A tal fin, se garantizarán medios de comunicación que aseguren la difusión pública y efectiva de la convocatoria, así como el acceso gratuito a la misma por parte de los accionistas en toda la Unión Europea. La difusión del anuncio de convocatoria se hará utilizando, al menos, los siguientes medios: el BORME o uno de los diarios de mayor circulación en España, la página web de la CNMV y la página web de la sociedad convocante (art. 516 LSC).

4.3.2. Requisitos relativos al contenido

El contenido de la convocatoria comprende, necesariamente, el nombre de la sociedad, la fecha y hora de la reunión, así como el orden del día, en el que figurarán los asuntos a tratar determinados de forma individual, concreta y precisa, y, finalmente, el cargo de la persona o personas que realicen la convocatoria (art. 174 LSC). En caso de SA cotizada, el anuncio incluirá, además, dos tipos de menciones: i) la fecha en la que el accionista deberá tener registradas a su nombre las acciones para poder participar y votar en la junta general, el lugar y la forma en que puede obtenerse el texto completo de los documentos y propuestas de acuerdo, y la dirección de la página web de la sociedad en que estará disponible la información; y ii) una información clara y exacta de los trámites que los accionistas deberán seguir para participar y emitir su voto en la junta general, incluyendo, en particular, los extremos relacionados en la LSC (art. 517 LSC).

En el caso de que los estatutos prevean la posibilidad de asistencia a la junta por medios telemáticos, en la convocatoria deberá especificarle los plazos, formas y modos de ejercicio de los derechos de los socios previstos por los administradores al objeto de permitir un desarrollo adecuado de la junta (art. 182 LSC).

En la SA, los accionistas que representen, al menos, el cinco por ciento del capital social, podrán solicitar que se publique un complemento a la convocatoria de la junta general incluyendo uno o más puntos en el orden del día. El ejercicio de este derecho deberá hacerse mediante notificación fehaciente que habrá de recibirse en el domicilio social dentro de los cinco días siguientes a la publicación de la convocatoria. El complemento de la convocatoria deberá publicarse con quince días de antelación como mínimo a la fecha establecida para la reunión de la junta. La falta de publicación en el plazo legalmente fijado será causa de impugnación de la junta (arts. 172 y 519.2 LSC). Si la SA es cotizada, la solicitud se atribuye a los accionistas que representen al menos el tres por ciento del capital; pero la publicación del complemento de la convocatoria únicamente procederá cuando los nuevos puntos del orden de día cuya inclusión se solicite vayan acompañados de una justificación o, en su caso, de una propuesta de acuerdo justificada. En ningún caso podrá ejercitarse dicho derecho respecto a la convocatoria de juntas generales extraordinarias (art. 519.1 LSC), pero los accionistas que representen la misma minoría podrán presentar propuestas fundamentadas de acuerdo sobre asuntos ya incluidos o que deban incluirse en el orden del día de la junta convocada (art. 519.3 LSC).

4.3.3. Requisitos temporales y espaciales

En la SA, entre la convocatoria y la fecha prevista para la celebración de la reunión deberá existir un plazo de, al menos, un mes (art. 176 LSC), salvo en dos hipótesis: i) cuando se haya publicado el complemento de la convocatoria en los términos indicados anteriormente; y ii) en caso de SA cotizada, cuando la sociedad ofrezca a los accionistas la posibilidad efectiva de votar por medios electrónicos accesibles a todos ellos, en que las juntas generales extraordinarias podrán ser convocadas con una antelación mínima de quince días. La reducción del plazo de convocatoria requerirá un acuerdo expreso adoptado en junta general ordinaria por, al menos, dos tercios del capital suscrito con derecho a voto, y cuya vigencia no podrá superar la fecha de celebración de la siguiente (art. 515 LSC).

Ahora bien, en el anuncio de la convocatoria podrá hacerse constar la fecha en la que, si procediera, se reunirá la junta en segunda convocatoria. Entre la primera y la segunda reunión deberá mediar, por lo menos, un plazo de veinticuatro horas. Si la junta general debidamente convocada, cualquiera que sea su clase, no pudiera celebrarse en primera convocatoria, ni se hubiere previsto en el anuncio la fecha de la segunda, la celebración de ésta deberá ser anunciada, con el mismo orden del día y los mismos requisitos de publicidad que la primera, dentro de los quince días siguientes a la fecha de la junta no celebrada y con, al menos, diez días de antelación a la fecha fijada para la reunión (art. 177 LSC). En cambio, en las SL, entre la convocatoria y la fecha prevista para la celebración de la reunión deberá existir un plazo de, al menos, quince días (art. 176 LSC).

Salvo disposición contraria de los estatutos, la junta general se celebrará en el término municipal donde la sociedad tenga su domicilio. Si en la convocatoria no figurase el lugar de celebración, se entenderá que la junta ha sido convocada para su celebración en el domicilio social (art. 175 LSC).

4.4. La junta universal

Excepción a la regla de la necesidad de convocatoria es la llamada junta universal, que requiere la presencia de todo el capital social y que los asistentes acepten por unanimidad la celebración de la junta. En tal caso la junta queda válidamente constituida para tratar cualquier asunto sin necesidad de convocatoria (art. 178 LSC).

5. Derechos administrativos

5.1. Derecho de asistencia

El carácter abierto y cerrado, respectivamente, de la SA y de la SL se manifiesta con especial contundencia en el capítulo de los derechos administrativos. El escaso número de socios que integra de ordinario la SL y las particulares relaciones de confianza que suelen existir entre ellos explica que todos los socios ostenten derecho de asistir a la junta general. Los estatutos no podrán exigir para la asistencia a la junta general la titularidad de un número mínimo de participaciones (art. 179.1 LSC).

La concurrencia de circunstancias contrarias en la SA explica que, en ella, se adopte el sistema opuesto. Los estatutos podrán exigir, respecto de todas las acciones, cualquiera que sea su clase o serie, la posesión de un número mínimo para asistir a la junta general, sin que, en ningún caso, el número exigido pueda ser superior al uno por mil del capital social. Si bien para ejercitar este derecho y el de voto se admite la agrupación de acciones (art. 189.1 LSC). En las SA cotizadas, los estatutos no podrán exigir para asistir a la junta general la posesión de más de mil acciones (art. 521 *bis* LSC). Además podrán condicionar el derecho de asistencia a la legitimación anticipada del accionista, aunque en ningún caso es posible impedir el ejercicio de tal derecho a los titulares de acciones nominativas y de acciones representadas por medio de anotaciones en cuenta que las tengan inscritas en sus respectivos registros con cinco días de antelación a aquel en que haya de celebrarse la junta, ni a los tenedores de acciones al portador que, con la misma antelación, hayan efectuado el depósito de sus acciones o, en su caso, del certificado acreditativo de su depósito en una entidad autorizada, en la forma prevista por los estatutos. Si los estatutos no contienen una previsión a este último respecto, el depósito podrá hacerse en el domicilio social (art. 179.2 y 3 LSC). Está prevista, también, la posibilidad de asistencia telemática si así lo disponen los estatutos (arts. 182 y 521 LSC).

Asimismo, en los estatutos se puede prever la asistencia a la junta por medios telemáticos y la celebración de una Junta exclusivamente telemática. En el primer caso, se debe garantizar que los socios puedan participar en la junta a través de medios telemáticos que permitan garantizar debidamente la identidad del socio (art. 182 LSC). En la convocatoria los administradores deberán describir cómo se van a ejercitar los derechos de los socios. Y en este sentido, la ley faculta a los administradores para que puedan establecer la obligación de que se remitan con anterioridad a la constitución de la junta las intervenciones y propuestas de quienes van a asistir por vía telemática. En este caso, las respuestas se proporcionarán por los administradores en la propia reunión, o bien por escrito en los siete días siguientes a la finalización de la junta.

Se permite también la celebración de una junta exclusivamente telemática (art. 182 bis). Se trata de una posibilidad que se introdujo en un primer momento con carácter excepcional para las sociedades cotizadas y después se amplió para las sociedades anónimas con ocasión del estado de alarma originado por la Covid-19; y, que ha acabado por extenderse a todas las sociedades de capital tras la reforma de la LSC por la Ley 5/2021, de 12 de abril. La validez de la junta se condiciona a que pueda garantizarse debidamente la identidad y legitimación de los socios y sus representantes; así como a que todos los asistentes puedan participar de forma efectiva y activa en la sesión de modo que puedan ejercitar en tiempo real los derechos de palabra, información, propuesta y voto que les correspondan.

5.2. Derecho de representación

En materia de representación es, otra vez, el carácter cerrado de la SL, que impone tratar con recelo la presencia de extraños en la sociedad, el que explica que el socio sólo pueda hacerse representar en la junta por los familiares allegados que cita la Ley, por otro socio o por persona que ostente poder general conferido en documento público con facultades para administrar todo el patrimonio que el representado tuviere en territorio nacional. Solo los estatutos podrán autorizar la representación por medio de otras personas (art. 183 LSC). La ausencia de esa prevención en la SA debido a su carácter abierto justifica la opción legal opuesta. La regla es que la representación puede conferirse a cualquier persona, aunque no sea accionista. Todo accionista que tenga derecho de asistencia podrá hacerse representar en la junta general por medio de otra persona, aunque ésta no sea accionista. Los estatutos podrán limitar esta facultad (art. 184 LSC), salvo que se trate de sociedades cotizadas (art. 522 LSC). En la SL la representación deberá conferirse necesariamente por escrito. Si no constare en documento público, deberá ser especial para cada junta. Comprenderá, además, la totalidad de las participaciones de que sea titular el socio representado (art. 183.2 y 3 LSC). En la SA puede conferirse por escrito o por medios de comunicación a distancia que cumplan con los requisitos establecidos en la LSC para el ejercicio del derecho de voto a distancia. En todo caso se conferirá con carácter especial para cada junta (art. 184.2 LSC).

Existen no obstante requisitos adicionales cuando los propios administradores de la sociedad, las entidades depositarias de los títulos o las encargadas del registro de anotaciones en cuenta o los miembros del consejo de control de una sociedad anónima europea domiciliada en España que haya optado por el sistema dual soliciten la representación para sí o para otro y, en general, siempre que la solicitud se formule de forma pública. Se entenderá que ha habido solicitud pública cuando una misma persona ostente la representación de más de tres accionistas (art. 186.1, 3 y 4 LSC). Tales requisitos se explican por la intención del legislador de reducir en la medida de lo posible los riesgos de sustitución de la voluntad de los accionistas por la de las personas que solicitan la representación. Por ello, se exige que el documento en que conste el poder deberá contener o llevar anejo el orden del día, así como la solicitud de instrucciones para el ejercicio del derecho de voto y la indicación del sentido en que votará el representante en caso de que no se impartan instrucciones precisas. Por excepción, el representante podrá votar en sentido distinto cuando se presenten circunstancias ignoradas en el momento del envío de las instrucciones y se corra el riesgo de perjudicar los intereses del representado. En caso de voto emitido en sentido distinto a las instrucciones, el representante deberá informar inmediatamente al representado, por medio de escrito en que explique las razones del voto (art. 186.1 y 2 LSC).

Con todo, estas restricciones legales relativas a la necesidad de que la representación se confiera con carácter especial para cada junta y a los requisitos exigidos en caso de solicitud pública de representación no serán de aplicación cuando el representante sea el cónyuge o un ascendiente o descendiente del representado ni tampoco cuando aquél ostente poder general conferido en documento público con facultades para administrar todo el patrimonio que el representado tuviere en territorio nacional (art. 187 LSC). Por lo demás, la representación es siempre revocable. La asistencia personal a la junta del representado tendrá valor de revocación (art. 185 LSC). Finalmente, hay que destacar que, en caso de sociedad cotizada, están previstas, además, cautelas especiales para prevenir eventuales conflictos de interés entre el accionista representado y el representante (art. 523 LSC), que puede ser un intermediario financiero (arts. 524 LSC), y cuando se efectúe una solicitud pública de representación (art. 526 LSC).

5.3. Derecho de voto

El voto es un derecho esencial en las sociedades de capital, en la medida en que el principio de heterorganicismo que deriva de su carácter corporativo no deja en la condición de socio más recurso que el voto para poder influir en la gestión y administración de la sociedad y fiscalizar la actuación de los administradores. Como consecuencia de ello, todo socio, por el mero hecho de serlo, tiene derecho de voto. Ahora bien este principio admite tres excepciones:

i) La propia LSC permite excluir el derecho al autorizar la emisión de acciones y participaciones sin voto (arts. 98 a 103 LSC).

ii) Sin excluir el derecho, se suspende, sin embargo, su ejercicio en ciertos casos. Ocurre eso por ejemplo ante el impago de desembolsos pendientes a fin de incitar al accionista a su desembolso, o en el caso de adquisición de acciones propias por la sociedad. En este supuesto, con el propósito de evitar maniobras por parte de los administradores.

iii) Se prohíbe el ejercicio del derecho de voto ante situaciones de conflicto de intereses expresamente relacionadas en la LSC (art. 190 LSC). El socio, en efecto, no podrá ejercitar el derecho de voto correspondiente a sus acciones o participaciones cuando se trate de adoptar un acuerdo que tenga por objeto autorizarle a transmitir acciones o participaciones sujetas a una restricción legal o estatutaria, excluirle de la sociedad, liberarle de una obligación o concederle un derecho, facilitarle cualquier tipo de asistencia financiera, incluida la prestación de garantías a su favor o dispensarle de las obligaciones derivadas del deber de lealtad en su condición de administrador.

En las SA la prohibición de ejercitar el derecho de voto en los dos primeros supuestos solo será de aplicación cuando dicha prohibición esté expresamente prevista en las correspondientes cláusulas estatutarias reguladoras de la restricción a la libre transmisión o la exclusión. Las acciones o participaciones del socio que se encuentre en alguna de estas situaciones de conflicto de interés se deducirán del capital social para el cómputo de la mayoría de los votos que en cada caso sea necesaria.

En los casos de conflicto de interés distintos de los anteriores los socios no estarán privados del derecho de voto. No obstante, cuando el voto del socio o socios incursos en conflicto haya sido decisivo para la adopción del acuerdo, corresponderá, en caso de impugnación, a la sociedad y, en su caso, al socio o socios afectados por el conflicto, la carga de la prueba de la conformidad del acuerdo al interés social. Al socio o socios que impugnen les corresponderá la acreditación del conflicto de interés. De esta regla se exceptúan los acuerdos relativos al nombramiento, el cese, la revocación y la exigencia de responsabilidad de los administradores y cualesquiera otros de análogo significado en los que el conflicto de interés se refiera exclusivamente a la posición que ostenta el socio en la sociedad. En estos casos, corresponderá a los que impugnen la acreditación del perjuicio al interés social (art. 190 LSC).

Por otra parte, en atención al carácter capitalista de la sociedad, la entidad del voto se mide en proporción al valor nominal de la acción. De manera imperativa en la SA, al objeto de proteger a las minorías alejadas del poder de control de la sociedad, por cuanto no es válida la creación de acciones que, de forma directa o indirecta, alteren la proporcionalidad entre el valor nominal de la acción y el derecho de voto (art. 188.2 LSC). No obstante, esta regla también está sometida a excepción, ya que la Ley autoriza a limitar su ejercicio, permitiendo que los estatutos fijen, con carácter general, el número de votos que puede emitir un mismo accionista o sociedades pertenecientes a un grupo (art. 188.3 LSC). Se trata de una medida dirigida, en principio, a recortar la influencia de los grandes accionistas en la junta general, que, no obstante, se viene utilizando por ellos a fin de blindarse frente a la entrada de socios no deseados, que así pueden adquirir la mayoría de las acciones, pero no de votos. Por eso en las sociedades anónimas cotizadas las cláusulas estatutarias que, directa o indirectamente, fijen con carácter general el número máximo de votos que pueden emitir un mismo accionista, las sociedades pertenecientes a un mismo grupo o quienes actúen de forma concertada con los anteriores, quedarán sin efecto cuando tras una oferta pública de adquisición, el oferente haya alcanzado un porcentaje igual o superior al 70 por ciento del capital que confiera derechos de voto, salvo que dicho oferente no estuviera sujeto a medidas de neutralización equivalentes o no las hubiera adoptado (art. 527 LSC).

Además, en las sociedades cotizadas se reconoce la posibilidad de que los estatutos contemplen acciones con voto adicional doble por lealtad. Este supuesto está pensado para acciones de las que haya sido titular el mismo accionista durante dos años consecutivos ininterrumpidos desde la fecha de inscripción en el libro registro que la sociedad debe llevar a este fin (art. 527 ter)

En cambio en la SL, la regla admite cualquier desviación, siempre que esté prevista en los estatutos, ya que cada participación social concede a su titular el derecho a emitir un voto, salvo disposición contraria de los estatutos (arts. 94.1 y 188.1 LSC). De manera que se admite el voto plural. Además, los estatutos podrán exigir, junto a la proporción de votos legal o estatutariamente establecida, el voto favorable de un determinado número de socios (art. 200.1 LSC).

El carácter abierto o cerrado de la sociedad también se advierte finalmente en la forma de emisión del voto. En la SL exige siempre la asistencia a la Junta, bien personalmente, o bien mediante representación; mientras que en la SA se admite el ejercicio del voto mediante correspondencia postal, electrónica o cualquier otro medio de comunicación a distancia, siempre que se garantice debidamente la identidad del sujeto que ejerce su derecho de voto y la seguridad de las comunicaciones electrónicas (arts. 189.2 y 521 LSC). Los accionistas que emitan sus votos a distancia deberán ser tenidos en cuenta a efectos de constitución de la junta como presentes (art. 189.3 LSC).

5.4. Derecho de información

El derecho de información debe distinguirse de la publicidad informativa. Esta última comprende los datos que, por disposición legal, están al alcance del socio, pero también de cualquier tercero, como ocurre, por ejemplo, con las cuentas anuales a través de su depósito en el RM. El derecho de información es el que corresponde al socio en su condición de tal. Mientras que la publicidad informativa ha ido ensanchando su ámbito de obligatoriedad, sobre todo en la SA cotizada, el derecho de información en la SA se ha concebido tradicionalmente con un carácter restringido, frente a lo que ocurre en las sociedades de personas. Por dos motivos; en primer lugar, porque la fácil transmisibilidad de las acciones propicia la entrada de socios con el único objeto de conocer la información para utilizarla en su propio beneficio; y, en segundo lugar, porque el número potencialmente elevado de socios impediría o dificultaría en extremo la labor de gestión social si hubiera que atender a todas las demandas de información. Eso no obstante, en las sociedades cotizadas existe una tendencia creciente a ampliar su contenido y a facilitar su ejercicio. En la SL la situación de partida es la contraria. Dado el carácter cerrado de la misma, el contenido de este derecho se ha construido, en parte, con elementos de las sociedades de personas, por lo que, tradicionalmente, se ha configurado con unos contornos menos restrictivos que el del accionista.

En el derecho de información, a su vez, está comprendido el derecho de información en sentido estricto y el derecho de examen de documentos. Este último impone a la sociedad la obligación de poner a disposición del socio los documentos especificados en la Ley en los plazos determinados por ella y a hacer constar en la convocatoria el derecho del socio a examinarlos. Se concede cuando se trata de adoptar determinados acuerdos tasados por la Ley. En particular en caso de modificación estatutaria y de aprobación de las cuentas anuales. En esta última hipótesis, a partir de la convocatoria de la junta general, cualquier socio podrá obtener de la sociedad, de forma inmediata y gratuita, los documentos que han de ser sometidos a la aprobación de la misma, así como en su caso, el informe de gestión y el informe del auditor de cuentas. En la convocatoria se hará mención de este derecho (art. 272.2 LSC).

Este objeto se amplía en la SL, en correspondencia con su carácter cerrado, ya que, salvo disposición contraria de los estatutos, durante aquel mismo plazo, el socio o socios que representen al menos el cinco por ciento del capital podrán examinar en el domicilio social, por sí o en unión de experto contable, los documentos que sirvan de soporte y de antecedente de las cuentas anuales (art. 272.3 LSC). Este derecho de examen no impide ni limita el derecho de la minoría a que se nombre un auditor de cuentas con cargo a la sociedad (art. 272.3 LSC), facultad que ostentan también los socios de la SA.

Aunque en un ámbito distinto, en las sociedades cotizadas este derecho también se ha extendido puesto que, desde la publicación del anuncio de convocatoria y hasta la celebración de la junta general, la sociedad deberá publicar ininterrumpidamente en su página web, al menos, el anuncio de la convocatoria, el número total de acciones y derechos de voto en la fecha de la convocatoria, desglosados por clases de acciones, si existieran; los documentos que deban ser objeto de presentación a la junta general y, en particular, los informes de administradores, auditores de cuentas y expertos independientes; los textos completos de las propuestas de acuerdo sobre todos y cada uno de los puntos del orden del día o, en relación con aquellos puntos de carácter meramente informativo, un informe de los órganos competentes comentando cada uno de dichos puntos. A medida que se reciban, se incluirán también las propuestas de acuerdo presentadas por los accionistas. En el caso de nombramiento, ratificación o reelección de miembros del consejo de administración, la identidad, el currículo y la categoría a la que pertenezca cada uno de ellos, así como la propuesta de nombramiento, el informe justificativo del consejo en el que se valore la competencia, experiencia y méritos del candidato propuesto y el informe de la comisión de nombramientos y retribuciones, en caso de propuestas relativas a consejeros no independientes. Si se tratase de persona jurídica, la información deberá incluir la correspondiente a la persona física que se vaya a nombrar para el ejercicio permanente de las funciones propias del cargo.

Finalmente, la sociedad publicará los formularios que deberán utilizarse para el voto por representación y a distancia, salvo cuando sean enviados directamente por la sociedad a cada accionista. En el caso de que no puedan publicarse en la página web por causas técnicas, la sociedad deberá indicar en ésta cómo obtener los formularios en papel, que deberá enviar a todo accionista que lo solicite (arts. 518 LSC y 529 decies LSC).

El derecho de información en sentido estricto otorga al socio la facultad de solicitar a los administradores informaciones o aclaraciones. Se trata de un derecho restringido en cuanto al objeto y al tiempo y forma en que ha de requerirse y suministrarse la información.

El objeto se ciñe en la SL a los asuntos comprendidos en el orden del día de la junta (arts. 196.1 LSC); al igual que sucede en la SA cuando se trata de información solicitada verbalmente en el curso de la junta. Sin embargo, si se requiere con anterioridad y por escrito, los accionistas podrán formular las preguntas que consideren pertinentes (art. 197.1 y 2 LSC). En las sociedades cotizadas se extiende a toda la información accesible al público que se hubiera facilitado por la sociedad a la CNMV desde la celebración de la última junta general y acerca del informe del auditor (art. 520 LSC);

En cuanto al tiempo y la forma de requerir y suministrar la información, en la SL la solicitud puede efectuarse por escrito, con anterioridad a la reunión de la junta general, o verbalmente durante la misma. El órgano de administración está obligado a proporcionarla, en forma oral o escrita, de acuerdo con el momento y la naturaleza de la información solicitada (arts. 196.1 y 2 LSC). En la SA, la petición puede efectuarse de esas dos mismas maneras, pero, en la primera, se limita el plazo, puesto que únicamente procede hasta el séptimo día anterior al previsto para la celebración de la junta (art. 197.1 LSC), hasta el quinto día, en caso de sociedades cotizadas (art. 520 LSC). En este supuesto los administradores están obligados a facilitarla por escrito hasta el día de la celebración de la junta (art. 197.1 LSC). Por otra parte, si se realiza en el curso de la junta los administradores pueden suministrar la información en el momento o, por escrito, dentro de los siete días siguientes al de la terminación de la junta cuando no haya sido posible hacerlo antes (art. 197.1 y 2 LSC).

Si la asistencia a la junta se hace por medios telemáticos, las respuestas a los socios o sus representantes que ejerciten su derecho de información durante la junta, se producirán durante la propia reunión o por escrito durante los siete días siguientes a su finalización (art. 182 LSC). Este régimen resulta igualmente aplicable para los casos en los que la junta se celebre de forma exclusivamente telemática (art. 182 bis LSC).

Estas prescripciones ponen de manifiesto la pérdida del tradicional carácter instrumental del derecho de información respecto del voto. Por otro lado, hasta ahora la LSC presupone que la información se suministra oralmente o de forma impresa. Sin embargo, en las sociedades cotizadas, sin perjuicio del derecho de los accionistas a solicitar la información en forma impresa, la sociedad deberá cumplir los deberes de información por cualquier medio técnico, informático o telemático. A este respecto, está obligada a disponer de una página web para atender el ejercicio, por parte de los accionistas, del derecho de información, y para difundir la información relevante exigida por la legislación sobre el mercado de valores (art. 539 LSC). Las solicitudes válidas de informaciones, aclaraciones o preguntas realizadas por escrito y las contestaciones facilitadas por escrito por los administradores se incluirán en la página web de la sociedad (art. 520.2 LSC), de modo que los administradores no estarán obligados a responder a preguntas concretas de los accionistas cuando, con anterioridad a su formulación, la información solicitada esté clara y directamente disponible para todos los accionistas en la página web de la sociedad bajo el formato pregunta-respuesta. En esta hipótesis podrán limitar su contestación a remitirse a la información facilitada en dicho formato (art. 520.3 LSC). Adicionalmente, en la página web de la sociedad se habilitará un foro electrónico de accionistas, al que podrán acceder con las debidas garantías tanto los accionistas individuales como las asociaciones voluntarias que puedan constituir, con el fin de facilitar su comunicación con carácter previo a la celebración de las juntas generales. En el foro podrán publicarse propuestas que pretendan presentarse como complemento del orden del día anunciado en la convocatoria, solicitudes de adhesión a tales propuestas, iniciativas para alcanzar el porcentaje suficiente para ejercer un derecho de minoría previsto en la Ley, así como ofertas o peticiones de representación voluntaria (art. 539 LSC). Además, se establece un específico deber de información de la sociedad a los accionistas y beneficiarios últimos (art. 520 bis LSC), así como la obligación por parte de las entidades intermediarias legitimadas como accionistas de transmitir sin dilación a la sociedad la información relacionada con el ejercicio de los derechos que hayan recibido directamente de los beneficiarios últimos o de otras entidades intermediarias (art. 520 ter LSC).

Sea cual sea el plazo o la forma, es incontestable que los administradores están obligados a proporcionar la información. Como excepción no lo están cuando, a juicio del propio órgano de administración, en la SL, la publicidad perjudique los intereses sociales (arts. 196.2 LSC). La excepción de la excepción consiste en que no procederá la denegación de información cuando la solicitud esté apoyada por socios que representen, al menos, el veinticinco por ciento del capital social (arts. 196.3 LSC). En la SA, la obligación cede en caso de que la información sea innecesaria para la tutela de los derechos del socio, existan razones objetivas para considerar que podría utilizarse para fines extrasociales o su publicidad perjudique a la sociedad o a las sociedades vinculadas (art. 197.3 LSC). Ahora bien, la información solicitada no podrá denegarse cuando la solicitud esté apoyada por accionistas que representen, al menos, el veinticinco por ciento del capital social. Los estatutos podrán fijar un porcentaje menor, siempre que sea superior al cinco por ciento del capital social (art. 197.4 LSC).

Finalmente cabe destacar que las consecuencias anudadas a la vulneración de este derecho difieren en atención al momento en que se solicita la información, tratándose de SA. De ejercerse con anterioridad a la celebración de la junta, podrá impugnarse el acuerdo adoptado si se ha proporcionado información incorrecta o insuficiente cuando esa información hubiera sido esencial para el ejercicio razonable por parte del accionista o socio medio del derecho de voto o de cualquiera de los demás derechos de participación [art. 204.3.b) LSC]. Ahora bien, si la información se requirió durante la celebración de la junta general, la lesión de este derecho solo facultará al accionista para exigir el cumplimiento de la obligación de información y los daños y perjuicios que se le hayan podido causar, pero no será causa de impugnación del acuerdo (art. 197.5 LSC). Por otra parte, solo para este tipo de sociedades de capital se prevé que, en el supuesto de utilización abusiva o perjudicial de la información solicitada, el socio será responsable de los daños y perjuicios causados (art. 197.6 LSC). Sin perjuicio de que no pueda entenderse la diferencia de tratamiento en este punto entre la SA y la SL, ni la que se ha instaurado en torno a las consecuencias según el momento en que se solicite la información, parece claro que esta ordenación priva en gran medida al derecho de información de su tradicional carácter de derecho mínimo e inderogable del socio.

6. Constitución, deliberación y adopción de acuerdos

El elevado número de socios que, potencialmente, puede integrar una SA y la prevención contra el hecho de que el absentismo de aquellos que ostentan una mínima parte del capital —pequeños ahorradores e inversionistas— impida la adopción de acuerdos, explica que, para la válida constitución de la junta, se exija la presencia, directa o por apoderamiento, de un número de socios que represente un determinado porcentaje del capital social. Es lo que se denomina *quórum* de constitución, sobre cuya base se computan después las mayorías necesarias para estimar adoptado el acuerdo (art. 201 LSC). El quórum de constitución difiere según se trate de primera o segunda convocatoria (art. 193 LSC)

En primera, se exige que los accionistas presentes o representados posean, al menos, un veinticinco por ciento del capital suscrito con derecho a voto; porcentaje que podrá elevarse en los estatutos. En segunda, será válida la constitución cualquiera que sea el capital presente en la junta; salvo que los estatutos fijen un quórum, que necesariamente deberá ser inferior al previsto para la primera convocatoria. Los acuerdos se adoptarán por mayoría simple de los votos presentes o representados en la junta, y por tanto, se entenderán adoptados cuando se obtenga más votos a favor que en contra (art. 201 LSC). En los estatutos, no obstante, se podrá elevar esta mayoría.

Existe además, un quórum reforzado para casos especiales que se aplica, en general, para las decisiones de mayor trascendencia, como son la modificación de los estatutos sociales, emisión de obligaciones, supresión o limitación del derecho de adquisición preferente de nuevas acciones, transformación, fusión, escisión o cesión global del activo y pasivo (art. 194 LSC). En estos casos, será preciso en primera convocatoria la concurrencia de al menos el cincuenta por ciento del capital suscrito con derecho de voto. En segunda bastará la concurrencia del veinticinco por cien. En ambos casos, estos porcentajes podrán ser elevados en los estatutos. La adopción de este tipo de acuerdos también exige unas mayorías reforzadas (art. 201.2 LSC). Si el capital presente o representado supera el cincuenta por ciento bastará con que el acuerdo se adopte por mayoría absoluta. Sin embargo, se requerirá el voto favorable de los dos tercios del capital presente o representado en la junta cuando en segunda convocatoria concurran accionistas que representen el veinticinco por ciento o más del capital suscrito con derecho de voto sin alcanzar el cincuenta por ciento. En los estatutos se podrán elevar estas mayorías.

La concurrencia en la SL de las circunstancias contrarias explica que no se exija quórum de constitución y asimismo que las mayorías se computen en atención al número total de socios. Estas mayorías difieren según el tipo de acuerdo, elevándose en aquellos de más trascendencia. Así, en los casos ordinarios, los acuerdos sociales se adoptarán por mayoría de los votos válidamente emitidos, siempre que representen al menos un tercio de los votos correspondientes a las participaciones sociales en que se divida el capital social, sin que en el cómputo se tengan en cuenta los votos en blanco (art. 198 LSC). En los casos de aumento o reducción de capital u otra modificación estatutaria se requerirá el voto favorable de más de la mitad de los votos correspondientes a las participaciones en que se divida el capital social. La mayoría se eleva a la exigencia del voto favorable, de como mínimo, dos tercios de los votos correspondientes a las participaciones en que se divida el capital social en los siguientes casos: autorización a los administradores para que realicen una actividad igual o complementaria a la que constituye el objeto social; limitación del derecho de preferencia; transformación, fusión, escisión, cesión global del activo y pasivo; y, exclusión de socios.

Adicionalmente, debido al carácter cerrado de la sociedad limitada. los estatutos podrán exigir un porcentaje de votos favorables superior al establecido por la ley para todos o algunos asuntos determinados, pero sin llegar en ningún caso a la unanimidad, ya que esta vulnera un principio configurador del tipo cual es la estructura corporativa. De igual modo, los estatutos podrán exigir, además de la proporción de votos legal o estatutariamente establecida, el voto favorable de un determinado número de socios (art. 200 LSC).

En ambos supuestos, en la junta general, deberán votarse separadamente aquellos asuntos que sean sustancialmente independientes. En todo caso, aunque figuren en el mismo punto del orden del día, deberán votarse de forma separada el nombramiento, la ratificación, la reelección o la separación de cada administrador, en la modificación de estatutos sociales, la de cada artículo o grupo de artículos que tengan autonomía propia y aquellos asuntos en los que así se disponga en los estatutos de la sociedad (art. 197 bis LSC).

Los acuerdos se adoptan tras la oportuna deliberación, que dirige el presidente de la junta. Por otro lado, a fin de acreditar que los *quorums* de constitución son respetados y comprobar la presencia de los socios, la Ley exige la elaboración de la Lista de Asistentes con carácter previo al comienzo de la reunión (art. 192 LSC).

La Lista debe figurar al comienzo del acta de la reunión o en documento anejo a la misma firmado por el Secretario con el Visto Bueno del Presidente (arts. 192.3 y 98.1 RRM). En las sociedades cotizadas, los acuerdos aprobados y el resultado de las votaciones se publicarán íntegros en la página web de la sociedad dentro de los cinco días siguientes a la finalización de la junta general (art. 525.2 LSC).

7. *El acta*

Adoptados los acuerdos, se harán constar en acta en la que se expresarán los datos relativos a la convocatoria y a la constitución de la Junta, un resumen de los asuntos debatidos, las intervenciones de las que se haya solicitado constancia, los acuerdos adoptados, los resultados de las votaciones y su aprobación (art. 26.1 Ccom y 97 RRM). Como regla general el acta es redactada por el secretario de la junta, y ha de ser firmada por él con el Visto Bueno del Presidente (art. 99.3 RRM). Y si es universal por todos y cada uno de los asistentes (art. 97.1.4º RRM). Excepcionalmente puede ser redactada por Notario, lo que es obligatorio cuando preceda solicitud de socios que representen el uno por ciento del capital social en la SA o el cinco por ciento en la SL. En este caso, los acuerdos sólo serán eficaces si constan en acta notarial (art. 203 LSC).

El acta se aprobará por la propia junta, al final de la reunión o, en su defecto, dentro del plazo de quince días, por el presidente de la junta y dos socios interventores, uno en representación de la mayoría y otro por la minoría (art. 202.2 LSC). Aunque el RRM parece admitir la licitud de la práctica de aprobar el acta en la reunión siguiente, siempre y cuando haya sido expresamente previsto en la escritura social, ya que dispone que, a falta de previsión específica en esta, el acta deberá ser aprobada por el propio órgano al final de la reunión (art. 99.1 RRM). Por excepción, no se exige aprobación si el acta es notarial (art. 203 LSC). Los acuerdos sociales podrán ejecutarse a partir de la fecha de la aprobación del acta en la que consten (art. 202.3 LSC), si bien tal declaración no debe ser sobrevalorada por cuanto, como regla general, la falta de aprobación del acta no supone la invalidez de los acuerdos adoptados, únicamente dificulta su prueba. Sin embargo, si son inscribibles, impide su acceso al RM por cuanto la elevación a público de los acuerdos de la junta, necesaria para la inscripción, sólo podrá realizarse tomando como base el acta o libro de actas, testimonio notarial de los acuerdos o certificación de los mismos (art. 107.1 RRM), y no es posible certificar acuerdos que no consten en actas aprobadas y firmadas o en acta notarial (art. 109.4 RRM).

8. *Impugnación de acuerdos*

Como regla general, podrán ser impugnados los acuerdos de las juntas contrarios a la Ley, los que se opongan a los estatutos o al reglamento de la junta de la sociedad o lesionen el interés social en beneficio de uno o varios socios o de terceros. La lesión del interés social se produce también cuando el acuerdo, aun no causando daño al patrimonio social, se impone de manera abusiva por la mayoría. Se entiende que el acuerdo se impone de forma abusiva cuando, sin responder a una necesidad razonable de la sociedad, se adopta por la mayoría en interés propio y en detrimento injustificado de los demás socios (art. 204.1 LSC).

Sin embargo, no procederá la impugnación de acuerdos basada en los siguientes motivos:

i) La infracción de requisitos meramente procedimentales establecidos por la Ley, los estatutos o los reglamentos de la junta y del consejo, para la convocatoria o la constitución del órgano o para la adopción del acuerdo, salvo que se trate de una infracción relativa a la forma y plazo previo de la convocatoria, a las reglas esenciales de constitución del órgano o a las mayorías necesarias para la adopción de los acuerdos, así como cualquier otra que tenga carácter relevante (art. 204.3 LSC). Con todo, no podrá alegar defectos de forma en el proceso de adopción del acuerdo quien habiendo tenido ocasión de denunciarlos en el momento oportuno, no lo hubiera hecho (art. 206.5 LSC).

ii) La incorrección o insuficiencia de la información facilitada por la sociedad en respuesta al ejercicio del derecho de información con anterioridad a la junta, salvo que la información incorrecta o no facilitada hubiera sido esencial para el ejercicio razonable por parte del accionista o socio medio, del derecho de voto o de cualquiera de los demás derechos de participación (art. 204.3 LSC).

iii) La participación en la reunión de personas no legitimadas, salvo que esa participación hubiera sido determinante para la constitución del órgano (art. 204.3 LSC).

iv) La invalidez de uno o varios votos o el cómputo erróneo de los emitidos, salvo que el voto inválido o el error de cómputo hubieran sido determinantes para la consecución de la mayoría exigible (art. 204.3 LSC).

v) Cuando hayan sido dejados sin efecto o sustituidos válidamente por otros, sin perjuicio del derecho a instar la eliminación de los efectos o la reparación de los daños que el acuerdo hubiera ocasionado mientras estuvo en vigor (art. 204.2 LSC).

La acción de impugnación de los acuerdos sociales caducará en el plazo de un año, salvo que tenga por objeto acuerdos que por sus circunstancias, causa o contenido resultaren contrarios al orden público, en cuyo caso la acción no caducará ni prescribirá (art. 205 LSC). El plazo se reduce a tres meses en caso de sociedades cotizadas [art. 495.2 c) LSC]. El plazo de caducidad se computará desde la fecha de adopción del acuerdo si hubiera sido adoptado en junta de socios o en reunión del consejo de administración, y desde la fecha de recepción de la copia del acta si el acuerdo hubiera sido adoptado por escrito. Si el acuerdo se hubiera inscrito, el plazo de caducidad se computará desde la fecha de oponibilidad de la inscripción (art. 205 LSC).

La legitimación activa corresponde a cualquiera de los administradores, a los terceros que acrediten un interés legítimo y a los socios que hubieran adquirido tal condición antes de la adopción del acuerdo, siempre que representen, individual o conjuntamente, al menos el uno por ciento del capital (art. 206.1 LSC), el uno por mil del capital social en caso de sociedades cotizadas [art. 495.2 b) LSC]. Los estatutos podrán reducir los porcentajes de capital indicados y, en todo caso, los socios que no los alcancen tendrán derecho al resarcimiento del daño que les haya ocasionado el acuerdo impugnable (art. 206.1 LSC). No obstante, para la impugnación de los acuerdos que sean contrarios al orden público estará legitimado cualquier socio, aunque hubiera adquirido esa condición después del acuerdo, administrador o tercero (art. 206.2 LSC).

La legitimación pasiva corresponde única y exclusivamente a la sociedad (art. 206.3 LSC). De ahí que cuando el actor ostentase la representación exclusiva de la sociedad y la junta no tuviere designado a nadie a tal efecto, el juez nombrará la persona que ha de representarla en el proceso, entre los socios que hubieren votado a favor del acuerdo impugnado (art. 206.3 LSC), pero los socios que hubieren votado a favor del acuerdo impugnado podrán intervenir a su costa en el proceso para mantener su validez (art. 206.4 LSC).

La competencia corresponde al Juez de lo mercantil del domicilio social, mientras que el procedimiento aplicable es el juicio ordinario en los términos que prevé la LEC (art. 207.1 LEC). Por esta misma Ley y por el RRM se rige la eventual suspensión del acuerdo impugnado y la anotación preventiva de la demanda de impugnación y de la suspensión en el RM. Con todo, si fuere posible eliminar la causa de impugnación, el Juez, a solicitud de la sociedad demandada, otorgará un plazo razonable para que aquélla pueda ser subsanada (art. 207.2 LSC). En otro caso la sentencia firme que declare la nulidad de un acuerdo inscribible habrá de inscribirse en el RM. El BORME publicará un extracto. Asimismo, la sentencia determinará la cancelación de su inscripción, así como la de los asientos posteriores que resulten contradictorios con ella (art. 208 LSC). Es muy importante destacar que en los efectos de cosa juzgada que derivan de esta sentencia existe una extensión subjetiva ya que afectará a todos los socios, aunque no hubieren litigado (art. 222.3. III LEC).

XII. EL ÓRGANO DE ADMINISTRACIÓN

1. Caracterización y formas de organización

El órgano de administración tiene encomendada la gestión y representación de la sociedad. Su estructura ha de estar prevista en los estatutos, que solo podrán optar por una elegida entre la serie limitada de modalidades previstas en la LSC. La administración se podrá confiar a un administrador único, a varios administradores que actúen de forma solidaria o de forma conjunta o a un consejo de administración. En la SA, cuando la administración se encomiende conjuntamente a más de dos administradores, constituirán necesariamente consejo de administración (art. 210.1 y 2 LSC). Si se trata de sociedad cotizada el órgano ha de revestir de forma imperativa la modalidad de consejo de administración (art. 529 *bis* 1 LSC). Debido a su constancia estatutaria, el cambio de la modalidad administrativa constituye modificación de estatutos, salvo en la SL, en que los estatutos sociales podrán establecer distintos modos de organizar la administración atribuyendo a la junta de socios la facultad de optar alternativamente por cualquiera de ellos, sin necesidad de modificación estatutaria (art. 210.3 LSC). Sin embargo, todo acuerdo que altere el modo de organizar la administración de la sociedad, constituya o no modificación de los estatutos sociales, se consignará en escritura pública y se inscribirá en el RM (art. 210.4 LSC).

2. La posición jurídica del administrador

2.1. Nombramiento

Como regla general, el nombramiento de administradores corresponde a la junta general (art. 214.1 LSC), que expresará el número concreto, si los estatutos se han limitado a prever un número máximo y mínimo (art. 211 LSC). Salvo disposición contraria de los estatutos, podrán ser nombrados suplentes de los administradores para el caso de que cesen por cualquier causa uno o varios de ellos. Si los estatutos sociales establecieran un plazo determinado de duración del cargo de administrador, el nombramiento del suplente se entenderá efectuado por el período pendiente de cumplir por la persona cuya vacante se cubra (art. 216 LSC). Como excepción, en caso de consejo de administración de SA se prevé el nombramiento por cooptación (art. 244 LSC) y la representación proporcional (art. 243 LSC). El nombramiento de los administradores surtirá efecto desde el momento de su aceptación. Deberá inscribirse en el RM, pero la inscripción no es constitutiva (arts. 214.3 y 215 LSC).

2.2. Requisitos

Debido al heteroorganicismo que rige en este tipo de sociedades no se precisa la condición de socio para adquirir la de administrador, salvo que los estatutos dispongan otra cosa (art. 212.2 LSC). Pueden ser administradores tanto las personas físicas como las jurídicas, siempre que no concurra en ellas alguna de las prohibiciones previstas en la LSC (art. 212.1, 212 bis y 213 LSC). En concreto, las prohibiciones afectan a los menores de edad no emancipados, a los judicialmente incapacitados, a las personas inhabilitadas conforme a la Ley Concursal mientras no haya concluido el período de inhabilitación fijado en la sentencia de calificación del concurso y a los condenados por delitos contra la libertad, contra el patrimonio o contra el orden socioeconómico, contra la seguridad colectiva, contra la Administración de Justicia o por cualquier clase de falsedad, así como a aquéllos que, por razón de su cargo, no puedan ejercer el comercio. Tampoco podrán ser administradores los funcionarios al servicio de la Administración pública con funciones a su cargo que se relacionen con las actividades propias de las sociedades de que se trate, los jueces o magistrados y las demás personas afectadas por una incompatibilidad legal. Además, podrá tomarse en consideración, a los efectos anteriores, cualquier inhabilitación vigente en otro Estado miembro de la Unión Europea.

En caso de nombramiento de administrador persona jurídica, será necesario que ésta designe a una sola persona natural para el ejercicio permanente de las funciones propias del cargo (art. 212 *bis* 1 LSC). Esta persona deberá reunir los requisitos legales establecidos para los administradores (art. 236.5 LSC)

2.3. Retribución

El cargo de administrador es gratuito, a menos que los estatutos sociales establezcan lo contrario determinando el sistema de retribución (art. 217.1 LSC), excepto en la sociedad cotizada, en que se invierten los términos. Salvo disposición contraria de los estatutos sociales, el cargo de consejero es obligatoriamente remunerado (art. 529 *sexdecies* LSC). En todo caso, la remuneración deberá guardar una proporción razonable con la importancia de la sociedad, la situación económica que tuviera en cada momento y los estándares de mercado de empresas comparables. El sistema de remuneración establecido deberá estar orientado a promover la rentabilidad y sostenibilidad a largo plazo de la sociedad e incorporar las cautelas necesarias para evitar la asunción excesiva de riesgos y la recompensa de resultados desfavorables (art. 217.4 LSC).

En el régimen jurídico de la retribución de administradores cabe distinguir dos aspectos. El objetivo y el subjetivo. El primero comprende a su vez dos dimensiones. La cualitativa y la cuantitativa. La dimensión cualitativa abarca la modalidad de la retribución, es decir, el concepto o conceptos retributivos que la integran. Por ejemplo, una cantidad fija, una participación en beneficios, etc. La dimensión cuantitativa se refiere al importe de la retribución. El aspecto subjetivo alude a qué administradores se aplica en concreto la disciplina de la retribución. En particular si obliga a todos los miembros del consejo de administración con independencia de las funciones que desempeñen en su seno, o solo a quienes no ejercitan tareas ejecutivas, de manera que los consejeros ejecutivos, es decir, estos que se encargan de la gestión diaria de la empresa, tendrían un régimen retributivo distinto.

De las dos dimensiones que comprende el aspecto objetivo de la retribución de administradores la de índole cualitativa, esto es, la estructura del paquete retributivo o "sistema de retribución", está sujeta a reserva estatutaria. Los estatutos deben incluir, pues, los concretos conceptos retributivos a percibir por los administradores en su condición de tales. A estos efectos, la LSC relaciona con carácter simplemente ejemplificativo alguno de ellos (art. 517.2 LSC). Sin embargo, la dimensión cuantitativa es ajena a la espera estatutaria, salvo que el concepto retributivo consista en una participación en beneficios. En este supuesto, los estatutos sociales determinarán concretamente la participación o el porcentaje máximo de la misma (art. 218.1 LSC). Adicionalmente, en la SL, el porcentaje máximo de participación no podrá ser, en ningún caso, superior al diez por ciento de los beneficios repartibles entre los socios (art. 218.2 LSC); mientras que en la SA, la participación solo podrá ser detraída de los beneficios líquidos y después de estar cubiertas las atenciones de la reserva legal y de la estatutaria y de haberse reconocido a los accionistas un dividendo del cuatro por ciento del valor nominal de las acciones o el tipo más alto que los estatutos hayan establecido (art. 218.3 LSC).

En lo demás, compete a la junta general aprobar el importe máximo de la remuneración anual del conjunto de los administradores en su condición de tales (arts. 217.3 y 529 septdecies 1 LSC), que permanecerá vigente en tanto no se apruebe su modificación (art. 217.3 LSC) o durante tres años en caso de sociedad cotizada (art. 529 novodecies LSC). La junta es también competente para determinar el porcentaje aplicable dentro del máximo establecido en los estatutos sociales cuando la retribución consista en una participación en beneficios (art. 218.1 LSC). Y asimismo para aplicar el sistema de remuneración que incluya la entrega de acciones o de opciones sobre acciones, o retribuciones referenciadas al valor de las acciones previsto en los estatutos. Con ese objeto el acuerdo de la junta deberá incluir el número máximo de acciones que se podrán asignar en cada ejercicio a este sistema de remuneración, el precio de ejercicio o el sistema de cálculo del precio de ejercicio de las opciones sobre acciones, el valor de las acciones que, en su caso, se tome como referencia y el plazo de duración del plan (art. 219 LSC). Sin embargo, salvo que la junta general determine otra cosa, la distribución de la retribución entre los distintos administradores se establecerá por acuerdo de éstos y, en el caso del consejo de administración, por decisión del mismo, que deberá tomar en consideración las funciones y responsabilidades atribuidas a cada consejero (art. 217.3 LSC) y, en las sociedades cotizadas, además, la pertenencia a comisiones del consejo y las demás circunstancias objetivas que considere relevantes (art. 529 septdecies 2 LSC).

En caso de sociedades cotizadas, la junta es también el órgano competente para determinar la política de remuneraciones de los consejeros, ajustándose en lo que corresponda al sistema de remuneración estatutariamente previsto. La propuesta de la política será motivada y deberá acompañarse de un informe específico de la comisión de nombramientos y retribuciones. Ambos documentos se pondrán a disposición de los accionistas en la página web de la sociedad desde la convocatoria de la junta general, quienes podrán solicitar además su entrega o envío gratuito. El anuncio de la convocatoria de la junta general hará mención de este derecho. Esta política se aprobará al menos cada tres años como punto separado del orden del día y mantendrá su vigencia durante los tres ejercicios siguientes a aquel en que haya sido aprobada por la junta general. No obstante, en caso de que el informe anual sobre remuneraciones de los consejeros fuera rechazado en la votación consultiva de la junta general ordinaria, la política de remuneraciones aplicable para el ejercicio siguiente deberá someterse a la aprobación de la junta general con carácter previo a su aplicación, aunque no hubiese transcurrido el plazo de tres años anteriormente mencionado. Cualquier remuneración que perciban los consejeros por el ejercicio o terminación de su cargo será acorde con la política de remuneraciones de los consejeros vigente en cada momento, salvo las remuneraciones que expresamente haya aprobado la junta general de accionistas (art. 529 *novodecies* LSC).

En el aspecto subjetivo, estas disposiciones afectan únicamente a los administradores en su condición de tales, esto es, al administrador único, a los administradores solidarios, a los mancomunados y a los miembros del consejo de administración como meros consejeros, en relación con la remuneración que reciben de la sociedad por el ejercicio de las funciones que desempeñan en su condición de administradores, tal y como les han sido encomendadas por la junta general. En consecuencia, tratándose de consejo de administración únicamente obliga a los miembros del mismo en tanto limiten sus funciones a asistir a las reuniones del consejo para colaborar con su voto a definir las grandes líneas de la política empresarial y a controlar y supervisar a los ejecutivos. Pero no afecta a estos últimos en relación con los servicios que prestan a la sociedad al encargarse de la gestión asidua y diaria de la empresa. A este respecto, la determinación de la retribución corresponde al pleno del consejo de administración, quien habrá de aprobar el contrato que se celebre entre la sociedad y el ejecutivo por el que se instaura la especial relación de administración que une a ambos. En el contrato se detallarán todos los conceptos por los que pueda obtener una retribución por el desempeño de funciones ejecutivas, incluyendo, en su caso, la eventual indemnización por cese anticipado en dichas funciones y las cantidades a abonar por la sociedad en concepto de primas de seguro o de contribución a sistemas de ahorro. El consejero no podrá percibir retribución alguna por el desempeño de funciones ejecutivas cuyas cantidades o conceptos no estén previstos en ese contrato (arts. 249.4 y 529 octodecies 2 LSC).

El contrato deberá ser conforme con la política de retribuciones aprobada, en su caso, por la junta general (arts. 249.4 y art. 529 octodecies 2 LSC). En las sociedades cotizadas, esta política contemplará necesariamente la cuantía de la retribución fija anual y su variación en el periodo al que la política se refiera, los distintos parámetros para la fijación de los componentes variables y los términos y condiciones principales de sus contratos comprendiendo, en particular, su duración, indemnizaciones por cese anticipado o terminación de la relación contractual y pactos de exclusividad, no concurrencia post-contractual y permanencia o fidelización (art. 529 octodecies 1 LSC). Cualquier remuneración que perciban los consejeros por el desempeño de funciones ejecutivas será acorde con la política de remuneraciones de los consejeros vigente en cada momento, salvo las remuneraciones que expresamente haya aprobado la junta general de accionistas (art. 529 *novodecies* LSC). Asimismo, para prevenir el eventual conflicto de interés, dispone la LSC tres correctivos específicos. La atribución de la competencia indelegable al pleno del Consejo [art. 249 *bis* g) LSC], la exigencia de una mayoría cualificada de dos tercios y la prohibición de que los beneficiarios intervengan en las deliberaciones y votaciones de los acuerdos en que se decide su remuneración (art. 249.3 LSC).

2.4. Función y competencias. En particular la representación

A los administradores corresponde realizar todas aquellas actividades necesarias o convenientes, esto es, en relación instrumental, con la promoción del objeto y fin social tanto, desde la perspectiva interna (gestión), como desde la externa (representación) (art. 209 LSC). Gestión y representación constituyen los dos aspectos de la función administrativa que incumbe al órgano de administración, pero no se trata de actividades de naturaleza distinta, sino de dos manifestaciones de la unitaria actividad de administración. De modo que, siendo aquella conceptualmente una, se desdobla en dos sectores: la administración o gestión en sentido estricto y la representación, según en qué esfera se desenvuelva el mecanismo administrador. Si la actividad se realiza en el marco de la organización de la sociedad sin que sobrepase la esfera interna, es administración (gestión). Si tiene trascendencia externa, de tal forma que comprenda relaciones jurídicas entre la sociedad y los terceros, es representación. Precisamente, en atención a las exigencias de protección de los intereses del tráfico, esta última presenta algunas peculiaridades en cuanto a titularidad y extensión del poder en comparación con la organización y contenido de las facultades de gestión. Sus titulares, en efecto, no coinciden en todo caso.

Frente a la gestión, que se encomienda de manera compartida al órgano de administración y a la junta general, la representación se atribuye de manera exclusiva y excluyente al órgano de administración (art. 233.1 LSC) y, además, según el catálogo de modalidades previstas con carácter tasado en la LSC. En el caso de administrador único, el poder de representación corresponderá necesariamente a éste. En caso de varios administradores solidarios, corresponde a cada administrador, sin perjuicio de las disposiciones estatutarias o de los acuerdos de la junta sobre distribución de facultades, que tendrán un alcance meramente interno. En el caso de administradores conjuntos, si se trata de SA, se ejercerá mancomunadamente por los dos. En la SL, si hubiera más de dos, se ejercerá mancomunadamente al menos por dos de ellos en la forma determinada en los estatutos. En el caso de consejo de administración, el poder de representación corresponde al propio consejo, que actuará colegiadamente. No obstante, los estatutos podrán atribuir el poder de representación a uno o varios miembros del consejo a título individual o conjunto. Cuando el consejo, mediante el acuerdo de delegación, nombre una comisión ejecutiva o uno o varios consejeros delegados, se indicará el régimen de su actuación (art. 233.2 LSC).

En lo atinente a la extensión y contenido del poder de gestión y representación, destaca, en especial, la rígida configuración de este último, frente a la ausencia de un tratamiento concreto de las facultades de gestión, que deja en gran medida al arbitrio de los estatutos su enumeración, amplitud y atribución. En efecto, con carácter de *ius cogens* la representación se extenderá a todos los actos comprendidos en el objeto social delimitado en los estatutos. Cualquier limitación de las facultades representativas de los administradores, aunque se halle inscrita en el RM, será ineficaz frente a terceros. Además, la sociedad quedará obligada frente a terceros que hayan obrado de buena fe y sin culpa grave, aun cuando se desprenda de los estatutos inscritos en el RM que el acto no está comprendido en el objeto social (art. 234 LSC).

2.5. Deberes. El deber de diligencia y el deber de lealtad

2.5.1. Ámbito subjetivo

Subjetivamente los deberes impuestos a los administradores obligan tanto a los administradores de derecho, como a los administradores de hecho. Administrador de hecho es la persona que, en la realidad del tráfico, desempeña sin título, con un título nulo o extinguido, o con otro título, las funciones propias de administrador y también aquélla bajo cuyas instrucciones actúen los administradores (art. 236.3 LSC). Se imponen asimismo a la persona física designada para el ejercicio permanente de las funciones propias del cargo de administrador persona jurídica (art. 236.5 LSC). Cuando no exista delegación permanente de facultades del consejo en uno o varios consejeros delegados, obligan adicionalmente a la persona, cualquiera que sea su denominación, que tenga atribuidas facultades de más alta dirección de la sociedad, sin perjuicio de las acciones de la sociedad basadas en su relación jurídica con ella (art. 236.4 LSC).

2.5.2. El deber de diligencia

El deber de diligencia comparte con el deber de cumplimiento normativo el hecho de que ambos obligan a cumplir la ley, ya que el deber de cumplimiento compele a cumplir una norma de características determinadas y el deber de diligencia está impuesto por una norma legal, el artículo 225 LSC. Se diferencian en la cualidad de la norma incumplida y en los efectos que de ello derivan. El deber de cumplimiento normativo abarca los incumplimientos de normas legales que contienen mandatos precisos y concretos, esto es, aquellas que imponen conductas en las que no hay espacio de incertidumbre. Por ejemplo, el cumplimiento de un plazo legal. Por el contrario el deber de diligencia comprende toda actuación cuya ejecución está marcada por la incertidumbre, en el sentido de que la opción por una u otra conducta requiera del administrador ponderar los distintos cursos posibles de acción y las consecuencias previsibles de cada uno de ellos.

Lo relevante para determinar si se está ante una decisión de este tipo no es que la Ley ordene realizar determinada actuación, sino que lo haga de forma precisa y completa, sin introducir elementos de incertidumbre, prognosis y que requieran realizar un juicio valorativo. Por tanto, el deber de diligencia rige también en estas decisiones que han de ser adoptadas obligatoriamente por el administrador, pero en las que la Ley no determina de modo completo la obligación y existen dichos elementos de incertidumbre y prognosis, que requieran realizar un juicio valorativo.

Por este motivo, en la evaluación del deber de diligencia se aplica la *"regla del juicio discrecional"*, mientras que en la del deber de cumplimiento dicha regla no rige, sencillamente, porque en el juicio del administrador respecto de cumplir o no la Ley no hay incertidumbre. No se trata, de otro modo, de un juicio discrecional. A pesar de la denominación, es doctrina unánime que *"las decisiones estratégicas y de negocio"* no se restringen a las meras decisiones empresariales sino que abarcan todo tipo de decisiones siempre y cuando impliquen *pronósticos sobre el futuro* o sobre circunstancias presentes pero en los que la decisión está rodeada de *incertidumbre* y en entornos complejos como las que se refieren a la contabilidad o a la legalidad de determinadas operaciones, que requieran de los administradores *ponderar los distintos cursos posibles de acción y las consecuencias previsibles de cada uno de ellos.*

El deber de diligencia comprende dos dimensiones. Por un lado, la dimensión cuantitativa, que obliga a los administradores a ocuparse efectivamente de la función encomendada prestando al ejercicio de la misma la atención y dedicación adecuadas (art. 225.2 LSC). Por otro, la dimensión cualitativa que exige efectuar un doble juicio. En primer término que el administrador carezca de interés personal en el asunto, esto es, que no esté implicado el incumplimiento del deber de lealtad (art. 226.1 y 2 LSC). En segundo lugar que haya actuado de buena fe. Se considera que la exigencia de buena fe requiere efectuar, a su vez, un doble juicio adicional. Con arreglo a un criterio procedimental, relativo al medio utilizado y conforme a un criterio funcional o teleológico, que informa acerca de la finalidad de la decisión.

Con fundamento en el criterio procedimental, el modelo exige cumplir con el deber de información (arts. 226.1 y 225.3 LSC). El deber de informarse obliga al administrador a disponer de la información adecuada antes de adoptar cualquier decisión relativa a la gestión de la sociedad, para hacerlo con suficiente conocimiento. Lo determinante es que se cuente con la información significativa para adoptar la decisión de modo prudente o razonable. En consecuencia, el objeto del deber no abarca cualquier pormenor, sino que está restringido, primero, al carácter significativo del dato; y sobre todo, a las funciones concretamente asignadas por la Ley y a la índole de la decisión que deba tomarse, pues parece razonable aceptar que solo se esté obligado a recabar información de aquello sobre lo que se ha de decidir.

Ahora bien, el deber de informarse, no es un mero deber de recabar información, sino un deber de informarse adecuadamente. Esta apreciación supone la obligación de asegurarse de la suficiencia y fiabilidad de la información de que se dispone, lo que solo es posible instituyendo, al lado del mero deber de informarse, el de vigilar, al objeto de asegurar las dos cualidades que debe revestir la información, y el de investigar, que surge, en conexión con el deber de información, cuando, valorada críticamente la información, existen indicios de su falta de veracidad o de su insuficiencia; y, en relación con el deber de vigilancia, cuando, en el ejercicio del mismo, se adviertan indicios o sospechas de actos lesivos para el concurso. Lo que, finalmente, engendra el deber de intervenir si efectivamente consta la existencia de un acto lesivo o potencialmente lesivo; así como, en su caso, los deberes de elegir adecuadamente e instruir.

De acuerdo con el criterio funcional o teleológico se evalúa si es objetivamente razonable entender que la decisión se adoptó en el mejor interés de la sociedad. Esta apreciación excluye el cumplimiento del deber ante decisiones absolutamente disparatadas y carentes por completo de toda lógica o racionalidad. En el bien entendido de que el control judicial no abarca decidir si era o no era la mejor decisión, sino solo si, objetivamente, carecía de toda lógica o racionalidad y, por ello, fue una decisión absolutamente irrazonable.

El hecho de que la prestación a que se obliga el administrador esté solo genéricamente determinada, ya que incluye, en general, la obligación de realizar todos los actos necesarios o convenientes para la promoción del objeto social determina que, salvo que esté implicada una norma precisa que le obligue a un acto concreto, las decisiones que adopta están sometidas a incertidumbre, requieren de un juicio valorativo. Por eso, la obligación que asume en estos ámbitos implica el reconocimiento de un margen de discrecionalidad o espacio autónomo de decisión que le permite elegir entre aquellas opciones razonables dadas las circunstancias del caso conocidas en el momento en que se adoptó la decisión. No las que se conocieron después, cuando quedó demostrado, por ejemplo, que el acto ocasionó un daño.

De otro modo, como consecuencia de este carácter solo genéricamente determinado de la prestación y del grado de incertidumbre que rodea la decisión debido a ello, el administrador tiene reconocido un poder discrecional. En atención a ello, en primer lugar, el control judicial no consiste en un juicio de oportunidad que sustituya su criterio y busque *a posteriori "la"* decisión correcta, sino en valorar si se ha traspasado el margen de discrecionalidad, adoptando una medida no razonable, dadas las circunstancias del caso, considerando, hay que insistir, la información de la que se disponía en el momento en que la decisión se adoptó.

2.5.3. El deber de lealtad

El deber de lealtad admite dos formulaciones de diverso signo, pero no excluyentes, sino complementarias, entre sí. Por un lado, impone la obligación de actuar de buena fe orientando la gestión hacia la promoción del mejor interés de la sociedad (art. 227 LSC). Por otro, la de perseguir este con preferencia a cualesquiera otros, lo que justifica suficientemente el hecho de que engendre ante todo un deber de anteponer el mejor interés social al propio o al de terceros en caso de conflicto entre ambos y, por ende, la prohibición de obtener ventajas propias o a favor de terceros a costa del sacrificio de la sociedad [art. 228 e) LSC]. Su carácter de cláusula general permite afirmar que constituye elemento modulador de los derechos y obligaciones contractuales, esto es, pauta de actuación en la promoción de los intereses ajenos, pero también fundamento de nuevos deberes, estén o no especificados.

La LSC se refiere a algunos de ellos. Alude al deber de no ejercitar las facultades conferidas con fines distintos de aquéllos para los que le han sido concedidas [art. 228 a) LSC], al de desempeñar las funciones bajo el principio de responsabilidad personal con libertad de criterio o juicio e independencia respecto de instrucciones y vinculaciones de terceros [art. 228 d) LSC], al de guardar secreto sobre las informaciones, datos, informes o antecedentes a los que haya tenido acceso en el desempeño de su cargo, incluso cuando haya cesado en él, salvo en los casos en que la ley lo permita o requiera [art. 228 b) LSC]; y, sobre todo, al deber de evitar situaciones de conflicto de interés [art. 228 e), 228 c) y 229 a 231 LSC]. A este último respecto distingue las situaciones en las que se advierte un conflicto de interés permanente o continuado de aquellos otros que se aplican en situaciones de conflictos de índole ocasional o esporádica, ya afecten al administrador directamente, ya se refieran a las personas vinculadas al mismo que relaciona la propia LSC (arts. 229.2 y 231 LSC).

Del primer tipo es el deber de no competencia [art. 229.1. f) LSC], que impide al administrador desarrollar actividades por cuenta propia o cuenta ajena que entrañen una competencia efectiva, sea actual o potencial, con la sociedad o que, de cualquier otro modo, le sitúen en un conflicto permanente con los intereses de la sociedad. De la segunda clase son el deber de no realizar transacciones con la sociedad, excepto que se trate de operaciones ordinarias, hechas en condiciones estándar para los clientes y de escasa relevancia, entendiendo por tales aquéllas cuya información no sea necesaria para expresar la imagen fiel del patrimonio, de la situación financiera y de los resultados de la entidad; el de no utilizar el nombre de la sociedad o invocar su condición de administrador para influir indebidamente en la realización de operaciones privadas; el de no hacer uso de los activos sociales, incluida la información confidencial de la compañía, con fines privados; el de abstenerse de aprovecharse de las oportunidades de negocio de la sociedad; y el de no obtener ventajas o remuneraciones de terceros distintos de la sociedad y su grupo asociadas al desempeño de su cargo, salvo que se trate de atenciones de mera cortesía [art. 229.1. a) a e) LSC].

El deber evitar estos conflictos de interés comprende, a su vez, los siguientes deberes:

i) El de comunicar el conflicto a los demás administradores y, en su caso, al consejo de administración, o, tratándose de un administrador único, a la junta general (art. 229.3 LSC). Estas situaciones de conflicto serán, además, objeto de información en la memoria (art. 229.3 LSC).

ii) El de abstenerse de participar en la deliberación y votación de acuerdos o decisiones en las que exista un conflicto, directo o indirecto, salvo que se trate de acuerdos o decisiones que le afecten en su condición de administrador, tales como su designación o revocación para cargos en el órgano de administración u otros de análogo significado, en cuyo caso no rige la obligación de abstención [art. 228 c) LSC].

iii) La prohibición de realizar la operación afectada por el conflicto (art. 229.1 LSC).

Este régimen relativo al deber de lealtad es imperativo, en el sentido de que no serán válidas las disposiciones estatutarias que lo limiten o sean contrarias al mismo (art. 230.1 LSC). Ahora bien, no puede obviarse el hecho de que el interés protegido, el de la sociedad, es un interés privado; susceptible, por tanto, de renuncia (art. 6.2 CC). Por este motivo, la LSC permite a la sociedad dispensar al administrador de las prohibiciones de realizar las operaciones afectadas por el conflicto; si bien, sujeta la autorización a ciertas cautelas que, en cierto modo, tienden a evitar la lesión del interés de la sociedad. En concreto, la sociedad podrá dispensar dichas prohibiciones en casos singulares autorizando la realización por parte de un administrador o una persona vinculada de una determinada transacción con la sociedad, el uso de ciertos activos sociales, el aprovechamiento de una concreta oportunidad de negocio, la obtención de una ventaja o remuneración de un tercero (art. 230.2 LSC) y la obligación de no competir con la sociedad (art. 230.3 LSC).

La autorización deberá ser necesariamente acordada por la junta general cuando tenga por objeto la dispensa de la prohibición de obtener una ventaja o remuneración de terceros, o afecte a una transacción cuyo valor sea superior al diez por ciento de los activos sociales (art. 230.2 LSC). También cuando se trate de la obligación de no competir con la sociedad. En este caso, además, la dispensa se concederá mediante acuerdo expreso y separado de la junta general y solo podrá ser otorgada cuando no quepa esperar daño para la sociedad o el que quepa esperar se vea compensado por los beneficios que prevén obtenerse de la dispensa (art. 230.3 LSC). Asimismo, en las SL, deberá otorgarse por la junta general la autorización cuando se refiera a la prestación de cualquier clase de asistencia financiera, incluidas garantías de la sociedad a favor del administrador o cuando se dirija al establecimiento con la sociedad de una relación de servicios u obra (art. 230.2 LSC). En los demás casos, la autorización también podrá ser otorgada por el órgano de administración siempre que quede garantizada la independencia de los miembros que la conceden respecto del administrador dispensado. Además, será preciso asegurar la inocuidad de la operación autorizada para el patrimonio social o, en su caso, su realización en condiciones de mercado y la transparencia del proceso (art. 230.2 LSC).

La infracción del deber de lealtad determinará no solo la obligación de indemnizar el daño causado al patrimonio social, sino también la de devolver a la sociedad el enriquecimiento injusto obtenido por el administrador (art. 227.2 LSC). Además, el ejercicio de la acción de responsabilidad no obsta al ejercicio de las acciones de impugnación, cesación, remoción de efectos y, en su caso, anulación de los actos y contratos celebrados por los administradores con violación de su deber de lealtad (art. 232 LSC).

2.6. Terminación en el cargo

La duración del cargo, que debe ser igual para todos los administradores, ha de estar establecida en los estatutos. En el caso de SA no podrá exceder de seis años, cuatro, si se trata de sociedad cotizada; pero cabe la relección por períodos de igual duración máxima (arts. 221.2 y 529 *undecies* LSC). En la SL, los administradores ejercerán su cargo por tiempo indefinido, salvo que los estatutos establezcan un plazo determinado, en cuyo caso podrán ser relegidos (art. 221.1 LSC). El cargo termina por caducidad y por cese. La caducidad se produce cuando, vencido el plazo, se haya celebrado junta general o haya transcurrido el plazo para la celebración de la junta que ha de resolver sobre la aprobación de las cuentas del ejercicio anterior (art. 222 LSC). El cese ordinario acontece por acuerdo de la junta general, que puede ser adoptado en cualquier momento, aun cuando la separación no conste en el orden del día, y sin aducir motivo alguno (art. 223.1 LSC). En la SL los estatutos podrán exigir para el acuerdo de separación una mayoría reforzada que no podrá ser superior a los dos tercios de los votos correspondientes a las participaciones en que se divida el capital social (art. 223.2 LSC). La DGSSYFP estima que la autorización legal se extiende al nombramiento de nuevo administrador. El cese extraordinario comprende los casos de administradores de SA incursos en prohibición legal, que deberán ser inmediatamente destituidos, a solicitud de cualquier accionista, o que tengan intereses opuestos a los de la sociedad, que cesarán en su cargo a solicitud de cualquier socio por acuerdo de la junta general (art. 224 LSC). A instancia de cualquier socio, la junta general resolverá también sobre el cese del administrador que desarrolle actividades competitivas cuando el riesgo de perjuicio para la sociedad haya devenido relevante (art. 230.3 LSC). Asimismo, el acuerdo de promover la acción de responsabilidad o de transigir sobre ella, determinará la destitución de los administradores afectados (art. 238.3 LSC). Finalmente cabe destacar que la revocación de su representante por la persona jurídica administradora no producirá efecto en tanto no designe a la persona que le sustituya (art. 212 *bis* 2 LSC).

2.7. Responsabilidad

2.7.1. Presupuestos

2.7.1.1. Presupuestos subjetivos

Subjetivamente, la responsabilidad de administradores compete a los administradores de derecho y a los de hecho. Según se indicó, administrador de hecho es tanto la persona que en la realidad del tráfico desempeñe sin título, con un título nulo o extinguido, o con otro título, las funciones propias de administrador, como, en su caso, aquella bajo cuyas instrucciones actúen los administradores (art. 236.3 LSC). Cuando no exista delegación permanente de facultades del consejo en uno o varios consejeros delegados, la responsabilidad se extiende asimismo a toda persona, cualquiera que sea su denominación, que tenga atribuidas facultades de más alta dirección de la sociedad, sin perjuicio de las acciones de la sociedad basadas en su relación jurídica con ella (art. 236.4 LSC). En caso de administrador persona jurídica, la responsabilidad solidaria alcanza a la persona física designada por aquella para el ejercicio permanente de las funciones propias del cargo de administrador (art. 236.5 LSC).

2.7.1.2. Presupuestos objetivos

Objetivamente, la LSC diseña una responsabilidad orgánica, en cuanto a su estructura y contenido; y de carácter eminentemente civil, esto es, indemnizatoria de daños. Es orgánica porque se circunscribe al haz o conjunto de funciones o competencias inherentes al cargo legalmente prediseñado por la LSC, que es el que da contenido a la posición jurídica de administrador. Por ese motivo es una responsabilidad personal, pues son las personas miembros del órgano de administración quienes asumen el ejercicio de dichas competencias (art. 236.1 LSC). Es una responsabilidad civil porque sus presupuestos son los típicos de esta en la legislación común. Requiere, en efecto, la existencia de un daño en relación causal con una determinada conducta —acción u omisión— antijurídica, que sea imputable al administrador. La conducta comprende actos contrarios a la ley o a los estatutos y los realizados incumpliendo los deberes inherentes al desempeño del cargo (art. 236.1 LSC). La imputabilidad se determina en atención a la concurrencia de dolo o culpa. Pero existe una presunción de culpa que provoca una inversión de la carga de la prueba en relación con este presupuesto en dos supuestos. Cuando el acto sea contrario a la ley o a los estatutos sociales (art. 236.1 LSC) y en el caso de administración pluripersonal (art. 237 LSC). En consecuencia, en estos supuestos, quien ejercite la acción de responsabilidad deberá probar el daño ocasionado al patrimonio considerado y su conexión causal con la conducta de los miembros del órgano de administración, pero no la culpa de los administradores, que solo podrán exonerarse cuando prueben la inexistencia de culpa o, en la hipótesis de administración pluripersonal, que, no habiendo intervenido en la adopción y ejecución del acto lesivo, desconocían su existencia o, conociéndola, hicieron todo lo conveniente para evitar el daño o, al menos, se opusieron expresamente a aquél (art. 237 LSC). Por el contrario, en ningún caso exonerará de responsabilidad la circunstancia de que el acto o acuerdo lesivo haya sido adoptado, autorizado o ratificado por la junta general (art. 236.2 LSC).

Cuando el órgano sea pluripersonal todos los administradores responderán solidariamente en estos términos (art. 237 LSC). Es asimismo solidaria la responsabilidad impuesta al administrador persona jurídica y a la persona física designada por aquella para el ejercicio permanente de las funciones propias del cargo de administrador (art. 236.5 LSC).

2.7.2. *Acciones*

Considerando el patrimonio que haya recibido el daño se distinguen dos tipos de acciones. La acción social que exige que el daño sea ocasionado directamente al patrimonio social. Y la acción individual, en que el daño es causado directamente en los patrimonios individuales de socios o terceros. Ha de tratarse de daños directos, no basta el daño reflejo o colateral derivado del ocasionado al patrimonio social. En atención a ello el régimen jurídico de ambas acciones difiere en materia de legitimación activa para entablarlas.

En el caso de acción social está legitimada activamente:

i) En primer término, la sociedad. La acción se entablará previo acuerdo de la junta general, que puede ser adoptado a solicitud de cualquier socio aunque no conste en el orden del día. Los estatutos no podrán establecer una mayoría distinta a la ordinaria para la adopción de este acuerdo. En cualquier momento la junta general podrá transigir o renunciar al ejercicio de la acción, siempre que no se opusieren a ello socios que representen el cinco por ciento del capital social, pero el acuerdo de transigir, así como el de promover la acción, determinará la destitución de los administradores afectados. La aprobación de las cuentas anuales no impedirá el ejercicio de la acción de responsabilidad ni supondrá la renuncia a la acción acordada o ejercitada (art. 238 LSC).

ii) Subsidiariamente están legitimados el socio o socios que posean individual o conjuntamente una participación que les permita solicitar la convocatoria de la junta general, cuando los administradores no convocasen la junta general solicitada a tal fin, cuando la sociedad no la entablare dentro del plazo de un mes, contado desde la fecha de adopción del correspondiente acuerdo, o bien cuando este hubiere sido contrario a la exigencia de responsabilidad; salvo que la acción se fundamente en la infracción del deber de lealtad, en cuyo caso la legitimación no es subsidiaria, sino directa, esto es, el socio o los socios indicados, podrán ejercitar directamente la acción social de responsabilidad sin necesidad de someter la decisión a la junta general (art. 239.1 LSC).

iii) Cuando no haya sido ejercitada por la sociedad o sus socios, siempre que el patrimonio social resulte insuficiente para la satisfacción de sus créditos, están legitimados, en tercer grado, los acreedores de la sociedad (art. 240 LSC).

Legitimados activamente para instar la acción individual están los socios y los terceros cuyos intereses hayan sido lesionados directamente (art. 241 LSC). El plazo de prescripción de ambas acciones es el de cuatro años, computados desde el día en que hubieran podido ejercitarse (art. 241 *bis* LSC).

3. El Consejo de Administración

3.1. Composición, nombramiento y funcionamiento

El consejo de administración está formado por un mínimo de tres miembros. Y en la SL por un máximo de doce. El número concreto, o bien el máximo y el mínimo, se fijará los estatutos. En este último caso corresponde a la junta de socios la determinación del número concreto de sus componentes (art. 242 LSC).

Como regla general, la designación de los miembros del consejo es competencia de la junta de socios. Existen, no obstante, dos excepciones a esta regla en caso de SA:

i) El nombramiento por cooptación, que, de producirse vacantes durante el plazo para el que fueron nombrados los administradores, sin que existan suplentes, habilita al consejo a designar entre los accionistas las personas que hayan de ocuparlas hasta que se reúna la primera junta general (art. 244 LSC). No se requiere la condición de accionista, si la sociedad es cotizada. También en este tipo de sociedad, está previsto que, de producirse la vacante una vez convocada la junta general y antes de su celebración, el consejo de administración pueda designar un consejero hasta la celebración de la siguiente junta general (art. 529 *decies* 2 LSC). Por lo demás, en esta clase de sociedades no se admite el nombramiento de suplentes (art. 529 decies 3 LSC).

ii) La representación proporcional, que permite el acceso al consejo de los representantes de la minoría mediante la agrupación voluntaria de acciones. Si a través de ella se consigue reunir una cifra del capital social igual o superior a la que resulte de dividir este último por el número de componentes del consejo, los miembros de la agrupación tendrán derecho a designar los miembros del consejo, que, superando fracciones enteras, se deduzcan de la correspondiente proporción. En el caso de que se haga uso de esta facultad, las acciones así agrupadas no intervendrán en la votación de los restantes componentes del consejo (art. 243 LSC).

El consejo de administración es un órgano monista, lo que quiere decir que no se distingue legalmente en su seno entre la dirección y el consejo de control, como, al contrario, sucede en el sistema dual. Este último solo se prevé en el derecho español para las sociedades anónimas europeas domiciliadas en España (arts. 476 y 478 LSC). Es asimismo un órgano colegiado de administración, de modo que sus decisiones se adoptan por mayoría, lo que exige la sujeción a un régimen de funcionamiento que comprende la convocatoria y constitución del órgano, así como el modo de deliberar y adoptar acuerdos por mayoría.

Este régimen, así como su organización, se establecerá necesariamente en los estatutos, tratándose de SL. En la SA, cuando los estatutos no dispongan otra cosa, podrá ser determinado por el propio consejo de administración (art. 245 LSC). En ambos casos, no obstante, la LSC prevé ciertas normas sobre esos extremos. En particular acerca de la convocatoria y periodicidad de las reuniones, la constitución, y la adopción de acuerdos (arts. 245.3 a 248 LSC). El consejo de administración será convocado por su presidente o el que haga sus veces. También podrán convocarlo los administradores que constituyan al menos un tercio de los miembros del consejo, indicando el orden del día, para su celebración en la localidad donde radique el domicilio social, si, previa petición al presidente, éste sin causa justificada no hubiera hecho la convocatoria en el plazo de un mes (art. 246 LSC). En todo caso, el consejo de administración deberá reunirse, al menos, una vez al trimestre (art. 245.3 LSC). En la SL el consejo quedará válidamente constituido cuando concurran, presentes o representados, el número de consejeros previsto en los estatutos, siempre que alcancen, como mínimo, la mayoría de los vocales. En la SA, el consejo de administración quedará válidamente constituido cuando concurran a la reunión, presentes o representados, la mayoría de los vocales (art. 247 LSC). En este mismo tipo de sociedad los acuerdos del consejo se adoptarán por mayoría absoluta de los consejeros concurrentes a la sesión. La votación por escrito y sin sesión sólo será admitida cuando ningún consejero se oponga a este procedimiento (art. 248 LSC). Los acuerdos habrán de consignarse en acta, redactada y firmada por el secretario con el VB del presidente o levantada por notario, que se incluirá en el Libro de Actas (art. 250 LSC y arg. anal. *ex* 203 LSC).

En las sociedades cotizadas, el consejo de administración únicamente podrá estar integrado por personas físicas, salvo en el supuesto de entidades del sector público (art. 529 bis). En estas sociedades es preceptiva la elaboración de un reglamento del consejo de administración. El reglamento contendrá las normas de régimen interno y funcionamiento del propio consejo, de acuerdo con la ley y los estatutos, y asimismo las medidas concretas tendentes a garantizar la mejor administración de la sociedad. Su aprobación es competencia del consejo, pero deberá informar a la junta general, comunicarlo a la CNMV, acompañando copia del documento en que conste, e inscribirlo en el RM. Una vez inscrito, se publicará por la CNMV (arts. 528 y 529 LSC). Por lo demás, la LSC disciplina de forma particular las categorías de consejeros (529 duodecies LSC), el régimen del nombramiento (arts. 529 decies, 529 bis LSC), las figuras del presidente y del secretario (arts. 529 sexies, 529 septies y 529 octies LSC), el deber de asistencia a las reuniones del consejo, el derecho de representación (art. 529 quáter LSC), el derecho de información (art. 529 quinquies LSC), el deber de realizar una evaluación anual de su funcionamiento (art. 529 nonies LSC) y el deber de constituir en el seno del consejo, al menos, una comisión de auditoría y una comisión, o dos comisiones separadas, de nombramientos y retribuciones, con la composición y las funciones mínimas que se indican en la propia LSC (arts. 529 terdecies, 529 quaterdecies, 529 quindecies LSC).

3.2. La delegación de funciones. Consejeros delegados y Comisiones ejecutivas. El director general

La delegación es una autorización concedida a un miembro del propio consejo para ejercitar competencias del órgano de administración. Cuando se trata de un extraño no hay delegación, sino apoderamiento (art. 249.2 LSC). La delegación puede afectar a alguna o al conjunto de las competencias delegables. Son delegables todas las competencias menos las expresamente relacionadas en la LSC (art. 249 *bis* LSC). Entre ellas destacan la determinación de las políticas y estrategias generales de la sociedad, la supervisión del efectivo funcionamiento de las comisiones que hubiera constituido y de la actuación de los órganos delegados y de los directivos que hubiera designado y la formulación de las cuentas anuales y su presentación a la junta general, por lo que, a grandes rasgos, solo es delegable la gestión diaria de la sociedad. El catálogo de materias indelegables se amplía en la sociedad cotizada (art. 529 *ter* 1 LSC); sin embargo el carácter indelegable pierde parte de su consistencia puesto que se permite que los órganos delegados adopten las decisiones correspondientes a dichos asuntos cuando concurran circunstancias de urgencia, debidamente justificadas, aunque deberán ser ratificadas en el primer Consejo de Administración que se celebre tras la adopción de la decisión (art. 529 *ter* 2 LSC).

Cabe recordar a este respecto que el sistema español de administración es un sistema monista. No hay dos órganos con distintas competencias como en el dualista. Pero se trata de un sistema monista renovado por cuanto, en su seno, es posible proceder a un reparto de funciones similar al que rige en el modelo dualista con el recurso al consejo de administración y la delegación permanente en consejeros delegados y comisiones ejecutivas. Este modelo se resuelve en la existencia de una dualidad de funciones en los miembros del consejo de administración. Por un lado, la que se limita *"pura y simplemente" "al mero desempeño del cargo de consejero" "o miembro del órgano administrativo"*. Se trata de los consejeros cuya actividad se reduce a asistir a las reuniones periódicas del Consejo desempeñando, en colegio con el resto de miembros de aquel, las funciones asignadas al mismo. Por otro lado, se encuentran los ejecutivos, encargados de la gestión diaria de la sociedad. Sin embargo, debido al carácter monista del órgano, la delegación no priva al consejo de las competencias delegadas, que ejercita de manera concurrente con los delegados, aunque cambia el título de la responsabilidad, que es exigible por culpa *in vigilando* e *in eligendo* en el ámbito delegado. La delegación se puede conceder con carácter esporádico o permanente. En este caso podrán nombrarse uno o varios consejeros delegados o una comisión ejecutiva, que estará integrada por un número mínimo de tres miembros.

El nombramiento de los delegados es competencia del propio consejo, salvo que los estatutos dispongan otra cosa (art. 249.1 LSC). Estos últimos pueden prohibir, imponer o condicionar la delegación, por ejemplo, exigiendo aprobación de la junta general para el acuerdo de delegación y nombramiento. Si la delegación es permanente requerirá para su validez el voto favorable de las dos terceras partes de los componentes del consejo y no producirán efecto alguno hasta su inscripción en el RM, por lo que tiene carácter constitutivo (art. 249.2 LSC). En cualquier caso, además, cuando un miembro del consejo de administración sea nombrado consejero delegado o se le atribuyan funciones ejecutivas en virtud de otro título, será necesario que se celebre un contrato entre este y la sociedad que deberá ser aprobado previamente por el consejo de administración con el voto favorable de las dos terceras partes de sus miembros. El consejero afectado deberá abstenerse de asistir a la deliberación y de participar en la votación. El contrato aprobado deberá incorporarse como anejo al acta de la sesión (art. 249.3 LSC). Por el contrario, el acuerdo de cese puede adoptarse con la mayoría ordinaria, debido al principio de revocabilidad *ad nutum*. Los delegados cesan cuando lo hacen los administradores. Aunque estos sean reelegidos no se recobra el cargo de delegado de manera automática. Ha de procederse a un nuevo nombramiento.

Finalmente hay que destacar que el Director General se encarga de la gestión ordinaria de la sociedad como pueden hacerlo los delegados, pero su estatuto jurídico es distinto ya que, en ningún caso, ostenta la condición de administrador. Es un mero apoderado voluntario al que le resultan de aplicación las normas previstas en el Ccom sobre el factor y las relativas a la relación laboral especial de alta dirección; si bien, cuando no exista delegación permanente de facultades del consejo en uno o varios consejeros delegados, todas las disposiciones sobre deberes y responsabilidad de los administradores serán aplicables al mismo, sin perjuicio de las acciones de la sociedad basadas en la relación jurídica que une a esta última con el Director General (art. 239.4 LSC).

3.3. Impugnación de acuerdos

Las causas de impugnación de los acuerdos del consejo de administración, su tramitación y efectos se regirán por lo establecido para la impugnación de los acuerdos de la junta general, con tres particularidades. Por un lado, en lo relativo a las causas, se añade la infracción del reglamento del consejo de administración (art. 251.2 LSC). Por otro lado, la legitimación activa se reconoce a los administradores y a los socios que representen un uno por ciento del capital social. Finalmente, el plazo de ejercicio de la acción es de treinta días, a contar desde la adopción del acuerdo cuando el impugnante sea administrador, y desde que tuvieren conocimiento de los mismos en el caso de los socios, y siempre que no hubiere transcurrido un año desde su adopción (art. 251.1 LSC)

4. *La administración de la sociedad comanditaria por acciones*

La administración de la SCA ha de estar necesariamente a cargo de los socios colectivos, quienes tendrán las facultades, los derechos y deberes de los administradores en la sociedad anónima. El nuevo administrador asumirá la condición de socio colectivo desde el momento en que acepte el nombramiento por lo que, desde ese mismo momento, asumirá responsabilidad ilimitada con relación a las deudas sociales. Y, consecuentemente, su cese como administrador pone fin a su condición de socio colectivo eliminando la responsabilidad ilimitada con relación a las deudas sociales que se contraigan con posterioridad a la publicación de su inscripción en el RM. Debido a la condición de socio colectivo que se atribuye al administrador, su separación del cargo requerirá la modificación de los estatutos sociales. En el acuerdo que decida sobre ella el socio afectado deberá abstenerse de participar en la votación; pero, si la separación tiene lugar sin justa causa, el socio tendrá derecho a la indemnización de daños y perjuicios (art. 252 LSC).

Lección 21

Sociedades de capital (IV). Modificación de estatutos

SUMARIO: XIII. CARACTERIZACIÓN Y RÉGIMEN GENERAL. XIV. AUMENTO DE CAPITAL SOCIAL. 1. Cuestiones generales. 2. Modalidades del aumento. 2.1. Aumento mediante elevación del valor nominal de las acciones/participaciones y a través de la creación de nuevas acciones/participaciones. 2.1.1. Caracterización. 2.1.2. El derecho de preferencia. 2.2. Aumento efectivo y aumento nominal. 2.3. Aumento acordado por la junta y por el órgano de administración. El capital autorizado. 3. El acuerdo de aumento y su ejecución. 4. Inscripción. XV. REDUCCIÓN DE CAPITAL. 1. Cuestiones generales. 2. Modalidades de la reducción. 3. Reducción por pérdidas. 4. Reducción para dotar la reserva legal. 5. Reducción para la devolución del valor de las aportaciones. La tutela de socios y acreedores. 5.1. Caracterización. 5.2. La tutela de los socios. 5.3. La tutela de los acreedores. 6. Reducción mediante adquisición de participaciones o acciones propias para su amortización. XVI. REDUCCIÓN Y AUMENTO DE CAPITAL SIMULTÁNEOS.

XIII. CARACTERIZACIÓN Y RÉGIMEN GENERAL

La modificación de estatutos consiste en cualquier alteración de los mismos. Es competencia de la junta general, salvo las excepciones expresamente previstas en la LSC (arts. 285 y 297 LSC). Debido a la trascendencia del acuerdo, su proceso de adopción está sujeto a reglas especiales en materia de convocatoria, mayorías para su adopción y publicidad. Se trata de las siguientes:

i) En el anuncio de convocatoria deberán expresarse con la debida claridad los extremos que hayan de modificarse y hacer constar el derecho que corresponde a todos los socios de examinar en el domicilio social el texto íntegro de la modificación propuesta y, en el caso de SA, del informe sobre la misma, así como pedir la entrega o el envío gratuito de dichos documentos (art. 287 LSC). La redacción del texto y del informe es competencia de los administradores (art. 286 LSC).

ii) El acuerdo de modificación se adoptará con las mayorías reforzadas, en caso de SL (art. 288.1 y 199 LSC). Y con el quórum de constitución y mayorías reforzadas tratándose de SA y SCA (arts. 288, 194 y 201 LSC). Además de estos requisitos, la LSC fija otros adicionales con el objeto de tutelar a los socios ante determinados tipos de acuerdos. En particular, cuando la modificación de los estatutos implique nuevas obligaciones para los socios deberá adoptarse con el consentimiento de los afectados (art. 291 LSC); cuando afecte a los derechos individuales de cualquier socio de una SL deberá adoptarse con el consentimiento de los afectados (art. 292 LSC); cuando afecte a los derechos de los titulares de clases de acciones en la SA, se precisa el voto de la mayoría de las acciones pertenecientes a la clase afectada. Cuando sean varias las clases afectadas, será necesario el acuerdo separado de cada una de ellas. Cuando la modificación sólo afecte a una parte de las acciones pertenecientes a la misma clase y suponga un trato discriminatorio entre las mismas, se considerará que constituyen clases independientes las acciones afectadas y las no afectadas por la modificación, siendo preciso, por tanto, el acuerdo separado de cada una de ellas. Se reputará que entraña trato discriminatorio cualquier modificación que, en el plano sustancial, tenga un impacto, económico o político, claramente asimétrico en unas y otras acciones o en sus titulares. El acuerdo de los accionistas afectados habrá de adoptarse con los requisitos previstos para la modificación de los estatutos sociales; bien en junta especial; bien a través de votación separada en la junta general, en cuya convocatoria se hará constar expresamente. A las juntas especiales será de aplicación lo dispuesto para la junta general (art. 293 LSC); y, tratándose de SCA, si la modificación tiene por objeto el nombramiento de administradores, la modificación del régimen de administración, el cambio de objeto social o la continuación de la sociedad más allá del término previsto en los estatutos se exige el consentimiento de todos los socios colectivos (art. 294 LSC).

iii) El acuerdo de modificación de estatutos se hará constar en escritura pública que se inscribirá en el RM. El registrador mercantil remitirá de oficio, de forma telemática y sin coste adicional alguno, el acuerdo inscrito para su publicación en el BORME (art. 290.1 LSC).

XIV. AUMENTO DE CAPITAL SOCIAL

1. *Cuestiones generales*

Dado que el capital social es una mención estatutaria, el aumento de capital está sometido a las normas generales previstas para la modificación de estatutos. Además deben cumplirse otros requisitos adicionales previstos de forma específica para estos acuerdos, que varían en atención a la clase de aumento (art. 296.1 LSC).

2. *Modalidades del aumento*

Las distintas modalidades de aumento de capital pueden combinarse entre sí en cada caso concreto. Dichas modalidades se clasifican en atención a los siguientes criterios:

2.1. Aumento mediante elevación del valor nominal de las acciones/participaciones y a través de la creación de nuevas acciones/participaciones

2.1.1. Caracterización

En función de su incidencia sobre el número de acciones/participaciones, el aumento de capital puede llevarse a cabo a través de la creación de nuevas acciones/participaciones o mediante la elevación del valor nominal de las ya existentes. En este último caso será preciso el consentimiento de todos los socios, ya que no pueden ser obligados a efectuar nuevas aportaciones. Por ese motivo no es preciso tal consentimiento cuando el aumento se haga íntegramente con cargo a beneficios o reservas que ya figurasen en el último balance aprobado (art. 296.2 LSC). Cuando el aumento tenga lugar mediante emisión de nuevas acciones y estas se ofrezcan públicamente para su suscripción, la oferta quedará sujeta a los requisitos establecidos por las normas reguladoras del mercado de valores y la suscripción se hará constar en un documento que, bajo el título "boletín de suscripción", se extenderá por duplicado y contendrá, al menos, las indicaciones previstas en la LSC (art. 309 LSC). Por otro lado, es lícita la creación de participaciones sociales y la emisión de acciones con prima. La prima deberá satisfacerse íntegramente en el momento de la asunción de las nuevas participaciones sociales o de la suscripción de las nuevas acciones (art. 298 LSC).

2.1.2. El derecho de preferencia

La peculiaridad más relevante del aumento de capital mediante emisión de nuevas acciones o participaciones es el derecho de preferencia. Consiste este en el derecho que ostenta cada socio de asumir un número de participaciones sociales, o de suscribir un número de acciones, proporcional al valor nominal de las que posea en los aumentos de capital social con emisión de nuevas participaciones sociales o de nuevas acciones, ordinarias o privilegiadas, con cargo a aportaciones dinerarias (art. 304.1 LSC). Su finalidad es evitar la disminución de poder político y la dilución relativa del valor de las acciones/participaciones poseídas, que puede provocar el aumento al reducirse su valor real por el hecho de que las reservas deben imputarse también a las nuevas.

El derecho ha de ser ejercitado en el plazo previsto en la LSC (art. 305 y 503 LSC). Transcurrido este sin que se haya conseguido la suscripción/asunción íntegra del aumento se admite un derecho de preferencia de segundo grado, denominado así por cuanto permite ofrecer las acciones/participaciones no suscritas/asumidas a los socios que hayan ejercitado su derecho preferente y, en su caso, a terceros. Este régimen se aplica en la SL, salvo que los estatutos digan otra cosa (art. 307 LSC). En la SA puede preverse en el propio acuerdo de aumento.

El derecho es transmisible libremente, salvo en la SL, en que la cesión está sujeta a las condiciones fijadas por la LSC. En concreto, podrá efectuarse a favor de las personas que, conforme a la LSC o a los estatutos de la sociedad, puedan adquirir libremente las participaciones sociales. Los estatutos podrán reconocer, además, la posibilidad de la transmisión de este derecho a otras personas, sometiéndola al mismo sistema y condiciones previstos para la transmisión "inter vivos" de las participaciones sociales, con modificación, en su caso, de los plazos establecidos en dicho sistema (art. 306 LSC).

Por otro lado, la LSC excluye este derecho cuando el aumento del capital se deba a la absorción de otra sociedad o de todo o parte del patrimonio escindido de otra sociedad o a la conversión de obligaciones en acciones (art. 304 LSC). Asimismo, permite que sea suprimido, total o parcialmente, por la junta general al decidir el aumento del capital cuando lo exija el interés de la sociedad, con sujeción a las siguientes condiciones (arts. 308 y 504 LSC):

i) Que los administradores elaboren un informe en el que especifiquen el valor de las participaciones o de las acciones de la sociedad y se justifiquen detalladamente la propuesta y la contraprestación a satisfacer por las nuevas participaciones o por las nuevas acciones, con indicación de las personas a las que hayan de atribuirse, y, en la SA, que un experto independiente distinto del auditor de las cuentas de la sociedad, nombrado a estos efectos por el RM, elabore otro informe, bajo su responsabilidad, sobre el valor razonable de las acciones de la sociedad, sobre el valor teórico del derecho de preferencia cuyo ejercicio se propone suprimir o limitar y sobre la razonabilidad de los datos contenidos en el informe de los administradores.

ii) Que, en la convocatoria de la junta, se hayan hecho constar la propuesta de supresión del derecho de preferencia, el tipo de creación de las nuevas participaciones sociales o de emisión de las nuevas acciones y el derecho de los socios a examinar en el domicilio social el informe o los informes anteriores, así como pedir la entrega o el envío gratuito de dichos documentos.

iii) Que el valor nominal de las nuevas participaciones o de las nuevas acciones, más, en su caso, el importe de la prima, se corresponda con el valor real atribuido a las participaciones en el informe de los administradores, en el caso de las SL, o con el valor que resulte del informe del auditor en el caso de las SA.

En las sociedades cotizadas, el valor razonable se entenderá como valor de mercado. Salvo que se justifique lo contrario, se presumirá valor de mercado el que se establezca por referencia a la cotización bursátil (art. 504.2. LSC).

2.2. Aumento efectivo y aumento nominal

En atención al contravalor, el aumento puede ser real o efectivo o nominal. En el primero el contravalor consiste en nuevas aportaciones dinerarias o no dinerarias al patrimonio social, incluida la aportación de créditos contra la sociedad. En el segundo, en la transformación de reservas o beneficios que ya figuraban en dicho patrimonio.

En caso de aumento real o efectivo deben cumplirse las reglas legales sobre desembolso, íntegro en la SL, y el mínimo del 25% de cada acción en la SA (art. 296.3 LSC). Se aplican igualmente en esta sede las normas que protegen la realidad y correcta valoración de las aportaciones, que estudiamos en la constitución. Junto a ellas, la LSC dicta normas adicionales según la clase específica de contravalor:

i) Si este consiste en aportaciones dinerarias en la SA, será requisito previo, salvo para las entidades aseguradoras, el total desembolso de las acciones anteriormente emitidas. No obstante, podrá realizarse el aumento si existe una cantidad pendiente de desembolso que no exceda del tres por ciento del capital social (art. 299 LSC).

ii) Cuando el contravalor del aumento consista en aportaciones no dinerarias, será preciso que, al tiempo de la convocatoria de la junta, se ponga a disposición de los socios un informe de los administradores cuyo contenido está predeterminado en la LSC. En el anuncio de convocatoria se hará constar el derecho que corresponde a todos los socios de examinar el informe en el domicilio social, así como pedir su entrega o envío gratuito (art. 300 LSC).

iii) Cuando el aumento se realice por compensación de créditos se aplican las mismas reglas que en el desembolso ordinario. De modo que, en la SL, los créditos habrán de ser totalmente líquidos y exigibles. En la SA, al menos un 25% de ellos deberán ser líquidos, estar vencidos y ser exigibles y el vencimiento de los restantes no podrá ser superior a cinco años. Por otra parte, en caso de SL que haya emitido obligaciones y de aumento con aportaciones no dinerarias se aplicarán las normas sobre el informe del experto previstas para la SA (art. 401.2 LSC).

Por otra parte, al tiempo de la convocatoria de la junta general se pondrá a disposición de los socios en el domicilio social un informe del órgano de administración cuyo contenido está predeterminado en la LSC. A este informe se añade en la SA una certificación del auditor de cuentas de la sociedad que acredite que, una vez verificada la contabilidad social, resultan exactos los datos ofrecidos por los administradores sobre los créditos a compensar. En el anuncio de la convocatoria se hará constar el derecho que corresponde a todos los socios de examinar en el domicilio social el informe de los administradores y la certificación del auditor de cuentas, así como a pedir su entrega o el envío gratuito. Los dos documentos se incorporarán a la escritura pública que documente la ejecución del aumento (art. 301 LSC). En el supuesto especial de aumento por conversión de obligaciones en acciones se aplicará lo establecido en el acuerdo de emisión de aquellas (art. 302 LSC).

El segundo tipo de aumento es el nominal. El aumento nominal solo podrá hacerse con cargo a reservas disponibles, a reservas por prima de asunción de participaciones o de emisión de acciones y a la reserva legal en su totalidad, si la sociedad fuera SL, o en la parte que exceda del 10% del capital ya aumentado, si la sociedad fuera SA. A la operación deberá servir de base un balance aprobado por la junta general referido a una fecha comprendida dentro de los seis meses inmediatamente anteriores al acuerdo de aumento del capital, verificado por el auditor de cuentas de la sociedad, o por un auditor nombrado por el RM a solicitud de los administradores, si la sociedad no estuviera obligada a verificación contable (art. 303 LSC).

2.3. Aumento acordado por la junta y por el órgano de administración. El capital autorizado

En atención al órgano competente para acordar el aumento, este puede ser la junta general o el órgano de administración. Esta última posibilidad, denominada capital autorizado, solo está prevista para la SA. Consiste en la delegación que efectúa la junta a los administradores para que estos acuerden, en una o varias veces, el aumento del capital social hasta una cifra determinada, en la oportunidad y en la cuantía que ellos decidan, sin previa consulta a la junta general. Estos aumentos no podrán ser superiores en ningún caso a la mitad del capital de la sociedad en el momento de la autorización y deberán realizarse mediante aportaciones dinerarias dentro del plazo máximo de cinco años a contar desde el acuerdo de la junta. Se distinguen, por ello, de los casos en que no se delega la facultad de decidir el aumento, sino simplemente la de ejecutar un aumento ya acordado en su cifra por la junta general, señalando su fecha y las condiciones del mismo no previstas en el acuerdo de la junta. El plazo para el ejercicio de esta facultad delegada no podrá exceder de un año, excepto en el caso de conversión de obligaciones en acciones. En ambos supuestos el acuerdo de delegación debe adoptarse con los requisitos establecidos para la modificación de los estatutos sociales, quedando facultados los administradores para dar nueva redacción al artículo de los estatutos sociales relativo al capital social, una vez acordado y ejecutado el aumento, por el simple hecho de la delegación (art. 297 LSC).

3. El acuerdo de aumento y su ejecución

Acordado el aumento, debe ser ejecutado mediante la suscripción y el desembolso correspondiente de todas las acciones/participaciones. De faltar el desembolso íntegro en la SL, el capital quedará aumentado en la cuantía desembolsada, salvo que en el acuerdo se hubiera previsto que el aumento quedaría sin efecto en caso de desembolso incompleto. Si queda sin efecto, el órgano de administración deberá restituir las aportaciones realizadas dentro del mes siguiente al vencimiento del plazo fijado para el desembolso (art. 310 LSC). De faltar la suscripción íntegra en la SA, el capital sólo se aumentará en la cuantía de las suscripciones efectuadas si las condiciones de la emisión hubieran previsto expresamente esta posibilidad. De otro modo quedará sin efecto. En este caso, el órgano de administración lo publicará en el BORME y, dentro del mes siguiente al vencimiento del plazo de suscripción, deberá restituir las aportaciones realizadas (art. 311 LSC). En caso de sociedad cotizada, cuando la CNMV hubiera intervenido en la verificación inicial de la operación de aumento del capital con emisión de nuevas acciones, el fracaso total o parcial del aumento del capital por suscripción incompleta habrá de comunicarse a la Comisión (art. 507 LSC). Una vez ejecutado el acuerdo de aumento de capital social, los administradores deberán dar nueva redacción a los estatutos sociales a fin de recoger en los mismos la nueva cifra de capital social, a cuyo efecto se entenderán facultados por el acuerdo de aumento (art. 313 LSC). La ejecución se documentará en escritura pública cuyo contenido está especificado en la LSC (art. 314 LSC).

4. Inscripción

El acuerdo de aumento del capital social y su ejecución deberán inscribirse simultáneamente en el RM (art. 315.1 LSC). Transcurridos seis meses desde la apertura del plazo para el ejercicio del derecho de preferencia sin que se hubieran presentado para su inscripción en el Registro los documentos acreditativos de la ejecución, quienes hubieran asumido las nuevas participaciones sociales o los suscriptores de las nuevas acciones podrán pedir la resolución de la obligación de aportar y exigir la restitución de las aportaciones realizadas. Si la falta de presentación de los documentos a inscripción fuere imputable a la sociedad podrán exigir también el interés legal (art. 316 LSC).

Como excepción, en las sociedades cotizadas, se podrá inscribir el acuerdo antes de su ejecución, salvo que se hubiera excluido la posibilidad de suscripción incompleta (art. 508 LSC).

XV. REDUCCIÓN DE CAPITAL

1. *Cuestiones generales*

La reducción de capital consiste en la disminución de la cifra de capital que conste en los estatutos. La reducción del capital social habrá de acordarse en todo caso por la junta general con los requisitos de la modificación de estatutos. El acuerdo expresará como mínimo, la cifra de reducción del capital, la finalidad de la reducción, el procedimiento mediante el cual la sociedad ha de llevarlo a cabo, el plazo de ejecución y la suma que haya de abonarse, en su caso, a los socios (art. 318 LSC). Si se trata de SA, deberá ser publicado en el BORME y en la página web de la sociedad o, en el caso de que no exista, en un periódico de gran circulación en la provincia en que la sociedad tenga su domicilio (art. 319 LSC).

2. *Modalidades de la reducción*

En atención a la finalidad de la reducción se distingue la reducción del capital que pretende el restablecimiento del equilibrio entre el capital y el patrimonio neto de la sociedad disminuido por consecuencia de pérdidas, la que tiene por objeto la constitución o el incremento de la reserva legal o de las reservas voluntarias y, finalmente, la que persigue la devolución del valor de las aportaciones. En las SA, la reducción del capital puede tener también por finalidad la condonación de la obligación de realizar las aportaciones pendientes (art. 317.1 LSC). En atención a la manera de realizarla, la reducción podrá efectuarse mediante la disminución del valor nominal de las participaciones o acciones, su amortización o su agrupación (art. 317 LSC).

3. *Reducción por pérdidas*

Es una reducción llamada contable o nominal por cuanto su finalidad es restablecer el equilibrio entre el capital y el patrimonio neto de la sociedad, disminuido por consecuencia de pérdidas, de modo que no se produce ninguna variación económica real en la sociedad (art. 320 LSC). A consecuencia de ello, está sometida a los siguientes requisitos objetivos:

i) Se prohíbe que dé lugar a reembolsos a los socios o, en la SA, a la condonación de la obligación de realizar las aportaciones pendientes (art. 321 LSC).

ii) No podrá utilizarse si la SL cuenta con cualquier clase de reservas o la SA dispone de reservas voluntarias o cuando la reserva legal, una vez efectuada la reducción, exceda del 10% del capital (art. 322 LSC). Por este motivo, el excedente del activo sobre el pasivo que resulte de la reducción del capital por pérdidas deberá atribuirse a la reserva legal, sin que ésta pueda llegar a superar a tales efectos la décima parte de la nueva cifra de capital (art. 325 LSC).

iii) Asimismo para que la sociedad pueda repartir dividendos una vez reducido el capital será preciso que la reserva legal alcance el 10% del nuevo capital (art. 326 LSC).

Al objeto de garantizar el cumplimiento de estos requisitos, el balance que sirva de base a la operación de reducción del capital por pérdidas deberá referirse a una fecha comprendida dentro de los seis meses inmediatamente anteriores al acuerdo y estar aprobado por la junta general, previa verificación por el auditor de cuentas de la sociedad. Cuando esta no estuviera obligada a someter a auditoría las cuentas anuales, el auditor será nombrado por los administradores. El balance y el informe de auditoría se incorporarán a la escritura pública de reducción (art. 323 LSC).

En cuanto a sus requisitos subjetivos, ha de atenderse al principio de paridad de trato. Conforme a él la reducción deberá afectar por igual a todas las participaciones sociales o a todas las acciones, en proporción a su valor nominal, pero respetando los privilegios que a estos efectos hubieran podido otorgarse en la ley o en los estatutos para determinadas participaciones sociales o para determinadas clases de acciones (art. 320 LSC). Formalmente se exige que en el acuerdo de la junta de reducción del capital por pérdidas y en el anuncio público del mismo se haga constar expresamente la finalidad de la reducción (art. 324 LSC). Por último, cabe indicar que la reducción por pérdidas puede ser voluntaria u obligatoria. En la SA tendrá carácter obligatorio cuando las pérdidas hayan disminuido su patrimonio neto por debajo de las dos terceras partes de la cifra del capital y hubiere transcurrido un ejercicio social sin haberse recuperado el patrimonio neto (art. 327 LSC).

4. Reducción para dotar la reserva legal

En esta modalidad de reducción rigen las mismas reglas que en la anterior, salvo la necesidad de respetar el principio de paridad de trato y la prohibición de que sirva de cauce para efectuar devoluciones de aportaciones a los socios, según previene la LSC (art. 328 LSC). La prohibición no se estima aplicable porque no cabe pensar que pueda originarse esa situación. Sin embargo, la exclusión de la necesidad de respetar el principio de paridad de trato debe estimarse un error de remisión puesto que este principio resulta, en todo caso, de aplicación general (arg. *ex.* art. 97 LSC).

5. Reducción para la devolución del valor de las aportaciones. La tutela de socios y acreedores

5.1. Caracterización

Es una reducción real o efectiva del patrimonio, motivo por el que la LSC arbitra medidas para proteger a los socios que no se benefician de ella y, sobre todo, a los acreedores que ven disminuida la garantía que significa aquel.

5.2. La tutela de los socios

Para la tutela de los socios se exigen dos requisitos:

i) Cuando el acuerdo de reducción con devolución del valor de las aportaciones no afecte por igual a todas las participaciones o a todas las acciones de la sociedad, será preciso, en la SL, el consentimiento individual de los titulares de esas participaciones y, en la SA, el acuerdo separado de la mayoría de los accionistas interesados (art. 329 y 293 LSC).

ii) Que la devolución del valor de las aportaciones a los socios se haga a prorrata del valor desembolsado de las respectivas participaciones sociales o acciones, salvo que, por unanimidad, se acuerde otro sistema (arts. 330 y 333.5 LSC).

5.3. La tutela de los acreedores

La protección de los acreedores se arbitra de distinta forma según se trate de SL o de SA. En la SL se instituye en primer término la responsabilidad de los socios a quienes se hubiera restituido el valor de sus aportaciones. Se trata de una responsabilidad solidaria, entre sí y con la sociedad, que abarca las deudas sociales contraídas con anterioridad a la fecha en que la reducción fuera oponible a terceros, pero solo hasta el límite del importe de lo percibido en concepto de restitución de la aportación social. La responsabilidad prescribirá a los cinco años a contar desde la fecha en que la reducción fuese oponible a terceros (art. 331 LSC).

Esta responsabilidad puede obviarse en dos casos:

i) Cuando, al acordarse la reducción, se dote una reserva con cargo a beneficios o reservas libres por un importe igual al percibido por los socios en concepto de restitución de la aportación social. La reserva será indisponible hasta que transcurran cinco años a contar desde la publicación de la reducción en el BORME, salvo que, antes del vencimiento de dicho plazo, hubieren sido satisfechas todas las deudas sociales contraídas con anterioridad a la fecha en que la reducción fuera oponible a terceros (art. 332 LSC).

ii) Cuando se consigne un derecho estatutario de oposición de los acreedores. En esta hipótesis, los estatutos establecerán que ningún acuerdo de reducción del capital que implique restitución de sus aportaciones a los socios pueda llevarse a efecto sin que transcurra un plazo de tres meses a contar desde la fecha en que se haya notificado a los acreedores. Esta notificación se hará personalmente, y si ello no fuera posible, por desconocerse el domicilio de los acreedores, por medio de anuncios que habrán de publicarse en el BORME y en la página web de la sociedad o, en el caso de que no exista, en un diario de los de mayor circulación en la localidad en que radique el domicilio de la sociedad. Durante dicho plazo, los acreedores ordinarios podrán oponerse a la ejecución del acuerdo de reducción, si sus créditos no son satisfechos o la sociedad no presta garantía. Será nula toda restitución que se realice antes de transcurrir el plazo de tres meses o a pesar de la oposición entablada, en tiempo y forma, por cualquier acreedor (art. 333 LSC).

En la SA la tutela de los acreedores se arbitra mediante la atribución legal de un derecho de oposición. El derecho de oponerse a la reducción se concede a todos los acreedores cuyos créditos hayan nacido antes de la fecha del último anuncio del acuerdo de reducción del capital, no hayan vencido en ese momento y no estén suficientemente garantizados (art. 334 LSC). El derecho pretende la tutela de los acreedores ante la devolución de aportaciones a los socios por lo que no se tiene ante reducciones meramente contables, por pérdidas o para constituir o incrementar la reserva legal. Tampoco se atribuye cuando la reducción se realice con cargo a beneficios o a reservas libres o por vía de amortización de acciones adquiridas por la sociedad a título gratuito ya que, en estos casos, se impone la constitución de otra reserva, denominada reserva por capital amortizado, de la que solo será posible disponer con los mismos requisitos exigidos para la reducción del capital social (art. 335 LSC), lo que significa que, al igual que la reserva legal, se integra por recursos propios de disponibilidad restringida. Esta medida se justifica en que, si bien en estas hipótesis no se da una devolución de aportaciones directas a los socios, en realidad la situación es parecida, porque se libera esa parte del patrimonio correspondiente al valor nominal de las acciones/participaciones amortizadas de la garantía que supone para los acreedores estar integradas en la cifra de capital. De esta forma el valor de los beneficios obtenidos y no repartidos se puede distribuir como pago de las acciones canceladas con la amortización. Este peligro se neutraliza con la obligación de constituir la reserva aludida.

El derecho de oposición habrá de ejercitarse en el plazo de un mes a contar desde la fecha del último anuncio del acuerdo (art. 336 LSC). Y tiene como consecuencia el que la reducción no pueda llevarse a efecto hasta que la sociedad preste garantía a satisfacción del acreedor o notifique a dicho acreedor la prestación de fianza solidaria en favor de la sociedad por una entidad de crédito debidamente habilitada para prestarla por la cuantía del crédito de que fuera titular el acreedor y hasta tanto no prescriba la acción para exigir su cumplimiento (art. 337 LSC).

6. Reducción mediante adquisición de participaciones o acciones propias para su amortización

Este supuesto constituye un procedimiento de adquisición de acciones, más que un procedimiento de reducción. Por eso la LSC presta especial atención al principio de paridad entre socios. En aplicación del mismo, cuando la reducción del capital se realice mediante la adquisición de participaciones o de acciones de la sociedad para su posterior amortización, deberá ofrecerse la adquisición a todos los socios. Además, si la reducción afecta solamente a una clase de acciones, deberá adoptarse con el acuerdo separado de la mayoría de las acciones pertenecientes a la clase afectada (arts. 338 y 293 LSC). Si las aceptaciones excedieran del número de participaciones o de acciones previamente fijado por la sociedad, se reducirán las ofrecidas por cada socio en proporción al número cuya titularidad ostente cada uno de ellos. En el caso contrario, esto es, cuando las aceptaciones no alcancen el número de participaciones o de acciones previamente fijado, se entenderá que el capital quedará reducido en la cantidad correspondiente a las aceptaciones recibidas, a no ser que en el acuerdo de la junta, o en la propuesta de adquisición, se hubiera establecido otra cosa (art. 340 LSC).

Las participaciones adquiridas por la sociedad deberán ser amortizadas en el plazo de tres años a contar desde la fecha del ofrecimiento de la adquisición. Las acciones adquiridas por la sociedad deberán ser amortizadas dentro del mes siguiente a la terminación del plazo de la oferta de adquisición (art. 342 LSC). En la reducción del capital con amortización de acciones podrán atribuirse bonos de disfrute a los titulares de las acciones amortizadas, especificando en el acuerdo de reducción el contenido de los derechos atribuidos a estos bonos, que, en ningún caso, podrá ser el derecho de voto (art. 341 LSC).

XVI. REDUCCIÓN Y AUMENTO DE CAPITAL SIMULTÁNEOS

Conocida en la práctica con la denominación de operación acordeón, este procedimiento combina un acuerdo de reducción del capital social a cero, o por debajo de la cifra mínima legal, con la adopción simultánea de un aumento de capital hasta una cantidad igual o superior a la mencionada cifra mínima. Como es lógico, en la operación acordeón la eficacia del acuerdo de reducción quedará condicionada a la ejecución del acuerdo de aumento de capital y la inscripción de aquel en el RM no podrá practicarse a no ser que, simultáneamente, se presente a inscripción el acuerdo de aumento de capital y su ejecución (arts. 344 y 345 LSC). Además, habrá de respetarse en todo caso el derecho de asunción o de suscripción preferente de los socios (art. 343 LSC), ya que las pérdidas pueden ser reversibles y porque, de otro modo, se estaría ante una exclusión encubierta. Esta clase de reducción solo es posible en este caso y en los supuestos de transformación de la sociedad en un tipo que no exija esa cifra mínima legal. De optarse por esta alternativa la inscripción del acuerdo de reducción y de transformación en el RM habrán de ser simultáneos (art. 345 LSC).

Lección 22

Sociedades especiales (I)

SUMARIO: I. LA SOCIEDAD UNIPERSONAL. 1. Concepto y función económica. 2. Principales pautas de régimen jurídico. II. SOCIEDADES PROFESIONALES. 1. Caracterización y régimen jurídico. 2. Composición. 3. Constitución. 3.1. El negocio constitutivo. La escritura pública. 3.2. La inscripción registral. Otras inscripciones. Publicidad de hecho. 4. Modificaciones del contrato social. 5. El estatuto de los socios. 5.1. Derechos patrimoniales. 5.2. Derechos administrativos. 5.3. Responsabilidad patrimonial. 6. Cambios de socios. 7. El órgano de administración. 8. Normas especiales para las sociedades de capitales.

I. LA SOCIEDAD UNIPERSONAL

1. *Concepto y función económica*

La sociedad unipersonal es una sociedad de capital, anónima o de responsabilidad limitada, integrada por un solo socio, que puede ser persona física o jurídica. La unipersonalidad es originaria cuando la sociedad se constituye por un único socio. Es sobrevenida si se constituye por dos o más socios, pero, posteriormente, todas las participaciones o las acciones pasan a ser propiedad de un único socio. Se consideran propiedad del único socio las participaciones sociales o las acciones que pertenezcan a la sociedad unipersonal (art. 12 LSC).

La funcionalidad de esta modalidad societaria es múltiple. De un lado constituye un instrumento especialmente idóneo para limitar la responsabilidad derivada del ejercicio de actividades empresariales por parte del empresario individual. Constituyendo una sociedad de esta clase consigue, en efecto, separar el patrimonio personal del empresarial puesto que la personalidad jurídica de la sociedad supone que será únicamente el patrimonio aportado a la misma el que sirva de garantía a los acreedores, sin que el socio único responda frente a ellos. Resulta, por ende, un expediente del mayor interés para los pequeños y medianos empresarios, que, de otra forma, arriesgarían la totalidad de su patrimonio en el ejercicio de la actividad. Frente al emprendedor de responsabilidad limitada regulado en la LAEI resulta una fórmula técnicamente más perfecta que proporciona una mayor seguridad jurídica en la consecución del mismo objetivo. En distinto ámbito, la sociedad unipersonal opera también como un expediente de articulación de los grupos de sociedades. Se utiliza para la creación de sociedades con objetos distintos; bien porque la normativa requiera un objeto exclusivo, como sucede, por ejemplo, en los sectores financieros o aseguradores; bien por cuestiones de racionalidad económica, por ejemplo, ante la conveniencia de separar ramas de actividad dentro de la empresa o para la constitución de filiales que deban operar en ámbitos territoriales que requieran un régimen jurídico diferenciado. Finalmente es una figura recurrente para aquellas sociedades que tienen a un ente público como titular.

2. *Principales pautas de régimen jurídico*

La sociedad unipersonal se rige por el régimen propio del tipo social de que se trate (SA/SL), en cuanto sea compatible con la unipersonalidad. Junto a ello la LSC prevé una serie de disposiciones especiales aplicables específicamente a esta modalidad societaria.

En materia de constitución, cuando se trata de unipersonalidad originaria, el negocio fundacional tiene carácter unilateral (art. 19.1 LSC). Como en toda otra sociedad de capital la constitución exige el otorgamiento de escritura pública que se inscribirá en el RM, pero la LSC impone unos deberes adicionales en materia de publicidad registral al objeto de preservar que la identidad del socio único sea conocida por los terceros. En la inscripción, en efecto, se expresará necesariamente la identidad del socio único (arts. 22 y 13.1 LSC). En el supuesto de unipersonalidad sobrevenida, la declaración de tal situación como consecuencia de haber pasado un único socio a ser propietario de todas las participaciones sociales o de todas las acciones se hará constar igualmente en escritura pública que se inscribirá en el RM, expresándose asimismo en la inscripción, necesariamente, la identidad del socio único (art. 13.1 LSC). Transcurridos seis meses desde la adquisición por la sociedad del carácter unipersonal sin que esta circunstancia se hubiere inscrito en el RM, el socio único responderá personal, ilimitada y solidariamente de las deudas sociales contraídas durante el período de unipersonalidad. Inscrita la unipersonalidad, el socio único no responderá de las deudas contraídas con posterioridad (art. 14 LSC). De manera coherente con todo ello el cambio del socio único como consecuencia de haber transmitido a un tercero todas las participaciones o las acciones se hará constar también en escritura pública que se inscribirá en el RM. En la inscripción se expresará necesariamente la identidad del socio único (art. 13.1 LSC). Con el mismo fin, la LSC somete a la sociedad a específicos deberes en materia de publicidad de hecho. En tanto subsista la situación de unipersonalidad, hará constar expresamente su condición de unipersonal en toda su documentación, correspondencia, notas de pedido y facturas, así como en todos los anuncios que haya de publicar por disposición legal o estatutaria (art. 13.2. LSC).

En materia de órganos el socio único ejercerá las competencias de la junta general. Las decisiones del mismo se consignarán en acta, bajo su firma o la de su representante, pudiendo ser ejecutadas y formalizadas por el propio socio o por los administradores de la sociedad (art. 15 LSC). Por otra parte, la contratación entre el socio único y la sociedad está sometida a unas cautelas especiales fruto del recelo que provoca en el legislador la existencia de un único socio y el riesgo que ello genera para la tutela de terceros, eventuales acreedores, que solo cuentan con la garantía que constituye el patrimonio afecto al capital social. Los contratos celebrados entre el socio único y la sociedad deberán constar por escrito o en la forma documental que exija la ley de acuerdo con su naturaleza, y se transcribirán a un libro-registro de la sociedad que habrá de ser legalizado conforme a lo dispuesto para los libros de actas de las sociedades. En la memoria anual se hará referencia expresa e individualizada a estos contratos, con indicación de su naturaleza y condiciones (art. 16.1 LSC). Durante el plazo de dos años a contar desde la fecha de celebración de los contratos, el socio único responderá frente a la sociedad de las ventajas que directa o indirectamente haya obtenido en perjuicio de ésta como consecuencia de dichos contratos (art. 16.3 LSC). Los contratos que no hayan sido transcritos al libro-registro y no se hallen referenciados en la memoria anual o lo hayan sido en memoria no depositada con arreglo a la ley no serán oponibles a la masa en caso de concurso del socio único o de la sociedad (art. 16.2 LSC). Finalmente, la pérdida de la situación de unipersonalidad como consecuencia de haberse transmitido alguna o todas las participaciones o todas las acciones, se hará constar en escritura pública que se inscribirá en el Registro Mercantil (art. 13.1 LSC), al objeto de publicitar este hecho y, por ende, que la sociedad se someterá desde ese momento al régimen general.

Por otro lado, cabe destacar que las sociedades unipersonales públicas, incluyendo aquellas cuyo capital sea titularidad del Estado, de las Comunidades Autónomas, de las Corporaciones locales, o de organismos o entidades de ellos dependientes, no están sujetas a la mayor parte de las cautelas anteriores (art. 17 LSC). En particular, no han de cumplir con los deberes relativos a la publicidad de hecho (art. 13.2 LSC), el socio único no responderá de las deudas sociales aunque no se haya inscrito la situación de unipersonalidad en el RM (art. 14 LSC), tampoco responderá frente a la sociedad de las ventajas que, directa o indirectamente, haya obtenido en perjuicio de ésta como consecuencia de eventuales contratos suscritos entre dicho socio y la sociedad, ni rige en este caso la inoponibilidad a la masa de los contratos que no hayan sido transcritos al libro-registro y no se hallen referenciados en la memoria anual o lo hayan sido en memoria no depositada con arreglo a la ley (art. 16 LSC).

II. SOCIEDADES PROFESIONALES

1. *Caracterización y régimen jurídico*

La sociedad profesional se define como tal en atención a su objeto. Es profesional la sociedad que tenga por objeto social el ejercicio en común de una actividad profesional. A estos efectos, se entiende por actividad profesional aquélla para cuyo desempeño se requiere titulación universitaria oficial, o titulación profesional para cuyo ejercicio sea necesario acreditar una titulación universitaria oficial, e inscripción en el correspondiente Colegio Profesional. Por otro lado, se considera que hay ejercicio en común de una actividad profesional cuando los actos propios de la misma sean ejecutados directamente bajo la razón o denominación social y le sean atribuidos a la sociedad los derechos y obligaciones inherentes al ejercicio de la actividad profesional como titular de la relación jurídica establecida con el cliente (art. 1.1 LSP). Se trata, pues, de sociedades externas para el ejercicio de las actividades profesionales a las que se imputa tal ejercicio realizado por su cuenta y bajo su razón o denominación social. En definitiva, la sociedad profesional es aquélla que se constituye en centro subjetivo de imputación del negocio jurídico que se establece con el cliente o usuario, atribuyéndole los derechos y obligaciones que nacen del mismo, y, además, los actos propios de la actividad profesional de que se trate son ejecutados o desarrollados directamente bajo la razón o denominación social. Las sociedades profesionales podrán constituirse con arreglo a cualquiera de las formas societarias previstas en las leyes. Por este motivo, se regirán por lo dispuesto en la LSP y, supletoriamente, por las normas correspondientes a la forma social adoptada (art. 1.2 y 3 LSP).

La sociedad profesional se distingue de las sociedades de o entre profesionales. Estas últimas están mencionadas en la EM LSP que alude a tres tipos de sociedades de o entre profesionales:

i) Las sociedades de medios, que tienen por objeto compartir infraestructura y distribuir sus costes. En este caso, se comparte un conjunto de medios materiales y, en su caso, personales con el fin de reducir costes, pero el desempeño de la actividad profesional es individual, separado, no común.

ii) Las sociedades de comunicación de ganancias. El objeto social de este tipo de sociedades es el reparto de las ganancias, o pérdidas, ocasionadas en el ejercicio individual de la actividad profesional por cada uno de sus miembros. No hay ejercicio en común bajo la misma razón o denominación social, ni atribución de derechos y obligaciones a la sociedad.

iii) Las sociedades de intermediación, que sirven de canalización o comunicación entre el cliente, con quien mantienen la titularidad de la relación jurídica, y el profesional persona física que, vinculado a la sociedad por cualquier título (socio, asalariado, etc.), desarrolla efectivamente la actividad profesional. Se trata, en este último caso, de sociedades cuya finalidad es la de proveer y gestionar en común los medios necesarios para el ejercicio individual de la profesión, en el sentido no de proporcionar directamente al solicitante la prestación que desarrollará el profesional persona física, sino de servir no sólo de intermediaria para que sea éste último quien la realice, sino también de coordinadora de las diferentes prestaciones específicas.

Estas tres modalidades societarias están, además, reguladas en la propia LSP al respecto de la responsabilidad de sus socios por cuanto extiende el régimen de responsabilidad de las sociedades profesionales a "cualquier supuesto en que dos o más profesionales desarrollen colectivamente una actividad profesional sin constituirse en sociedad profesional con arreglo a la LSP" (DA Segunda LSP). No obstante ello la tendencia jurisprudencial actual es contraria a la utilización de estas fórmulas debido a los términos imperativos con que se pronuncia el art. 1.1 LSP cuando dispone que las sociedades que tengan por objeto social el ejercicio en común de una actividad profesional deberán, —en lugar de podrán—, constituirse como sociedades profesionales.

2. Composición

Como mínimo, la mayoría del capital y de los derechos de voto, o la mayoría del patrimonio social y del número de socios en las sociedades no capitalistas, habrán de pertenecer a socios profesionales (art. 4.2. LSP). Son socios profesionales: i) Las personas físicas que reúnan los requisitos exigidos para el ejercicio de la actividad profesional que constituye el objeto social y que la ejerzan en el seno de la misma; ii) Las sociedades profesionales debidamente inscritas en los respectivos Colegios Profesionales que, constituidas con arreglo a lo dispuesto en la LSP, participen en otra sociedad profesional (art. 4.1 LSP).

Ahora bien, no podrán ser socios profesionales las personas en las que concurra causa de incompatibilidad para el ejercicio de la profesión o profesiones que constituyan el objeto social, ni aquellas que se encuentren inhabilitadas para dicho ejercicio en virtud de resolución judicial o corporativa (art. 4.4. LSP). Estos requisitos deberán cumplirse a lo largo de toda la vida de la sociedad profesional, constituyendo causa de disolución obligatoria su incumplimiento sobrevenido, a no ser que la situación se regularice en el plazo máximo de seis meses contados desde el momento en que se produjo el incumplimiento (art. 4.5 LSP)

3. Constitución

3.1. El negocio constitutivo. La escritura pública

El contrato de sociedad profesional deberá formalizarse en escritura pública. La escritura recogerá las menciones y cumplirá los requisitos contemplados en la normativa que regule la forma social adoptada y, en todo caso, expresará: i) La identificación de los otorgantes, especificando si son o no socios profesionales; ii) El Colegio Profesional al que pertenecen los otorgantes y su número de colegiado, lo que se acreditará mediante certificado colegial, en el que consten sus datos identificativos, así como su habilitación actual para el ejercicio de la profesión; iii) La identificación de las personas que se encarguen inicialmente de la administración y representación, expresando la condición de socio profesional o no de cada una de ellas; y, iv) iii) La actividad o actividades profesionales que constituyan el objeto social (art. 7 LSP).

Al respecto del objeto es importante destacar que en este tipo de sociedades rige el principio de exclusividad, de modo que únicamente pueden tener por objeto el ejercicio en común de actividades profesionales (art. 2 LSP). Ahora bien, podrán desempeñar varias, siempre que se trate de actividades profesionales en el sentido especificado por la LSP y, además, su desempeño no se haya declarado incompatible por norma de rango legal (art. 3 LSP). En ambos casos, es posible desarrollar dichas actividades; bien, directamente; bien a través de la participación en otras sociedades profesionales. En este supuesto, la participación de la sociedad tendrá la consideración de socio profesional en la sociedad participada, a los efectos de los requisitos relativos a la composición de la sociedad, así como a los efectos de las reglas que, en materia de responsabilidad, se establecen en la LSP, que serán exigibles a la sociedad matriz (art. 2 LSP). La sociedad profesional únicamente podrá ejercer las actividades profesionales constitutivas de su objeto social a través de personas colegiadas en el Colegio Profesional correspondiente para el ejercicio de las mismas (art. 5.1 LSP).

3.2. La inscripción registral. Otras inscripciones. Publicidad de hecho

La escritura pública de constitución deberá ser inscrita en el RM. Con la inscripción adquirirá la sociedad profesional su personalidad jurídica. En la inscripción se harán constar las menciones exigidas, en su caso, por la normativa vigente para la inscripción de la forma societaria de que se trate, las menciones mínimas que han de incluirse en la escritura y, al menos, los siguientes extremos: i) La fecha y reseña identificativa de la escritura pública de constitución y notario autorizante; ii) El domicilio de la sociedad; iii) La duración de la sociedad si se hubiera constituido por tiempo determinado, y iv) La denominación (art. 8.1 y 2 LSP).

Como en toda otra sociedad en la composición de la denominación de la sociedad profesional hay que distinguir dos tipos de elementos. El de la propia sociedad y el identificativo del tipo social de que se trate. El primero puede consistir en una denominación objetiva o subjetiva. Cuando la denominación sea subjetiva se formará con el nombre de todos, de varios o de alguno de los socios profesionales. Si alguno de ellos pierde la condición de socio, él mismo, o sus herederos, pueden exigir la supresión del nombre del primero de la denominación social en todo caso, esto es, aunque hubiera prestado con anterioridad su consentimiento, ya que este será revocable en cualquier momento, sin perjuicio de las indemnizaciones que fueran procedentes. En todo caso, el mantenimiento en la denominación social del nombre de quien hubiera dejado de ser socio que deba responder personalmente por las deudas sociales, no implicará su responsabilidad personal por las deudas contraídas con posterioridad a la fecha en que haya causado baja en la sociedad (art. 6.1 a 4 LSP). Por otro lado, en lo relativo al elemento identificativo del tipo social, en la denominación deberá figurar, junto a la indicación de la forma social de que se trate, la expresión "profesional". Ambas indicaciones podrán incluirse de forma desarrollada o abreviada. La denominación abreviada de las sociedades profesionales se formará con las siglas propias de la forma social adoptada seguidas de la letra "p", correspondiente al calificativo de "profesional" (art. 6.5 LSP).

La sociedad se inscribirá igualmente en el Registro de Sociedades Profesionales del Colegio Profesional que corresponda a su domicilio, y, en su caso, en el de los Colegios de cada una de las profesiones que constituyan su objeto, quedando sometida a las competencias de aquéllos que correspondan según la actividad que desempeñe en cada caso (art. 8.4 y 6 LSP). En particular, al régimen disciplinario. En efecto, tanto la sociedad profesional, como los profesionales que actúan en su seno ejercerán la actividad profesional que constituya el objeto social de conformidad con el régimen deontológico y disciplinario propio de la correspondiente actividad profesional. Las causas de incompatibilidad o de inhabilitación para el ejercicio de la profesión que afecten a cualquiera de los socios se harán extensivas a la sociedad y a los restantes socios profesionales, salvo exclusión del socio inhabilitado o incompatible en los términos que establece la LSP. En ningún caso será obstáculo el ejercicio de la actividad profesional a través de la sociedad para la efectiva aplicación a los profesionales, socios o no, del régimen disciplinario que corresponda según su ordenamiento profesional. Sin perjuicio de la responsabilidad personal del profesional actuante, la sociedad profesional también podrá ser sancionada en los términos establecidos en el régimen disciplinario que corresponda según su ordenamiento profesional (art. 9 LSP).

Además la constitución está sometida a una especial publicidad de hecho por cuanto la publicidad del contenido de la hoja abierta a cada sociedad profesional en el RM y en el Registro de Sociedades Profesionales se realizará a través de un portal en Internet bajo la responsabilidad del Ministerio de Justicia y, en su caso, de la Comunidad Autónoma respectiva. El acceso al portal de Internet será público, gratuito y permanente (art. 8.4 y 5 LSP).

4. *Modificaciones del contrato social*

Cualquier modificación del contrato social deberá constar en escritura pública e inscribirse en el RM (art. 8.3 LSP), así como en el Registro o Registros de Sociedades Profesionales del Colegio Profesional que corresponda a su domicilio y a su objeto social (art. 8.4 LSP).

5. *El estatuto de los socios*

5.1. Derechos patrimoniales

En el capítulo de derechos patrimoniales, la LSP regula del derecho de participación en ganancias disponiendo que el régimen de participación de los socios en los resultados de la sociedad o, en su caso, el sistema con arreglo al cual haya de determinarse en cada ejercicio, se especificará en el contrato social. El sistema podrá basarse en o modularse en función de la contribución efectuada por cada socio a la buena marcha de la sociedad, siendo necesario en estos supuestos que el contrato recoja los criterios cualitativos y/o cuantitativos aplicables A falta de disposición contractual, los beneficios se distribuirán y, cuando proceda, las pérdidas se imputarán, en proporción a la participación de cada socio en el capital social. En todo caso, el reparto final deberá ser aprobado o ratificado por la junta o asamblea de socios con las mayorías que contractualmente se establezcan, las cuales no podrán ser inferiores a la mayoría absoluta del capital, incluida dentro de ésta la mayoría de los derechos de voto de los socios profesionales (art. 10 LSP).

5.2. Derechos administrativos

En este ámbito la LSP regula el derecho de representación disponiendo que los socios profesionales únicamente podrán otorgar su representación a otros socios profesionales para actuar en el seno de los órganos sociales (art. 4.6 LSP).

5.3. Responsabilidad patrimonial

Dada la condición de persona jurídica de la sociedad profesional, los derechos y obligaciones de la actividad profesional desarrollada se imputarán a la propia sociedad (art. 5.2. LSP), de modo que responderá de las deudas sociales con todo su patrimonio, determinándose la responsabilidad de los socios de conformidad con las reglas de la forma social adoptada (art. 11.1 LSP). A estos efectos, exige que la sociedad estipule un seguro que cubra la responsabilidad en la que pueda incurrir en el ejercicio de la actividad o actividades que constituyen el objeto social (art. 11.3 LSP). No obstante, de las deudas sociales que se deriven de los actos profesionales propiamente dichos responderán solidariamente la sociedad y los profesionales, socios o no, que hayan actuado, siéndoles de aplicación las reglas generales sobre la responsabilidad contractual o extracontractual que correspondan (art. 11.2 LSP). La pérdida de la condición de socio o la separación, cualquiera que sea su causa, no libera al socio profesional de esta responsabilidad (art. 14.4 LSP).

6. *Cambios de socios*

En sentido amplio el cambio de socios comprende la sustitución de los mismos mediante transmisión de la participación que ostenten en la sociedad y también los supuestos de exclusión y separación de socios. Como regla general, la condición de socio profesional es intransmisible, salvo que medie el consentimiento de todos los socios profesionales. No obstante, podrá establecerse en el contrato social que la transmisión pueda ser autorizada por la mayoría de dichos socios (art. 12 LSP). La regla inversa se aplica a las transmisiones mortis causa y a las forzosas entre vivos, comprendiéndose en el ámbito de estas últimas la liquidación de regímenes de cotitularidad, incluida la de la sociedad de gananciales. De modo que, producido el hecho, el sucesor adquiere la condición de socio. Sin embargo, en el contrato social, y fuera de él siempre que medie el consentimiento expreso de todos los socios profesionales, podrá pactarse que la mayoría de éstos puedan acordar que las participaciones del mismo no se transmitan a sus sucesores. En este caso, se abonará la cuota de liquidación que corresponda (art. 15 LSP).

En correspondencia con el régimen de intransmisibilidad que rige en materia de cesiones voluntarias entre vivos, a fin de evitar las vinculaciones eternas, prohibidas por el ordenamiento por su carácter opresivo, el derecho de separación de socios se regula de forma amplia. Los socios profesionales podrán separarse de la sociedad constituida por tiempo indefinido en cualquier momento. El ejercicio del derecho de separación habrá de ejercitarse de conformidad con las exigencias de la buena fe, siendo eficaz desde el momento en que se notifique a la sociedad. Si la sociedad se ha constituido por tiempo determinado, los socios profesionales sólo podrán separarse, además de en los supuestos previstos en la legislación mercantil para la forma societaria de que se trate, en los supuestos previstos en el contrato social o cuando concurra justa causa (art. 13 LSP).

La exclusión de socios profesionales está regulada de manera coherente con la esencialidad que se atribuye a la prestación profesional en el contexto de la ejecución del objeto social. Todo socio profesional deberá ser excluido cuando haya sido inhabilitado para el ejercicio de la actividad profesional, sin perjuicio de su posible continuación en la sociedad con el carácter de socio no profesional si así lo prevé el contrato social. Y podrá serlo, además de por las causas previstas en el contrato social, cuando infrinja gravemente sus deberes para con la sociedad o los deontológicos, perturbe su buen funcionamiento o sufra una incapacidad permanente para el ejercicio de la actividad profesional. La exclusión requerirá acuerdo motivado de la junta general o asamblea de socios, exigiendo en todo caso el voto favorable de la mayoría del capital y de la mayoría de los derechos de voto de los socios profesionales, y será eficaz desde el momento en que se notifique al socio afectado (art. 14 LSP).

De conformidad con el carácter de disolución parcial de la sociedad que se atribuye a los supuestos de separación y exclusión, producido cualquiera de ellos, la condición de socio se extingue, debiendo, en consecuencia, amortizarse la participación que es expresión de la misma (art. 16.2 LSP). Idéntica consecuencia, la extinción de la condición de socio, se anuda por la LSP a los supuestos en que no proceda la transmisión por causa de muerte o la forzosa, de modo que, acaecido el hecho generador de cualquiera de ellas, han de amortizarse también las participaciones implicadas (arts. 15 y 16.2 LSP). En todas estas hipótesis, el contrato social podrá establecer libremente criterios de valoración o cálculo con arreglo a los cuales haya de fijarse el importe de la cuota de liquidación que corresponda a las participaciones del socio profesional separado o excluido, así como en los casos de transmisión mortis causa y forzosa (art. 16.1 LSP). No obstante, la amortización puede ser sustituida por la adquisición de las participaciones por otros socios, por la propia sociedad o por un tercero, siempre que ello resulte admisible de conformidad con las normas legales o contractuales aplicables a la sociedad, o bien exista consentimiento expreso de todos los socios profesionales (art. 16.2 LSP).

Finalmente ha de destacarse que todo cambio de socios deberá constar en escritura pública e inscribirse en el RM (art. 8.3 LSP) (art. 8.3 LSP), así como en el Registro o Registros de Sociedades Profesionales del Colegio Profesional que corresponda al domicilio de la sociedad y a su objeto social (art. 8.4 LSP).

7. El órgano de administración

Si el órgano de administración fuere unipersonal, o si existieran consejeros delegados, dichas funciones habrán de ser desempeñadas necesariamente por un socio profesional. En caso de administración pluripersonal, al menos la mitad más uno de los miembros del órgano de administración habrán de ser también socios profesionales. En todo caso, las decisiones de los órganos de administración colegiados requerirán el voto favorable de la mayoría de socios profesionales, con independencia del número de miembros concurrentes (art. 4.3. LSP). Estos requisitos deberán cumplirse a lo largo de toda la vida de la sociedad profesional, constituyendo causa de disolución obligatoria su incumplimiento sobrevenido, a no ser que la situación se regularice en el plazo máximo de seis meses contados desde el momento en que se produjo el incumplimiento (art. 4.5 LSP). De otro lado, los socios profesionales únicamente podrán otorgar su representación a otros socios profesionales para actuar en el seno del órgano de administración (art. 4.6 LSP). Asimismo, todo cambio de administradores deberá constar en escritura pública e inscribirse en el RM (art. 8.3 LSP) (art. 8.3 LSP), así como en el Registro o Registros de Sociedades Profesionales del Colegio Profesional que corresponda al domicilio de la sociedad y a su objeto social (art. 8.4 LSP).

8. Normas especiales para las sociedades de capitales

En el caso de que la sociedad profesional adopte una forma social que implique limitación de la responsabilidad de los socios por las deudas sociales, se aplicarán, además de las restantes contenidas en esta Ley, las reglas siguientes: i) Si se trata de SA, las acciones deberán ser nominativas; ii) Las acciones y participaciones correspondientes a los socios profesionales llevarán aparejada la obligación de realizar prestaciones accesorias relativas al ejercicio de la actividad profesional que constituya el objeto social. El régimen de retribución de las prestaciones accesorias podrá basarse en o modularse en función de la contribución efectuada por cada socio a la buena marcha de la sociedad, siendo necesario en estos supuestos que el contrato recoja los criterios cualitativos y/o cuantitativos aplicables. El reparto final deberá en todo caso ser aprobado o ratificado por la junta o asamblea de socios con las mayorías que contractualmente se establezcan, las cuales no podrán ser inferiores a la mayoría absoluta del capital, incluida dentro de ésta la mayoría de los derechos de voto de los socios profesionales; iii) Los socios no gozarán del derecho de suscripción preferente en los aumentos de capital que sirvan de cauce a la promoción profesional, ya sea para atribuir a un profesional la condición de socio profesional, ya para incrementar la participación societaria de los socios que ya gozan de tal condición, salvo disposición en contrario del contrato social; iv) En los aumentos de capital anteriores, la sociedad podrá emitir las nuevas participaciones o acciones por el valor que estime conveniente, siempre que sea igual o superior al valor neto contable que les sea atribuible a las participaciones o acciones preexistentes y, en todo caso, al valor nominal salvo disposición en contrario del contrato social; v) La reducción del capital social podrá tener, además de las finalidades recogidas en la ley aplicable a la forma societaria de que se trate, la de ajustar la carrera profesional de los socios, conforme a los criterios establecidos en el contrato social; y, vi) Para que la sociedad pueda adquirir sus propias acciones o participaciones en los supuestos en que no proceda su amortización, deberá realizarse con cargo a beneficios distribuibles o reservas disponibles. Las acciones o participaciones que no fuesen enajenadas en el plazo de un año deberán ser amortizadas y, entre tanto, les será aplicable el régimen previsto en los artículos 142 y 148 LSC.

Lección 23

Sociedades especiales (II)

III. SOCIEDAD ANÓNIMA EUROPEA

1. Generalidades

La SAE es una SA especial sometida, en primer término, al Reglamento 2157/2001 del Consejo, de 8 de octubre, por el que se aprueba el estatuto de la SAE. Se caracteriza, pues, por estar sometida directamente al Derecho de la Unión Europea. No obstante, la LSC contiene unas previsiones específicas para la SAE domiciliada en España. De modo que estas se rigen por el Reglamento 2157/2001, por las normas contenidas en el Título que la LSC las dedica y por la Ley que regula la implicación de los trabajadores en las SAEs, esto es, la Ley 31/2006 de 18 de octubre, sobre implicación de los trabajadores en las sociedades anónimas y cooperativas europeas, que constituye la transposición de la Directiva 2001/86/CE (art. 455 LSC). Este particular sistema de fuentes confiere al régimen jurídico de la SAE una especial complejidad. Se rige, en efecto, en primer lugar, por el RSAE y, cuando esta norma lo autorice expresamente, por lo dispuesto en los estatutos de la propia sociedad. La normativa nacional únicamente resulta de aplicación en defecto de disciplina comunitaria; bien porque se trate de materias no reguladas en el RSAE; bien, porque estén disciplinadas allí solo parcialmente; pero existen amplios espacios en los que concurre alguna de estas dos condiciones. De otro lado, la normativa nacional aplicable a la SAE no es únicamente la que adopten los Estados miembros específicamente para ella, sino también las normas legales relativa a las SAs nacionales, y, a tenor de las mismas, las cláusulas estatutarias, en idénticas condiciones a las que rigen para las SAs nacionales.

En consecuencia, no puede decirse que la SAE constituya una modalidad social cuyo régimen jurídico sea uniforme en todos los países de la Unión. Por el contrario, la amplia incidencia que se concede a los ordenamientos nacionales induce a considerar que hay tantos tipos de SAE como países miembro de la Unión Europea y que más que un subtipo societario en sentido estricto es un instrumento ideado con el objeto de que las sociedades nacionales afronten operaciones de reorganización y cooperación con alcance trasfronterizo intracomunitario obviando los obstáculos que, fuera de su entorno, limitan la libertad de establecimiento y la libre circulación de capitales en el espacio europeo.

2. *Domicilio social*

La LSC impone a la SAE la obligación de fijar el domicilio social en España cuando su administración central esté en el territorio español (art. 458 LSC). De manera coherente con ello exige la regularización del domicilio, en el caso de que tal administración central deje de estar allí situada. La regularización, que ha de efectuarse en el plazo de un año, puede consistir; bien, en la reimplantación de la administración central en España; bien, en el traslado del domicilio al extranjero (art. 459 LSC). Esta última operación está rodeada de las máximas cautelas. Para la protección de los accionistas minoritarios la LSC ha optado por instituir un régimen de máxima tutela, concediendo un derecho de separación a los socios que voten en contra del traslado (arts. 461 LSC y 8 RSAE). La protección de los acreedores que exige arbitrar el RSAE se concreta en la concesión de un derecho de oposición que se otorga a aquellos cuyos créditos hayan nacido antes de la fecha de publicación del proyecto de traslado del domicilio social a otro Estado miembro en los mismos términos que a los acreedores de las sociedades nacionales frente a la reducción efectiva del capital social (arts. 462 y 334 LSC y 8 RSAE). Adicionalmente, por razones de interés público, goza también del derecho a oponerse el Gobierno, a propuesta del Ministro de Justicia o de la Comunidad Autónoma donde la sociedad tenga su domicilio social. Cuando la SAE esté sometida a la supervisión de una autoridad de vigilancia, la oposición podrá formularse también por dicha autoridad (art. 464.1 LSC). Ejercitada la oposición, el traslado no surtirá efecto (art. 464.1 LSC), sin perjuicio de que la decisión pueda ser recurrida ante la autoridad judicial competente (arts. 464.3 LSC y 8 RSAE). Finalmente, cabe destacar que el incumplimiento de la obligación de regularizar el domicilio es sancionado con la disolución de la sociedad, pudiendo el Gobierno designar a la persona que se encargue de intervenir y presidir la liquidación y de velar por el cumplimiento de la leyes y del estatuto social (arts. 460 LSC y 7 RSAE).

3. Constitución

La SAE domiciliada en España ha de constituirse en escritura pública que se inscribirá en el RM conforme a la normativa interna relativa a la SA (art. 457 LSC) Ahora bien, no podrá inscribirse aquella cuya denominación sea idéntica a la de otra sociedad española preexistente (art. 456 LSC). Tampoco podrá inscribirse hasta que no se haya celebrado un acuerdo de implicación de los trabajadores conforme a lo dispuesto en la Ley 31/2006 o haya expirado el plazo previsto en ella por el fracaso de las negociaciones (art. 12 RSAE).

La fundación de este tipo de sociedad está vetada a las personas físicas. Según la modalidad constitutiva pueden concurrir a la misma SAs, SLs e incluso personas jurídicas de otra naturaleza. Además de las entidades indicadas en el RSAE podrán participar las sociedades que, aun cuando no tengan su administración central en la Unión Europea, estén constituidas con arreglo al ordenamiento jurídico de un Estado miembro, tengan en él su domicilio y una vinculación efectiva y continua con la economía de un Estado miembro. Se presume que existe vinculación efectiva cuando la sociedad tenga un establecimiento en dicho Estado miembro desde el que dirija y realice sus operaciones (art. 465 LSC). En cualquier caso, el capital mínimo de la SAE es de 120.000 euros, cualquiera que sea el procedimiento que se hubiese adoptado para su constitución (art. 4 RSAE). La constitución puede efectuarse mediante fusión, transformación y por creación de una SAE *holding* o de una SAE filial. La LSC no alude, sin embargo, a esta última modalidad. Contempla únicamente las otras tres, limitándose, además, en la mayor parte de los preceptos, a regular las competencias del Registrador mercantil para cuestiones tales como la emisión de la certificación preceptiva, la inscripción de la resultante domiciliada en España, y el régimen de designación de los expertos independientes, el depósito y publicidad de los proyectos.

La fundación por fusión está reservada a las SAs (art. 2.1 y 17 y ss. RSAE). Es posible recurrir tanto a una fusión por absorción, como a la fusión por creación de una nueva sociedad, que será la SAE. En el supuesto de que una o más sociedades españolas participen en la fusión o cuando la SAE vaya a fijar su domicilio en España, el registrador mercantil será la autoridad competente para, previa petición conjunta de las sociedades que se fusionan, designar uno o varios expertos independientes que elaboren el informe único previsto en el art. 22 RSAE (art. 467 LSC). El registrador mercantil del domicilio social, a la vista de los datos obrantes en el Registro y en la escritura pública de fusión presentada, certificará el cumplimiento por parte de la SA española que se fusiona de todos los actos y trámites previos a la fusión (art. 469 LSC). En el caso de que la SAE resultante de la fusión fije su domicilio en España, el registrador mercantil del domicilio social controlará la existencia de los certificados de las autoridades competentes de los países en los que tenían su domicilio las sociedades extranjeras participantes en la fusión y la legalidad del procedimiento en cuanto a la realización de la fusión y la constitución de la sociedad anónima europea (art. 470 LSC). Los accionistas de las sociedades españolas que voten en contra del acuerdo de una fusión que implique la constitución de una SAE domiciliada en otro Estado miembro podrán separarse de la sociedad conforme a lo dispuesto en la LSC para los casos de separación de socios. Igual derecho tendrán los accionistas de una sociedad española que sea absorbida por una SAE domiciliada en otro Estado miembro (art. 468 LSC).

La fundación por transformación se circunscribe a las SAs nacionales que, además, tengan una filial sujeta al ordenamiento de otro Estado miembro, al menos durante dos años (arts. 2.4 y 37 RSAE). En el caso de constitución de una SAE mediante la transformación de una SA española, los administradores de esta redactarán un proyecto de transformación de acuerdo con lo previsto en el RSAE y un informe en el que se explicarán y justificarán los aspectos jurídicos y económicos de la transformación y se indicarán las consecuencias que supondrá para los accionistas y para los trabajadores la adopción de la forma de SAE. El proyecto de transformación será depositado en el RM y se publicará conforme a lo establecido para la constitución de la SAE *holding* (arts. 474 y 471 LSC). Se exige, además, que uno o más expertos independientes, designados por el registrador mercantil del domicilio de la sociedad que se transforma, certifiquen que la sociedad dispone de activos netos suficientes, al menos, para la cobertura del capital y de las reservas de la SAE. La certificación se expedirá antes de que se convoque la junta general que ha de aprobar el proyecto de transformación y los estatutos de la SAE (art. 475 LSC).

La fundación mediante creación de una SAE *holding* está prevista para las SAs y SLs constituidas con arreglo al ordenamiento jurídico de un estado miembro y con domicilio social y administración central en la Unión Europea, siempre que, al menos, dos de ellas estén sujetas al ordenamiento jurídico de distintos Estados miembros. Estas sociedades conservarán su personalidad jurídica y deberán aportar a la SAE que se constituya acciones o participaciones de las propias sociedades promotoras de la operación que otorguen, al menos, el 50 por 100 de los derechos de voto permanentes de cada una de ellas. No se exige, pues, la aportación de la totalidad de las acciones o participaciones, pero se fija un porcentaje mínimo que garantiza a la SAE el ejercicio del control respecto de las sociedades nacionales promotoras de su constitución. De modo que se crea una situación de grupo en el que la SAE ocupa la posición de sociedad dominante y puede presumirse que ejercerá el poder de dirección sobre las sociedades nacionales. Los socios que hayan aportado sus títulos para constituir la SAE recibirán en canje acciones de la misma (arts. 29, 32 y 33 RSAE). Al tiempo, aquellos socios que hubieran votado en contra del acuerdo de su constitución podrán separarse de la sociedad de la que formen parte conforme a lo previsto en la LSC para los casos de separación de socios (art. 473 LSC). Los administradores de la sociedad o sociedades españolas que participen en la constitución de una SAE *holding* deberán depositar en el RM correspondiente el proyecto de constitución de esta sociedad. Una vez que tenga por efectuado el depósito, el registrador comunicará el hecho del depósito y la fecha en que hubiera tenido lugar al registrador mercantil central, para su inmediata publicación en el BORME. La junta general que deba pronunciarse sobre la operación no podrá reunirse antes de que haya transcurrido, al menos, el plazo de un mes desde la fecha de la publicación en el BORME (art. 471 LSC). Por otra parte, la autoridad competente para el nombramiento de experto o expertos independientes previstos en el art. 32.4 RSAE será el registrador mercantil del domicilio de cada sociedad española que promueva la constitución de la SAE *holding* o del domicilio de la futura SAE (art. 472 LSC).

La SAE filial común es una SAE constituida y participada a partes iguales por otras sociedades o por otras entidades de Derecho Público o Privado fundadas todas ellas con arreglo al ordenamiento jurídico de un Estado miembro y con domicilio y administración central en la Unión. Su constitución requiere que, al menos, dos de ellas, estén sujetas al ordenamiento jurídico de distintos Estados miembros. La constitución de la filial se rige por las normas del Derecho Nacional que regulen la constitución de una filial en forma de SA, correspondientes al domicilio social de la misma (arts. 2.3, 15 y 35 RSAE). Es un supuesto de grupo por coordinación.

4. Órganos

4.1. La junta general

Al tratar de la junta general, la LSC se limita a aludir a ciertos aspectos relativos a la convocatoria. Dispone, en particular, que la junta deberá ser convocada por lo menos un mes antes de la fecha fijada para su celebración (art. 493 LSC). Remite a la normativa de la SA para disciplinar el derecho de los accionistas minoritarios que sean titulares de, al menos, el cinco por ciento del capital social a solicitar la inclusión de asuntos en el orden del día de la junta general ya convocada, así como a solicitar la convocatoria de la junta general extraordinaria, especificando que el complemento de la convocatoria deberá publicarse con quince días de antelación como mínimo a la fecha establecida para la reunión de la junta (art. 494 LSC). Con todo, la mayor especificidad es la relativa la convocatoria de la junta en el sistema dual. Atribuye la competencia para la convocatoria a la dirección, que deberá efectuarla cuando lo soliciten accionistas que sean titulares de, al menos, el cinco por ciento del capital social. Adicionalmente, el Consejo de control podrá convocar la junta cuando lo estime conveniente para el interés social y asimismo cuando no fuera convocada dentro de los plazos establecidos en el RSAE o en los estatutos. En estos últimos supuestos también podrá ser convocada, a petición de cualquier socio, por el registrador mercantil del domicilio social conforme a lo previsto para las juntas generales en la LSC (art. 492 LSC).

4.2. El órgano de administración

4.2.1. Formas de organización

La SAE domiciliada en España debe optar, estatutariamente, por el sistema monista o por el dualista, en el que se divide el órgano administrativo en dirección y consejo de control (art. 476 LSC). Al primero le resulta de aplicación lo dispuesto en la LSC para la SA, con la salvedad de no contradecir lo dispuesto en el RSAE y en la ley que regula la implicación de los trabajadores en las sociedades anónimas europeas (art. 477 LSC). El segundo está disciplinado con sujeción al principio de intervención mínima. En particular en lo relativo al régimen de la dirección, que se construye sobre la base o por mera remisión a la normativa del consejo de administración de la SA. Este mismo principio rige, relativamente, cuando se trata del consejo de control, al respecto del cual la LSC contiene una remisión a las normas, cuando fueran compatibles, del consejo de administración. De otro lado, la LSC dicta dos normas de aplicación conjunta a ambos sistemas, que reproducen asimismo las previstas para el consejo de administración. En materia de responsabilidad ordena la aplicación de las disposiciones sobre responsabilidad previstas para los administradores de sociedades de capital a todos los miembros de estos órganos en el ámbito de sus respectivas funciones (art. 490 LSC). Concede también el derecho de impugnar los acuerdos de todos los órganos de administración tanto a los miembros de cada uno de ellos, como a los accionistas que representen al menos el cinco por ciento del capital social. El plazo se fija en un mes, computado, respectivamente, desde la adopción y desde que el impugnante hubiera tenido conocimiento de ellos (art. 491 LSC).

4.2.2. El sistema dual

En el sistema dual se distingue el órgano de dirección y el consejo de control. El órgano de dirección tiene encomendada la gestión y representación de la sociedad (art. 479.1 LSC). Como regla general, salvo lo dispuesto en el RSAE, la organización, funcionamiento y régimen de adopción de acuerdos del consejo de dirección se regirá por lo establecido en los estatutos sociales y, en su defecto, por lo previsto en la LSC para el consejo de administración de las SAs (art. 483 LSC). Su estructura ha de estar prevista en los estatutos, que solo podrán optar por una elegida entre la serie limitada de modalidades previstas en la LSC. La gestión podrá confiarse a un solo director, a varios directores que actúen solidaria o conjuntamente o a un consejo de dirección. Cuando se encomiende conjuntamente a más de dos personas, éstas constituirán el consejo de dirección (art. 480 LSC), de modo que el consejo de dirección estará formado por un mínimo de tres miembros, pero se establece también un número máximo de siete (art. 481 LSC). El número concreto de directores puede fijarse en los estatutos. En otro caso, estos determinarán el número máximo y el mínimo y las reglas para su determinación (art. 482 LSC). El nombramiento compete al consejo de control, que podrá designar suplentes, sin que sea admisible que una misma persona pueda ejercer al mismo tiempo la función de miembro del órgano de dirección y del de control. En materia de representación, cualquier limitación a las facultades de los directores será ineficaz frente a terceros, aunque se halle inscrita en el RM. La titularidad y el ámbito del poder de representación de los mismos se regirán conforme a lo dispuesto para los administradores en la LSC (art. 479 2 y 3 LSC).

El nombramiento y la revocación de los miembros del consejo de control compete a la junta general; sin perjuicio de lo dispuesto en el RSAE y en la Ley 31/2006 (art. 486 LSC). Conforme a este último texto legal, la SAE puede acordar con la representación de los trabajadores que ésta designe a algún miembro del consejo de control. Por lo demás, será de aplicación al consejo de control lo previsto en la LSC al respecto del funcionamiento del consejo de administración de las sociedades anónimas en cuanto no contradiga lo dispuesto en el RSAE (art. 485 LSC). En todo caso, cuando lo estime conveniente, el consejo de control, podrá convocar a los miembros de la dirección para que asistan a sus reuniones con voz pero sin voto (art. 488 LSC). El consejo de control tiene asignada la función de vigilar, supervisar y controlar la gestión encomendada al órgano de dirección, sin que pueda ejercer esta por sí mismo. Como medio para ejercer dicha función, ostenta el derecho a obtener de la dirección toda la información que estime conveniente y a efectuar las comprobaciones que considere oportunas; sin perjuicio del deber que se impone al órgano de dirección de informarle periódicamente acerca de la marcha de la gestión de la sociedad. De otro lado, el consejo de control puede acordar que determinadas operaciones de la dirección se sometan a su autorización previa. La falta de autorización previa será inoponible a los terceros, salvo que la sociedad pruebe que el tercero actuó en fraude o con mala fe en perjuicio de la sociedad (art. 489 LSC).

IV. SOCIEDADES ANÓNIMAS COTIZADAS

1. Generalidades

Son sociedades cotizadas las sociedades anónimas cuyas acciones estén admitidas a negociación en un mercado regulado español (art. 495.1 LSC). La admisión a la negociación de las acciones representativas del capital social requiere el cumplimiento del procedimiento administrativo de verificación previa a cargo de la CNMV, conforme a lo establecido en el TRLMV y en su extensa normativa de desarrollo. En razón de ello, en todas aquellas cuestiones no previstas en el Título que la LSC dedica a estas sociedades, las mismas se regirán por las disposiciones aplicables a las SA y por las demás normas que les sean de aplicación, que, en gran medida, son las incluidas en la legislación sobre el mercado de valores. Es esa variedad de normas aplicables la que hace relativamente complejo su estudio en determinados aspectos, en los que es preciso no sólo determinar la norma aplicable, sino también su relación con otras disposiciones que confluyen sobre el mismo supuesto.

2. Especialidades en materia de acciones

2.1. Especialidades relativas a la acción como expresión de la condición de socio

2.1.1. El derecho a un dividendo preferente

La posibilidad de crear acciones o participaciones privilegiadas en relación con la percepción de un dividendo preferente es común a todas las SC (art. 95 LSC). La preferencia en el dividendo se articula en torno a dos elementos. El primero es la prohibición de pagar cualquier dividendo ordinario sin haber satisfecho previamente el reconocido a las acciones preferentes. El segundo consiste en el deber legal que se impone de acordar el reparto del dividendo preferente siempre que existan beneficios distribuibles. Este deber es inderogable en las sociedades cotizadas ya que la sociedad está obligada a acordar el reparto del dividendo si existieran beneficios distribuibles, sin que los estatutos puedan disponer otra cosa (art. 498 LSC); a diferencia de lo que sucede en el régimen general, en que dicho deber puede ser suprimido mediante disposición estatutaria (art. 95.2 LSC).

El régimen legal del dividendo preferente de estas acciones privilegiadas será el establecido para las acciones sin voto en la disciplina general aplicable a las SC (arts. 499.1 y 99 LSC), de modo que los titulares de estas acciones ostentan el derecho a percibir el dividendo anual mínimo, fijo o variable, que establezcan los estatutos sociales. Una vez acordado el dividendo mínimo, sus titulares tendrán derecho al mismo dividendo que corresponda a las acciones ordinarias. Existiendo beneficios distribuibles, según se ha indicado, la sociedad está obligada a acordar el reparto del dividendo mínimo. De no existir beneficios distribuibles o de no haberlos en cantidad suficiente, la parte de dividendo mínimo no pagada deberá ser satisfecha dentro de los cinco ejercicios siguientes.

2.1.2. Acciones sin voto

La disciplina de este tipo de acciones en las SAs cotizadas está sujeta al régimen general previsto en la LSC para las SAs y a dos especialidades que, en síntesis, dotan a la primera de mayor flexibilidad. Por un lado, en este subtipo social también puede suprimirse o limitarse eventualmente el derecho de suscripción preferente, ya que, en este aspecto, la LSC remite a lo dispuesto en los estatutos sin ninguna limitación (art. 499.2 LSC). Por otro, en lo relativo al impago del dividendo preferente por inexistencia de beneficios distribuibles, el régimen es también más flexible, ya que son los estatutos los que habrán de determinar si el dividendo mínimo tiene carácter acumulativo o no y si la falta de abono de este implica la recuperación del derecho de voto (art. 499.2 LSC).

2.1.3. Acciones rescatables

Las acciones rescatables se caracterizan por el hecho de emitirse para ser rescatadas o amortizadas por la sociedad. Toda acción puede ser amortizada mediante una operación de reducción de capital. La especificidad de estas consiste en que se emiten, precisamente, con ese objeto, esto es, el de ser rescatadas en unas condiciones predeterminadas de antemano, lo que evita que, en el momento de su amortización, estén sometidas a todas las pautas jurídicas propias de los procedimientos de reducción, en especial, al acuerdo separado de los accionistas afectados. Su función principal, por tanto, es proveer de fondos propios a la sociedad con carácter temporal. Al tiempo que le permite adaptarse a las condiciones del mercado decidiendo si conviene mantener esos valores o sustituirlos por otros de diferentes características o contenido. Con mayor flexibilidad que si se tratara de acciones ordinarias.

La emisión de este tipo de acciones exige la concurrencia de dos requisitos. El primero, de carácter subjetivo, consiste en que sólo pueden ser emitidas por sociedades cotizadas. El segundo, de orden cuantitativo, estriba en que no pueden ser emitidas por un importe nominal superior a la cuarta parte del capital social (art. 500.1 LSC). La suscripción y el desembolso han de ser íntegros (art. 500.2 LSC). El derecho de rescate puede concederse a la sociedad emisora, a los titulares o a ambos. En el primer caso, sin embargo, no podrá ejercitarse antes de que transcurran tres años a contar desde la emisión (art. 500.3 LSC). Sin embargo, no hay inconveniente para que se vincule al simple cumplimiento de determinado plazo o condición. Las condiciones para el ejercicio del rescate deben fijarse en el acuerdo de emisión (art. 500.1 LSC). No obstante, la LSC prevé un régimen dirigido en esencia a evitar que la amortización perjudique a los acreedores sociales. Con ese objeto dispone que la amortización podrá realizarse de tres modos. En primer término, con cargo a beneficios o a reservas libres; supuesto en que la sociedad deberá constituir una reserva por el importe del valor nominal de las acciones amortizadas. En segundo lugar, con el producto de una nueva emisión de acciones acordada por la junta general con la finalidad de financiar la operación de amortización. Y, en último término, de no seguirse ninguno de estos dos procedimientos, la amortización sólo podrá llevarse a cabo con sujeción a los requisitos establecidos para la reducción de capital social mediante devolución de aportaciones (art. 501 LSC).

2.1.4. *Especialidades relativas al usufructo*

Afectan estas especialidades a las relaciones con la sociedad en materia de derecho de suscripción preferente de acciones. En concreto, se recordará que, en el régimen general, si el nudo propietario no ha ejercitado o enajenado el derecho de preferencia, diez días antes de la extinción del plazo fijado para su ejercicio, el usufructuario puede; bien, suscribir las acciones; bien, proceder a la venta de los derechos. En caso de suscripción, sea quien sea quien haya ejercitado el derecho de preferencia, el usufructo se extenderá a las acciones cuyo desembolso hubiera podido realizarse con el valor total de los derechos utilizados en dicha suscripción, calculado por su valor teórico (art. 129 LSC). Sin embargo, si se trata de sociedades cotizadas, el cálculo se efectuará conforme al precio medio de cotización durante el periodo de suscripción (art. 502.1 LSC). Por otra parte, las cantidades que hayan de pagarse en virtud de las reglas relativas a este derecho podrán abonarse en metálico, o en acciones de la misma clase que las que hubieran estado sujetas a usufructo, calculando su valor en virtud del que les corresponda conforme al último balance de la sociedad que hubiere sido aprobado, en caso de usufructo de acciones. No obstante, si la sociedad es cotizada, el cálculo se efectuará de acuerdo con el valor de cotización media del trimestre anterior a la producción del hecho en cuestión (arts. 131.2 y 502.2 LSC).

2.2. Especialidades relativas a la representación de la acción y a la identificación de los accionistas

Las acciones de la SA cotizada han de representarse necesariamente por medio de anotaciones en cuenta (art. 496.1 LSC). Tan pronto como los valores se representen por anotaciones en cuenta, los títulos en que anteriormente se reflejaban quedarán amortizados de pleno derecho, debiendo darse publicidad a su anulación mediante anuncios en el BORME, en los correspondientes a las Bolsas de Valores y en tres diarios de máxima difusión en el territorio nacional (art. 496.2 LSC).

La sociedad o un tercero nombrado por la sociedad tendrán derecho a obtener en cualquier momento del depositario central de valores la información que permita determinar la identidad de sus accionistas, con el fin de comunicarse directamente con ellos con vistas a facilitar el ejercicio de sus derechos y su implicación en la sociedad. El mismo derecho ostentan las asociaciones de accionistas que se hubieran constituido en la sociedad emisora y que representen al menos el uno por ciento del capital social, así como los accionistas que tengan individual o conjuntamente una participación de, al menos, el tres por ciento del capital social, exclusivamente a efectos de facilitar su comunicación con los accionistas para el ejercicio de sus derechos y la mejor defensa de sus intereses comunes. En el supuesto de utilización abusiva o perjudicial de la información solicitada, la asociación o socio será responsable de los daños y perjuicios causados (art. 497 LSC). En todo caso, tal y como se establece en la Directiva (UE) 2017/828 del Parlamento Europeo y del Consejo de 17 de mayo de 2017 por la que se modifica la Directiva 2007/36/CE en lo que respecta al fomento de la implicación a largo plazo de los accionistas en las sociedades cotizadas, de la que trae origen esta regulación, deben facilitarse únicamente los datos precisos para que se pueda cumplir la finalidad de la consulta, no podrán ser utilizados para fines distintos y su tratamiento deberá realizarse cumpliendo de forma rigurosa lo establecido en el Reglamento General de Protección de Datos.

Asimismo, la sociedad o persona legitimada tiene derecho a identificar a los beneficiarios últimos, esto es, aquellas personas por cuenta de quien actúa la entidad intermediaria legitimada como accionista en virtud del registro contable, directamente o a través de una cadena de intermediarios (art. 497 bis). Este conocimiento, no obstante, no afectará a la titularidad ni al ejercicio de los derechos económicos y políticos que le correspondan a la entidad intermediaria o persona legitimada como accionista en virtud de la normativa reguladora del registro contable de las acciones.

Esta disciplina debe completarse con la legislación del mercado de valores. Es en ella donde se regula el régimen jurídico de los valores anotados y el relativo a su admisión a cotización.

3. *Especialidades en materia de suscripción de acciones*

Las especificidades en esta materia afectan principalmente al derecho de suscripción preferente. Destacan, en primer término, las relativas al plazo. En las sociedades cotizadas el derecho de suscripción preferente se ejercitará dentro del plazo concedido por los administradores de la sociedad, que no podrá ser inferior a catorce días desde la publicación del anuncio de la oferta de suscripción de la nueva emisión en el BORME (art. 503 LSC).

En segundo lugar, las especialidades se refieren a las condiciones de la exclusión, total o parcial, del derecho (art. 504 LSC). Con carácter general, requerirá informe de experto independiente cuando el objetivo sea emitir acciones o valores convertibles por un importe superior al 20% del capital social. En los restantes casos, el valor nominal de las acciones a emitir, más la prima de emisión en su caso, deberá corresponder al valor razonable fijado por los administradores. Salvo que los administradores justifiquen otra cosa, en estos casos de operaciones inferiores al 20% del capital social, se presumirá que el valor razonable es el valor de mercado, que es aquel que se establece por referencia a la cotización bursátil, siempre cuando no resulte inferior en más de un diez por ciento al precio de esa cotización.

Se prevé, no obstante, la posibilidad de que las acciones se emitan a un precio inferior al valor razonable. En este caso, los administradores deberán justificar adecuadamente la propuesta, así como se requerirá un pronunciamiento expreso por parte de un experto independiente.

El aumento de capital será eficaz, aunque la suscripción fuera incompleta, salvo que el acuerdo de emisión hubiera previsto lo contrario (art. 507 LSC). Finalmente, en materia de inscripción del acuerdo y de su ejecución, como excepción aplicable a la sociedad cotizada, el acuerdo podrá inscribirse en el RM antes de la ejecución salvo que se hubiera excluido la posibilidad de suscripción incompleta.

4. *Límite máximo de la autocartera*

Se refiere al tercero de los requisitos que se exigen en toda SA al respecto de las adquisiciones condicionadas de acciones propias. Con carácter general es preciso que el valor nominal de las acciones adquiridas, directa o indirectamente, sumándose al de las que ya posean la sociedad adquirente y sus filiales, y, en su caso, la sociedad dominante y sus filiales, no sea superior al veinte por ciento (art. 146.2 LSC). Este porcentaje se reduce en el supuesto de sociedades cotizadas, fijándose en un diez por ciento del capital suscrito (art. 509 LSC).

5. *Obligaciones*

Al igual que las acciones, las obligaciones emitidas por sociedades cotizadas que pretendan acceder o permanecer admitidas a cotización en un mercado secundario oficial de valores han de estar representadas necesariamente mediante anotaciones en cuenta (art. 496 LSC). En lo que respecta, por otro lado, a la emisión se excepciona la exigencia de informe de experto independiente cuando la emisión no alcance el veinte por ciento del capital. En ese caso, los administradores deberán elaborar un informe justificando la razonabilidad de la propuesta (art. 510 LSC)

Y asimismo, cuando la junta general delegue en los administradores la facultad de emitir obligaciones convertibles, se establece para las sociedades cotizadas la posibilidad de atribuirles también el poder de excluir el derecho de suscripción preferente en relación a las emisiones de obligaciones convertibles que sean objeto de delegación si el interés de la sociedad así lo exigiera (art. 511 LSC).

6. Especialidades de la Junta General de Accionistas

6.1. Competencias. El Reglamento de la Junta General

En esta materia, se amplían las competencias reservadas a la junta, incluyendo, además de las previstas con carácter general (art. 160 LSC), la transferencia a entidades dependientes de actividades esenciales desarrolladas hasta ese momento por la propia sociedad, aunque esta mantenga el pleno dominio de aquellas; las operaciones cuyo efecto sea equivalente al de la liquidación de la sociedad y la política de remuneraciones de los consejeros (art. 511 *bis* 1 LSC). Adicionalmente, la LSC parece matizar la regla prevista en el régimen ordinario al respecto de la presunción relativa al carácter esencial de los activos, que aquí se establece cuando el volumen de la operación supere el veinticinco por ciento del total de activos del balance (art. 511 *bis* 2 LSC).

Es asimismo competencia de la junta la aprobación de su Reglamento; si bien, con carácter obligatorio. El Reglamento de la junta general podrá contemplar todas aquellas materias que atañen a la junta general, respetando lo establecido en la ley y los estatutos. La aprobación requiere el *quorum* de constitución ordinario previsto en el art. 193 LSC o el superior establecido a este propósito en los estatutos (art. 512 LSC). El Reglamento será objeto de comunicación a la CNMV, acompañando copia del documento en que conste. Efectuada esta comunicación se inscribirá en el RM y, una vez inscrito, se publicará por la CNMV (art. 513 LSC). El Reglamento también será objeto de publicación en la página web de la sociedad. En el orden de los principios, el Reglamento fue concebido como un instrumento idóneo para revitalizar el papel de la junta tras la pérdida de poder que ha venido sufriendo en las sociedades cotizadas en favor del órgano de administración, en aspectos tales como la supervisión y el control de la gestión; así como para revestir de la máxima efectividad los derechos individuales o colectivos (de minoría) que reconoce la Ley a los accionistas en el marco de la preparación y celebración de la junta, mejorando el funcionamiento de esta y desarrollando las disposiciones legales o estatuarias o completándolas con soluciones compatibles con las mismas. No obstante, la parquedad con que se pronuncia la LSC en torno a su contenido y el hecho de que no se exija ninguno adicional ha permitido que la mayor parte de las sociedades se hayan limitado a reproducir las previsiones legales o a exponer poco más que criterios programáticos. Son una minoría las sociedades que, en uso de esta libertad de autorregulación, han introducido modificaciones significativas en los reglamentos de sus juntas.

6.2. Convocatoria

6.2.1. Requisitos formales

La SA cotizada está obligada a anunciar la convocatoria de modo que se garantice un acceso a la información rápido y no discriminatorio entre todos los accionistas. A tal fin, se garantizarán medios de comunicación que aseguren la difusión pública y efectiva de la convocatoria, así como el acceso gratuito a la misma por parte de los accionistas en toda la Unión Europea. La difusión del anuncio de convocatoria se hará utilizando, al menos, los siguientes medios: el BORME o uno de los diarios de mayor circulación en España, la página web de la CNMV y la página web de la sociedad convocante (art. 516 LSC).

6.2.2. Requisitos relativos al contenido

Además de las menciones generales el anuncio de la convocatoria incluirá dos tipos de datos:

i) La fecha en la que el accionista deberá tener registradas a su nombre las acciones para poder participar y votar en la junta general, el lugar y la forma en que puede obtenerse el texto completo de los documentos y propuestas de acuerdo, y la dirección de la página web de la sociedad en que estará disponible la información.

ii) Una información clara y exacta de los trámites que los accionistas deberán seguir para participar y emitir su voto en la junta general, y el modo de hacerlo teniendo en cuenta la posibilidad de celebración de juntas exclusivamente telemáticas. Se incluirá en particular; primero, el derecho a solicitar información, a incluir puntos en el orden del día y a presentar propuestas de acuerdo, así como el plazo de ejercicio. No obstante, cuando se haga constar que en la página web de la sociedad se puede obtener información más detallada sobre tales derechos, el anuncio podrá limitarse a indicar el plazo de ejercicio. En segundo lugar, el sistema para la emisión de voto por representación, con especial indicación de los formularios que deban utilizarse para la delegación de voto y de los medios que deban emplearse para que la sociedad pueda aceptar una notificación por vía electrónica de las representaciones conferidas; y, finalmente, los procedimientos establecidos para la emisión del voto a distancia, sea por correo o por medios electrónicos (art. 517 LSC).

De otro lado, en cuanto al complemento de la convocatoria, la facultad de solicitud se atribuye a los accionistas que representen al menos el tres por ciento del capital; pero la publicación del complemento de la convocatoria únicamente procederá cuando los nuevos puntos del orden de día cuya inclusión se solicite vayan acompañados de una justificación o, en su caso, de una propuesta de acuerdo justificada. En ningún caso podrá ejercitarse dicho derecho respecto a la convocatoria de juntas generales extraordinarias (art. 519.1 LSC); sin embargo los accionistas que representen la misma minoría podrán presentar propuestas fundamentadas de acuerdo sobre asuntos ya incluidos o que deban incluirse en el orden del día de la junta convocada. La sociedad asegurará la difusión de estas propuestas y de la documentación que en su caso se adjunte entre el resto de los accionistas a través de la página *web* (art. 519.3 LSC).

6.2.3. Requisitos temporales y espaciales

Cuando la sociedad ofrezca a los accionistas la posibilidad efectiva de votar por medios electrónicos accesibles a todos ellos, las juntas generales extraordinarias podrán ser convocadas con una antelación mínima de quince días. La reducción del plazo de convocatoria requerirá un acuerdo expreso adoptado en junta general ordinaria por, al menos, dos tercios del capital suscrito con derecho a voto, y cuya vigencia no podrá superar la fecha de celebración de la siguiente (art. 515 LSC).

6.3. Derechos administrativos

6.3.1. Igualdad de trato y derechos de minoría

La LSC exige que las sociedades anónimas cotizadas garanticen, en todo momento, la igualdad de trato de todos los accionistas que se hallen en la misma posición, en lo que se refiere a la información, la participación y el ejercicio del derecho de voto en la junta general (art. 514 LSC). Reduce asimismo con carácter general el porcentaje mínimo para el ejercicio de los derechos de minoría, del cinco por ciento al tres por ciento [art. 495.2 a) LSC].

6.3.2. *Derecho de asistencia*

En la SA cotizada, los estatutos no podrán exigir para asistir a la junta general la posesión de más de mil acciones (art. 521 *bis* LSC). El derecho de asistencia y participación en la junta general podrá ejercitarse mediante correspondencia postal, electrónica o cualquier otro medio de comunicación a distancia, en los términos que establezcan los estatutos de la sociedad, siempre que se garantice debidamente la identidad del sujeto que participa y la seguridad de las comunicaciones electrónicas. De conformidad con lo que se disponga en los estatutos, el reglamento de la junta general podrá regular el ejercicio a distancia de tales derechos incluyendo, en especial, alguna o todas las formas siguientes: la transmisión en tiempo real de la junta general y la comunicación bidireccional en tiempo real para que los accionistas puedan dirigirse a la junta general desde un lugar distinto al de su celebración, un mecanismo para ejercer el voto antes o durante la junta sin que resulte necesario nombrar a un representante que esté físicamente presente (art. 521 LSC).

También podrá celebrarse la junta de forma exclusivamente telemática. Su celebración se supedita a que puedan participar efectivamente en la reunión los socios mediante medios de comunicación a distancia apropiados, tales como el video o audio, con la posibilidad de combinarlos con mensajes escritos durante el transcurso de la junta. Los administradores deben implementar las medidas necesarias, teniendo en cuenta el número de socios y las características de la sociedad, al objeto de que los socios puedan ejercitar en tiempo real los derechos de palabra, información, propuesta y voto que les correspondan, como para seguir las intervenciones de los demás asistentes por los medios indicados (art. 182 LSC). Por otra parte, la asistencia no podrá condicionarse, en ningún caso, al registro con una antelación superior a una hora antes del comienzo de la sesión. Y debe asegurarse que los accionistas puedan delegar o ejercitar de forma anticipada el voto mediante cualquiera de los mecanismos señalados con anterioridad (art. 521.3 LSC).

6.3.3. *Derecho de representación*

Los estatutos no podrán limitar el derecho de representación. Las cláusulas estatutarias que limiten el derecho del accionista a hacerse representar por cualquier persona en las juntas generales serán nulas. No obstante, los estatutos podrán prohibir la sustitución del representante por un tercero, sin perjuicio de la designación de una persona física cuando el representante sea una persona jurídica (art. 522.1 LSC). En todo caso, el número de acciones representadas se computará para la válida constitución de la junta (art. 522.5 LSC). Como en el régimen general de la SA, el nombramiento del representante por el accionista y la notificación del nombramiento a la sociedad podrán realizarse por escrito o por medios electrónicos. En este caso, no obstante, la sociedad establecerá el sistema para la notificación electrónica del nombramiento con los requisitos formales, necesarios y proporcionados, para garantizar la identificación del accionista y del representante o representantes que designe. Esta regla rige igualmente para la revocación del nombramiento del representante (art. 522.3 LSC).

El representante podrá tener la representación de más de un accionista sin limitación en cuanto al número de accionistas representados. Cuando ostente representaciones de varios accionistas, podrá emitir votos de signo distinto en función de las instrucciones dadas por cada accionista (art. 522.4 LSC). A este respecto es importante destacar que, en caso de que se hayan emitido instrucciones por parte del accionista representado, el representante emitirá el voto con arreglo a las mismas y tendrá la obligación de conservar dichas instrucciones durante un año desde la celebración de la junta correspondiente (art. 522.2 LSC). Una regla similar se aplica a las entidades intermediarias, entendiendo por tales aquellas que aparezcan legitimadas como accionistas en virtud del registro contable de las acciones pero que actúen por cuenta de diversas personas. Podrán en todo caso fraccionar el voto y ejercitarlo en sentido divergente en cumplimiento de instrucciones de voto diferentes, si así las hubieran recibido. Además, estas entidades podrán delegar el voto a cada uno de los titulares indirectos o a terceros designados por estos, sin que pueda limitarse el número de delegaciones otorgadas (art. 524 LSC).

Se contempla también que las entidades intermediarias legitimadas como accionistas en virtud del registro contable de las acciones deben facilitar a los beneficiarios últimos de los derechos de las acciones, el ejercicio de los derechos de participación y voto en las juntas. Por tanto, ejercerán tales derechos siguiendo las instrucciones del beneficiario último y en su interés (art. 522 bis). Estas entidades intermediarias podrán, en todo caso, fraccionar el voto y ejercitarlo en sentido divergente si reciben instrucciones en este sentido. Además, podrán delegar el voto a cada uno de los beneficiarios últimos o a terceros que ellos designen, sin que quepa la limitación del número de delegaciones otorgadas (art. 524 LSC).

El representante tiene la obligación de informar con detalle al accionista de la existencia de toda situación de conflicto de intereses, antes de aceptar el nombramiento o, si el conflicto surge después, de manera inmediata. Puede existir un conflicto de intereses a estos efectos, en particular, cuando el representante se encuentre en alguna de estas situaciones:

i) Que sea un accionista de control de la sociedad o una entidad controlada por él.

ii) Que sea un miembro del órgano de administración, de gestión o de supervisión de la sociedad o del accionista de control o de una entidad controlada por éste. En el caso de que se trate de un administrador, se aplicará lo dispuesto en el art. 526 LSC.

iii) Que sea un empleado o un auditor de la sociedad, del accionista de control o de una entidad controlada por éste.

iv) Que sea una persona física vinculada con las anteriores. Se considerarán personas físicas vinculadas: el cónyuge o quien lo hubiera sido dentro de los dos años anteriores, o las personas que convivan con análoga relación de afectividad o hubieran convivido habitualmente dentro de los dos años anteriores, así como los ascendientes, descendientes y hermanos y sus cónyuges respectivos. En estos casos, si, tras la revelación de la situación de conflicto, el representante no ha recibido nuevas instrucciones de voto precisas para cada uno de los asuntos sobre los que tenga que votar en nombre del accionista, deberá abstenerse de emitir el voto (art. 523 LSC).

En el supuesto de ejercicio del derecho de voto por un administrador o por un miembro del consejo de control de una SAE domiciliada en España que haya optado por el sistema dual, tras haberse efectuado solicitud pública de representación, además de cumplir los deberes anteriores, el administrador o consejero no podrá ejercitar el derecho de voto correspondiente a las acciones representadas en aquellos puntos del orden del día en los que se encuentre en conflicto de intereses, salvo que hubiese recibido del representado instrucciones de voto precisas para cada uno de dichos puntos. En todo caso, se entenderá que existe conflicto de intereses respecto de las siguientes decisiones:

i) Su nombramiento, reelección o ratificación como administrador o consejero.

ii) Su destitución, separación o cese como administrador o consejero.

iii) El ejercicio contra él de la acción social de responsabilidad.

iv) La aprobación o ratificación, cuando proceda, de operaciones de la sociedad con el administrador o consejero de que se trate, sociedades controladas por él o a las que represente o personas que actúen por su cuenta. La delegación podrá también incluir aquellos puntos que, aun no previstos en el orden del día de la convocatoria, sean tratados, por así permitirlo la ley, en la junta, aplicándose asimismo en estos casos las previsiones anteriores (art. 526 LSC).

Por otra parte, la representación puede ser conferida a asociaciones de accionistas. Estas asociaciones podrán ser constituidas por los accionistas de cada sociedad cotizada para ejercer la representación de los accionistas en las juntas generales y los demás derechos reconocidos en la LSC. Su régimen jurídico básico está determinado en la propia LSC y comprende los siguientes extremos:

i) Tendrán como objeto exclusivo la defensa de los intereses de los accionistas, evitando incurrir en situaciones de conflicto de interés que puedan resultar contrarias a dicho objeto.

ii) Estarán integradas, al menos, por cien personas, no pudiendo formar parte de ellas los accionistas con una participación superior al 0,5 por ciento del capital con derecho de voto de la sociedad

iii) Estarán constituidas mediante escritura pública, en la que se fijarán las normas de organización y funcionamiento de la asociación. Deberán inscribirse en el RM correspondiente al domicilio de la sociedad cotizada y, a los meros efectos de publicidad, en un registro especial habilitado al efecto en la CNMV.

iv) Llevarán una contabilidad conforme a lo establecido en el Código de Comercio para las sociedades mercantiles, someterán sus cuentas anuales a auditoría de cuentas y deberán depositarlas en el RM, junto con el informe de auditoría, y una memoria expresiva de la actividad desarrollada, remitiendo copia de estos documentos a la CNMV. Como documento anejo a los anteriores, remitirán también a la CNMV una relación de los miembros de la asociación al día en que hubiere finalizado el ejercicio anterior.

v) Llevarán un registro de las representaciones que les hubieran sido conferidas por accionistas para que les representen en las juntas generales que se celebren, así como de las representaciones con que hubieran concurrido a cada una de las juntas, con expresión de la identidad del accionista representado y del número de acciones con que hubiera concurrido en su nombre. El registro de representaciones estará a disposición de la CNMV y de la entidad emisora. Finalmente, cabe destacar que estas asociaciones no podrán recibir, de forma directa o indirecta, cantidad o ventaja patrimonial alguna de la sociedad cotizada (art. 539 LSC).

6.3.4. Derecho de voto

En las sociedades cotizadas las cláusulas estatutarias que, directa o indirectamente, fijen con carácter general el número máximo de votos que pueden emitir un mismo accionista, las sociedades pertenecientes a un mismo grupo o quienes actúen de forma concertada con los anteriores, quedarán sin efecto cuando, tras una oferta pública de adquisición, el oferente haya alcanzado un porcentaje igual o superior al 70 por ciento del capital que confiera derechos de voto, salvo que dicho oferente no estuviera sujeto a medidas de neutralización equivalentes o no las hubiera adoptado (art. 527 LSC).

Como importante especialidad respecto de la SA ordinaria, en los estatutos de una sociedad cotizada se puede prever la existencia de acciones con voto adicional doble por lealtad (art. 527 ter). Se trata de acciones a las que se atribuye el doble de los votos que les corresponderían en función de su valor nominal. Este privilegio se podrá otorgar a cada acción de la que haya sido titular el mismo accionista durante dos años consecutivos ininterrumpidos desde la inscripción en el libro registro especial de acciones con voto doble que deberá crear la sociedad que tenga esta clase de acciones. Salvo disposición contraria de los estatutos, estos votos dobles por lealtad serán tenidos en cuenta a efectos del cómputo del quórum y de las mayorías (art. 527 quinquies). En la ley se prevé además el régimen del voto doble por lealtad en sociedades que soliciten la admisión a negociación en un mercado regulado (art. 527 octies), el cómputo y acreditación del período de lealtad (art. 527 nonies) y el régimen de transmisión de las acciones por el accionista con voto doble (art. 527 decies).

En cuanto a la forma de emisión del voto, se reproduce en esta sede la opción que puede concederse a los accionistas en sede de SA de ejercitar el derecho mediante correspondencia postal, electrónica o a través de cualquier otro medio de comunicación a distancia, siempre que se garantice debidamente la identidad del sujeto que ejerce su derecho de voto y la seguridad de las comunicaciones electrónicas (art. 189 LSC), añadiéndose que, de conformidad con lo que se disponga en los estatutos, el reglamento de la junta general podrá regular el ejercicio a distancia de tales derechos incluyendo, en especial, alguna o todas las formas siguientes: i) La transmisión en tiempo real de la junta general; ii) La comunicación bidireccional en tiempo real para que los accionistas puedan dirigirse a la junta general desde un lugar distinto al de su celebración; y, iii) Un mecanismo para ejercer el voto antes o durante la junta general sin necesidad de nombrar a un representante que esté físicamente presente en la junta (art. 521 LSC).

6.3.5. Derecho de información

En el derecho de información está comprendido el derecho de información en sentido estricto y el derecho de examen de documentos. Este último impone a la sociedad la obligación de poner a disposición del socio los documentos especificados en la Ley en los plazos determinados por ella y a hacer constar el derecho del socio a examinarlos. En las sociedades cotizadas este derecho ha sufrido una extensión tanto en lo relativo a su objeto, como al tiempo y la forma de suministrar los documentos. Desde la publicación del anuncio de convocatoria y hasta la celebración de la junta general, la sociedad deberá publicar ininterrumpidamente en su página web, al menos, el anuncio de la convocatoria, el número total de acciones y derechos de voto en la fecha de la convocatoria, desglosados por clases de acciones, si existieran; los documentos que deban ser objeto de presentación a la junta general y, en particular, los informes de administradores, auditores de cuentas y expertos independientes; los textos completos de las propuestas de acuerdo sobre todos y cada uno de los puntos del orden del día o, en relación con aquellos puntos de carácter meramente informativo, un informe de los órganos competentes comentando cada uno de dichos puntos. A medida que se reciban, se incluirán también las propuestas de acuerdo presentadas por los accionistas. En el caso de nombramiento, ratificación o reelección de miembros del consejo de administración, la identidad, el currículo y la categoría a la que pertenezca cada uno de ellos, así como la propuesta de nombramiento, el informe justificativo del consejo en el que se valore la competencia, experiencia y méritos del candidato propuesto y el informe de la comisión de nombramientos y retribuciones, en caso de propuestas relativas a consejeros no independientes. Si se tratase de persona jurídica, la información deberá incluir la correspondiente a la persona física que se vaya a nombrar para el ejercicio permanente de las funciones propias del cargo. Finalmente, la sociedad publicará los formularios que deberán utilizarse para el voto por representación y a distancia, salvo cuando sean enviados directamente por la sociedad a cada accionista. En el caso de que no puedan publicarse en la página web por causas técnicas, la sociedad deberá indicar en ésta cómo obtener los formularios en papel, que deberá enviar a todo accionista que lo solicite (arts. 518 LSC y 529 decies LSC).

El derecho de información en sentido estricto otorga al socio la facultad de solicitar a los administradores informaciones o aclaraciones. Se trata de un derecho restringido en cuanto al objeto y al tiempo y forma en que ha de requerirse y suministrarse la información.

El objeto, en comparación con la SA ordinaria, es más amplio en la sociedad cotizada. Se extiende a toda la información accesible al público que se hubiera facilitado por la sociedad a la CNMV desde la celebración de la última junta general y acerca del informe del auditor (art. 520.1 LSC).

En cuanto al tiempo y la forma de requerir y suministrar la información, la solicitud puede efectuarse, igual que en SA ordinaria, por escrito, con anterioridad a la reunión de la junta general, o verbalmente durante la misma, pero, tratándose de la primera, en la sociedad cotizada se limita el plazo, puesto que únicamente procede hasta el quinto día anterior al previsto para la celebración de la junta (art. 520.1 LSC). Por otro lado, sin perjuicio del derecho de los accionistas a solicitar la información en forma impresa, la sociedad deberá cumplir los deberes de información por cualquier medio técnico, informático o telemático. A este respecto, está obligada a disponer de una página web para atender el ejercicio, por parte de los accionistas, del derecho de información, y para difundir la información relevante exigida por la legislación sobre el mercado de valores (art. 539 LSC). Las solicitudes válidas de informaciones, aclaraciones o preguntas realizadas por escrito y las contestaciones facilitadas por escrito por los administradores se incluirán en la página web de la sociedad (art. 520.2 LSC), de modo que los administradores no estarán obligados a responder a preguntas concretas de los accionistas cuando, con anterioridad a su formulación, la información solicitada esté clara y directamente disponible para todos los accionistas en la página web de la sociedad bajo el formato pregunta-respuesta. En esta hipótesis podrán limitar su contestación a remitirse a la información facilitada en dicho formato (art. 520.3 LSC).

Adicionalmente, en la página web de la sociedad se habilitará un foro electrónico de accionistas, al que podrán acceder con las debidas garantías tanto los accionistas individuales como las asociaciones voluntarias que puedan constituir, con el fin de facilitar su comunicación con carácter previo a la celebración de las juntas generales. En el foro podrán publicarse propuestas que pretendan presentarse como complemento del orden del día anunciado en la convocatoria, solicitudes de adhesión a tales propuestas, iniciativas para alcanzar el porcentaje suficiente para ejercer un derecho de minoría previsto en la Ley, así como ofertas o peticiones de representación voluntaria (art. 539 LSC).

6.4. Adopción de acuerdos

En materia de adopción de acuerdos, la LSC obliga a las sociedades cotizadas a determinar, para cada acuerdo sometido a votación de la junta general, como mínimo, el número de acciones respecto de las que se hayan emitido votos válidos, la proporción de capital social representado por dichos votos, el número total de votos válidos, el número de votos a favor y en contra de cada acuerdo y, en su caso, el número de abstenciones. Los acuerdos aprobados y el resultado de las votaciones se publicarán íntegros en la página web de la sociedad dentro de los cinco días siguientes a la finalización de la junta general (art. 525 LSC).

En el caso de que el voto se hubiera ejercido por medios electrónicos, se establecen mecanismos para garantizar el proceso de votación, consistentes en la obligación de la sociedad de confirmar la recepción del voto, así como que ha sido correctamente registrado y contabilizado a los accionistas, a sus representantes o al beneficiario último de los derechos (art. 527 bis).

En el caso de junta celebrada de forma exclusivamente telemática será preciso que el acta de la reunión sea levantada por notario (art. 521 LSC).

7. *Especialidades de la Administración*

7.1. El Consejo de Administración. El Reglamento del Consejo de Administración

Las sociedades cotizadas deberán ser administradas por un consejo de administración (art. 529 *bis* 1 LSC). El consejo de administración, con informe a la junta general, aprobará un reglamento de normas de régimen interno y funcionamiento del propio consejo, de acuerdo con la ley y los estatutos, que contendrá las medidas concretas tendentes a garantizar la mejor administración de la sociedad (art. 528.1 LSC). El reglamento será objeto de comunicación a la CNMV, acompañando copia del documento en que conste. Efectuada esta comunicación se inscribirá en el RM y, una vez inscrito, se publicará por la CNMV (art. 529 LSC). Se publicará asimismo en la página web de la sociedad. Adicionalmente, el consejo está obligado a realizar, anualmente, una evaluación de su funcionamiento y el de sus comisiones y proponer, sobre la base de su resultado, un plan de acción que corrija las deficiencias detectadas. El resultado de la evaluación se consignará en el acta de la sesión o se incorporará a ésta como anejo (art. 529 nonies LSC).

7.2. Composición

El consejo de administración únicamente podrá estar integrado por personas físicas, salvo en el supuesto de entidades del sector público (art. 529 bis).

En materia de composición, la LSC distingue tres tipos de consejeros. Son consejeros ejecutivos aquellos que desempeñen funciones de dirección en la sociedad o su grupo, cualquiera que sea el vínculo jurídico que mantengan con ella. No obstante, los consejeros que sean altos directivos o consejeros de sociedades pertenecientes al grupo de la entidad dominante de la sociedad tendrán en esta la consideración de dominicales. Sin embargo, cuando un consejero desempeñe funciones de dirección y, al mismo tiempo, sea o represente a un accionista significativo o que esté representado en el consejo de administración, se considerará como ejecutivo. Son consejeros no ejecutivos los restantes consejeros de la sociedad, pudiendo ser independientes u otros externos y dominicales (art. 529 duodecies LSC).

Se considerarán consejeros independientes aquellos que, designados en atención a sus condiciones personales y profesionales, puedan desempeñar sus funciones sin verse condicionados por relaciones con la sociedad o su grupo, sus accionistas significativos o sus directivos. No podrán ser considerados en ningún caso como consejeros independientes quienes se encuentren en cualquiera de las situaciones previstas de modo expreso en la LSC. Los estatutos sociales y el reglamento del consejo de administración podrán prever, a estos efectos, otras situaciones de incompatibilidad distintas de las señaladas en la LSC o someter la consideración como independiente de un consejero a condiciones más estrictas que las anteriores. Un consejero que posea una participación accionarial en la sociedad podrá tener la condición de independiente, siempre que su participación no sea significativa, no haya sido designado por su condición de accionista y no represente a accionistas en quienes concurran esas mismas circunstancias (art. 529 duodecies LSC).

Se considerarán consejeros dominicales aquellos que posean una participación accionarial igual o superior a la que se considere legalmente como significativa o que hubieran sido designados por su condición de accionistas, aunque su participación accionarial no alcance dicha cuantía, así como quienes representen a accionistas en los que concurran esas mismas circunstancias. Los consejeros dominicales que pierdan tal condición como consecuencia de la venta de su participación por el accionista al que representaban solo podrán ser reelegidos como consejeros independientes cuando el accionista al que representaran hasta ese momento hubiera vendido la totalidad de sus acciones en la sociedad (art. 529 duodecies LSC).

A efectos de su inscripción en el RM, el acuerdo de la junta general o del consejo deberá contener la categoría del consejero, siendo dicha mención suficiente para su inscripción y sin que el registrador mercantil pueda entrar a valorar el cumplimiento de los requisitos para la adscripción a la referida categoría. En todo caso, una asignación incorrecta de la categoría de consejero no afectará a la validez de los acuerdos adoptados por el consejo de administración (art. 529 duodecies LSC).

7.3. Nombramiento y duración del cargo

Los miembros del consejo de administración de la sociedad cotizada serán nombrados por la junta general de accionistas o, en caso de vacante anticipada, por el propio consejo por cooptación. La cooptación se regirá por el régimen de la SA con dos excepciones: i) El administrador designado por el consejo no tendrá que ser, necesariamente, accionista de la sociedad; y, ii) De producirse la vacante una vez convocada la junta general y antes de su celebración, el consejo de administración podrá designar un consejero hasta la celebración de la siguiente junta general (art. 529 *decies* 1, 2 ~~y 7~~ LSC). Por lo demás, en esta clase de sociedades no se admite el nombramiento de suplentes (art. 529 decies 3 LSC).

La propuesta de nombramiento o reelección de los miembros del consejo de administración corresponde a la comisión de nombramientos y retribuciones, si se trata de consejeros independientes, y al propio consejo, en los demás casos.

Deberá ir acompañada en todo caso de un informe justificativo del consejo en el que se valore la competencia, experiencia y méritos del candidato propuesto, que se unirá al acta de la junta general o del propio consejo. La propuesta de nombramiento o reelección de cualquier consejero no independiente deberá ir precedida, además, de informe de la comisión de nombramientos y retribuciones. La propuesta de representante persona física deberá someterse al informe de la comisión de nombramientos y retribuciones (art. 529 decies 4 a 6 LSC). En cualquier caso, el consejo de administración deberá velar por que los procedimientos de selección de sus miembros favorezcan la diversidad de género, de experiencias y de conocimientos y no adolezcan de sesgos implícitos que puedan implicar discriminación alguna y, en particular, que faciliten la selección de consejeras (art. 529 *bis* 2 LSC).

La duración del mandato de los consejeros será la que determinen los estatutos sociales, sin que en ningún caso exceda de cuatro años. No obstante, podrán ser reelegidos para el cargo, una o varias veces, por periodos de igual duración máxima (art. 529 *undecies* LSC).

7.4. Organización

En la organización del consejo de administración la LSC impone la creación, en su seno, de dos comisiones especializadas. El consejo de administración deberá constituir, al menos, una comisión de auditoría y una comisión de nombramientos y retribuciones, con la composición y las funciones mínimas que se indican en la propia LSC (art. 529 terdecies 2 LSC).

El número miembros de la comisión de auditoría se determinará en los Estatutos de la sociedad o en el Reglamento del consejo de administración, de conformidad con lo que en aquellos se disponga; pero, en todo caso, estará compuesta exclusivamente por consejeros no ejecutivos nombrados por el consejo de administración, la mayoría de los cuales, al menos, deberán ser consejeros independientes, entre quienes se designará, además, al presidente, que, por otra parte, deberá ser sustituido cada cuatro años, aunque puede ser reelegido una vez transcurrido un año desde su cese. En su conjunto, los miembros de la comisión tendrán los conocimientos técnicos pertinentes en relación con el sector de actividad al que pertenezca la entidad auditada y, al menos uno de ellos, será designado teniendo en cuenta sus conocimientos y experiencia en materia de contabilidad, auditoría o en ambas.

El funcionamiento de la comisión de auditoría también será determinado; bien en los Estatutos de la sociedad, bien en el Reglamento del consejo de administración, de conformidad con lo que en aquellos se disponga, debiendo favorecerse la independencia en el ejercicio de las funciones. Sin perjuicio de ello, la comisión tendrá, como mínimo, las siguientes funciones (art. 529 quaterdecies LSC):

i) Informar a la junta general de accionistas sobre las cuestiones que se planteen en relación con aquellas materias que sean competencia de la comisión y, en particular, sobre el resultado de la auditoría explicando cómo esta ha contribuido a la integridad de la información financiera y la función que la comisión ha desempeñado en ese proceso.

ii) Supervisar la eficacia del control interno de la sociedad, la auditoría interna y los sistemas de gestión de riesgos, así como discutir con el auditor de cuentas las debilidades significativas del sistema de control interno detectadas en el desarrollo de la auditoría, todo ello sin quebrantar su independencia. A tales efectos, y en su caso, podrán presentar recomendaciones o propuestas al órgano de administración y el correspondiente plazo para su seguimiento

iii) Supervisar el proceso de elaboración y presentación de la información financiera preceptiva y presentar recomendaciones o propuestas al órgano de administración, dirigidas a salvaguardar su integridad.

iv) Elevar al consejo de administración las propuestas de selección, nombramiento, reelección y sustitución del auditor de cuentas, responsabilizándose del proceso de selección, de conformidad con lo previsto en el Reglamento (UE) nº 537/2014, de 16 de abril, así como las condiciones de su contratación y recabar regularmente de él información sobre el plan de auditoría y su ejecución.

v) Preservar la independencia del auditor en el ejercicio de sus funciones, vigilando y supervisando toda actuación del mismo que pueda suponer una amenaza o riesgo para la citada independencia de conformidad con la normativa comunitaria e interna sobre auditoría de cuentas y emitir anualmente, con carácter previo a la emisión del informe de auditoría de cuentas, un informe en el que se expresará una opinión sobre si la reiterada independencia resulta comprometida.

vi) Informar, con carácter previo, al consejo de administración sobre todas las materias previstas en la Ley, los Estatutos sociales y en el Reglamento del consejo y en particular, sobre la información financiera que la sociedad deba hacer pública periódicamente, la creación o adquisición de participaciones en entidades de propósito especial o domiciliadas en países o territorios que tengan la consideración de paraísos fiscales y las operaciones con partes vinculadas, salvo que esta funciones estén atribuidas estatutariamente a otra comisión y ésta esté compuesta únicamente por consejeros no ejecutivos y por, al menos, dos consejeros independientes, uno de los cuales deberá ser el presidente.

vii) Informar sobre las operaciones vinculadas que deban ser aprobadas por la junta general o el consejo de administración y supervisar el procedimiento interno que se haya fijado para los casos en los que la aprobación de estas operaciones haya sido delegada.

viii) Informar, con carácter previo, al consejo de administración sobre todas las materias previstas en la ley, en los estatutos, en el reglamento y en particular sobre: la información financiera y el informe de gestión; y la creación o adquisición de participaciones en entidades de propósito especial o domiciliadas en territorios considerados paraísos fiscales.

La comisión de nombramientos y retribuciones estará compuesta exclusivamente por consejeros no ejecutivos nombrados por el consejo de administración, dos de los cuales, al menos, deberán ser consejeros independientes. Los estatutos de la sociedad o el reglamento del consejo de administración, de conformidad con lo que en aquellos se disponga, establecerán el número de miembros y regularán el funcionamiento de la comisión, debiendo favorecer la independencia en el ejercicio de sus funciones. No obstante ello, el presidente de la comisión será designado de entre los consejeros independientes que formen parte de ella. Y respecto de las funciones, sin perjuicio de otras que le atribuyan los estatutos sociales o de conformidad con ellos, el reglamento del consejo de administración, la comisión de nombramientos y retribuciones tendrá, como mínimo, las siguientes (art. 529 quindecies LSC):

i) Evaluar las competencias, conocimientos y experiencia necesarios en el consejo de administración. A estos efectos, definirá las funciones y aptitudes necesarias en los candidatos que deban cubrir cada vacante y evaluará el tiempo y dedicación precisos para que puedan desempeñar eficazmente su cometido.

ii) Establecer un objetivo de representación para el sexo menos representado en el consejo de administración y elaborar orientaciones sobre cómo alcanzar dicho objetivo.

iii) Elevar al consejo de administración las propuestas de nombramiento de consejeros independientes para su designación por cooptación o para su sometimiento a la decisión de la junta general de accionistas, así como las propuestas para la reelección o separación de dichos consejeros por la junta general de accionistas.

iv) Informar las propuestas de nombramiento de los restantes consejeros para su designación por cooptación o para su sometimiento a la decisión de la junta general de accionistas, así como las propuestas para su reelección o separación por la junta general de accionistas.

v) Informar las propuestas de nombramiento y separación de altos directivos y las condiciones básicas de sus contratos.

vi) Examinar y organizar la sucesión del presidente del consejo de administración y del primer ejecutivo de la sociedad y, en su caso, formular propuestas al consejo de administración para que dicha sucesión se produzca de forma ordenada y planificada.

vii) Proponer al consejo de administración la política de retribuciones de los consejeros y de los directores generales o de quienes desarrollen sus funciones de alta dirección bajo la dependencia directa del consejo, de comisiones ejecutivas o de consejeros delegados, así como la retribución individual y las demás condiciones contractuales de los consejeros ejecutivos, velando por su observancia

De conformidad con lo que establezcan los estatutos o el reglamento del consejo de administración, el consejo podrá, o deberá, constituir, en lugar de esta última comisión, dos comisiones separadas, una de nombramientos y otra de retribuciones (art. 529 quindecies LSC). Asimismo podrá constituir otras comisiones especializadas, determinando su composición, designando a sus miembros y estableciendo las funciones que asume cada una de ellas (art. 529 terdecies 1 LSC)

7.5. Funcionamiento

En este aspecto, la LSC se ocupa de atribuir a los consejeros el deber de asistencia a las sesiones del consejo y dos derechos, el de representación y el de información. Los consejeros deben asistir personalmente a las sesiones que se celebren. No obstante lo anterior, podrán delegar su representación en otro consejero. Los consejeros no ejecutivos solo podrán hacerlo en otro no ejecutivo (art. 529 quáter LSC). De otro lado, salvo que el consejo de administración se hubiera constituido o hubiera sido excepcionalmente convocado por razones de urgencia, los consejeros deberán contar previamente y con suficiente antelación con la información necesaria para la deliberación y la adopción de acuerdos sobre los asuntos a tratar. El presidente del consejo de administración, con la colaboración del secretario, deberá velar por el cumplimiento de esta disposición (art. 529 quinquies LSC).

Asimismo, la LSC regula dos cargos necesarios, el presidente y el secretario del consejo. El consejo de administración nombrará necesariamente a su presidente. El presidente será designado entre sus miembros, previo informe de la comisión de nombramientos y retribuciones. El consejo podrá nombrar también a uno o a varios vicepresidentes (art. 529 sexies 1 LSC). Siguiendo la tradición española el presidente del consejo de administración no se configura como un sujeto especialmente orientado a la dirección de los asuntos sociales, ni ostenta funciones ejecutivas relativas a la gestión de la empresa. Sus funciones, por el contrario, se centran en la coordinación de las actuaciones de cada uno de los miembros del consejo, el arbitraje en la resolución de diferencias entre los mismos y en el impulso de su funcionamiento como órgano de supervisión y control de la gestión.

La LSC responde a este planteamiento al disponer que el presidente es el máximo responsable del eficaz funcionamiento del consejo de administración, atribuyéndole; sin perjuicio de otras otorgadas por la ley y los estatutos sociales o el reglamento del consejo de administración, las siguientes facultades: i) Convocar y presidir las reuniones del consejo de administración, fijando el orden del día de las reuniones y dirigiendo las discusiones y deliberaciones; ii) Salvo disposición estatutaria en contra, presidir la junta general de accionistas; iii) Velar por que los consejeros reciban con carácter previo la información suficiente para deliberar sobre los puntos del orden de día; y, iv) Estimular el debate y la participación activa de los consejeros durante las sesiones, salvaguardando su libre toma de posición (art. 529 sexies 2 LSC).

No obstante ello permite, salvo disposición estatutaria en contrario, que los cargos de presidente y primer ejecutivo coincidan en la misma persona al autorizar que el cargo de presidente recaiga en un consejero ejecutivo (art. 529 septies 1 LSC). Esta orientación encuentra cierta justificación en la práctica de nuestras sociedades cotizadas, en cuyo ámbito, al modo de ciertos ordenamientos foráneos, existe hoy una fuerte tendencia a fortalecer por vía estatutaria o mediante acuerdos del propio consejo los poderes del presidente convirtiéndole en presidente-ejecutivo, el primero de los ejecutivos en la literatura del Gobierno Corporativo. Sin embargo, a pesar de las ventajas eventualmente asociadas a esta opción, no dejan de advertirse disfunciones por cuanto, en definitiva, vienen a hacerse coincidir en el mismo sujeto las funciones ejecutivas y las de control de dichas funciones. A fin de evitar en cierta forma esa indeseable situación, que, en definitiva, elimina el control real, la LSC ha establecido dos correctivos. Por un lado, dispone que, en este caso, la designación del presidente requerirá el voto favorable de los dos tercios de los miembros del consejo de administración (art. 529 septies 1 LSC). Por otro, si, finalmente, se produce el nombramiento, obliga a desplazar la facultad de control en su máxima expresión a otra persona del consejo. Establece que si el presidente ostenta la condición de consejero ejecutivo, el consejo de administración, con la abstención de los consejeros ejecutivos, deberá nombrar necesariamente a un consejero coordinador entre los consejeros independientes, que estará especialmente facultado para solicitar la convocatoria del consejo de administración o la inclusión de nuevos puntos en el orden del día de un consejo ya convocado, coordinar y reunir a los consejeros no ejecutivos y dirigir, en su caso, la evaluación periódica del presidente del consejo de administración (art. 529 septies 2 LSC).

El consejo de administración designará, también necesariamente, a un secretario y, en su caso, a uno o a varios vicesecretarios, previo informe de la comisión de nombramientos y retribuciones. El mismo procedimiento se seguirá para acordar la separación del secretario y, en su caso, de cada vicesecretario. El secretario y los vicesecretarios podrán o no ser consejeros. El secretario, además de las funciones asignadas por la ley y los estatutos sociales o el reglamento del consejo de administración, debe desempeñar las siguientes i) Conservar la documentación del consejo de administración, dejar constancia en los libros de actas del desarrollo de las sesiones y dar fe de su contenido y de las resoluciones adoptadas; ii) Velar por que las actuaciones del consejo de administración se ajusten a la normativa aplicable y sean conformes con los estatutos sociales y demás normativa interna; y, iii) Asistir al presidente para que los consejeros reciban la información relevante para el ejercicio de su función con la antelación suficiente y en el formato adecuado (art. 529 octies LSC).

7.6. La delegación de funciones

El catálogo de materias indelegables se amplía en la sociedad cotizada (art. 529 *ter* 1 LSC); sin embargo el carácter indelegable pierde parte de su consistencia puesto que se permite que los órganos delegados adopten las decisiones correspondientes a dichos asuntos cuando concurran circunstancias de urgencia, debidamente justificadas, aunque deberán ser ratificadas en el primer consejo de administración que se celebre tras la adopción de la decisión (art. 529 *ter* 2 LSC).

7.7. La retribución

A diferencia de lo que sucede en el régimen general, en la sociedad cotizada, salvo disposición contraria de los estatutos sociales, el cargo de consejero es remunerado (art. 529 *sexdecies* LSC). En el ámbito de la misma destaca en particular la necesidad de contar con una política de remuneraciones de los consejeros.

La política de remuneraciones de los consejeros determinará la remuneración de los consejeros en su condición de tales, dentro del sistema de remuneración previsto estatutariamente, y deberá incluir necesariamente el importe máximo de la remuneración anual a satisfacer al conjunto de los consejeros y los criterios para su distribución atendiendo a las funciones y responsabilidades atribuidas a cada uno de ellos (arts. 529 septdecies 1 y 529 novodecies 1 LSC).

Ajustándose en lo que corresponda al sistema de remuneración estatutariamente previsto, el órgano competente para aprobar la política es la junta general. La propuesta de la política será motivada y deberá acompañarse de un informe específico de la comisión de nombramientos y retribuciones. Ambos documentos se pondrán a disposición de los accionistas en la página web de la sociedad desde la convocatoria de la junta general, quienes podrán solicitar, además, su entrega o envío gratuito. El anuncio de la convocatoria de la junta general hará mención de este derecho. Esta política se aprobará al menos cada tres años como punto separado del orden del día y mantendrá su vigencia durante los tres ejercicios siguientes a aquel en que haya sido aprobada por la junta general. No obstante, en caso de que el informe anual sobre remuneraciones de los consejeros fuera rechazado en la votación consultiva de la junta general ordinaria, la política de remuneraciones aplicable para el ejercicio siguiente deberá someterse a la aprobación de la junta general con carácter previo a su aplicación, aunque no hubiese transcurrido el plazo de tres años anteriormente mencionado. Cualquier remuneración que perciban los consejeros por el ejercicio o terminación de su cargo será acorde con la política de remuneraciones de los consejeros vigente en cada momento, salvo las remuneraciones que expresamente haya aprobado la junta general de accionistas (art. 529 *novodecies* LSC).

La política de remuneraciones deberá cumplir un conjunto de requisitos que marca la ley (art. 529 novodecies.2 LSC)

i) Deberá contribuir a la estrategia empresarial y a la sostenibilidad, explicando el modo en qué lo hace

ii) Resultará clara y comprensible y describirá los distintos componentes de la remuneración fija y variable,

iii) Determinará de qué forma se han tenido en cuenta las condiciones de retribución y empleo de los trabajadores de la sociedad al fijar la política de remuneraciones.

iv) En el supuesto de remuneración variable, la política de remuneraciones establecerá criterios claros, completos y variados para esa concesión y señalará los criterios de rendimiento financiero y no financiero, incluidos, en su caso, los relativos a la responsabilidad social de las empresas

v) Informará sobre cualquier período de diferimiento y sobre la posibilidad que tenga la sociedad de exigir la devolución de la remuneración variable.

vi) En el supuesto de que la sociedad conceda remuneración basada en acciones, la política especificará los períodos de devengo, así como, en su caso, la retención de las acciones tras la consolidación, y explicará la forma en que dicha remuneración contribuye a la consecución de los objetivos establecidos en la letra i).

vii) Especificará la duración de los contratos o acuerdos con los consejeros, los plazos de preaviso aplicables, las principales características de los sistemas de pensión complementaria o jubilación anticipada, las condiciones de terminación y los pagos vinculados a esta.

viii) Explicará el proceso de toma de decisiones que se ha seguido para su determinación, revisión y aplicación, incluidas las medidas destinadas a evitar o gestionar los conflictos de intereses y, en su caso, la función de la comisión de nombramientos y retribuciones y de las demás comisiones que hubieran podido intervenir.

ix) En caso de revisión de la política, se describirán y explicarán todos los cambios significativos y cómo se han tenido en cuenta las votaciones realizadas y los puntos de vista recibidos de los accionistas sobre la política y los informes anuales de remuneraciones de consejeros desde la fecha de la votación más reciente que haya tenido lugar sobre la política de remuneraciones en la junta general de accionistas.

Por el contrario, la determinación de la remuneración de cada consejero en su condición de tal corresponderá al consejo de administración, que tendrá en cuenta a tal efecto las funciones y responsabilidades atribuidas a cada consejero, la pertenencia a comisiones del consejo y las demás circunstancias objetivas que considere relevantes (art. *529* septdecies 2 LSC).

La remuneración de los consejeros por el desempeño de las funciones ejecutivas también se ajustará a la política de remuneraciones de los consejeros aprobada por la junta general. Con sujeción a dicha política, corresponde al consejo de administración fijar la retribución de los consejeros por el desempeño de funciones ejecutivas y los términos y condiciones de sus contratos con la sociedad de conformidad con el régimen general (art. 529 *octodecies* LSC).

Las sociedades podrán aplicar excepciones de carácter temporal a la política de remuneraciones, siempre que en esa política se prevea el procedimiento y las condiciones en las que se pueden realizar las mismas (art. 529 novodecies 6 y 7 LSC).

8. *Pactos parasociales sujetos a publicidad*

La LCS se refiere a los pactos parasociales que incluyan la regulación del ejercicio del derecho de voto en las juntas generales y a los que restrinjan o condicionen la libre transmisibilidad de las acciones o de las obligaciones convertibles o canjeables emitidas por una sociedad anónima cotizada. Dispone asimismo que sus previsiones resultan de aplicación a los pactos parasociales entre socios o miembros de una entidad que ejerza el control sobre una sociedad cotizada (arts. 530 y 534 LSC). Ambos tipos de pactos parasociales están sometidos a una disciplina específica en caso de SA cotizada. Su celebración, prórroga o modificación habrán de ser comunicadas con carácter inmediato a la sociedad y a la CNMV.

Han de ser depositados en el RM y publicados como hechos relevantes (art. 531 LSC). Cualquiera de los firmantes del pacto parasocial estará legitimado para realizar las comunicaciones y el depósito a los que se refiere el artículo anterior, incluso aunque el propio pacto prevea su realización por alguno de ellos o un tercero. En casos de usufructo y prenda de acciones, la legitimación corresponderá a quien tenga el derecho de voto (art. 532 LSC). En tanto no tengan lugar las comunicaciones, el depósito y la publicación como hecho relevante, el pacto parasocial no producirá efecto alguno en cuanto a las referidas materias (art. 533 LSC). Sin embargo, todo ello puede ser dispensado, por la CNMV cuando la publicidad pueda ocasionar un grave daño a la sociedad. En la decisión se indicará el tiempo de vigencia de la dispensa (art. 535 LSC).

9. Cuentas Anuales y otros documentos societarios

Las sociedades cuyos valores estén admitidos a negociación en un mercado regulado de cualquier Estado miembro de la Unión Europea, no podrán formular balance y estado de cambios en el patrimonio neto abreviados ni cuenta de pérdidas y ganancias abreviadas (art. 536 LSC). Se les impone, además, un deber de información complementaria cuando, de acuerdo con la normativa en vigor, publiquen únicamente cuentas anuales individuales. En este caso, estarán obligadas a informar en la memoria de las principales variaciones que se originarían en el patrimonio neto y en la cuenta de pérdidas y ganancias si se hubieran aplicado las normas internacionales de información financiera adoptadas por los Reglamentos de la Unión Europea, indicando los criterios de valoración que hayan aplicado (art. 537 LSC).

Asimismo se amplía el contenido del informe de gestión por cuanto debe incluir, en una sección separada, el informe de gobierno corporativo (arts. 538 y 540 LSC). Dicho informe deberá ofrecer una explicación detallada de la estructura del sistema de gobierno de la sociedad y de su funcionamiento en la práctica. Su contenido, que está determinado reglamentariamente, incluye, como mínimo, la estructura de propiedad de la sociedad, cualquier restricción a la transmisibilidad de valores y al derecho de voto, la estructura de la administración de la sociedad, las operaciones vinculadas de la sociedad con sus accionistas y sus administradores y cargos directivos y operaciones intragrupo, los sistemas de control del riesgo, el funcionamiento de la junta general, con información relativa al desarrollo de las reuniones que celebre, el grado de seguimiento de las recomendaciones de gobierno corporativo, o, en su caso, la explicación de la falta de seguimiento de dichas recomendaciones y una descripción de las principales características de los sistemas internos de control y gestión de riesgos en relación con el proceso de emisión de la información financiera. Este informe se hará público con carácter anual y será objeto de comunicación a la CNMV, acompañando copia del documento en que conste. La CNMV remitirá copia del informe a las respectivas autoridades de supervisión cuando se trate de sociedades cotizadas que estén dentro de su ámbito de competencias y procederá a su publicación como hecho relevante, siendo accesible al público a través de la página web de la CNMV, www.cnmv.es, y la de la propia sociedad (art. 540 LSC).

Las sociedades anónimas cotizadas deberán elaborar también un informe anual sobre las remuneraciones de sus consejeros, que comprenderá las que perciban o deban percibir en su condición de tales y, en su caso, por el desempeño de funciones ejecutivas. Dicho informe incluirá información completa, clara y comprensible sobre la política de remuneraciones de los consejeros aplicable al ejercicio en curso. Contendrá también un resumen global sobre la aplicación de la política de remuneraciones durante el ejercicio cerrado, así como el detalle de las remuneraciones individuales devengadas por todos los conceptos por cada uno de los consejeros en dicho ejercicio. El informe se difundirá como otra información relevante por la sociedad de forma simultánea al informe anual de gobierno corporativo y se mantendrá accesible en la página web de la sociedad y en la de CNMV (art. 541 LSC). El informe se someterá a votación, con carácter consultivo, como punto separado del orden del día a la junta general ordinaria de accionistas, se publicará y se difundirá como hecho relevante por la sociedad de forma simultánea al informe anual de gobierno corporativo (art. 541 LSC).

10. Operaciones vinculadas

Se establece un régimen especial para las operaciones vinculadas. Con carácter general, se entiende que son aquellas realizadas por la sociedad o sus sociedades dependientes con consejeros, con accionistas titulares de un diez por ciento o superior de los derechos de voto o representados en el consejo de administración, o con cualesquiera personas que pudieran considerarse vinculadas a efectos de las NIC (art. 529 vicies). Respecto de estas operaciones se establecen unos concretos deberes de información por parte de las sociedades cotizadas (art. 529 unvicies LSC). así como un régimen de aprobación (art. 529 duovicies LSC).

11. Sociedades cotizadas con propósito para la adquisición

Se trata de una forma especial de sociedad anónima que sale a cotizar a un mercado de valores o un sistema multilateral de negociación, como el BMW Growth, sin ninguna actividad ni plan de negocio, y con el único propósito de captar fondos para posteriormente adquirir o fusionarse en un momento posterior con otra empresa, generalmente no cotizada y con alto potencial de crecimiento, creando de ese modo una nueva compañía que cotiza en bolsa.

La regulación de esta figura, muy extendida en Estados Unidos y en algunos países europeos, se ha introducido en nuestro país con la Ley 6/2023, de 17 de marzo, de los Mercados de Valores y Servicios de Inversión que modifica en este punto a la LSC. Así, se entenderá por sociedad cotizada con propósito para la adquisición aquella que se constituya con el objeto de adquirir la totalidad o una participación en el capital de otra sociedad o sociedades cotizadas o no cotizadas, ya sea directa o indirectamente, a título de compraventa, fusión, escisión, aportación no dineraria, cesión global de activos y pasivos u otras operaciones análogas y cuyas únicas actividades hasta ese momento sean la oferta pública de valores inicial, la solicitud a admisión a negociación y las conducentes a la adquisición que, en su caso, sea aprobada por la Junta General de accionistas (art. 535 Bis LSC). Los fondos obtenidos en la oferta pública de valores se inmovilizarán en una cuenta abierta en una entidad de crédito a nombre de la sociedad cotizada con propósito para la adquisición.

Las sociedades cotizadas con propósito para la adquisición deberán incluir en la denominación social la indicación "Sociedad cotizada con Propósito para la Adquisición", o su abreviatura, "SPAC, S.A.", hasta que se formalice la adquisición que sea aprobada.

Los estatutos sociales de la sociedad cotizada con propósito para la adquisición deberán contemplar un plazo de 36 meses como máximo para la formalización del acuerdo de adquisición. Este plazo podrá ser ampliado, hasta un máximo de 18 meses adicionales, mediante decisión de la Junta General de Accionistas con los mismos requisitos exigibles a una modificación estatutaria.

Se establece para ese período un régimen especial (art. 535 ter, quáter y quinquies) que decae una vez formalizada la adquisición o inscrita la fusión.

Lección 24

Uniones de empresas y grupos de sociedades. Formas jurídicas de empresas de economía social. Sociedades de garantía recíproca. Empresas públicas

I. UNIONES DE EMPRESAS

1. Caracterización

Las uniones de empresas constituyen un grupo heterogéneo de supuestos que tienen en común poco más que el hecho de estar formadas por una pluralidad de empresarios que, a pesar de que mantienen su independencia jurídica, pactan ámbitos de actuación concertados con un objetivo determinado y un propósito económico.

2. Clases

2.1. En atención a la causa

En atención al objetivo que persiguen destacan los consorcios y los sindicatos o cárteles. Mediante los primeros se arbitra una cooperación entre los miembros de la Unión destinada a promover o facilitar el desarrollo de las actividades de cada uno de ellos, que, normalmente no pueden emprender solos porque, por ejemplo, exceden de la capacidad funcional o económica individual de los mismos. La causa es, pues, mutualista. De esta índole es la AIE o la Unión Temporal de Empresas, más conocida por sus siglas, UTE.

La AIE se rige por la Ley 12/1991 de 29 de abril de agrupaciones de interés económico y, supletoriamente, por las normas de la sociedad colectiva que resulten compatibles con su específica naturaleza (art. 1 LAIE). Si es europea está sujeta al Reglamento 2137/85 CEE del Consejo, de 25 de julio de 1985 de constitución de la agrupación europea de interés económico —AEIE—. Es una sociedad de carácter mercantil que no tiene ánimo de lucro para sí misma por cuanto su fin es facilitar el desarrollo o mejorar los resultados de la actividad de sus socios (arts. 1 y 2 LAIE). Por este motivo su objeto se limita exclusivamente a una actividad económica auxiliar de la que desarrollen sus socios (art. 3.1 LAIE) y no puede poseer directa o indirectamente participaciones en sociedades que sean miembros suyos, ni dirigir o controlar directa o indirectamente las actividades de sus socios o de terceros (art. 3.2 LAIE). La AIE sólo puede constituirse por personas físicas o jurídicas que desempeñen actividades empresariales, agrícolas o artesanales, por entidades no lucrativas dedicadas a la investigación y por quienes ejerzan profesiones liberales (art. 4 LAIE).

La UTE está regulada con carácter de mínimos en la Ley 18/1982 sobre Régimen Fiscal de Agrupaciones Temporales de Empresas y sociedades de desarrollo regional, que la define como un sistema de colaboración entre empresarios por tiempo cierto, determinado o indeterminado para el desarrollo o ejecución de una obra, servicio o suministro, privándola de personalidad jurídica propia (art. 7 LUTE). A pesar de ello, se trata de una sociedad por cuanto concurren en ella los elementos que definen el concepto amplio de esta. Hay origen negocial, pues la UTE surge de un contrato, que, además, deberá formalizarse en escritura pública [art. 8 e) LUTE]. Existe también fin común ya que la UTE se constituye precisamente para el desarrollo o ejecución de una obra, un servicio o un suministro, constituyendo este el objeto común para todos los miembros de la UTE. Y, finalmente, se aprecia promoción en común de ese fin común por cuanto la propia LUTE obliga a todos los miembros de esta a colaborar en el desarrollo o ejecución de la obra, servicio o suministro que constituye el objeto de la misma (art. 7 LUTE).

Se trata, por lo demás, de sociedad externa ya que, en la medida en que debe nombrar a un gestor que la represente y que contrate en nombre de ella, puede admitirse que está estructurada como organización unitaria para actuar como tal en el tráfico. En consecuencia posee el mismo grado de subjetivación que el resto de sociedades de este tipo y, por ende, la personalidad jurídica básica propia de ellas. Solo carece, por tanto, de la personalidad jurídica plena característica de las sociedades de estructura compleja, con las consecuencias que ello acarrea en el ámbito patrimonial y de responsabilidad de sus integrantes por las deudas sociales, que se aproxima al de las sociedades de personas. Objetivamente se trata de una sociedad mercantil por cuanto su objeto en la realización de actividades mercantiles, de modo que el régimen jurídico de aplicación a la misma con carácter supletorio es el dispuesto en el Ccom para la sociedad colectiva. Dada la correlación que existe entre este ámbito y el subjetivo en ese mismo contexto hay que concluir que es también mercantil desde el punto de vista subjetivo, esto es, adquiere la condición de empresario. Si bien, hay que reconocer que no está obligada a la llevanza de la contabilidad que se exige a aquel, ni a la inscripción registral. Esta conclusión no se ve perturbada por el hecho de que la UTE deba constituirse para el desarrollo o ejecución de una sola obra, servicio o suministro [arts. 7.1 y 8 b) LUTE], por la exigencia de que tenga una duración idéntica a la de la obra, servicio o suministro que constituya su objeto o porque se establezca una duración máxima de veinticinco años, salvo que se trate de contratos que comprendan la ejecución de obras y explotación de servicios públicos, en cuyo caso, la duración máxima será de cincuenta años [art. 8 c) LUTE]. Es sabido que la ausencia de carácter estable en el objeto social impide la calificación mercantil de estas sociedades, llamadas ocasionales, en consideración a que la condición de empresario exige habitualidad en el ejercicio de la actividad. Sin embargo, la UTE no puede catalogarse como sociedad ocasional ya que empresa señalada, que es el objeto de la UTE, no es un concepto sinónimo al de acto ocasional.

Los sindicatos y cárteles presentan un grado mayor de unificación de las políticas empresariales puesto que su fin es coordinar la estrategia de los miembros de la Unión en el mercado para reducir o excluir la competencia entre ellos. En consecuencia su licitud depende de su grado de vulneración del Derecho protector de la libre competencia.

2.2. En consideración al vínculo

Desde el punto de vista de la naturaleza del vínculo que une a los miembros, la Unión puede estar constituida por medio de vínculos de naturaleza real y obligacional. Los primeros se arbitran a través de la titularidad de acciones o participaciones de sociedades. Además de los grupos de sociedades, a los que luego aludiré, el caso típico de Unión de esta índole es la *joint venture* en su modalidad ordinaria, es decir, de filial común, normalmente participada al 50%.

Las Uniones vinculadas por lazos de naturaleza obligacional tienen en común que se arbitran a través de contratos, pero la naturaleza de estos es muy variada, dependiendo del grado vinculación a que las partes quieran someterse. Puede ser una mera sociedad civil interna, porque no se crea una organización que trascienda al exterior y que actúe de forma unificada. De este tipo son, por ejemplo, las llamadas comunidades de ganancias o *pools*, cuando se plasman en acuerdos puramente obligatorios entre las partes. En ellas las partes acuerdan poner en común sus ganancias para distribuirlas conforme a los criterios pactados. Puede también utilizarse un específico tipo societario, como la AIE, o, finalmente, una forma social general, como una SA o una SL. Estas dos últimas opciones suelen emplearse con el fin de crear un órgano de gestión común y, por tanto, con el objetivo de reforzar el grado de vinculación y la sujeción a criterios comunes de los miembros de la Unión.

2.3. Según la estructura interna

Por último, en atención a la estructura interna de la Unión cabe distinguir entre las basadas en el principio de subordinación y las que lo están en el de coordinación. En el primer caso existe una dirección única arbitrada a través del control que ejerce uno de los miembros. El caso paradigmático es el de los grupos de sociedades en sentido estricto. En el segundo falta esa dirección única o esta no se sustenta en el control, de manera que los empresarios se agrupan en régimen de igualdad sin comprometer su autonomía económica más allá de los pactos suscritos por todos. Estas Uniones pueden estar dotadas de un órgano central que tiene encomendado dirigir y vigilar la ejecución de los acuerdos para coordinar las actuaciones de los miembros. De este tipo son la AIEs y las UTEs.

II. GRUPOS DE SOCIEDADES

1. Concepto

En el Derecho español no existe un concepto unitario de grupo de sociedades. Por el contrario, se advierten dos distintos. Ambos tienen en común el hecho de que comprenden una organización de varias sociedades independientes jurídicamente. Junto a ello, los grupos en sentido estricto, o por subordinación, se caracterizan por la nota del control. Conforme a este criterio existe un grupo cuando una sociedad ostente o pueda ostentar, directa o indirectamente, el control de otra u otras. La Ley no define qué debe entenderse por control, pero, al presumir que existe, en particular, cuando la primera sociedad, denominada dominante o matriz, se encuentre en relación con la otra u otras, denominadas dependientes, dominadas o filiales, en alguna de las situaciones especificadas en el art. 42.1 Ccom (arts. 42.1 Ccom, 18 LSC y 4 LMVSI), permite entender que la sociedad dominante tiene capacidad para ejercer el control sobre la dominada cuando pueda ejercer sobre ésta última una influencia dominante. La existencia de capacidad de control genera una relación jerárquica de dependencia de la dominante que le permite ejercer el poder de dirección sobre las dominadas, sometiéndolas a la dirección económica unitaria que aquella determine. De modo que, mientras la independencia jurídica supone que cada una de las sociedades del grupo, en su condición de titular individual de derechos y obligaciones, mantiene su autonomía patrimonial y también su autonomía organizativa, la dirección unitaria limita la autonomía en la gestión de las sociedades dependientes y determina su sujeción a la política empresarial común fijada por el núcleo dirigente.

Ahora bien, el control genera la posibilidad de dirección unitaria, pero no la asegura, al tiempo que excluye de la noción de grupo situaciones en las que la dirección unitaria no se basa en el control. Cuando existe dirección unitaria sin fundamento en el control se está ante un grupo por coordinación. En él existe unidad de dirección, pero la política común no es impuesta por una sola de las sociedades, sino que es definida por todas las sociedades en plano de igualdad, normalmente mediante la integración de todas ellas en una sociedad que actúa como órgano especial de dirección. No se trata de grupos en sentido estricto, si se opta por el criterio del control. De esta clase es el grupo regulado en la LCoop. Dispone al efecto esta que se entiende por grupo cooperativo el conjunto formado por varias sociedades cooperativas, cualquiera que sea su clase, y la entidad cabeza de grupo que ejercita facultades o emite instrucciones de obligado cumplimiento para las cooperativas agrupadas, de forma que se produce una unidad de decisión en el ámbito de dichas facultades. La emisión de instrucciones podrá afectar a distintos ámbitos de gestión, administración o gobierno, entre los que la LCoop incluye el establecimiento en las cooperativas de base de normas estatutarias y reglamentarias comunes, el establecimiento de relaciones asociativas entre las entidades de base y los compromisos de aportación periódica de recursos calculados en función de su respectiva evolución empresarial o cuenta de resultados (art. 78.1 y 2 LCoop).

Al tiempo, en ambos casos, el concepto de grupo se halla restringido desde el punto de vista subjetivo por cuanto se aplica únicamente a sociedades, sin contemplar personas físicas, ni otro tipo de personas jurídicas, tales como asociaciones o fundaciones.

2. *Disciplina jurídica*

2.1. Preliminar

Los grupos carecen de regulación en nuestro Derecho, salvo algunas puntuales referencias que se efectúan a los mismos. En particular, los socios externos, que son los socios minoritarios de las sociedades filiales, aunque no tienen participación alguna, ni incidencia en la sociedad matriz, disfrutan del derecho de información sobre las cuentas consolidadas del grupo, del informe de gestión del grupo y del informe de los auditores (art. 42.5 Ccom), que les permite impugnar el acuerdo de aprobación conseguido en la matriz. Asimismo, en caso de sociedad cotizada, quien alcance el control de la misma está obligado a formular una OPA a un precio equitativo sobre la totalidad de las acciones (art. 128 TRLMV).

Además, si aquel ha obtenido el 90% del capital, los accionistas externos podrán exigir la compra de sus acciones a un precio equitativo y la matriz exigirles su venta (art. 136.1 TRLMV).

De otro lado, al respecto de los grupos cooperativos, la LCoop dispone que la aprobación de la incorporación al grupo cooperativo precisará el acuerdo inicial de cada una de las entidades de base, conforme a sus propias reglas de competencia y funcionamiento. Asimismo los compromisos generales asumidos ante el grupo deberán formalizarse por escrito, sea en los Estatutos de la entidad cabeza de grupo, si es sociedad cooperativa, o mediante otro documento contractual que necesariamente deberá incluir la duración del mismo, caso de ser limitada, el procedimiento para su modificación, el procedimiento para la separación de una sociedad cooperativa y las facultades cuyo ejercicio se acuerda atribuir a la entidad cabeza de grupo. La modificación, ampliación o resolución de los compromisos indicados podrá efectuarse, si así se ha establecido, mediante acuerdo del órgano máximo de la entidad cabeza de grupo. El documento contractual deberá elevarse a escritura pública. Adicionalmente, el acuerdo de integración en un grupo se anotará en la hoja correspondiente a cada sociedad cooperativa en el Registro competente. Por último dispone que la responsabilidad derivada de las operaciones que realicen directamente con terceros las sociedades cooperativas integradas en un grupo, no alcanzará al mismo, ni a las demás sociedades cooperativas que lo integran (art. 78.3 a 6 LCoop).

2.2. La constitución y la protección de los socios de la sociedad dominante

La constitución del grupo puede efectuarse mediante pacto expreso o derivar de situaciones de hecho. En el primer caso se denomina grupo de derecho, en el segundo de hecho. Estos últimos surgen de situaciones muy variadas. Por ejemplo, de la propiedad de las participaciones de las sociedades filiales, en cuyo caso se denominan grupos dominicales o accionariales, o de la identidad de los administradores de las sociedades que integran el grupo, supuesto en que se les conoce como grupos personales. Precisamente es en estos donde se plantean los problemas de tutela de socios de la dominante y de los socios externos, ya que, en los primeros, estas cuestiones suelen estar previstas en el contrato de dominación; mientras que los grupos de hecho carecen de una regulación suficiente. En particular respecto de los socios de la matriz que no forman parte del grupo dominante sufren la pérdida del poder de la junta en beneficio del órgano de administración, que es quien decide, primero, la constitución del grupo, mediante la fundación de filiales a las que se desvían partes sustanciales de la explotación, convirtiendo así una sociedad operativa en una sociedad "*holding*". Y, luego, la política común del grupo, por lo que al órgano de administración, que domina la filial, le bastará con reservar en la filial todos los beneficios para que estos no afloren en la matriz, con lo que se privará a los socios de esta de toda participación en los beneficios. Ciertamente la caracterización de la segregación como una modalidad de modificación estructural en la LME ha supuesto un freno a estas prácticas, pero tal vez no sea suficiente ya que, en definitiva, puede decidirse sin la aquiescencia de los socios que no forman parte del núcleo de control. La solución podría ser considerar que la conversión en holding de una sociedad operativa supone una alteración radical del objeto social que fundamenta un derecho de separación del socio, aunque se trata de una interpretación forzada.

2.3. Protección de los socios externos de las sociedades filiales

Los socios externos son los socios minoritarios de las sociedades filiales, quienes, por tanto no tienen participación alguna, ni incidencia en la sociedad matriz. Frente a los socios internos o de control puede plantearse un evidente conflicto de interés. Mientras que estos últimos procuran el interés del grupo, que suele ser el de la matriz, los primeros únicamente tienen en cuenta el interés de la filial. Cuando ambos no coinciden los socios de control están en condiciones de imponer el interés del grupo en perjuicio del interés de la filial. Ante esta situación los mecanismos de tutela de los que dispone el socio externo son insuficientes puesto que se reducen a los remedios generales de impugnar los acuerdos de la sociedad filial o instar la responsabilidad de administradores, bien sea de la filial, ya que el hecho de que los actos dañosos vengan impuestos por la matriz en beneficio del grupo no exonera a los administradores de la filial de responsabilidad; bien de la matriz. En este último caso con fundamento en la consideración de los administradores de la última como administradores de hecho de la filial al amparo de la LSC. Disfrutan finalmente, según se ha indicado, del derecho de información sobre las cuentas consolidadas del grupo (art. 42.5 Ccom), que les permite impugnar el acuerdo de aprobación conseguido en la matriz. Por ello sería conveniente otorgar al socio minoritario el derecho a separarse de la sociedad o a que sus acciones sean adquiridas por un precio especial, superior al de mercado o bolsa. Es esta una posibilidad que está prevista para las sociedades cotizadas. En ese ámbito, como también se ha indicado antes, la LMVSI obliga a quien alcance el control de la sociedad a formular una OPA a un precio equitativo sobre la totalidad de las acciones (art. 108 LMVSI). Además, si aquel ha obtenido el 90% del capital, los accionistas externos podrán exigir la compra de sus acciones a un precio equitativo y la matriz exigirles su venta.

2.4. La protección de los acreedores de las sociedades filiales

Con amparo en la protección de la apariencia y en la máxima de que quien obtiene el beneficio debe soportar también el riesgo, tanto la doctrina como la jurisprudencia se pronuncian, en general, a favor de la comunicación de la responsabilidad patrimonial entre las sociedades del grupo. A consecuencia de ello se hace responsable a la matriz, o solidariamente a todas las sociedades del grupo, de las deudas de cada una de las filiales, cuyos acreedores ostentan un derecho cada vez más amplio a recuperar sus créditos de cualquiera de ellas. Sin embargo esta orientación tropieza con dos principios básicos del Derecho de sociedades de capital, la autonomía jurídica y patrimonial de cada sociedad y la responsabilidad limitada de los socios, por lo que existe una tendencia dirigida a restringir el carácter indiscriminado con que se está aplicando. En la doctrina se defiende la limitación a que concurran en el caso los presupuestos que habilitan el levantamiento del velo. En la jurisprudencia, especialmente en la social, se ha supeditado en ocasiones a la concurrencia de requisitos adicionales a la mera existencia de una situación de control o de dirección unitaria. En particular que exista confusión de plantillas y de patrimonios entre las sociedades; prestaciones de trabajo comunes, simultáneas o sucesivas, de los empleados para varias empresas; así como una apariencia externa de unidad de empresa.

III. FORMAS JURÍDICAS DE EMPRESAS DE ECONOMÍA SOCIAL

1. Concepto y clases. Normativa aplicable

Se entiende por economía social un conjunto de actividades económicas y empresariales ejercitadas por entidades de Derecho Privado con el fin último de atender al interés colectivo de sus integrantes, al interés general económico o social, o ambos, de conformidad con los principios enumerados en la LES (art. 2 LES). Dichos principios son:

i) El principio democrático, que rige en el proceso de adopción de decisiones, que se resuelve, en general, en el axioma *un hombre, un voto* o, cuanto menos, en la primacía de las personas y del fin social sobre el capital, que se concreta en particular en la atribución del derecho de voto, más en función de aquellas y de las aportaciones de trabajo y servicios que prestan a la entidad o en función del fin social, que en relación a sus aportaciones al capital social.

ii) La posición subordinada del capital, que se manifiesta, en particular, en que la aplicación de los resultados obtenidos de la actividad económica se realiza principalmente en función del trabajo o actividad realizada por los miembros de la entidad, y, en su caso, al fin social objeto de la entidad.

iii) La promoción de la solidaridad interna y con la sociedad que favorezca el compromiso con el desarrollo local, la igualdad de oportunidades entre hombres y mujeres, la cohesión social, la inserción de personas en riesgo de exclusión social, la generación de empleo estable y de calidad, la conciliación de la vida personal, familiar y laboral y la sostenibilidad.

iv) La independencia de los poderes públicos.

Las principales modalidades de formas jurídicas de esta índole son las cooperativas, las mutualidades y las sociedades laborales. Junto a ellas, la LES menciona las fundaciones y asociaciones que desarrollen actividades económicas, las empresas de inserción, los centros especiales de empleo, las cofradías de pescadores, las sociedades agrarias de transformación y las entidades singulares creadas por normas específicas que se rijan por los principios establecidos en el artículo anterior. Y permite que adquieran la misma consideración otras entidades que realicen actividades económicas con sujeción a los principios anteriores mediante su inclusión en los catálogos de entidades de economía social que elabora el Ministerio de Trabajo (arts. 5 y 6 LES).

Las entidades de economía social se regulan por sus normas sustantivas específicas. La LES no contiene mucho más que el mandato genérico, dirigido a los poderes públicos, en orden a su promoción, fomento y difusión, y la creación, con ese objeto, del Consejo para el fomento de la economía social, como un órgano de colaboración, coordinación e interlocución de la economía social y la Administración General del Estado

2. *Sociedades cooperativas*

2.1. Caracterización

La cooperativa es una sociedad constituida por personas que se asocian, en régimen de libre adhesión y baja voluntaria, para la realización de actividades empresariales, encaminadas a satisfacer sus necesidades y aspiraciones económicas y sociales, con estructura y funcionamiento democrático, conforme a los principios formulados por la alianza cooperativa internacional, en los términos resultantes de la LC (art. 1.1 LCoop).

Entre esos principios cabe destacar los siguientes:

i) El principio de puerta abierta, o de adhesión voluntaria y abierta. A tenor del mismo las cooperativas son organizaciones voluntarias, abiertas a todas las personas capaces de utilizar sus servicios y dispuestas a aceptar las responsabilidades de ser socio, sin discriminación social, política, religiosa, racial o de sexo. Este principio se hace efectivo a través de la técnica del capital variable restringido, no obstante, en la LCoop.

ii) El principio de gestión democrática por parte de los socios. Conforme a él las cooperativas son organizaciones gestionadas democráticamente por sus socios, los cuales participan activamente en la fijación de sus políticas y en la toma de decisiones. En las cooperativas de primer grado, los socios tienen iguales derechos de voto (un socio, un voto), y las cooperativas de otros grados están también organizadas de forma democrática;

iii) El principio de participación económica de los socios. Significa que los socios contribuyen equitativamente al capital de sus cooperativas. Por lo menos parte de ese capital es normalmente propiedad común de la cooperativa. Normalmente, los socios reciben una compensación, si la hay, limitada sobre el capital entregado como condición para ser socios y asignan los excedentes para todos o alguno de los siguientes fines: el desarrollo de su cooperativa, posiblemente mediante el establecimiento de reservas, de las cuales una parte al menos sería irrepartible; el beneficio de los socios, que se determina en proporción a sus operaciones con la cooperativa, y el apoyo a otras actividades aprobadas por los socios;

iv) Finalmente, las cooperativas deben empeñarse en la educación, formación e información de sus socios, directivos y empleados para que puedan contribuir de forma eficaz al desarrollo de sus cooperativas y, en su caso, al de las comunidades en que están implantadas.

Nada de esto, sin embargo, impide considerar a la cooperativa como una sociedad mercantil. Ni tampoco su causa mutualista, que se expresa en el fin de satisfacer las necesidades y aspiraciones económicas y sociales de sus socios. La índole del fin no empece el carácter mercantil de la sociedad, que está determinado, bien por su forma, según opinan algunos, bien por su actividad, que es en todo caso empresarial, dominada por el principio de economicidad, e integrada en las reglas del mercado y en sus esquemas de competitividad. Su propia disciplina jurídica lo advera en aspectos esenciales como su sumisión al estatuto del empresario en lo atinente a sus obligaciones contables. Por lo demás el principio de la mutualidad está muy desdibujado desde que, con el objeto de favorecer su consolidación económica, se admite la convivencia en su seno de elementos extraños a ese fin, como son significadamente las participaciones especiales (art. 53 LCoop) o las llamadas partes sociales con voto, propias de las cooperativas mixtas, cuyo derecho de voto en la Asamblea General se podrá determinar, de modo exclusivo o preferente, en función del capital aportado y que están representadas por medio de títulos o anotaciones en cuenta sometidas a la legislación reguladora del mercado de valores o los títulos participativos (art. 54.2 LCoop). Pero también participa de ese carácter la figura del socio colaborador (art. 14

LCoop) o la admisión de la realización de la actividad cooperativizada con terceros (art. 4 LCoop).

2.2. Normativa aplicable

El art. 129.2 de la CE impone a los poderes públicos la obligación de fomentar, mediante una legislación adecuada, este tipo de sociedades. Sin embargo en sede de distribución de competencias entre las CCAA y el Estado no hay referencia alguna a este tipo social. Con el pobre argumento de que la CE no reserva expresamente al Estado la competencia en materia de cooperativas, como si lo hiciera para el resto de formas societarias mercantiles, todas las CCAA, a excepción de las Ciudades Autónomas de Ceuta y Melilla, la han asumido como propia en sus Estatutos de Autonomía, dictando inmediatamente una profusa legislación en la materia. De modo que, junto a la LCoop, existen otras tantas Leyes autonómicas, una por cada CCAA y su particular normativa de desarrollo. Junto a ello cabe destacar el Estatuto de la Sociedad cooperativa europea regulado en el Reglamento del Consejo de 22 de julio de 2003.

2.3. Clases

En atención al criterio de la integración o colaboración, las cooperativas son de primer grado o de segundo o ulterior grado. Las de primer grado admiten una serie abierta de modalidades en atención al criterio del objeto o actividad a la que se dedican. La LC cita alguna de ellas (art. 6 LCoop), dotándolas de normas especiales que modifican o adaptan el régimen general en algunas materias, aplicándose en lo demás aquel. Se trata de las siguientes:

- i) Cooperativas de Trabajo Asociado, que tienen por objeto proporcionar a sus socios puestos de trabajo a través de la organización en común de la producción de bienes y servicios para terceros;
- ii) Cooperativas de Consumidores y Usuarios, cuyo objeto es el suministro de bienes y servicios adquiridos a terceros o producidos por sí, para uso o consumo de los socios, de quienes con ellos conviven y, en ciertos casos, de terceros;
- iii) Cooperativas de Viviendas, cuyas actividades están relacionadas con inmuebles con el objeto de satisfacer necesidades de alojamiento o de otro tipo de los socios y de las personas que con ellos conviven. Pueden consistir, por ejemplo, en la construcción o rehabilitación de viviendas o locales;
- iv) Cooperativas Agrarias. Asocian a titulares de explotaciones agrícolas, ganaderas o forestales, con el objeto de realizar todo tipo de actividades y operaciones encaminadas al mejor aprovechamiento de las explotaciones

de sus socios, de sus elementos o componentes, de la cooperativa y a la mejora de la población agraria y del desarrollo del mundo rural, así como para atender a cualquier otro fin o servicio que sea propio de la actividad agraria, ganadera, forestal o estén directamente relacionados con ellas;

v) Cooperativas de Explotación Comunitaria de la Tierra. Asocian a titulares de derechos de uso y aprovechamiento de tierras u otros bienes inmuebles, susceptibles de explotación agraria, que ceden dichos derechos a la cooperativa y que prestan o no su trabajo en la misma;

vi) Cooperativas del Mar. Asocian a pescadores y, en general, a personas físicas o jurídicas titulares de explotaciones dedicadas a actividades pesqueras o de industrias marítimo-pesqueras y derivadas, en sus diferentes modalidades del mar, rías y lagunas marinas, y a profesionales por cuenta propia de dichas actividades. Tienen por objeto la prestación de suministros y servicios y la realización de operaciones, encaminadas a la mejora económica y técnica de las actividades profesionales o de las explotaciones de sus socios;

vii) Cooperativas de Servicios. Asocian a personas físicas o jurídicas, titulares de explotaciones industriales o de servicios y a profesionales o artistas que ejerzan su actividad por cuenta propia, y tienen por objeto la prestación de suministros y servicios, o la producción de bienes y la realización de operaciones encaminadas a la mejora económica y técnica de las actividades profesionales o de las explotaciones de sus socios;

viii) Cooperativas de Transportistas. Asocian a personas físicas o jurídicas, titulares de empresas del transporte o profesionales que puedan ejercer en cualquier ámbito, incluso el local, la actividad de transportistas, de personas o cosas o mixto, y tienen por objeto la prestación de servicios y suministros y la realización de operaciones, encaminadas a la mejora económica y técnica de las explotaciones de sus socios;

ix) Cooperativas Sanitarias. Desarrollan su actividad en el área de la salud, pudiendo estar constituidas por los prestadores de la asistencia sanitaria, por los destinatarios de la misma o por unos y otros. Podrán realizar también actividades complementarias y conexas incluso de tipo preventivo, general o para grupos o colectivos determinados;

x) Cooperativas de Enseñanza. Desarrollan actividades docentes, en sus distintos niveles y modalidades. Podrán realizar también, como complementarias, actividades extraescolares y conexas, así como prestar servicios que faciliten las actividades docentes;

xi) Cooperativas integrales, aquéllas que, con independencia de su clase, su actividad cooperativizada es doble o plural, cumpliendo las finalidades propias de diferentes clases de cooperativas en una misma sociedad;

xii) Cooperativas de Iniciativa Social. Son cooperativas que, sin ánimo de lucro y con independencia de su clase, tienen por objeto social, bien la prestación de servicios asistenciales mediante la realización de actividades sanitarias, educativas, culturales u otras de naturaleza social, o bien el desarrollo de cualquier actividad económica que tenga por finalidad la integración laboral de personas que sufran cualquier clase de exclusión social y, en general, la satisfacción de necesidades sociales no atendidas por el mercado;

xiii) Cooperativas de Crédito. Sirven a las necesidades de financiación de sus socios y de terceros, mediante el ejercicio de las actividades propias de las entidades de crédito. Son entidades de crédito por lo que se rigen por su ley específica y por sus normas de desarrollo; así como por las normas que, con carácter general, regulan la actividad de las entidades de crédito. Solo con carácter supletorio están sometidas a la LCoop cuando su ámbito de actuación estatutariamente reconocido, conforme a su ley específica, sea supra-autonómico o estatal y siempre que realicen en el citado ámbito actividad cooperativizada de manera efectiva. Entre ellas cabe destacar las Cajas Rurales, que son cooperativas de crédito cuya actividad principal es financiar al sector agrícola, forestal o ganadero y realizar de operaciones para la mejora del mundo rural.

xiv) Las cooperativas de seguros, que tienen por objeto la cobertura a los socios de los riesgos asegurados mediante una prima fija pagadera al comienzo del período del riesgo. Son entidades aseguradoras por lo que se rigen por la LOSSEAR y por los preceptos de la LSC a los que se remite aquella, y solo, supletoriamente, por la legislación de cooperativas, salvo que se trate de cooperativas sometidas a ordenación y supervisión de las CC AA que hayan asumido competencias en materia aseguradora. Estas se regirán por las disposiciones dictadas por dichas CC AA, por las disposiciones de la LOSSEAR y, supletoriamente, por la LSC.

Las cooperativas de segundo grado se caracterizan por tener personalidad jurídica propia y estar integradas, en todo o en parte, por, al menos, dos cooperativas. Su objeto consiste en promover, coordinar y desarrollar fines económicos comunes de sus socios, y reforzar e integrar la actividad económica de los mismos. Se rigen por sus normas específicas y, en su defecto, por las normas de las cooperativas de primer grado (art. 77.1 LCoop). La integración cooperativa se plasma también en la existencia de grupos de cooperativas (art. 78 LCoop). Al margen de ello, la LCoop regula el asociacionismo cooperativo en el que se incluyen diversas estructuras jurídicas para la defensa y promoción de los intereses de las cooperativas y de sus socios. Se trata de las uniones, federaciones y confederaciones de cooperativas. Las uniones están formadas por cooperativas. Las federaciones pueden integrar cooperativas y uniones. Finalmente las confederaciones asocian a federaciones de cooperativas y, en ocasiones, también a uniones y a cooperativas (arts. 117 a 120 LCoop). Pero es posible que se acojan a cualquier otra fórmula asociativa.

2.4. Constitución

Exige escritura pública e inscripción en el Registro de Cooperativas que lleva el Ministerio de Trabajo o, en su caso, el órgano competente de la CA en cuestión. La inscripción es constitutiva (art. 7 LCoop). Se requiere asimismo un número mínimo de socios. En concreto, tres, en las cooperativas de primer grado, y dos cooperativas, en las de segundo grado (art. 8 LCoop). La reducción del número de socios por debajo de estos mínimos, sin que se restablezcan en el plazo de un año es causa de disolución de la cooperativa [art. 70.1 d) LCoop].

2.5. Posición jurídica del socio. Admisión

En las cooperativas rige el principio de libre adhesión, lo que significa que toda persona tiene derecho, en principio, a ingresar en la misma. El fundamento de este principio radica en el respeto que la persona merece en la cooperativa. No la persona del socio en concreto en atención a sus cualidades individuales, sino cualquier persona por el hecho de serlo. Ahora bien este principio está condicionado por la actividad cooperativizada (art. 12 LCoop) ya que, según el objeto de cooperativa, el pretendiente debe necesitar las prestaciones que esta efectúa, cuando se trate de cooperativas que realizan prestaciones a favor de los socios, por ejemplo, necesitar una vivienda en caso de cooperativas de viviendas; o estar en condición de realizar tales prestaciones, si es la cooperativa la que recibe prestaciones de sus socios. Por eso, la LCoop autoriza a los estatutos a establecer los requisitos necesarios para la adquisición de la condición de socio (art. 12 LCoop). De conformidad con ellos, la decisión de admisión corresponde al Consejo Rector (art. 13 LCoop).

2.6. Derechos y deberes. Responsabilidad

Los derechos mínimos que reconoce la LCoop al socio son los siguientes:

i) Asistir, participar en los debates, formular propuestas según la regulación estatutaria y votar las propuestas que se les sometan en la Asamblea General y demás órganos colegiados de los que formen parte.

ii) Ser elector y elegible para los cargos de los órganos sociales.

iii) Participar en todas las actividades de la cooperativa, sin discriminaciones.

iv) Al retorno cooperativo, en su caso.

v) A la actualización, cuando proceda, y a la liquidación de las aportaciones al capital social, así como a la percepción de intereses por las mismas, en su caso.

vi) A la baja voluntaria

vii) A recibir la información necesaria para el ejercicio de sus derechos y el cumplimiento de sus obligaciones y a ser informado con los amplios contornos que determina de forma expresa la LCoop (art. 16.3 LCoop);

viii) Tratándose de socios trabajadores y de socios de trabajo, a la formación profesional adecuada para realizar el trabajo (art. 16.2 y 3 LCoop).

Estos derechos pueden ampliarse estatutariamente.

De otro lado, los socios están obligados a cumplir los deberes legales y estatutarios. En especial, tienen las siguientes obligaciones:

i) Cumplir los acuerdos válidamente adoptados por los órganos sociales de la cooperativa.

ii) Participar en las actividades cooperativizadas que desarrolla la cooperativa para el cumplimiento de su fin social, en la cuantía mínima obligatoria establecida en sus Estatutos. El Consejo Rector, cuando exista causa justificada, podrá liberar de dicha obligación al socio, en la cuantía que proceda y según las circunstancias que concurran.

iii) Guardar secreto sobre aquellos asuntos y datos de la cooperativa cuya divulgación pueda perjudicar a los intereses sociales lícitos

iv) Aceptar los cargos para los que fueren elegidos, salvo justa causa de excusa.

v) Cumplir con las obligaciones económicas que le correspondan.

vi) No realizar actividades competitivas con las actividades empresariales que desarrolle la cooperativa, salvo autorización expresa del Consejo Rector (art. 15.2 LCoop).

El incumplimiento de los deberes legales o estatutarios puede dar lugar a la aplicación de las normas de disciplina social siempre que estén tipificados como faltas en los estatutos (art. 18 LCoop).

Por otro lado cabe indicar que responsabilidad del socio por las deudas sociales está limitada a las aportaciones al capital social que hubiera suscrito, estén o no desembolsadas en su totalidad. No obstante, el socio que cause baja en la cooperativa responderá personalmente por las deudas sociales, previa excusión del haber social, durante cinco años desde la pérdida de su condición de socio, por las obligaciones contraídas por la cooperativa con anterioridad a su baja, hasta el importe reembolsado de sus aportaciones al capital social (art. 15.3 y 4 LCoop).

2.7. Baja del socio

La baja se rige por el mismo principio de voluntariedad que la adhesión, si bien existen casos en que es forzosa. El socio podrá darse de baja voluntariamente en la cooperativa en cualquier momento, mediante preaviso por escrito al Consejo Rector (art. 17.1 LCoop). Sin embargo, los Estatutos podrán exigir el compromiso del socio de no darse de baja voluntariamente, sin justa causa que califique la misma de justificada, hasta el final del ejercicio económico en que quiera causar baja o hasta que haya transcurrido, desde su admisión, el tiempo que fijen los Estatutos, que no será superior a cinco años (art. 17.3 LCoop). Se considera baja justificada la del socio que hubiese salvado expresamente su voto o estuviese ausente y disconforme con cualquier acuerdo de la Asamblea General que implique la asunción de obligaciones o cargas gravemente onerosas no previstas en los Estatutos (art. 17.4 LCoop). La calificación de la baja voluntaria como justificada o no tiene gran importancia en el contexto de la liquidación y reembolso de las aportaciones al capital que el socio hubiera realizado (art. 51 LCoop).

Causarán baja obligatoria los socios que pierdan los requisitos exigidos para serlo según la LCoop o los Estatutos de la cooperativa. La baja obligatoria será acordada, previa audiencia del interesado, por el Consejo Rector (art. 17.5 LCoop). Asimismo, el socio puede ser expulsado si se acredita que ha cometido alguna falta muy grave, que ha de estar tipificada en los estatutos. La decisión es competencia del Consejo Rector, pero requiere la instrucción de un expediente en el que se respeten los derechos de defensa del socio (art. 18.5 y 3 LCoop).

2.8. Socios colaboradores

Los Estatutos podrán prever la existencia de socios colaboradores en la cooperativa, personas físicas o jurídicas, que, sin poder desarrollar o participar en la actividad cooperativizada propia del objeto social de la cooperativa, están en condiciones contribuir a su consecución. Los socios colaboradores deberán desembolsar la aportación económica que determine la Asamblea General, la cual fijará los criterios de ponderada participación de los mismos en los derechos y obligaciones socioeconómicas de la cooperativa, en especial el régimen de su derecho de separación. Al socio colaborador no se le podrán exigir nuevas aportaciones al capital social, ni podrá desarrollar actividades cooperativizadas en el seno de dicha sociedad. Las aportaciones realizadas por los socios colaboradores en ningún caso podrán exceder del cuarenta y cinco por ciento del total de las aportaciones al capital social, ni el conjunto de los votos a ellos correspondiente, sumados entre sí, podrán superar el treinta por ciento de los votos en los órganos sociales de la cooperativa (art. 14 LCoop).

2.9. Organización de la sociedad

La sociedad cooperativa adopta una estructura corporativa en la que se distinguen tres órganos necesarios, la Asamblea General, el Consejo Rector y los interventores. La Asamblea General es la reunión de los socios constituida con el objeto de deliberar y adoptar acuerdos sobre aquellos asuntos que, legal o estatutariamente, sean de su competencia, vinculando las decisiones adoptadas a todos los socios de la cooperativa (art. 20 LCoop). La Asamblea General puede estar precedida por Asambleas de delegados, cuyo objeto consiste en facilitar la reunión de la primera, siempre que exista esta previsión en los estatutos (art. 30 LCoop). La LCoop regula la competencia de la Asamblea relacionando una serie de competencias exclusivas. Sin embargo, efectúa una precisión muy interesante cuando la excluye tratándose de materias que la propia Ley considere competencia exclusiva de otro órgano social. No obstante ello, advierte de que, salvo disposición contraria de los Estatutos, podrá impartir instrucciones al Consejo Rector o someter a autorización la adopción por dicho órgano de decisiones o acuerdos sobre determinados asuntos (art. 21 LCoop). Se refiere igualmente a las clases de Asambleas, a su convocatoria, constitución y sistemas de adopción de acuerdos, así como al acta de la misma y a la impugnación de sus acuerdos, cuya disciplina construye sobre la base de la impugnación de acuerdos en las sociedades de capital. De todo ello destaca el detalle con que se regula el derecho de voto, que se atribuye por cabezas, esto es, una persona, un voto. Pero los Estatutos podrán establecer el derecho al voto plural en las ocasiones mencionadas en la LCoop (art. 26 LCoop).

El segundo órgano de la cooperativa es el Consejo Rector. Es el órgano colegiado de administración de la cooperativa. Se trata de un órgano monista ya que no se prevé la existencia de dos instancias distintas que se encarguen respectivamente de la supervisión y el control y de la dirección o gestión diaria de la cooperativa. Pero su estructura es binaria o monista renovada porque le corresponde, al menos, la alta gestión, la supervisión de los directivos y la representación de la sociedad cooperativa (art. 32.1 LCoop), lo que quiere decir que la gestión ordinaria puede recaer en otra instancia. En concreto suele encomendarse al gerente, director general o cargo equivalente, como apoderado principal de la cooperativa, cuyas facultades representativas de gestión o dirección, dice la LCoop, se establecerán en la escritura de poder, que se inscribirá en el Registro de Sociedades Cooperativas (art. 32.3 LCoop). Con todo, el director general no es administrador en sentido estricto, ya que no forma parte del Consejo Rector.

Es un apoderado voluntario, que, posiblemente, no pueda ser considerado órgano de la cooperativa. En cualquier caso, dada la estructura monista del Consejo, ha de estimarse que el apoderamiento al director general para que gestione la cooperativa no priva a aquel de la facultad de hacerlo. Se trata de competencias concurrentes. No obstante, en aquellas cooperativas cuyo número de socios sea inferior a diez, los Estatutos podrán establecer la existencia de un Administrador único, persona física que ostente la condición de socio, que asumirá las competencias y funciones previstas en la LCoop para el Consejo Rector, su Presidente y Secretario (art. 32.1 LCoop). La LCoop regula con detalle la composición del Consejo, la elección de sus miembros, la duración del cargo, el cese y las vacantes, así como su funcionamiento y la impugnación de sus acuerdos.

El tercer órgano de la cooperativa es el órgano de fiscalización, que está integrado por los interventores. Su designación se efectúa por la Asamblea de entre sus miembros. Su función principal consiste en revisar las cuentas anuales y el informe de gestión, antes de ser presentados para su aprobación a la Asamblea General, salvo que la cooperativa esté sujeta a la auditoría de cuentas, en cuyo caso esta función corresponde a los auditores. Si bien los interventores retienen el derecho de consultar y comprobar toda la documentación de la cooperativa y proceder a las verificaciones que estimen necesarias. Los estatutos pueden encomendarles además otras funciones, siempre que no estén expresamente asignadas a otros órganos sociales (arts. 38 y 39 LCoop). Los Estatutos podrán prever la creación de un Comité de Recursos, que tramitará y resolverá los mismos contra las sanciones impuestas a los socios —incluso cuando ostenten cargos sociales— por el Consejo Rector, y en los demás supuestos establecidos en la LCoop o en los Estatutos (art. 44 LCoop).

2.10. Régimen económico y contable

Los Estatutos fijarán el capital social mínimo con que puede constituirse y funcionar la cooperativa, que deberá estar totalmente desembolsado desde su constitución. Su disminución puede ser causa de disolución de la sociedad. El capital social estará constituido por las aportaciones obligatorias y voluntarias de los socios, y, en su caso, por las partes sociales con voto y por las participaciones especiales (art. 53 LC). Las aportaciones obligatorias representan la aportación mínima al capital social para poder adquirir la condición de socio, distinguiéndose entre aportaciones con derecho de reembolso en caso de baja y aportaciones cuyo reembolso en caso de baja puede ser rehusado incondicionalmente por el Consejo Rector. Además de estas aportaciones al capital el socio puede ser obligado al pago de cuotas que no integran el capital social, por previsión estatutaria o de la Asamblea General (art. 52 LCoop).

La cooperativa está obligada a llevar la contabilidad en los mismos términos que el resto de las sociedades mercantiles y los especiales que establece la LCoop, debiendo depositar y publicar sus Cuentas Anuales en el Registro de cooperativas. De su régimen económico y contable cabe destacar como principales peculiaridades, en primer término, la necesidad de que figuren en contabilidad separadamente los resultados de la actividad cooperativizada con los socios y los extracooperativos derivados de las operaciones por la actividad cooperativizada realizada con terceros no socios (art. 57.3 LCoop). En segundo lugar, la obligación de destinar los excedentes o beneficios de la sociedad a la constitución de un fondo de reserva obligatorio y a un fondo de educación y promoción en los porcentajes establecidos en la LCoop (art. 58.1 LCoop). Finalmente, el que la distribución de los beneficios disponibles que la Asamblea General decida repartir entre los socios en cada ejercicio, denominados retorno cooperativo, se efectúa en proporción a las actividades cooperativizadas que cada socio realice con la cooperativa, no a sus aportaciones al capital (art. 58 LCoop). Asimismo el socio asume las pérdidas sociales en los términos que establece la LCoop (art. 59 LCoop).

3. Sociedades laborales y participadas

Las sociedades laborales son sociedades anónimas o de responsabilidad limitada en las que la mayoría del capital social es propiedad de trabajadores que presten en ellas servicios retribuidos en forma personal y directa, en virtud de una relación laboral por tiempo indefinido, y en las que ninguno de los socios es titular de acciones o participaciones sociales que representen más de la tercera parte del capital social, salvo que se trate de entidades públicas, de participación mayoritariamente pública, entidades no lucrativas o de la economía social, en cuyo caso la participación no podrá alcanzar el cincuenta por ciento del capital social o de sociedades constituidas por dos socios trabajadores con una participación cada uno del cincuenta por ciento durante el plazo de tiempo previsto en la LSLP. Es requisito necesario también que el número de horas-año trabajadas por los trabajadores contratados por tiempo indefinido que no sean socios no sea superior al cuarenta y nueve por ciento del cómputo global de horas-año trabajadas en la sociedad laboral por el conjunto de los socios trabajadores, pero no computará para el cálculo de este límite el trabajo realizado por los trabajadores con discapacidad de cualquier clase en grado igual o superior al treinta y tres por ciento (art. 1 LSL).

Debido a estas condiciones no puede afirmarse que su causa sea mutualista, pero entran de lleno en el ámbito de la economía social considerando que su finalidad es facilitar el acceso de los trabajadores de la empresa a la titularidad del capital social. Su régimen jurídico es el propio del tipo por el que se opte, esto es,

SA o SL, a lo que la LSLP añade las peculiaridades necesarias para mantener su fin y, por ende, su composición subjetiva, tanto en el momento constitutivo de su calificación como laboral, que corresponde al Ministerio de Empleo o al órgano competente de la CCAA; como posteriormente, en caso de transmisión de acciones o participaciones en que se concede preferencia en la adquisición a los socios trabajadores, o de ejercicio del derecho de asunción/suscripción preferente de participaciones/acciones, en que el derecho de preferencia se asigna a los titulares de acciones de la misma clase que las nuevas. A este respecto cabe destacar que el sistema se organiza sobre la distinción entre dos clases de acciones o participaciones. Las que son propiedad de los trabajadores cuya relación laboral lo sea por tiempo indefinido y las restantes. La primera clase se denominará *clase laboral* y la segunda *clase general*.

Son sociedades participadas por los trabajadores las sociedades anónimas o de responsabilidad limitada que no alcancen los requisitos previstos en la LSLP para constituirse como sociedades laborales, pero promuevan el acceso a la condición de socios de los trabajadores, así como las distintas formas de participación de los mismos, en particular a través de la representación legal de los trabajadores, y cumplan alguno de los siguientes requisitos:

1. Cuenten con trabajadores que posean participación en el capital y/o en los resultados de la sociedad
2. Cuenten con trabajadores que posean participación en los derechos de voto y/o en la toma de decisiones de la sociedad.
3. Adopten una estrategia que fomente la incorporación de trabajadores a la condición de socios
4. Promuevan los principios de promoción del acceso de los trabajadores al capital social y/o a los resultados de la empresa, el fomento de la participación de los trabajadores en la toma de decisiones de la sociedad, la promoción de la solidaridad interna y con la sociedad que favorezca el compromiso con el desarrollo local, la igualdad de oportunidades entre hombres y mujeres, la cohesión social, la inserción de personas en riesgo de exclusión social, la generación de empleo estable y de calidad, la conciliación de la vida personal, familiar y laboral y la sostenibilidad.

La LSLP no dice nada acerca de su régimen jurídico por lo que hay que concluir que será el mismo que el del tipo social conforme al que se ha constituido, sin especialidad alguna.

4. Mutuas y mutualidades de previsión social

Las mutuas y mutualidades de previsión social tienen en común el hecho de ser entidades aseguradoras sin ánimo de lucro que se basan en el principio de ayuda mutua o mutualidad, ya que aseguran a sus propios socios, quienes contribuyen a su financiación. A consecuencia de ello los socios ostentan la doble condición de socios y asegurados, lo que supone la existencia también de una doble relación jurídica con la sociedad. Su estructura orgánica es similar a la de la cooperativa con la que comparten la sujeción al principio democrático que rige, en particular, en el derecho de voto (una persona, un voto), y el respeto al principio de igualdad de derechos y obligaciones de sus socios. En su calidad de entidades aseguradoras su constitución exige escritura pública e inscripción en el RM (art. 7.3 LOSSP), además de la necesaria autorización administrativa y la inscripción en el registro administrativo correspondiente. Por el mismo motivo están reguladas en la legislación sobre seguros, en particular en la LOSSP y sus normas complementarias, lo que supone su sujeción al particular régimen de supervisión administrativa propio de estas entidades.

Ambos tipos sociales tienen también en común que solo pueden ser a prima fija, de modo que la cobertura a sus socios de los riesgos asegurados se realiza mediante una prima fija pagadera al comienzo del período del riesgo. Se diferencian en que, mientras las mutuas mantienen su carácter de entidad de seguro genérica, las mutualidades de previsión social únicamente ejercen una modalidad aseguradora de carácter voluntario complementaria del sistema de Seguridad Social obligatoria, dentro de un ámbito y con unos límites de cobertura, salvo que se trate de mutualidades autorizadas para operar por ramos de seguro.

5. Empresas de inserción

La empresa de inserción es aquella cuyo titular tiene como fin la integración y formación socio-laboral de personas en situación de exclusión social como tránsito al empleo ordinario (art. 1 LEI). Las personas en situación de exclusión social están relacionadas en la LEI (art. 2 LEI). Pueden adoptar todas las formas de sociedades mercantiles, incluidas, por tanto, las sociedades laborales o la sociedad cooperativa, y su objeto social puede consistir en el ejercicio de cualquier actividad económica de producción de bienes o prestación de servicios. Por tanto, el régimen jurídico al que se someten está mediatizado por el tipo social elegido, al que se añaden las peculiaridades previstas en la LEI destinadas a salvaguardar su causa legal. Entre ellas cabe destacar la necesidad de que estén promovidas y participadas por una o varias entidades sin ánimo de lucro, incluidas las de derecho público, las asociaciones sin fines lucrativos y las fundaciones, cuyo objeto social contemple la inserción social de personas especialmente desfavorecidas, denominadas entidades promotoras. La participación ha de alcanzar, al menos, el cincuenta y uno por ciento del capital social para las sociedades mercantiles. En el caso de Sociedades Cooperativas y Sociedades Laborales, dicha participación deberá situarse en los límites máximos recogidos en las diferentes legislaciones que les sean de aplicación a los socios colaboradores o asociados.

Junto a ello, se prevé un minucioso sistema de tutela por parte de las Administraciones Públicas, a las que, además, se les encomiendan funciones de colaboración y promoción de estas empresas. En el contexto del primero, la empresa debe obtener la calificación administrativa de empresa de inserción, cuyo otorgamiento corresponderá al Órgano Administrativo competente de la Comunidad Autónoma en donde se encuentre el centro de trabajo, e inscribirse en el Registro correspondiente a su forma jurídica, así como en el Registro Administrativo de Empresas de Inserción de la Comunidad Autónoma. En ejecución de los deberes de colaboración, las administraciones públicas deben poner a disposición de estas empresas los servicios de intervención y acompañamiento social que realicen los Servicios Sociales Públicos competentes. De otro lado, la empresa deberá proporcionar a los trabajadores, como parte de los itinerarios de inserción que ha de aplicar, procesos personalizados y asistidos de trabajo remunerado, formación en el puesto de trabajo y habituación laboral y social. Asimismo, deberá tener servicios de intervención o acompañamiento para la inserción sociolaboral que faciliten su posterior incorporación al mercado de trabajo ordinario. Las particularidades del fin social se proyectan igualmente en los contratos de trabajo que, si bien se regulan con carácter general en el ET y en el resto de la legislación laboral, presentan peculiaridades relevantes en materia de condiciones de trabajo (art. 13 LEI) o de extinción y suspensión del contrato (art. 14 LEI). La EM LEI declara que deben reinvertir la mayor parte de sus posibles beneficios económicos en la ampliación o mejora de sus estructuras productivas o de inserción.

IV. SOCIEDADES DE GARANTÍA RECÍPROCA

Son sociedades constituidas mayoritariamente por pequeñas y medianas empresas cuyo objeto social consiste en el otorgamiento de garantías personales, por aval o por cualquier otro medio admitido en derecho distinto del seguro de caución, a favor de sus socios, para las operaciones que éstos realicen dentro del giro o tráfico de las empresas de que sean titulares, con el fin de facilitarles el acceso al crédito y servicios conexos, así como la mejora integral de sus condiciones financieras. Además, podrán prestar servicios de asistencia y asesoramiento financiero a sus socios (arts. 1 y 2 LSGR).

Su objeto determina la causa mutualista de la sociedad y, al propio tiempo, su condición de entidad financiera. Ambas notas imprimen características peculiares al régimen jurídico de esta sociedad. La causa mutualista informa en particular el régimen jurídico de la condición de socio, que determina, a la vez, el carácter variable de su capital. Rigen, en efecto, el principio de puerta abierta y el de igualdad de derechos de todas las participaciones sociales. Por otro lado, su condición de entidad financiera explica que el régimen del capital, el de responsabilidad de los socios por las deudas sociales y la estructura y funcionamiento de los órganos sociales se hayan construido tomando como modelo a las sociedades de capital. Y asimismo que estén sujetas al registro, control, vigilancia, supervisión e inspección por parte del Banco de España (arts. 1 y 66 LSGR).

V. EMPRESAS PÚBLICAS

1. Caracterización

Empresa pública es aquella en la que los poderes públicos ejercen, directa o indirectamente, una influencia dominante en razón de la propiedad, de la participación financiera o de las normas que la rigen (art. 2 Ley 4/2007, de 3 abril de transparencia de las relaciones financieras entre las Administraciones públicas y las empresas públicas, y de transparencia financiera de determinadas empresas). Por consiguiente no es el hecho de la titularidad por un ente público de la actividad empresarial lo que da contenido al carácter público de la empresa, sino la conexión de la misma con la organización administrativa, es decir, el control de la empresa por la administración. En atención al modo en que se realiza ese control se distinguen las formas jurídico-públicas de empresas públicas, por ejemplo, las entidades públicas empresariales, que son organismos públicos; y las formas jurídico-privadas, como ocurre sustancialmente con los tipos mercantiles de sociedad, en particular la sociedad anónima.

La índole de su fin también es indiferente en orden a su caracterización como empresa pública. Quiere decir que las empresas públicas pueden desarrollar un servicio público en sentido sustancial, en el que se precisa una gestión rigurosamente económica, pero que es esencial o básico desde el punto de vista social, por ejemplo, el abastecimiento de agua o el transporte. Pero también pueden desempeñar actividades genuinamente industriales o comerciales, en mercados abiertos a la concurrencia de los operadores privados, bajo estrictos criterios de mercado.

2. *Clases y normativa aplicable*

2.1. Ámbito estatal

En el ámbito estatal es posible distinguir varios tipos principales de empresas públicas (arts. 166.1 LPAP, 2 LTAE, 3.2 LGPr). Las entidades públicas empresariales, que son organismos públicos a los que se encomienda simultáneamente el ejercicio de potestades administrativas y de actividades prestacionales, de gestión de servicios o de producción de bienes de interés público, susceptibles de contraprestación (art. LRJSP). Tienen personalidad jurídica pública diferenciada, patrimonio y tesorería propios, así como autonomía de gestión y les corresponden las potestades administrativas precisas para el cumplimiento de sus fines, salvo la potestad expropiatoria. La creación de estas entidades se efectuará por Ley. Se rigen por el Derecho privado, excepto en la formación de la voluntad de sus órganos, en el ejercicio de las potestades administrativas que tengan atribuidas y en los aspectos específicamente regulados para las mismas en la LRJSP, en su Ley de creación, sus estatutos y en las normas de derecho administrativo general y especial que le sean de aplicación (art. 104 LRJSP). En particular, en materia de régimen económico-financiero y patrimonial, la gestión y administración de sus bienes y derechos propios, así como de aquellos del patrimonio de la Administración que se les adscriban para el cumplimiento de sus fines, será ejercida de acuerdo con lo previsto en la LPAP. En lo no previsto en ella, se ajustarán al Derecho privado, salvo en materia de bienes de dominio público en que les serán de aplicación las disposiciones reguladoras de estos bienes (art. 167.1 LPAP). Están también sometidas al régimen presupuestario, de contabilidad y control económico-financiero previsto en la LGPr (art. 102 LRJSP).

Los organismos y entidades de derecho público distintas de las anteriores, pero vinculados o dependientes de la Administración General del Estado, así como los consorcios con ánimo de lucro cuya actividad principal consista en la producción en régimen de mercado de bienes y servicios destinados al consumo individual o colectivo y que se financien mayoritariamente con ingresos comerciales, entendiéndose como tales los ingresos, cualquiera que sea su naturaleza, obtenidos como contrapartida de las entregas de bienes o prestaciones de servicios. Los consorcios son entidades de derecho público, con personalidad jurídica propia y diferenciada, creadas, mediante Ley, por varias Administraciones Públicas o entidades integrantes del sector público institucional, entre sí o con participación de entidades privadas, para el desarrollo de actividades de interés común a todas ellas dentro del ámbito de sus competencias. Podrán realizar actividades de fomento, prestacionales o de gestión común de servicios públicos y cuantas otras estén previstas en las leyes (art. 118 LRJSP). Se rigen por lo establecido en la LRJSP, en la normativa autonómica de desarrollo y en sus estatutos. En lo no previsto en esos textos sobre el régimen del derecho de separación, disolución, liquidación y extinción, se estará a lo previsto en el CCiv sobre la sociedad civil, salvo el régimen de liquidación, que se someterá a lo dispuesto en la LRJSP, y en su defecto, en la LSC. Están sujetos al régimen de presupuestación, contabilidad y control de la Administración Pública a la que estén adscritos (art. 122.1 LPAP). Cuando se trate de entidades de Derecho público vinculadas a la Administración General del Estado o a sus organismos públicos cuyos ingresos provengan, al menos en un 50%, de operaciones realizadas en el mercado [art. 166.1 b) LPAP], ajustarán la gestión de su patrimonio a la LPAP. En lo no previsto en ella, regirá el Derecho privado, salvo en materia de bienes de dominio público en que les serán de aplicación las disposiciones reguladoras de estos bienes (art. 167.1 LPAP).

Las sociedades mercantiles estatales, son aquellas sobre las que se ejerce control estatal, esto es, por parte de la Administración General del Estado o de sus organismos públicos vinculados o dependientes según los criterios previstos en el Ccom o en atención a que la Administración General del Estado o algunas de las entidades que integran el sector público institucional estatal, incluidas las sociedades mercantiles estatales, participen directamente en el capital social en un porcentaje superior al 50%. En ningún caso podrán disponer de facultades que impliquen el ejercicio de autoridad pública, sin perjuicio de que excepcionalmente la ley pueda atribuirles el ejercicio de potestades administrativas (art. 113 LRJSP). Las sociedades mercantiles estatales se rigen por el ordenamiento jurídico privado, salvo las previsiones incluidas en LRJSP, en la LPAP y en aquellas materias en que les sea de aplicación la normativa presupuestaria, contable, de personal, de control económico-financiero y de contratación [arts. 166.1.c), 166.2, 167.2 LPAP y 113 LRJSP]. La creación de la sociedad o la adquisición de este carácter de forma sobrevenida será autorizada mediante acuerdo del Consejo de Ministros, que también habrá de autorizar la transformación, fusión, escisión y extinción de la sociedad, así como los actos y negocios que impliquen la pérdida de esta condición por sociedades existentes [arts. 169 f), e), g), d) y h) LPAP y 114.1 LRJSP). El acuerdo del Consejo de Ministros deberá ser acompañado de una propuesta de estatutos y de un plan de actuación que contendrá, al menos, las menciones previstas en la LRJSP. Esta Ley contiene un régimen particular en materia de responsabilidad de los empleados públicos como miembros de la entidad, de los miembros de su consejo de administración o de los liquidadores de la misma. La responsabilidad que los incumba en el ejercicio de dichas actividades será directamente asumida por la entidad o la Administración General del Estado que los designó, quien podrá exigir de oficio al empleado público la responsabilidad que, en su caso, corresponda cuando concurra dolo, culpa o negligencia grave conforme a lo previsto en las leyes administrativas en materia de responsabilidad patrimonial (arts. 114.2 y 115 LRJSP). De otro lado, la LPAP prevé que el Ministro de Hacienda podrá dar instrucciones a quienes ostenten en la Junta General de estas sociedades la representación de las acciones de titularidad de la Administración General del Estado y sus organismos públicos sobre la aplicación de las reservas disponibles o del resultado del ejercicio de las citadas sociedades cuando (art. 170.3 LPAP).

Si la participación llega al 100%, esto es, se trata de sociedades estatales unipersonales, con forma de sociedad anónima, el régimen jurídico varía. Además de las previsiones anteriores, se prevén normas en torno a las aportaciones no dinerarias efectuadas por la Administración General del Estado o sus organismos públicos a estas sociedades (art. 182 LPAP), alrededor de las prohibiciones para ser administrador (art. 180.1 LPAP), en relación con las sociedades que, de acuerdo con la normativa aplicable estén obligadas a someter sus cuentas a auditoría, que deberán constituir una Comisión de Auditoría y Control, dependiente del Consejo (art. 180.2 LPAP) y, sobre todo, acerca de su actividad, que es objeto de una supervisión administrativa especial, que se encomienda al ministerio designado para su tutela por el Consejo de Ministros (art. 116 LRJSP). El ministerio de tutela instruirá a la sociedad respecto a las líneas de actuación estratégica y establecerá las prioridades en la ejecución de las mismas, y propondrá su incorporación a los Presupuestos de Explotación y Capital y Programas de Actuación Plurianual, previa conformidad, en cuanto a sus aspectos financieros, de la Dirección General del Patrimonio del Estado. Además, en casos excepcionales, debidamente justificados, el ministro al que corresponda su tutela podrá dar instrucciones a la sociedad, para que se realicen determinadas actividades, cuando resulte de interés público su ejecución (arts. 178 LPAP y 116 LRJSP). Los administradores de las sociedades a las que se hayan impartido instrucciones en los términos anteriores actuarán diligentemente para su ejecución, y quedarán exonerados de la responsabilidad prevista para los administradores en la LSC si del cumplimiento de dichas instrucciones se derivaren consecuencias lesivas (arts. 179 LPAP y 116.6 LRJSP). Por lo demás, no están sometidas a las cautelas legales aplicables en general a las sociedades unipersonales (art. 17 LSC).

2.2. Ámbito autonómico

En el ámbito autonómico la situación se presenta muy difusa. A diferencia del estatal en el que la CE no se refiere directamente a la posibilidad de crear empresas públicas, la mayor parte de los Estatutos de Autonomía han consagrado expresamente esta competencia de las CCAA. A su vez existe una ingente legislación sobre la materia que aparece diseminada en Leyes autonómicas de distinta índole (leyes de Hacienda, de Administración, de Patrimonio...). La labor de sistematización de todo ese material normativo no es posible ni aun disponiendo de tiempo y espacio. Cabe indicar únicamente que existen tres tipos de normativas. En el primer grupo se incluyen las CCAA que actualizaron su normativa a las previsiones de la derogada LOFAGE, adoptando en mayor o menor medida su terminología, pero no han hecho lo propio con la LRJSP. En el segundo, las que disponen de una regulación original y propia de las empresas públicas. Destacan entre ellas, la CCAA de Andalucía y Cataluña. El tercer y último grupo está constituido por las CCAA que han actualizado su normativa reguladora para adaptarla a la LRJSP. Es el caso de la Comunidad Valenciana.

2.3. Ámbito local

En el ámbito local hay que tener en cuenta la LBRL, el TRRL, el RSCL y el TRLCSP. Conforme a dichos textos las empresas públicas pueden ser de los siguientes tipos:

i) Entidades públicas empresariales locales, que son organismos públicos dependientes de la Administración local que gestionan servicios públicos de la competencia local que pueden implicar el ejercicio de autoridad [arts. 85.2 c) y 85 *bis* 2 b) LBRL]. Se rigen por la LRJSP con las especialidades previstas en la LBRL (art. 85 *bis* LBRL).

ii) Sociedades mercantiles locales, que se definen como aquellas cuyo capital social es de titularidad pública [arts. 85.2 a) d) LBRL y art. 103.1 TRRL] y que adoptan alguna de las formas de sociedad mercantil de capital. Se rigen íntegramente, cualquiera que sea su forma jurídica, por el ordenamiento jurídico privado, salvo las materias en que les sea de aplicación la normativa presupuestaria, contable, de control financiero, de control de eficacia y contratación (art. 85 *ter* 1 LBRL).

iii) Sociedades de economía mixta, que son aquellas en las que la Administración participa, por sí o por medio de una entidad pública, en concurrencia con personas naturales o jurídicas [art. 277 d) TRLCSP]. Pueden adoptar las formas de sociedades mercantiles que permitan limitar la responsabilidad de la entidad local participante, y, entre ellas, la de cooperativa (arts. 104.1, 105 TRRL y 103 RSCL).